CIUDADANO HUGHES

MICHAEL DROSNIN

CIUDADANO HUGHES

Traducción de
Ángela J. Pérez y J. M. Álvarez Flórez

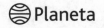 Planeta

Título original: Citizen Hughes

© Michael Drosnin, 1985
© por la traducción, Ángela J. Pérez y J. M. Álvarez Flórez, 1986
© Editorial Planeta, S. A., 2005
   Diagonal, 662-664, 08034 Barcelona (España)
Primera edición en esta presentación: enero de 2005
Depósito Legal: B. 4-2005
ISBN 84-08-05700-6
Impresión: A&M Gràfic, S. L.
Encuadernación: Eurobinder, S. A.
Printed in Spain - Impreso en España

Índice

A mi familia,
a mis amigos,
a todos los que
mantuvieron la fe

Nada existía superior o inferior a él... Él mismo se había expulsado de la Tierra... Su entendimiento era absolutamente lúcido, aunque, bien es cierto, concentrado en sí mismo con pavorosa intensidad; pero lúcido... Mas su espíritu estaba enfermo...

Todo le pertenecía; pero eso carecía por completo de importancia. Lo verdaderamente importante era saber de quién era él, a quién pertenecía, cuántos poderes de las tinieblas le reclamaban para sí como propio.

JOSEPH CONRAD
El corazón de las tinieblas

NOTA DEL AUTOR

Este libro se basa principalmente en los casi diez mil documentos del imperio Hughes, hasta ahora ocultos, entre los que se cuentan más de tres mil hojas de comunicados escritos a mano por el propio multimillonario, que desaparecieron el 5 de junio de 1974 de sus oficinas centrales de Romaine Street.

He visto todos los originales de este material. Y fotografié personalmente todas las notas escritas por el propio Hughes y fotocopié las de sus ayudantes, ejecutivos y abogados. Algunos originales de uno y otro.tipo se retuvieron, a fin de comprobar su autenticidad.

He procurado, en la medida de lo posible, contar la historia que revelan estos documentos con las palabras del mismo Hughes (explicar su propia historia con su propia voz), intercalando sus notas en una narración que las sitúa en un contexto histórico y dramático. Algunos comunicados se han corregido o reordenado, a fin de eliminar material ajeno a las cuestiones específicas que se destacan en el texto. Pero en ningún caso se ha alterado la esencia de los mismos.

Todos los detalles de la narración se basan en los propios documentos, en cientos de entrevistas mantenidas con las personas que conocieron los sucesos de primera mano, en las declaraciones y testimonios de numerosas causas judiciales y en los miles de documentos oficiales a que he tenido acceso gracias a la Ley de libertad de información. Muchas de las personas que. colaboraron conmigo pertenecían a la organización Hughes; entre ellas figuran dos ayudantes personales del multimillonario que jamás habían concedido una entrevista a nadie.

Para reconstruir hechos y escenas procuré verificar cada detalle recurriendo al menos a dos fuentes. Mi objetivo era crear la sensación de estar allí (con Hughes en su ático, o con el presidente en la Casa Blanca), ateniéndome siempre a la fidelidad histórica. Procuré en todos los casos entrevistar a las personas implicadas y cotejar sus declaraciones con los informes disponibles sobre cada caso concreto.

Al final del libro se incluyen notas detalladas de los capítulos, algunas notas sobre las ilustraciones y una nota especial sobre la autenticidad del material utilizado.

EL GRAN ROBO

Nadie lo calificó de robo con allanamiento en tercer grado. No fue necesario, no se capturó a nadie. De otro lado, la nación estaba paralizada aún por Watergate y apenas prestó atención al allanamiento del 7000 de Romaine Street, en Hollywood, el 5 de junio de 1974.

El objetivo, un gran edificio de dos plantas que ocupaba toda la manzana, parecía un almacén abandonado. No tenía nombre. Pero el 7000 de Romaine era desde hacía veinticinco años el centro neurálgico de un vasto imperio secreto. Pertenecía a Howard Hughes.

Los ladrones no sólo buscaban su dinero, sino también sus secretos. En la cumbre de su riqueza, su poder y su invisibilidad, el fantasmal multimillonario dirigía su imperio por correspondencia, garrapateando sus órdenes en miles de notas manuscritas, recibiendo respuesta de sus colaboradores en notas dictadas a sus ayudantes, tratando con los extraños sólo a través de la centralita de Romaine, que grababa todas las llamadas recibidas.

Y las cámaras de seguridad de Romaine guardaban todas estas notas, todas las transcripciones, todos los archivos personales y los de la compañía, todos los secretos de un hombre misterioso de quien se sabía que tenía tratos con la CIA, la Mafia y la Casa Blanca, y cuyo imperio oculto parecía llegar a todas partes.

El edificio-fortaleza de acero y hormigón era, según el decir general, inexpugnable. Las declaraciones publicadas se referían con detalle a un sistema de seguridad que contaba con vigilancia de rayos láser, aparatos de detección de rayos X y alarmas electrónicas que alertarían a un ejército privado antes de que alguien pudiera acercarse siquiera a las cajas fuertes a prueba de robo. Sólo se permitía la entrada en el edificio mediante visita previamente concertada y, en cualquier caso, pocos extraños cruzaron aquellas puertas cuya cerradura se accionaba con un pulsador de combinación cuádruple.

Pero el 5 de junio de 1974, a primera hora de la mañana, unos intrusos consiguieron entrar en el edificio. No sonaron alarmas, porque no existía ningún sistema de alarma en funcionamiento. Ningún ejército privado abrió fuego, porque no había ningún ejército privado. Romaine era como un decorado de Hollywood —sólo fachada— protegido únicamente por un guardia de seguridad desarmado.

El guardia, Mike Davis, acababa de hacer su ronda alrededor del edificio. Eran las 12.45.

—Cuando abrí la puerta lateral —explicaría a la policía posteriormente—, alguien llegó por detrás y me incrustó en la espalda un objeto contundente. La verdad es que en ningún momento vi un arma. Sólo supuse que mis agresores estaban armados. Y sabían perfectamente que yo no lo estaba.

«¡Vamos, adentro!», ordenaron los ladrones a Davis, según éste, empujándole. Le dijeron que se echase boca abajo en el suelo. Davis declaró que con los ojos vendados y amordazado y con las muñecas atadas no veía nada, pero que creyó oír a cuatro individuos (los dos que le habían salido por detrás y otros dos que llegaron poco después) arrastrando un soplete de acetileno con dos botellas en una traqueteante carretilla de acero.

Les oyó mandar un centinela arriba, donde estaba la otra persona que había en el edificio, atendiendo la centralita en un cuarto insonorizado en el que no oía absolutamente nada.

—Si las puertas están abiertas, puedes oír caer un alfiler —explicaría el absorto operador, Harry Watson—. Pero si están cerradas, podrían tirar una bomba y no te enterarías. Aquella noche tenía las puertas cerradas y no habría oído entrar ni un tanque.

Los ladrones se tomaron su tiempo, moviéndose por el laberinto de oficinas del inmenso edificio irregular como si dispusieran de un mapa del tesoro. Según Davis, primero le llevaron al despacho de Klay Glenn. Glenn era director ejecutivo de Romaine y principal ayudante de Bill Gay, uno de los tres máximos dirigentes del imperio Hughes a través de Summa Corporation, su empresa matriz. Allí los ladrones abrieron una caja fuerte disimulada en el cajón superior de un archivador, y sacaron miles de dólares en metálico y documentos no identificados.

Según Davis, al mismo tiempo se oía funcionar un soplete. Enfrente mismo, en el pasillo, los ladrones abrieron un boquete en las puertas de acero de una cámara de seguridad.

El guardia oyó a uno de los individuos exclamar:

—¡Mirad, aquí está!

Antes de irse de allí, los ladrones abrieron con el soplete otra caja fuerte grande y tres más pequeñas, y saquearon varios despachos, entre ellos el de Nadine Henley, secretaria particular de Hughes durante mucho tiempo y miembro del triunvirato que dirigía Summa.

Por último, según Davis, los intrusos le hicieron subir las escaleras y entraron en una sala de conferencias de la segunda planta, donde, por orden de Chester Davis, asesor general de Hughes y tercer miembro del alto mando de Summa, se habían colocado los archivos personales del multimillonario.

«Menudo pastel tenemos aquí», comentó, al parecer, uno de los ladrones cuando abrió un archivador. Y el guardia asegura haberles oído decir: «Cojamos éstos; esos de ahí, no. Sí, éstos son los buenos», mientras iban echando un documento tras otro en cajas de cartón colocadas en el suelo.

Casi cuatro horas después de su llegada, los ladrones ataron a Davis por las rodillas y los tobillos, le dejaron tumbado en un sofá, en un almacén de muebles del sótano, y desaparecieron.

Davis no corrió tras ellos. «Aunque hubiera podido soltarme los brazos y las piernas y quitarme la venda de los ojos y acometer a uno de ellos, no hubiera corrido ese riesgo por Hughes —explicaría posteriormente el guardia—. Yo sabía que la seguridad en Romaine era muy deficiente y así se lo había dicho a muchos de los jefes, pero a nadie le importaba, al parecer. Y yo sólo recogía las migajas, mientras que ellos se llevaban la hogaza entera.»

Así que Davis se quedó quieto, tal como le habían ordenado. Y al cabo de una media hora se soltó las ataduras y volvió cojeando al despacho de Kay Glenn. Desde allí telefoneó al aún absorto operador, que llamó a la policía.

Los agentes peinaron el inmenso cuartel general de Hughes sin hallar una sola pista sólida. No había huellas dactilares identificables, ni forma de rastrear el origen de las botellas de acetileno que se habían dejado los asaltantes, y en aquel barrio industrial casi desierto nadie había visto a los ladrones. Al parecer, uno de los policías que inspeccionaron el lugar comentó después: «Asaltaron Romaine como si fuera la tienda de comestibles de la esquina.»

La policía sólo reveló que se habían llevado 60 000 dólares, aunque algunos informes de prensa aumentaron la cifra hasta los 300 000. La organización Hughes no hizo declaraciones. De hecho, Summa asumió de inmediato el control del caso y envió a la comisaría a un representante con la misión de censurar todas las declaraciones.

Así pues, no se hizo mención pública de la desaparición de otros bienes, aparte el dinero; pero la policía de Los Ángeles, en un informe enviado a los órganos judiciales, enumeraba también entre lo robado una extraña bolsa que contenía dos jarrones Wedgwood, un samovar de cerámica azul y rosa, un cuenco de madera mongol antiguo y la colección de mariposas de Nadine Henley.

No se mencionaba el medallón de oro macizo que apareció en un recipiente de basuras del sótano, donde, inexplicablemente, lo habían tirado los ladrones.

Y tampoco se decía una palabra del gran secreto de la operación: los documentos reservados de Howard Hughes que habían desaparecido.

No había prácticamente en el país (ni en el mundo, en realidad) sector del poder que no estuviera interesado por los papeles desaparecidos o que no tuviera motivos para robarlos o para temer su pérdida. Existían pruebas circunstanciales que indicaban que la CIA, la Mafia, e incluso la Casa Blanca podrían estar detrás de la operación. Y no faltaban pruebas aún más firmes de que Hughes había «robado» sus propios archivos para ponerlos a salvo de una orden judicial.

Desde luego, tanto la coordinación de la operación como la facilidad con que la misma se llevó a cabo, planteaban de inmediato interrogantes respecto al Gran Robo de Hughes. Los ladrones no eran los únicos que andaban interesadísimos por sus documentos privados.

Precisamente tres días antes de este robo, la Comisión de Acciones y Valores había solicitado todos los documentos de Romaine relacionados con la adquisición de Air West por parte de Hughes en 1969. Nada podía amenazar más directamente al multimillonario. El propio Hughes y dos de sus principales asesores habían sido procesados por manipular, según un plan previsto, las acciones de la compañía aérea defraudando 60 millones de dólares a los accionistas. El presidente Nixon, su confidente Bebe Rebozo y su hermano Donald se habían visto complicados en el asunto, y Hughes se enfrentaba a la posibilidad de doce años de cárcel.

«Hughes y sus agentes podían tener razones para simular un robo que les permitiese eludir nuestra petición», sugería un informe secreto de la Comisión de Acciones y Valores.

Exactamente diez días antes del allanamiento, un juez federal había ordenado a Hughes entregar quinientos comunicados solicitados por Robert Maheu, su antiguo jefe de estado mayor. Expulsado tras un «golpe palaciego» en 1970, Maheu estaba en guerra con el nuevo alto mando y había iniciado una demanda por difamación contra Hughes (reclamando 17 millones de dólares), por haberse referido a él como «ese indecente hijo de puta que me robó a manos llenas». La encarnizada batalla legal había provocado ya acusaciones de chanchullos Hughes-CIA, pagos secretos a Richard Nixon y a Hubert Humphrey y la oferta de un soborno de un millón de dólares a Lyndon Johnson. Maheu afirmaba que los comunicados reclamados judicialmente confirmarían todas sus alegaciones.

Sospechaba igualmente que Hughes había organizado todo el asunto del robo para librarse de los documentos comprometedores, pero los representantes de Summa afirmaban que el propio Maheu había organizado y dirigido el allanamiento, y sugirieron a la policía que tal vez lo hubiera hecho confabulado con la Mafia. La red de espionaje de Hughes llevaba años intentando relacionar a Maheu con el hampa, hallar pruebas de que había conspirado para saquear los casinos del multimillonario en Las Vegas. Aunque también el FBI consideraba sospechoso a Maheu, apuntó la posibilidad de que la Mafia hubiera actuado por su cuenta.

«Este allanamiento podría ser realmente un intento, por parte del delito organizado, de conseguir información sobre el señor Hughes —concluía un informe confidencial del FBI—. Tal vez se intente conocer la estructura del accionariado u obtener documentos útiles con fines de presión: por ejemplo, para mantener la influencia del delito organizado en Nevada.»

Entretanto, el Comité del Senado y el fiscal especial de Watergate estaban investigando una «aportación» encubierta de 100 000 dólares de Hughes a Nixon por mediación de Rebozo. Había pruebas sustanciales de que el dinero no sólo había comprado la aprobación presidencial de la absorción de la Air West, sino también el visto bueno del fiscal general John Mitchell a adquisiciones de hoteles de Las Vegas que violaban las leyes antitrust.

De hecho, los investigadores del Senado creían que la conexión Hughes había desencadenado Watergate. Según su teoría, todo había empezado por los temores de Nixon a que el presidente del partido demócrata, Larry O'Brien, se hubiera enterado del pago de Rebozo (y tal vez de muchísimo más) cuando pertenecía al grupo de presión del multimillonario en Washington. El Comité del

Senado pidió que Hughes compareciese personalmente e hiciese entrega de sus archivos, y el fiscal especial expidió varias citaciones sólo unas semanas antes del allanamiento.

Ahora, el FBI veía una posible vinculación de Watergate con el robo de Romaine. Un informe policial de Los Ángeles decía: «Recibida llamada de Karis, FBI. Afirma oficina central Washington interesada; creen existe relación Watergate.»

Y la CIA, en su lista de «posibles culpables», después de Maheu, la Mafia y «un gobierno extranjero, no necesariamente la Unión Soviética», sugería también que el allanamiento estuviera destinado a apoyar u obstaculizar la investigación de Watergate.

Pero la CIA no era menos sospechosa. Poco antes del robo, los investigadores del Senado tuvieron la primera noticia oficial de que, cuando trabajaba para Hughes, Maheu había organizado una operación patrocinada por la CIA para asesinar a Fidel Castro con la ayuda de dos importantes mafiosos. Era el secreto más sucio de la CIA, y Maheu se lo había revelado a Hughes en una llamada telefónica que muy bien podía haber sido transcrita y estar archivada en Romaine.

Y todas estas pruebas estaban llevando a un punto decisivo cuando se produjo el robo en Romaine y los documentos secretos desaparecieron.

—Si nos atenemos a la teoría de que alguien quería descubrir lo que sabía Hughes, o deseaba asegurarse de que nadie lo descubriera, sería sospechoso todo el mundo, salvo el monstruo del lago Ness —comentaba un agente asignado al caso.

Para oscurecer aún más el misterio, el allanamiento de Romaine era el sexto robo no resuelto en oficinas de Hughes, en el breve espacio de cuatro meses. En febrero de 1974 tuvo lugar un allanamiento de la sede central del multimillonario en Las Vegas. No se informó de la desaparición de documentos, aunque la policía encontró archivadores desvalijados, escritorios revueltos y papeles por el suelo. En marzo, los ladrones entraron en otra oficina de Las Vegas perteneciente a Hughes. Más o menos al mismo tiempo, el bufete neoyorquino del principal asesor de Hughes, Chester Davis, fue objeto de otro allanamiento. Tampoco en este caso se informó de la desaparición de documentos. En Washington, hubo un allanamiento en la Mullen & Company, una empresa de relaciones públicas propiedad de un miembro del grupo de presión de Hughes, Robert F. Bennet, que también trabajaba para la CIA y había tenido a su servicio a uno de los asaltantes de Watergate, E. Howard Hunt. Los archivos quedaron abiertos, pero tampoco se denunció robo de documentos. Por último, en abril, unos individuos asaltaron, entrando por el tejado, la oficina de Hughes en Encino, un suburbio de Los Ángeles. Esta vez los ladrones se llevaron un desmodulador de voz, un complejo artilugio que se utilizaba para asegurar la intimidad de las conversaciones telefónicas con la oficina de Bennet en Washington y con la sede central de la CIA en Langley.

Éste era el trasfondo sobre el que la policía de Los Ángeles inició la investigación del nuevo robo del 7000 de Romaine. En un informe confidencial redactado varias semanas después de los hechos, los investigadores de la policía de Los Ángeles enumeraban algunos curiosos aspectos del extraño caso:

- «El edificio dispone de un sistema de alarma eléctrico que no funciona desde hace un año. Pero si no se sabe concretamente parece que la alarma funcione.»
- «La distribución interior del edificio y el tipo de material que se guarda en cada despacho no es de conocimiento general ni siquiera dentro de la organización.»
- «Aunque sólo forzaron una cámara de seguridad Mosler grande, en la misma planta había otras dieciocho cámaras que no tocaron.»
- «En tres despachos entraron con llave. Uno de los más importantes era el de Kay Glenn. Los investigadores intentaron forzar ésta y otras puertas y les resultó imposible.»

Los resultados de las pruebas del detector de mentiras a que se sometió a los empleados de Hughes eran aún más inquietantes. Mike Davis, el único guardia de servicio la noche del robo, faltó a la cita tres veces y al final se negó a someterse a la prueba.

—Yo no creo en eso —explicó—. Hay que confiar en la palabra de un hombre.

Le despidieron. El único testigo del robo pasaba así a engrosar la lista de sospechosos.

Su jefe Vince Kelley, director de seguridad de Summa en la Costa Oeste, se sometió a la prueba del detector de mentiras... con resultados negativos. «Demostró conocimiento culpable según los cuatro encargados de revisar la cinta», decía un informe policial. Y un informe posterior del FBI sobre la prueba de Kelley era aún más explícito: «Se le interrogó sobre su conocimiento previo del caso, dónde estaba situada la propiedad robada, y si presenció el robo. Calló vergonzosamente ante todas esas preguntas.»

Para justificarse, Kelley se sometió a una segunda prueba con un detective privado, que le consideró «limpio». Lo que Kelley no mencionó fue que ese mismo detective y dos amigos comunes habían estado implicados en uno de los cinco allanamientos anteriores, el de Encino, y que había acabado en sus manos el desmodulador robado.

Y pese a no haber informado del robo anterior, no haber instalado en Romaine un sistema de alarma antirrobo, fallar en la prueba del detector de mentiras y elegir luego a un individuo relacionado con un robo a Hughes para que garantizase su no complicidad en otro, a Kelley no le despidieron. Siguió en su puesto de jefe de seguridad de la Costa Oeste.

Para complicar aún más este extraño rompecabezas, el jefe de Kelley, Ralph Winte, encargado general de seguridad del imperio Hughes, había estado complicado también en la planificación del robo de otro depósito de documentos secretos de Hughes. E. Howard Hunt había confesado muy poco antes en una declaración jurada ante el Senado que planeó con Winte apoderarse de una colección de documentos de Hughes forzando la caja fuerte de Hank Greenspun, director de un periódico de Las Vegas, en una empresa conjunta de las fuerzas de Hughes y de Nixon, aprobada por el fiscal general Mitchell.

Un informe del FBI sobre Romaine que indicaba el papel de Winte en aquel allanamiento frustrado, mencionaba que cuando le convocó el gran jurado de Watergate, «se puso tan nervioso y se sintió tan mal, que no declaró». Pero, al igual que Kelley, Winte no sólo conservó su puesto de trabajo, sino que además colaboró con la policía de Los Ángeles en la investigación del caso Romaine.

Sin embargo, la policía hubo de limitarse a señalar que el aparato de seguridad de Hughes, en su conjunto —desde el guardia de Romain al jefe máximo—, pasaba a ser sospechoso. El informe de la policía de Los Ángeles sobre el allanamiento concluía así: «Algún miembro de la organización utilizó o proporcionó la información para este robo.» La conclusión parecía evidente e inevitable: el gran robo de Hughes había sido un «trabajo interno».

Pero ¿quién era el hombre de la organización, quiénes eran los ladrones, quién estaba tras ellos, quién había robado los documentos secretos?

La policía seguía confusa. Pronto intervino en el caso el FBI; y la CIA asignó su investigación a un equipo ultrasecreto. Los directores de ambos organismos se reunieron en Washington, enviaron emisarios al jefe de policía de Los Ángeles, informaron incluso al presidente de los Estados Unidos y ofrecieron un millón de dólares a quien facilitase la búsqueda, todo ello en un intento desesperado de llegar hasta los ladrones y recuperar, comprándolos en caso necesario, los peligrosos secretos de Howard Hughes.

Pero este caso no se resolvió nunca, y los documentos robados no aparecieron. Cuando yo inicié años más tarde una investigación por mi cuenta, los papeles seguían sin aparecer y el misterio del robo sin aclararse.

Lo que sigue es la verdadera historia del Gran Robo de Hughes y de cómo encontré los papeles secretos del hombre más reservado del mundo.

—Hay un tipo que dice que puede llevarnos al escondrijo de Howard Hughes —le dijo Ratero a Profesional.

Y así empezó todo el asunto. A principios de mayo, mientras comían en un drugstore de Los Ángeles. Profesional se limitó a sonreír.

Curioso hombrecillo, Ratero. Siempre tenía algún «asunto grande» entre manos. Hablaba con mucho misterio, haciéndose el duro, contándole sus últimos éxitos. Pero Profesional sabía que no era más que un ladrón de ínfima categoría, un simple ratero que merodeaba por los aparcamientos de piscinas públicas y clubes privados, robando en los coches, limpiando carteras de las guanteras.

Y allí estaba el tipo hablando de robar a Howard Hughes. Sentado en un vulgar drugstore, charlando sin parar del maldito y definitivo Gran Asunto.

—Perfecto —aprobó Profesional—. Vamos primero a por Howard Hughes y luego a por J. Paul Getty. Podríamos limpiar también a Rockefeller.

Ratero no se reía. Sabía que el asunto Hughes era factible. Tenía razones para creerlo.

—Verás —le dijo a Profesional—. Estoy metido en algo increíble. Ese tipo pelirrojo dice que puede introducirnos en la guarida de Hughes. Quiere que nos reunamos para hablar con nosotros en seguida.

Profesional estaba intrigado, aunque no convencido.

—Nada de nombres —advirtió a Ratero, mirándole hosco desde el otro lado de la mesa, dejándole sentir su mirada.

—Nada de nombres —aceptó Ratero—. Rojo no sabe cómo te llamas. No le he contado nada.

Así que se fueron por la autopista a casa de Rojo, y Profesional quedó impresionado. Vivía en la mejor zona de Hollywood, en un apartamento caro, con joyas a montones por todas partes y armarios llenos de trajes excelentes. Rojo era perista. Pero Rojo en sí no parecía gran cosa, y Profesional no veía nada claro el asunto.

Rojo le preguntó si sabía abrir cámaras de seguridad, cámaras de seguridad grandes. Profesional le dijo que podía reventar lo que fuera. Hablaron durante una hora, pero no mencionaron a Hughes para nada.

Al cabo de dos semanas, Ratero volvió. Le dijo a Profesional que Rojo quería enseñarle una cosa.

—¿Qué sabes del 7000 de Romaine Street? —preguntó Rojo. Profesional dijo que nunca lo había oído nombrar—. Es el escondrijo de Howard Hughes. He conseguido que un tipo de la empresa nos haga entrar allí.

—Creí que ibais a enseñarme algo —dijo Profesional.

—Así es —confirmó Rojo—. Voy a enseñarte el interior de la guarida de Hughes.

Los tres hombres (Rojo, Ratero y Profesional) fueron hasta Romaine en coche aquella misma tarde, y aparcaron en la parte de atrás. Un tipo, que les aguardaba nervioso en la calle, les indicó que le siguieran, sin alzar los brazos ni llamarles claramente, sólo mediante un leve ademán, con la mano pegada al costado.

El señor Interior abrió la puerta sin ceremonias. Rojo y Ratero entraron. Profesional no podía creer lo que estaba ocurriendo. Aquello era más fácil que reventar una máquina tragaperras. Algo le olía mal, por lo que se quedó fuera.

Rojo volvió a la puerta.

—Vamos, entra —le animó.

—No llevo mis herramientas.

—Vamos, entra; es sólo para echar una ojeada.

—Tranquilo, hombre —terció el señor Interior, invitando a Profesional a entrar—. No te preocupes. Aquí no hay nadie más.

No podía oponerse. Entró, y se halló frente a un sólido muro de cámaras de seguridad Mosler. Un pasillo que recorría a todo lo largo el edificio, en el que se alineaban diecinueve cámaras de seguridad antiguas con puertas de acero desde el suelo hasta el techo. Profesional pensó que debía estar soñando. O tal vez estuviese muerto y en el cielo.

—¿A cuánto calculas que puede subir todo esto? —preguntó al señor Interior.

—Un millón como poco —le contestó—. Millones. ¡Quién sabe

cuánto! Algunas de esas cámaras están llenas a rebosar de dólares de plata. Hay dinero por todas partes.

Profesional se volvió a mirar a Rojo y a Ratero. Se sentía como Alí Babá en la cueva de los ladrones.

Sólo más tarde, cuando ya se había ido, se preguntaría Profesional qué habría realmente detrás de aquel asunto y qué perseguirían. Y otra cosa: ¿Le habían llamado como profesional o para utilizarle como cabeza de turco?

Pero al cabo de una semana, Profesional estaba de nuevo en Romaine, inspeccionando el terreno, estudiándolo.

Otra vez estaba allí sólo para mirar, para disponerlo todo, tantear las cajas fuertes, abrir todo lo que no estuviera cerrado (despachos, escritorios, archivos), ver lo que escondía Hughes en aquella fortaleza de fábula.

El lugar era un laberinto oscuro y pavoroso. Un pasillo de hormigón iba de un extremo a otro del edificio, bifurcándose en numerosos pasillos laterales con revueltas y pasadizos secretos, salpicado todo ello de cámaras con hileras de puertas, sin letreros, sin indicio alguno de lo que pudiera haber tras esas puertas.

Profesional empezó a probar a abrir las cámaras. Una de ellas estaba sin trancar, pero hacía tantos años que no la abrían, que resultaba difícil forzar la pesada puerta de acero. El eco del chirrido al abrirla retumbó en el inmenso edificio vacío, y cuando pudo atisbar finalmente el interior, se sintió más que decepcionado. La gran cámara estaba llena de cajas de películas, cientos y cientos, los positivos y negativos de las viejas películas de Hughes. Eso era todo. Ni un solo dólar de plata.

Pero en el despacho de al lado, en el primer cajón del primer archivador que abrió, localizó el extremo de una faja de dinero roja. Tiró de ella, vio que decía «10 000 dólares» y volvió a ponerla en su sitio. ¡Premio! Allí, en aquel momento, Profesional se comprometió.

Éste podría ser el señuelo, pero tenía que seguir. Y en un cajón del escritorio del mismo despacho encontró las llaves del resto del edificio.

De nuevo en el pasillo, empezó a probar puerta tras puerta, excitado ahora como un chico que sigue la pista de un tesoro. Entró primero en una sala de conferencias vacía, a excepción de dos cubículos de paredes de cristal llenos ambos de maquetas de aviones. Nada más. Sólo maquetas de aviones.

En el vestíbulo manipuló torpemente el manojo de llaves, y al final abrió la puerta de otra habitación. En su interior había cuatro cajas de licor, viejas botellas de whisky y vino que habían pertenecido al padre de Hughes, fallecido hacía medio siglo, y por lo menos cien paquetes, regalos que nadie había abierto, con las cintas atadas, casi todos con las tarjetas aún, regalos de Navidad y de aniversario enviados a lo largo de los años al indiferente multimillonario.

Apoyados contra la pared había ocho o diez cuadros de Jane Russell, viejos retratos al óleo sobre tabla, de más de un metro de altura, en uno de los cuales aparecía la opulenta actriz casi desnuda. Todos representaban escenas de su primera película, *The Outlaw*, una producción de Hughes de 1941.

Y la cosa siguió así; más o menos, mientras Profesional iba, tambaleándose, de una estancia a otra, sólo para descubrir muebles viejos amontonados, rollos de moqueta, restos de antiguos decorados cinematográficos, cajas extrañas llenas de relojes baratos, cigarrillos o pastillas de jabón, montones de trofeos de aviación, placas, medallas, un equipo de filmación y, por último, en un cuarto que quedaba al fondo del corredor, encontró algunos objetos antiguos de valor (lámparas de Tiffany, estatuillas de mármol, figuritas de bronce, codornices de cerámica), junto con cajas de basura, más pastillas de jabón, rollos de pañuelos de papel y docenas de álbumes llenos de recortes que hablaban de las proezas públicas de Hughes en los años treinta.

Todo aquello carecía de sentido. Profesional había robado en todo tipo de empresas imaginables y jamás se había encontrado con algo ni remotamente parecido. Romaine no era la sede central de una empresa, sino un almacén de recuerdos de Hughes. Se sintió desanimado. Seguro que había dinero por allí, incluso algunos valores, e ignoraba lo que habría en las otras dieciocho cámaras cerradas, pero por lo que había visto hasta el momento, aquello se parecía más al desván de su abuela que a una caja de caudales. Era como si Hughes tuviera almacenada toda su vida en aquel viejo lugar cavernoso.

Profesional volvió sobre sus pasos por el pasillo y entre la habitación de las antigüedades y una hilera de consolas de ordenadores, abrió otro cuarto. Accedió a una pequeña habitación oscura atestada de cajas, un montón de voluminosos humedecedores, un catre y una cama con ruedas. Cuando alumbró con la linterna la pared del fondo, se hizo visible un armario abierto. ¡Casi se muere del susto!

Por un instante aterrador, sintió la presencia de Howard Hughes. Creyó que estaba allí realmente, en el armario, y que le miraba. En realidad eran sólo sus viejos trajes, ocho o nueve trajes cruzados colgados en el armario, junto con un abrigo deportivo blanco, una vieja cazadora de piel, que no colgaban simplemente de las perchas sino que caían de ellas, se descomponían en ellas; era evidente que llevaban allí décadas.

En un estante se amontonaban frascos de medicamentos, varios sombreros y un par de gorras blancas de capitán de yate. Abajo, en el suelo, había un par de zapatillas de tenis y media docena de pares de zapatos Oxford marrones, viejos y puntiagudos. Profesional no podía apartar la vista de aquel armario. Eran los zapatos de puntera curvada hacia arriba lo que realmente le cautivaba.

Pasó veinte minutos lo menos en aquel cuarto encantado, contemplando el ruinoso guardarropa, sintiéndose más aterrado que nunca en su vida e incapaz de salir de allí, volviéndose una y otra vez a mirar por encima del hombro, esperando que Hughes se materializara de un momento a otro, que saliera de las sombras de aquel armario o, aún peor, que le agarrara a él y le metiera dentro. Se sintió súbitamente un profanador de tumbas más que ladrón; se sintió como el que abre la tumba del faraón y teme la maldición de la momia.

Inmerso ahora por completo en la mística de Hughes y en la demencia del lugar, Profesional subió un tramo de escaleras metálicas que daban a la segunda planta, temeroso de lo que pudiera descubrir allí, y sin dejar de mirar. En un rellano a medio camino, había una caja fuerte empotrada en la pared. Parecía, desde luego, un sitio raro para colocar una caja fuerte, y aunque el edificio estaba lleno de cámaras, más grandes e imponentes, apuntó aquélla como objetivo prioritario. De momento, no obstante, siguió su camino escaleras arriba.

Desembocó en otro pasillo que iba de lado a lado de la segunda planta, lleno también de puertas sin letreros. Casi todos los despachos estaban vacíos, pero localizó dinero en metálico, unos mil dólares en billetes de veinte, cincuenta y cien, en el escritorio de un despacho que sabía pertenecía al tesorero de Romaine. Vio otras dos habitaciones que le parecieron prometedoras, y luego abrió unas puertas dobles de nogal muy sólidas, con tiradores grandes de bronce.

Tras ellas había una sala de recepción, con cuatro cajas de seguridad empotradas en la pared, luego un despacho amplio y elegante y una sala de conferencias de nueve metros de fondo, con moqueta beige y una lujosa biblioteca de madera oscura en la que se alineaban libros de Derecho encuadernados en piel.

En el centro de dicha habitación había una mesa de caoba de más de tres metros y medio de largo y, en ella, hileras pulcramente dispuestas con diez montoncitos de papeles con informes mecanografiados y diez montoncitos de hojas de bloc amarillas con mensajes manuscritos. Todos los papeles amarillos llevaban una firma: «Howard.»

Profesional examinó los documentos con el corazón en vilo. Vio cifras millonarias, referencias a acuerdos con gángsteres y políticos, nombres como Nixon, Humphrey, Kennedy, Johnson. Empezó a sentir el poder de Hughes, además de su presencia. Y comprendió que por muchas otras cosas que se ocultaran en Romaine, hubiera lo que hubiera tras las puertas de acero cerradas de las cámaras de seguridad, lo más valioso eran aquellos documentos secretos.

Día 5 de junio de 1974. Noche del allanamiento.

Nada más llegar, Profesional advirtió que algo iba mal. En cuanto cruzó la puerta, distinguió a un desconocido apoyado en la pared. Un individuo al que no había visto nunca.

—¿Qué coño es esto?

El señor Interior, que estaba junto al desconocido, lo presentó:

—Éste es mi socio.

Profesional miró a sus propios socios, Ratero y otro individuo al que había llevado para el trabajo importante, un revientacajas con el que ya había trabajado. Aquello no era lo previsto. Se suponía que estaría esperándoles Rojo con el señor Interior. Y en su lugar estaba aquel tipo misterioso.

¿Sería un poli? ¿Un detective de Hughes? ¿Un agente secreto?

¿Le detendría ya o en el momento en que saliera por la puerta? Fuese quien fuese aquel tipo, estuviera quien estuviera realmente tras todo aquello, a Profesional ya no le cabían dudas de que en el asunto había mucho más de lo que le dijeron.

Pero era demasiado tarde para dar marcha atrás; y él quería seguir adelante. Jamás tendría otra oportunidad de despojar a Howard Hughes.

Envió al hombre misterioso arriba con Ratero, en teoría para que hicieran guardia ante la única habitación ocupada y se cerciorasen de que el operador no les interrumpiría y, en realidad, para que Ratero pudiera vigilar al desconocido. Allá estuvieron los dos con la cara cubierta por un pañuelo, nerviosos, toda la noche hombro con hombro.

Entretanto, Profesional y su compinche se pusieron manos a la obra. Fueron directamente al despacho en el que Profesional había localizado el fajo de 10 000 dólares la noche que inspeccionó el terreno, pusieron en el suelo, boca abajo, un archivador de cuatro cajones, forzaron un dispositivo antiincendios en el cajón de arriba, con una cuña, un martillo y una palanca... y se vieron recompensados de inmediato: seis fajos de billetes de cien dólares, 10 000 en cada fajo, ocho de billetes de cincuenta, con un total de mil dólares cada uno y unos quinientos dólares más en billetes pequeños.

Profesional lo metió todo en su caja de herramientas, una bolsa deportiva azul oscuro con asas de plástico blanco, y echó también allí dos relojes de oro Juvenia que valían uno de los grandes cada uno. Un buen pellizco. Más de setenta de los grandes de la primera caja fuerte que habían forzado.

Dejaron atrás varios cientos de miles de dólares en bonos de serie E (papel mojado, no negociables) y se dirigieron a una hilera de seis cámaras de seguridad del pasillo.

El señor Interior señaló una de las viejas cajas fuertes Mosler, y dijo que contenía cientos de bolsas repletas de monedas antiguas de dólar que valían cinco billetes cada una. Profesional arrastró el soplete de acetileno hasta la cámara, se colocó las gafas protectoras y empezó a trabajar, aplicando el soplete a las puertas dobles de acero de tres metros de altura, hasta que consiguió abrir un boquete lo suficientemente grande y entró a gatas en la cámara.

Estaba prácticamente llena a rebosar, del suelo al techo, y ocupando sus tres metros de profundidad. Pero no precisamente de dólares de plata. Pasando sobre cajas y baúles y despojos diversos, Profesional registró la cámara a oscuras, enfocando la linterna en todas direcciones, en una búsqueda progresivamente frenética del tesoro, y sólo encontró otra extraña colección de efectos personales de Hughes: cientos de audífonos almacenados en varias cajas de tablas; cajas y más cajas de correspondencia antigua, cartas y tarjetas de Navidad de hacía décadas, numerosos arcones llenos de guiones de cine; otro baúl con álbumes de recortes y varios más atestados de diarios de vuelo; multitud de copas de plata, trofeos de competiciones de vuelo, y una copa de oro de un campeonato de golf. Más audífonos, y una gran placa conmemorativa de William Randolph Hearst.

Profesional podría haberse quedado allí toda la noche sin conseguir hacer un inventario completo. Sólo tres objetos captaron realmente su atención: una pistola de plata maciza, de siete milímetros, con una tarjeta que decía: «Capturada a Hermann Goering.» Unos prismáticos de las SS alemanas en un estuche de cuero negro y un inmenso cuenco de cristal tallado con la inscripción *Para Howard Hughes, de Hubert Horatio Humphrey,* con el sello del vicepresidente debajo. Sólo se llevó la pistola y los prismáticos.

Parecía absurdo forzar las diecisiete cámaras que quedaban.

En vez de ello, Profesional siguió por el pasillo, forzando un par de puertas de paso, sólo para que pareciera un merodeo rutinario. Dejó a su socio examinando la colección de antigüedades y, como arrastrado por una fuerza sobrenatural, regresó a la pequeña habitación en que había descubierto las ropas viejas de Hughes, perdiendo un tiempo valiosísimo en una nueva contemplación de aquel armario encantado.

Por último, se dirigió a la segunda planta, donde esperaban los documentos secretos de Hughes, donde había enviado hacía horas al hombre-enigma, muy preocupado otra vez por aquel desconocido del que casi se había olvidado, y por los planes propios que pudiera tener en relación con el allanamiento o con Profesional.

Pero cuando iba por mitad de las escaleras, en el descansillo, se topó una vez más con aquella caja fuerte empotrada tan extrañamente emplazada allí, y no tuvo más remedio que forzarla. Hizo saltar la cerradura de combinación, abrió la puerta de acero y descubrió toda una habitación oculta, de tres metros de ancho, cuatro y medio de largo, y metro y medio escaso de altura. Para entrar, tuvo que agacharse.

El cuarto estaba lleno de cajas de color verde y pardo. Cajas de sopa Campbell, quizá unas doscientas, almacenadas de pared a pared, todas llenas de viejos cheques anulados. Cheques personales firmados por Hughes para diversos restaurantes y clubes nocturnos (el Brown Derby, el Stork Club y El Morocco), talones empresariales de la RKO y la TWA, miles y miles de cheques que abarcaban desde la década de los veinte a la de los cincuenta, todos ellos pulcramente colocados en las cajas de sopa.

Era evidente que no tenían ningún valor, pero Profesional se quedó extasiado. Perdió quince minuttos en aquel cuarto angosto, repasando los cheques como un contable chiflado hasta que le dolía tanto la espalda que tuvo que salir.

Arriba, en la segunda planta, el hombre-enigma y su socio seguían haciendo guardia, hombro con hombro.

—Levantaremos cien de los grandes sin problema —les dijo Profesional al disponerse de nuevo a trabajar.

Durante cuarenta y cinco minutos, su socio y él se debatieron con la caja fuerte del tesorero de Romaine, intentando infructuosamente abrirla por medios diversos. Por último, tuvieron que subir hasta allí los tanques de acetileno y aplicar el soplete, convirtiendo el pequeño despacho en un horno lleno de humo; pero, de todos modos, lograron otros diez mil en efectivo, además de tarjetas de crédito personales de Hughes, su antigua licencia de piloto y un pasaporte caducado. En la oficina de una secretaria, contigua al despacho, abrieron un archivador y encontraron unos cientos de dólares.

Profesional y su socio estaban empapados de sudor por el calor del soplete, el esfuerzo físico y la tensión; y se estaba terminando el tiempo, además. Ya eran casi las cuatro (el plazo máximo establecido para la operación) y sabían que el personal de limpieza llegaba antes del amanecer. Su socio quería reventar más cajas fuertes, pero Profesional deseaba apoderarse de los documentos secretos y largarse. Se encaminaron hacia la gran sala de conferencias. Allí se les unió el señor Interior, que dijo, señalando los documentos esparcidos por la mesa de caoba: «Coged ésos.» Era la primera vez que alguien se refería expresamente a los documentos. Casi parecía una decisión sobre la marcha.

—Me los quedaré —continuó el señor Interior, aún en tono totalmente espontáneo—, y si algo va mal, los usaremos para hacer chantaje, los conservaremos como medio seguro de protección.

—De acuerdo —dijo Profesional, recogiendo de la mesa los documentos personales del multimillonario, y metiéndolos en una caja grande de cartón que había encontrado abajo, en la habitación de Jane Russell.

—En esos armarios hay más —advirtió el señor Interior, señalando los cuatro archivadores de cinco cajones, cerrados, adosados a la pared del fondo, junto a una hilera de ventanas que daban al aparcamiento de Romaine.

Profesional saltó las cerraduras sin problema con un destornillador y abrió uno tras otro los cajones, llenos a rebosar de miles de documentos mecanografiados en papel blanco y de comunicados amarillos manuscritos; fue sacando carpetas y carpetas de documentos confidenciales y echándolos en cajas de cartón hasta que los armarios quedaron vacíos. Profesional, su socio y el señor Interior transportaron luego las cajas abajo, a una zona de almacén de la primera planta, que daba a un muelle de descarga posterior, y en el último viaje escaleras abajo se llevaron también a Ratero y al hombre misterioso.

Pasaba ya bastante de las cuatro de la madrugada, el plazo que se habían marcado, cuando todos se reunieron en torno a una mesa de ping-pong en la gran zona de almacén abierta. Profesional vació en la mesa la bolsa deportiva azul, esparció el dinero y empezó a contar. No llegaba a 80 000 dólares.

—No es precisamente un millón, pero no está mal por una noche de trabajo —dijo Profesional, y dividió el botín en cinco partes iguales. Cada cual se guardó su parte, y Profesional fue el último en hacerlo. Quedaban unos 500 dólares sueltos. Los empujó hacia los otros y, como éstos vacilaban, el hombre-enigma se los embolsó rápidamente.

Profesional, entonces, se bajó la cremallera de la bragueta y echó una meada. Su socio y Ratero orinaron también en el suelo. Y una vez saqueado y profanado el sagrado santuario de Hughes, cargaron los documentos secretos del multimillonario en una furgoneta Ford robada y se perdieron en la noche.

Oculto y solo en su escondrijo, Profesional no tenía idea de las fuerzas que él y sus compinches habían desatado. No tenía ni idea de que habían asaltado Romaine sólo unos días después de las citaciones judiciales del Comité Especial del Senado y de Maheu; que los investigadores de Watergate andaban también tras los archivos; que el presidente, la CIA y la Mafia, todos, se habían convertido en sospechosos; e ignoraba también quién estaba realmente detrás de la operación en la que había intervenido.

Pero sí sabía quién tenía los documentos robados. Él.

Cuando salieron de Romaine habían pasado un rato de mucha tensión. Su socio iba al volante, y él en el otro asiento delantero con un revólver en el regazo, sin perder de vista ni un instante al hombre-enigma, sentado atrás con Ratero, la mano en una bolsa de papel de estraza empuñando una pistola colocada sobre su parte del botín. Detrás de todos, en la parte trasera de la furgoneta, iban las cajas de cartón llenas de documentos robados.

Teóricamente, el desconocido debía llevarse los documentos, por encargo del señor Interior, que se había marchado por su cuenta tras la operación. Todo esto estaba sobreentendido. Pero ¿quién era aquel hombre-enigma y qué más se proponía hacer?

Profesional había estado toda la noche esperando que el desconocido actuara; ahora, allí, juntos en la furgoneta, era como una escena de *Solo ante el peligro*. Todos estaban nerviosos por la operación, bombeaba la adrenalina mientras huían, pendientes de los polis, esperando oír aullar en cualquier momento las sirenas, ver las luces rojas parpadeantes. Pero, sobre todo, se vigilaban entre sí, preguntándose quién empezaría a disparar primero.

El pensamiento de Profesional corría vertiginoso. ¿Por qué les habían metido en aquello? En las cámaras no había nada de valor, y no necesitaban a un especialista para reventar unos archivadores. ¿Querrían una cámara abierta con soplete sólo para despistar a la policía? Despistarla para que no viese ¿qué? ¿Por qué no había sistema de alarma, por qué estaban las llaves de todo el edificio en el cajón de un escritorio, por qué les habían facilitado tanto las cosas?

Y, sobre todo, ¿por qué habían colocado tan oportunamente los documentos secretos allí, todos juntos, a disposición de quien pudiera llegar? ¿Habría planeado Hughes «robar» sus propios archivos, y ahora se encontraría con que se los habían robado de verdad? Porque, pase lo que pase, Profesional había decidido dar la vuelta al asunto y burlar a quien estuviera tras la operación.

La idea empezó a tomar cuerpo en el momento en que vio por vez primera los documentos, y fue perfilándose estimulada por sus recelos respecto a sus colegas, hasta convertirse en una fijación. La obsesión con Hughes se apoderó de él en los últimos momentos del allanamiento, cuando el señor Interior dijo de pronto que se quedaría *él* con los papeles. En aquel instante, Profesional comprendió que el verdadero objetivo del robo eran los documentos secretos, no el dinero; y decidió quedárselos él.

Ahora, en la furgoneta, sólo podría impedírselo el hombre-enigma. Profesional miró de nuevo atrás, a su adversario. El desconocido se movía inquieto, la mano aún en la bolsa, empuñando la pistola. Profesional sabía que podía con aquel tipo, fuese quien fuese. Y el que estaba detrás de él, fuese quien fuese, el que había proyectado la operación, ése no iba en la furgoneta.

Se dirigían hacia el interior del valle, siguiendo la dirección Norte, hacia Encino, pero Profesional no estaba dispuesto a meterse en una trampa, a ir a algún lugar desconocido donde podría estar esperando cualquiera, policía o ladrón. Pararon en la esquina de una calle y Profesional le dijo al desconocido que bajase.

—¿Y los documentos? —preguntó el hombre-enigma.

Era evidente que estaba cagado de miedo. Aún con el revólver en el regazo, Profesional dijo que iría él en persona a entregárselos al señor Interior. Se miraron fijamente un instante. El desconocido echó un rápido vistazo a los otros dos, el Ratero y el socio de Profesional. Eran tres contra uno, así que no discutió.

Profesional no lo comprendió hasta que estuvo solo en la furgoneta, solo con los documentos, camino de su casa, mientras salía el sol. En realidad, tenía en las manos todos los secretos de Howard Hughes. Se encerró en el garaje y se pasó el día y la noche escuchando informes radiofónicos sobre el robo y leyendo miles de documentos privados de Hughes, fascinado por el poder de aquel mundo misterioso y desconocido.

A la mañana siguiente, fue a ver al señor Interior, tal como habían quedado, a un café de Los Ángeles. Por el camino, compró un ejemplar del *Times*. El robo salía en primera página: «Una banda se lleva 60 000 dólares tras una operación de cuatro horas en unas oficinas de Hughes.» Ni una palabra de los documentos robados.

Pero mientras estaba en el coche leyendo el periódico, Profesional descubrió que aquel no era el primer robo en una oficina de Hughes, sino que había habido recientemente una cadena de robos en oficinas de Hughes de todo el país; que unos días antes de que él se metiera en aquello, habían asaltado las oficinas de Hughes en Encino y se habían llevado un desmodulador. Encino. El lugar en que dejaron al hombre-enigma.

¿Guardaban relación los robos? ¿Quién estaba detrás de todo aquello? ¿Qué pretendían, en realidad? ¿Y quién, se preguntaba Profesional, iría tras él?

Se tranquilizó al ver que el señor Interior le esperaba solo en el café.

—¿Están seguros los documentos? —le preguntó en seguida el señor Interior—. Tengo que recogerlos.

Estaba tenso, pero Profesional le tranquilizó diciéndole que estaban seguros, y mostrándose dispuesto a devolvérselos.

—Por supuesto. No hay problema.

Propuso planes detallados para la entrega (hora, fecha, lugar) e inmediatamente cortó todo contacto.

Compró tres baúles en otros tantos centros comerciales, metió en ellos los documentos de Hughes, les puso un candado y los depositó en locales diferentes con nombres falsos distintos. Todos salvo la carpeta de informes manuscritos, que guardó en un panel oculto del sótano de su refugio.

No tenía ningún plan preconcebido. Sólo una idea. Hughes pagaría bien por sus documentos. Profesional decidió pedir por ellos un millón de dólares.

Pero en realidad ya no buscaba dinero. Quería un millón, desde luego, pero en realidad aspiraba a tener la ocasión de tratar de igual a igual con Howard Hughes. En su fantasía, Profesional se veía ahora, él, un hombre de la calle, sentado a la misma mesa con el hombre más rico de América; sentado con él en pie de igualdad, sabiendo que él tenía las propiedades más preciadas del multimillonario, todos sus secretos, escrito todo con su propia letra y sabiendo que en aquel juego único sería él y no Hughes quien tendría todas las cartas.

Se convirtió en su obsesión. Lo que más deseaba era jugar una partida de póker mano a mano con Howard Hughes.

Diez días después del robo, telefoneó a Romaine un individuo que dijo llamarse Chester Brooks. Quería hablar con Kay Glenn, Nadine Henley o Chester Davis. Se lo comunicó Davis, quien manifestó no conocer a ningún señor Brooks.

El señor Chester Brooks volvió a telefonear dos días después. Esta vez añadió: «Es sobre el robo, y es urgente.» Y ofreció pruebas convincentes. Invitó a los ejecutivos de Hughes a echar un vistazo al sobre blanco del cubo de basura verde que había bajo el árbol del parque que quedaba frente a las oficinas de la empresa en Encino.

Nadine Henley miró por la ventana y localizó el sobre. Temiendo una trampa, avisó a los artificieros de la policía, que se hicieron cargo de él. Era explosivo, desde luego.

Contenía un comunicado manuscrito de Hughes en una hoja de papel amarillo. Estaba dirigido a Robert Maheu, fechado el 6 de junio de 1969. El texto era el siguiente:

«Bob:

»Me encantaría poder comprar Parvin del mismo modo que Air West. ¿Cree que podría hacerse? Yo daba por supuesto que los gritos de monopolio lo impedirían.

»Si realmente pudiera conseguirse, creo que sería un gran éxito y quizá cambiara todos mis planes.

»Conteste, por favor. Con la máxima urgencia.

HOWARD»

El documento no sólo le sirvió a Chester Brooks de credencial (proporcionando así la primera pista de los documentos robados), sino que también planteó ciertas cuestiones inquietantes. Hughes y dos de sus colaboradores principales estaban en aquel momento sometidos a investigación judicial por el caso de la Air West. Y en aquella nota el multimillonario proponía la adquisición de Parvin-Dohrmann, propietaria de varios casinos de Las Vegas, «del mismo modo que Air West».

Además, Parvin era entonces una pantalla de la Mafia y esto era de dominio público; la controlaba Sidney Korshak, un abogado de Beverly Hills considerado por la Secretaría de Justicia como uno de los dirigentes más poderosos del delito organizado. Hughes había tratado anteriormente con él, y el nombre de Korshak saldría de nuevo a la luz en la saga del robo de Romaine.

Pero, de momento, el misterioso Chester Brooks ocupaba el centro del escenario. Había dicho a los ejecutivos de Hughes que debían demostrar su interés poniendo un anuncio en *Los Angeles Times*, con el mensaje «APEX-OK» y un número de teléfono invirtiendo el orden de las cifras. Así lo hicieron. Al cabo de tres días, el señor Chester Brooks volvió a telefonear y habló con Nadine Henley. La policía grabó la conversación.

Primero, Brooks tenía un mensaje para Hughes: «Tal vez le agrade saber que esto no forma parte de ninguna conspiración de la gente de Maheu y que no deseamos personalmente ningún mal a ese señor.»

Luego intentó presionar a Henley: «Nos llevamos bastante menos dinero del que se ha dicho. Díganselo. Tal vez haya alguien en la empresa que le roba.»

Brooks pasó a continuación a hablar de negocios: «El precio total que pretendemos nosotros es un millón de dólares. Lo queremos en dos pagos. El primero será de 500 000 dólares, por la mitad de los documentos. Y el segundo pago se efectuará en el plazo de tres días.»

Concluía con una advertencia: «Si se produce en cualquier momento un intento de engaño, se interrumpirán inmediatamente las negociaciones. Les llamaremos mañana y entonces nos dirán sí o no.»

Henley intentó ganar tiempo.

—Yo no puedo conseguir ese dinero sacándolo así, por las buenas, del sombrero —dijo, dando a entender que tenía que comunicárselo al señor Hughes—. A veces me resulta bastante difícil ponerme en contacto con él, ¿comprende?

—Bueno, eso es asunto suyo. Sólo llamaremos otra vez.

Según lo acordado, Brooks telefoneó al día siguiente para recibir la respuesta de Henley. La policía estaba esperando. Había un helicóptero y una flota de coches patrulla en situación de alerta, todos dispuestos para la caza en cuanto se localizase la llamada. Localizaron las tres primeras cifras en unos segundos, empezaron a centrar la localización en Hollywood Norte... y no pudieron llegar más lejos.

Nadine Henley no estaba allí para recibir la llamada.

—De acuerdo —dijo Chester Brooks; y colgó.

No volvió a llamar nunca.

Profesional se quedó inmovilizado con su botín de un millón de dólares. Decidió esperar a Hughes. Esperar que estuviera dispuesto a sentarse a la mesa e iniciar la gran partida. Esperar que Hughes fuese a buscarle. Así transcurrieron días, semanas, meses. Oía entretanto noticias sobre Hughes a través de su televisor; noticias de Maheu, Nixon, Rebozo, Watergate, preguntándose qué pasaría si cualquiera de ellos hubiese dado la orden de perpetrar el robo, viendo cómo todas aquellas fuerzas giraban en remolino en torno del multimillonario oculto, mientras él seguía allí sentado con todos sus secretos.

Y mientras Profesional esperaba, y sin que él lo supiera, empezaba a filtrarse el mayor secreto.

Cuando se produjo la última llamada telefónica para la venta de los documentos, Nadine Henley y todo el alto mando de Hughes estaban a bordo de un barco misterioso en el puerto de Long Beach, en la fiesta de despedida más selecta del mundo.

Mientras esperaban en vano que Chester Brooks volviera a telefonear, el misterioso barco (el *Hughes Glomar Explorer*) partía rumbo a un punto del Pacífico situado a 750 millas al noreste de Hawaii con una misión sumamente secreta.

El *Glomar* era conocido en el mundo como un buque muy perfeccionado, diseñado para la explotación minera de los fondos oceánicos. Pero Kay Glenn sabía algo más. La aventura minera era sólo una tapadera. Y, en realidad, aquel barco de 350 millones de dólares no pertenecía a Hughes sino a la CIA.

Muy pocas personas más lo sabían, y el 1 de julio, Glenn descubrió algo que todo el mundo ignoraba.

Había desaparecido un documento que explicaba la verdadera misión del *Glomar*. Al parecer, estaba en poder de los asaltantes desconocidos que robaron en Romaine un mes antes. El fallo de seguridad no podía haberse producido en un momento más delicado. El *Glomar* acababa de llegar a su destino y estaba a punto de extender una pinza gigante cinco kilómetros bajo la superficie para recuperar un submarino ruso hundido en el Pacífico.

Bill Gay, el jefe de Glenn, llamó a William Colby, director de la CIA, para darle la noticia. Por su parte, Colby llamó a Clarence Kelley, director del FBI. Kelley llamó a su vez a William Sullivan, jefe de la oficina del FBI en Los Ángeles. Y Sullivan fue directamente al cuartel general de la policía de Los Ángeles a conferenciar con su jefe, Ed Davis.

Cuando Sullivan salió de la reunión secreta con el jefe de policía, bajó al piso inferior a informar a los agentes encargados de la investigación de Romaine. Les dijo que se trataba de un caso en el que estaba comprometida la «seguridad nacional». No mencionó el *Glomar* ni el submarino ruso, pero comunicó a los policías que no debían leer los documentos robados a Hughes si los recuperaban.

—Teníamos que cerrar los ojos, meter los documentos en una bolsa y entregarlos al FBI sin leerlos —diría un agente que asistió a la reunión—. Eso nos dijeron. No sé cómo esperaban que encontráramos los papeles con los ojos cerrados.

Romaine ya no era un caso limitado a la policía local. Mientras se dejaba a los oficiales de rango inferior andar a tumbos y a ciegas, John Warner, asesor general de la CIA, se reunió en secreto con el jefe de la policía de Los Ángeles, Ed Davis, y con el fiscal de distrito, Joseph Busch.

—Es evidente que Busch y Davis creían que estaban haciendo

realmente algo importante por la seguridad nacional —recordaba un fiscal que conocía los detalles—. Pero para los tipos que llevaban la investigación fue un desastre. Nadie sabía lo que pasaba. La gente de Hughes era tan misteriosa que no podíamos sacarle nada; luego interviene el FBI y empieza a jugar al ratón y al gato, diciendo: «El caso es vuestro, pero no preguntéis de qué se trata.» Y acechando detrás de todo, la CIA.

En realidad, algunos funcionarios locales de justicia se preguntaban si la CIA no se habría inventado lo de la «seguridad nacional» para sabotear su investigación e impedirles descubrir los secretos de Hughes.

Entretanto, en Washington, una comisión de estudio de la CIA, precipitadamente organizada, declaraba: «Los ladrones podrían muy bien haber sido contratados por la propia empresa», y se preguntaba si de verdad faltaría el documento del *Glomar*.

Quizá todo el miedo desencadenado por el caso del *Glomar* no fuese más que una treta para encubrir que Hughes se había robado sus propios documentos y, al mismo tiempo, azuzar a la CIA contra Maheu.

«Hughes puede intentar culpar del robo a Maheu —informaba la comisión de estudio—. Y puede intentar simultáneamente comprobar hasta qué punto afecta a la CIA la pérdida de ese delicado documento, con la esperanza de que se ofrezca a interceder en el juicio de Maheu.»

Pero la CIA tenía que creer que el documento del *Glomar* había sido robado; debía aceptar incluso que podía estar en manos de los rusos, y William Colby tenía que decírselo al presidente.

Debió ser una extraña reunión. En menos de un mes, Richard Nixon se vería obligado a dimitir, y se estaba realizando una investigación a fondo de su relación con Hughes. Colby sabía que el presidente tenía otras razones, aparte del *Glomar*, para preocuparse por el robo de los documentos de Romaine: tal vez hubiera «dinamita» entre los papeles secretos robados.

En realidad, la CIA sospechaba que la Casa Blanca pudiera estar tras todo el asunto. En su primera lista de «posibles culpables» indicaba que el robo podía tener motivaciones políticas y estar destinado a obstaculizar o apoyar la investigación de Watergate. Entre los «posibles culpables», la CIA incluía fuerzas contrarias al proceso contra el presidente si los documentos eran comprometedores.

Pero Colby afirmaba no recordar que se hubiera mencionado Watergate en su encuentro con Nixon, y aseguraba que se habló muy poco de Romaine.

—Evidentemente, era un problema importante, y yo, como responsable, informé de lo que pasaba. Estoy seguro de que analizamos el posible descubrimiento del proyecto *Glomar*. Pero la verdad es que no recuerdo que hablásemos en concreto del robo de los documentos. Quiero decir, sencillamente, que era muy normal que le mantuviera informado de algo así.

Y si Nixon pensaba en algo más que en el *Glomar*, también Colby tenía otras preocupaciones. No sólo estaba a punto de estallar el asunto de la conjura para asesinar a Fidel Castro, sino que la organización Hughes tenía también un monopolio virtual de los satélites espías ultrasecretos y proporcionaba tapaderas a los agentes de la CIA que actuaban en el extranjero.

—Teníamos otros contratos con elementos del imperio Hughes (asuntos de investigación y tecnología), y en qué medida cualquiera de ellos... —La voz de Colby se pierde. Luego sigue—: Pero no sé lo que robaron. No creo que lo sepa exactamente nadie. Así que no puedo decir que quedara comprometido algún otro proyecto. Sencillamente, no lo sé.

Sólo una cosa era segura: había que recuperar los papeles secretos desaparecidos.

Mientras el *Glomar* extendía su garra gigante y Colby charlaba con Nixon, y toda la red de servicios secretos Hughes-CIA-FBI se ponía en alerta roja, se incorporaron al guión dos nuevos personajes. Leo Gordon, guionista y actor ocasional, y Donald Ray Woolbright, vendedor a temporadas de coches usados, fichado por la policía como ladrón de poca monta.

Su supuesta intervención a finales de julio, convirtió el gran robo de Hughes en un melodrama tipo *Arriba y abajo*, interpretando Woolbright y Gordon la trama secundaria, en tanto la principal corría a cargo de hombres poderosos que perseguían desesperadamente grandes secretos. Antes de que todo concluyera, Woolbright sería acusado por un gran jurado en el que Gordon actuaría como testigo estelar. Su siguiente aparición en escena se conoce gracias al testimonio de Gordon:

—No sé si debería contar esto —comenzaba Woolbrigth vacilante, paseando por el salón del actor—. Pero hace días que estoy dándole vueltas y me vuelve loco. Me enfrento a algo que me excede, y no sé bien cómo proceder.

El vendedor de coches estaba muy nervioso. No podía parar sentado.

—¿Quién crees que es en este momento el hombre más importante del mundo? —preguntó, de pronto.

—Kissinger —contestó Gordon.

—¿Y qué me dices de Howard Hughes? ¿Qué dirías si te contase que tengo dos cajas con documentos personales de Howard Hughes?

Gordon, que había leído lo que decían los periódicos del robo, supuso que los documentos procederían de Romaine. Según él, Woolbright se limitó a asentir cuando se lo preguntó.

Era razonable que el misterio de Romaine diese este giro de película mala y acabase planteándose en la sala de estar de Leo Gordon. Gordon, un envejecido veterano de Hollywood, había interpretado papeles secundarios en una larga serie de películas de tercera categoría, con títulos como *Casta inquieta*, *Furia asesina* y *Un gatito con látigo*. Había actuado también, muy adecuadamente, en *El hombre que sabía demasiado*. Su rostro correoso y anónimo había aparecido en todas las series televisivas de acción, desde *Gunsmoke* a *Los intocables*. Como actor, casi siempre había interpretado papeles de malo. Era especialista en escenas de muerte; todas sus interpretaciones juntas durarían unas tres horas.

Woolbright tenía también una imagen de tipo duro. Pero no había sido fabricada en Hollywood. El vendedor de coches, un producto de los barrios pobres del norte de San Luis, había acumulado en su ciudad natal unos antecedentes penales casi tan largos como la lista de créditos cinematográficos de Gordon. Contaba con veintiséis detenciones, por acusaciones que iban desde robo con allanamiento y venta de mercancías robadas a asalto y tenencia ilícita de arma. Mas, a pesar de tantas detenciones, Woolbright no había estado en la cárcel, y sólo le habían condenado por una falta leve. En San Luis, la policía le calificaba de «ratero», ladrón callejero sin auténtica talla en el hampa. Y nadie podía creer que Woolbright estuviera ni remotamente relacionado con el asunto Hughes.

—Si lo estuviera —decía un oficial—, sería como si un jugador de béisbol de solar fuese a disputar la Liga, en primera división, y se clasificara para el campeonato mundial, nada más agarrar el bate.

Entonces, ¿cómo tenía el vendedor de coches usados los documentos secretos del multimillonario? Él decía que se los había dado *Bennie*.

Woolbright le explicó esta historia, según Gordon: estaba una noche en su casa y recibió una llamada de un individuo de San Luis llamado Bennie. Y el tal Bennie (al que conoció dos años antes en el funeral de un amigo y al que no había vuelto a ver) dijo que representaba a cuatro individuos de San Luis que llevaban el asunto Romaine «a comisión». Bennie quería que Woolbright exigiera un rescate por devolver los documentos a Hughes.

Según la versión que dio Gordon de la extraña historia de Woolbright, era un auténtico tesoro.

—Había material de pagos a políticos (a Nixon, creo) y alusiones a Hubert Humphrey como «nuestro muchacho Hubert» —afirmaba el actor—. Documentos sobre Air West y la TWA. Una relación completa de todo lo que pasa en Las Vegas. Y muchísimas cosas sobre la CIA.

Todo ello escrito por el propio Hughes de su puño y letra.

Pero la tentativa de cobrar un rescate por los documentos había fracasado. El posible cobrador estaba sin trabajo. Entonces, Woolbright, al parecer, empezó a pensar en Clifford Irving y a considerar que si Clifford había conseguido 750 000 dólares por una falsa autobiografía, los auténticos documentos valdrían como mínimo otro tanto.

—Por eso vino a verme —explicaba Gordon—. Pensó que como soy escritor profesional, podría ayudarle a vender los documentos.

Aun así, era extrañísimo que eligiera a Gordon. Aunque hubiese interpretado muchas veces el papel de villano como actor, en realidad estaba muy próximo a las fuerzas de la ley y el orden. Gordon era una cara conocida en la comisaría, pues había escrito más de veinte guiones para *Adam 12*, una serie de televisión que ensalzaba a dos polis de ficción. En las placas de matrícula del coche de Gordon decía ADM-12, tenía una placa de policía honorario y su mejor amigo era un investigador de la oficina del fiscal del distrito.

¿Por qué un compinche de tercera categoría de los ladrones más buscados desde Watergate, habría de arriesgarse a descubrir involuntariamente el pastel a un poli aficionado? ¿Por qué habrían de confiar los ladrones su valioso botín a Woolbright, un individuo al que su supuesto contacto sólo había visto una vez? No tenía sentido.

Pero la versión de Gordon pronto sería fundamental para todo el caso Romaine, y nuevos personajes arrastrados al drama confirmarían la conexión Woolbright.

En primer lugar, el actor llevó a su nuevo socio a ver a una ejecutiva de Hollywood, Johanna Hayes; pero ella les dijo que nadie compraría documentos comprometedores para Hughes a un vendedor de coches usados. Así que se entrevistaron con un abogado que Gordon sabía que estaba «bien relacionado».

Woolbright le enseñó al abogado, Maynard Davis, un documento supuestamente escrito por Hughes, y Davis telefoneó a su «tío Sydney», Sydney Korshak, considerado uno de los principales dirigentes del delito organizado del país.

En realidad, la policía de Los Ángeles creía que Korshak pudo haber intervenido en el asunto Romaine. Según el informe oficial, Ralph Winte, jefe de seguridad de Hughes, manifestaba haber «recibido información de que tal vez estuvieran complicados dos abogados: Sydney Korshak y Morris Shenker... Si se realizase la venta (de los documentos) se haría a través de esos abogados».

Pero Davis alegó que su tío Sydney estaba fuera de la ciudad cuando le telefoneó, y juró que nunca llegó a hablarle de los documentos de Hughes.

Gordon declaró que él y un Woolbright bastante desilusionado abandonaron la oficina del abogado y fueron hasta un café próximo.

—Bueno, intentamos la mejor solución y supongo que somos demasiado insignificantes para manejar este asunto —dijo, al parecer, el vendedor de coches—. Nos viene grande. Tendré que devolver el material y olvidarme del asunto.

Si Woolbright estaba desanimado, igualmente lo estaba un gran equipo de agentes del FBI y de la CIA y funcionarios de la policía de Los Ángeles. Habían pasado dos meses desde el robo sin que hubieran logrado descubrir nada, y el *Glomar* estaba realizando su misión ultrasecreta bajo la amenaza de un súbito descubrimiento de sus actividades.

Por último, *Adam 12* Gordon informó a la policía. Cuando su extraña historia de la conexión Woolbright se propagó por los círculos judiciales, la reacción fue inmediata y, aparentemente, decisiva. El FBI indicó a la policía de Los Ángeles que Gordon había vuelto a establecer contacto con Woolbright y comunicó a Davis, jefe de policía de aquella ciudad, que había un millón de dólares, en fondos de la CIA, disponibles para comprar los peligrosos secretos de Hughes.

«Resumen: Esta opción indudablemente se complica —decía un informe de la CIA—, pero debe considerarse una insignificancia si la comparamos con el tiempo, el esfuerzo y el dinero gastados hasta el momento en *Glomar*.»

Con un millón en la mano, el FBI y la CIA prepararon un minucioso plan: «Informante controlado por la policía de Los Ángeles se encontraría con principal sospechoso Woolbright en los dos próximos días, con el único propósito de indicar que el informante tiene un posible comprador del Este. El informante de la policía de Los Ángeles presentará al vendedor al abogado de esta ciudad, quien dará entonces el nombre del abogado de Nueva York, el cual tiene un cliente interesado en la mercancía robada. El agente del FBI de la delegación de Los Ángeles será identificado como representante del abogado de Nueva York, y estará dispuesto a volar a Los Ángeles con 100 000 dólares para negociar la compra. Una de las condiciones será no adquirir la mercancía sin verla y poder examinar cada pieza, una por una. Se cree que este procedimiento permitiría al agente encubierto examinar toda la mercancía. Se depositarán 100 000 dólares en una caja fuerte de un banco de Los Ángeles como "dinero de muestra", a fin de que lo utilice en la transacción el agente encubierto.»

Ése era el plan. Mas, pese a las apariencias de intriga de alto nivel y de altas finanzas, lo que siguió fue baja comedia.

Siguiendo órdenes de la policía, Gordon se entrevistó con Woolbright en un restaurante nocturno cerca de su casa. Pero al actor no le explicaron bien su papel. Sólo le habían dicho que debía renovar el contacto. Nadie le aleccionó sobre lo que tenía que decir. Al dejarle improvisar, Gordon elaboró una extraña historia. Le dijo a Woolbright que el actor Robert Mitchum aportaría el dinero para rescatar los documentos robados. La reunión terminó sin resultados decisivos.

Los agentes decidieron apresuradamente que Gordon conferenciase con funcionarios federales; pero horas antes de la reunión programada, llamó Woolbright y exigió una entrevista inmediata. La historia de Mitchum no había resultado.

—Está bien, hablaré claro —concluyó Gordon—. La policía está en el asunto. Los federales están en el ajo. Saben de mí y saben de ti, y todo lo que les interesa en este momento es recuperar esos documentos porque está comprometida la seguridad nacional.

Según Gordon, Woolbright recibió la noticia tranquilamente, pero hizo una advertencia:

—La gente para la que trabajo no es la más amable del mundo, llegado el caso. Si la cosa se tuerce, podría llevar años, pero pagaremos el pato.

Gordon dice que llegaron a un acuerdo: Woolbright entregaría una carpeta para demostrar que tenía los documentos; Gordon le daría 3 500 dólares de adelanto.

—Me dijo que se iba inmediatamente; luego añadió: «Pero, por Dios, no avises a la policía... Si aparezco con escolta, soy hombre muerto.»

Aquella misma noche, más tarde, Gordon se encontró por primera vez con un representante del gobierno. El funcionario se presentó como Don Castle, pero no llegó a enseñarle ningún documento de identificación, y se negó a especificar a qué organismo federal representaba. Le dijo a Gordon que le avisase por mediación de la policía cuando Woolbright volviera a telefonearle.

La llamada se produjo al cabo de dos semanas. Woolbright dijo que «estaba trabajando aún en el asunto». Gordon quedó para una segunda entrevista con Castle en un hotel de Hollywood Norte.

—Cuando llegue el momento, quiero tener la situación bajo control —dijo el misterioso agente. Luego añadió, entre risas—: Quizá consigamos la carpeta que nos interesa y resolvamos todo este asunto por tres mil o cuatro mil dólares.

No sería así. Según Gordon, no volvió a tener noticias de Woolbright ni a verle. Ni volvió a mantener más contactos con el misterioso Don Castle.

—Después de aquel último encuentro, me soltaron como si fuera un hierro al rojo —se quejaba Gordon—. Fue muy extraño, la verdad. Fue como si hubiera tenido un diamante muy valioso y, ¡zas!, de pronto se convirtiera en un trozo de vidrio sin valor.

La gran búsqueda de los secretos robados de Hughes había concluido bruscamente.

¿Por qué, después de articular una operación tan complicada para recuperarlos, después de implicar a los jefes de la CIA, el FBI y la policía de Los Ángeles, de alertar inclusive al presidente de los Estados Unidos; por qué, después de asignar al asunto un millón de dólares, todo el mundo renunció sin más, confiando la empresa a un actor de cine de segunda fila?

Al parecer, porque se creía que los secretos de Hughes eran tan peligrosos que, en realidad, nadie quería encontrarlos.

En las semanas que siguieron al fracaso de la Operación Gordon, el FBI y la CIA se pusieron en contacto para proyectar una nueva investigación del asunto Romaine, partiendo de cero... Y en vez de preparar la investigación, decidieron tranquilamente desentenderse del caso.

Un informe del FBI considerado «secreto» explicaba así las cosas:

«El 31 de octubre de 1974, agentes de este organismo se entrevistaron con representantes de una agencia federal para tratar de la situación del caso y de las ramificaciones de la investigación prevista.

»La conferencia celebrada en Los Ángeles incluía un análisis de las posibilidades de una situación embarazosa para dicha agencia federal en el caso de que el FBI realizase una investigación de campo directa y exhaustiva del robo.»

Pero no sólo la CIA podía verse en una situación embarazosa.

«En vista de las posibilidades de indagación e investigación directa de algunas personalidades conocidas a nivel nacional, relacionadas con los intereses de Howard Hughes, que podrían provocar una revelación pública de este hecho, se recomienda que el FBI no siga investigando, a menos que la otra agencia federal interesada esté de acuerdo con las entrevistas antes mencionadas.»

No lo estaba. Aunque seguía corriendo peligro el secreto del

Glomar, altos cargos de la CIA decidieron abandonar la investigación. La agencia había sabido de «una fuente bastante fidedigna» lo robado en Romaine, y pasó la inquietante información al FBI:

«Los bienes robados incluían dinero en metálico, notas personales e informes y documentos manuscritos de Howard Hughes, correspondencia entre éste e importantes políticos, etc. Se dice que los documentos personales bastan para llenar dos baúles pequeños y están archivados en carpetas y catalogados de alguna forma. Al parecer, el contenido es sumamente explosivo desde el punto de vista político y, en consecuencia, tanto Hughes como los demás lo consideran importante y valioso.»

Dinamita política. Ya un presidente había sido depuesto de su cargo por las especulaciones que había desencadenado Watergate debido a sus relaciones con Hughes. Sólo Dios sabía qué más podrían revelar aquellos documentos robados, qué otros poderes podrían estar complicados en Dios sabe qué negocios sucios. Ni el FBI ni la CIA querían intervenir en el asunto.

En noviembre, se reunieron en Langley altos funcionarios para cerrar el caso: «Se decidió, por último, que la agencia no haría más que controlar el caso y que no pediría nada al FBI, salvo lo que el FBI está haciendo; es decir, el FBI controla el departamento de policía de Los Ángeles. En este momento, el departamento de policía de Los Ángeles no está llevando a cabo ninguna investigación, así que, en realidad, el caso está paralizado.»

Y así concluyó la investigación oficial: la CIA vigilando al FBI para que no hiciera nada, el FBI tratando de que la policía de Los Ángeles no tomara iniciativa alguna, y todos temiendo encontrar los peligrosos secretos de Howard Hughes y poner con ello en un compromiso a «importantes políticos» y a «personalidades conocidas a nivel nacional». Les aterraba dar con secretos que era mejor que no se descubriesen.

Era como la escena final de *En busca del Arca perdida*. Nadie quería encontrar a los ladrones de Romaine y menos aún abrir el arca perdida de Hughes.

Casi dos años después me incorporé yo al caso cuando buscaba respuestas a algunas incógnitas relacionadas con el *Glomar*.

Woolbright se hallaba a punto de comparecer a juicio y yo suponía que el robo de Romaine estaba resuelto, que los ladrones se encontraban detenidos y que se había recuperado el botín. Pero después de unas cuantas llamadas telefónicas comprendí que el problema era mucho más complejo: nunca se investigaron pistas que saltaban a la vista; nunca se formularon preguntas evidentes; la organización Hughes no colaboró nunca con la policía ni con el FBI; y la CIA presionó al Gran Jurado. Ni siquiera el fiscal que llevaba el caso estaba seguro de que el único acusado fuese culpable. No tenía idea de quién planeó el robo y, menos aún, de quién estaba detrás de todo el asunto; en realidad, ni siquiera estaba seguro de que se tratara concretamente de un allanamiento.[1]

---

1. Al final, después de dos juicios y de dos jurados empatados, se retiraron todas las acusaciones contra Woolbright. Y no se ha vuelto a acusar a nadie en relación con ese robo.

Por supuesto, los documentos robados no habían aparecido. Yo estaba decidido a seguir, pero era evidente que todos habían abandonado el asunto.

No puedo explicar aquí cómo me metí en el caso Romaine, cómo la pista me llevó finalmente a Profesional, cómo localicé al individuo que tenía los papeles robados; no puedo explicarlo porque prometí protegerle como fuente confidencial.

Tiene menos de asunto a lo Sherlock Holmes que de mucho trabajo de piernas y un poco de buena suerte. Seguí pistas que la policía no siguió, me metí en varios callejones sin salida, me dejé llevar por una corazonada y luego por otra; sencillamente, fui tirando de todos los hilos sueltos hasta que, al fin, el misterio se aclaró. Y cuando lo tuve todo claro, cuando las pruebas parecían definitivas, busqué al hombre que tenía los secretos que el FBI y la CIA temieron encontrar.

—Puedo demostrar que lo hiciste tú —le dije a Profesional.

Estábamos solos los dos, sentados al fondo de un bar. Era la primera vez que nos veíamos. Advertí un abultamiento en la cintura de sus pantalones. Era un arma. No estaba bien oculta.

—Voy a escribir un libro —continué—. Sobre ti y sobre el robo, o sobre Howard Hughes. La elección está en tus manos. Pero si el libro va a ser sobre Hughes, necesitaré tu ayuda. Necesitaré los documentos.

Profesional no decía nada. Ni una palabra. Sólo me miraba con dureza y esperaba que continuase. Le expuse las pruebas. Escuchaba sin hacer comentarios.

No le había asustado. Tuve la sensación de que nadie le había asustado nunca. Salvo Howard Hughes. Procuré mantener el tono de la charla y aliviar la tensión, y empecé a comprender que aquel ladrón estaba absolutamente obsesionado con Hughes, que aquella obsesión había estado a punto de destrozarle, y que los documentos secretos (no admitió que los tuviera) se habían convertido para él en una maldición.

Eso me permitió a mí entrar en escena. En realidad, él quería librarse de aquellos temibles documentos. Pero ¿cómo convencerle de que me los diese? Sé perfectamente que todo el que tiene un secreto está deseando contarlo. ¿Qué sentido podía tener haber logrado aquella gran hazaña si nadie podía atribuírsela a él?

Tenía que ganarme su confianza. Pasamos los dos días siguientes juntos. El primero hablamos catorce horas seguidas, en el bar, en el vestíbulo de un hotel, paseando por la calle, sentados en el parque. Dormimos cinco horas y al día siguiente desayunamos juntos y de nuevo hablamos sin parar todo el día y gran parte de la noche.

Él deseaba hablar de Hughes. Hacía dos años que estaba empeñado en hablar de Hughes y contar lo que sólo él sabía. Pero primero quería saber más de mí, averiguar por qué le había buscado.

Le expliqué quién era. Un antiguo reportero del *Washington Post* y del *Wall Street Journal*, ahora profesional libre con un encargo de la revista *New Times*. Le expliqué cómo me había metido en el asunto Romaine, intentando aclarar otro misterio no resuelto, un proyecto militar ultrasecreto en el que estaba implicado, al parecer, el *Glomar*, y un fantástico plan para desplegar misiles en el fondo del océano.

Todo esto no le impresionó. Lo que sí le impresionó fue descubrir que yo había estado en la cárcel. Que había cumplido una condena más larga que la suya.

—¿Y por qué estuviste? —preguntó Profesional.

—Por proteger a una fuente. Por negarme a entregarle a un jurado.

Esto le gustó. Empezamos a hablar de su delito. Él no admitía nada, pero yo hablaba del robo como si lo hubiese perpetrado él. Me refería a los documentos como si él los tuviese y, poco a poco, también él acabó hablando así del asunto. Le dije que no creía que hubiese hecho nada malo; que, en realidad, lo admiraba y consideraba una gran hazaña el haberse apoderado de algo verdaderamente importante, secretos que el pueblo norteamericano tenía derecho a conocer.

—Y eso ¿en qué me convierte? —preguntó—. ¿En ladrón-investigador?

—Exactamente. Y el verdadero delincuente es Hughes. Él intentó robar todo nuestro país.

—No sé. Me gusta el tipo, ¿sabes? Me gusta de veras.

Parecía un poco nostálgico. Howard Hughes había muerto, precisamente unos meses antes de esta conversación. Sin decir nunca concretamente que había cometido el robo, ni que tenía los documentos secretos, Profesional empezó a explicarme su fantasía, aquel plan suyo acariciado durante tanto tiempo, de jugar una partida de póker, mano a mano, con Hughes.

—Me imaginaba sentado realmente allí, en su ático, jugando con él a las cartas. Y en aquel momento, yo era su igual. Tal vez me liquidaran en cuanto cruzara la puerta, pero allí estaba yo, un auténtico donnadie, jugando con Howard Hughes una partida en la que yo tenía todos los triunfos.

Se había pasado dos años sentado sobre aquellos secretos robados, esperando que le buscaran, esperando que apareciese Hughes para la gran partida. Pero nadie se presentó. Y ahora Hughes había muerto. Y con él la fantasía.

Yo debía inspirarle una fantasía nueva. Pero comprendí de pronto que él mismo había dado ya con ella. En vez de jugar una partida al póker con Hughes, podía jugar a ser ladrón-investigador.

Mencioné a Daniel Ellsberg. Profesional no estaba muy seguro de que fuese aceptable lo que Ellsberg había hecho. Como la mayoría de los delincuentes, era un patriota de la línea dura. Aun así, empezó a saborear el papel, a sentirse importante, noble incluso.

—Si tuvieras tú los documentos, ¿dónde los guardarías? —me preguntó.

Y sin darme tiempo a contestar, arrancó un trozo de papel de mi cuaderno, hizo con él una bolita y, poniéndolo ante mis ojos, preguntó:

—¿Dónde esconderías tú esto? No es tan fácil esconder una cosa de forma que nadie llegue a encontrarla. Ni siquiera una cosa tan pequeña como ésta. ¿Dónde esconderías tú tres baúles?

—¿Dónde los escondistes tú?

—En una pared —dijo Profesional, admitiendo abiertamente por vez primera que tenía los documentos—. Empotrados en la pared de una casa, sin que lo sepa siquiera la gente que vive allí. Llevan casi dos años detrás de esa pared.

—¿Estás seguro de que aún siguen allí? —le pregunté, no porque lo dudase, sino porque quería que lo dudase él. Mientras aquellos papeles estuvieran emparedados en lugar seguro, continuarían fuera de mi alcance—. Es muy curioso que tanto el FBI como la CIA y el propio Hughes dejasen de buscar, que nadie siguiera persiguiéndote. ¿Te has preguntado alguna vez por qué?

—Claro. ¿Qué quieres decir?

—Bueno, me preguntaba si no habrían descubierto ya lo que andaban buscando. Quiero decir que llevas dos años sin ver los documentos. Es posible que ya no estén allí.

Profesional rechazó tal supuesto con un gesto, pero era evidente que le había preocupado. Tenía que conseguir que se preguntara si los papeles no habrían desaparecido, si no habría perdido su tesoro sin enterarse siquiera. Tenía que manipular su paranoia hasta que no pudiera vivir ya con la duda, hasta que tuviese que ir a recuperar los documentos.

En las horas siguientes, me preguntó varias veces si creía en serio que podían haber desaparecido.

—¡Quién sabe! Desde luego, explicaría muchas cosas.

Y la noche del segundo día, tarde ya, Profesional dijo de pronto:

—Está bien. Voy a sacarlos. Te los enseñaré.

Así. Resultaba difícil creerlo. Había sido demasiado sencillo. Empezaba a preguntarme si de veras tendría los documentos de Hughes, si no sería un farol, si yo no habría estado jugando con él o él conmigo, si no habría seguido otra pista falsa. Y en caso de que los tuviera realmente, ¿no estaría intentando impedirme desenmascararle, prometiéndome algo que no pensaba hacer?

Yo aún no comprendía cuán desesperadamente deseaba él conjurar la maldición. En realidad no lo comprendería hasta tener yo mismo los documentos.

Regresé de aquel viaje para escribir mi relato sobre el robo, dudando ya de haberlo aclarado verdaderamente. En los meses que siguieron, hablé varias veces con Profesional: una llamada a cobro revertido tras otra, y siempre me decía que me enseñaría los documentos, pero que aún no.

Por último, seguí adelante con el artículo, exponiendo el caso como no resuelto, planteando interrogantes sobre quién estaría detrás de todo aquel asunto, sin mencionar nunca a Profesional; en realidad, no estaba nada seguro de cómo encajaba él en todo aquello. Además, no quería poner una X en el mapa del tesoro.

Pero el artículo llevaba un mensaje oculto, un mensaje que indicaba claramente que yo sabía mucho más; y para cerciorarme de que Profesional no se lo perdía, le llevé personalmente un ejemplar de la revista.

Leyó el reportaje de un tirón, volvió a una ilustración que había al principio, en la que se veía a un reventacajas abriendo una caja de Pandora, una cámara de seguridad que derramaba todo tipo de secretos terribles y extraños. Profesional señaló al ladrón y dijo:

—Oye, éste soy yo.

Eso fue lo que le enganchó. No el reportaje, ni el mensaje oculto, sino la imagen. Aquella imagen conmemoraba el robo, le otorgaba al fin cierto reconocimiento, lograba que su aventura pareciese de nuevo significativa. Se pasó el día mirando la ilustración.

Al día siguiente, fuimos los dos de caza.

Él estaba probándome, comprobando si era capaz de salir solo con él al monte (él llevaba una escopeta), si me arriesgaba después de amenazar con atraparle; y cuando avanzábamos entre los árboles hacia un río, me preguntó si le había contado a alguien lo que sabía. Le dije que no.

—¿No crees que es un poco peligroso decirme eso? —preguntó.

—En absoluto. ¿Qué otra persona podrías encontrar que te quitase de las manos esos malditos papeles?

Yo nunca había ido de caza; sólo había disparado contra una lata. Pero tuve suerte y maté un pato y, aunque el retroceso estuvo a punto de partirme el hombro y la mandíbula, advertí que había superado un importante rito, que había conseguido entrar en el terreno de Profesional.

Mientras caminábamos, hablábamos de política, y Profesional me dijo que había recibido una carta de Richard Nixon agradeciéndole su apoyo a la política presidencial en el Vietnam. Estaba fechada el 5 de junio de 1974.

Pasamos luego a hablar de Watergate.

—¡Los muy imbéciles! —dijo Profesional, y lo dijo con auténtico desprecio—. Para un robo no contratas a una pandilla de agentes del FBI y espías retirados. Si quieres cometer un robo, contratas a ladrones.

Y todo el día estuve preguntándome si aquel partidario de Nixon, aquel admirador de Hughes, aquel ladrón profesional extrañamente vulnerable, de ideas derechistas e instintos izquierdistas, iría a entregarme realmente los documentos secretos robados.

Cuando estábamos sentados a la orilla del río, me dijo que lo haría. Y comprendí que esta vez hablaba en serio.

Le dije que tenía que conocer también toda la historia del robo, que le protegería, que no mencionaría su nombre, que en caso necesario iría yo a la cárcel antes que delatarle, pero que debía saber quién estaba realmente detrás del asunto.

—No lo sé —admitió Profesional.

Me contó cómo había sido todo, lo de Ratero, de Rojo, del señor Interior y del hombre-enigma que apareció de pronto la noche del robo. Me explicó detalles que sólo uno de los ladrones podía conocer; pero había algo que no podía decirme: quién estaba en realidad detrás de aquel asunto.

—Nunca llegué a saberlo. No era yo quien tenía que quedarse

con los documentos. Siempre creí que quien estuviera detrás del asunto, fuese quien fuese, acudiría a mí. Pero nadie lo hizo. Sólo tú.

Mis instrucciones eran ir desde el aeropuerto a un salón de masajes. Eso me había dicho Profesional unas semanas después, cuando me llamó para comunicarme que estaba dispuesto a enseñarme los papeles.

—No tienes más que preguntar por Honey. Ella se ocupará de ti.

El salón se hallaba en las afueras de la ciudad, cerca de una mugrienta zona comercial, y estaba decorado con cuadros al óleo de mujeres desnudas, pintados con auténtica pasión por un recluso cuyas fantasías se habían disparado durante su encierro. El pintor era amigo de Profesional, y éste llevaba un porcentaje en el negocio.

Pregunté por Honey. Apareció, me dedicó una sugestiva sonrisa y me hizo pasar, a través de una cortina de cuentas, a una habitación de la parte de atrás.

—¿No vas a quitarte la ropa? —preguntó.

Vacilé, interrogándome acerca de si me habría tomado por un cliente normal, y luego si aquello formaría parte de una pequeña broma, si Profesional me habría mandado allí con la promesa de los documentos para dejarme desnudo en su casa de putas. Por otra parte, aquello podía ser tan sólo una prudente medida de seguridad. ¿Qué mejor medio de asegurarse de que no iba armado ni provisto de micrófonos o grabadoras ocultas?

Me quedé, pues, en calzoncillos, pero Honey me animó:

—No seas tímido.

Así pues, me quité también los calzoncillos. Me examinó, examinó toda mi ropa y luego, cuando me vestí otra vez, me llevó fuera, por la puerta de atrás. Subimos a un coche aparcado detrás del salón y nos dirigimos a un apartamento de planta baja situado a varios kilómetros. Estaba vacío y Honey se fue sin darme explicaciones; me dejó allí solo.

Al principio, me sentía nervioso, sentado en el brazo de un sillón, esperando que apareciera alguien y pasara algo. Esperé diez, quince minutos, media hora. No sucedía nada. El reloj de la cocina marcaba una hora distinta de la que marcaba el mío, así que decidí llamar por teléfono para saber qué hora era. No había línea.

Cansado y tenso, me tumbé en un sofá, pero, en cuanto me eché, sentí que se me clavaba en la espalda algo duro. Busqué entre los cojines el motivo de la incomodidad, y saqué una pistola. Era una semiautomática Browning negra 9 milímetros. Cargada.

Volví a guardarla precipitadamente entre los cojines, me senté muy tieso al otro extremo del sofá y de pronto caí en la cuenta de que había dejado las huellas dactilares en la pistola. Asustado, limpié meticulosamente el arma con el faldón de la camisa y volví a ponerla donde la había encontrado, ya con todos los sentidos en estado de máxima alerta.

En aquel mismo instante, oí que abrían la puerta. Era Profesional. Había aparcado delante del apartamento y estuvo esperan-

para comprobar si me habían seguido. Dijo que iba a llevarme ver los papeles.

Viajamos un rato en coche y, aunque yo no estaba familiarizado con aquella zona, me pareció que daba varias vueltas innecesarias, siempre con la vista fija en el espejo retrovisor. Por último, hicimos unos cuantos giros rápidos, atravesamos un centro comercial y paramos en un motel. Allí no había papeles secretos, pero permanecimos en el lugar más o menos una hora, viendo la televisión. Luego nos fuimos.

—No te creíste realmente que fuera a dártelos, ¿verdad? —preguntó Profesional cuando volvimos al coche. Yo me limité a mirarle, furioso. Se echó a reír y continuó—: Bien; pues sí, voy a hacerlo. No sé por qué, pero voy a hacerlo. Eres el tipo más sincero que he conocido en mi vida o el mayor farsante del mundo. En cualquier caso, voy a dártelos. No lo haría si Hughes siguiera vivo. Si hubieras venido cuando aún estaba vivo él, ni siquiera habría hablado contigo. No hubiese hablado con Colby ni con Hubert. No habría hablado con Nixon. Sólo con Hughes.

Seguimos en el coche un rato en silencio y, por último, paramos frente a otro motelucho perdido en la carretera. En cuanto cruzamos la puerta, vi tres baúles de camarote cerrados con candado.

Profesional los abrió sin ceremonia alguna. Era el final de su aventura y el principio de la mía; él conseguía así escapar de la trampa en que Hughes le había tenido encerrado durante más de dos años, y yo me disponía a meterme imprudentemente en ella.

Dos de los baúles estaban repletos de documentos escritos a máquina en papel blanco, y el tercero estaba lleno de miles de hojas amarillas de bloc, notas y comentarios manuscritos con la firma «Howard». Era la caja «personal» de Hughes: contenía sus comunicados al exterior de toda una era; prácticamente todo lo que le habían enviado sus secuaces y cuanto el propio Hughes se había atrevido a escribir de su puño y letra. Se trataba de un archivo documental completo de sus negocios y de sus tratos, robado de su fortaleza y luego empotrado en una pared, y que ningún extraño más que Profesional había visto ni tocado hasta entonces.

Pasé aquella noche entera y el día y la noche siguientes en la habitación de aquel motel leyendo aquellos documentos, al principio con verdadero temor a parar, pues ignoraba si volvería a tener alguna vez la oportunidad de verlos; luego, me sentí arrastrado, embrujado por las deslumbrantes posibilidades que revelaban aquellos extraños documentos secretos.

Sin duda el material era «dinamita política», pero en modo alguno lo que podrían haber temido el FBI y la CIA. Aquellos documentos manuscritos eran, al mismo tiempo, la fría y desapasionada relación de la corrupción de todo un país y el diario íntimo del hundimiento de un hombre en la locura. El gran secreto que Howard Hughes había mantenido oculto no era este o aquel escándalo, ni este o aquel soborno o negocio sucio, sino algo mucho más impresionante y mucho más aterrador: el verdadero carácter del poder en los Estados Unidos de Norteamérica.

1. EL GRAN HOMBRE

Control remoto.

No había necesidad de aventurarse fuera, ni siquiera de levantarse, de ponerse de pie. La cajita gris plata tenía poder invisible, y sus cuatro botones oblongos lo controlaban todo. Al más leve toque, emitía una señal especial de alta frecuencia, imperceptible para el oído humano, pero capaz de activar un circuito inmenso que prácticamente llegaba a todas partes.

Howard Hughes tenía en la mano el instrumento rectangular. Solo en el dormitorio a oscuras de su escondite de Las Vegas, desnudo, en una cama doble, recostado en dos almohadas y aislado por una capa de toallas de papel de las sábanas revueltas que no se habían cambiado en varios meses, Hughes pulsó un botón. Lo pulsó otra vez. Volvió a pulsarlo.

Los canales de televisión fueron cambiando en sucesión rápida.

Hughes recorrió toda la serie de emisoras en el televisor en color que parpadeaba a sus pies. Luego, satisfecho, dejó a un lado el mando a distancia.

Eran poco más de las dos de la madrugada del jueves 6 de junio de 1968. La cadena ABC no emitía. La NBC había cerrado la programación del día. Sólo el canal 8, emisora local de la CBS, propiedad de Hughes, seguía transmitiendo las lúgubres noticias.

Robert F. Kennedy había muerto.

Hughes llevaba dos noches sin dormir, atrapado por el espectáculo. Había visto a Kennedy proclamar su victoria en las primarias para la presidencia, en California, sonriendo, bromeando, animoso, vibrantemente vivo. Y unos minutos después oyó los disparos, amortiguados al principio por las voces de la multitud que aún vitoreaba, pero claros e inconfundibles luego. Había visto a Bobby sangrando en el frío suelo de cemento.

Fue una conmoción nacional. La consternación y el horror (los angustiosos gemidos de incredulidad, el pánico, la histeria, las lágrimas) se extendieron en oleadas por la multitud de asombrados colaboradores de la campaña electoral y fueron transmitidos instantáneamente a millones de personas de todo el país. La gente estaba viendo la televisión y esperando en todas partes, atenta a los boletines informativos del hospital, reviviendo la tragedia en repeticiones interminables que evocaban, además, los dolorosos recuerdos de Dallas.

Durante todo este tiempo, casi veintiséis horas, Hughes se

había mantenido despierto mirando la televisión, y ahora veía salir a Frank Mankiewicz con los ojos enrojecidos. Desde el vestíbulo del hospital inundado de luz, confirmaba los más graves temores. Inclinado, mordiéndose los labios para contener las lágrimas, el secretario de prensa bajó un instante la cabeza y leyó una breve declaración: «El senador Robert Francis Kennedy ha muerto a la una cuarenta y cuatro. Tenía cuarenta y dos años.»

Mankiewicz hablaba con voz muy queda, pero el fatídico comunicado atronó en la televisión de Hughes, que tenía el volumen al máximo, debido a la sordera parcial del multimillonario. Las noticias de la tragedia siguieron reverberando en su habitación.

Pero Hughes ya no escuchaba. Extendió una mano hasta la mesita de noche, cogió un bloc de páginas amarillas y, colocándolo sobre las rodillas, garrapateó febrilmente una nota para el jefe de su estado mayor, Robert Maheu:

«Me repugna aprovecharme de las circunstancias —escribió—, pero veo en esto una oportunidad que tal vez no se repita en toda una vida. No aspiro a ser presidente, pero deseo tener poder político...

»Hace mucho que lo deseo, pero siempre me había sido imposible conseguirlo. Me refiero a una organización que nos permitiese no tener nunca que preocuparnos de problemillas fastidiosos como este asunto antitrust... en cien años por lo menos.

»Propongo un tipo de montaje que pudiese llevar a la Casa Blanca al gobernador Laxalt en 1972 o 1976.[1]

»De cualquier modo, me parece que precisamente las personas que necesitamos acaban de caer en nuestras manos. Además, si las abordamos de prisa y con habilidad, estarían tan deseosas de obtener nuestra protección como nosotros de conseguirlas a ellas...

»Así pues, en consideración a mi propio sistema nervioso, actuará, por favor, como un relámpago en este asunto: primero, me informará de a quién cree que podemos querer de la gente de Kennedy, y segundo, en cuanto yo confirme su recomendación contactará con las personas indicadas sin la menor dilación. Repito: el carácter absolutamente imperativo de esta misión exige habilidad máxima. Si el asunto no se maneja bien y el proyecto se filtra, estoy seguro de que la prensa me crucificaría implacablemente...

»No obstante, confío en que maneje bien este asunto, y creo que el elemento humano y el aparato político ya formado y en funcionamiento constituyen unos potenciales que son absolutamente inestimables. El riesgo, pues, merece la pena... siempre que actúe usted *con rapidez*. Por favor, infórmeme *inmediatamente*.»

Hughes alzó el bolígrafo, leyó lo escrito detenidamente y firmó «Howard». Metió las dos páginas escritas en un gran sobre de papel manila y golpeó habilidosamente con una larga uña en una bolsa de papel de estraza colgada de la cama como recipiente para kleenex usados. El golpe produjo un ruido agudo; acudió al oírlo uno de los cinco ayudantes que hacían guardia por turnos en

---

1. Paul Laxalt, entonces un oscuro gobernador de Nevada, siempre dispuesto a cooperar con Hughes, y ahora senador, que dirigió la campaña de Ronald Reagan y que tal vez sea el más íntimo amigo del presidente.

la habitación contigua. El ayudante mormón pegó el sobre con la lengua, y se lo llevó a un guardia de seguridad armado que había a la entrada, separado de la suite de Hughes por una puerta cerrada con llave, especialmente instalada en el pasillo del hotel. El guardia, por su parte, bajó nueve plantas en el ascensor, caminó luego unos metros y entregó el escrito de Hughes a Robert Maheu en su casa, quedaba al lado del hotel.

Maheu, ex agente del FBI, de apariencia afable, cuyos rasgos suaves ocultaban una dureza que sólo asomaba a sus fríos ojos negros, no fue capaz, al parecer, de captar plenamente el carácter de su nueva misión. En otro mensaje de la misma mañana, Hughes explicaba con impaciencia sus órdenes, mientras un reactor presidencial volvía con el cadáver de Kennedy a Nueva York, donde permanecería de cuerpo presente en la catedral de San Patricio. Allí, ciento cincuenta mil personas formaron una cola de casi dos kilómetros para echar un vistazo al ataúd.

«Bob —escribiría Hughes—, creí que lo entendería. Quiero que contratemos a toda la organización de Bob Kennedy... con algunas excepciones, claro. Así, no estoy seguro de que queramos a Sallinger y algunos otros. Pero forman un grupo totalmente compenetrado, acostumbrado a conseguir sus objetivos y superar todos los obstáculos. Están habituados al respaldo del dinero de los Kennedy, y nosotros podemos hacer otro tanto. Este grupo fue adiestrado por John Kennedy y los que le apoyaban; y luego, cuando murió John, pasó a R. F. K.

»Es una elección lógica en nuestro caso. No busco favores políticos de ellos. Espero que elija a nuestro candidato, y pronto. Repito: no quiero una alianza con el grupo Kennedy. Quiero ponerlos en la nómina.»

Maheu comprendió. Y obró en consecuencia. No abordó a todo el equipo Kennedy, pero sí a su jefe, el director de la campaña de Bobby, Larry O'Brien. Antes de que terminara el mes, Maheu había establecido contacto. Pocos días después, O'Brien (figura básica de la política norteamericana, muy introducido en la Casa Blanca, que había dirigido con éxito dos campañas presidenciales y estaba a punto de hacerse cargo de la presidencia del partido demócrata) se hallaba en Las Vegas tratando las condiciones. Pronto estaría «en la nómina».

Actuando con la fría audacia de un ladrón de tumbas, Hughes había trasladado a O'Brien de Camelot a su propio reino tenebroso, casi con la misma facilidad con que cambiaba de canal de televisión. Y lo había hecho sin salir siquiera de su habitación. Por control remoto.

A una nación afligida y centrada en los dramas públicos, este drama oculto entre bastidores le habría parecido blasfemo; su lenguaje, una ofensa. Carecía del menor indicio de sentimiento por el asesinato de Kennedy, no revelaba signo alguno de emoción; sólo una prisa enorme por cerrar «el trato». Hughes había seguido la tragedia durante dos días y sólo había visto en ella una «oportunidad».

También había visto lo que echaban de menos los afligidos. El poder en los Estados Unidos no era una novela artúrica de prín-

Bob - I hate to be quick on the
draw, but I see here an opportunity that may not happen
again in a lifetime. I dont
aspire to be President, but
I do want political strength.
I want the kind of strength
Pan American used to have
in the days of Sam Pryor.

I have wanted this
for a long time, but somehow it has always evaded
me. I mean the kind of an
organization so that we would
never have to worry about
a jerky little thing like
this anti-trust problem —
not in 100 years!

And I mean the kind
of a set up that, if we
wanted to, could put Gov.
Laxalt in the White House
in 1972 or 76.

Anyway, it seems to me
that the very people we need
have just fallen smack into
our hands. Also, if we
approach them quickly and
skillfully, they should be as
anxious to find a haven with
us as we are to obtain them.
If we do not move
quickly, they may make other tie-
ups just to avoid losing face
by being in the position of

standing around with no job in sight. They may easily make other arrangements, just in deference to their pride, and once announcing same, they will be much more difficult to deal with.

So, in consideration of my own nervous system, will you please move like lightning on this deal — first, to report to me whom you think we want, of Kennedy's people, and second to contact such people with absolutely no delay the minute I confirm your recommendation. I repeat, the absolutely imperative nature of this mission requires the very ultimate in skill. If it is not so handled, and if this project should leak out, I am sure that I will be absolutely crucified by the press, under the astute handling of Mr. Salinger.

However, I have confidence that you can handle this deal, and I think the potential in manpower and in a political machine all built and operating, I think these potential are just inestimable, and worth the risk — provided you move fast. Please let me hear at once. Howard

cipes martirizados y leales caballeros ligados por honor a un ideal, sino una plaza de mercado donde se compraban y vendían influencias y fidelidades.

La transacción con O'Brien no tenía nada de insólito, salvo el macabro telón de fondo. Richard Nixon, Hubert Humphrey y Lyndon Johnson (prácticamente las más altas personalidades políticas de la época, incluido el propio Bobby Kennedy) tenían también una conexión Hughes, al igual que infinidad de dirigentes nacionales y de potentados locales de menor talla. Hughes les había valorado a todos con el frío distanciamiento de un analista de inversiones. «Ya he hecho antes este tipo de negocio con él —había dicho de Johnson—. Así que para mí no está investido de ningún ropaje de virtud que inspire respeto.» Humphrey era «un candidato que nos necesita y que desea nuestra ayuda», y por tanto, «alguien a quien controlamos suficientemente». Bobby Kennedy, por otra parte, «lograría demasiado apoyo de otros», pero podría ganar, «así que cubramos nuestras apuestas». Sólo Nixon («mi hombre») recibió el espaldarazo definitivo: «Estoy seguro de que conoce las verdades de la vida.»

Camelot era una bagatela. Hacía ya mucho que Howard Hughes había decidido comprar el gobierno de los Estados Unidos.

«Procure determinar quién es el auténtico y verdadero pagador en la Casa Blanca —ordenó en cierta ocasión a su secuaz Robert Maheu—. Y, por favor, no se asuste ante la enormidad de la idea. Aunque no sé a quién tiene que abordar, hay alguien; fíese de mi palabra.»

Hughes hablaba el lenguaje del poder desnudo de todo fingimiento. En último término, lo que le diferenciaba, más que su dinero, más que su megalomanía, más incluso que su misterio, era su contundente enfoque «compre-a-esos-cabrones». No era que Hughes comprase cínicamente a los políticos (había también otros que frecuentaban el mercado), sino que pedía con toda ingenuidad el recibo de venta. Todo el que hacía negocios con él sabía que no había hecho un simple trato, sino una especie de pacto como el de Fausto.

—Estoy decidido a elegir este año a un presidente que nos convenga; un presidente que tenga una gran deuda con nosotros y que la reconozca —había declarado el multimillonario ese mismo año de 1968, un poco antes, preparándose para un cambio—. Como estoy dispuesto a prescindir de toda limitación en este caso, creo que tendríamos que lograr elegir a un candidato y un partido que conozcan las verdades de la vida política.

Hughes ordenó repetidos pagos a presidentes, candidatos presidenciales, senadores, congresistas y gobernadores, sin preocuparse en absoluto de las etiquetas de partido ni de ideologías políticas, sin guiarse por el carisma personal ni por la retórica electoral; rigiéndose exclusivamente por su propia norma básica: «Encuentre el lugar idóneo y las personas idóneas y compre lo que queremos.»

Cuando sus agentes abordaban el gobierno en un plano comercial, los pagos solían tener éxito. Pero sus temores y fobias impulsaban a Hughes a desear lo que ni siquiera su dinero podía com-

6/6/68

Bob —

I thought you would understand. I want us to hire Bob Kennedy's entire organization — with certain exceptions, of course, I am not sure we want Salinger and a few others. However, here is an entire integrated Group, used to getting things done over all obstacles. They are used to having the Kennedy money behind them and we can equal that. This group was trained by John Kennedy and his backers, and then moved over to R.F.K. when John died.

It is a natural for us. I am not looking for political favors from them. I expect you to pick our candidate and soon. I repeat, I don't want an alliance with the Kennedy group, I want to put them on the pay-roll. Please read my last message again.

Many, many thanks and please let me hear!

H.

prar; y por mucho poder que adquiriese, nunca se daba por satisfecho.

—He consagrado toda una vida al servicio de este país teniendo muy poco en cuenta mi glorificación y mi placer personal —se quejaba aquel patriota no reconocido—. Si no recibo más que este trato despectivo, es muy triste.

Ciudadano Hughes. Compraba a los políticos, pero jamás votaba. Atacaba agriamente el sistema fiscal, pero no pagó ningún impuesto durante diecisiete años seguidos. Su imperio producía las armas estratégicas de la era nuclear, pero él luchaba contra las pruebas atómicas en su propio patio trasero.

Ciudadano Hughes. Intentó comprar el gobierno de los Estados Unidos y, en vez de lograrlo, contribuyó a su hundimiento.

Ni Hughes ni nadie podía saberlo entonces, pero la larga pendiente que llevó a Watergate se inició con la nota que escribió la noche en que murió Bobby Kennedy.

Aquella nota situaba a Larry O'Brien en la órbita de Hughes, y esa relación llegó a obsesionar a Richard Nixon, quien temía que la odiada pandilla de los Kennedy descubriese sus propios tratos con el multimillonario. Se rumorea desde hace años que lo que desencadenó Watergate fue el triángulo Hughes-Nixon-O'Brien. Los nuevos datos que aporta este libro dejan claro que Watergate fue una tentativa desesperada de Nixon para encubrir su relación con Hughes.

Hughes había compensado tan cuidadosamente sus apuestas, había canalizado tanto dinero secreto hacia tantas fuerzas rivales, que el choque era inevitable.

Aunque otro más refinados, menos paranoicos, lograsen adquirir más poder real, fue Hughes quien se convirtió en el símbolo mismo del poder oculto; fue él quien derribó a un presidente y él fue quien obligó a plantear la eterna pregunta: «¿Hay un Gran Hombre?»

Él sólo pretendía protegerse.

Los peligros acechaban por doquier y él era muy vulnerable. El mundo estaba tratando con una fachada. El verdadero Howard Hughes yacía oculto en una prisión que él mismo había dispuesto; era un viejo desnudo atenazado por un espantoso dolor y un terror definitivo, que vivía como un interno del pabellón trasero de un manicomio, que parecía un cadáver depositado sobre una mesa del depósito de cadáveres.

Era una imagen de horror gótico, algo listo para la tumba o recién surgido de ella. Demacrado, esquelético (pesaba sólo sesenta kilos, con su metro noventa de estatura) y de una palidez cadavérica, sin color siquiera en los labios. No sólo parecía muerto, sino ya en estado de putrefacción. Sólo el largo cabello canoso, que le llegaba hasta media espalda, la barba rala y enmarañada que le llegaba hasta la mitad del pecho hundido, y las uñas repugnantemente largas que se extendían varios centímetros como una especie de grotescos y amarillentos sacacorchos al extremo de los dedos de pies y manos, parecían seguir aún activos, mostraban aún indicios de vida. Y los ojos. A veces, parecían muertos, como en blanco. Pero otras brillaban en el fondo de sus cuencas hundidas con intensidad sorprendente, casi aterradora, fijos, en una mirada penetrante, dura, inquisitiva. Pero muchas veces parecía que miraban hacia dentro, no hacia fuera.

Hughes sufría dolores. Dolores físicos. Dolores mentales. Era víctima de un dolor profundo, implacable. Muchos de sus dientes eran negros tocones putrefactos, algunos colgaban sueltos de las encías hinchadas, blanquecinas, purulentas. Había empezado a formársele un tumor a un lado de la cabeza, una masa rojiza que surgía entre hilachas dispersas de pelo canoso. De tanto estar en la cama, tenía llagas por toda la espalda, algunas tan graves que llegó un momento en que un omoplato (el hueso desnudo) le asomó por la piel apergaminada. Y luego las marcas de las agujas. Las rutas indicadoras recorrían toda la longitud de sus brazos esqueléticos, llenaban los muslos de cicatrices y se amontonaban horrorosamente alrededor de la ingle.

Howard Hughes era adicto. Era un yonqui multimillonario. Se inyectaba grandes cantidades de codeína, «chutándose» por vía intramuscular habitualmente más de veinte gramos al día, a veces hasta el triple o el cuádruple, administrándose habitualmente dosis consideradas mortales. Llevaba veinte años enganchado, desde el accidente aéreo de 1946; su médico le recetó entonces morfina para aliviar el dolor en lo que todos creían que serían sus últimas horas. Cuando se recuperó, en contra de lo previsto, los médicos sustituyeron la morfina por codeína, y Hughes fue tomando, a lo largo de los años, dosis cada vez mayores, organizando por último una complicada operación de aprovisionamiento ilegal. Obtenía el producto en varias farmacias de Los Ángeles, mediante recetas extendidas a nombre de falsos pacientes.

Era frecuente que despertara acongojado por los terrores del síndrome de abstinencia, e iniciase el día abriendo la caja metálica negra que tenía junto al lecho, donde guardaba el inyectable y la aguja hipodérmica sin esterilizar. Inmediatamente se preparaba un chute, disolvía varias pastillas blancas en agua pura embotellada Polland Spring, y se clavaba la aguja en el cuerpo demacrado. A veces, prolongaba el ritual mediante un «bombeo doble», inyectándose la mitad del líquido blanco, volviendo a sacarlo mezclado con sangre a la jeringa y dejando que la aguja colgara un instante antes de volver a introducirse toda la dosis en el organismo. Luego, se relajaba, y con el primer cálido flujo de alivio y satisfacción a veces canturreaba suavemente entre dientes una cancioncilla que le recordaba los viejos tiempos. Y, por último, a veces llegaba incluso a soltar una leve risilla.

Había otras drogas. Y la codeína no era la peor. Hughes tomaba también grandes cantidades de tranquilizantes, hasta 200 miligramos de Valium y Librium en una sola dosis, diez veces la cuantía normal. Somníferos. Y cuando no se inyectaba codeína, tomaba a puñados Empirin 4, un compuesto de codeína, aspirina, cafeína y al analgésico sintético llamado fenacetín. No era la codeína sino el fenacetín lo que le perjudicaba, lo que destrozaba sus riñones ya muy deteriorados. Acabaría matándole.

El olor a muerte se percibía ya a su alrededor. Apenas se lavaba. Nunca se cepillaba los dientes. En vez de levantarse e ir al cuarto de baño, se quedaba casi siempre en la cama y orinaba en un tarro de cristal de cuello ancho, insistiendo en que los tarros llenos se almacenaran en el armario de su dormitorio. Hacer de vientre era una operación mucho más complicada. Padecía estreñimiento crónico e incurable y pasaba habitualmente gran parte del día, a menudo cinco o diez horas seguidas, sentado inútilmente en el retrete, pese a las enormes dosis de poderosos laxantes. Al final, tenía que renunciar y volver a someterse a la humillación de un enema que le aplicaba uno de sus ayudantes.

Así que allí estaba, repantigado en la cama deshecha, desnudo. El Gran Hombre. Como el retrato de Dorian Gray, el suyo era el auténtico rostro oculto del poder en los Estados Unidos. Toda la corrupción interior se hacía visible. Y como el retrato, también Howard Hughes tenía que permanecer encerrado, oculto a la vista del público.

Nadie sabía cómo era. Nadie sabía cómo vivía. Nadie (ni el hombre de la calle, ni los hombres de negocios ni los políticos que trataban con él, ni los presidentes que le trataban de igual a igual, ni siquiera sus altos ejecutivos) tenía la menor idea de en qué se había convertido Howard Hughes.

Hacía casi una década que nadie le veía.

Y, como el propio Dorian Gray, Hughes tenía una imagen pública que se mantenía siempre joven, anclada en una época anterior, más inocente. La imagen que la mayoría de la gente tenía de Hughes correspondía a su última aparición en público. Vital y vigoroso, todavía bien parecido, aunque ya no conservara el aire juvenil a lo Jimmy Stewart, con el cabello negro alisado hacia atrás, raya en medio, una figura imponente, un gran hombre, totalmente seguro de sí, con cierto aire de galán de película de los años cuarenta, pero mucho más duro y más enérgico, más peligroso, emanando poder. En resumen, Hughes tal como apareció en sus últimos noticiarios.

En realidad, toda su vida parecía haberse desarrollado en una serie deslumbrante de noticiarios.

Huérfano de un millonario a los dieciocho años. Heredero de una fortuna en expansión basada en una pequeña broca de taladro que había inventado su padre. Propietario de un monopolio absoluto sobre el artilugio que se necesitaba para extraer casi todo el petróleo del mundo. ¡Único propietario de una empresa que produciría cientos de millones de dólares!

Hughes en Hollywood. El jovencísimo magnate llega a Ciudad Oropel, dedicando su súbita riqueza a satisfacer sus pasiones: películas, aviones, mujeres. Año 1930: Teatro Chino de Grauman. Cuando aún no ha cumplido los veinticinco, alcanza fama nacional con la película más cara de la historia, *Los ángeles del infierno*. Sigue una serie de grandes éxitos: *The Front Page*, *Scarface*, *The Outlaw*. Hughes en sus propios estrenos, una sucesión en apariencia interminable, de diosas de la pantalla en sus brazos, incluyendo dos que él mismo convirtió en símbolos sexuales: Jean Harlow, la Rubia Platino, y Jane Russell, la Bomba Pechugona. Un productor-playboy fabulosamente rico, de fama un tanto dudosa, paseándose triunfal por la Gran Depresión.

Hughes, el as de la aviación. El audaz y joven piloto, con su cazadora de cuero, un sombrero ladeado chulescamente sobre la frente, de pie junto a los aviones que él mismo diseñaba y fabricaba. Batiendo todas las marcas. Una nueva marca de velocidad en tierra en 1935. Cruza el país y establece una nueva marca en 1936. Vuelve a cruzar el país de costa a costa superando su propia marca en 1937. Y, para coronarlo todo, un asombroso vuelo alrededor del mundo en 1938. Vuelve a casa como héroe internacional para presidir desfiles en Nueva York y en Chicago, en Los Ángeles y en su propia ciudad natal, Houston. El homenaje de un país entusiasmado a los hombres que hacen historia en el cielo. ¡Un Lindberg con incontables millones!

Y luego, de pronto, la tragedia... y el escándalo. En 1946 está a punto de morir en un accidente espectacular. Hughes, piloto de pruebas de un avión de reconocimiento diseñado por él mismo para las Fuerzas Aéreas, pierde el control y estrella el elegante XF-11 en Beverly Hills. Apenas recuperado, en 1947, se ve arrastrado sin ceremonia ante un comité investigador del Senado, acusado de sobornos políticos y de enriquecerse ilegalmente con la guerra.

Hughes ante el juez. Atrapado bajo el resplandor de los flashes. Acusado de obtener contratos de guerra mediante sobornos, organizando juergas con alcohol y mujeres para funcionarios del Pentágono y para el hijo del presidente. En el centro de la polémica, un gigantesco hidroavión de contrachapado: el *Spruce Goose*. La locura de Hughes. Un montón de madera de 18 millones de dólares que nunca se ha alzado del suelo. Hughes se enfrenta a los senadores, impasible. Al salir de la sala formula una audaz promesa:

—¡Si el barco volador no vuela, abandonaré el país y no volveré!

Puerto de Long Beach, 2 de noviembre de 1947. Hughes a los mandos del *Spruce Goose*, empequeñecido por el desproporcionado tamaño del aeroplano de cinco plantas. Jamás se había construido algo de aquel tamaño. Hughes dice que esta vez sólo le hará deslizarse sobre el agua. Pero, de todos modos, las cámaras giran. Y de pronto, el asombroso aparato se alza en el aire y consigue volar kilómetro y medio por la bahía.

Aquél fue el último noticiario de Hughes. En realidad, pocas veces volvió a aparecer en público. Estaba en la cima de la fama. Se oyó incluso un breve «Hughes para presidente». Pero en el momento de su máximo triunfo, se retiró.

Sería el principio de un largo retiro y de una súbita serie de derrotas.

El ahora oculto Hughes parecía que empezaba a perder el control de su imperio, pieza a pieza. Todas sus aficiones se habían convertido en grandes empresas: las películas, en RKO; el taller en que se construían sus aviones, en Hughes Aircraft; su amor a volar, en la TWA. Sus juguetes le habían desbordado. Tuvo que ceder el control directo de la empresa aeronáutica después de un ultimátum del Pentágono. Luego, se vio obligado a vender RKO. Por último, en 1957, sobrevino la crisis.

Estaba a punto de perder la TWA, la empresa más cara a su corazón. Era Hughes contra los banqueros. Hughes quería una nueva flota de reactores y necesitaba el dinero de los banqueros. Éstos, en contrapartida, querían el control, pero él no estaba dispuesto a compartirlo. En el momento crucial de la crisis, el único hombre en quien Hughes confiaba, el único hombre a quien necesitaba, su mano derecha, Noah Dietrich, que dirigía su imperio empresarial desde 1925, su segundo padre, le abandonó. Casi simultáneamente, Hughes se vio forzado a una nueva relación. Se casó.

Era demasiado. En vez de poner casa con su nueva esposa, la joven actriz Jean Peters, Hughes se retiró a un bungalow del hotel Beverly Hills, se quitó la ropa y fue hundiéndose en el aislamiento total... y en la locura.

El aislamiento se convirtió en lo más importante. De hecho, cuando tuvo que elegir entre perder su amada TWA o abandonar su aislamiento, compareciendo ante un tribunal, renunció al control de las líneas aéreas.[2] Como ya no controlaba la empresa, no la quería. En mayo de 1966, vendió la TWA por 546 millones de dólares.

Era el cheque más cuantioso que se había entregado a una persona de una sola vez; era más dinero del que habían conseguido amasar en toda la vida los más famosos «barones del robo». Ahora, la auténtica pregunta era qué haría Hughes con aquella fabulosa cantidad de dinero.

La revista *Fortune* intentó determinar cuál sería la nueva «misión» del fantasma: «El misterio envuelve ahora los planes de Hughes para los 546 millones de dólares que ha recibido. Sólo podemos especular sobre lo que hará con ellos. Al parecer, tiene pensado algo grande y sorprendente; sea lo que sea, sin duda fue un importante factor que influyó en su decisión de vender. ¿Tiene Hughes un nuevo objetivo, cultivado en su mundo propio aislado?»

En realidad, la única «misión» en que pensaba Hughes era encontrar un nuevo lugar para ocultarse. Tenía que huir de California, su hogar durante cuatro décadas, para eludir los impuestos del Estado. Así pues, en julio de 1966, salió por primera vez en cinco años de su dormitorio y se lanzó a cruzar el país: un fugitivo con 546 millones de dólares.

En el viaje en tren a Boston, solo en su vagón privado, Hughes garrapateó unas notas para un mensaje a Jean Peters, en el que intentaba explicar a su esposa por qué la había dejado en su casa de Bel Air. Pretendía hacerle comprender cuál era su misión.

«En principio, no tenía la menor intención de proceder —es-

---

2. La negativa de Hughes a comparecer ante los tribunales acabaría costándole un total de 137 millones de dólares. Los banqueros habían entablado juicio en junio de 1961, tras una batalla por el dominio que empezó cuando impusieron un fideicomiso sobre las acciones de Hughes en la empresa, en diciembre de 1960. En su demanda, exigían que Hughes compareciese a declarar. Al negarse, un juez federal le declaró en rebeldía en mayo de 1963. Más de cinco años después, la indemnización se estableció en 137 millones de dólares, que, con los intereses, significaba un total de 145 millones.

cribía—. En el último instante, empezaste a poner caras largas. Yo pregunté: "¿Por qué?" Dijiste que porque no culminaría la misión. Fallaría como la última vez.»

Habían reñido. Una pelea matrimonial debida a la tensión derivada de la indecisión enloquecedora de Hughes, de sus constantes alertas e interminables dilaciones, y quizá a que habían compartido el lecho durante menos de un año de los diez de matrimonio, y a que Jean sólo le había visto mediante cita concertada en los últimos cinco años.

«En el último instante, no podía afrontar la posibilidad de volver a una relación telefónica —continuaba Hughes—. Así pues, lo demoré. Tú me hiciste saber en seguida que la intimidad y la confianza que habíamos logrado habían desaparecido.

»De modo que rehíce mis planes... Con tu promesa de confiar y creer en mí.

»¿Cuándo me equivoqué? —preguntaba, acercándose al delicado tema de su marcha sin ella.

»Lo esencial de todo el asunto es que, si tú vinieras, no tendríamos opción ni elección. Partiendo de eso, estamos irrevocablemente comprometidos con el lugar en que aterricemos. Si voy solo, o si tú vas sola, ambos podemos mirar alrededor, describir lo que vemos, lo que es asequible y dónde. Luego, la suerte no está echada hasta que llegue el otro.»

Muy razonable. Él tenía que irse solo. Lo habían hablado varias veces.

«Tenía que marcharme. Le expliqué a todo el mundo que nos íbamos. No quiero fallar. Pero no quiero dejarte inquieta. —Empezó a escribir "mi dulce adorada", luego lo tachó por demasiado efusivo—. ¡Cariño! —prosiguió—, quiero hacer lo que tú quieres que haga. Estoy arrinconado, tengo la sensación de que no apruebas que siga adelante con todo esto. Pero si ahora me detengo, creo que tampoco eso sería lo que quieres. Desertaré una vez más.

»Espero que éste sea el comienzo de la vuelta atrás», concluía Hughes, y parecía haber sacado fuerzas nuevas de su confusión, una nueva decisión de poner las cosas en orden.

Luego, inexplicablemente, añadió tres palabras («Córtate la cabeza») y las subrayó con un trazo firme como una furiosa cuchillada.

Destacaba claramente: *Córtate la cabeza.*»

La rabia era inconfundible. Pero ¿qué cabeza buscaba Hughes? ¿La de su mujer? ¿La suya propia? Tal vez ni él mismo lo sabía. Pero las notas que tomó en el viaje en tren a Boston dan perfecta idea de su estado mental cuando inició su búsqueda.

Era inconcebible, claro, enviar el mensaje manuscrito a Jean Peters. Y no sólo por la sorprendente posdata. Hughes jamás envió a su esposa una carta manuscrita. Demasiado arriesgado.

Lo que hizo fue llamar a uno de los ayudantes que viajaban en el vagón contiguo y, a partir de las notas, dictarle un mensaje que éste debía aprenderse de memoria para repetírselo luego a Jean. El mensajero se apeó en San Bernardino, la primera parada, y volvió a Bel Air en coche para comunicar el mensaje de despedida. El mensaje era bastante más equilibrado y simple que las notas. Decía, más o menos, que Hugues la amaba profundamente y que ansiaba que llegara el día en que estuvieran de nuevo juntos.

Algo que evidentemente Hughes no quería mencionar era su destino. Esto era un secreto incluso para su esposa.

De cualquier modo, Boston sólo era una etapa, no el final del trayecto. Hughes había recorrido 4 800 kilómetros sólo para decidir a dónde quería ir realmente.

A las cuatro de la tarde del domingo 27 de noviembre de 1966, el fin de semana de Acción de Gracias, una locomotora que arrastraba sólo dos vagones privados entró en un oscuro empalme ferroviario situado en el desierto, en los arrabales de Las Vegas.

Hughes había vuelto a cruzar los Estados Unidos para su Lucha Final. Había encontrado su nueva misión. Convertiría Nevada en su reino, y emplearía los 546 millones de dólares en crear un mundo que pudiera controlar completamente. Había renunciado a correr, pero no había dejado de ocultarse.

Hughes salía de su retiro de diez años desafiantemente decidido a ejercer todo su poder sin dejar de ser un solitario.

Así, en la oscuridad que precede al amanecer en el desierto de Nevada, comenzó a hacerse cargo del control. Sólo había unos cuantos pasos desde el vagón ferroviario a la furgoneta que esperaba. Podía haber caminado. Pero como un pachá (o un niño mimado) exigió que le llevasen en camilla.

La furgoneta con cortinas trasladó a Hughes a su nuevo refugio, el hotel Desert Inn, un emporio del juego situado en el centro del Las Vegas Street, tal vez el lugar más chillón y público del mundo. Desde luego no era ningún lugar de retiro, ningún refugio natural en los bosques; pero, en cierta manera, era válido.

El Mago de Oz había llegado a Ciudad Esmeralda.

En el Desert Inn ya estaba reservada toda la planta superior. Sus ayudantes le llevaron allí en las primeras horas del día, le bajaron por el corredor y colocaron la camilla en un dormitorio de una suite elegida al azar. En la misma suite había otro dormitorio, y quedaban otras seis suites vacías en la planta reservada para él, pero Hughes no mostró el menor interés por examinar aquellas estancias. Se quedó allí, en la primera habitación que eligieron a ciegas... y no volvió a salir de ella en cuatro años.

En realidad, raras veces se levantaba de la cama. Sin embargo, en aquellos cuatro años, Hughes ejerció más influencia que nunca en el país, hizo sentir su presencia invisible en los consejos de administración de las empresas, en los círculos políticos, hasta en el Despacho Oval de la Casa Blanca.

Hughes era ya más que un multimillonario, con 750 millones de dólares en efectivo por una parte, y otros valores que suponían una cantidad similar, como mínimo. La revista *Fortune* le declararía poco después el hombre más rico de los Estados Unidos. Y su poder superaba incluso su inmensa riqueza. Era el único propietario de la Hughes Tool Company, con su monopolio del aparato preciso para excavar los pozos petrolíferos. Era el único fideicomisario de la Hughes Aircraft Company, una empresa que obtenía magníficos contratos de la Secretaría de Defensa, y que tenía estrechas vinculaciones con la CIA; fabricaba todos los satélites espía que daban vueltas al globo, y fabricó la primera nave espacial que se posó en la Luna. Y aún mayor que su poder real era su poder mítico.

Su prolongada ausencia no había hecho más que aumentarlo. Escondido, invisible durante una década, mejor conocido precisamente por ser desconocido, Hughes se había convertido en el vehículo perfecto para las fantasías de todos.

Si bien la imagen popular seguía siendo la del Hughes de ficción creado por Harold Robbins en su éxito de ventas de 1961, la novela titulada *Los insaciables* (el aventurero solitario, el héroe romántico, el millonario excéntrico), empezaba también a cristalizar una imagen más lúgubre, más siniestra.

Le rodeaba una aureola de escándalo, sus sobornos a los políticos ya eran objeto de rumores, y llegaba a Las Vegas («la Ciudad del Pecado», el centro de poder de la Mafia) cuando las películas de James Bond alcanzaban su máxima popularidad. En la atmósfera sensacionalista de finales de la década de 1960, algunos imaginaban que Hughes era un genio maligno con un plan diabólico para dominar el mundo: Doctor No, Blofeld y Goldfinger en un solo personaje.

Era la visión de un supervillano en su dominio oculto, rodeado de artilugios y resplandecientes bancos de datos, la mirada fija en un inmenso y parpadeante mapa del mundo, sentado a los mandos de todo un refinado despliegue de tecnología avanzada, controlando inmensos ejércitos privados.

La realidad era un Hughes desnudo en su cama revuelta, sin lavar, el pelo hasta media espalda, tumbado en un lecho de toallitas de papel, contemplando su televisor sin más instrumento electrónico avanzado que su mando a distancia Zenith. En la puerta de al lado, su centro de mando (el salón de un hotel) estaba dirigido por cinco mormones y sus enfermeros: antiguos vendedores de patatas chips, albañiles y obreros de fábrica, lacayos sin preparación especial que ni siquiera sabían taquigrafía, equipados sólo con un teléfono, una máquina de escribir eléctrica y un archivador de cuatro cajones.

El auténtico Gran Hombre rodeado de suciedad y desorden. Montañas de viejos periódicos amarillentos esparcidos en un semicírculo cada vez mayor alrededor de su cama, bajo los muebles y por los rincones del atestado dormitorio de cuatro metros y medio por cinco, mezclados desordenadamente con otros desperdicios: rollos de copias de planos, mapas, guías de TV, revistas de aviación y diversos objetos no identificados.

Desde su cama al cuarto de baño se había despejado un estrecho sendero, cubierto luego con toallitas de papel, pero la marea de desperdicios lo desbordaba también, rematado por innumerables kleenex usados que el multimillonario utilizaba para limpiar todo lo que quedaba a su alcance y que luego arrojaba despreocupadamente entre la basura acumulada. Todo estaba unido, en la densa y ubicua capa de polvo que se había ido asentando con los años.

Aquella habitación nunca se limpiaba. Hughes no quería que sus ayudantes mormones revolvieran las cosas ni alteraran sus montones de desechos, que crecían sin control.

En medio de esta increíble suciedad, separados en prístino esplendor, se alzaban montones de documentos pulcramente ordenados. Cubrían toda la superficie disponible. Miles de hojas amarillas de bloc y de notas escritas a máquina en papel blanco, apiladas con absoluta precisión en el tocador, en las dos mesitas de noche y en un sillón, todo al alcance de Hughes desde la cama. Hughes ordenaba y reordenaba compulsivamente aquellos papeles, a veces durante horas seguidas, cogiendo un montón y alineándolo por un lado, por el otro luego, repitiendo incansable la operación hasta que no quedaba una página que sobresaliera un milímetro. Esto era vital.

Aquellos papeles eran los instrumentos de su poder.

Los cuatro años que pasó en Las Vegas Howard Hughes, dirigió su imperio por correspondencia. Fue la única vez que el hombre más reservado del mundo se arriesgó a escribir habitualmente sus órdenes, planes, ideas, temores y deseos.

El propio Hughes subrayaba que aquellos papeles manuscritos eran únicos.

«Mis hombres le dirán que no escribo ni cinco cartas al año —escribía a su nuevo hombre de confianza, su nueva mano derecha, Robert Maheu, cuando éste iniciaba su relación de amistad por correspondencia con él.

»Me he hecho famoso a lo largo de los años por llevar todos mis negocios verbalmente, en general por teléfono. Estoy seguro de que está usted enterado de esta característica.

»Cuando empecé a enviarle a usted largas notas manuscritas, mi gente protestó mucho», continuaba Hughes, recordando la encarnizada oposición de los mormones a aquel cambio súbito, ya que no querían perder su papel de canal exclusivo de comunicación de Howard Hughes con el mundo exterior.

»Querían pasar a máquina ellos mis mensajes, por lo menos, y corregir errores de composición y faltas de ortografía, etc.

»Dije que no, que no había tiempo. Y que le pediría a usted que me devolviese los mensajes para que no escapen a mi control en tal estado.

»Fíjese, Bob, en la investigación del Senado sobre mí. El material que sacaron de mis propios archivos fue la única prueba que les permitió poner el pie en la puerta», concluía Hughes, furioso aún por aquella violación de hacía veinte años, un triunfo que le había dejado una cicatriz permanente.

»Le aseguro que aprendí bien la lección de aquel incidente, y desde entonces controlo con sumo cuidado lo que se acumula en los archivos.»

Sí, debía mantener el control absoluto de sus papeles secretos: «La información más confidencial, una información casi sagrada sobre mis actividades más íntimas.»

La única persona con quien mantenía correspondencia, Maheu,

tenía que devolverle sus escritos. Y Hughes ni siquiera enviaba copias al resto de sus altos ejecutivos, hombres a quienes hacía una década que no veía y con quienes ya ni siquiera hablaba por teléfono. Hacía que sus mormones les leyesen sus comunicados, para que aquellos documentos sacrosantos no saliesen nunca del ático.

Adiestró cuidadosamente a aquellos empleados de confianza para que transmitiesen como robots sus grandes secretos.

«Os he concebido —explicaba en un catecismo muchas veces repetido— como personas que no se dedican a escuchar lo que no deben, como oyentes impersonales, oyentes absolutamente fieles y obligados de transmisiones secretas y privilegiadas... de la misma condición que el telegrafista de antaño, que se veía obligado a transmitir todo tipo de informaciones confidenciales y de carácter personalísimo.

»Recuerdo cuando la diferencia entre el operador provinciano no profesional y el operador metropolitano, bien preparado, era fácilmente reconocible porque el operador provinciano reaccionaba ante el mensaje como si estuviera dirigido a él personalmente, mientras que el buen operador no pestañeaba ni reaccionaba en modo alguno... por muy asombroso que pudiera resultar el mensaje.

»Vuestra condición en la transmisión de mensajes es tan secreta e impersonal como la de una máquina electrónica.»

Seguro de que sus secretos estaban a salvo con aquellos robots, y de que sus despachos no caerían en manos hostiles, Hughes garrapateaba a diario sus órdenes en resmas de papel amarillo de bloc, proyectando durante noches insomnes controlar un mundo al que temía enfrentarse, lanzando una ventisca de comunicados, a veces más de cien páginas en un día.

Y allí estaban todas aquellas órdenes y comunicados, pulcramente amontonados en torno a su lecho, en pilas precisas que se habían multiplicado y crecido hasta alcanzar alturas peligrosas. Hughes tendía un brazo larguirucho, tomaba un fajo al azar y empezaba a hojear sus papeles. Los oscuros secretos de su vida se mezclaban casualmente con los oscuros secretos de Estados Unidos.

Solo en su habitación mal iluminada, recostado en un par de almohadas, Hughes releía algunos comunicados, hojeaba el montón y repasaba algunos más, todo ello mientras cruzaba inconscientemente los dedos de los pies, uno sobre el otro, empezando por el meñique y luego los demás, una vieja costumbre que hacía ahora chasquear sus largas uñas en constante contrapunto al sonido de los papeles que revolvía.

Totalmente inmerso en la lectura de sus comunicados, Hughes era ajeno a los sonidos discordantes. Esta nota hablaba de sobornar al presidente. Aquélla de comprar una nueva compañía aérea. Otra indicaba que había que conseguir más codeína (¿lo habrían hecho?). Unas hojas más adelante, una queja por los impuestos. Luego, sus comentarios sobre un programa de televisión, seguidos de otro comentario sobre la posibilidad de comprar la cadena. Hughes seguía examinando sus papeles, reviviendo triunfos y terrores pasados, rumiando los planes que urdiera un día, una semana o un año antes.

Se detuvo súbitamente y se quedó con la mirada fija. Aquello era importante y no se había realizado. Al menos no a su plena satisfacción. Hughes, obsesionado con su imagen, comprendía que ésta había sido mancillada. («Vuestro patrón está muy lejos de ser el ídolo nacional que fue en otros tiempos», comentaba con tristeza a sus ayudantes mormones.)

Pero tenía un plan, un plan completamente nuevo para presentarse al mundo:

«Deseo que se presente al mundo la actividad Hughes, en una sólida campaña publicitaria, como ejemplo único de empresa competitiva que sigue aún en funcionamiento y que resiste los embates de las hordas de compañías gigantes.

»En otras palabras, la única "tienda de la esquina" con un propietario-director de sus actividades comerciales a la antigua, que resiste la presión todopoderosa de las nuevas compañías, con sus ejecutivos, directores, accionistas, política, batallas por el poder, propiedad de la institución, etc., etc.; en suma, todos los movimientos, tendencias e intrigas que genera el nuevo gigante industrial norteamericano: la gran empresa, la clase dirigente.»

Así se veía Hughes, no como Goliat sino como David, como solitario superviviente del Sueño Americano. Y tenía que hacer llegar aquel mensaje al mundo.

Mientras seguía mirando los documentos, Hughes dio con otro plan que ni siquiera había llegado a despegar. Otro negocio familiar que el propietario de la última «tienda de la esquina» había ideado. Una visión grandiosa de Las Vegas con Hughes en el centro, como corredor de apuestas del mundo entero.

«Le dije una vez que me interesaría adquirir uno de los locales de apuestas de la ciudad», escribía a su ayudante jefe.

»En fin, no veo problema en la adquisición de uno de esos centros. Tengo la esperanza de poder realizar la más endiablada operación de apuestas que haya podido concebirse.

»¿Se da cuenta de que uno cualquiera de las docenas de hombres de negocios del país puede descolgar el teléfono y llamar a su agente de Bolsa desde su oficina o desde su casa, incluso desde un restaurante, y decir: "Charlie, cómpreme cincuenta mil de US Steel."?

»Pues yo he pensado en un sistema de investigación de crédito mediante el cual todo individuo acaudalado del país podrá ser catalogado y clasificado con la información realmente importante necesaria para determinar su integridad y solvencia.

»Quiero crear un sistema que permita a un hombre rico telefonear desde Londres a determinado número de Las Vegas, identificarse y hacer una apuesta sobre lo que sea, cualquier cosa (una carrera de caballos de Hollywood Park, un concurso de atletismo de Florida, un partido de fútbol en Nueva York, unas elecciones, a nivel de Estado o de nación, la aprobación de algún proyecto de ley en el Congreso..., cualquier cosa).

»Además, quiero un dispositivo que permita a un individuo telefonear desde Londres y, después de apostar a algo, como dijimos antes, añadir: "Póngame ahora mismo 10 000 dólares en el Sand."

»De hecho, cuando el individuo que telefonee formule la apuesta, el empleado debería poder activar un cronómetro grabador, que se oiría por teléfono. Así, se registraría el momento exacto de la apuesta, y el empleado podría decir por teléfono al cliente: "Queda hecha su apuesta, a las 12.36.04." Unos segundos después, el empleado podría decir: "El resultado final se ha producido a las 12.36.12... Gana usted un 11 natural. ¿Quiere apostar de nuevo?"

»Y podrían irse introduciendo sobre la marcha una serie de mejoras.

»¿Sabe por qué creo que este sistema cuajaría? Porque a los individuos, simplemente porque es así su naturaleza, les gusta presumir. Ya me imagino a un personajillo de tercera fila que sale a cenar con un personaje muy atractivo y joven del sexo opuesto y coge el teléfono, que le han llevado a la mesa, en el Twenty-One, y hace una apuesta de cinco mil o diez mil dólares.

»Luego, se vuelve a la chica y dice: "Bueno, acabo de ganar diez mil dólares en Las Vegas... ¡Tenemos que gastarlos!"

»¡Imagínese cómo impresionaría a la fémina! Pensaría que el tipo era un sujeto riquísimo y muy de fiar, para poder convencer a la hermandad del juego de Las Vegas de que le concediese crédito y aceptase su apuesta por teléfono, desde el otro extremo del país.

»He de añadir que no debe usted revelar *nada* (*a nadie*, ni siquiera la más leve insinuación) de esta idea de "juego por teléfono".»

Releyendo su escrito, Hughes se preguntaba por qué aquel excelente plan se había quedado en nada. Parecía tan razonable expuesto de aquel modo tan simple y tan meticulosamente detallado... Tomó nota mentalmente de que debía volver a ponerlo en la pista y, mientras tanto, siguió rebuscando entre los documentos, cogiendo otro grueso fajo de la mesita de noche.

Se estaba agotando, pero no podía dormir. Normalmente, permanecía despierto hasta el amanecer. El cuerpo se debilitaba, pero el pensamiento giraba incesante, un motor disparado que no podía parar y, en consecuencia, tenía que encontrar algo, cualquier cosa en que trabajar, seguir trabajando, trabajar hasta la muerte. Al parecer, creía que trabajaba mejor en los límites extremos de la resistencia, forzándose muchas veces a pasar días sin dormir, como si su pensamiento, alimentándose de su cuerpo extenuado, consumiéndolo, adquiriese cierto poder especial.

«Trabajo todo el día; para mí las fiestas significan muy poco porque trabajo siempre —explicaba.

»No tengo absolutamente nada más que el trabajo. Cuando las cosas no van bien, todo puede resultar muy vacío realmente.

»No practico deportes ni voy a clubes nocturnos ni me entrego a otras actividades recreativas, y dado que, en realidad, no hago casi nada más que trabajar, ¿qué me pide usted que haga? ¿Que me meta en un rincón y me quede allí acurrucado y me muera?»

Desde luego, en gran medida esto fue lo que hizo. Y en realidad Hughes pasaba mucho tiempo sin trabajar. Permanecía a menudo atrapado en un atolondramiento catatónico, jugando con su largo cabello, colocándoselo en la parte superior de la cabeza, dejándolo caer luego, u ordenando y reordenando sus papeles. Cuando trabajaba, solía entregarse a una tarea febril pero inútil. Giraba y giraba las ruedas, hundiéndose cada vez más en las roderas, perdido en cuestiones totalmente triviales o imaginarias. Pero siempre andaba torturándose a sí mismo; y en eso sí trabajaba de firme.

A veces, cogía aquellas pilas de papeles y se dedicaba a torturarse con recuerdos. Allí había uno. Un encuentro con un grave peligro, del que había escapado por los pelos. ¡Dios santo! Hasta recordarlo era horrible... Aún así, cogió el escrito y retrocedió en el tiempo.

Era el día en que Lyndon Johnson «abdicó», y Hughes había mencionado de pasada algo sobre elegir un nuevo presidente... «Elegir uno de los candidatos y llevarle a la Casa Blanca»: éstas fueron sus palabras..., pero él se había centrado en una crisis real mucho más próxima al hogar.

Todos sus enemigos conspiraban contra él.

«Por favor, no me declaren la guerra a una hora tan temprana del día —había escrito Hughes en una súplica a Robert Maheu—. Me doy perfecta cuenta de que esto no es algo importante para usted, que sólo es algo que hace presionado por ciertos grupos. Me refiero a la Caza del Huevo de Pascua.»

La Caza del Huevo de Pascua. Había planes (¡no, una conjura!) para celebrarla en su escondite, en el Desert Inn.

«Pero me han dicho que aunque hay gente en Las Vegas partidaria de esta celebración, un grupo más poderoso está consagrado a desacreditarme, y este grupo no se detendrá ante nada.»

Este «segundo grupo» no sólo era tan diabólico como para planear la caza, sino que estaba a punto de lanzar una «campaña de infundios» contra él.

«La esencia de esta historia (y ya ha sido facilitada a ciertos columnistas de Hollywood, que afortunadamente son amigos míos de los tiempos del cine) es ésta: "Estoy avergonzado por mi pasado pecaminoso (aventuras con mujeres, etc.) y ahora paso por una reacción violenta, que se manifiesta en mi negativa al contacto social, sin duda con el propósito de alejar las tentaciones, y en una campaña intensiva y muy cara para la reforma moral de Las Vegas. Estoy presuntamente decidido a iniciar una auténtica guerra generalizada contra las costumbres de Las Vegas, es decir: locales *top-less*, etc., etc., chistes sucios, anuncios sucios, etc."»

Pero ése no era el auténtico peligro, no. El auténtico peligro era la caza del huevo.

«Ahora, según me han informado, y esto es lo que me preocupa realmente, ese grupo militante planea organizar una algarada juvenil que eche a perder nuestra fiesta de Pascua.

»No me apetece gran cosa una repetición, en el Desert Inn, de lo que pasó en el Juvenile Hall cuando aquellos muchachitos destrozaron el lugar. Seguro que dirá usted que algo semejante no podrá suceder, con la fuerza de seguridad bien adiestrada de que disponemos. Sin embargo, me han informado de que nuestros adversarios cuentan con que nosotros acabemos con el motín, porque creen que pueden conseguir más publicidad si lo hacemos.»

Por supuesto. Los guardias del multimillonario no podían contener a los muchachos a garrotazos, aunque perdieran el control y se desmandaran del todo e invadieran su refugio del ático.

«Estudiar detenidamente posibilidades alternativas como trasladar la celebración al Sunrise Hospital y convertirla en una fiesta de beneficencia. Podríamos iniciar el festejo donando 25 000 o incluso 50 000 dólares. Quiero, sencillamente, que se traslade a un sitio donde, si algo va mal, sea un baldón para Las Vegas..., no para nosotros.»

Su paranoia no era una paranoia ordinaria. Tenía su brío y su grandeza. Pero también podía centrar toda su intensidad en el incidente más nimio Y depositar en él todo su terror. Si bien la paranoia lo abarcaba prácticamente todo, en realidad se centraba en todas las formas de «contaminación». Hughes, que no se lavaba y que vivía rodeado de mugre y desperdicios, no hacía más que limpiar el espacio que le rodeaba.

Lo que más le obsesionaba era la pureza de los líquidos. Y había descubierto algo tremendo respecto al servicio de agua corriente de Las Vegas, que exponía en otro angustiado escrito:

«Este sistema de abastecimiento de agua debe ser el único del mundo en que el desagüe de la planta depuradora de aguas fecales, más toneladas de aguas negras sin purificar afluyen a un pequeño estanque, y luego vuelven al sistema, pasando por una criba para eliminar los residuos. Regresan así a nuestros hogares para que nosotros la consumamos como agua potable, agua para lavar y para cocinar.»

Pero el «nosotros» no era exacto. Hughes sólo bebía agua embotellada e insistía en que se utilizara esa agua para cocinar sus comidas. Hacía veinte años que seguía esta práctica. En realidad, sólo bebía agua de una marca, Polland Spring, sólo botellas de cuarto y sólo embotellada en la planta original de Maine. Lo de lavarse no constituía ningún problema grave, pues raras veces lo hacía. Aun así, la contaminación del agua local le inquietaba muchísimo.

«No se trata propiamente de la pureza o impureza técnica; es la sensación asquerosa y repugnante que produce todo el asunto. Es como si se sirviera un filete a la neoyorquina en una de nuestras salas y el camarero le llevase el filete al cliente en una bella fuente, y en vez de perejil y la media rodaja de limón habituales, y los adornos que suelen ponerse para que el filete resulte atractivo, pusieran un montoncito de mierda blanda. Tal vez técnicamente la mierda no tocara el filete, pero ¿cree usted que el cliente disfrutaría comiéndose ese filete?

»Creo que perdería el apetito rápidamente.»

Hughes, por su parte, nunca tenía mucho apetito. Solía comer una sola vez al día, a alguna hora rara, antes del amanecer, y se eternizaba, hasta el punto de que, en ocasiones, había que calentar un cuenco de sopa varias veces. También podía pasar días sin comer nada; otras veces subsistía durante semanas a base de postres. Pero era muy melindroso en lo relativo a la preparación de sus comidas, en especial ante cualquier posible «contaminación».

Ya en fecha anterior había dictado un memorándum de tres páginas a un solo espacio, titulado «Preparación especial de fruta enlatada»:

«El equipo que debe utilizarse para realizar esta operación consistirá en los objetos siguientes: 1 periódico sin abrir; 1 abrelatas esterilizado; 1 plato esterilizado grande; 1 tenedor esterilizado; 1 cuchara esterilizada; 2 cepillos esterilizados; 2 pastillas de jabón; toallitas de papel esterilizadas.»

Hughes destacaba con todo detalle las nueve etapas concretas que había que seguir religiosamente: «Preparación de la mesa», «Preparación de la fruta», «Lavado de la lata», «Secado de la lata», «Preparación de las manos», «Apertura de la lata», «Extracción de la fruta», «Normas higiénicas mientras se manipula la lata» y «Conclusión de la operación».

Cada paso estaba intrincadamente detallado. Las instrucciones para la «operación 3», «Lavado de la lata», eran las siguientes. «El individuo encargado de la operación, abre el grifo de la bañera utilizando las manos desnudas. Ha de ajustar también la temperatura del agua, de modo que no esté demasiado caliente ni demasiado fría. Luego ha de coger uno de los cepillos y, utilizando una pastilla de jabón, formará una buena cantidad de espuma con la que frotará la lata desde un punto situado a unos cinco centímetros por debajo de la parte superior. Debe primero mojar y arrancar la etiqueta y luego frotar la parte cilíndrica de la lata una y otra vez hasta que se eliminen todas las partículas de polvo, restos de la etiqueta y, en general, toda posible fuente de contaminación. Sosteniéndola siempre por el centro, debe procederse luego de igual modo con la parte inferior de la lata, asegurándose de que el cepillo limpia a fondo todas las pequeñas hendiduras del perímetro. Luego, debe enjuagarse, eliminando el jabón. Se tomará a continuación el segundo cepillo y, sosteniendo aún la lata por el centro, se formará una buena capa de espuma y se frotará la parte superior de la lata, el perímetro de la parte superior y los laterales hasta un punto situado unos 15 cm debajo de la parte superior. Debe frotarse de este modo hasta que literalmente se elimine la protección de estaño de la lata.»

Antes de abrir la lata de fruta ya inmaculada, el sirviente del multimillonario habría de «prepararse», siguiendo las instrucciones de la operación 5: «Esta operación consistirá en lavarse y enjuagarse las manos cuatro veces, diferenciadas e independientes, teniendo sumo cuidado de observar las cuatro fases en cada operación de lavado. Es decir, el individuo debe eliminar primero toda partícula frotando con firmeza la superficie de manos y dedos. Luego, ha de poner la punta de cada dedo en la palma de la otra mano y limpiar cada uno de los dedos haciéndolos girar contra la palma y presionando sobre la misma. Ha de entrecruzarlos luego y deslizarlos frotando unos con otros. La última fase consiste en unir las palmas y frotarlas.»

Una vez absolutamente cepillados y lavados hombre y lata, podía extraerse la fruta, lo cual exigía el cumplimiento de las

«Normas higiénicas»: «Cuando el individuo traslade la fruta de la lata al plato esterilizado, debe cerciorarse de que ninguna parte de su cuerpo, incluidas las manos, esté en momento alguno sobre la lata ni sobre el plato. A ser posible, ha de mantener la cabeza, la parte superior del cuerpo, brazos, etc., a unos 30 cm de distancia por lo menos.»

Había una posdata: «Esta operación debe realizarse en todos sus detalles por mínimos que parezcan, y HRH agradecerá profundamente que el encargado de la tarea realice cada fase de la misma lenta y meticulosamente, concediendo plena atención a la importancia de su trabajo.»

La fruta ya estaba lista para llevársela a Hughes, que no se bañaba ni se duchaba en meses y meses y que cenaba en una cama cuyas sábanas sólo se cambiaban unas cuantas veces al año, en una habitación que nunca se limpiaba.

Sin embargo, este documento era uno más de una larga serie, todos ellos parte de un complicado esquema de rituales que el multimillonario había ido imponiendo a lo largo de los años, y que formaban ya un grueso fajo de papeles sueltos que ponía constantemente al día y que se guardaban en el ático. Su objetivo: impedir el «asalto de los gérmenes».

La invisible amenaza exigía vigilancia especial. Había sido una preocupación esencial durante más de una década, y Hughes, antes ya de iniciar su retiro, nunca daba a nadie la mano ni tocaba los tiradores de las puertas. Ahora exigía que todo lo que sus mormones le entregasen fuese manejado con kleenex o toallitas de papel Scott, un «aislamiento» para protegerle de la «contaminación».

Los cinco ayudantes mormones eran su único contacto humano. Pero ni siquiera a ellos se les permitía entrar en la habitación de Hughes si él no lo pedía, ni hablarle hasta que hablase él primero. No existía contacto social ni charla ociosa. Hughes mantenía la puerta cerrada casi siempre y apenas hablaba. Se comunicaba mediante escritos incluso con aquellos individuos que estaban permanentemente en la habitación de al lado. Esto se debía en parte a su casi total sordera, y se negaba a llevar audífono. Para oírle, los mormones tenían que acercarse bastante y gritar. Hughes no los quería tan cerca y, además, su olor corporal y su aliento eran tan hediondos que tampoco ellos querían aproximarse.

Aun así, necesitaba controlar todos sus movimientos. Ninguno de sus sirvientes tuvo un día libre desde que empezaron a trabajar para él, y aunque al final lograron un régimen de doce días seguidos de trabajo y cuatro de descanso en Las Vegas, Hughes prescindía muchas veces de los individuos de servicio, y prefería llamar a uno de los que estaban de descanso para realizar alguna tarea absurda, como medir el «deslizamiento» de su almohada. A veces, todos estaban en «situación de espera».

«En cuanto cada uno de los hombres llegue a su casa, después del trabajo en el hotel, se le ha de llamar y comunicarle el siguiente mensaje —había dictado Hughes al establecer las normas al principio—: "HRH le agradecería que no saliera de casa ni siquiera la fracción de un segundo por ninguna razón, por muy grande que pueda ser la urgencia."»

Los mormones eran su pequeña familia polígama, toda la familia que le quedaba ya, y quería tenerles cerca. Estaba aislado de todas las demás personas. Hasta de su esposa.

No volvería a ver a Jean Peters. Casi todos los días hablaban por teléfono y la conversación era siempre la misma. Hughes intentaba convencer a Jean de que se trasladara a Las Vegas a vivir en una de las dos mansiones que él le había comprado (una mansión regia en la ciudad, de 600 000 dólares, y un rancho próximo, de 200 hectáreas), diciéndole que viviría una vida perfecta en Nevada, que le encantaría el aire puro. Y Jean manifestaba invariablemente que aceptaría ir si Hughes abandonaba su ático del hotel y se trasladaba primero a su nuevo hogar.

Era una situación de tablas. Hughes no podía abandonar su refugio, no podía compartir su vida. Quería a su esposa cerca, controlada, pero realmente ya no podía vivir con ella. Había comprado en secreto una «casa de vigilancia», enfrente de la de su esposa, en Beverly Hills, y la tenía vigilada mientras intentaba todas las noches convencerla de que se trasladase a Las Vegas.

La quería a su modo, al parecer, y aquellas llamadas telefónicas nocturnas eran importantes. A veces, le inquietaba la idea de que ella no estuviera, o se negara a hablar cuando él la llamaba, hacia el amanecer.

«Por favor, llame a la señora y pregúntele si le parece adecuado que la llame esta noche, y pregúntele a qué hora sería más conveniente —escribía a sus mormones un día de Nochebuena—. Recuérdele que hoy es mi cumpleaños.»

Y en cuanto tenía otra vez a su esposa al teléfono, volvía a suplicarle que se fuese con él y le aseguraba que pronto saldría de su encierro. «Decía que se sentía como en una pista de carreras perseguido por los coches —recordaría más tarde Jean—. Casi era una manía suya disponerlo todo y luego empezar a edificar su mundo de sueños.»

En realidad, en el «mundo de sueños» de Hughes no había sitio para Jean, no había sitio para ninguna otra persona. Desde luego, no había sitio para un rival. Hughes soñaba con un mundo en el que sólo existía él, y escribió guiones completos con detalladas instrucciones de lo que habían de hacer sus secuaces para luchar contra las amenazas que pudieran oponerse a su visión solipsista. Un ejemplo de ello nos lo ofrece la súbita llegada a Las Vegas de otro multimillonario.

«Bien. Creo que el número uno en la lista de este año es el señor K-1», escribía Hughes en 1967, preparando una plan para deshacerse de su nuevo rival, Kirk Kerkorian, que acababa de anunciar su propósito de construir el hotel-casino más grande de la ciudad.

»Quiero saber cómo cree usted que reaccionaría si fuese a verle y le dijera algo así como:

»"Kirk, acabo de tener una larga charla con Howard. No tengo que decirle que cuando vendió sus intereses en la TWA, cobró el cheque más grande que se haya llevado un individuo de Wall

Street. Desde entonces, se ha movido muy despacio. Ha hecho inversiones en Las Vegas, pero nada más.

»"Bueno, Kirk, todo esto nos lleva a que yo veo a dos amigos lanzándose a una carrera que sólo puede terminar en un choque desastroso.

»"Howard quiere comprar su terreno y convencerle de que no debe construir el hotel. Creo que lo que quiere ofrecerle es su amistad (y tiene muy pocos amigos), y opino que para usted eso sería más importante que ninguna otra cosa.

»"Él piensa lo siguiente: si hubiese tenido la más remota idea de que usted planeaba hacer esto, se habría instalado en otro lugar. Me consta que ha hecho un estudio exhaustivo para determinar si era posible cambiar de emplazamiento, pero lo cierto es que no puede deshacerse de las propiedades que tiene aquí sin hundir la economía de todo el estado."»

Era Kerkorian quien tenía que irse. Howard Hughes deseaba estar solo en su reino, sin que nadie desafiase su poder absoluto.

Pero, encerrado en su habitación con todos sus grandes planes, con todos sus grandes miedos, con su absoluta necesidad de poder absoluto, Hughes necesitaba un intermediario, un hombre de confianza que pudiese captar las visiones que él escribía en sus notas y convertirlas en realidad en el peligroso mundo exterior.

Y el multimillonario había encontrado a ese hombre (su nuevo instrumento de mando a distancia): Robert Aime Maheu.

Harían juntos la Gran Película, de la que Hughes sería productor, director y guionista. Y Maheu actuaría, interpretando ante el mundo a Hughes.

«Me pasé toda la noche escribiendo el guión. Detallando cada palabra, cada movimiento, cada lágrima, cada suspiro. Están determinadas meticulosamente todas las instrucciones escénicas. La 20th Century Fox me pagaría 10 000 dólares, como poco, por un guión tan bueno como éste. Así pues, quiero ver qué sale de él, aunque me temo que ahora se está desarrollando justamente la última escena, y en ella aparecemos usted y yo caminando hacia el poniente con el paquete bajo el brazo.»

Aun así, ambos estaban a punto de ofrecer todo un espectáculo.

2. BOB Y HOWARD

No fue amor a primera vista. El noviazgo duró doce años. Y en realidad nunca se habían visto. De hecho, al principio Robert Maheu ni siquiera sabía que estaba trabajando para Howard Hughes.

Un día de primavera de 1954, el investigador privado Maheu estaba sentado en su despacho de Washington recién inaugurado, y sonó el teléfono. Se trataba de un caso matrimonial. No era el campo en que solía trabajar. El letrero de la puerta decía: «Robert A. Maheu Associates.» En realidad, aún no había socios, y aunque el despacho sólo quedaba a un par de manzanas de la Casa Blanca, no era nada del otro mundo: escritorio, silla giratoria, percha y poco más. Maheu compartía el espacio (y el teléfono) con un contable. Aun así, empezaba a conseguir algunos casos muy interesantes, como el del tipo que estaba ahora al teléfono.

Era un abogado local. Buen bufete. Tenía un trabajo para Maheu por encargo de un cliente cuyo nombre se reservaba. Quería todos los trapos sucios de un tal Stuart W. Cramer III, un auténtico sangre azul, hijo de un próspero industrial que jugaba al golf con Nixon. El chico acababa de casarse con una joven aspirante a estrella de Hollywood llamada Jean Peters. El cliente anónimo quería un informe completo; pero, sobre todo, quería saber si aquel Cramer tenía que ver con alguna de las agencias de espionaje.

Maheu se apresuró a decirle al abogado que no solía aceptar asuntos matrimoniales. Él no era un detective corriente. Pero en realidad aquel caso entraba en su campo de actuación. Maheu era un detective «muy privado», lo suficiente como para tener un contrato de 500 dólares al mes con la CIA. Dinero bajo cuerda para realizar las operaciones demasiado sucias para la propia CIA: hacer de celestina para Hussein de Jordania; producir una película porno incluyendo en el reparto a un tipo muy parecido al presidente Sukarno de Indonesia... Trabajos raros de este tipo.

Así que aceptó el caso Cramer. No era exactamente que lo necesitara, pero parecía una pera en dulce para un hombre con sus relaciones; y unos cuantos billetes más no le irían mal. En realidad, Maheu estaba metido en un lío. Un lío de casi cien mil dólares. El negocio de la Dairy Dream en que participaba, había acabado en pesadilla. Por eso aceptó el asunto del espionaje.

O así lo explicaría él más tarde, al menos. Tras una carrera deslumbrante en el FBI, sobre todo en tareas de contraespionaje durante la segunda guerra mundial, en 1947 la dejó súbitamente para aprovechar una gran oportunidad mercantil: Dairy Dream. Derechos exclusivos para los Estados Unidos de un nuevo sistema de enlatado de nata pura. Un gran éxito que no tardó en agriarse con el espantoso descubrimiento de que la nata tenía una vida de estantería limitadísima. El coste de retirarla de los supermercados de todo el país resultó ruinoso. Arruinado, Maheu volvió a trabajar para el gobierno como jefe de seguridad de la Small Business Administration, pero su salario neto apenas cubría los intereses de sus deudas. Así que se convirtió en Robert A. Maheu Associates.

Pero no está claro si Maheu era un miserable sabueso que se hacía el importante, o una importante pantalla de la CIA que intentaba parecer un sabueso mísero y arruinado. En 1947, el mismo año que dejó el FBI, empezó a trabajar para la CIA, y Dairy Dream tal vez sólo fuera una desdichada aventura marginal. En cualquier caso, cuando aceptó el asunto Cramer, Maheu no sólo estaba en la nómina de la CIA, sino que también se hallaba introducido en la intriga internacional de altos vuelos.

El caso del «griego codicioso» fue una tragedia clásica. Al menos para Aristóteles Onassis. En su arrogancia, el magnate había llegado a un acuerdo secreto con el agonizante rey de Arabia Saudí, que le dio prácticamente el monopolio del transporte del petróleo desde el golfo Pérsico. Se encomendó a Maheu la misión de torpedear ese contrato. En apariencia, trabajaba para Stavros Niarchos, rival y paisano de Onassis. Pero es indudable que la CIA estaba en el ajo, y también el vicepresidente Richard Nixon; y, aunque ni siquiera los intérpretes de la película parecían saber muy bien quién utilizaba a quién y en beneficio de quién, Big Oil probablemente estuviese manejando los hilos para facilitar las cosas a Aramco. Con todo, era la película de Maheu. Éste colocó escuchas en las oficinas de Onassis en Nueva York, París y Londres, obtuvo pruebas de que el contrato se había logrado mediante un soborno, puso al descubierto el escándalo por mediación de un periódico de Roma que en realidad era propiedad de la CIA, y finalmente viajó a Jidda, donde presentó personalmente las pruebas reunidas a la familia real saudí y logró que el acuerdo se anulara. No estaba mal como primer trabajo de un detective privado.

Y aún encontró tiempo para dedicarse al caso Cramer. Resulta que el muchacho mantenía ciertos lazos con la CIA. Relacionados con Lockheed, al parecer. No sabemos qué otras cosas descubriría Maheu, pero al cabo de unos meses, Cramer III y Jean Peters se habían separado, Jean estaba de nuevo en Hollywood, visitando a Howard Hughes, y en 1957 la ex señora de Cramer se convertía en la nueva señora de Hughes.

Por entonces, Maheu había llegado a la conclusión de que su anónimo cliente era el multimillonario y recibía ya encargos regulares: amañar unas elecciones municipales, ayudar a un presunto chantajista a reconocer su error y cosas así. Por último, el año de la boda de Hughes, Maheu llegó incluso a hablar con él.

Hughes estaba en Nassau para escapar de su esposa y, al mismo tiempo, meditaba sobre un golpe inmobiliario en el Caribe. Desde allí le puso una conferencia a Maheu citándole en las Bahamas. Quería encargarle de que pasase 25 000 dólares a los «chicos de Bay Street». Cumpliendo esta misión, mientras esperaba impaciente en el vestíbulo de un hotel, Maheu vio un instante a su enigmático jefe: de espaldas, cuando Hughes se disponía a tomar el ascensor, reprendiendo a sus ayudantes mormones por no tener la puerta abierta y ya dispuesta para él.

Maheu reconoció la voz. Aquella voz que llegaría a conocer demasiado bien. Pero el viaje a Nassau fue la última aparición en público de Hughes y Maheu no volvería a verle nunca más de cerca. Sin embargo, empezó a pasar muchísimo tiempo en Los Ángeles, atendiendo los asuntos de Hughes, sobre todo los relacionados con mujeres.

Como el «caso de las esclavas cautivas». En el verano de 1959, Hughes, ya en retiro absoluto, refugiado en el hotel Beverly Hills, sin ver a nadie, ni siquiera a su esposa, decidió de pronto añadir a su harén siete aspirantes a Miss Universo. Llevaba años almacenando amantes en casas de seguridad de todo Los Ángeles bajo protección y vigilancia. Y aunque a algunas no las había visto nunca, aún tenía varias en reserva. Y ahora quería más. Rápidamente.

Despertó a Maheu en plena noche, le envió a Long Beach con orden de ofrecer contratos para el cine a las reinas de la belleza. Se indujo a las siete a trasladarse a suites de hotel, donde se las retuvo a la espera de las prometidas pruebas para el cine. Según parece, Hughes perdió interés, y al cabo de unas semanas las chicas empezaron a irse. Cuando el multimillonario se enteró, se puso furioso y asignó a doce agentes suyos la tarea de impedir que se marchase la última, Miss Noruega.

Parece que Maheu no intervino en este primer episodio del asunto. Pero años más tarde reclamaría el reconocimiento por haberle echado tierra encima cuando un comité del Senado lo sacó a relucir.

«Los archivos, Howard —explicaría más tarde Maheu a Hughes—, contenían pruebas absolutamente devastadoras en relación con Miss Noruega, aspirante a Miss Universo, quien afirmaba que la habían tenido prácticamente cautiva. Un investigador privado que trabajaba para usted había vendido una grabación al comité, en la que una chica hablaba con su novio y le decía que la tenían cautiva, que estaba constantemente vigilada, etc. Todas estas pruebas se destruyeron en mi presencia, y no hubo la menor publicidad.»

Maheu se estaba convirtiendo en un agente valioso, en pieza esencial de la nueva y extraña jerarquía de enfermeras, guardaespaldas y ejecutivos que Hughes estaba reuniendo a su alrededor.

El multimillonario ya no se avenía a compartir a su detective. Así se evidenció cuando Maheu decidió volver a Washington para estar con su esposa, que iba a dar a luz a su cuarto hijo. Hughes mostró el mismo empeño en retenerle que el manifestado en el caso de Miss Noruega.

En repetidas y furiosas llamadas telefónicas, Hughes insistió en que se quedara. Le dijo que una vez vio a una mujer que iba caminando por el parque con un cesto a la cabeza, se detuvo el tiempo justo para tener el niño y luego siguió su camino con el niño en el cesto. Finalmente, hablando ya sin tapujos, Hughes le dijo que tenía que cerrar su agencia de detectives, trabajar para él en exclusiva y convertirse en su *alter ego*.

Pero Maheu aún no estaba listo para la monogamia completa. Y el verdadero problema no era su esposa sino la CIA.

La CIA reservaba otra tarea a Maheu: preparar un golpe de la Mafia contra Fidel Castro. Hacía meses que la CIA intentaba eliminar al nuevo dirigente cubano con puros envenenados, LSD, conchas de mar explosivas y un potente depilatorio para conseguir que se le cayera la barba. Y entonces, en el verano de 1960, decidieron emplear a auténticos profesionales. Así que llamaron a Maheu, «un tipo duro, que sabe hacer las cosas». Su misión era establecer contacto con la Mafia y concertar el asesinato por 150 000 dólares.

En la primera semana de noviembre de 1960, cinco individuos se reunieron en una suite del hotel Fountainbleu de Miami Beach. Maheu no necesitó presentar a su agente de la CIA para el caso, James O'Connell, y a su camarada de la Mafia John Roselli. Ya se habían conocido en una fiesta en casa de Maheu. Roselli, el «embajador» de pelo plateado del Sindicato en Las Vegas y Hollywood, presentó a los dos desconocidos: el jefe de la Mafia de Chicago, Sam Giancana, y el antiguo hombre de la Mafia en La Habana, Santos Trafficante. La guirnalda estaba casi completa, y Trafficante dijo que podía reclutar a un cubano para el golpe.

Pero no tardaron en surgir problemas. Unos días antes de la gran reunión, Giancana supo que su chica, la cantante Phyllis McGuire, estaba engañándole en Las Vegas con el cómico Dan Rowan. Para que Giancana se quedara en Miami y siguiera trabajando, Maheu mandó a un agente a poner escuchas en la habitación de Rowan; pero una doncella del hotel sorprendió al agente en la habitación, y el sheriff de Las Vegas llamó al FBI. A Giancana le hizo tanta gracia, que casi se atraganta con el puro de tanto reír.

Y ahora, en el Fountainbleu no había acuerdo. O'Connell, el hombre de la CIA, explicó a los mafiosos que deseaba que liquidasen a Castro en una «matanza tipo gángster». Como en *Los intocables*. Pero los mafiosos querían revestir el asunto de dignidad patriótica. Giancana rechazaba el procedimiento habitual como «demasiado peligroso» y proponía píldoras envenenadas. Roselli tambien era partidario de algo «bonito y limpio», no una «emboscada a lo descarado»; quizá un veneno secreto que no dejara rastro. Como en *Misión imposible*.

La sección de servicios técnicos de la CIA tardó meses en perfeccionar la toxina botulínica. Por último (unas semanas antes de la invasión de la bahía de los Cochinos, en 1961) Maheu le pasaría las cápsulas mortíferas a un sudoroso cubano que aguardaba en el Fountainbleu.

Pero mucho antes de que se pasasen las píldoras, en realidad poco después de la gran reunión, Maheu recibió una llamada telefónica urgente. Refugiado en su habitación del hotel, estaba empeñado en articular el plan para matar a Castro, al tiempo que se esforzaba en mediar entre la Mafia y la CIA, en retener en Miami al celoso Giancana, en sacar de la cárcel al tipo de los micrófonos de Las Vegas, en evitar que le procesaran por la colocación de escuchas, en mantener a raya al sheriff de Las Vegas y a un J. Edgar Hoover muy receloso, en taponar todas las filtraciones, en que no se desmoronase todo el asunto... Y de pronto, Maheu tuvo que tratar también con Howard Hughes.

Hughes estaba en pleno arrebato de cólera y celos. Quería saber qué estaba haciendo exactamente Maheu en Miami y exigía que volviera de inmediato a Los Ángeles. Así que a Maheu se le planteó un verdadero dilema. La conjura contra Castro era el secreto más celosamente guardado de toda la historia de la CIA; sólo estaban enteradas las doce personas directamente implicadas, entre las que quizá no figurara siquiera el presidente de los Estados Unidos. Maheu preguntó a la CIA si podía explicárselo a Hughes. La respuesta de Langley fue: «Claro, por supuesto; adelante.» Al parecer, sin pensarlo dos veces.

Maheu corrió a una cabina telefónica... no por órdenes de la CIA, sino por órdenes de Hughes, que siempre insistía en rigurosas medidas de seguridad, y explicó al multimillonario que estaba trabajando en una misión ultrasecreta destinada a «eliminar a Castro, en relación con una inminente invasión de Cuba».

Hughes recibió la noticia desnudo, sentado en un sillón de cuero blanco en la «zona libre de gérmenes» de su bungalow del hotel Beverly Hills, con una servilleta rosa en el regazo como último gesto de pudor, rodeado de montañas de kleenex sucios. Era la decimotercera persona a quien se informaba de la conjura para asesinar a Castro. Lo escuchó todo por el teléfono conectado a su audífono, y luego ordenó a Maheu que tomase un avión para Los Ángeles en seguida. Inmediatamente. Le prometió que sólo le retendría 48 horas y que luego podría volver para concluir su misión en Miami.

Pero el plan para asesinar a Castro habría de ser su último trabajo para la CIA. Después, el multimillonario esperaba fidelidad absoluta.

Maheu concluyó su intervención en la desastrosa conjura, con el tiempo justo de hacerse cargo de su misión más decisiva con Hughes. Era el encargado de garantizar aquello que para el multimillonario revestía mayor importancia: mantenerle oculto. Hughes se había convertido en objetivo de una febril caza del hombre. Su lucha con los banqueros por la TWA había degenerado en guerra abierta. Mediante citaciones, un ejército de funcionarios de la administración judicial intentaba obligarle a salir de su escondrijo y comparecer ante un tribunal. La tarea de Maheu era mantener a raya aquella amenaza.

Utilizó todas las artes negras de su mundo clandestino, desplegando dobles, creando pistas falsas, alquilando escondrijos en México y en Canadá, haciendo creer a la TWA que Hughes estaba aquí, allá, en todas partes, mientras el multimillonario permanecía tumbado en su cama de Bel Air.

Por fin Maheu dejó a sus clientes de Washington y se trasladó a Los Ángeles. Ahora, Robert A. Maheu Associates sólo tenía un cliente: Howard Hughes. El antiguo detective privado no sólo se encargaba de mantener oculto a Hughes, sino que también manejaba el dinero secreto. Se convertiría en el principal pagador del multimillonario, según se reveló en su comparecencia como representante de Hughes en la toma de posesión de Kennedy en 1961, cuando llegó en un avión lleno de estrellas de Hollywood y compró cuatro palcos a 10 000 dólares cada uno.

Era un papel clave, pero las relaciones entre los dos hombres seguían siendo unilaterales. Hughes seguía a su aire, mientras Maheu se mantenía monógamo. Pese al mucho poder que acumulaba, sólo era el detective de la casa, un sabueso de lujo que no daba la talla para rivalizar con los altos ejecutivos del imperio. El largo noviazgo no podría haber generado auténtica intimidad si no hubiese sido por el súbito traslado del multimillonario a Las Vegas en 1966.

Robert Maheu estaba esperando en el desierto de Nevada, a las cuatro de la madrugada, a que llegase Howard Hughes. Él se había encargado de la seguridad en la complicada operación y había evitado una crisis grave cuando el tren llegó con retraso, amenazando con llevar al eremita al punto de reunión secreto en pleno día. Maheu logró hacerse con una locomotora especial y consiguió llevar a Hughes a la ciudad antes de que amaneciera.

Pero perdió la última oportunidad de ver a su jefe fantasma.

Fuera, en el desierto silencioso y oscuro, Maheu oyó de nuevo la voz áspera y cascada que tan bien había llegado a conocer, la oyó aullar órdenes, dar instrucciones detalladas sobre la delicada operación de traslado del tren a la furgoneta, supo que en cualquier segundo podría ver al fin al hombre oculto a quien había servido durante doce años. Achicó los ojos en la oscuridad para distinguir la imagen que había vislumbrado fugazmente sólo una vez diez años antes, el hombre enigma al que nadie veía desde entonces, el fantasma multimillonario.

Pero en el preciso instante que Hughes se disponía a salir, cuando los primeros vagos perfiles de su imagen empezaban a materializarse a la puerta del coche, Maheu localizó dos puntos de luz a lo lejos: los faros de un vehículo que se aproximaba al remoto enlace ferroviario. Estaba tan centrado en la idea de proteger a Hughes de extraños, se había introducido hasta tal punto en el mundo secreto de Hughes, que desperdició aquel único instante en que podría haber visto a su jefe.

Luego, en el Desert Inn, el concienzudo guardaespaldas se volvió en el momento crítico, y cuando giró otra vez la cabeza, Hughes se había perdido para siempre en su ático.

Todo el mundo creía que Maheu trataba con Hughes personalmente. Se le veía tomar el ascensor y subir a la novena planta, y se suponía que veía a su único ocupante, pero en realidad nunca llegaron a verse cara a cara. Maheu no pisó jamás la habitación contigua y no tenía la menor idea del aspecto de Hughes, ni de cómo vivía; no tenía más noción de ello que el resto del mundo exterior. Hughes, por su parte, tampoco había visto a Maheu.

Sin embargo, en unos meses, aquellos dos hombres intercambiarían votos solemnes e iniciarían un extraño matrimonio.

Fue Moe Dalitz quien les unió finalmente. El enjuto propietario del Desert Inn, antiguo miembro del delito organizado, dirigía un emporio del juego y no un lugar de retiro. Quería alquilar el ático a otros clientes, y deseaba que Hughes se fuese en Navidades. El eremita se negó a moverse, y Dalitz amenazó con subir personalmente y sacarle a rastras a la calle si para Noche Vieja no se había ido.

Maheu se puso de nuevo en movimiento. Convenció a uno de sus antiguos clientes, Jimmy Hoffa, jefe del sindicato de los camioneros, de que llamase a Dalitz, receptor clave de préstamos del fondo de pensiones del sindicato, y lograse del hampón un aplazamiento para Hughes. Pero tan audaz maniobra sólo otorgó a Hughes unas semanas. Dalitz se mostraba inflexible. Hughes tenía que irse.

Ante la perspectiva de un desahucio, el multimillonario decidió convertirse en su propio casero: compraría el hotel.

Las relaciones de Maheu demostraron una vez más su utilidad. Acordó la gran transacción por intermedio de su antiguo socio en el asunto de Fidel Castro, el embajador de la Mafia en Las Vegas, John Roselli. Dalitz y sus tres socios principales de la Mafia de Cleveland estaban dispuestos a vender; incluso se mostraban deseosos de hacerlo. Estaban todos ellos apurados por el acoso de los federales. Todo parecía marchar sobre ruedas, pero ni Maheu ni los mafiosos contaban con el pasatiempo favorito de Hughes: negociar interminablemente a horas intempestivas, regateando como un prestamista antipático cada centavo. Las condiciones cambiaban a diario y la transacción se prolongó meses y meses.

Maheu subía y bajaba en el ascensor del Desert Inn como un yo-yo, reuniéndose con el grupo de Dalitz abajo, logrando otra concesión, pero sólo para encontrarse con nuevas exigencias en el ático. Los mafiosos tuvieron que rebajar cinco veces el precio para que Hughes accediese al fin a dar el visto bueno y Maheu pudiera cerrar el trato.

Pero, de pronto, Hughes localizó algo que le desagradó: una cuestión de quince mil dólares en un negocio de trece millones y cuarto.

Maheu volvió a subir al ático, se sentó en la habitación contigua y, furioso, escribió una carta de dimisión:

«Howard: Ha logrado usted, al fin, ofender mi inteligencia. Ha comprometido, además, a tantos amigos y conocidos míos, que me resulta imposible seguir trabajando con usted.

»Me voy a Los Ángeles por la mañana.

»Como le he dicho repetidas veces, no tiene nada que temer de mí salvo que me propongo cargarle mis honorarios hasta el 14 de marzo de 1967.

»Le deseo muchísima suerte, incluyendo la muy *remota* posibilidad de que tenga la fortuna de encontrarme un sucesor tan leal como yo. Con mi sincera amistad, Bob.»

Al cabo de unos minutos, Hughes envió recado desde su madriguera. Aceptaba las condiciones acordadas, con el descuento de quince mil dólares. Pedía a Maheu que se quedara en Las Vegas por lo menos para atender una llamada telefónica a la mañana siguiente.

El teléfono sonó en la habitación de Maheu exactamente a las ocho de la mañana. Durante las dos horas siguientes, Hughes se dedicó a engatusarle, a pedirle que no volviera a amenazarle nunca con irse, que accediese a ser su mano derecha para siempre, que aceptase un salario base de medio millón de dólares, que fuese su servidor único y exclusivo, que le fuese fiel sólo a él. Intercambiaron promesas. En realidad, fue casi como una ceremonia matrimonial oficial: «Hasta que la muerte nos separe.» Hughes dijo que pasarían juntos el resto de la vida e hizo prometer a Maheu que no le dejaría nunca.

Hasta entonces, se habían conocido sólo como voces desencarnadas al teléfono, pero con su matrimonio se inició una relación epistolar increíblemente íntima, un intercambio diario de cartas de amor y de despecho, intercaladas con planes de negocios de muchos millones de dólares y planes para comprar al gobierno de los Estados Unidos. Una disputa doméstica épica que pronto llevaría a los recién casados a reñir entre ellos como un matrimonio veterano y que, en último término, alteraría los asuntos internos de toda la nación.

Escenas conyugales. Primer acto

«Lamento lo de anoche tanto como supongo que lo lamenta usted; tal vez más.

»De cualquier modo, ahora sólo tengo un deseo: mi sincera voluntad de que usted y yo, por respeto a lo que espero persista de nuestra amistad, tomemos medidas más razonables para evitar por todos los medios que esto se repita.

»A tal fin, Bob, y con la seguridad de una amistad continuada, quiero pedirle que deje completamente en mis manos la resolución de los problemas que puedan existir entre ambos.»

. . . .

«En primer término, espero que comprenda que no tiene la exclusiva de las noches en blanco.

»Por alguna extraña y maldita razón que jamás comprenderé, parece que todo el mundo me cree menos usted. Cuando le dije que estaría con usted hasta el final y que no le dejaría, quería decir *exactamente* eso. No *dije* ni *quería decir* que le fuera a dejar.

»La única conclusión a que puedo llegar es que no me cree; y, en realidad, tal vez esté intentando subconscientemente buscarme un sucesor.

»Como le he dicho repetidas veces, estoy comprometido con usted, pero usted no lo está conmigo.»

. . . .

«Bien, Bob; tendré mucho gusto en creerle en todo. Creo que un buen punto de partida sería que reiterase su promesa original de quedarse conmigo de modo permanente y sin necesidad de que me ponga de rodillas y le suplique que lo haga.»

. . . .

«Yo afirmo que quiero estar con usted en Las Vegas o donde demonios decida ir durante el resto de nuestras vidas, y usted lo interpreta como un acto de hostilidad. ¡No logro entenderlo!

»Nunca sabrá lo mucho que me altera hacer algo que le perturbe a usted. Hasta tal punto procuro complacerle y satisfacer todas sus exigencias.

»Howard, comuníqueme, por favor, *inmediatamente*, si considera usted zanjado este horrible incidente.»

. . . .

«Muchísimas gracias, pero no acepto sus razones.

»Su mensaje, que acabo de leer, respira hostilidad en cada línea.

»No creo que puedan calificarse de buenas unas relaciones si de vez en cuando asoma en ellas la agresividad.»

Intercaladas con las «cartas de amor» había peleas telefónicas, llamadas en una y otra dirección a altas horas de la noche; y, lo primero a la mañana siguiente, notas recapitulando las peleas telefónicas, seguidas de notas manuscritas en las que se peleaban por las recapitulaciones.

«Le devuelvo su mensaje para referencia —escribía Hughes—. Al principio de la página 2, la parte subrayada me desconcierta. La única vez que mencioné algo que pudiera interpretarse de ese modo, fue muy recientemente, cuando dije que tenía la impresión de que ya no sentía usted por este trabajo el mismo entusiasmo que yo percibí al principio de nuestra relación.

»Luego, le recordaba el comentario que hizo usted, que me cogió totalmente por sorpresa, de que usted experimentaba un profundo sentimiento instintivo de que seguíamos una trayectoria de choque y que tal vez debiéramos acabar ahora con el asunto de forma amistosa. Nunca olvidaré este comentario y la calma con que usted lo expresó, porque me quedé literalmente perplejo. De cualquier modo, le recordé esto y dije que me preguntaba si no estaría usted abrigando de nuevo tales sentimientos. Usted lo negó categóricamente.

»Así pues, Bob, estoy seguro de que convendrá usted en que yo nunca le sugerí que nos separásemos con hostilidad ni amistosamente. Ni en sueños se me ocurriría hacer un comentario como ese. En realidad, vivo con el constante temor de que interprete usted erróneamente algún comentario que pueda yo hacer al azar y se enfade como hizo ya una vez.

»Así pues, ya ve que ni siquiera soñaría sugerirle que se fuese, porque temería que usted me descubriese el farol y se aprovechase de ello.

»Me temo que ésos son sus parlamentos en este drama —concluía Hughes—, así que, por favor, no me acuse de robárselos.»

«Por favor, Howard —escribió en respuesta Maheu, en el reverso de la nota del multimillonario—, dejemos de una vez este horroroso intercambio de notas negativas, porque tenemos demasiadas cosas importantes que hacer y muy poco tiempo.

»No tengo el menor deseo de irme. Y, desde luego, jamás se

I regret last night as much as I assume you do, perhaps I regret it more.

Anyway, I have only one desire now and that is my sincere wish that you and I, in deference to what I hope remains of our friendship, take steps best calculated to avoid any chance of a repetition.

To this end, Bob, and with the assurance of continued friendship, I want to ask you that you place in my hands completely the resolution of such problems as may exist between us.

First of all, I hope you understand that you do not have an exclusive to sleepless nights.

For some strange God damned reason which I'll never comprehend, everyone seems to believe me except you.

When I told you that I would be with you for the duration and that I would not leave you — that is precisely what I meant.

did not say and did not intend to say that I was leaving you.

The only conclusion I can reach is that you do not believe me and in reality perhaps you are sub-consciously trying to find a successor for me.

As I have told you repeatedly — I am committed to you but you are not to me.

Well, Bob, I will be very happy to believe you about everything. I think a good starting point would be for you to affirm your original promise to stay with me permanently, and without the necessity of my getting down on my knees and begging you to do it.

How in the world you
can interpret my statemet that
I want to be with you in
Las Vegas or wherever in hell
you choose to go for the
duration of our lives — as
an act of hostility — I'll
never know.

You will never know
how much it upsets me
when I do something which
disturbs you. I try so
hard to please you and meet
all of your demands.

Howard — Please let me
know immediately if you
are satisfied that this horrible
incident is over.

Thanks very much, but no thanks!

I have just read your message which breathes hostility out of every line.

I dont think that relationships entered to at the point of a, shot gun are any good.

me ocurriría siquiera aprovecharme de ese evidente deseo suyo de no deshacerse de mí.

»Hace siete años le prometí que me libraría de todos los demás clientes. Lo he hecho. Por amor de Dios, Howard, ¡cuándo se convencerá de que es usted mi *único* jefe! Realmente no sé a dónde demonios iría ni qué haría si decidiera usted despedirme.

»Así que, por favor, deje de hablar en esos términos, porque yo *sólo* le dejaría si el hacerlo fuese conveniente para *usted*. Quizá le resulte difícil creerlo. Lamento que no tengamos la posibilidad de discutir estas cosas personalmente. Podría convencerle de mi dependencia respecto a usted en cuestión de minutos.

»De todos modos, olvidemos de quién pueda ser la culpa de lo que sea y sigamos adelante.»

Pero la cosa nunca acababa así tan fácilmente. Hughes necesitaba pelea. Muchas veces parecía perseguir el enfrentamiento con Maheu buscando con ello aproximarle más a él, conseguir que se implicase más emotivamente, que su relación fuese más íntima, de una intimidad que sólo se estrecharía mediante el enfrentamiento. Hughes no podía aceptar sin más decirle a su único amigo: «Te quiero, Bob.» Así que, en lugar de eso, estaban las peleas y las inevitables autopsias.

«Yo no considero un gaje inevitable de la relación el que usted y yo nos despedacemos como ayer —escribía Hughes a la fría luz de un nuevo día.

»Cuando surge un incidente como éste, me siento avergonzado y disgustado conmigo mismo por la parte de culpa que me pueda corresponder. Así, aunque usted sea capaz de ignorarlo al día siguiente y considerarlo parte del juego (cosa que admiro), yo no puedo hacer otro tanto.»

. . . .

Remordimiento mezclado con pesar, una auténtica sensación de pérdida con una gran nostalgia de los viejos tiempos de paz y armonía, aquel idilio perdido del primer amor que nunca existió realmente...

«Siempre que propongo cambiar o mejorar de algún modo nuestra relación, usted me dice invariablemente que no hay ningún problema —continuaba Hughes.

»Pero no puedo aceptarlo, Bob. Recuerdo demasiado bien cómo eran las cosas cuando llegamos a Nevada.

»Cada nuevo proyecto parecía funcionar más rápidamente y con más éxito de lo previsto.

»Además, no ponía usted objeciones a trabajar de noche.

»Pero lo, que más me impresionó fue la velocidad con que actuaba usted. Quizá yo sea más impaciente que la mayoría de las personas.

»Probablemente, esto se deba a que empecé a hacer negocios por teléfono cuando la mayoría de la gente utilizaba el correo.

»De cualquier modo, recuerdo que cuando le conocí pensé:

»"He aquí un tipo que realmente sabe *hacer cosas*. ¡Éste es el tipo que yo estaba buscando!"

»Bob, lleva usted una vida muy activa.

»Tiene mucha gente a su alrededor: familia, amistades y demás.

»Yo no tengo absolutamente nada más que mi trabajo.

»Cuando las cosas no van bien, se puede sentir realmente un gran vacío.

»Me gustaría hacer un verdadero esfuerzo para lograr que las cosas vuelvan a estar como estaban, y prometo poner todo lo posible por mi parte.

»Ni que decir tiene que estaría muy agradecido si decidiera usted sinceramente hacer otro tanto.»

Era un matrimonio que no sólo estaba siempre al borde de la crisis debido a las tensiones internas, sino también sometido al constante ataque de los cortesanos rivales desde el exterior. La súbita ascensión al poder de Maheu y su nueva intimidad con Hughes inquietaban a otros altos ejecutivos del imperio. Cuando Hughes se escapó a Las Vegas, dejó plantados a varios posibles pretendientes al pie del altar, todos ellos unidos ahora por el odio y los celos.

Era una conspiración de novias desairadas. En Los Ángeles estaba Bill Gay, encargado del centro de mando de Romaine Street y de la guardia palaciega mormona. En Houston, Raymond Hollyday, que controlaba la llave de la caja como ejecutivo jefe de la Hughes Tool Company. En Culvert City, Pat Hyland, que dirigía la Hughes Aircraft Company. En Nueva York, Chester Davis, que llevaba el caso de la TWA y había transformado esa misión en un nombramiento de asesor general.

Maheu estaba atento a toda posible amenaza a su nuevo matrimonio. Pese a su mucha experiencia como agente clandestino, jamás llegó a conocer las auténticas dimensiones de la conspiración. Ignoraba a sus evidentes rivales, y en cambio recelaba del principal abogado de Hughes en Houston, Raymond Cook, que parecía estar consiguiendo el control indirecto de todos los centros clave del poder.

«Me he dedicado a investigar a Cookie», explicaba Maheu a Hughes.

»Ante todo, no nos equivoquemos al respecto. Cook lleva varios años intentando apoderarse de todo su imperio, *incluso* pasando por encima de Howard Hughes.

»Conocí a ese pillastre en 1954. En menos de una hora estaba haciendo comentarios despectivos sobre usted que a mí me parecieron increíbles.

»Dietrich puede hablarle de una propuesta que le hizo Cook en 1957 para intentar retirarle a usted de la circulación.

»Con el tiempo me fui dando cuenta de la necesidad de protegerle a usted de esos "demonios". Con lo de *esos* me refiero a Cook y su gente.

»Considero de justicia recordarle que a los veinticinco años recibí el máximo galardón que nuestro país puede otorgar por estructurar un sistema de contraespionaje. A los veintisiete, me asignaron la importante responsabilidad de convencer a los alemanes de que la invasión se iba a producir en el sur de Francia y no en Normandía.[1]

»De cualquier modo, Howard, usted me ha dicho con mucha frecuencia que en ciertos círculos de su organización se me odia debido a mis antecedentes en el FBI. El grupo Cook tiene motivos, desde luego, para recelar de mí. Cuando decidí que para protegerle a usted en el sentido más pleno era preciso "penetrar" en el grupo, quizá me enfrenté al encargo más sencillo de toda mi vida. Son "débiles", beben con exceso y hablan demasiado. Y, lo que es aún más importante, no le son fieles a usted ni son leales entre sí.

»De cualquier modo, están dedicando ahora todas sus energías a desacreditarme y a desacreditar a mi gente ante usted. Saben de algún modo que ha estado usted recientemente enfermo e intentaron lograr su "objetivo" antes de que le pase a usted algo.

»Entretanto, intentan asegurarse de que recibirán la *primera* llamada telefónica cuando esto ocurra, de forma que Holliday y Cook puedan tomar inmediatamente un avión para Las Vegas, apoderarse de todos sus documentos y hacerse con el control. El motivo de desplazar a tantos abogados de Houston de modo permanente es que quieren estar preparados para el gran día.

»Howard, me molesta tener que ser tan brutal y exponerlo tan fríamente, pero ésos son los hechos.

»Es evidente que Cook está detrás de todo, y por desgracia Holliday es tan débil que carece de capacidad para oponerse.

»Todos estos problemas estúpidos podrían eliminarse en el acto eligiendo a un hombre fuerte como su *máximo representante*, sea tal hombre yo o cualquier otro.»

Lo que Maheu no advertía era que lo último que Hughes deseaba era un «hombre fuerte» como su «máximo representante». Un hombre así podría poner en peligro el poder del propio multimillonario. En realidad, Hughes no deseaba a nadie con autoridad general. Y, en vez de buscar paz y orden en su imperio, procuraba

---

1. La pretensión de Maheu de haber desempeñado un papel esencial en el Día D es, como poco, una exageración. Aunque trabajó en el contraespionaje para el FBI durante la segunda guerra mundial y estuvo manejando a un agente doble de Vichy, no existen pruebas que apoyen su pretensión de haber desviado a los nazis de Normandía.

fomentar y alentar la lucha interna por el poder, enfrentando a los altos ejecutivos entre sí para mantenerles desequilibrados a todos.

Y al que más miedo tenía era a Maheu, como confesaba a su asesor Chester Davis: «Chester: En pocas palabras, dado el carácter explosivo e impredecible de mis relaciones con Bob y su bien conocida característica de "si me das un centímetro me tomo un kilómetro", no quiero colocarle en una posición en la que pudiera encontrarme, en un análisis posterior, con que había ido demasiado lejos. En otras palabras, Chester, no querría enfrentarme jamás con el problema de tener que parar los pies a Maheu o reducir sus atribuciones. Como sabe usted, es un individuo muy obstinado.»

Pero el temor de Hughes a Maheu se debía sobre todo a que dependía de él de un modo absoluto, en gran medida porque ninguno de sus otros altos ejecutivos le agradaban ni confiaba en ellos.

Hacía diez años que no hablaba con Cook. En una ocasión llegó a despedirle, y solía considerar sus consejos legales como ataques personales paternalistas y despectivos: «¡Raymond! ¡Si dejase de tratarme como a una mezcla de lunático y de niño pequeño, le asombraría lo bien que nos llevaríamos!»

Nunca se había visto cara a cara con Pat Hyland, no había visto a Raymond Holliday desde finales de la década de 1950, y estaba ya tan distanciado de ellos (los únicos auténticos hombres de negocios de su imperio) que se apoyaba en informadores de escala inferior para controlar la Hughes Tool Company y la Hughes Aircraft Company.

«Entre aquellos de mis hombres en los que confío para obtener datos relacionados con la operación Culvert City, no figura Pat Hyland —explicaba el multimillonario a Maheu—. Últimamente Hyland es del todo impredecible. No me merece ninguna confianza.

»Mis confidentes dentro de la H.A.C. y la H.T.Co. pusieron en peligro su propia vida con algunas de las revelaciones que me hicieron, y si creyeran que esta información se facilita a alguien (no importa a quién) no seguirían informando.»

De todos sus ministros en el exilio, ninguno fue tan absolutamente proscrito ni se vio tan cogido por sorpresa como el jefe mormón Bill Gay. Heredero aparente después de la ruptura con Dietrich, Gay había creado la guardia palaciega y aumentado su poder al iniciar Hughes su régimen de reclusión. Él, que había sido comandante jefe de la campaña contra los gérmenes, se convirtió de pronto en la víctima más destacada de la guerra, al enfermar su esposa a finales de los años cincuenta. Gay quedó proscrito entonces como peligroso portador de contagio. Y ahora estaba ya absolutamente marginado.

Hughes jamás explicó a Gay el porqué, pero le confesó a Maheu toda su amargura. Gay era el responsable de cuidar a Jean Peters, y por tanto él fue el responsable del fracaso matrimonial de Hughes:

«La indiferencia y negligencia de Bill ante mis súplicas de ayuda en el plano doméstico, pese a la urgencia de mis peticiones, que se repitieron semana tras semana a lo largo de los siete u ocho últimos años, han provocado la pérdida total, y temo que irrevocable, de mi esposa.

»Lo lamento, pero atribuyo a Bill la responsabilidad plena de este desastre innecesario.

»Y esto es sólo el principio. Si hiciese aquí una lista completa de las acciones u omisiones en que creo que no ha cumplido con su deber hacia mí y hacia la compañía, llenaría varias páginas.

»Creo que me ha decepcionado... absoluta, total, completamente.»

Solo en su ático, enemistado con todos sus hombres clave, aislado incluso de su esposa, marcado por una larga cadena de divorcios anteriores (de su primera esposa,[2] del hombre que fue su primera mano derecha, Dietrich, de todos sus ejecutivos y agentes del principio), Hughes deseaba desesperadamente convertir en éxito su nuevo pero ya terriblemente problemático matrimonio con Maheu.

«Bob —escribía—, esta incertidumbre, esta desconfianza y estas acusaciones están paralizando toda mi actuación y desgarrándome por dentro.

»No intento discutir quién tiene razón y quién está equivocado.

»Kuldell me abandonó, Dietrich me abandonó, Ramo y Wooldrich, Frank Waters y Arditto me abandonaron también, así que digamos que la incompatibilidad probablemente sea problema mío.[3]

»De cualquier modo, tenga o no razón, lo que sí sé es que esta situación debe resolverse y debe resolverse ya.»

Hughes intentaba una y otra vez llegar a la raíz de sus problemas con Maheu, analizando y examinando el asunto interminablemente, hablando siempre de su «relación».

Escenas conyugales. Acto segundo

«Bob: Me temo que he perdido aquel toque mágico con el que solía haber coincidencia y armonía en casi todo lo que hacíamos.

»Ignoro el motivo, pero parece que ya no soy capaz de llegar a usted como antes.

»Cuando yo digo que parece que no soy capaz de establecer la relación que teníamos antes, usted lo achaca a imaginaciones mías.»

. . . .

«Nunca resolveremos el problema de la "relación que teníamos antes" a menos que *ambos* lo procuremos.

»No cabe duda alguna de que no ayuda nada el que yo tenga que dedicar la mitad de mi tiempo a dar explicaciones sobre cosas que no existieron.»

. . . .

2. Ella Rice, con quien se casó Hughes en 1925 y de la que se divorció en 1929.
3. Robert C. Kuldell, director general de Hughes Tool Company cuando Hughes la heredó, despedido en 1938; Simon Ramo y Dean Wooldridge, científicos destacados de Hughes Aircraft, que dejaron la empresa en 1953 y fundaron TRW, Inc.; Frank Waters y James Arditto, abogados de Hughes, que le abandonaron y pleitearon contra él en 1961.

«Estoy de acuerdo en que para reñir hacen falta dos. También hace falta un esfuerzo por ambas partes para mantener una relación compatible. Creo, sin embargo, con toda justicia, que me preocupo más por este problema y le concedo más atención que usted. Supongo que esto es normal, dado que estoy aquí encerrado y toda mi vida se desarrolla por correspondencia.»

. . . .

«¿Sabe, Howard? No envidio en absoluto la soledad que debe usted sentir en ese ático. Quizá nuestra relación mejoraría en el acto si yo pudiese albergar la esperanza de que no envidiase usted la zurra constante· a la que me veo sometido desde el ático.»

. . . .

«Antes yo era capaz de comunicarme con usted y no tenía por qué temer que cada palabra que dijese o escribiese pudiera enfurecerle conmigo y crearme nudos en el estómago. Por favor, Bob, volvamos a la atmósfera de amistad que existía antes entre nosotros. Es lo único que pido.»

. . . .

«En cuanto a nuestra relación, Howard, me temo que siempre tendré una mecha razonablemente corta.

»Comprendo que muchas veces las cosas que digo son fruto de mi mal genio, de lo que me confieso culpable. Pero, por favor, no crea nunca que por ello no puede reaccionar en consonancia y darme unos azotes.

»Quizá sea aún más importante mi sincera convicción, que espero usted comparta, de que dos buenos amigos nunca deberían irse a dormir sin haber dejado resueltos los problemas que hayan podido plantearse entre ellos durante el día.»

. . . .

«Partamos de cero y enterremos todas nuestras antiguas diferencias.

»Sé que no está del todo satisfecho con mi conducta, en lo que se refiere a mis relaciones con usted, y puedo someter una lista de motivos de queja que deseo, en el momento adecuado, analizar con usted.

»Sin embargo, a pesar de estos inconvenientes, estoy dispuesto, si lo está usted, a hacer un máximo esfuerzo, auténtico y real, y una tentativa general de resolver nuestras diferencias.

»Quiero iniciar una nueva página con usted.»

Se besaron y se reconciliaron un millar de veces; pasaban página y empezaban de nuevo cada día, pero las peleas continuaban. Hughes estaba fuera de sí.

«Sólo espero que utilice sus dotes de persuasión ante nuestros adversarios con igual eficacia que conmigo —suplicaba a su subalterno.

»No sé por qué me toca siempre representar el papel del ingrato, irresponsable, despectivo e indigno en mis relaciones diarias con usted, Bob.

»Es como una gigantesca partida de ajedrez en la que parece

no perder nunca una oportunidad de emplazarme en una situación de desventaja.»

Durante un tiempo, pareció que Maheu hubiera logrado poner al multimillonario en situación de jaque mate, utilizando su poder emotivo sobre él para obtener aún más atribuciones. Era el hombre apasionado cuyos estallidos temperamentales tenían amedrentado a Hughes; el manipulador jesuítico cuyos poderes svengalianos le tenían hechizado.

En su tentativa desesperada de ganarse el corazón de Maheu, Hughes pasó a ofrecer a su regente las llaves del reino más un palacio digno de él.

«Estoy dispuesto a otorgarle la máxima responsabilidad y autoridad en la Hughes Tool Company —declaraba—. Quiero decir con esto que tendrá usted rango superior al resto de los ejecutivos de la empresa, y que sólo deberá rendirme cuentas a mí.

»Si le otorgo esta posición de autoridad sobre las actividades globales de la empresa, y no sólo sobre la sección de Nevada; si asumiese usted esta posición de autoridad, entonces, más que nunca, tendría que haber un entendimiento claro entre ambos respecto a cuál ha de ser en tales circunstancias mi posición.

»Tendrá usted que asimilar y aceptar un hecho básico, Bob, y tal hecho es que, mientras esté vivo y sea capaz, pretendo conservar yo la autoridad suprema.

»No creo que esto sea tan malo desde su punto de vista.

»De cualquier modo, no puede separarse de mí.»

Por entonces, no parecía un precio demasiado alto. Sobre todo teniendo en cuenta la mansión colonial francesa de 600 000 dólares que Hughes construyó para Maheu junto a la tercera pista del campo de golf del Desert Inn. Algunos rivales celosos le llamaban «el palacio del pequeño César». Una mansión tipo plantación modificada con un toque estilo Las Vegas, estilo esplendor, dos pistas de tenis, una piscina interior/exterior, un patio protegido del frío del anochecer mediante una invisible cortina de aire caliente, sala de proyección privada, pisos de parqué y una escalera doble curva que podía muy bien proceder de Tara. Y lo más importante: una línea telefónica directa con Hughes, con su refugio del ático, situado a casi un kilómetro de distancia.

Cualquiera que hubiese visto hablar a los dos hombres (Maheu con traje a medida, luciendo gemelos de oro y diamantes con sus iniciales, sentado a un gran escritorio relumbrante en el despacho de su nueva mansión; Hughes desnudo, espatarrado en la cama aislada con toallitas de papel, en una habitación en penumbra, sucia y atestada, rodeado de basura y desperdicios) habría supuesto que el multimillonario era Maheu, y se habría preguntado por qué se entregaría a aquella conversación maratoniana con un pobre pelagatos evidentemente chiflado.

Mientras Hughes yacía oculto y encogido en su sombrío retiro, Maheu brillaba en Las Vegas con lujo extravagante, volaba por el país en el reactor particular de Hughes, celebraba fiestas regias en su yate transatlántico, codeándose con estrellas de cine, astronautas y jefazos de la Mafia, aparecía en las cenas oficiales de la Casa Blanca y jugaba al tenis con el gobernador de Nevada.

4/30/68

Bob –

I agree it takes two to quarrel. It also takes an effort on the part of both parties to maintain a compatible relationship. However, I think in all fairness that I worry more and give more attention to this problem than you do. I suppose this is normal since I am bottled up here and my whole life is one of correspondence.

10/8 – 5 P. M   1969?

Bob –

I don't know why I am always placed in the position of being neglectful, irresponsible, ungrateful, and generally unworthy in the day to day progress of my relationship with you, Bob.

It is almost like some massive chess game in which you seem never to miss an opportunity to place me at a disadvantage whenever the chance presents itself.

Y ahora, como remate, le ofrecían el control absoluto del imperio Hughes. Todo estaba saliendo según lo planeado.

O, al menos, eso parecía. Pero si bien Maheu parecía el multimillonario y vivía como tal, Hughes seguía siéndolo de hecho. Ya se lo había advertido a Maheu al agitar ante él las llaves del reino: «Está usted atado a mí.»

La batalla por el control no había terminado. Apenas había empezado. En cuanto Hughes prometió a Maheu control total, le asaltó un progresivo miedo paranoico a que Maheu pasara a controlarlo todo por completo. Nunca llegó a volverse atrás de su oferta, pero tampoco llegó a cumplir realmente lo prometido. En su lugar, propuso un «acuerdo de prueba», un «acuerdo informal entre caballeros», un «acuerdo basado en la palabra de honor», que, de momento, no saldría de ellos.

Maheu estaba perplejo.

«Howard: Respecto a lo de mi nombramiento con carácter informal, ¿qué demonios significa, si no se notifica a los empleados de la empresa? —preguntaba—. Comprenda que no tienen razón alguna para aceptar mi palabra en una cuestión de tanta importancia.»

Estas dudas enfurecieron a Hughes. «Si quiere que nuestra relación persista, le ruego que no adopte su actitud actual», le respondió.

«Niego que haya dejado de cumplir nuestro acuerdo confidencial entre caballeros. Niego con toda firmeza que haya violado nuestro acuerdo en algún sentido. Esto es sólo un incidente más en la larga cadena de suposiciones, fruto de su mente recelosa. Afirmo que nuestro acuerdo sigue vigente y conserva su plena validez. Si alguien viola nuestro acuerdo, basado en la palabra de honor dada, será usted y no yo.»

El puesto de máximo control fantasma se convirtió en un importante campo de batalla.

«Howard —escribía Maheu, adoptando una actitud dura—, el acuerdo del que hablamos y en el que ambos convinimos, era que yo me haría cargo de todas las secciones de la Hughes Tool Co. Si ha cambiado de opinión, basta con que me lo diga.

»He expuesto muy claramente que no tengo intención alguna de aceptar ningún cargo en su empresa, a menos que sólo sea responsable ante usted, y a menos que se trate de la posición más alta. Si no podemos llegar a ese acuerdo, optaré por incorporarme a varios consejos de administración, tal como me han ofrecido, con opciones muy favorables a la adquisición de acciones.

»Creo que debemos recordar también, Howard, que no fui yo quien pidió en ningún momento el puesto más alto, a sus órdenes directas, sino que fue usted quien me lo ofreció.»

Las amenazas de infidelidad de Maheu, su forma abierta de jugar con asuntos marginales, sus constantes cartas encabezadas con «Querido John», lanzaron a Hughes a un frenesí de celos.

«Dice: "No fui yo quien pidió en ningún momento el puesto más alto, a sus órdenes directas, sino que fue usted quien me lo ofreció", contestaba Hughes.

»Creo que ésta es una valoración bastante exacta de nuestra relación. En otras palabras: *siempre* soy yo quien se ve obligado a pedirle que haga esto o aquello, y siempre soy yo quien debe pedirle que pase por alto algo que le ha ofendido.

»No entiendo qué gana usted con esa actitud provocadora.

»Bob, lo único que puedo decir, en resumen, es que parece usted colocarme constantemente en una posición en que debo suplicarle que no se vaya o que no trabaje para otro, o que no haga inversiones fuera.

»Sólo le pregunto si le agradaría que yo le ofendiera como usted me ofende a diario, y cuánto tiempo lo soportaría.

»Imagínese que yo me dedicase a amenazarle continuamente con pedirle su dimisión: ¿cómo se sentiría?

»Supongo que me contestará a esto diciendo que es una persona explosiva por naturaleza. Pero, Bob, yo me altero con la misma facilidad que usted.»

En realidad, Hughes estaba más que alterado. Cavilaba sobre las constantes amenazas de Maheu y sus insinuaciones de traición a altas horas de la noche, revisando meticulosamente toda su relación más que con rabia con tristeza; redactó un memorándum muy sentido antes de decidirse a dejar reposar sus pasiones hasta el día siguiente.

«He estado trabajando las tres últimas horas en un largo mensaje dirigido a usted —informaba a Maheu—. Me afecta muy intensa y amargamente lo que se propone hacer.

»Creo que es muy importante que considere usted el asunto de nuevo por la mañana. Por tanto, creo que lo mejor es que disfrute de una buena noche de sueño y espere a que le envíe ese mensaje por la mañana.»

Al rayar el alba, Hughes enviaba a su ayudante la sentida carta de amor perdido:

«Bob, me siento peor de lo que puede imaginarse, debido a que he comprendido instintivamente que no piensa seguir conmigo.

»De cualquier modo, aunque esto sea muy trágico para mí, le aseguro que no le guardaré el menor rencor por ello, si procura usted hacerlo del modo más considerado posible.

»En numerosas ocasiones me he propuesto empezar de nuevo y he intentado llegar al fondo del fallo que hay en nuestra relación y corregirlo.

»Le he suplicado una y otra vez que me ayude a descubrir qué le molesta a usted y a eliminarlo para que pueda haber una relación de auténtica confianza por ambas partes.

»Usted ha insistido siempre en que no pasaba nada y en que podía confiar en que seguiría conmigo el resto de su vida.

»Sin embargo, ahora está haciendo algo que sin lugar a dudas apunta a la ruptura de nuestra relación.

»He percibido cierto incidente aterrador.

»¿Sabe? Ha penetrado usted en mis actividades en una medida tal que prácticamente todas las fases de mi vida dependen de usted. Lo ha dispuesto usted todo para que así fuera y le ha molestado todo contacto mío con extraños.

»Esto estaría bien si usted, por su parte, dependiese también de modo absoluto de mí. Pero no es así. Debido a su habilidad para manejar las cosas, la mayor parte de mi vida diaria parece fluir a través de Maheu Asociados.

»Ha procurado usted mantener su empresa. Le he dicho en numerosas ocasiones que lo único que no podía aceptar era que su relación conmigo no fuera exclusiva. Y, desde luego, le he pagado para que trabajara sólo para mí.

»Me parece que, según su punto de vista, aún sigue siendo Robert A. Maheu, Asociados, y yo un simple cliente.»

¡Sólo un cliente! ¡Qué idea tan triste y brutal! Se había dejado marginar, enredar; había pasado a depender totalmente de un hombre que le consideraba sólo un cliente más.

La gran inseguridad de Hughes respecto a la fidelidad de Maheu afectaba a todos los aspectos de su relación. La oferta del puesto supremo fantasma se convirtió en una batalla incesante, una de tantas en su lucha constante por el control, no tanto sobre el imperio como cada uno de ellos sobre el otro. Llegaría incluso a convertir las cosas más triviales en luchas titánicas apasionadas. Incluso un torneo de golf.

No fue un torneo ordinario el motivo de la disputa. Era el Torneo de los Campeones, una institución en Las Vegas, que había tenido durante mucho tiempo la marca de fábrica del Desert Inn. Pero ya no. Hughes ordenó suprimirlo casi nada más comprar el hotel, en 1967, por miedo a que las hordas de espectadores le contaminasen y, aún peor, que le localizasen las cámaras de televisión, teóricamente encargadas de informar del campeonato de golf.

Maheu había intentado disuadirle:

—Pero ¿de qué demonios se preocupa? Creo que podemos controlar las cámaras e incrementar la seguridad para que pueda estar seguro en su "castillo", cosa que sin duda se merece. Mi única sugerencia es que le hagamos un *héroe* en vez de un *prisionero de guerra*.

Maheu había seguido insistiendo, pero Hughes se mostró inflexible.

—He sido su chivo expiatorio demasiado tiempo —estalló, cuando la batalla del golf volvió a desatar pasiones peligrosas—. No estoy dispuesto a soportar más ofensas en lo que se refiere a este asunto. No aceptaré el torneo en el Desert Inn porque, si lo hiciese, me colocaría en situación de haberme negado a aceptarlo en el D.I. hasta este momento.

Así pues, el torneo de golf se trasladó al retiro californiano de Moe Dalitz, Rancho La Costa. En los años transcurridos desde entonces, sin embargo, Hughes había ido inquietándose progresivamente ante la posibilidad de que se le echase a él la culpa de la pérdida de este prestigioso acontecimiento. Por eso, en abril de 1969 Maheu estaba en La Costa con la orden imperativa de lograr que el torneo volviera a Las Vegas, aunque no al Desert Inn.

El plan previsto era cerrar el acuerdo y anunciar el golpe por la televisión nacional. Pero Maheu fracasó en la misión. No logró recuperar el torneo de golf y destrozó todo el plan.

El plan iba dirigido contra Jack Nicklaus y Arnold Palmer. Hughes llevaba conspirando contra ellos desde que los dos profesionales se negaron a participar en el desarraigado Torneo de Campeones a principios de 1968. Hughes lo consideraba afrenta intencionada y un peligro grave.

«Creo que lo peor que podría suceder desde el punto de vista de las relaciones públicas sería que esos individuos no aceptasen participar —escribió Hughes al principio de la crisis—. Muchas personas creerán que éste es nuestro primer tropiezo. Al menos, puede usted estar seguro de que los redactores de prensa se mostrarán muy hostiles al respecto y nos echarán la culpa a nosotros en letra impresa por todo el país.»

Una desgracia nacional. Pero era más que eso. Más incluso que una buena excusa para otra lucha con Maheu. Para Hughes el golf era un tema delicado. Había soñado, en tiempos, con ser un Nicklaus o un Palmer; de hecho lo había colocado a la cabeza de su lista. Cuando tenía poco más de veinte años, le había dicho a Noah Dietrich: «Mi primer objetivo es convertirme en el jugador de golf número uno del mundo. El segundo, en el mejor aviador. Y el tercero, en el productor de cine más famoso. Luego, quiero que usted me convierta en el hombre más rico del mundo.» Sólo la corona del golf se le había escapado. Y ahora no estaba dispuesto a que se le escaparan también Palmer y Nicklaus.

Al principio, intentó tenderles un lazo. «Aquí todo el mundo considerará esto un insulto gravísimo contra mi persona —escribía Hughes—. He llegado a la conclusión de que habrá que llegar a un acuerdo especial con N. y P., así que he decidido ofrecerles a ambos un contrato para que aparezcan en una película.»

Después de más cavilaciones, Hughes cambió de idea. Sólo convertiría en estrella cinematográfica a uno de ellos.

«Asunto golf —escribía—. Estoy dispuesto a olvidar a Nicklaus, pero no a Palmer. Insisto más que nunca en que tomemos medidas para asegurar la participación de Palmer.

»Bien, Bob; voy a conseguir como sea a Palmer, así que ¿por qué no nos ahorramos los dos un montón de sinsabores y me ayuda a hacerlo? —proponía, intentando engatusar a Maheu, que seguía presionándole para llevar de nuevo el torneo al Desert Inn—. No estoy dispuesto a trasladarlo aquí de nuevo. No permitiré que me fuerce a hacerlo la negativa de Nicklaus.

»Estoy dispuesto a hablar de cine con Palmer. En cierto modo, sería más fácil de manejar que las dos primadonnas de una película. Considerando que firmaremos con un solo jugador, opino que bastaría un tema breve (una media hora). Desde luego, no creo que debamos decirle que será una cosa breve, pero tampoco se justificaría prometerle una película de duración normal.»

Pero cuanto más cavilaba, menos dispuesto parecía Hughes a ofrecer a Palmer ni siquiera una película corta. ¿Por qué convertir a Nicklaus o a Palmer en estrella cinematográfica, cuando podía ponerles las cosas difíciles a ambos?

«Acabo de elaborar un plan para deshacernos de forma definitiva de Nicklaus... En cuanto a Palmer, no sé...», escribía el multimillonario desvelando su último plan.

«Quiero estudiar la posibilidad de editar un libro grande sobre el Torneo de Golf de la PGA [4] y otros acontecimientos deportivos concretos. Quiero que nuestro libro se convierta en la Biblia a efectos de determinar posibilidades. La clave del asunto es ésta. Quiero que nuestro libro sea la última palabra en lo referente a determinar las posibilidades de cualquier jugador, y que sea, por tanto, el factor decisivo de la posición del jugador en su deporte.»

El plan para atraerse a Nicklaus y a Palmer se había conver-

---

4. PGA: Professional Golfers Association. *(N. del t.)*

tido en una conjura encaminada a destruirles. No contento con fijar las posibilidades, Hughes decidió dejarles realmente atrás. Encontraría a un hombre nuevo y le convertiría en estrella.

«Desde que Nicklaus y Palmer rechazaron nuestra invitación, me he prometido a mí mismo descubrir a otro jugador de golf y ayudarle para que les sustituya y les supere con creces. He decidido dejar a un lado a esos dos cabrones. Verá: he seguido con avidez las noticias de golf, y, basándome en mi profundo conocimiento del juego, he elegido a Casper como nuestro hombre.»

Bill Casper era una auténtica promesa. Hughes le ayudaría, dejaría atrás a Nicklaus y a Palmer y ganaría así vicariamente la corona de golf que se le había escapado de las manos en su juventud.

«Bueno; leo algunas noticias alentadoras —continuaba con alegría vengativa—. Nicklaus y Palmer están en el punto bajo de un descenso récord que se inició hace exactamente ocho meses..., más o menos cuando nos dieron el corte de manga. Así que mi reacción es ésta: ¡no podía suceder nada mejor!»

Pero no había tiempo para complacerse malévolamente. Hughes tenía previsto algo más grande. Planeaba convertirse en el mayor empresario mundial de golf; se proponía, ni más ni menos, controlar todo el deporte.

«Tengo la intención de convertir Las Vegas en la Capital Mundial del Golf —proclamó—. Estoy dispuesto a establecer premios que superen con creces todos los existentes... ¡Torneos de 500 000 dólares e incluso de un millón!»

Pero la primera etapa crucial de todo el plan era lograr que volviese a Las Vegas el Torneo de los Campeones. Y Maheu había fracasado en su misión en La Costa.

—Le dije que era obligado anunciar, no más tarde de la terminación del partido de hoy, que el torneo volvería a Las Vegas —se quejaba Hughes, que seguía presionando asiduamente a su secuaz por teléfono.

»Dije que si no se conseguía, el público de aquí se volvería contra mí.

»Bob, éste es el primer roce que se produce entre nosotros en mucho tiempo, y no quiero que se repita.»

Maheu asimiló la diatriba a través de un teléfono que parecía pegado con cola a su oreja. Hughes le había tenido casi todo el día al aparato, incapaz, como siempre, de soportar su ausencia y su libertad. Maheu se había perdido el partido de golf, la ceremonia de entrega de los premios y la gran gala de clausura. Lo único que vio de La Costa fue el interior de una cabina telefónica. Así que estalló. Había estado haciendo todo lo posible por lograr el gran acuerdo mientras Hughes estaba allí sentado viendo el torneo por televisión. Y si Hughes tenía a otros más cualificados para manejar el asunto, él se sentiría más que contento de poder cederles semejante ganga.

En fin: había llevado mucho tiempo, pero Hughes ya tenía a Maheu exactamente donde le quería. En una cabina telefónica, furioso. Los grandiosos planes sobre el golf ya no importaban. Era hora, una vez más, de analizar su relación.

«"Más cualificado que yo" —escribía Hughes—. Es una frase muy frecuente en su vocabulario, Bob; la usa usted muy a menudo.

»No conozco a nadie más cualificado que usted, Bob, pero desde luego sí conozco a algunas personas con las que es más fácil congeniar que con usted. Bob, es un hecho que jamás, en toda mi vida, he intentado tan consciente, firme y diligentemente llevarme bien con alguien como con usted.

»Cuando empecé a escribirle mis mensajes, lo hice por una única razón. Temía que, por teléfono, en un momento u otro, perdería el control. Así que decidí escribirle mensajes a fin de poder leerlos palabra por palabra y eliminar cualquier leve detalle que usted pudiera considerar ofensivo.

»Es una lástima que, después de tomarme tantas molestias, le escriba a usted un mensaje que, aun no conteniendo la más leve insinuación crítica le haya ofendido sin saber por qué.

»De todos modos, volviendo al torneo de golf, verá usted que no sugiero, ni remotamente, que tenga a nadie más cualificado para ocuparse del asunto. Desde luego, ya he aprendido a no decirle a usted algo tan peligroso como eso.

»Creo que hay unos quinientos temas diferentes que exigen su diestro manejo, y también creo, pese a sus protestas, que hacía tiempo que no nos separaba un abismo tan grande como el que nos separa ahora.

»Y si la palabra que utilicé antes, la palabra "roce", no le parece adecuada, sin lugar a dudas refleja bien mis sentimientos.

»Por otra parte, ¿qué derecho tiene usted a decir que estoy aquí cómodamente sentado viendo la tele mientras usted sufre en algún baile en La Costa?

»En otras palabras, ¿cómo..., cómo sabe usted exactamente que yo estoy cómodo? Puedo estar aquí sentado destrozado de dolor; ¿cómo demonios sabe usted que no es así?

»Estoy seguro de que personas más objetivas preferirían sin duda estar bailando en La Costa, en la ceremonia de inauguración del torneo de golf, en vez de permanecer confinado en la cama viendo la televisión... y, en especial, si el programa es desagradable.»

Hughes no soportaba la idea de imaginarse a Maheu callejeando, fuese en La Costa o en Cabo Cañaveral.

Si con el Torneo de Golf Hughes se fijó en algo trivial e hizo que pareciera trascendental, con los lanzamientos espaciales del Apolo (el plan de llevar un hombre a la Luna) Hughes procedió al revés: algo verdaderamente trascendental lo convirtió en trivial. Sólo una excusa para otra pelea con Maheu. Una vez más, lo que desató el conflicto fue lo que Hughes consideraba el ansia enloquecedora de vagabundeo de Maheu.

«No estoy ansioso de que asista usted al acontecimiento en Cabo Cañaveral —escribía el multimillonario, ahogando aquel ansia peligrosa de vagabundeo de su secuaz.

»Enfoco esto pura y simplemente como una situación en la que se le pide que haga algo que usted desea hacer. Y que le alejará de mi órbita durante un tiempo, y le hará regresar luego con todos los riesgos inherentes de enfermedad, accidente, secuestro aéreo, accidente aéreo en unos cielos con demasiado tráfico, etc., etcétera., *ad infinitum.*

»Hay algo respecto a lo que podemos decir que no hay riesgo ni inseguridad; hay algo seguro, y es que esto le absorberá determinada cantidad de vigor en un momento en que es usted el hombre clave y el verdadero punto de apoyo del que depende todo mi mundo.

»Bob, está usted siempre preguntándome qué le sucederá si yo muero. ¿Se ha parado alguna vez a pensar qué sería de mí si le pasara a usted algo?

»Bob, maneja usted absolutamente todo lo que es más importante para mí, y varias de esas cuestiones, como por ejemplo el juicio de la TWA, de 137 millones de dólares, las llevan personas totalmente desconocidas para mí y según una estrategia que ignoro por completo.

»Esto es inevitable, y no pido que sea de otro modo. Sólo quiero que sepa usted que, si le sucediera algo, yo no sabría ni por dónde empezar a ordenar las piezas.

»Así que, por favor, tenga esto presente cuando llegue el momento de irse a Florida.»

Los lanzamientos espaciales deberían haber sido motivo de triunfo y de celebración. Hughes había desempeñado un papel clave en aquel proyecto histórico. Su imperio fabricó la primera nave espacial que aterrizó en la Luna, y el Surveyor de Hughes envió a la Tierra las primeras tomas en primer plano de la superficie lunar a través del satélite de comunicaciones Early Bird, también de Hughes, que transmitía al mundo los paseos de los astronautas por la Luna. Pero nada de eso llevó la alegría al ático. Una vez más, como en el caso del torneo de golf, a Hughes le resultaba insoportable estar confinado en la cama, relegado a contemplar el gran acontecimiento por televisión, mientras Maheu asistía a la recepción y se codeaba con los astronautas. Después de todo, Hughes había sido en tiempos un héroe del cielo. En consecuencia, los lanzamientos espaciales eran siempre asunto delicado.

Incluso el día en que los hombres pasearon por la Luna. Especialmente aquel día. Maheu no intentó escapar de la órbita de Hughes para el gran acontecimiento. Por el contrario, dedicó semanas a producir personalmente un programa de televisión ensalzando a Hughes como pionero del espacio, y tenía previsto pasarlo en la emisora de Las Vegas propiedad de Hughes antes del paseo lunar. Pero la víspera del alunizaje llegó una orden de Control de Misión: «¡Eliminado!» Bruscamente, en el último momento, sin explicaciones, Hughes cancelaba la transmisión del programa.

«Es usted el capitán de la nave y seguiré su consejo —escribía el frustrado Maheu—. Pero no tengo más remedio que decirle que comete usted el error de su vida. Esto habría podido ser el mayor suceso desde su llegada aquí. Cancelar el programa a estas alturas tendrá repercusiones de las que jamás se recuperará usted.

»He de añadir, Howard, que me resulta evidente que se propone usted convertirme en otro *zombie* de su establo, desprovisto de ideas originales.»

De todos modos, el capitán Hughes no estaba dispuesto a dejarse intimidar.

«Bob, el motivo de volverme atrás en esto es puramente de oportunidad. Tengo buenas razones para creer que se me acusará de intentar aprovecharme de la audacia ajena.

»Bob, miremos las cosas desde otro punto: ¿qué sentido tiene que yo sea el supuesto capitán si usted ignora mi convicción profunda y arma tanto lío que tendré que hacer las cosas a su modo o afrontar las consecuencias de su resentimiento y sus amenazas de represalia, o terribles "repercusiones" mañana?»

Maheu no comprendía. Parecía tener la extraña idea de que Hughes había cancelado el programa de televisión por el puro placer de fastidiarle; sólo para provocarle a otra lucha. Discutieron enconadamente toda la noche y por la mañana sobre el alunizaje, y seguían discutiendo cuando Neil Armstrong dio «un paso pequeño para un hombre, un salto gigante para la humanidad».

«Howard, por favor, dé a este muchachito de Maine una oportunidad de demostrarle si tiene razón o se equivoca —suplicaba Maheu, que seguía intentando salvar su programa mientras el resto del mundo contemplaba el gran espectáculo espacial.

»Si es usted el jugador que creo que debe ser, estoy dispuesto a hacer una pequeña apuesta con usted. Si me caigo de morros en este salto, seguiré trabajando para usted el resto de mi vida sin cobrarle un centavo, y si se equivoca usted me doblará el sueldo mientras me tenga empleado.»

Hughes no mostró el menor interés por la apuesta.

«La apuesta que me propone es sencillamente absurda. No podría usted llevarse bien conmigo trabajando gratis.

»Ni siquiera podemos llevarnos bien ahora que le pago.»

Era verdad. Por entonces, su matrimonio se había convertido en una riña interminable, con los dos cónyuges cansados de la lucha pero sin dejar de aporrearse, como por hábito. No hacían falta temas tan delicados como los lanzamientos espaciales o los torneos de golf. Hasta los asuntos rutinarios podían convertirse en el detonante.

Maheu inició los fuegos artificiales un Cuatro de Julio[5] con una simple petición de decisiones en varios proyectos pendientes. No había nada provocador en su escrito; hasta se disculpaba por molestar en un fin de semana festivo.

«Si cree que los asuntos mencionados no deberían traerse a colación el Cuatro de Julio, podría atribuirlo al hecho de que estoy bajo los efectos de los sedantes debido a un accidente estúpido que sufrí ayer. Tengo una pierna escayolada.»

Hughes no se mostró muy comprensivo. Consideró la petición rutinaria de Maheu un ataque malévolo, y respondió atacando a su vez a su lugarteniente inválido.

«Yo siempre estoy trabajando —comenzaba, a la defensiva—. Todas las horas del día.

»Respecto a sus disculpas por molestarme el fin de semana del Cuatro de Julio, no eran necesarias. Como bien sabe, las fiestas

5. Fiesta de la Independencia norteamericana. *(N. del t.)*

significan muy poco para mí, porque yo trabajo prácticamente siempre.

»Sólo se me ocurre una cosa, Bob. Siempre que reclama mi atención hacia algo, como esta vez, pienso que, en vez de limitarse a llamar mi atención hacia algo que teme que pueda haber olvidado, pretende usted ponerme en una posición de culpabilidad.

»Es casi como si estuviésemos jugando algún tipo de juego.

»No tengo el menor deseo de pelearme con usted. *Recibí* su mensaje anoche. *No* me estropeó la velada. *No* había olvidado ninguno de los asuntos mencionados. *No* me enfado porque me los recuerde... Creo que lo que me alteró fue únicamente el tono amenazador de advertencia de su recordatorio. El lenguaje sarcástico e irónico.

»Bob, creo que no merezco este tipo de lenguaje ofensivo por su parte, y dado que está siempre hablando de no faltar al respeto a sus colegas, ¿qué cree usted que debe parecerle esto al personal que está a mi servicio?

»Algún día, cuando disponga usted de tiempo, tendrá que sacar a colación el asunto y explicarme clara y ampliamente hasta qué punto me considera estúpido.

»De cualquier modo, estoy harto de pelearme con usted cuando, teóricamente, tendría que estar usted de mi parte.»

Maheu, accidentado y bajo los efectos de los sedantes, se quedó estupefacto.

«He puesto toda mi vida profesional en sus manos, lo cual, claro está, también significa el futuro de mi familia. ¿Cómo demonios puede deducir de un mensaje, quizá no demasiado expresivo, que le considero un estúpido? Sinceramente, Howard, si no le respetara como a ser humano y por su inteligencia, puede estar seguro de que no estaría aquí dependiendo en todo y por todo de un solo hombre.

»Olvide esto, por favor, pues me altero mucho emotivamente cuando creo ser causa de que se altere usted.»

Pero en realidad Hughes no estaba alterado. De hecho, en ningún momento de toda la atormentada historia de su relación fue más feliz que cuando Maheu se accidentó. Por fin estaban los dos inmovilizados en la cama. Ahora tenía a Maheu sólo para él. Y se disponía a aprovecharlo al máximo.

«Lamento lo de su rodilla, y no tengo el menor deseo de aumentar sus problemas —le escribía solícitamente—. Por otra parte, me acucian problemas urgentes que, sencillamente, no puedo dejar a un lado.»

La lista de los problemas era realmente estremecedora:

«Dígame, por favor, algo sobre Parvin, la declaración de Franklin, Laxalt, Cannon y los esfuerzos de Bible en relación con el agua del lago Mead, mi propósito de no permitir un edificio de muchos pisos en el emplazamiento de Bonanza, la amenaza de un hotel en el terreno de Zoong, la amenaza de otro hotel en el Convention Center Drive, las tres parcelas de solares, su trámite a través de la Secretaría de Justicia para la adquisición de Stardust, mi comunicación a través de Rebozo al presidente Nixon, mi petición a usted de que revise la asignación del negocio de los helicópteros del Ejército a Bell —esto no debería demorarlo ni un instante— y la posible adquisición del Riviera.

»Bob, la lista anterior incluye once asuntos, los cuales dependen exclusivamente de mi memoria; once asuntos que he confiado a su único y exclusivo control, y ya es hora de que me informe sobre ellos.

»P. D. No he incluido el juicio de la TWA, que aumenta la lista a doce, para que lo recuerde mejor.»

El mensaje era similar todos los días. Hughes preguntaba a Bob por su salud.

«¿Cómo sigue esta mañana su rodilla?», preguntaba, y a continuación se lanzaba a otra diatriba.

«Bob, por favor, no se ofenda por esto, pero le agradecería muchísimo que revisara una lista de proyectos en curso y dictase un breve informe sobre el estado en que se halla cada uno de ellos.

»No me dice usted nada de nada. Nada de lo que ha sucedido con el caso de la TWA durante el año, nada del sistema de suministro de agua, nada de los futuros planes de la AEC, ni de otra media docena de proyectos de los que le he pedido que se ocupe.

»Bob, debo ser el hombre menos informado de este condenado país respecto a sus propios negocios. He de enterarme más a través de los medios de información que ninguna persona a quien yo conozca de responsabilidad comparable a la mía. Esto *debe terminar* o me veré obligado, en defensa propia, a crear una organización investigadora que me mantenga al día de lo que sucede en mi propia organización. Esto sería sin duda muy embarazoso y le ruego que no lo haga necesario.

»Lamento quejarme de este modo, Bob, pero, sinceramente, a veces pienso que está usted tan atareado con su vida, una vida tan plena y compleja, que quizá se olvide de que vivo prácticamente en un vacío.

»Puede que, ahora que está usted inmovilizado debido a la rodilla y no puede acudir a algunas de sus citas, entrevistas, etc., tenga una oportunidad de trabajar en algunos de los proyectos y problemas que he mencionado, muchos de los cuales pueden acelerarse en virtud de sus esfuerzos a través del teléfono.

»Deseo que se encuentre mejor.»

«Le agradezco, Howard, su interés por mi rodilla —contestaba Maheu desde su cama—. Sigue siendo muy doloroso, sobre todo de noche, cuando me vuelvo bruscamente mientras duermo, lo cual motiva que me despierte repetidas veces.

»Howard, realmente he procurado mantenerle informado. Si considera que esos asuntos le dan motivo para controlarme a través de alguna organización investigadora dentro de su esquema general, adelante. Quizá se alegrase al descubrir algunos de mis éxitos por otra fuente.»

«¿Vamos a embarcarnos usted y yo en otra etapa de hostilidad? —respondía Hughes.

»No tengo el más mínimo deseo de controlarle, como usted dice. Pero, Bob, no estoy dispuesto a enterarme de mis asuntos a través de los medios de información. Si quisiera espiarle, le pediría a alguien que lo hiciese; y, desde luego, no le informaría a usted previamente.

»¿Cómo está su rodilla? Tenga cuidado al levantarse, por favor. Conociendo su carácter inquieto, me ha tenido muy preocupado, muchísimo, la posibilidad de que le quede una lesión permanente en la rodilla.»

Así siguieron las cosas durante un mes, hasta que Hughes se enteró de que, desgraciadamente, Maheu se había recuperado, y se apresuró a intentar impedirle que volviera a su vida plena y compleja.

«Bob, ¿está usted lo bastante bien (me refiero a la rodilla) para asistir a una reunión? —preguntaba inocentemente—. Ya imaginé que sí porque alguien me comentó que la otra noche estaba usted levantado.»

Ya no estaban unidos como inválidos, pero seguían ligados en un matrimonio no bendecido.

Escenas conyugales. Acto tercero

«Bueno, Howard, empieza a preocuparme bastante lo que parece estar convirtiéndose en una necesidad compulsiva de fastidiar y criticar a Bob. Nunca hablamos de los pequeños milagros que conseguimos.

»Estoy procurando trabajar para usted en innumerables áreas, pero me acuesto cada noche con la sensación de que no cuento con su respaldo y de que quizá debiera probar un medio seguro de obtener su confianza absoluta: NO HACER NADA O LIAR LOS DETALLES.

»Howard, me siento realmente muy mal por tener que hablar con tanta franqueza, pero, tal como dicen, así es como se desmigaja la galletita, y da la casualidad de que las galletitas son suyas, así que puede usted desmigajarlas como quiera.»

. . . .

«No deseo que sea usted tan desdichado. Yo soy quien más sufre por ello.

»No me hace feliz, y desde luego no beneficia a mi salud pelearme con usted.

»No pretendo en absoluto que esto sea una calle de una sola dirección. Procuraré mejorar.»

. . . .

«Howard, hasta ahora —repito: hasta ahora— he tenido un deseo sincero de proteger nuestros flancos, estuviesen donde estuviesen. He estado ocupándome de un cierre a las 12.01 en el Slipper, de proteger su imagen en Ecuador, de elegir un candidato presidencial, de asegurar que todas sus inversiones hasta la fecha en Las Vegas rindan beneficios, de mantener una puerta abierta en las Bahamas, de impedir que el consejo municipal de Boulder aprobase una resolución condenando nuestra postura en lo referente a las pruebas nucleares, de impedir que la Casa Blanca revele el contenido de la carta que escribió usted al presidente (contenido del que, hasta la fecha, nada sé, pero que según se afirma podría resultar embarazoso).

»Si todo esto carece de importancia, entonces quizá debiera decirme exactamente qué espera que haga, porque estoy a punto de perder el valor necesario para intentar utilizar mi propio criterio. Sinceramente, Howard, hace usted que me resulte imposible saber qué, cómo, dónde y cuándo lo quiere.»

· ·

«Detecto en su último mensaje una leve insinuación de su inseguridad respecto al futuro y lo que podría reservarnos a los dos.

»En tal caso, creo que ya es hora de que lo exponga todo sin reservas.

»Creo que nuestra relación necesita un nuevo examen y una nueva clarificación, tan indigna o tan merecedora de su lealtad y fidelidad.»

· ·

«Howard, cuenta usted, sin la menor duda, con mi lealtad, devoción y amistad. Es inconcebible que alguna vez pudiera suceder algo por cuya causa esto cambiase.

»Me refiero a varios años de lealtad y dedicación continuadas y firmes, y le desafío a encontrarlas en cualquier otro ser humano. Si todo esto ha sido en vano, lo siento muchísimo: no por mí sino por usted. Digo que lo siento muchísimo por usted porque si usted, en realidad, no lo aprecia cuando realmente lo tiene, ha de ser sin duda una persona terriblemente desdichada.»

· ·

«Debo confesarle que estoy consternado. Hace uno o dos meses le pregunté si no hacía algo bajo la superficie, acerca de lo cual yo no tuviera noticia. Le dije que me parecía usted preocupado y temía una de estas noches una explosión que destruyese nuestra relación. Me dijo usted que eran imaginaciones mías.

»Bob, deseo sinceramente lograr una relación mejor con usted en seguida. Sé que hemos examinado todo este asunto anteriormente, y me consta que es casi imposible conseguir que admita usted que la situación mejore.

»Pero, de todos modos, quiero probar.»

· ·

«Howard, sigue usted aludiendo a una mejor relación. Yo no tengo ningún problema en este caso. Pero, mediante rodeos, sigue usted enviando breves mensajes que indican que mantiene ciertos recelos sobre el establecimiento de una relación así.

»Cada vez que sugiero que quiero ayudarle a lograr lo que yo sinceramente creo que es su auténtico deseo, recibo un golpe en la cabeza.

»Yo pido orientación constantemente y no la recibo. Pero, eso sí, recibo una sobreabundancia de críticas. La situación se hace insufrible; empiezo a sentir como si intentara beber de un vaso sin fondo.»

Maheu estaba perdiendo el control. En el plazo de un año, el antiguo tipo duro de la CIA se había visto empujado a la bebida, suplicaba piedad, sus maquiavélicos planes parecían olvidados, y se veía arrastrado cada vez más a una relación con Hughes sofocantemente íntima y en extremo problemática.

Pese a todas las tensiones y a las riñas y disputas, seguían juntos y estaban a punto de lanzarse a una serie de misiones que estremecerían el país. Mientras se disponían a comprar los Estados Unidos, los dos tenían que formularse una pregunta: ¿podría salvarse el matrimonio?

3. EL REINO

Poco después del Día de Acción de Gracias de 1967, Paul Laxalt, gobernador de Nevada, sintió un súbito escalofrío... como si hubiera visto un fantasma. El Fantasma de los Días de Acción de Gracias pasados.

En el año que hacía que Howard Hughes había convertido su peregrinaje de una semana de vacaciones en Las Vegas en estancia continuada, Laxalt se había visto asaltado por un temor oculto. Sin una sola entrevista con él, le había concedido casi derechos feudales, haciendo todo lo que estaba en su poder para ayudar al multimillonario invisible a transformarse en el empresario privado más grande de Nevada, su mayor terrateniente y el rey de su única industria, el juego.

Laxalt había prescindido de todas las normas, había colocado a Hughes por encima de la ley y le había permitido hacerse con el control absoluto de cuatro grandes casinos. Ningún individuo había sido jamás propietario de uno solo siquiera, pero a Hughes se le concedió permiso del gobernador, pese a negarse a presentar una fotografía, huellas dactilares o los expedientes financieros y personales detallados que exigían las leyes de Nevada. Nadie se atrevió siquiera a sugerir que Hughes hiciese una aparición personal.

Además de los casinos, el eremita era ya propietario de cuatro hoteles de temporada, de la mayor parte del terreno de Las Vegas Street, de una enorme cantidad de propiedades inmobiliarias, de dos aeropuertos, de unas líneas aéreas y de una emisora de televisión local. Lo cual totalizaba casi cien millones de dólares, una inversión que Hughes tenía que proteger. Compraba para ello a políticos locales al por mayor, imponiendo su voluntad a los funcionarios en el aparato judicial y en el del gobierno estatal, y parecía tener enorme influencia sobre aquel gobernador republicano de cabello plateado.

Laxalt había permitido que un hombre invisible llegase a controlar Nevada más de lo que nadie hubiera controlado jamás un Estado soberano. Y ahora estaba asustado.

Hughes, por su parte, se mostraba muy satisfecho.

«Creo que podemos llevar a Laxalt a una situación tal que base todo su futuro político en su relación con nosotros —escribía el fantasma—. Creo que es así como debería ser y como puede ser.»

De hecho, Hughes había prometido convertir al solícito gobernador en presidente de los Estados Unidos.

«Estoy dispuesto a cabalgar con este hombre hasta el final. Y ese final al que apunto es la Casa Blanca —declaraba—. Creo que debemos convencerle de que me propongo respaldarle con apoyo ilimitado hasta conseguir llevarle a la Casa Blanca en 1972.»

¡Paul Laxalt para presidente! Entonces parecía sólo una extraña ocurrencia incubada en el mundo irreal del ático. Pero incluso mientras alimentaba su relación oculta con Hughes, Laxalt establecía también una relación especial con el gobernador recién elegido de un estado vecino, Ronald Reagan. Una relación que le convertiría en el amigo más íntimo del futuro presidente, en su principal asesor político y en director de su campaña nacional.

Pero aun cuando Laxalt se convirtiera en uno de los hombres más poderosos del país, Howard Hughes seguiría allí para obsesionarle, como le obsesionaba ahora.

Las visiones de la Casa Blanca no podían aplacar sus temores. El gobernador no podía olvidar que estaba tratando con un fantasma, que nunca había visto a Hughes, que ni siquiera había hablado con él, que nadie lo había hecho desde su supuesta llegada a Las Vegas; en realidad, desde hacía una década.

Pensamientos terribles, que el gobernador podría haber mantenido para siempre en secreto si nadie hubiera descubierto la extraña reunión de medianoche que se desarrolló en su Comité de Control del Juego. A finales de noviembre de 1967, se reunieron varios altos funcionarios encargados del control del juego en el estado, en un conciliábulo secreto a la hora de las brujas, despertaron a colegas dormidos citándoles a una conferencia y, a la una y media, habían aprobado oficialmente la concesión de la cuarta licencia de casino al impaciente multimillonario. Cuando se filtró la increíble noticia, unos cuantos legisladores se inquietaron lo bastante como para exigir una investigación completa.

Laxalt ya no podía reprimir sus temores. Le asaltaban incontenibles, un pensamiento estremecedor tras otro. ¿Y si Hughes no estuviese realmente allá arriba, en el ático? ¿Y si le hubiera sustituido un impostor? ¿Y si no existía en realidad?

El gobernador estaba frenético. El 11 de diciembre de 1967, citó en secreto a sus zares del juego en la capital del estado, Carson City. Todos coincidieron en que había que hacer algo.

Era una tarea para el FBI.

«Fue un acuerdo unánime —informaba a J. Edgar Hoover el agente jefe del FBI en Las Vegas—. Debía hacerse algo para que las autoridades del Estado de Nevada pudieran saber con certeza que HOWARD HUGHES está realmente vivo y que están concediendo autorización a un individuo vivo.»

«Aunque todo parece claro y legal al cien por cien —continuaba el informe—, nadie, ni siquiera el gobernador del estado de Nevada, ha visto jamás personalmente a HOWARD HUGHES, ni ha hablado o discutido con él detalle alguno relacionado con las licencias. Las autoridades encargadas del control del juego en Nevada y el gobernador LAXALT están muy preocupados ante la posibilidad de que pudiera estar cometiéndose un gran fraude...»

Aun así, era inconcebible enfrentarse realmente al financiero fantasma. Ya con anterioridad, el comité encargado del control del juego había preguntado al abogado de Hughes (Richard Gray) si un miembro de dicho comité, uno al menos, podía ver al multimillonario. La reacción de éste había sido inquietante, considerada retrospectivamente.

«El señor GRAY perdió la compostura e indicó que si las autoridades lo exigían, lo más probable era que el señor HUGHES abandonase el estado de Nevada —explicaba el informe del FBI—. No se han hecho más tentativas de lograr una entrevista personal con HOWARD HUGHES.»

Lo único que consiguieron las autoridades del estado fue un poder notarial supuestamente firmado por el recluso. El gobernador entregó el valioso documento al FBI para que comprobase su autenticidad. ¿Era válida la firma? ¿Había dejado alguna huella dactilar el fantasma en el documento?

«Las autoridades encargadas del control del juego de Nevada no desean tomar iniciativa alguna de carácter oficial respecto a los resultados de este examen —concluía aquel informe surrealista—. Sólo quieren cerciorarse de que HOWARD HUGHES existe y de que están tratando con él.»

Si la pregunta era más que embarazosa, la respuesta fue verdaderamente una conmoción brusca.

J. Edgar Hoover no se había convertido en institución nacional enviando a sus agentes a perseguir fantasmas. El director echó un vistazo a la patética petición de Laxalt y garrapateó sin ninguna ceremonia: «Nosotros no tenemos absolutamente *nada* que ver con eso. H.»

Caso cerrado.

Hughes seguiría obsesionando a Nevada mientras Laxalt siguiese en el cargo, y el gobernador continuaría expresando su deseo, pero jamás lograría verle, ni llegaría a tener prueba real alguna de que estaba tratando con un «individuo vivo».

Howard Hughes, claro está, seguía vivo. Allí, en la novena planta del Desert Inn. Pero si Laxalt hubiera conseguido verle, probablemente habría recibido el mayor susto de su vida.

Desnudo y desgreñado, trazando esquemas en mapas con códigos de colores con sus uñas repugnantemente largas, el fantasma del ático, sentado en la cama, hacía planes afanosos para comprar el resto de Nevada.

No había ido a Las Vegas con un plan magistral, sino tan sólo porque no sabía a qué otro sitio ir y porque ya estuvo allí antes y le gustaba. Le gustaba aquel ambiente nocturno, le gustaban las chicas de los espectáculos, le gustaba el tono general y la atmósfera del lugar. A principios de la década de los años cincuenta, antes de recluirse, solía ir con regularidad a pasar una noche o unos cuantos días o semanas, a ver los espectáculos, quizá a elegir a una corista, para lo cual enviaba a uno de sus lacayos a acordar la cita, ordenándole siempre que hiciera firmar a la chica un documento. Casi nunca jugaba; sólo esporádicamente echaba una moneda en una máquina tragaperras, pero visitaba los casinos y era una imagen familiar en la primera fila de los locales de espectáculo. Acudía, pues, periódicamente a la ciudad.

Otros especulaban sobre el motivo de que hubiese vuelto. Todos estaban seguros de que tenía prevista una gran «misión»: reformar la moral ligera de Las Vegas, barrer de la ciudad a la Mafia o unirse a ella. En realidad, Hughes no tenía ningún plan cuando llegó, salvo encontrar un lugar seguro para ocultarse. En realidad, seguía siendo eso lo único que se proponía.

Al principio, era bastante seguro estar allí, en aquel dormitorio en penumbra, tras la puerta cerrada, tras su falange de mormones, tras la partición cerrada del pasillo, tras una guardia de seguridad armada en un ático, por lo demás vacío y aislado. Luego, tuvo que comprar todo el hotel para protegerse. Después de adquirir el Desert Inn, hubo de hacerse con todos los hoteles circundantes del Strip, también para protegerse. Ahora, se veía obligado a adueñarse del resto de Las Vegas por la misma razón.

Intentando desesperadamente controlar su pequeño mundo, Hughes iba controlando cada vez más el mundo exterior, ampliando su dominio en círculos concéntricos, sólo para descubrir que, cuanto más poseía, más necesitaba proteger; de manera que cada nueva adquisición generaba la necesidad de adquisiciones posteriores a fin de proteger las anteriores.

Desde las alturas de su puesto de mando del desierto, Hughes se cernía sobre Las Vegas Street, e iba apoderándose de sus hoteles y sus casinos como un semidiós perverso que jugase al *monopoly* a escala gigantesca. Si hubiera mirado por la ventana, lo habría podido ver todo: kilómetros de increíble resplandor, una obra de hampones en medio del desierto, con carteles de veinticinco metros de altura parpadeando STARDUST y SANDS y CAESAR'S PALACE, una fachada fabulosa para los huesos mondos del capitalista; dinero puro sin ningún producto, tan esquelético como el propio Hughes; un decorado chillón tan semejante a un espejismo como la propia imagen pública del magnate.

Era un lugar chabacano, ruidoso, vulgar, y Hughes no posó los ojos en él en toda su estancia allí. Sus ventanas habían sido bloqueadas el día que llegó, y ni una sola vez quitó la cinta adhesiva, subió las persianas y miró fuera. Ni una sola vez en cuatro años.

Hughes tenía su propia visión, y no quería mancharla.

«Me gusta pensar en Las Vegas asociándola con la imagen de un hombre bien vestido, de esmoquin, y una mujer bellamente ataviada, con pieles y joyas saliendo de un coche caro —escribía, conjurando una imagen más aceptable—. Creo que esto es lo que el público espera aquí: rozarse con estrellas y personas importantes, etc. Posiblemente vestidas con ropa deportiva, pero si es así, al menos con ropa deportiva buena. No creo que debamos permitir que este lugar se degrade convirtiéndose en una cosa·extravagante o del nivel de un parque de atracciones como Coney Island.

»No me interprete mal respecto a la ropa —añadía rápidamente—. No quiero decir que todo nuestro personal tenga que salir a proveerse de un nuevo guardarropa a expensas del hotel. (Esto pretende ser un chiste.) No me refiero a lo que vistan nuestros empleados, y desde luego no estoy pensando en gastar el dinero sin necesidad. Así que conformémonos con los actuales uniformes.

»Me refería más bien a la impresión que han de dar los anuncios, la publicidad, etc. —continuaba, intentando. volver a su visión, pero desviado bruscamente por otra idea inquietante.

»Hay una cosa segura: si se permite que se instalen aquí frontones de pelota vasca, nunca podremos echar a sus promotores, y es un mundo peligroso lleno de comunistas de Cuba.

»De todos modos, lo que intento decir es que sabe usted muy bien (por mi resistencia al monorraíl, por ejemplo) que veo Las Vegas un poco por encima, con arreglo a un criterio elitista, en lugar de rebajarlo a la categoría de parque de atracciones. Por esta misma razón me opongo con firmeza a las carreras de galgos. No me opondría a las carreras de caballos de aquí a unos años si estuviéramos nosotros metidos en ello.

»Bob, desde que llegué aquí he estado oponiéndome a todos los intentos de degradar el Strip convirtiéndolo en una especie de espectáculo extravagante, en una especie de parque de atracciones, una mezcla de Coney Island y del Hudson Palisades Park. Si se permitiese uno de esos montajes, en seguida serían tres o cuatro o seis, y entonces tendríamos una auténtica invasión de tiovivos y montañas rusas.

»Le he revelado a usted claramente mi opinión de que el Strip de Las Vegas no tiene demasiada clase (de hecho, provoqué risas una vez que dije que tenía cierto nivel), pero posee esa leve diferencia en distinción de clase que separa a un parque de atracciones de un lugar chillón pero único en el mundo.

»No creo que me gustase vivir aquí o centrar todos los planes futuros alrededor de este punto de apoyo si Freemon Street va a trasladarse al Strip.»

Clase. Quizá se hubiesen reído de él una vez, pero ahora Hughes estaba decidido a convertir Las Vegas en un auténtico lugar de clase alta, y no había en su visión espacio para el ambiente vulgar que había invadido ya el centro de la ciudad, y mucho menos para monorraíles, carreras de galgos o (¡Dios nos libre!) pelota vasca.

De hecho, Hughes tenía más que una visión. Tenía un plan. Una misión. Convertiría «Las Vegas en algo tan acreditado y respetable como la Bolsa de Nueva York, de modo que el juego en Nevada tenga una reputación parecida a la que tiene Lloyds de Londres; que sea como plata de ley».

Clase auténtica. Pero sus planes iban más lejos.

«Podemos hacer aquí una "ciudad del futuro" realmente superequilibrada en cuanto a medio ambiente: sin humos ni contaminaciones, con un gobierno local eficaz; una ciudad donde los contribuyentes paguen lo menos posible y reciban algo por su dinero.»

Ése era el asunto. El cielo de Hughes: sin contaminación ni impuestos y con muchísima clase. Había, claro está, otra condición más: él tenía que ser propietario de todo.

Era ya propietario del Desert Inn, el Sands, el Castaways y el Frontier, todos lindamente arracimados en el centro de la ciudad. Ahora le había echado el ojo al Silver Slipper, un casino de baja estofa que quedaba al otro lado de la calle, y a su inmenso vecino, el contiguo Stardust, que le permitiría, por sí solo, duplicar casi sus propiedades.

«Considero que hay algo muy importante y significativo en ocupar una posición al cien por cien, de dirección reconocida e indiscutida —escribía Hughes.

»Ya sé que usted dice que esta posición ya se ha alcanzado —increpaba a Maheu, que aconsejaba prudencia—, pero si preguntase a diez personas distintas, probablemente escucharía otras tantas opiniones.

»Bob: en pocas palabras, estoy seguro de que tiene un gran valor cualquier negocio que sea clara e indiscutiblemente el negocio de juego más grande del *mundo*.

»Así pues, estoy hablando de una dirección clara y evidente de tal magnitud, que el informe verbal resultase aceptable en todo el mundo. De modo que cuando alguien pensase en el juego o hablase de él, la reacción fuera automática, exactamente la misma reacción que se da con Sterling y la plata.

»Pero lo más importante de todo es que aplacaría esta ansia torturante que siento de situarme en una posición un poco más fuerte —concluía, tranquilizando a su regente—, y una vez satisfecha esta ansia, estoy seguro de que nuestra relación (la que existe entre usted y yo) mejorará inconmensurablemente.

»Estoy seguro, Bob, de que eliminar esta única espina de mi costado nos aportará una perspectiva realmente armoniosa para el futuro.»

Hughes tenía que hacerse con el Silver Slipper y el Stardust, y quería también el Silver Nugget y el Bonanza y los clubes de Bill Harrah en Reno y en Lago Tahoe y quizá el Riviera y... Bueno, prácticamente todos los hoteles y casinos de Nevada. Pero, de momento, el Slipper y el Stardust eran imprescindibles.

Allá en Carson City, Paul Laxalt empezaba a sentirse preocupado de nuevo. Si a Hughes le atormentaba un ansia, el gobernador sufría la tortura del miedo. La investigación del Legislativo provocada por la última licencia concedida a Hughes seguía su curso, y dos compras nuevas en aquel momento podrían ser peligrosas. Laxalt pidió a Maheu que aconsejase a su jefe oculto más prudencia.

«Debido a los acontecimientos de los últimos días y a un esfuerzo concentrado para transformar la concesión múltiple de licencias en un fútbol político, el gobernador solicita, con todo respeto, que evite usted cualquier otra adquisición en este momento —escribía Maheu a Hughes—. Opina que, si esperamos unos meses a que la atmósfera haya cambiado, la situación sería completamente distinta. Está preparando un largo informe confidencial para usted. De todos modos, Howard, insistió en expresar el gran respeto que siente por usted y le suplica que no haga nada hasta que haya tenido, al menos, la posibilidad de considerar sus comentarios.»

Pero Hughes no podía estarse quieto. Aquel apoyo vacilante de Laxalt le sacaba de quicio. Estaba furioso.

«¿Cree acaso usted que existe la posibilidad de que el gobernador esté enfriándose un poquillo respecto a mí? —preguntaba, sintiéndose postergado—. ¿Es posible que ahora que he aportado cien millones a la maltrecha economía de Las Vegas y he contenido la carrera hacia el banco (como si dijésemos), haya decidido que soy más un riesgo que un valor?»

Cuanto más cavilaba sobre la ingratitud de Laxalt, más se enfurecía. ¿Quedarme quieto? «¡Qué demonios, puedo llevar mi dinero a un sitio en el que sepan apreciarlo!»

«Yo sólo puedo explicar las cosas tal como las veo, Bob —protestaba—. Creo que este escándalo por posesión múltiple es pura mierda.

»Le apuesto diez a uno a que si le digo al gobernador que estoy dispuesto, muy a mi pesar, a trasladar nuestras inversiones a otro sitio si es eso lo que quiere realmente, reaccionará favorablemente. Pero quiero estar bien seguro de que se hace cargo de la situación. Tengo otros ciento cincuenta millones, por lo menos, para invertir. Desde que me trasladé aquí, he rechazado tres inversiones muy atractivas sólo porque no eran en Nevada.

»En fin, si el gobernador considera este asunto con equidad, no creo que quiera verme meter cuarenta millones de dólares en un hotel-casino en Venezuela, donde tengo una oferta increíble. Supongo que debe preferir no tener licencias múltiples sólo hasta cierto punto. Si llega un momento en que tenemos que colocar cuarenta millones en Venezuela, no creo que lo acepte. Máxime cuando no tiene más que coger el teléfono para mantener esos cuarenta aquí.»

Pero ¿por qué esperar que Laxalt cogiese el teléfono? Hughes tuvo una idea audaz: ¡Llamaría él a Laxalt! Eso le convencería. Sí, lo haría. Hacía ya mucho que Howard Hughes no se comunicaba con nadie, pero ahora estaba dispuesto a hacerlo.

Para tranquilizar al nervioso gobernador, el fantasma hizo una llamada telefónica al edificio del gobierno. Era la primera vez que hablaba con alguien que no pertenecía a su círculo interno desde su llegada a Las Vegas, y la conversación ocupó los titulares de prensa de todo el estado: «EL GOBERNADOR HABLA CON HUGHES.» Era algo así como el Segundo Advenimiento.

«Fue una de las conversaciones más interesantes de mi vida», proclamaba Laxalt, que parecía deslumbrado por el profundo conocimiento que el multimillonario tenía de los asuntos del estado y por sus grandes planes para Nevada. Eso sí, no se acordó de mencionar lo que el propio Hughes consideraba más importante.

No era el Stardust, no era el Slipper, no era la amenaza de una investigación legislativa ni la creciente resistencia a su compra masiva de casinos. No eran siquiera sus planes para convertir a Laxalt en presidente. Era algo muchísimo más importante que todo esto: el agua. Hughes estaba absolutamente frenético con el asunto del agua.

«Cuando hablé con el gobernador Laxalt —se quejaba días después—, le dije que me tenía de veras alarmado y disgustado el que las autoridades siguieran adelante imprudentemente con el llamado "proyecto de aprovisionamiento de agua del sur de Nevada". Le dije que creía que el plan en su totalidad era inadmisible. Que el agua podría tratarse con cloro suficiente para que reuniese las condiciones mínimas y fuera técnicamente potable... Pero él reaccionó como los que se ufanan de que se puede beber la porquería que sale de la planta depuradora de aguas residuales de Los Ángeles.

»Pero ésa no es la cuestión. Estamos en una zona turística y tenemos que lograr que el aire y el agua, etc., no sólo no sean venenosos sino atractivos y agradables. Estamos compitiendo con otros centros turísticos, y si se llega a saber que nuestro nuevo sistema de aprovisionamiento de agua es sólo un sistema de circuito cerrado, que gira alrededor de un pozo negro, la competencia acabará descubriéndolo e iniciará una campaña publicitaria y de rumores que acabará con nosotros.

»De todos modos, lo que cuenta no es la pureza real del agua. En este caso, tratándose de un centro turístico, la cuestión es cuántos turistas dejarán de venir a Las Vegas debido a la campaña de rumores de Hawaii, Florida y los demás centros turísticos de los Estados Unidos, que se burlarán del espectáculo de la gente nadando, bañándose y bebiendo agua que no es, ni más ni menos, que mierda y pis diluidos.»

Hughes continuó hablando un rato, con considerable apasionamiento, de la pureza de los fluidos, y Laxalt se apresuró a darle la razón.

«El gobernador dijo que tenía clara conciencia de la situación, que estaba harto de eso —continuaba el multimillonario, recordando la conversación—. Ésas fueron sus palabras. Yo dije que consideraba que por muy adelantado que estuviese el programa iniciado, había que modificarlo. Le insté a que mirase lo que se podía hacer para paralizarlo temporalmente, mientras él y yo intentábamos encontrar una solución.

»No he oído ni una palabra de respuesta, y parece que todo sigue adelante igual —se quejaba Hughes, de momento más desconcertado que enfurecido por el hecho de que Laxalt, inexplicablemente, no hubiera paralizado aquel proyecto multimillonario de traída de aguas—. ¿Por qué no he tenido noticias suyas?»

El gobernador no sólo permanecía extrañamente silencioso respecto al agua, sino que también seguía resistiéndose a conceder a Hughes dos nuevas licencias para la compra de casinos. Sin duda, iba a hacer falta algo más que una llamada telefónica para conseguir que Laxalt se sintiese suficientemente motivado. Para ampliar sus dominios y convertir su nuevo reino en un lugar adecuado para vivir (y protegerse, convirtiéndose en soberano absoluto y eliminando toda contaminación). Hughes tendría que realizar una adquisición adicional al menos. Tendría que comprar a Laxalt.

«Bien: para conseguir que el asunto de Laxalt funcione, tenemos que hallar un medio de motivarlo.»

«Cuando se trata de un asunto realmente difícil como éste, busco dos ingredientes: 1. Un hombre que pueda hacer el trabajo si quiere de veras hacerlo. 2. Un medio de proporcionar a este hombre una consideración que sea de tal naturaleza y tal cuantía como para que le resulte casi irresistible.

»Pues bien, Bob; yo creo que a Laxalt se le puede condicionar de modo que confíe todo su futuro político a su relación con nosotros. Creo que así debería ser y puede ser.

»Creo que debemos de convencerle, sin sombra de duda, de

110

que me propongo respaldarle de forma ilimitada hasta que llegue a la Casa Blanca en 1972. Creo que debo, incluso, crear una entidad legal para que se encargue de esta tarea, y que dicha entidad debe poder perpetuarse de modo autónomo, de modo que, en caso de que yo muriese o cambiasen los objetivos políticos, no se interrumpiera el apoyo financiero a Laxalt.

»De cualquier modo, volviendo a mi idea original, si realmente podemos convencer al gobernador de que su futuro depende de mí, estoy seguro de que, con una pequeña ayuda mía en su momento, no tendrá dificultad alguna para lograr nuestro objetivo.»

Un fondo de soborno «Laxalt-para-presidente» inagotable. Eso motivaría sin duda al gobernador; tendría irresistibles efectos sobre él. Pero Hughes no se daba por satisfecho dejando las cosas así. Como en todas sus adquisiciones, necesitaba ejercer el control al cien por cien, y le inquietaba que otros pudieran echar el lazo al hombre que él estaba preparando para ser Caudillo del Mundo Libre.

«Temo que alguien o alguna empresa pueda estar intentando captar en secreto al gobernador Laxalt.

»Hemos de esforzarnos en mantener al gobernador única y exclusivamente consagrado a nuestros intereses. En cuanto se vincule a alguien como Kerkorian o Crosby, de Mary Carter Paint, o cualquiera otra fuente de financiación, creo que nos veremos obligados a salir de aquí irremisiblemente. Estoy dispuesto a cabalgar con este hombre hasta el final, que me propongo sea la Casa Blanca en 1972 —insistía—. Pero no hay espacio en nuestro programa para un segundo ángel.»

No; Hughes no podía compartir a su gobernador. Y habrían de pasar cuatro años para que pudiera ascender a Laxalt de gobernador del estado a la Casa Blanca. Entretanto, tenía que hallar medios de mantenerle fiel. Quizá prometerle un segundo mandato como gobernador, acaso incluirle en la nómina. ¿Y por qué no ambas cosas? Hughes estaba dispuesto a permitir que Laxalt extendiese él mismo la factura.

«En el momento que usted me diga "adelante" —informaba a Maheu—, estoy dispuesto a telefonear personalmente a Laxalt y anunciarle que es mi deseo que siga siendo gobernador y que prometo ayuda ilimitada para esta campaña. Además, por si no resultase elegido para otro mandato, quiero que acepte un puesto en la industria privada que me consta satisfará sus exigencias, por muy elevadas que puedan ser.

»Estoy seguro de que puedo venderle esto a Laxalt.

»Por favor, llame al gobernador y dígale sencillamente que yo quería estar seguro de que él comprende mi deseo de que se convierta en uno de los cargos ejecutivos más altos de mi empresa.»

Maheu pronto empezaría a enviar a Hughes informes regulares sobre el desarrollo de las negociaciones secretas sobre aquel puesto de trabajo para el gobernador:

«Mantuve una reunión muy interesante con el gobernador. Creo realmente que puedo convencerle de que se incorpore de modo permanente a su empresa como alto ejecutivo, a cargo de todas

Now, to make the Laxalt deal work, we have to find a means of motivation.

When I have a real "tough" assignment like this, I search about for two ingredients: 1. A man who can do the job if he truly wants to. And, 2. A means of furnishing a consideration to this man which will be of such a nature and such an amount as to be well nigh overpowering in its effect upon the man.

Now, Bob, I think Laxalt can be brought to a point where he will just about entrust his entire political future to his relationship with us. I think that is the way it should be and the way it can be.

I think we must convince him beyond a shadow of a doubt that I intend to back him with unlimited support right into the White-House in 1972.

sus operaciones en Nevada o en cualquier otro lugar que decida usted asignarle.»

«El gobernador Laxalt ha empezado a preguntarme concretamente cuál será su misión en su organización», informaba Maheu unas semanas después, cuando Hughes se atascaba ya en los detalles.

Las conversaciones se prolongaron varios años, y el gobernador siguió insistiendo en conseguir el puesto casi durante todo el tiempo que permaneció en el cargo. En junio de 1970, Maheu aún escribía:

«Laxalt está muy nervioso, porque quiere hablar de su futuro trabajo con nosotros, y yo realmente creo que, por cortesía, deberíamos sentarnos con él a hablar en fecha muy próxima.»

Pero en vez de aceptar el trabajo que Hughes seguía poniéndole de cebo, Maheu creía que el gobernador se incorporaría al bufete de la familia, que obtuvo un mínimo de 180 000 dólares del multimillonario mientras Laxalt ocupó su cargo.

«Tengo la impresión de que pretenderá que firmemos con él un contrato como asesor jurídico, dando por supuesto que se nos concederá prioridad respecto a su tiempo, pero permitiéndole a la vez el libre ejercicio del derecho a título particular», informaba Maheu tras otra entrevista con el gobernador.

Posteriormente, Laxalt envió una carta manuscrita a Hughes indicando que estaba disponible como abogado particular, pero indicando que el puesto de trabajo objeto de tan largas conversaciones comportaría un conflicto de intereses tan flagrante que no se atrevía a incorporarse directamente a la nómina del multimillonario.

«Querido Howard —escribía el gobernador cuando se disponía ya a abandonar el cargo—..., me temo que una relación contractual directa con usted podría ser mal interpretada. Me desagradaría, como supongo que a usted, que alguien pensase que la cooperación de nuestro gobierno con usted en los últimos cuatro años se basaría en un *quid pro quo...*

»He decidido abrir un bufete en Carson City... Si alguna vez tuviera necesidad de mis servicios, estoy dispuesto a proporcionárselos muy gustosamente.»

Laxalt, casi nada más abandonar el cargo, empezó a recibir pagos de Hughes por sus servicios, que totalizarían un mínimo de 72 000 dólares.

Pero todo eso estaba lejos, en el futuro, cuando Hughes planeaba, a principios de 1968, ampliar sus dominios. Como el gobernador ya no era problema, Hughes empezó a presentarse como un benefactor ante los demás ciudadanos de Nevada. Construiría en Las Vegas el mayor hotel del mundo, un complejo espectacular de 150 millones de dólares, «una ciudad completa en sí misma». Crearía en el desierto de Nevada el mayor aeropuerto del mundo, convirtiéndolo en la nueva «puerta del Oeste», y construiría una autopista rápida para llevar a los pasajeros con la máxima celeridad de la Jet Air Terminal al centro de Las Vegas. Aportaría los fondos necesarios para una nueva facultad de medicina en la Universidad de Nevada, prometiendo «de doscientos mil a trescientos mil dólares anuales durante veinte años». Llevaría al estado nuevas industrias, trasladando allí completamente la Hughes Tool Company y la Hughes Aircraft Company, así como el Instituto Médico Howard Hughes, convirtiendo Nevada en la sede central de todo su imperio.

En realidad, lo único que Hughes llegó a construir en Nevada fue la nueva mansión de Maheu, y haría todo lo posible, en realidad, por bloquear cualquier iniciativa encaminada a crear nuevos hoteles, industrias u otros negocios de la competencia. Como todos los días aparecían nuevas noticias de las futuras buenas obras

any time you will tell me to go ahead, I am prepared to make a per- sonal phone call to Laxalt and tell him it is my desire that he remain governor and that I promise un- limited support for this campaign, and, further, that, should he fail to be elected governor for another term, I want him to accept a position in private industry which I know will meet his requirements, no matter how extreme they may be.

I am positive I can sell this to Laxalt.

Governor Laxalt has started to ask me precisely what his assignment will be in your organization.

Laxalt is very anxious to discuss his future employment with us and I really believe we owe him the cour- tesy of sitting down with him at a very early date.

My guess is that he will hit us for a retainer with the understanding that we have priority on all of his time but allow him to build a law practice at the same time.

de Hughes, nadie parecía dispuesto a rechazar su petición de un par de casinos más.

Contando con el firme apoyo de Laxalt para sus planes de adquirir el Stardust y el Silver Slipper, con toda la oposición a su particular juego del *monopoly* disolviéndose ante su munificencia, Hughes empezó a temer que también se concediesen licencias a toda una horda de aprovechados.

«Se me ha informado de que, desde que ha corrido la voz de que se aprobará nuestra solicitud, todo el mundo está haciendo cola para obtener una licencia, debido a que piensan que si la comisión aprueba la nuestra, no podrán negar las de los otros. Así pues, quiero un informe sobre esas solicitudes, sobre las que tienen más posibilidades de una consideración favorable, para que podamos tomar las medidas preventivas que nos parezcan más adecuadas.

»Bob, la competencia afluye por todas partes de modo desenfrenado. Cada vez que alguien inicia los preparativos para la apertura de un nuevo casino, sufro muy intensamente.»

Era un calvario. Hughes ya no podía acariciar la perspectiva de ampliar su imperio. Únicamente podía temer la «competencia excesiva o la amenaza de una futura competencia excesiva, o un tipo de competencia que considero dañoso». Exigía, por tanto, que Maheu «echase una maldición» a todos los rivales que ponían en peligro su poder.

Maheu no se mostró optimista. «Desgraciadamente, Howard, nuestro problema es básicamente cambiar la mentalidad que predomina en toda la zona, y eso llevará algo de tiempo. Es del dominio público que, en seis meses por lo menos, no ha habido ni una habitación libre en Las Vegas un solo fin de semana. Y, en consecuencia, mucha gente ni siquiera intenta venir.»

Hughes no se conmovió por esto. Aquéllas eran las ideas que llevaban al desastre, y podía demostrarlo.

«No puedo, sencillamente, estar de acuerdo con su filosofía y la de la comunidad, que parece ser: "¡Tiende una mano auxiliadora a todo el que quiera construir un nuevo hotel o un nuevo casino; cuantos más sean, más felices seremos!"

»Recuerde, por favor, Bob, que fue esa idea, la de que el barril no tiene fondo, la que llevó al desastre de la Bolsa en 1929 y a siete de los peores años por los que ha pasado este país.

»Fue esa misma idea la que llevó a construir un campo de golf en miniatura en cada esquina de Los Ángeles, y al hundimiento terrible y trágico de esta industria... que arrastró a toda la gente humilde relacionada con ella.»

Primero la Gran Depresión. Luego el golf miniatura. Luego la ruina de Las Vegas.

«Dice usted que no se pueden conseguir habitaciones. Bien, Bob; así es justamente como ha de ser. ¿Cree usted, por un instante, que el 21 y el Morocco de Nueva York serían el éxito que son si no estuviesen llenos a rebosar de tal modo que es imposible bailar, y hasta respirar allí dentro?

»La gente sólo quiere ir allá donde es imposible conseguir reservas; sólo quiere ir donde está atestado y donde todo el mundo intenta ir. Créame, por favor; lo sé por amarga experiencia.

»La primera vez que no sea, como usted dice, "imposible conseguir habitación" en Las Vegas, entonces será cuando tenga que empezar usted a preocuparse, porque se avecinarán grandes problemas..., problemas inminentes.»

De hecho, Hughes ya veía a su alrededor graves problemas. Aquella amenaza de nuevos hoteles y casinos no sólo representaba una competencia peligrosa. Era algo bastante peor: ¡contaminación! Pronto estaría rodeado de agua impura, nubes de mosquitos, monstruos de feria y animales sucios.

«Bob, hay casi diez nuevos hoteles anunciados. El que más me preocupa es el nuevo Holliday Inn, frente al Sands. Y para empeorar las cosas, planean convertirlo en un teatro flotante en un inmenso lago. Un teatro flotante en una charca de agua estancada y hedionda.

»Si están pensando utilizar el agua del lago Mead, el hedor llegará al cielo. ¡Dios santo! Cuando pienso en ese lago de aguas de alcantarilla frente al césped del Sands... ¡Qué horror! Puede incluso apestar nuestro campo de golf del Sands. Sea cual sea la fuente del agua, se plantearía el problema adicional de los mosquitos. No podrían tener agua corriente de entrada y salida, así que se quedaría estancada y sería un lugar ideal para la proliferación de mosquitos.

»Si no pudiera impedirse la construcción de ese desdichado establecimiento, yo vendería de inmediato el Sands, aunque fuera perdiendo dinero.»

Pero no había escapatoria. Al tiempo que el teatro flotante amenazaba contaminar el Sands, estaba en marcha otra monstruosidad al lado mismo del Stardust: el Circus-Circus. Era algo que parecía sacado directamente de la peor pesadilla de Hughes.

«El aspecto del Circus que me ha inquietado es el asunto de las palomitas de maíz, los cacahuetes y los críos —escribía, describiendo con horror una visión a lo Norman Rockwell de los Estados Unidos—. Y también la presencia de monstruos de feria y animales. En otras palabras: el aspecto pobre, sucio, mísero de la vida del circo. La pista sucia, arena y elefantes. La parte del circo que se asocia con los chicos pobres de pueblo, los payasos vagabundos y, repito, los animales. La parte del circo que es sinónimo del hombre pobre ordinario (con críos de cara pecosa), los peones clavando estacas, tres hombres y tres mazos, etc., etc.

»Son los aspectos anteriormente enumerados del circo los que creo están fuera de lugar en Las Vegas Street —continuaba, volviendo a su propia visión de un lugar de clase alta—. Después de todo, el Strip ha de ser sinónimo de una mujer guapa, elegante, con un vestido de noche tachonado de costosos diamantes, acercándose en un Rolls-Royce a un hotel que ha costado muchos millones de dólares. En fin, ya me dirá usted si ese cuadro es compatible con un circo tal como se concibe habitualmente, con la atmósfera que exuda, con sus olores normales.»

Para la mayoría de la gente, el verdadero hedor de Las Vegas venía del hampa. El delito organizado se relacionaba con Las Vegas desde el principio. Mucho antes de que Hughes llegara con ánimo de imponer su visión particular, Bugsy Siegel ya tuvo su propia visión, y donde antes había sólo un desierto él construyó el primer gran casino, en una autopista que llevaba a Los Ángeles y que se convertiría en Las Vegas Street. Hacía mucho que Bugsy había muerto, liquidado por sus socios, pero había creado Las Vegas a su propia imagen y los hampones aún seguían marcando la tónica de la ciudad.

Para Hughes, sin embargo, el hampa era otra forma de contaminación. Y la creación de Bugsy, el Flamingo, era ya algo arrinconado y desplazado. A uno de los primeros socios de Siegel, el mago de las finanzas del hampa, Meyer Lansky, le habían pillado trasegando millones. Hughes estaba escandalizado. Aquello volvía a arrojar al arroyo a su nueva Las Vegas, purificada, respetable, elegante. Ya era hora de barrer el hampa.

«Bob, el Flamingo ha sido acusado de blanquear dinero sucio —escribía furioso el multimillonario—. Es una mancha más en la reputación del Strip. En fin, creo que esto ha ido ya demasiado lejos.

»Primero fue Parvin y toda su despreciable falta de honradez. Luego vino el Circus, el Stardust y su personal, después el Bonanza, y no he mencionado el Caesar's y su pandilla de rufianes.

»Bob, moví cielo y tierra para convencerle a usted de que había que hacer algo sobre este asunto. Mas, a pesar de mis peticiones, todas estas actividades se han ido barriendo debajo de la alfombra sin que nadie hiciese ningún esfuerzo real por resolver el problema.

»Pues bien: en el caso del Flamingo, le suplico de rodillas que haga algo de una vez por todas, y urgentemente.

»El Flamingo, debido a su situación al final o al principio del Strip, ha simbolizado siempre el juego en Nevada. Se han hecho muchas películas utilizando el Flamingo como ejemplo de la grandeza y el lujo del juego elegante en Las Vegas.

»Yo mismo hice una, titulada *The Las Vegas Story*, utilizando el Flamingo para representar todo lo que tiene Las Vegas de atractivo y elegante.

»De cualquier modo, el Flamingo ha representado Las Vegas desde sus desdichados inicios con Bugsy Siegel. Y le aseguro que, como consecuencia de este incidente, volverá a salir a la luz el episodio de Bugsy Siegel.

»Bob, esta vez tendrá usted que hacer algo. Insisto en ello con firmeza.

»Bob, estoy harto, asqueado, de ser el primo de toda la zona de Las Vegas.»

Hughes estaba convencido de que era el único hombre honrado de la ciudad. Tenía la seguridad de que eso explicaba por qué todos los casinos rivales, carentes de escrúpulos, amontonaban grandes beneficios mientras que los suyos, contra toda lógica, perdían dinero.

«No hace falta decir que no puede uno tener principios y grandes beneficios a la vez», escribía.

En realidad, Hughes tal vez fuese mucho más «primo» de lo que pensaba. Las Vegas parecía estar cambiando de mano, del hampa, que la había creado, a Hughes; pero puede que el multimillonario sólo fuese una pantalla involuntaria de la Mafia. Su llegada no pudo haber sido más oportuna para el delito organizado. Después de dos décadas de actividades lucrativas, la situación se había puesto difícil. Una operación masiva de espionaje telefónico del FBI había revelado que los casinos estaban controlados por propietarios ocultos que desviaban habitualmente los beneficios obtenidos hacia Miami, donde el jefe de la operación, Meyer Lansky, los contaba en su condominio de Collins Avenue y los repartía entre sus secuaces de la Mafia por todo el país. Cuando parecía que se acababa el negocio fácil, llegó Hughes. Un primo con fondos ilimitados.

Quizá todo fuese un montaje desde el principio. El amigo mafioso de Maheu, John Roselli, afirmaba que toda la crisis en torno a la expulsión de Hughes del Desert Inn, había sido una treta del Sindicato.

«Empujamos a Hughes a comprar el D.I. —dijo, al parecer, Roselli al mafioso convertido en confidente Jimmy Fratianno *el Comadreja*—. Ahora parece que quiere comprar toda la ciudad, si le dejamos. Es justamente lo que necesitamos. Sobre todo con Maheu dirigiendo el espectáculo.»

Lo indudable es que Hughes no lo dirigía. Al parecer, la Mafia conservaba el control real de los casinos de Hughes, le había vendido sus emporios del juego a precios exagerados, y seguía rebañando millones. Una investigación secreta del Servicio de Recaudación Fiscal llegaría más tarde a la conclusión de que Hughes había sido víctima de un enorme fraude de la Mafia, que podía totalizar los 50 millones de dólares.

Si fuera verdad, Hughes no tenía, afortunadamente, conciencia alguna de ello, y de momento parecía sorprendentemente tranquilo ante las desconcertantes pérdidas de sus casinos. Si bien consideraba el hampa como un contaminante peligroso, veía también en ella un medio de utilizar la amenaza que significaba para proseguir con su partida de *monopoly*.

Libraría la ciudad de los gángsteres y la libraría también de los funcionarios encargados de perseguir a los gángsteres. Por un precio.

«En la actualidad, el presidente se está excediendo en su afán por lanzar en Nevada una inmensa cruzada contra el delito, con la que persigue, en el fondo, desviar la atención pública de su incapacidad para mejorar la situación en el Vietnam», escribía Hughes.

«Creo que puede usted alegar ante el gobernador Laxalt que cada día que pasa aumenta el riesgo de que todo el hermoso castillo del juego en Nevada se desmorone en un terrible desastre que podría extenderse a la competencia.

»Al presidente y a sus asesores nada les gustaría más en el mundo que encontrar una razón para poder atacar la industria del juego de Nevada, porque ahí es donde se está haciendo verdaderamente dinero en grande.

»El presidente ataca el delito organizado, pero al no haberse descubierto algún inmenso casino clandestino o algún inmenso burdel clandestino (y no es probable que lo descubran); al no contar con algo así, el presidente no tiene fotos, no cuenta con ningún símbolo concreto, ningún ejemplo que señalar en sus planes de atacar al hampa.

»Bob, si se pudiera desprestigiar el juego en Nevada hasta el punto de vincularlo al delito organizado, y convertir la primera de esas actividades en el símbolo de la segunda, se podrían utilizar todas las cifras, todas las fotos de los casinos de Nevada, todas las imágenes de Fremont Street con sus letreros resplandecientes.

»Todo esto se convertiría de inmediato en el símbolo visible del delito organizado. Las Vegas pasaría a ser La Ciudad del Pecado.

»Todas las cifras de beneficios brutos del juego, las cifras de empleo, el aumento de población, todo eso se presentaría al público como una gigantesca colmena del delito, una inmensa metrópoli del pecado, una inmensa fábrica de la industria del vicio.

»Le aseguro que cuando llegue el momento en que sólo tengan que decir que un hombre está "vinculado al juego en Nevada" para desprestigiarle completamente y colocarle casi en la silla eléctrica, entonces le digo que es el momento de preocuparse.»

Tanto se dejaba arrastrar Hughes por su tremebunda descripción de la amenaza, que casi perdía de vista su plan: presentarse como salvador, como el hombre capaz de otorgar un aplazamiento de la ejecución.

«Así pues, quiero que convenza usted al gobernador de que utilizaré hasta mi último dólar para impedir al presidente servirse de Nevada como instrumento político en su ataque contra el delito organizado —continuaba, dispuesto a comprar más licencias.

»Quiero que convenza usted a Laxalt de que puede contar conmigo para impedir al presidente, o a quien sea, dañar la reputación del juego en Nevada, que desearía disfrutase de la misma consideración que la Bolsa de Nueva York.»

Muy bien. Y ahora, el anzuelo.

«Pero, si he de cumplir esta promesa, he de tener el apoyo del gobernador y de su Comisión del Juego.

»Bob, no volverá a presentarse otra oportunidad como la actual para hacerse con uno o dos casinos más y satisfacer este impulso torturante que siento dentro de mí contra lo que considero las numerosas e injustas intrusiones de la competencia y su aumento desproporcionado.

»Bastaría con adquirir unos cuantos casinos más, muy pocos, y con eliminar esos mismos casinos del grupo competidor. En otras palabras, una pequeña inclinación de los platillos de la balanza, un ligero sobrepeso en uno de los platillos y una leve descarga del otro platillo. Sólo un pequeño cambio en la balanza y me daría por satisfecho.»

El 30 de abril de 1968, Hughes obtuvo el apoyo del gobernador y de su Comisión del Juego. Quedó aprobada la compra por parte del multimillonario del Silver Slipper y la adquisición que tenía prevista del Stardust, otorgándosele licencias para su quinto y su sexto casino, una pequeña inclinación en los platillos de la balanza que le convertía en el rey indiscutible del juego. Pero no se dio por satisfecho.

El voto no fue unánime. Dos miembros de la comisión habían osado desafiar su soberanía.

«Es evidente, por la votación, que existe una considerable y seria preocupación por la amplitud de sus adquisiciones —informaba su abogado, Richard Gray—. No creo que se nos permita controlar un sector tan grande de la economía de este estado, sean cuales sean nuestras intenciones.»

Hughes se puso furioso.

«Sé perfectamente que la gente no estaría ganando dinero por aquí como si tuviese una máquina de imprimir billetes si yo me hubiese ido de Boston rumbo al Sur, si me hubiese ido a las Bahamas, como estuve a punto de hacer —decía, indignado—. Deberían tener un poco de gratitud para el hado padrino que les sacó las castañas del fuego, el mismo hado padrino que puso todo el asunto en marcha.»

Si Hughes no se acababa de ver como el nuevo Padrino de Las Vegas, pensaba que como su «hado padrino» tenía derecho a poseerlo todo. Sus casinos. Los hoteles. A los políticos. A todos.

Consideraba que estaba llevando lo mejor del capitalismo estadounidense a lo que había sido una lavandería de dinero del hampa, pero en un sentido real Hughes pertenecía menos al orden establecido, estaba más oculto que la propia hampa. Y era también más corrupto. Los mafiosos se contentaban con dirigir los casinos y repartirse la pasta, mientras que Hughes exigía un control absoluto de todo el estado; pretendía purificar Nevada corrompiéndola por completo.

Su última adquisición, el Silver Slipper, pasó a convertirse en un rasgo característico de la política de Nevada. Su zapato de tacón hecho de neones girando en el extremo de un poste de seis metros de altura en el Strip, enfrente del Desert Inn, se convirtió en faro de los estadistas locales. Acudían en rebaño al casino contiguo, propiedad de Hughes, el Frontier, donde su pagador, Thomas Bell (compañero de bufete del hermano del gobernador) repartía billetes de cien dólares sacados de la caja del Slipper.

En los tres años siguientes, pasaron 858 500 dólares de las mesas de juego del Silver Slipper a políticos de Nevada, siempre en billetes de cien dólares y siempre en efectivo. Apenas había una carrera política que Hughes no financiara. Dio a Bell instrucciones de apoyar al probable ganador, independientemente del partido o de la política que propugnase, y de respaldar a ambos candidatos si el resultado estaba indeciso. El senador federal Alan Bible recibió un mínimo de 50 000 dólares; su colega el senador Howard Cannon, 70 000; el ayudante del gobernador, Harry Reid, 10 000; el fiscal general Robert List, 9 500; el fiscal de distrito George Franklin, 5 000; y 27 candidatos a la cámara legislativa del estado desfilaron por el despacho de Bell recogiendo un total de 56 000 dólares. Jueces, sheriffs y comisionados diversos acudieron allí y salieron con sobres llenos de billetes.

De vez en cuando, el propio gobernador Laxalt visitaba a Bell para pedir aportaciones al fondo de sobornos del Silver Slipper. A petición de Laxalt, el jefe del partido republicano del estado recibió 5 000 dólares y el gobernador pidió que Hughes apoyase firmemente a su pretendido sucesor, Edward Fike, quien recogió en persona sus 55 000 dólares. El adversario demócrata de Fike, Mike O'Callaghan, fue más discreto. Envió a su ayudante a retirar 25 000. El desfile de buscadores y titulares de cargos públicos no cesó nunca.

Ni tampoco las peticiones de Hughes de un beneficio por sus inversiones. Desde su guarida del ático en el edificio de enfrente, ordenaba a Bell informarle «de todos los proyectos de ley que se presenten en la cámara legislativa de Nevada... para impulsar a sus miembros a atenerse a sus puntos de vida..., rechazar los proyectos autorizando las carreras de galgos..., paralizar el proyecto de impuesto sobre ventas, el impuesto sobre la gasolina y el impuesto sobre los cigarrillos..., parar el plan de integración escolar del condado de Clark..., prohibir a los organismos oficiales cualquier plan de reordenación urbanística sin tener primero en cuenta sus puntos de vista personales..., hacer todo lo que sea preciso para protegerle de la eventualidad de una aparición personal ante un tribunal..., informarle de todas las ordenanzas o leyes relacionadas con la obscenidad y la pornografía... o para iniciar las acciones necesarias a fin de prohibir festivales de rock en el condado de Clark. Impedir que se cambien las normas de varios juegos y, en particular, de la ruleta..., convencer a los funcionarios del estado de que no debían permitir que actuasen en hoteles de Las Vegas artistas del bloque comunista».

En suma. controlar la vida y las leyes de todo el estado. La lista era interminable. Nada escapaba a su atención. Y, aunque casi siempre conseguía sus propósitos, nunca se daba por satisfecho.

«Creo que debemos ponernos a trabajar de inmediato, porque si no, la cámara legislativa aprobará proyectos de ley de los cuales resultará una Nevada en la que no desearé vivir —escribía Hughes, ansioso de ejercitar su poder de veto—. Envíeme de inmediato un resumen *muy breve* de la legislación de interés que sea probable que se apruebe. Me gustaría saber si bajo *cualesquiera circunstancias* existe realmente alguna posibilidad de torpedearlas.» Hughes albergaba un profundo recelo respecto a toda nueva ley. Pero se oponía sobre todo a nuevos impuestos.

«Por favor, dígale al gobernador Laxalt que si atiende mi petición urgente de que se evite el aumento del impuesto sobre la venta, y si reduce un poquito las demandas injustas de los profesores, puede confiar en mí para ayudar en cualquier emergencia fiscal.

»Refiriéndome más en concreto al proyecto de ley de impuestos, creo que Laxalt sabe que yo no permitiría que el estado de Nevada se viera en una situación realmente grave de insolvencia o necesidad.

»Sin embargo, preferiría algunas aportaciones o iniciar **algún** plan simple, como, por ejemplo, traer a Nevada industria **adicio-** nal o instalar aquí el Hughes Medical Institute, lo que me **propor-** cionaría al menos un poco de reconocimiento personal. **Preferiría** hacer algo de este género voluntariamente, a que se aprobase el impuesto sobre las ventas y luego viniese el recaudador a **quitár-** melo del bolsillo, fuesen cuales fuesen las circunstancias. Un día y otro día.»

Dados los hábitos derrochadores de los legisladores locales, pronto le limpiarían los bolsillos. Hughes tenía que vigilarlos minuto a minuto.

«Acabo de escuchar en las noticias lo más absurdo que he oído en mi vida: ¡Un zoo de cinco millones de dólares!

»Bob, esto es lo que más necesitamos: ¡Un zoo mayor que el de San Diego! Por favor, por favor, liquide este asunto como pueda.

»Parece que esta gente del gobierno local no tiene más que hacer en la vida que inventarse nuevas formas de gastar dinero.»

En realidad, Hughes no quería que la cámara legislativa de Nevada llegase siquiera a reunirse.

«Hay mucha presión sobre Laxalt para que convoque una sesión extraordinaria —comentaba alarmado—. Bob, por varias razones importantes me opongo violentamente a eso.

»¿No puede usted conseguir que algunos de los otros importantes personajes políticos acudan en su ayuda y proclamen su firme apoyo a la decisión del gobernador de mantener este estado libre del caos financiero, oponiéndose a todas las tentativas de dejar abierto de par en par el tesoro del estado a la masa de buitres sedientos de sangre, que pretenden eliminar toda contención y, sencillamente, vaciar el saco?

»Bob, si celebran una sesión especial en el clima político del momento, le aseguro que el estado saldrá de ella sin camisa y sin cinco centavos siquiera para pagarse un café.»

Esos buitres dispuestos a llevar a la quiebra su reino eran, claro está, los mismos funcionarios públicos que habían vendido a Hughes sus almas en el Silver Slipper.

«Con toda sinceridad, Howard —le recordaba Maheu—, los funcionarios públicos de Nevada han sido muy amables con nosotros, a todos los niveles.

»Yo no reclamo una pizca de crédito por la previsión que tuvo usted cuando me mandó realizar aportaciones "políticas" a funcionarios públicos "dignos". Puedo asegurarle que eso está produciendo dividendos, y cuando comenté que Bell había conseguido derrotar el proyecto sobre construcción de viviendas, créame, por favor, que no tenía el menor propósito de restarle a su previsión ni un ápice del crédito que merece. Sin "nuestros amigos" no habríamos podido hacer gran cosa.»

Realmente, Hughes estaba haciendo muy bien las cosas. Había bloqueado el proyecto de zoo y había derrotado los proyectos de ley de introducción de las carreras de galgos y de construcción de viviendas. Pero no se sentía feliz.

«No es que me queje del tratamiento que hemos recibido aquí

—explicaba—. Sólo digo que, debido a que ciertas personas no se han mantenido, como debieran, detalladamente informadas de nuestros deseos, están a punto de aprobarse muchas leyes que considero sumamente indeseables.

»Así pues, propongo que se reúna usted con el gobernador en Carson y procure llegar a un acuerdo según el cual él apoyaría una campaña general para torpedear la mayoría de las leyes que subsisten y que considero indeseables.

»Suponiendo una motivación muy fuerte al gobernador Laxalt, mi pregunta es: ¿cuánto podría hacer él?»

Si Hughes no se daba por satisfecho jamás con su gobierno unipersonal de Nevada, había otros que estaban impresionados. Y pasmados. Aterrados, incluso. Su operación de compras masivas sin precedentes era ya tema en las actuaciones de los clubes nocturnos, pero los chistes tendían a producir sólo risa nerviosa.

Johnny Carson saludaba al público diciendo:

—Bienvenidos a Las Vegas, el juego de *monopoly* de Howard Hughes. ¿No han tenido nunca la sensación de que va a comprar todo este maldito lugar y a cerrarlo?

Hasta Frank Sinatra, toda una institución en Las Vegas, recurrió a este tema.

—Se preguntarán por qué no tengo un whisky en la mano —bromeaba el cantante con su público una noche en el Sands—. Lo compró Howard Hughes.

Poco después, el multimillonario adquirió también el Sands, y poco después, Sinatra dejó de hacer chistes.

«Durante dos noches seguidas, a altas horas de la madrugada, Sinatra ha hecho el ridículo más espantoso en el casino del Sands —informaba Maheu a Hughes cuando empezó el problema—. Anduvo por allí insultando a la gente con un lenguaje soez. Anoche se lanzó con un carro de golf contra la luna de un ventanal y estaba repugnantemente borracho. Intentando protegerle de sí mismo, Carl Cohen mandó congelar su crédito después de que había obtenido ya 30 000 dólares en metálico y había perdido aproximadamente 50 000. Sinatra ya no pudo contenerse, y a última hora de la tarde me llamó para decirme que se iba del Sands y que no cumpliría lo acordado en el contrato.

»Uno de los motivos de que Cohen le cortase el crédito es que ese hijo de la grandísima andaba por el casino diciendo a gritos que usted tenía dinero de sobra y que no había razón alguna por la que no debiese compartirlo con él, dado que él había convertido el Sands en la empresa rentable que es.»

El Sands había sido mucho tiempo el terreno de juego de Sinatra, el lugar en que se reunía con su «pandilla», donde él, Dean Martin, Joey Bishop, Peter Lawford y Sammy Davis Jr. habían presentado espectáculos legendarios. En realidad, Sinatra había sido en tiempos propietario de una parte del hotel, pero se había visto obligado a renunciar hacía unos años, cuando se demostró su relación con Sam Giancana, el jefe del hampa de Chicago. Aun así el cantante consideraba el Sands su dominio, y unos días después volvió a enfrentarse con el director del casino, con Cohen.

Maheu envió a Hughes una descripción detallada:

«A las seis de hoy, Sinatra apareció en el Sands, organizó un escándalo e insistió en ver a Carl Cohen. Amenazó con matar a quien se interpusiera en su camino, utilizó un lenguaje soez y dijo que golpearía a las telefonistas si no le ponían con Cohen, etcétera.

»Intentando arreglar la situación, Cohen accedió a recibirle. Sinatra le dirigió los peores insultos, dijo que le iba a matar, le volcó una mesa encima, agarró una silla e intentó pegarle con ella en la cabeza. Carl le esquivó, se le echó encima y le tiró al suelo. Tengo entendido que Frank tiene un diente roto.»

En realidad eran dos dientes. Y Sinatra anunció que dejaba el Sands y firmaba con el Caesar's Palace.

Esto preocupó mucho a Hughes. No por perder a Sinatra, sino porque se iba a un hotel rival. Todo aquel alboroto le pareció una conjura de la gente del Caesar's para robarle su propiedad.

«Me parece que si ellos (Caesar's Palace) quieren lo que tenemos (Sinatra), deben tratar con nosotros con decencia y honradez y comprarlo —decía, furioso—, y no tratar de llevárselo por nada.

»No estoy dispuesto a tolerarlo. Sinatra hizo tres películas para mí en la RKO. Le conozco por delante y por detrás. Todos los actores están un poco locos. Pero no estoy dispuesto a que el grupo del Caesar's nos deje por idiotas y nos haga parecer débiles.»

Hughes, claro, tenía un plan.

«Mi guión es así, más o menos —le decía a Maheu—: Contacte ahora con Sinatra, antes de que esté demasiado cargado. Si está durmiendo, dele sólo un tiempo razonable para que se recupere. Y ha de decirle lo siguiente:

»Howard no sabe si recuerda usted la época en que eran amigos. Pero él sí la recuerda, los tiempos en que usted volaba en un Bonanza, uno de los primeros de la costa. De todos modos, él se acuerda, y cuando se enteró de los recientes sucesos, se disgustó muchísimo. Sin embargo, no se atrevía a interponerse entre Cohen y usted, dado que han sido ustedes amigos íntimos durante tantísimo tiempo. Se acuerda incluso (o cree acordarse) de que usted presentó al público a Sammy Davis Jr. por primera vez en el escenario del Sands.

»De cualquier modo, volviendo a los recientes sucesos, la historia que me contaron era tan fantástica que parecía como si sólo hubiese podido suceder en una pesadilla, no en la realidad.»

Hasta aquí, el recado que debía transmitirse a Sinatra. Y Hughes concluía:

«Por favor, dígale a Frank que el único medio que conozco de demostrar que los recientes sucesos no reflejan en modo alguno mis sentimientos o deseos, es proponerle que visite el Sands o el Desert Inn y pida 500 000 dólares o incluso un millón en fichas y pruebe suerte. Creo que se dará cuenta de que no se le pide siquiera que firme la entrega.»

Frank Sinatra rechazó la oferta. Pero la prensa trató todo el asunto como si Sinatra hubiera sido literalmente expulsado a patadas del Sands, y sugería que le habían echado por orden de Hughes. Se habló incluso de que todo ello se relacionaba con antiguos celos por Lana Turner, o quizá por Ava Gardner. Pero el

124

rumor preferido era que cuando le dijeron a Hughes lo del altercado, éste se limitó a preguntar: «Frank ¿qué?»

En cualquier caso, parecía el símbolo de una revolución en Las Vegas. Sinatra y la vieja pandilla expulsados. Y se instalaba allí Howard Hughes. No sólo se dieron cuenta del cambio los cómicos de los clubes nocturnos. También lo advirtieron otros que estaban lejos de Las Vegas y que no tenían sentido del humor.

El 28 de junio de 1968, cuando Hughes estaba a punto de hacerse con el control del Stardust, el fiscal general de los Estados Unidos, Ramsey Clark, hizo que se interrumpiese bruscamente su partida de *monopoly*. Clark amenazó con que si Hughes cerraba aquel negocio de 30,5 millones de dólares, le llevaría ante un tribunal por violar las leyes antitrust.

Hughes se puso furioso. No se dejaría intimidar. Seguiría adelante con el asunto del Stardust. Al principio, no consideraba siquiera la posibilidad de un aplazamiento. Estaba convencido de que todo el país se hallaba tan pendiente del gran enfrentamiento como él. ¿Qué pensarían todos si daba marcha atrás?

«¿Por qué hemos de aplazar la compra?», preguntaba.

«Estoy seguro de que es un error. Hará que se centre sobre este asunto la atención de todos los Estados Unidos. La prensa, la televisión y la revista *Life* convertirán esto en un gran acontecimiento. (Aceptarán incluso apuestas sobre si seremos capaces de comprar o no.)

»Todo el país estará pendiente de este asunto, y todos sabrán que fue la Secretaría de Justicia la causante, con un acusación de infracción de la ley antitrust. Y esto es algo muy desagradable. Además, alguien sacará a colación el hecho de que actualmente estoy procesado por el asunto de la TWA, por violación de la ley antitrust: el pleito civil más grande de la historia. Ya veo los editoriales, que dirán: "¿Es que ese hombre no puede ir a ninguna parte sin enredarse en esas leyes antitrust?"

»Créame, hablo en serio: si no seguimos ahora adelante, esa compra no se hará nunca.»

Maheu animaba a Hughes en sus bravatas.

«Puede apostar la vida a que la sección antitrust lamentará la acción que ha emprendido», se ufanaba.

«Ayer tuvieron pruebas "de primera mano" de que contamos con muchos amigos en Washington que creen *verdaderamente* en nosotros. Hoy han recibido varias interpelaciones (incluida una del presidente del Comité Judicial), y eso es sólo el principio.

»Howard Cannon me llamó esta tarde para informarme de que a él y al senador Bible les han dicho, a lo largo de todo el día (otros senadores colegas suyos) que pueden contar con todo su apoyo y su ayuda para reforzar su posición favorable a que compremos el Stardust.

»He estado en contacto continuo con George Franklin y el gobernador Laxalt, y ambos están dispuestos a enfrentarse "individualmente" a la Secretaría de Justicia.»

La verdad es que Laxalt cumplió su promesa. Envió de inmediato una carta al fiscal general amenazando con unir fuerzas con su benefactor oculto.

«Si el proceso sigue adelante —advertía el gobernador—, no tendríamos más alternativa que intervenir y oponernos a la acción con todos los recursos del estado.»

Pero no sirvió de nada. Ramsey Clark se mantuvo firme.

Y Hughes empezaba a flaquear. Su batalla de diez años por la TWA le había dejado un miedo permanente a los pleitos, y vivía aterrado por la posibilidad de una citación judicial.

«Supongamos que tomamos posesión del Stardust y supongamos que notificamos luego a Justicia que queremos hablar —escribía—. Supongamos que dicen: "¡Está bien, hablemos!" Y hablamos, y mientras estamos hablando aparece un reportaje en el *Sun* que explica que hay un alguacil de los Estados Unidos buscándome con una orden judicial.

»En fin, Bob, no tengo que recordarle que esta comunidad está acostumbrada a héroes que se caen de morros.

»Sinatra tuvo el mundo en la palma de la mano durante ciertos momentos de su animada y pintoresca vida, y acabó cayendo del pedestal y hundiéndose en un espantoso desprestigio.

»Así que, como digo, esta ciudad está habituada a los puntos extremos de éxito glorioso y fracaso hasta un nivel criminal. Tampoco olvidemos, Bob, que la mayoría de la gente considera que una citación o una orden de comparecencia equivalen a delito y condena. Le aseguro que no se molesta en leer la letra pequeña.

»Repito, la gente está acostumbrada a ver a los personajes caer de sus tronos. Así que cuando aparece una información sobre mí, relacionada con una orden judicial, puede apostar la vida a que en el condado de Clark todo el mundo pensará lo mismo: "¡En fin; tenía que pasar, tarde o temprano! Esos peces gordos que están arriba siempre acaban cometiendo un error tonto y, entonces, les agarran con la mano en la caja registradora."

»No olvide, Bob, que hay en marcha una cruzada contra el delito, y todos esos leales seguidores de los Kennedy están buscando alguien a quien clavar en la pared.»

Destronado y clavado en la pared. ¡Qué final tan poco glorioso para su gran aventura! No, Howard Hughes no renunciaría a su dominio. Lo ampliaría.

No bastaba poseer Las Vegas. No bastaba poseer Nevada. No bastaba poseer a Laxalt. Hughes tendría que llegar más lejos, tendría que salir de su reino asediado y comprar los Estados Unidos de América.

Llevaba tiempo avistando esa posibilidad... a través de la televisión.

4. CADENA

Era noche de sábado. Noche de cita. Howard Hughes, solo frente a su televisor, miraba el cuadrado de luz fijamente, con los ojos en blanco.

«Desde Hollywood... la capital de las citas del mundo... en color... ¡*El juego de la cita!*» Una charanga. Tremendos aplausos. Un escenario redondo medio cubierto giraba en un círculo completo para mostrar al sonriente presentador del espectáculo. Todo dientes y puntos dobles, sale del disco giratorio mientras la música alcanza su crescendo, haciendo su gran entrada a través de un corazón superpuesto.

—Creo que debería haber subido al escenario con un esparadrapo en la boca esta noche porque tenemos muchísimos secretos en la manga —anunciaba el presentador del programa concurso, con un melindroso tirón a los gemelos—. ¿Por qué todo este misterio? —preguntó con una risilla siniestra—. ¡Eso es también un misterio!

Hughes miraba silencioso. Las risas incorporadas temblequearon apreciativamente y atronaron luego, pero el multimillonario ni siquiera sonreía. Al parecer, no le divertía el programa de televisión ni la absurda incongruencia de que precisamente él estuviese oyendo hablar de secretos a aquel fatuo animador, con sus sonrisas bobaliconas y afectadas.

«Puedo decirles que este concurso trae a nuestro escenario de *El juego de las citas* a uno de los jóvenes actores de televisión más brillantes», continuaba el presentador arrastrando la palabra joven sugerentemente, revelando ya casi el secreto que sólo él conocía. Pero aún no estaba dispuesto a divulgarlo. En su lugar, con una risilla, presentó a un «trío rítmico» de aspirantes a estrellas «muy capaces de alegrar el corazón de cualquier joven soltero». El escenario giró de nuevo, esta vez para mostrar las tres posibles «citas» del misterioso soltero: «Una actriz a la que le encanta cocinar», una bailarina (a la que también le encanta cocinar) y un conejito de *Playboy*.

Hughes observaba impasible el despliegue. Las mujeres ya no le interesaban. Pero, de pronto, sucedió algo que pareció despertar claramente su interés. De un lado del escenario («le hemos tenido aislado en una cabina insonorizada») salió el «joven soltero», entre las crecientes risas del público del estudio, que por fin tenía acceso al gran secreto.

Un niñito negro cruzó el escenario. Hughes le contempló desalentado.

127

El presentador del programa concurso seguía parloteando, disfrutando de la broma, sin saber el increíble efecto que su secreto produciría en un espectador que tenía algunos secretos propios, y que en aquel mismo instante decidió el destino de toda la cadena para la que trabajaba aquel presentador.

Una cadena propia. La idea se había convertido en una obsesión.

Hughes veía la televisión compulsivamente, sin descanso; lo veía todo, desde *Sunrise Semester* (programa que detestaba) hasta el *Late Show* (que le encantaba). Veía la televisión hasta que la programación de todas las emisoras terminaba e incluso entonces dejaba muchas veces el aparato encendido, durmiéndose arrullado por el ronroneo sin imágenes.

La televisión no sólo era su único entretenimiento, sino también su principal fuente de información. Hughes controlaba literalmente el mundo a través de la tele. Era como si tuviera un sistema de circuito cerrado espiando el temido exterior, y todo cuanto sabía del planeta extraño que se extendía fuera de su dormitorio prácticamente se limitaba a las cambiantes imágenes del televisor.

La tele, siempre puesta y siempre al máximo volumen, era su compañero constante. Solía escribir con bastante frecuencia comunicados con los que intentaba manipular la política nacional o cerrar negocios multimillonarios mientras atronaban al fondo los anuncios o las películas de serie be, tomando a veces decisiones trascendentales que se basaban sólo en un encuentro casual con una emisión de noticias, un anuncio o incluso un programa concurso.

Muchos de sus escritos empezaban así: «Acabo de ver una cosa en la televisión...», a lo que seguía una orden, una queja o un plan de actuación.

A veces era sólo una indicación a otros para que conectasen un programa especialmente bueno: «Díganle a Maheu que ponga el canal 13. Es la transmisión en color mejor que he visto en mi vida. Parece una pintura al óleo... Algunas escenas casi parecen cuadros escogidos de uno de los mejores museos del mundo.» (Cosa nada sorprendente, si consideramos que Hughes estaba viendo un programa especial sobre Miguel Ángel.)

En otras ocasiones, se quejaba de que debía enterarse de las cosas por la televisión: «Mi sistema nervioso se ve sometido una vez más a la tensión de tener que ver una noticia para la que no estoy preparado... Bob, debo ser el hombre de negocios peor informado de sus propios asuntos de todo este maldito país. Tengo que enterarme de las cosas por los medios de información más que ningún otro que yo conozca y se halle en circunstancias parecidas a las mías.»

Pero una vez Hughes propuso la venta de un sector básico de su imperio (la Hughes Aircraft Company, una de las empresas del país que más trabajaban para la Secretaría de Defensa) a una empresa que sólo conocía por un anuncio de televisión: «He visto una emisión con publicidad de una empresa llamada AVCO y me parece que está prácticamente en todos los negocios que hay en el mundo, salvo en la fabricación de inodoros. Así que quizá fuesen una buena opción.»

Y los hábitos televisivos del multimillonario tendrían, con frecuencia, consecuencias en ámbitos muy alejados de su propio dominio. El mundo visto a través de la televisión quedaba reducido a un tamaño manejable, y Hughes se proponía controlar a aquellos seres diminutos que desfilaban por su pantalla.

«No oigo hablar más que de política en la tele —escribía a Maheu con una petulancia infantil—. Está usted al cargo de todas las actividades políticas mías y de mis empresas... Sin embargo, no he tenido ni una sola noticia suya de cuáles de los muchos aspirantes a puestos políticos queremos nosotros que ocupen el cargo y quiénes son.

»Me prometió usted que podría elegir yo al nuevo gobernador.

»Me parece que deberíamos tener ya elegido a un candidato para cada una de estas elecciones; alguien que nos fuese leal.»

Hughes, ya viese una campaña política, un asesinato o escenas de la guerra del Vietnam, lo hacía siempre con el distanciamiento desapasionado del hombre habituado al destino de los personajes de los telefilmes, y con la entrega de un participante en un concurso.

«¿Vio usted el noticiario de la CBS de las once de la noche, que acaba de terminar? —escribió una noche a Maheu—. Si no lo ha visto, consiga por favor un resumen de la parte dedicada a helicópteros en el Vietnam. En esta guerra se están utilizando más helicópteros que nunca y se están perdiendo más de los que había calculado. La CBS siguió diciendo, una y otra vez, que ésta es una guerra de helicópteros...

»Bob, usted tiene buenas relaciones con la Casa Blanca y, al mismo tiempo, nuestra Hughes Aircraft Company ahí sigue sentada con el mejor diseño de helicóptero del mundo... Todo esto es el mayor enigma, algo que no entiendo.

»¿Puede usted hacer algo al respecto?»

A pesar de todos sus esfuerzos por controlar el mundo a través de la televisión, en el fondo el propio Hughes estaba esclavizado por el aparato. Estaba tan atrapado en su haz luminoso como en su prisión del ático, y las auténticas dimensiones de su celda no eran los cuatro por cinco metros de la habitación del hotel, sino los 22,5 cm en diagonal de la pantalla del televisor.

La televisión era su otro narcótico. Hughes la necesitaba para amortiguar el dolor de sus visiones paranoicas y también el de sus auténticas condiciones de vida. Desde luego, su adicción más fundamental y mortífera, después del dinero y el poder, no era la codeína que se inyectaba en brazos, piernas e ingles, sino la televisión que se inyectaba en el cerebro en dosis suficientes como para abrumar a cualquier mente equilibrada. Hughes se aferraba a su televisor como un adicto a la aguja. Aunque normalmente tenía varios aparatos de reserva, la necesidad de mandar uno a arreglar era algo que casi no soportaba:

«Que el hombre de la tele vea si puede arreglar el Sylvania que acaba de salir de mi habitación, pero sólo de acuerdo con las normas siguientes:

Bob—

I hear nothing but politics on TV.

You are in charge of all political activities for my companies and me, unless you have decided to terminate the assignment I gave you long ago — "to handle all political matters".

Yet I have had no single word from you as to which of the many political aspirants is someone we want in office and which is not.

You promised I could pick the next governor.

It seems to me that we should have had by now a hand picked candidate in every one of these races — someone who would be loyal to us.

»No quiero que se coloque cerca del aparato Sylvania número uno, y no quiero que el hombre de la tele esté trabajando cerca, ni en las proximidades del aparato número uno.

»Dicho de otro modo, no quiero que ese hombre esté siquiera a [empezó a escribir seis u ocho; luego lo tachó] a doce o quince metros del aparato número uno, porque no quiero que exista ni la más remotísima posibilidad de que ese individuo mueva un brazo precipitadamente o se eche hacia atrás sin tener en cuenta lo próximo que está y entre en contacto con el aparato número uno.

»Si fuera imposible reparar el aparato sin llevárselo al taller, estoy dispuesto a permitir que ese hombre se lo lleve (el aparato número dos), siempre que no pase cerca del aparato número uno, y siempre que no se toque lo más mínimo el aparato número uno y siga aquí en la sala o al otro extremo de ella.

»En otras palabras, siempre que no se manipule ni se toque en modo alguno el aparato número uno, siempre que no lo toque ni el hombre de la televisión ni el vigilante ni ninguna otra persona.»

Esta aparente reverencia hacia el «aparato número uno» no perduraría. Hughes, que nunca se daba por satisfecho del todo, andaba cambiando de aparato continuamente, buscando una imagen más precisa, mejor color, mejor audición y, sobre todo, más control remoto. Teniendo como tenía más dinero que ninguna otra persona del país, quizá del mundo, quizá de la historia, Hughes no quería posesiones personales, lujos ni bienes mundanos; lo que quería sobre todo era un buen televisor en color. Y aun así, no lo conseguía. A veces, tenía una verdadera sala de exposición de aparatos desechados, RCA, Zenith y Sylvania, ídolos caídos que acumulaban polvo esparcidos por su habitación. Aun así, enviaba a sus ayudantes a buscar el televisor ideal.

«Tienen que conseguir el último modelo portátil —instruía Hughes a los mormones en un comunicado que formaba parte de toda una serie interminable—. Cuando tengamos uno que resulte *realmente* perfecto, nos libraremos de todos estos que hemos ido amontonando aquí y en el salón. Dejaremos sólo dos modelos de los más recientes. Hay que comprobar si podemos conseguir un aparato con control remoto del contraste y de la luz. Eso es lo que quiero desde hace mucho. Tengo entendido también que hay un sistema de ajuste acústico automático. Decían que el control remoto tenía más funciones que ningún otro.

»Tenemos que intentar conseguir el mejor.

»Antes de formalizar la operación —añadía, reteniendo la autoridad decisoria en esto como en el resto de los negocios—, quiero saber el precio y el descuento.»

En realidad, el precio era 3 650 000 dólares. Y no había descuento. Pero Hughes tuvo un nuevo «aparato número uno».

«¡Y ahora, señoras y señores, bienvenidos a *Sesión de noche*, que programará para ustedes hasta el amanecer!»

Howard Hughes se acomodó para ver el programa. Tenía motivos para sentirse feliz. Por fin transmitían algo conforme a sus gustos: un programa para toda la noche, que él mismo había creado, y que se presentaba con un anuncio que había escrito él mismo, en el que se proyectaban películas que él mismo elegía y a través de una emisora de televisión que era de su propiedad.

KLAS-TV (canal 8) era su nuevo «aparato número uno». Hughes llevaba intentando comprar la filial local de la CBS casi desde su llegada a Las Vegas. Y ahora era suya. La bandera norteamericana no se despediría de él dejándolo solo con su miedo a la una de la madrugada. Sus mormones ya no tendrían que suplicar que pusieran las películas del Oeste que él quería ni las de aviación, que le encantaban. Ya no tendría que enfrentarse nunca a una pantalla en blanco.

Ahora poseía el control.

Ni siquiera Maheu compartía aquel poder.

«Éste es un pequeño rincón del reino que me propongo me informe a mí directamente —comunicaba al abogado Dick Gray, el instrumento de comunicación con la emisora que había elegido—. Quiero que Maheu no tenga absolutamente nada que ver con este departamento.»

Aún había problemas. En vez de un televisor deficiente, Hughes tenía ahora una emisora de televisión deficiente. Y contrajo la obsesión de repararla.

«Contacte, por favor, con el director de la emisora del canal 8 y dígale que las quejas por un funcionamiento técnico pobre e insatisfactorio han llegado a tal punto que no pueden ignorarse por más tiempo.

»1.º Funcionamiento descuidado y torpe de lo que equivaldría a la máquina de proyección en un cine...; como si el operador estuviera momentáneamente dedicado a otra tarea o como si no estuviese seguro de qué película está programada para después, o como si no fuera capaz de encontrar la grabación o la película siguiente.

»2.º Continuos saltos de la banda sonora de los anuncios a un nivel sonoro de 10, 15 e incluso casi 20 decibelios por encima del nivel de sonido de la película o la cinta anterior. Debe haber doce anuncios distintos que atruenan a sus buenos 10 decibelios por encima del nivel normal de programación...

»Tengo clara conciencia de la presión de los anunciantes para que se mantenga alto el volumen de sus anuncios, a fin de compensar la disminución de volumen de los televidentes que utilizan control remoto y bajan el sonido cuando hay anuncios. Sin embargo, por cada televidente que baja el sonido de los anuncios, hay diez o puede que cincuenta que no andan con el control remoto en el bolsillo y que no son tan rápidos dándole al botón como para acallar un anuncio como el Dunes, que atruena de tal modo que casi te destroza los nervios.»

Hughes, que tampoco era muy rápido con el botón, con los nervios destrozados, ni siquiera podía controlar el brillo y el contraste de sus propias películas de *Sesión de noche*:

«3.º Durante los tres últimos días, más o menos, la transmisión ha sido técnicamente defectuosa. La pantalla se oscurecía más de lo normal. Se oscurecía tanto, en realidad, que, en la película de Bette Davis *Stolen Life* y en la película de la RKO *Half Breed*, la pantalla estuvo casi negra en toda su superficie durante largos períodos...

»Por otro lado, también durante una gran parte de la proyección de *Half Breed*, el sonido era inadmisible, tanto en volumen como en calidad.

»La imagen oscura aún podía apreciarse esta noche...»

Lo peor de todo era la humillación que significaba el que «su» artefacto funcionase mal en público:

«Propongo que le diga usted al director que la propiedad de la emisora es de dominio público que corresponde a la Hughes Tool Company, y que se sabe que la Hughes Tool Company cuenta con la ayuda de la Hughes Aircraft Company, probablemente la empresa más destacada del mundo en electrónica avanzada.

»Teniendo esta circunstancia en cuenta, es sencillamente inadmisible que la calidad de la emisión del canal 8 sea tan defectuosa.

»Así pues, si es demasiado problema para el personal técnico del canal 8, la Hughes Tool Company traerá de Culvert City a Las Vegas un equipo de técnicos que procurarán que la emisora funcione satisfactoriamente.»

Pero había otros problemas que ni siquiera los mejores técnicos de la televisión podrían resolver. Y Hughes bregaba con ellos a diario. Nada escapaba a su atención. Ningún detalle era demasiado pequeño cuando tenía que enfrentarse con anuncios de mal gusto o con «personajes raros» que expresaban opiniones personales, incluso con «el bajón en la programación que se produce de 6 a 6.30 de la madrugada».

Hughes, tratando la KLAS como si fuera su televisor privado, no sólo exigía dar el visto bueno a todos los programas sino que dedicaba horas a examinar listas que detallaban episodios de cada serie que se emitía. Seguía un chorro de comunicados:

«Determine, por favor, si el Lucy Show en blanco y negro es el programa previsto habitualmente para el período de 12 a 12.30.

»Por favor dígale a Gray que sugiera a Smith la conveniencia de utilizar uno de los fragmentos restantes de *Hawaiian Eye* en vez de iniciar una nueva política de poner cualquier cosa, como *Run for your Life*, que estuvo en la hora de mayor audiencia hace sólo una semana.

»En fin, que utilicen *Hawaiian Eye* si es necesario. Pero, por favor, dígale a Smith que retenga los dos fragmentos de *Run for your Life* y *Man from Uncle* todo el tiempo que pueda, pues quiero estudiar la posibilidad de pasarlos antes de que se retiren.»

El acosado director de la emisora tenía que esperar una y otra vez que Hughes decidiese sobre los nuevos programas propuestos, que habitualmente eran rechazados sin explicación, siempre en el último momento posible. Una nota diciendo que «el director pide con urgencia una respuesta sobre si puede o no incluir el programa *Playboy after Dark*», tendría días más tarde esta respuesta de Hughes:

«*Absolutamente no.*

»Pero quiero que se maneje el asunto con sumo cuidado. No quiero problemas con la gente de *Playboy*.»

Luego habría estallidos súbitos en el ático, como cuando, una noche, Hughes descubrió furioso al comentarista sindicado Paul Harvey en las *Grandes Noticias* de la KLAS:

«Nunca hemos hecho comentarios de fondo, y si tenemos que hacerlos, espero que se me consulte a mí primero palabra por palabra.

»Quiten el programa de Paul Harvey. Tienen diez días para

vendérselo a alguien (prueben primero en el canal 5) antes de eliminarlo, pero si no pueden venderlo lo eliminaremos de todos modos y lo pagaremos. Tal vez pudiéramos darle a alguien el programa de Merv Griffin si se quedara también el de Paul Harvey.»

Y le asaltaban también miedos súbitos: «Acabo de enterarme de que se habla de un maratón televisivo de ochenta y cuatro horas para recaudar fondos —escribía Hughes, temiendo por el derecho de prioridad del maratón—. Ojalá no esté planeado esto para el canal 8.»

Pero nada destrozaba tanto al eremita como la publicidad. Hughes, en lo que probablemente fuese su única demostración de espíritu populista, se consideraba representante de los televidentes agraviados de todas partes cuando declaraba guerra total a los anuncios ofensivos.

«¿Qué me dicen de eliminar todos los anuncios de curalotodo de Adjusta-Bed? —pedía el multimillonario, que no se levantaba de la cama, pero no estaba dispuesto a aguantar a los agentes de publicidad—. Por otra parte, incluso después de eliminar los anuncios indeseables de Adjusta-Bed, pedirán que se reduzcan los anuncios de Adjusta-Bed a una octava parte, más o menos, del número actual y que se pasen esporádicamente entre otros anuncios.

»Una campaña de este tipo, de repetición constante y venta dura, puede estar muy bien para el anunciante, pero vuelve loco al público.»

Sus abogados le advirtieron que estaba «conjurando el desastre al exigir al director de la emisora que eliminase clientes o les pidiera que cambiasen anuncios que no infringían las normas éticas de la televisión», pero Hughes, que tenía su código y sus normas, se mostró inflexible.

Prohibió, en rápido orden, gran cantidad de anuncios inmobiliarios «míseros, indignos, engañosos, fraudulentos, distorsionadores»; luego localizó un anuncio particularmente ofensivo de una «máquina de partir cebollas en rodajas», que le llevó a promulgar un edicto general:

«No debería haber más exhibiciones de comida en el estudio ni un anunciante intentando hablar con comida en la boca. Los anuncios que incluyan comida han de grabarse fuera del estudio y han de presentarse con buen gusto.»

El verdadero problema no era en realidad ni la máquina de partir cebollas en rodajas ni los anuncios de Adjusta-Bed, sino el control. El tiempo de emisión de KLAS era su tiempo, el tiempo de Hughes, y Hughes reservaba su máxima cólera para el audaz intento de hacer obras de caridad del desdichado director de la emisora.

La cosa empezó de un modo bastante inocente: una serie de anuncios oficiales sobre la venta de banderas estadounidenses, cuyos beneficios servirían para ayudar a niños necesitados. Pero los treinta segundos no aprobados de anuncio pusieron a Hughes ciego de furia:

«Por favor quiero inmediatamente una explicación real y auténtica de qué indujo al director de KLAS a dar gratis esos anuncios en una emisora que no le pertenece.

»Quiero saber qué clase de derecho tiene un empleado a enredar una emisora de televisión en una campaña de caridad de este tipo, que puede ser un asunto decente o no serlo.

»Aproximadamente la mitad de esos montajes caritativos resultan fraudulentos o tienen inspiración política o están inspirados por fuerzas que no dan la cara.

»También aproximadamente la mitad de ellos resulta que están organizados por individuos de izquierdas o, al menos, gente con la que no quiero que se relacione mi nombre.

»No me gusta esto, y quiero saber qué indujo al director de la emisora a hacerlo. Si no le diese a usted una respuesta satisfactoria, quiero que alguien investigue sus actividades y antecedentes.»

Cuando le dijeron que la campaña de caridad sospechosa estaba organizada por el juez del tribunal de menores del distrito y que colaboraban en ella las damas más distinguidas de la localidad, Hughes accedió, a regañadientes, a que se pasara por ·un breve tiempo un número bastante menor de anuncios de la bandera. Pero cuando los anuncios se siguieron pasando después de la fecha marcada, Hughes explotó:

«El tiempo de televisión equivale a dinero —bramaba—. El principio básico del negocio de la emisora consiste en cambiar tiempo por dinero.

»En mi opinión, dar sin autorización tiempo de televisión (a una entidad de beneficencia o a otra que no lo sea) es absolutamente equivalente a abrir la caja registradora y sacar de ella una suma de dinero.

»Robar es robar, y no importa lo que hagas con el dinero después de robarlo.»

Varios ayudantes intentaron calmarle, sin conseguirlo.

«Yo no creo que el director de la emisora le robase dinero intencionadamente —escribía Maheu—. Conoce perfectamente las normas de la Comisión Federal de Comunicaciones, que establecen específicamente que determinados anuncios deben hacerse gratis para apoyar campañas de caridad.»

El caballeroso rechazo por parte de Maheu de la posibilidad de que hubiese robo en el caso del anuncio de las banderas fue la última gota: Hughes ordenó que se realizase una investigación exhaustiva para dar con el núcleo del asunto.

«Creo que lo hizo porque alguien le presionó para que lo hiciera. Estoy seguro de que sabía que se jugaba el cuello. Y, desde luego, debe haber tenido un motivo muy importante para correr un riesgo como ése, mucho más que todas esas excusas insignificantes que se han alegado...

»He pensado pedirle que me haga una de esas investigaciones minuciosas sobre este asunto antes de dejarlo a un lado.

»Personalmente no creo, respecto a lo que dice usted sobre esto, que esté convencido de que la contribución se hiciese por iniciativa de la Comisión Federal de Comunicaciones.

»Bob, hay por lo menos un centenar de fondos de caridad, causas, movimientos, donaciones, etc., que tienen la misma importancia, son igual de meritorios, igual de válidos, etc. Así pues, ¿por qué el director de la emisora elige esta entidad concreta entre todas las demás, y sitúa la emisora en la posición de apoyar tan generosamente esta causa y menosprecia todas las demás, como hospitales, huérfanos de la guerra del Vietnam, etc., etc.?

»Sólo una investigación detallada aclarará los hechos. ¿Quiere usted hacerse cargo de la tarea?»

Parece que Maheu dejó correr el asunto, y Hughes, olvidándose del robo del anuncio de las banderas, se consagró de nuevo a su amada *Sesión de noche*.

Pero incluso en este enclave especial de ensueño intempestivo surgían problemas desconcertantes. Fue el golpe más cruel. Eran para Hughes las mejores horas de audiencia (desde las once de la noche a las seis de la mañana), cuando podía comunicarse cómodamente con su aparato con el absoluto convencimiento de que él y sólo él controlaba la televisión.

Mientras, nueve pisos más abajo, al otro lado de las ventanas bloqueadas de su retiro de la última planta, Las Vegas vivía en su mundo de neón y de acción incesante, la única luz de su dormitorio era la que salía del agobiado televisor. Pero mientras otros se divertían en los casinos, también Hughes se divertía a su manera, con su *Sesión de noche*. Todas las noches, todas, tres películas, una detrás de otra, elegidas las tres por él.

A veces, lo estropeaba todo un cansado presentador de la KLAS que destrozaba la introducción cuidadosamente redactada. Eso, al menos, podía corregirse. Una noche, el presentador se refirió a la «primera *Sesión de noche*» y Hughes arremetió contra él:

«No debería haber más que una *Sesión de noche* —garrapateó de inmediato en su bloc—. Si fuera necesario por alguna razón aludir a la primera película, debería identificarse como la "primera película de la *Sesión de noche*", no la "primera sesión de noche".»

Había otros problemas más difíciles de resolver. Hughes insistía en dar él personalmente el visto bueno a todas las películas. Pero, a veces, no era capaz de decidirse hasta el último momento:

«Por favor, dígale a Stoddard si podrá, sin demasiados problemás, cambiar *Las Vegas Story* y *Sealed Cargo* por *Gang War* y *Great Jewel Robbery*. Disculpas, por favor, por tanto retraso.»

Se convirtió en un ritual nocturno: «Si no causa mucho trastorno, se agradecerá que pueda incluir *Jeopardy* o *Inside the Magia* en sustitución de *Woman Obsessed* a las 4.30 de la madrugada.

»Usted y Roy no me recordaron a tiempo las películas de esta noche, y ahora he de enfrentarme con esta situación en el último minuto —escribía Hughes en otra ocasión, esta vez echando la culpa a sus mormones por el retraso.

»Por favor, dígale a Stoddard si puede, sin ningún problema, poner dos películas en lugar de las dos últimas anunciadas para la noche. Dígale, por favor, que le dará los títulos lo antes posible, y que si puede facilitarle a usted para ayudar en esto un resumen de

»*Oklahoma Woman*,
»*Fast and Furious*,
»*Malta Story*,
»*Great Diamond Robbery*.

»También, reparto principal, por favor.»

Los cambios súbitos provocaban algunas quejas.

«Evidentemente, los problemas surgidos han sido preguntas de los telespectadores sobre por qué se anuncia una película en la guía de televisión o en los periódicos y luego se pone una distinta —explicaba el director de la emisora—. Si continuamos haciendo cambios no anunciados las preguntas seguirán, desde luego, y podríamos acabar teniendo problemas con los anunciantes.»

Hughes lo comprendía. «Referencia: El futuro —contestaba al cabo de dos días—. Dado que se me llamó la atención sobre el aspecto criticable de pasar un programa que no corresponde a lo anunciado, creo que ésta es la única película que se sustituye a petición mía.

»Permití incluso que se pasase *Mudlark*, un capricho absurdo, a las cuatro de la madrugada, anoche, para no cambiar el programa ya anunciado.

»Solicitaré, a partir de ahora, el menor número posible de cambios.»

Pero era una promesa que no cumpliría. Su capacidad para padecer en silencio caprichos como Mudlarks tenía un límite. El multimillonario, por otra parte, proponía una solución sencilla: en el futuro, no se incluirán los títulos de las películas en las programaciones publicadas.

Pero seguía planteado un problema que parecía no tener solución. La KLAS no conseguía dar con tres películas por noche que complaciesen a su propietario. Incluso después de que la emisora empezase a enviarle a Hughes resúmenes de muchas páginas de las películas disponibles con un mes de antelación, persistía el problema.

«Esta lista de películas es, ni más ni menos, cero en lo que a mí se refiere —se quejaba Hughes—. Aparte de *Hired Gun*, no veo nada que me guste.»

Le enviaron una nueva serie de propuestas de programas. En vano. «En esta lista no hay sencillamente películas que considere satisfactorias —fue la respuesta del ático—. Conozco todas estas películas (algunas las hice yo incluso) y no hay suficiente para llenar el programa que necesitamos de tres por noche.»

Además, Hughes hacía planes para elevar la calidad del programa. Planes secretos, claro. «Tengo el propósito de que Hughes Resort Hotels patrocine todo el programa sin interrupciones de anuncios, pero quiero conservarlo en absoluto secreto por ahora. Mi primera petición es que se mantenga sobre esto absoluta reserva y no se comunique a *nadie* hasta que yo decida anunciarlo a lo grande.»

Una vez decidido a revelar su «gran secreto» al director de la emisora, Hughes insistió en la máxima reserva: «Dígale que vaya a una oficina tranquila y retirada y donde nadie le interrumpa. No tiene que mencionar mi nombre; basta con que diga al principio: "Tengo un recado para usted y estoy seguro de que sabrá de quién es."»

Pero antes de que pudieran llevarse a cabo los planes secretos se descargó un nuevo golpe. La emisora, haciendo caso omiso de las órdenes directas de Hughes, insertó una noche un anuncio entre dos películas.

«Ahora tenemos cuatro minutos de más porque yo no preveía el anuncio entre *Call of the West* y *Oregon Trail*», escribía, furioso.

«Haga el favor de explicarle esto a Stoddard y pregúntele si cree que podemos eliminar los cuatro minutos necesarios de la parte final de *Sunrise Semester* en vez de cortar una de las películas.»

Una vez más, volvía con toda fuerza a la conciencia de Hughes el temido *Sunrise Semester*. «Quiero suspender completamente *Semester*, de todos modos —añadía—. En cuanto pueda hacerse sin repercusiones.» El programa llevaba meses torturándole y ya había ordenado acortarlo a media hora. Pero sus abogados le advirtieron que la KLAS sin duda tendría problemas con la Comisión Federal de Comunicaciones si se eliminaba totalmente la serie cultural.

Sunrise Semester era su calvario. Hughes nunca dijo por qué detestaba tanto el programa. Pero se emitía todas las mañanas a las seis y media, en cuanto acababa *Sesión de noche*, y al parecer le resultaba profundamente antipático. No obstante, lo veía (tal vez fuera la única persona de Las Vegas que lo veía) como si no pudiera evitarlo. En determinado momento, la KLAS intentó pasarlo a las seis y Hughes se opuso al cambio. Pero no pudo conseguir que se eliminara el programa.

Así pues, solo en su habitación en penumbra, Hughes tenía que enfrentarse al final de sus películas de la noche y ver que *Sunrise Semester* presagiaba un nuevo amanecer en la pantalla de su televisor. Era un calvario permanente.

Lo mismo que no había conseguido el televisor perfecto, Hughes había tenido que llegar a admitir ahora que tampoco poseer una emisora de televisión solucionaba las cosas. ¿De qué le servía, si ni siquiera podía conseguir las películas que deseaba y, además, tenía que soportar *Sunrise Semester*? Debía iniciar una nueva búsqueda.

Empeñado en su lucha para controlar la propia televisión (y con ella su mundo personal), Hughes tendría que llegar más alto. Debería comprar toda una cadena de televisión.

«¿Se da usted cuenta de que me voy a enfrentar hoy a una decisión de 200 000 000 de dólares?»

Eran las seis y media de la mañana del domingo 30 de junio de 1968. Howard Hughes miraba inquieto la larga hilera de ceros que acababa de garabatear en su bloc. No había dormido en todo el fin de semana, acosado por las dudas y obsesionado por los detalles de última hora. La magnitud del inminente negocio le abrumaba.

Hughes estaba a punto de comprar la ABC.

Nadie había poseído nunca más que una pequeña fracción de una cadena importante de televisión. Pero Hughes estaba decidido a conseguir el control de una entera. Y a conseguirlo por sorpresa. Llevaba más de un año planeando el golpe. ABC, que avanzaba tambaleante en tercer lugar, bastante por detrás de la CBS y de la NBC en las listas de audiencia, y que andaba desesperadamente escasa de liquidez, parecía el objetivo perfecto.

Esta vez no eran las películas de la noche lo que interesaba al multimillonario, sino el poder político.

«Quiero saber, confidencialmente y con la mayor exactitud posible, hasta qué punto sería significativa para influir en la opinión pública de los Estados Unidos la adquisición de la ABC —escribía a Maheu—. De cualquier modo, mi actitud es muy simple. Y mi objetivo se centra en el servicio de noticias de la ABC y lo que pueda hacerse con él.»

Las noticias vespertinas de la ABC por Howard Hughes. Entre bastidores, claro. En realidad, aunque buscaba el apoyo de Maheu, el multimillonario estaba seguro de que el control unipersonal de una cadena de televisión nacional (aunque fuera la más débil de las tres) le daría un poder político inmenso.

«Tal vez recuerde usted que el *Los Angeles Daily News*, cuando aún se publicaba, era con mucho el medio de información más importante, desde el punto de vista político, de toda la región del sur de California —escribía Hughes, explicando su estrategia—. Esto, pese a que el *Times*, el *Examiner* y el *Herald* eran mejores periódicos y mucho mayores.

»El motivo me lo explicaron muy detalladamente. Me dijeron que se debía a que el *News* adoptaba una posición en pro o en contra de todos los temas políticos que se planteaban y de los candidatos a cualquier cargo. Los otros periódicos, más cuidadosos, procuraban evitar posturas firmes en todos los asuntos, simplemente porque no querían que les acusaran de parcialidad.

»En base a la propiedad ampliamente pública de las dos grandes cadenas y al pequeño número de acciones que tiene cada accionista, me parece que debe ser casi imposible obtener seguridad realmente fidedigna de apoyo firme tanto en la NBC como en la CBS. Así pues, aunque la ABC sea la más débil de las tres cadenas, si se puede conseguir en ella una posición realmente fuerte que permita predecir con fundamento una candidatura, esta cadena sería el elemento determinante.»

El elemento determinante. Hughes siguió con agitación creciente el precio de las acciones de la ABC, lo vio caer a plomo, y esperó hasta que alcanzó su nivel más bajo. Entonces aprovechó la oportunidad.

El 1 de julio de 1968, inmediatamente antes de que sonara el timbre para la apertura de la Bolsa de Valores en Nueva York, Hughes anunció su oferta de adquisición de la ABC, pillando por sorpresa a la propia ABC y a Wall Street. La sorpresa era esencial. No se trataría de una transacción comercial amistosa sino de un ataque súbito para conseguir el control.

Hughes dio a los accionistas de la ABC dos semanas para venderle dos millones de acciones a un precio muy superior al del mercado. Si se las vendían, pasaría a poseer el 43 por ciento de la cadena; más que suficiente para tener el control absoluto.

Los miembros de la junta directiva de ABC, reunidos en un consejo de guerra, decidieron, confusos, bloquear la propuesta de

Hughes. Era como luchar con un fantasma. No sabían prácticamente nada del recluso ni de sus intenciones, aparte de que hacía más de diez años que no se le veía. Y decidieron que ésa precisamente era su carta de triunfo. Obligarían a Hughes a aparecer en público.

«¿ARRIESGARA HUGHES SU INTIMIDAD PARA CONSEGUIR LA ABC?», preguntaban los titulares de los periódicos. Al parecer, no tenía elección.

Normalmente, se pedía a cualquiera que aspirara a comprar, aunque sólo fuera una emisora de televisión (y no digamos ya toda una cadena), que compareciera ante la Comisión Federal de Comunicaciones. Sin embargo, Hughes consiguió permiso para comprar la KLAS sin moverse de su refugio. Y ahora pretendía hacer lo mismo con la ABC.

Sus abogados insistieron en que sería imposible, pero el multimillonario menospreció sus consejos. «Ésta no es una decisión que pueda tomar un abogado simplemente consultando un libro —le decía a Maheu—. Depende de la fuerza y la capacidad política que tenga a su disposición *ahora*, pues estoy segurísimo de que esto se decidirá mucho antes de que haya un nuevo gobierno.

»Tengo que arriesgar una gran cantidad de dinero y sólo puedo decidirme a hacerlo apoyado en mi valoración de su habilidad para lograr un éxito seguro con la CFC.»

Por suerte, 1968 era año de elecciones, y Hughes calculó que pronto podría ofrecer algo más que dinero a los candidatos que se presentaban a las elecciones para la presidencia. Y con su ayuda conseguiría la ABC.

«No entiendo cómo voy a hacer esta campaña, a menos que tenga alguna garantía del apoyo de la CFC, sin comparecer personalmente —explicaba—. Sólo veo una forma de conseguir ese apoyo, y es que uno de los candidatos, o la Casa Blanca en pro de su candidato favorito, desee el apoyo de la ABC. Creo que si esa transacción fuera posible, disponemos de los medios necesarios para hacerla. En otras palabras: nuestra situación actual más el apoyo sin condiciones de Humphries y la Casa Blanca significarían la aprobación segura de la CFC, y con esa garantía yo seguiría a toda máquina. Ahora bien —advertía a Maheu—; deberá tener sumo cuidado al abordar este delicadísimo asunto.»

Pero ni siquiera Maheu estaba seguro de que aquel plan fuera factible.

«Las primarias y las presidenciales habrán llegado y pasado antes de que nos hallemos en situación de utilizar la ABC en nuestro favor —le contestaba—. Hay otros medios de conseguir el apoyo de los candidatos.»

Maheu aseguró también a Hughes que había otros medios de controlar la CFC:

«Aún tenemos tiempo de condicionar a los miembros de la Comisión, a los más importantes —le explicaba, prometiendo que haría el trabajo Edward Morgan, abogado de Washington muy bien relacionado—. Morgan precisamente es experto en el área del condicionamiento y dedicará su tiempo a este importantísimo detalle.»

Pero mientras Morgan condicionaba la CFC, la ABC pasaba a

un nuevo frente. El 9 de julio, a la semana de haberse anunciado la oferta de compra, la cadena entablaba juicio en Nueva York, tratando de obtener una orden de un juez federal para bloquear a Hughes.

Desde la crisis de la TWA, los pleitos aterraban al anacoreta. Había renunciado al control de sus amadas líneas aéreas por no presentarse en el juzgado, y temía que la pesadilla («Yo era como un ratón en una trampa») estuviera de nuevo a punto de envolverle.

A la mañana siguiente, a las cuatro, Hughes despertó agitado a Greg Bautzer, su abogado de Hollywood (mil dólares a la semana), para que escuchara por teléfono el memorándum que iba a leerle uno de los ayudantes mormones del multimillonario.

«Lamento despertarle —había escrito Hughes—, pero no me gusta nada el rumbo que está tomando este asunto. Hasta el momento no se ha hablado de que vayan a citarme. Pero en la audiencia de hoy o de mañana, la ABC pedirá mi comparecencia. Esto sacará de nuevo a relucir todos los viejos rumores sobre mi muerte, incapacidad, etc., etc. Y si luego, por cualquier motivo, el acuerdo no cristaliza, la gente dirá que la causa fue mi negativa a comparecer.

»Así pues, Greg, en cuanto esta opinión sobre el asunto cuaje, me demandarán por las pérdidas que sin lugar a dudas sufrirán los individuos que compraron acciones cuando estaban al tope (como leal respaldo de su confianza en mí) y que luego, si no se consuma el acuerdo, se verán obligados a asumir esa pérdida.

»Normalmente se aducirá que tales pérdidas constituyen el riesgo que corre el especulador. Pero en este caso hay un hombre que, en opinión del público, podía ganar la batalla sólo con intentarlo, pero que está muy feliz recostado en su trasero multimillonario y disfrutando de la vida (al menos mucha gente así lo cree).»

Mientras el soñoliento abogado escuchaba todo esto al teléfono, el ayudante de Hughes siguió recitándole las desdichas del aterrado financiero:

«Si yo sufriera una colosal pérdida de prestigio después de dos años de creciente publicidad. Si acabara procesado por los individuos que me apoyaban en la jugada. Si mi reputación como hombre-de-negocios-industrial-financiero de éxito quedara por los suelos... Y si todo ello fuera resultado del asunto de la ABC, créame que habría sido uno de los errores más lamentables de mi vida, y he cometido muchos.»

A Hughes le inspiraba tal terror el juicio, que estaba dispuesto a olvidar su ambición de hacerse con la cadena si la ABC prometía dejar lo del pleito.

«Así que no hace falta decirlo, Greg, eso me causaría un disgusto grandísimo. Sin embargo, no aguanté los diez años del asunto de la TWA para meterme ahora en otro litigio parecido que muy bien podría durar otros diez años.

»No me gustan los pleitos. Y no hay ninguno que merezca la pena.»

Sólo un apasionado ruego de Maheu aquella misma mañana,

más tarde, convencería a Hughes de que debía de seguir en la brecha, al menos hasta que se iniciara el pleito realmente.

«Tiene usted la imagen de ser la única persona que se enfrenta a un comité del Congreso —le decía, recordándole el triunfo de 1947 en el caso del *Spruce Goose*—, de individualista duro que no se asusta ni abandona el combate.»

El juez denegó a la ABC un requerimiento, a los dos días se negó a ordenar a Hughes testificar y después, en una audiencia extraordinaria celebrada en sábado, dos días antes de que la oferta de compra caducara, emitió un fallo definitivo otorgando a Hughes el derecho a comprar la cadena.

Pero no hubo regocijo en el ático. Pues mientras la batalla jurídica se desarrollaba, surgía un nuevo e inesperado adversario para acosar al arisco individualista. Y, una vez más, abandonó el combate.

Llegaron de Washington noticias de que la Secretaría de Justicia se interesaba por las posibles implicaciones anti-trust del asunto Hughes-ABC. Su imperio incluía ya propiedades importantes en el campo de la televisión por cable, vendía una amplia gama de equipo electrónico, fabricaba satélites de comunicación y, naturalmente, estaba también la KLAS.

«Parece ya que el nombre del juego es "Presión-Anti-Trust de la Secretaría de Justicia" —comentaba furioso Hughes—. Creo que, sin este factor, sé perfectamente qué hacer. Pero no me importa el cuestionario de la Secretaría de Justicia. Si el asunto ABC no va a costarme sólo lo que todo el mundo parece creer que es un buen precio, sino que me costará, además, tener que someterme a este programa de acoso de la Secretaría de Justicia, me temo que tendré que dejarlo.»

Pero aunque se disponía a tirar la toalla, estaba desplegando todo un ejército de abogados, chantajistas y prevaricadores. Pensaba contratar al antiguo presidente del Tribunal Supremo, Arthur Goldberg, para que se encargara de sus asuntos legales en Nueva York; y para resolver el asunto de la amenaza anti-trust llamó a Austin, Texas, al asesor del presidente, Jake Jacobsen, íntimo de Johnson y antiguo consejero de la Casa Blanca, que se haría famoso con el escándalo de Watergate.

Así que, de nuevo en orden de combate, Hughes decidió que, después de todo, tal vez hubiera una solución a la «*vendetta* de la Secretaría de Justicia». Era una solución que había funcionado bien muchas veces en el pasado.

«Bob —escribía—, considero imperativo establecer una alianza con Humphries, la Casa Blanca, Nixon o McCarthy, y proporcionarles apoyo firme e ilimitado a cambio de que me quiten de encima la Secretaría de Justicia; *ya*.»

Cuando estaba en los últimos días de su cruzada de dos semanas, Hughes ideó toda una nueva serie de estratagemas para salvar aquellos obstáculos insistentes que amenazaban con privarle de su cadena de televisión. Propuso negociaciones amistosas con Leonard Goldenson, presidente de la ABC y, acto seguido, amenazó con vender a la baja todas las acciones que había adquirido y provocar un hundimiento del mercado.

En determinado momento, consideró la posibilidad de vender sus acciones de la ABC a Jamen J. Ling, financiero rival de Texas, aunque sólo era una treta para convencer a la dirección de la cadena de que él era el menor de dos males:

«Me parece que la única esperanza está en la remota posibilidad de convencer a Goldenson de que, en realidad, no conseguirá nada si me fuerza, mediante amenazas de comparecencias personales, etc., a venderle a Ling o a cualquier otro de la misma calaña.

»En realidad, si yo fuera Goldenson, preferiría con mucho tratar con su seguro servidor, que no quiere una parte del prestigio que conlleva el trabajo (que, en realidad, ni siquiera desea trabajar en eso) y aspira tan sólo a un sencillo acuerdo laboral. Preferiría habérmelas con Hughes, con el que siempre tendría la ventaja de su deseo de no aparecer en público, antes que tratar con un Ling o una docena de individuos más jóvenes, saludables y activos que no hacen ascos a los focos, que puede incluso que los busquen.»

Pero, dada la inesperada y persistente intransigencia de la ABC, con la amenaza del juez en el aire, el resultado del asunto de la CFC por determinar y aún otro día de juicio por medio, Hughes vacilaba. Varias veces decidió abandonar y urdió su liberación tan febrilmente como había planeado la operación misma. Luego volvía a animarse y a garrapatear nuevas órdenes en sus hojas de bloc.

El domingo 14 de julio, cuando faltaban sólo dos horas para que decidiera sobre su opción a comprar las acciones al día siguiente, Hughes seguía activísimo. Mientras sus mormones trabajaban jornada doble corriendo de la máquina de escribir al teléfono, el multimillonario lanzaba chaparrones de informes contradictorios desde su puesto de mando del ático, resignado ahora a la derrota, dispuesto a «acorralar» al presidente de Estados Unidos. Sí, enviaría al abogado de Washington, Tom Finney, de la firma de Clark Clifford, o aún mejor a Larry O'Brien; sí, le mandaría directamente al Despacho Oval.

«Bob, me parece una forma relativamente fácil de obtener una respuesta inmediata respecto a la cadena —escribía con una confianza renovada—. Creo que tal respuesta podrían conseguirla el señor O'Brien o el señor Finney, presentándose y acorralando a Johnson o a Humphries y diciéndole: "Mire, amigo, mi cliente el señor Hughes ha puesto en marcha un plan para lograr el control de la ABC. Ha superado las primeras semanas polémicas y va perfectamente. Él no tenía la menor idea de que el señor Goldenson fuera a mostrar tanta oposición. Creía que su interés por la ABC sería acogido favorablemente.

»"El señor Hughes quiere dedicar sus últimos años al trabajo productivo, no a un conflicto prolongado —seguía el escrito—. Lo único que se propone es mejorar y ampliar la cadena hasta convertirla en un bien para el país: un bien del que el país pueda sentirse justificadamente orgulloso. Lo único que le preocupa al señor Hughes es que como el CFC se halla sometido a grandes presiones y al acoso constante de la ABC, creerán sencillamente que han de ser mucho más concienzudos y estrictos de lo que lo serían si les dejasen tranquilos."»

Y ahora el anzuelo. ¿Cómo podía fallar?

«Creo que, entonces, O'Brien o Finney tendrían que llevar la conversación al punto en que él (nuestro hombre) pudiera decir con elegancia: "¿Qué cree usted que debería hacer el señor Hughes? Creo que le agradecería muchísimo el consejo."

»En fin, yo no conozco a Humphries, pero puedo asegurarle que el señor Johnson habría cogido la pelota mucho antes de que la conversación llegara a este punto.

»Me parece —concluía— que esa entrevista nos daría realmente un indicio de en qué dirección sopla el viento en el prado de la Casa Blanca.»

Habría sido una entrevista interesante, ciertamente. Porque Lyndon Johnson, casi tan obsesionado por la televisión como el propio Hughes, con una consola de tres aparatos en su despacho y otra en su dormitorio, había llegado a la conclusión de que las cadenas de emisoras estaban controladas por comunistas, y seguía muy de cerca desde el principio el asunto Hughes-ABC, aunque eludiendo cualquier participación directa debido a sus propios intereses polémicos en el mismo campo.

Pero Hughes, que había tenido anteriormente tratos con el presidente, jamás sabría en qué dirección soplaba el viento en el prado de la Casa Blanca. Maheu se opuso al plan.

«Hemos de considerar —argumentaba— que eso de que el presidente recomiende... Entonces estaríamos *siempre* atados. Y él no lo estará, sin embargo, porque su consejo tendría que ser "extraoficial". Estaría obligado implícitamente, pero hemos de recordar que posee grandísima experiencia en la técnica de "escabullirse" de las obligaciones no explícitas.»

Hughes no se convenció de inmediato. ¿Qué se podía perder?

«Si hubiésemos de compensar mañana, considero urgente ponérselo directamente en el regazo a Johnson y darle la oportunidad de decidir qué hacemos. Si conseguimos que nos dé luz verde, no creo que el CFC insistiera, contraviniendo sus deseos, y dudo muchísimo que Goldenson llevara el asunto a los tribunales si se hace evidente que contamos con la aprobación de la Casa Blanca.»

Aun así, la unidad de control remoto de Hughes se plantó: el domingo por la noche Maheu le contestaba con el pesimismo del hombre que trata con las crudas realidades de la vida:

«Sé que no le gusta enterarse de lo que no desea enterarse. Como sabe, yo ya vendía conocimiento político antes de que Peale pensara siquiera en escribir un libro. Pero hasta el pensamiento afirmativo ha de contar con algún fundamento en el campo del realismo. Si está usted dispuesto a decirme que comparecerá en su momento, le garantizo que le serviremos la ABC en bandeja de plata.»

Evidentemente, eso era algo por lo que Hughes no pasaría.

Cuando se acercaba el fin del plazo, las tres de la tarde del lunes, parecía carecer de importancia. Al mediodía se habían ofrecido en venta menos de 150 000 de los dos millones de acciones del paquete de la ABC que Hughes pretendía.

La apelación judicial definitiva de la cadena que se comunicó aquel mismo día, no venía al caso. Luego, a la una, un grupo de tres jueces respaldó de nuevo la oferta de Hughes de comprar la ABC. Y en las dos horas siguientes, los corredores del multimillonario se vieron inundados por casi millón y medio de acciones.

Cuando se contó todo aquel papel, Howard Hughes tenía casi 1,5 millones de acciones: más de un tercio de todo el paquete de la ABC. Era casi suficiente para controlar la cadena, y ahora ya no habría problemas para conseguir más. Un eremita desnudo, ansioso de moldear la opinión pública y de manipular la política nacional, acababa de acceder al puesto de más poder de toda la historia de la televisión.

Lo que hacía que todo resultara aún más increíble era que Maheu, siguiendo las instrucciones de Hughes, había estado trabajando activamente entre bastidores para lograr que los dos millones de acciones que Hughes estaba obligado a comprar legalmente *no* se ofreciesen. Quería reservarse hasta el final la opción de dejar el asunto.

En realidad, Maheu había ido tan lejos como para arriesgarse a ir a la cárcel.

—¡Diablos, Howard —se ufanaba—, si se descubrieran algunas de las cosas que hice para desembarazarnos del asunto de la ABC, me pasaría el resto de la vida en la cárcel!

Pero Hughes no estaba muy seguro de querer renunciar. Todo parecía favorecerle. El paquete se había presentado, los jueces lo respaldaban y la CFC también parecía dispuesta a aprobar la adquisición. Ninguno de los comisionados suponía siquiera su auténtica situación ni sus motivos. Todos se mostraban favorables a dar el visto bueno a la compra. Sólo había un problema: Hughes tenía que acudir a pedir la licencia personalmente.

Y eso era lo único que no haría, que no podía hacer. Informado el lunes por la noche de que la CFC exigiría definitivamente su comparecencia, Hughes capituló de inmediato. Estaba dispuesto a pagar 200 millones de dólares, pero no saldría de su dormitorio en penumbra.

—Por eso no paso —explicó.

El 16 de julio de 1968, poco después del mediodía, se emitió una declaración oficial. Hughes rechazaba el paquete. Y su oferta para hacerse cargo de la ABC —para tener una cadena propia— pareció esfumarse tan súbita y misteriosamente como se había anunciado.

Pero Hughes no había renunciado a sus planes de controlar la televisión. Si no podía conseguir una de las tres cadenas existentes sin renunciar a su intimidad, tendría que crear una cuarta cadena, nueva... y «echaría a la ABC inmediatamente del negocio».

—Mi deseo de una voz (de medios de comunicación) no ha cambiado en absoluto —indicaba claramente desde su retiro de la novena planta—. Creo que con la alternativa de crear una cuarta cadena de televisión completamente de mi propiedad, sólida, o un vasto complejo unificado de sistemas CATV, podría conseguir ese acceso al público a un precio más bajo y con menos dificultades en todo el proceso.

La idea no era nueva. Le había estado rondando varios años y había salido a la superficie varias veces mientras estaba aún en marcha el asunto de la ABC. En un momento de desesperación, había considerado la posibilidad de aceptar una cadena de difusión estatal en Nevada.

—Estoy plenamente convencido de que mis planes de adquirir la ABC no cuajarán, así que deseo más que nunca crear una cadena televisiva aquí, en Nevada, la cadena más fuerte que se haya podido concebir. Me daré por muy satisfecho con una cadena verdaderamente fuerte en Nevada. Y me disgustaría muchísimo que esto fracasara, además de lo de la ABC.

Pero después de estar a punto de conseguir un canal de dimensiones nacionales, Hughes no podía darse por satisfecho ya con un sistema de alcance local.

Así que pensó en hacerse con una red independiente importante, como Storer o Metromedia, para empalmar todas las emisoras de TV por cable disponibles del país, y emplear el dinero que habría ido a parar a los accionistas de la ABC en convertir su nueva red en una gran competidora nacional.

Poco después de distanciarse de la ABC, Hughes compró una cadena deportiva que proyectaba ampliar luego con los satélites de comunicación fabricados por su propia empresa.

Pero la Hughes Sports Network pronto demostró ser tan inviable como la KLAS. «La emisión se parece a la televisión en color en sus comienzos, hace unos doce años. Cuando algo lleva mi nombre, como es el caso de esta cadena televisiva, no es mi intención permanecer pasivo viendo esos resultados.»

Pero ni la HSN ni ninguna cadena inexperta podía brindar el poder que Hughes ansiaba:

«Seamos realistas y admitamos que ninguna alternativa parecida puede consolidarse razonablemente hasta alcanzar la eficacia necesaria para poder influir en medida importante sobre los próximos debates políticos (ni en las primarias ni en las finales).»

Las elecciones de 1968 llegaron y pasaron, y Hughes seguía sin haber logrado la «voz» nacional ni el «acceso al público» ni, ciertamente, ningún «equilibrio de poder».

El informe de Maheu de que el nuevo presidente se interesaba por sus planes («Nixon, por mediación de su amigo Rebozo, ha propuesto la creación de una cuarta cadena como medio de elevar el nivel de toda la programación de TV»), animó un poco al multimillonario.

Pero Hughes acabó decidiendo que la solución no era crear una cuarta cadena.

—No digo que no pueda crearse una cuarta cadena —explicaba—. Pero sí que no se logrará sin el esfuerzo angustioso y agotador que hizo falta para crear las otras. Aun con la mejor de las suertes, cualquier cadena nueva necesitaría años para llegar a equipararse a la ABC.

Así que tras nueve meses de barajar alternativas, Hughes estaba otra vez dispuesto a volver a su primer amor.

«He decidido finalmente *volver* a la ABC —informaba alborozado a finales de marzo de 1969. Era, por supuesto, un entusiasmo secreto—. Pero si se diera la más mínima filtración de este asunto, el mercado se dispararía y me vería obligado a compensar. Así que le ruego la máxima discreción.»

Secreto o no, a Hughes le resultaba dificilísimo contenerse. Era un éxtasis tecnológico. Hughes ansiaba ahora la cadena de TV que hacía tan poco había rechazado, con una pasión que no sentía por nada humano.

«Bob —escribía—, lo que me entusiasma de la ABC es su extraordinaria infraestructura. Casi en todas las ciudades de Estados Unidos en que hay una emisora de la CBS o la NBC, hay una emisora de la ABC.

»Este extraordinario gigante de perfección técnica y mecánica se está desperdiciando. Se utiliza a diario simplemente para transmitir la mayor sarta de estupideces que pueda imaginarse.

»Bob, la ABC sólo puede seguir un camino: hacia arriba.

»Le aseguro que un niño de siete años lo haría mejor de lo que lo están haciendo hoy en la cadena. Eso es lo que me intriga: este inmenso gigante soñoliento, técnicamente perfecto, que sólo necesita que le despierten para volver a la vida.»

Momentáneamente perdido en sus sueños de despertar a ese genio, Hughes no perdía de vista la misión que tenía pensada para el «gigante soñoliento».

«No olvide que toda conferencia de prensa de la Casa Blanca o del Congreso exige, por costumbre, la entrega de una invitación a los corresponsales de los noticiarios de la ABC en pie de igualdad —concluía—. Y en idénticas condiciones para informar de las elecciones a partir de ahora..., no después de haber creado una cadena de TV, sino desde ahora mismo.»

La Casa Blanca. El Congreso. Todas las elecciones. Una cadena de televisión de su propiedad. Ahora mismo. Hughes empezó a planear de nuevo su conquista de la ABC con creciente y renovado entusiasmo. Esta vez no intentaría hacerse con el control. Eso sólo significaría una nueva serie de problemas, nuevas luchas cortesanas, nuevas peticiones de comparecencia ante la CFC. Todo ello innecesario. Hughes estaba seguro de que si lo enfocaba correctamente, podría llegar a un acuerdo comercial amistoso: «Una adquisición sin hostilidad, con el consentimiento de Goldenson.»

Y si la ABC, aún con graves apuros financieros, lo aceptaba sin problema, también lo haría la CFC. Había un nuevo gobierno. Nixon deseaba una cadena de Hughes «ascendente» y ahora podría tenerla. Además, algunos comisionados temían que sin una inmediata infusión de capital, la ABC, que ya se había visto obligada a reducir la programación, se hundiera realmente.

Por desgracia, tampoco Hughes estaba libre de problemas. Su negocio de Nevada iba mal, las pérdidas de los helicópteros aumentaban, y pendía sobre él un nuevo juicio de la TWA por 137 millones de dólares, con todo lo cual, el acosado multimillonario ya no podía permitirse despreocupadamente una inversión de 200 millones de dólares en efectivo.

Pero deseaba la ABC; y la deseaba con todas sus fuerzas.

«Tenemos que conseguir sacar dinero de donde sea», le escribía a Maheu.

Tal vez pudiera resolverse el asunto de la TWA. Tal vez pudiera deshacerse de la desastrosa empresa de helicópteros. Pero, aunque no fuera así, Hughes seguía decidido a conseguir la cadena de televisión.

De hecho, deseaba la ABC hasta el extremo de estar dispuesto a renunciar a sus derechos de primogenitura. Vendería la Hughes Tool Company (la gallina de los huevos de oro que había heredado, la base de toda su fortuna) para controlar la televisión de una vez por todas.

Luego, una semana después de haber anunciado su decisión definitiva de *volver* a la ABC, cambió de opinión.

Era un sábado por la noche. Ruidos y risas estridentes llenaban su retiro. No es que Hughes estuviera contento. Las risas retumbantes procedían del televisor sintonizado en la cadena que Hughes había decidido comprar.

—Bienvenidos de nuevo a *El juego de las citas* —decía el sonriente y gesticulante presentador, que rodeaba con el brazo a un niño negro—. ¡Ha llegado el momento de que Marc elija a la encantadora muchacha que compartirá una "cita de ensueño" con su papá! Muy bien, Marc. ¿Quién será la elegida? ¿La señorita número uno? ¿La señorita número dos? ¿O la señorita número tres?

La cámara enfocó a las tres jóvenes. El chico se puso a pensar cuál elegir.

—Recuerda la señal —dijo el presentador—. ¡Que se termina el tiempo!

El niño eligió a la señorita número dos, la actriz a la que le encantaba cocinar, que sonrió para un primer plano mientras el público del estudio aplaudía.

Hughes contemplaba la escena ceñudo y silencioso. Cuando el programa terminó, sabía que había cometido un gran error.

—Y esto es todo por hoy —se despidió el presentador lanzando un beso—. Muchas gracias y buenas noches a todos. Les deseamos que consigan ustedes siempre la cita que desean. Y no se pierdan *El juego de los recién casados*, que emite la ABC a continuación.

«Bob, considero absolutamente inadmisible la atención que se dedica a la violencia en los espacios dramáticos de TV. Estos dos programas constituyen el mayor cúmulo de mal gusto que he visto en mi vida.»

Pero fue algo más que simple mal gusto lo que hizo cambiar tan súbitamente de opinión al anacoreta. La verdadera causa fue la espantosa inmoralidad (la sorprendente violación) que había presenciado en *El juego de las citas*.

«El primer programa, *El juego de las citas*, consistía en que un niño elegía, sin verlas, a una chica de tres (adultas) para que hiciera un viaje a Roma con su padre. Un viaje con condimento sexual.

»De las tres chicas entre las que había de elegir, dos eran negras y la otra una blanca muy guapa y atractiva. El niño eligió a la blanca, a la que presentaron a continuación al padre del chico, informándole de que iba a hacer un viaje de placer a Roma, con todos los gastos pagados, en la TWA.»

Esto ya era añadir leña al fuego. No sólo osaban organizar aquella aventura interracial y pecaminosa sino que, para colmo, se permitían utilizar (mejor dicho, profanar) la TWA, «su» compañía aérea.

«Bob, todo el programa estaba planteado y realizado para provocar y despertar la reacción sexual del público. Todo el programa era de un carácter tan marcadamente sexual, que si se hubiera presentado en forma de película al organismo oficial de la industria cinematográfica, dudo muchísimo que lo hubiera aprobado.

»Y permítame añadir que hago el comentario anterior basándome sólo en el tema del programa y en la forma de tratarlo, completamente al margen de la cuestión racial.

»Además del programa de pésimo gusto que he intentado describir, se atreven a saltarse todas las normas morales concebibles preparando una cita sexual entre una hermosa muchacha blanca y un negro, en Roma, lo cual podría incluso ir contra la ley.

»Y todo esto se hace con un solo fin: provocar la excitación sexual del público y obtener una mayor audiencia en beneficio de los patrocinadores.

»Por favor, considere todo este asunto detenidamente, Bob: a ver si se le ocurre alguna idea.»

El negocio de la ABC, un negocio de doscientos millones de dólares, quedaba rechazado.

Después de meses de esfuerzos desesperados, después de tantas noches de insomnio, después de tanta maquinación para comprometer al presidente y lograr el equilibrio de poder, después de haber llegado incluso a pensar en subastar la empresa más beneficiosa de su imperio, Howard Hughes acabó renunciando a la idea de adquirir una cadena nacional de televisión por aquel programa-concurso.

Fue una colisión entre la frivolidad en estado puro y el poder en estado puro, un enfrentamiento crepuscular de la baja frivolidad y las altas finanzas.

El círculo acababa de cerrarse. La lucha de Hughes por controlar la televisión, todos sus sueños de controlar el mundo a través de ella, todo, quedaba ahora reducido a la nada porque, en definitiva, el propio Hughes estaba controlado por la televisión.

Era como si el multimillonario hubiera acabado entrando en el aparato que tan compulsivamente miraba, atravesando la pantalla como Alicia el espejo, el auténtico «soltero enigma» saliendo de su cabina aislada junto al escenario para unirse a *El juego de las citas*, sólo para descubrir que la «cita de ensueño» que había elegido (la ABC) era una mercancía en mal estado.

No obstante, había un último detalle, una ironía que el propio Hughes nunca llegó a descubrir. De haberlo hecho, toda una cadena de TV habría caído en sus manos.

La «hermosa chica blanca» cuya cita romana interracial tanto enfurecía a Hughes, era en realidad una negra de piel clara.

Bob —

I just got through watching ABC's Dating Game and Newlywed Game, and my only reaction is 'let's forget all about ABC

Bob, I think all this attention directed toward violence in TV dramatic shows is certainly ~~in~~ misplaced. These two game shows represent the largest single collection of poor taste I have ever seen.

The first show — "Dating Game" consisted of a small negro child selecting, sight unseen, one of three 'girls' (adult 'girls') to make a sexually embellished trip to Rome, with his father.

Two of the girls were negro and one was a very beautiful and attractive white girl. The child chose the white girl, who then was introduced to the negro father of the child and informed that she (the white girl) was to make an 'all expense paid vacation trip to Rome on TWA.

Bob, the entire handling
of the show was, in every
way carried out in a
manner best calculated
to titilate and arouse the
sexual response of the
audience. The whole show
was of such a marginal
character, sex-wise, that,
~~it is it have been~~
~~doubtful~~ if it had been
presented as a motion pic-
ture to the governing body
of the movie industry
its acceptance would have
been very uncertain at
best.

But, let me explain that
I make the above com-
ment based upon the sub-
ject matter and the treat-
ment of the show, without
any consideration whatsoever
of the racial issue.

Then on top of ~~a~~ the
very marginal show of
miserable taste, which I
have attempted to describe
above, they have to com-
pound the abuse of any
conceivable moral standard
by arranging a sexual
rendezvous between a
beautiful white girl and

a negro man in Rome,
which may even be in
violation of the law.

And all of this is done
solely for one purpose:
to shock and arouse the
sexual response of the audience
so as to obtain a higher
rating from the TV polls
for the benefit of the spon-
sors.

Please consider this
entire affair most carefully,
Bob, to see if it gives
you any ideas.

Many thanks,

Stoward

5. MIEDO Y ASCO

El Coco. Allí mismo, en su habitación.

La gárgola gigantesca de un negro, horrorosamente engrasado y destilando obscenidad, un salvaje que presagiaba crímenes inconcebibles, había violado su *sancta sanctorum*, deslizándose por las puertas cerradas, burlando a los vigilantes armados y a la falange de mormones hasta la única entrada sin guardia.

Howard Hughes, enfermo de miedo y de asco, llamó a voces a Maheu en plena noche.

«No me gusta molestarle a estas horas —escribió con letra temblona—, pero acabo de ver algo en la televisión que me ha puesto literal y realmente enfermo; y todavía me siento mal.

»He visto un programa en la NBC en el que el negro más grande y horroroso que se haya visto aparecía cubierto (literalmente cubierto) de la cabeza a los pies con una capa de vaselina de casi un centímetro. Se ponía uno malo sólo de mirarle.

»Bob, los productores se proponían sin duda, deliberadamente, hacer a este hombre lo más repulsivo posible. De todos modos, se paseaba junto a una mujer blanca inmaculadamente vestida, una especie de noble dama inglesa.

»Pues bien: cuando esta repulsiva mole de grasa se acercó a la mujer blanca exquisitamente vestida, lo único que se me ocurrió pensar fue: "Dios mío, que la mujer no le toque."»

Pero era demasiado tarde. Ni siquiera Hughes podía proteger la pureza de la feminidad blanca de las poderosas fuerzas de la negritud.

«En fin, tras uno o dos minutos de charla, el individuo agarró a la mujer, abrió la boca todo lo posible y le dio un beso tal, que se habría censurado en cualquier película, aun en el caso de que las personas implicadas hubieran pertenecido a la misma raza.»

Con su manía racista completamente exacerbada, el furibundo texano parecía decidido a llamar a un pelotón de linchamiento. Pero no, aquel delito no podía castigarse.

«Bob, este programa parece una presentación de la versión Broadway de los Óscares, así que supongo que la escena que he descrito es una escena tomada al azar de la obra ganadora...

»Estaba dispuesto a presentar una protesta por este asunto a algún comité del Congreso —proseguía Hughes—, y ahora que veo que se trata de los premios Tony, aún me sorprende más; pero supongo que habría que plantearlo con mucho cuidado.»

Otra gran esperanza blanca frustrada. La «repulsiva mole de grasa» era, en realidad, James Earl Jones en el papel del boxeador Jack Johnson en *La gran esperanza blanca*, un fragmento de la cual se televisó durante la entrega de los premios. Saber esto no alivió en absoluto la sensación de ultraje del multimillonario, que concluía:

«Bob, me tiene sin cuidado que se tratara de la representación de la Última Cena; aquella primera escena tiene que provocar algún comentario.»

De entre todas las fobias y obsesiones de Hughes, pocas había tan virulentas como el miedo y la repugnancia que le producían los negros. Era el suyo un racismo clásico, propio de los melodramas de plantación, expresado a veces en términos tan extravagantes que parecía una parodia. Pero hablaba completamente en serio, y su fanatismo tuvo consecuencias muy reales. Después de todo, era el dueño de la plantación.

El propio Hughes atribuía sus prejuicios y su paranoia a un suceso traumático de su juventud.

«Yo nací y viví los primeros veinte años de mi vida en Houston, Texas —explicaba—. Y viví la experiencia directa de una revuelta racial en la que los negros cometieron atrocidades comparables a cualquiera de las del Vietnam.»

En realidad, cuando Hughes tenía once años, en su ciudad natal, dominada por un segregacionismo muy rígido, los negros habían protagonizado un estallido de violencia. La noche del 23 de agosto de 1917, más de cien soldados de un batallón de infantería de negros acuartelado cerca de la ciudad cogieron sus fusiles y marcharon sobre Houston para vengar a un oficial negro que había sido golpeado por policías blancos. La insurrección duró tres horas, y en ella murieron dieciséis policías blancos. La revuelta de Houston marcó un hito en la guerra racial en los Estados Unidos, hasta entonces más bien unilateral; fue la primera vez en que murieron más blancos que negros.

Indudablemente, aquella noche dejó una fuerte impresión en el joven Howard. No obstante, ahora, medio siglo después, no eran las multitudes armadas sino los fantasmas creados por él mismo, los que acosaban al bien protegido eremita. Consumido por un miedo inexpresable, proyectaba sus temores en una serie de enemigos visibles. A veces desfilaban ante él los rostros negros... como una comedia de negros, proyección de su subconsciente.

En realidad, había sido el terror a los negros lo que lo había llevado a dar el primer paso decisivo hacia su reclusión total. Después de su matrimonio, Hughes y Jean Peters vivieron en bungalows separados en el hotel Beverly Hills, y sólo se veían por la noche para sesiones de cine maratonianas. Se reunían todas las noches para su propia sesión en los estudios Goldwyn, hasta que Hughes descubrió que su sala de proyección había sido utilizada para pasar las primeras copias de *Porgy and Bess* a los intérpretes de la misma (todos negros). No volvió a poner los pies en aquel local.

Y tampoco volvió a invitar a Jean a ver películas. Se trasladó, solo, al Nosseck's Projection Studio de Sunset Boulevard, puso casa

Bob —

I hate to disturb you this late, but I just saw something on TV that litterally and actually physically made me nauseated and I still am!

I saw a show on NBC in which the biggest ugliest negro you ever saw in your life was covered — litterally covered from head to foot with vaseline almost $\frac{1}{4}$ of an inch thick. It made you sick just to look at this man.

Bob, the producers must have deliberately tried to make this man as repulsive as possible. Anyway, he walked over next to an immaculately dressed white woman — sort of an English noblewoman type.

Well, when this repulsive gob of grease came close to this clean carefully dressed white woman, all I could think was "Jesus, don't let that woman touch him."

So, after a minute or two

of talk this man grabbed this woman, opened his mouth as wide as possible and kissed this woman in a way that would have been cut out of any movie even if the people involved had both been of the same race.

Bob, this show seems to be the presentation of the Broadway version of the Oscar, so I imagine the scene I described was a scene taken at random from the winning play.

Bob, this must be shot in a theatre with no air conditioning because every single player is just covered with a thick layer of make up that is melting and practically dripping off onto the floor, just as the layer of grease was melting in the first scene I described from the winning play.

I was all for making a protest to some congressional committee over this, but now that I see it is the Tony awards, I feel it is even more shocking, but I suppose one should approach it with caution.

However, Bob, I don't care
if this was the re-enactment
of the ~~Last~~ Last Supper
that first scene is going to
cause some comment.

Best regards to you,

Howard

allí y ocultó a su esposa dónde se encontraba, diciéndole que había ingresado en el hospital debido a una «enfermedad no diagnosticada». En parte era verdad. Fue en los tres meses que Hughes pasó solo en Nosseck's cuando las cosas empezaron a complicarse realmente.

Al principio pasaba el tiempo hablando con los banqueros y los abogados de la crisis de la TWA, limpiando compulsivamente todo el rato el teléfono con Kleenex o colocando y volviendo a colocar continuamente media docena de cajas de Kleenex en diversas posiciones geométricas. Durante varias semanas llevó puestos los mismos pantalones pardos y la misma camisa blanca. Luego, un día se quitó aquella ropa repugnante, se quedó desnudo, dejó de hablar con banqueros y abogados, y ordenó a sus ayudantes que guardaran silencio absoluto.

Por último, promulgó un decreto general: «No intenten ponerse en contacto conmigo por ningún motivo. Esperen a que yo les llame. No quiero que me entreguen ningún mensaje.»

Ya estaba decidido. Permaneció en el estudio en reclusión silenciosa casi hasta finales de verano de 1958; entonces, volvió súbitamente a su bungalow... donde sufrió un colapso nervioso.

Probablemente hubiera sucedido sin *Porgy and Bess*. Tal vez los negros precipitaran su alejamiento de su esposa y el que se recluyera a solas con su locura; pero los negros no eran la verdadera amenaza. La auténtica amenaza era la «contaminación».

Lo más peligroso era invisible: los gérmenes.

Hughes instaló su campamento en cinco bungalows rosa del hotel Beverly Hills y dirigía sus tropas en la campaña bélica contra los gérmenes desde el bungalow 4, su cuartel general.

Como en el caso de los negros, también había traumas infantiles relacionados con los gérmenes. Su padre y su madre habían muerto de repente, insospechadamente; su madre, cuando él tenía dieciséis años; su padre, cuando tenía dieciocho. Pero su viejo terror a las bacterias era ahora algo irracional. Y dominaba toda su vida.

Hughes cortó todo contacto humano (todo individuo era un peligroso portador) a excepción de su escogida guardia mormona. Pero hasta sus guardias mormones tenían que seguir normas muy estrictas destinadas a prevenir la «proliferación de gérmenes».

Los pocos que trataban personalmente con él o tocaban algo que fuera a tocar él, tenían que someterse previamente a un ritual de purificación denominado «procedimiento», que duraba treinta minutos («lavarse cuatro veces, independientes, utilizando porciones de espuma de una pastilla de jabón distinta cada vez») y luego ponerse guantes blancos de algodón.

Pero eso no bastaba. Hughes exigió que todo lo que sus mormones le entregaran con sus manos repetidamente lavadas y enguantadas estuviese envuelto en toallitas de papel Kleenex o Scott, «aislamiento» que le protegía de la «contaminación».

Ni aun así se sentía a salvo de la amenaza invisible. Sentado en una butaca de cuero blanco, desnudo, en la «zona libre de gérmenes» de su bungalow a oscuras, las ventanas cerradas y selladas con cinta adhesiva especial, el multimillonario empezó a dictar un *Manual de procedimientos* completo; una serie de informes meticulosamente detallados que establecían normas tales como el número de capas de papel preciso para manejar artículos concretos, tales como las ropas que ya casi nunca se ponía.

«El Sr. Hughes desearía que trajera usted una caja de camisas, una caja de pantalones y una caja de zapatos», empezaba un típico *Memorándum operativo* titulado «Entrega de ropa a HRH».

«Desea que se provea usted de un cuchillo completamente nuevo, que no se haya usado nunca, para abrir una nueva caja de Kleenex, utilizando el cuchillo para abrir la ranura.

»Cuando la caja esté abierta, cogerá usted la pequeña etiqueta y la primera pieza de Kleenex y las destruirá; utilizando luego dos dedos de la mano izquierda y dos dedos de la derecha sacará cada pieza de Kleenex de la caja y la colocará sobre un periódico, sin abrir, y repetirá esta operación hasta que haya apilado pulcramente cincuenta hojas de papel. Tendrá entonces una pila para una mano. Luego tiene que hacer otra para la otra mano, preparando un total de dos pilas de Kleenex que utilizará para manejar las tres cajas.

»El señor Hughes desearía que se acordara usted de mantener la cabeza en un ángulo de cuarenta y cinco grados respecto a los diversos objetos que toque, tales como la caja de Kleenex, el cuchillo y los montones de Kleenex.

»Durante toda la operación, procurará no respirar sobre los diversos artículos.»

Y eso no era nada comparado con las precauciones que Hughes ordenó que se tomaran para sacar el cordón de su audífono del armario del cuarto de baño.

«A. Utilice primero seis u ocho hojas de Kleenex sacadas de una en una de la ranura para manipular el tirador de la puerta del cuarto de baño.

»B. La misma capa de Kleenex puede utilizarse para abrir los grifos hasta obtener un buen chorro de agua caliente. Luego estos Kleenex pueden tirarse.

»C. Se utilizarán a continuación de seis a ocho Kleenex para abrir el armario donde está el jabón y se utilizará una pastilla nueva, que no se haya desenvuelto nunca. Se tirarán todos los Kleenex que se hayan utilizado hasta este momento.

»D. Se lavarán las manos con sumo cuidado, mucho más a fondo de lo que se hayan lavado nunca anteriormente, esforzándose al máximo para que las manos no toquen el lavabo, ni los grifos, ni absolutamente nada durante el proceso. Deberá ponerse también sumo cuidado al posar el jabón.

»E. Se utilizarán a continuación de quince a veinte hojas nuevas de Kleenex para cerrar los grifos y luego se desecharán.»

La parte realmente delicada de la misión ya había empezado: sacar el cordón del audífono. Paso 2:

«A. Se abrirá la puerta del armarito utilizando un mínimo de 15 hojas de Kleenex. (Deberá extremarse el cuidado al abrir y cerrar las puertas. No se cerrarán de golpe ni se moverán precipitadamente, para evitar que se levante polvo y, además, se pondrá sumo cuidado en no dejar que entren insectos.)

»B. No debe tocarse nada del interior del armario (ni el interior de las puertas, ni la parte superior del armario, ni los laterales), ni los objetos que haya en el armario, a excepción del sobre que debe sacarse.»

El cordón del audífono estaba cuidadosamente guardado en el interior de un sobre, pero ni siquiera el sobre podía tocarse:

«C. El sobre deberá sacarse utilizando un mínimo de 15 Kleenex. Si fuera necesario utilizar ambas manos, se utilizarán 15 Kleenex para cada una. (Naturalmente, estos 15 Kleenex han de estar esterilizados, por ambos lados a excepción del borde extremo. El centro del papel solamente entrará en contacto con el objeto que hay que recoger.) Si hay algo sobre el paquete que va a sacarse del armario, debe de utilizarse un instrumento esterilizado para alzarlo.»

Por supuesto, al propio Hughes no se le podía tocar ni directamente ni con las manos bien restregadas y enguantadas. En las raras ocasiones en las que el contacto era necesario, como para el ritual de despertarle que él mismo había establecido, se requería el aislamiento más absoluto:

«Llame a Roy y hágale venir a la casa y despertar a HRH a las 10.15 de la mañana si HRH aún no se ha despertado. Deberá apretarle los pies hasta que despierte, con ocho Kleenex, aumentando la presión progresivamente.»

Sus mormones, reducidos ellos mismos a instrumentos esterilizados, seguían obedientemente y hasta el mínimo detalle los rituales higiénicos demenciales de su amo, sin poner en entredicho su función, aunque debían cruzar vadeando entre la porquería y los desperdicios de su dormitorio, abriéndose paso entre montones de periódicos y Kleenex usados, pisando con mucho cuidado para no levantar polvo.

Aterrado por los gérmenes, Hughes vivía en medio de la inmundicia. Pero él no consideraba «contaminación» nada que perteneciera a su propio ser, nada que procediera de su organismo, nada que estuviera contenido en su propio nimbo. En realidad, le obsesionaba tanto impedir que saliera algo de su dormitorio como evitar que algo del exterior entrara en él.

No podía renunciar a algo que fuera suyo. Ni a su polvo, ni a su basura, ni a su cabello, ni a sus uñas, ni a su sudor, ni a su orina, ni a sus heces. Pasó años sin cortarse el pelo ni rasurarse la barba, aunque tenía a su servicio barberos muy bien pagados; dejó de cortarse las uñas cuando perdió «sus tijeras favoritas» entre los desechos de su cubil; empezó a almacenar muy pronto su orina en jarros tapados que se guardaron primero en el garaje de Bel Air y después en su dormitorio de Las Vegas; y su estreñimiento crónico era tan grave, le impedía hasta tal punto eliminar sus residuos orgánicos, que en una ocasión se pasó veintiséis horas seguidas sentado en el servicio sin conseguir resultado alguno. Tampoco podía desprenderse de su esposa. Mantenía a Jean a una segura distancia, en el bungalow 19, fuera de la zona de combate, y durante tres años no la vio prácticamente. Aun así, la tenía sometida a un estrecho control y protegida de toda contaminación.

Procuraba impedir que saliera, tenerla atrapada en sus aposentos, encontrando siempre motivos para posponer las salidas que ella planeaba. Cuando no tenía más remedio que dejarla salir, siempre la escoltaban sus hombres, que seguían detalladas instrucciones escritas en las que Jean recibía el nombre cifrado de «Comandante Bertrández».

Uno de esos comunicados, que trataba de cómo había que acompañar al Comandante Bertrández al teatro, ordenaba lo siguiente: «Si fuera necesario abrir las puertas de entrada al teatro, o cerrarlas, se hará con los pies, no con las manos. Si el sistema necesario o normal es entrar al local con ella para bajarle el asiento, esta operación se hará con Kleenex.»

Cualquier indicio de que Jean estuviera enferma, de que se hubiera contaminado, tenía que comunicarse a Hughes de inmediato y había que impedir que ella viera a un médico que no fuera el del propio Hughes, y siempre después de haberle consultado a él:

«Si la situación es lo bastante crítica, se le permitirá consultar a un médico por teléfono. Pero bajo ninguna circunstancia se consentirá que visite a un médico en un consultorio, hospital o cualquier otro lugar, hasta que HRH haya hablado primero con ella.

»Se advertirá al médico que le dará sólo la información que sea precisa para el alivio inmediato del dolor, o la medicación imprescindible. Esto se hará únicamente en caso de que un retraso pudiera tener efectos perniciosos sobre la enfermedad. Se da por sentado que si fallan los demás intentos de aplazarlo TODO hasta que HRH esté informado, tendrán que mantenerse conversaciones por teléfono, pero debe instruirse al médico, no advertirle simplemente sino instruirle, para que no le prescriba más que el medicamento destinado a impedir el agravamiento de la dolencia. El médico evitará cualquier tipo de diagnóstico y tampoco se extenderá sobre el tratamiento preciso. Solamente le indicará el tratamiento inmediato.

El diagnóstico definitivo lo haría el propio Hughes, que decidiría también el tratamiento.

«HRH aprovechará el tratamiento posterior, o el hecho de que ella ignore cuál es su dolencia específica, para lograr que venza el hábito de fumar, que coma con más regularidad, o conseguir una serie de cosas que puedan beneficiarla. Todo lo cual sería imposible si el médico la informara ampliamente.

»Tras el primer contacto entre el médico y la señora Hughes, procurará usted que no vuelva a ponerse en contacto con él. Si el médico está en su casa, se pedirá a la esposa del mismo que conteste al teléfono y diga que el doctor no está.

»El médico deberá informar de toda la conversación mantenida con la señora Hughes.»

Había que vigilar incluso a los amigos y empleados de Jean. Cualquiera que cayera enfermo tenía que someterse a «cuarentena». Cuando Cissy Francombe, su anterior encargada del guardarropa, contrajo hepatitis, Hughes exigió un aislamiento completo.

«Aunque los médicos no estén seguros de si es o no del tipo

contagioso, yo la considero muy contagiosa —explicaba el "médico jefe"—. Aunque hayamos tenido anteriormente motivos para poner en práctica un programa de aislamiento, deseo que éste sea diez veces más eficaz que cualquier otro que se haya planeado.

»En la actual situación de mis negocios, si Jean, yo mismo o cualquier otra persona importante dentro de la organización contrajera esta enfermedad, no puedo siquiera imaginar lo graves que podrían ser las consecuencias.

»Cary Grant dijo que cuando contrajo esa enfermedad en Londres hace tiempo, se pasó seis meses sin poder hacer absolutamente nada más que permanecer en la cama y desear la muerte.

»Por tanto, quiero que se someta a Cissy, a los médicos que la atienden, a las enfermeras y a todo el que haya estado en contacto con ella en el pasado, o vaya a estarlo en el futuro, a un sistema de aislamiento tan completo y eficaz que, comparado con él, todo lo que hayamos hecho hasta ahora sea una nadería. Quiero que esto abarque hasta la octava o la décima generación, por así decirlo. No sólo deseo que se incluyan en este aislamiento los contactos personales, sino también todo tipo de artículos, como papeles, ropa, flores, televisores, etc., que se le remitan, ya sea directamente o por correo.

»Corten toda posible vía de contacto: un objeto cualquiera, una nota o una carta, facturas de vendedores, de los médicos del hospital; lo que sea. No debe permitirse que entren en nuestra residencia. No se permitirá que entre en contacto con ningún miembro de nuestro personal, con ningún amigo de nuestras familias, parientes o cualquiera otra persona. Encárguese de controlar toda vía de acceso, ruta, conducto o paso imaginable.

»Considero este punto el más importante de la agenda; más importante incluso que nuestra crisis de la TWA, que nuestra crisis financiera, y que cualquier otro de nuestros problemas.»

Las mujeres contaminadas siempre habían sido un problema. Una vez, hacía años, Hughes había quemado toda su ropa (toda la que tenía: trajes, camisas, corbatas, calcetines, abrigos, hasta las toallas y las mantas) al enterarse de que se rumoreaba que un actriz con la que había salido una vez tenía una enfermedad venérea.

Ahora no tenía ropa que quemar, ni veía a ninguna mujer. En realidad, es muy posible que se hubiese recluido, en gran medida, para huir de su nueva esposa. Empezó a aislarse casi nada más casarse. Evidentemente no podía compartir su vida, no podía establecer una intimidad. Pero había algo más. En realidad, Hughes parecía tener miedo de la mujer a la que llamaba «El Comandante». Los problemas que tenía con las relaciones simultáneas que mantenía con una jovencita, cuyo nombre cifrado, más sugestivo, era «La Fiesta», sugieren que existía una razón más profunda.

Mientras cortejaba a Jean, Hughes siguió viendo a su joven ángel. Era la última del harén. Tenía apenas dieciséis años cuando la conoció a través de un concurso de belleza local; siguió teniéndola de reserva después de casarse, escondida en un refugio perfectamente descontaminado de Coldwater Canyon, bajo protección y vigilancia. Sólo la llevó una vez a sus bungalows, para celebrar su cincuenta y tres cumpleaños el día de Nochebuena de 1958; fue su última aventura extramarital.

Y, al parecer, no fue precisamente un éxito. Tardaron meses en volver a verse. «La Fiesta» renegaba y maldecía despiadadamente de Hughes. Los vigilantes que controlaban su teléfono escucharon sus diatribas.

«¡Viejo puerco, hijo de puta! —le gritaba—. No vienes nunca a verme. Seguro que ya no puedes conseguir que se te levante, viejo fofo impotente.»

Impotente. El héroe calavera de *Los insaciables*, conocido por su lista de jóvenes estrellas, quizá se viese forzado a recluirse por miedo a las mujeres. Parecía tan ansioso de escapar de su esposa (y ocultar su impotencia) como de huir de los gérmenes, de los negros y de todos sus oscuros terrores. Pronto huiría de ella para siempre, se trasladaría solo a Las Vegas, y pasaría el resto de la vida rodeado de guardianes.

Pero jamás encontraría el refugio que le permitiese escapar de «la contaminación».

En el pasado, el propio Hughes había sido la única víctima de sus temores. Su batalla de diez años contra «la contaminación», se había librado en los confines de su dormitorio a oscuras. La lucha había consistido en impedir que el mundo exterior entrara allí. Había sido una lucha puramente defensiva. Ahora pasaba a la ofensiva. Los mismos terrores que le habían llevado a la reclusión, le impulsaban ahora a controlar el mundo exterior.

Intentó descontaminar Las Vegas, la ciudad caída que él deseaba purificar. Sus aguas infectas se convirtieron en una obsesión.

«Sostengo que no se puede crear un centro de recreo de fama mundial y de importancia duradera basándose fundamentalmente en la contaminación —declaraba—. Nevada no debe ofrecer a los turistas agua de un lago contaminado y hediondo.

»Creo que el asunto sobrepasa el tema de la pureza y la impureza, en una base de análisis técnico. Creo que el verdadero problema es si un turista distinguido, acostumbrado a lo mejor; un turista que haya recibido el trato más esmerado en los lugares más refinados e importantes del mundo, se sentirá cómodo, seguro de que el agua que está bebiendo y en la que se baña es el agua del manantial que aparece en los anuncios o si, por el contrario, sentirá la sensación inquietante y nauseabunda de que el agua que se ve obligado a beber, el agua que se utiliza para preparar sus bebidas en el bar y el agua con la que se hacen sus comidas, esa agua, en la que se ve también obligado a bañarse y a lavarse las manos, es, en realidad, ni más ni menos, agua de cloaca de la que se han sacado las impurezas con un filtro para que pueda pasar por las tuberías.

»El nombre, comillas, Agua de Lake Mead, comillas, significa exactamente agua de cloaca.»

Evidentemente, Hughes era uno de los que sentían esa «sensación inquietante y nauseabunda». Jamás cejó en su lucha por echar a pique todo el nuevo sistema estatal de abastecimiento de agua, de ocho millones de dólares.

De hecho, toda la ciudad de Las Vegas, el estado entero de Nevada, y finalmente los Estados Unidos serían víctimas de sus miedos perpetuos y abrumadores, mientras dirigía desde su ático sus misiones de búsqueda-y-destrucción para protegerse de todos los peligros imaginables. Uno de sus primeros objetivos fueron los treinta mil negros del estado.

Los negros seguían siendo lo que le infundía más terror. Parecían constituir la encarnación visible de todas las amenazas invisibles.

El trauma Gran Esperanza Blanca lo demostraba. La potencia de los negros burlaba su impotencia. Los negros eran oscuros, pardos, como la ponzoña que él no podía expulsar de sus intestinos, como la hediondez del agua. Los negros no eran simplemente sucios: eran Gérmenes Gigantes.

Había que mantenerlos «aislados».

En su ático, Hughes estaba aparentemente a salvo de todas las personas del exterior, fueran negras o blancas. Sin embargo, vivía constantemente atormentado por los intrusos oscuros. Y para empeorar las cosas, entraban allí con la connivencia de su propia emisora de televisión.

«¿No existe alguna forma segura de librarse del programa de TV *Black Heritage*, que emite la CBS por la mañana? —escribía Hughes, con evidente aflicción.

»Como sabe, este programa se emitió sin mi permiso.

»Desde entonces, me veo obligado a debatirme en un evidente desasosiego al ver este programa todas las mañanas: tengo que verlo y oírlo a diario; tengo que ver cómo el único programa cultural de la KLAS vierte propaganda como "África es la madre y el padre del mundo".»

Al igual que con el otro tormento de su existencia, *Sunrise Semester*, Hughes nunca consideró al parecer la posibilidad del recurso elemental de desconectar su aparato. En realidad, había conseguido ibrarse al fin del odiado presagio del alba. *Sunrise Semester* había dejado de emitirse, para ser sustituido por *Black Heritage*, en el espacio de las 6.30 de la mañana. Retorciéndose de desasosiego, el multimillonario clamaba furibundo:

«¡Bob, si la KLAS va a emitir solamente un programa cultural y ese programa tiene que ser de historia, ¿por qué no es un programa sobre la historia de los Estados Unidos en lugar de un programa sobre la historia de África?!

»Si es así, no veo por qué una emisora de TV ha de limitar su programación cultural a una política en la que estén sólo y exclusivamente representados los negros.»

Maheu estaba de acuerdo, pero advirtió a Hughes que podría ser peligroso suspender aquel ofensivo programa.

«Tal vez yo sienta lo mismo que usted respecto a este tipo sutil de propaganda —escribía a Hughes, como respuesta—, pero creo que no sería conveniente provocar problemas innecesarios ahora. El sheriff [Ralph] Lamb y el fiscal del distrito [George] Franklin me han confiado que éste podría ser un auténtico "verano caliente" en Las Vegas. Mi humilde recomendación, Howard, sería dejar que este programa se emita hasta el final, a fin de no dar a la comunidad negra motivos de ningún tipo para fijarse en nosotros.»

Hughes no se mostraba satisfecho. No quería problemas, pero tampoco admitía que se siguiera emitiendo aquel programa. Y tenía un plan:

«Bob, me pregunto si no sería una solución suspender toda la programación cultural durante los meses de verano.

»Después de todo, las escuelas están cerradas durante el verano, y si se suprimieran los programas de este tipo tal vez no sería tan criticable que se dejara de emitir este programa concreto como si se hiciera para sustituirlo por un programa del mismo tipo sobre temas blancos.»

Mientras los dos hombres seguían planeando la defunción del programa de TV en un alud de comunicados, Hughes recibió un apoyo inesperado: «La NAACP,[1] nacional y local, ha protestado por el programa de la herencia negra. La KLAS desearía suspenderlo, si puede contar con su aprobación.»

Aquello lo cambiaba todo. Hughes ya no tenía ninguna prisa para que el programa desapareciera. En realidad, siguió otros dos meses, hasta que dejó de emitirlo la CBS.

Sin embargo, la permisividad no se aplicaba a otros programas de la KLAS. Se segregaban incluso las «noticias importantes». Cuando estalló la tensión racial en las escuelas locales, la emisora llegó al extremo de negar a la cadena de la que dependía que emitiera la información nacional de los disturbios.

«La política de la KLAS consiste en tratar aquellos temas referentes al problema afro que sean favorables a Las Vegas, y restar importancia a los que resulten desfavorables —aseguraba el director de la emisora a su invisible jefe—. A este respecto, hay un sordomudo de color que es una de las estrellas de baloncesto de la Universidad de Nevada. El muchacho es un gran tipo y no está en absoluto comprometido con ese alboroto que está armando la chusma que pide la integración. Por tanto, sus triunfos son de interés nacional para los que entienden los verdaderos problemas de la integración y beneficiarían sin duda a Las Vegas.»

Hughes no se dejó impresionar. Hasta aquel «reconocimiento-a-su-raza» era inaceptable.

«No queremos ningún programa que incluya negros —fue su respuesta—. HRH desea saber si hay otros programas de ese tipo.»

La televisión estaba a salvo (al menos por el momento), pero Hughes andaba siempre atento a nuevas amenazas. Como Arthur Ashe.

La estrella negra de tenis había sido invitada a participar en un torneo en el Desert Inn. En realidad, se le pidió que asistiera. Maheu lo había arreglado en secreto. Se disputaba la Copa Davis, un trofeo importante, una auténtica breva para Las Vegas. Pero la noche antes de iniciarse el torneo, Hughes descubrió la conjura y exigió que se cancelara o se suspendiera el juego. No quería que Ashe jugara en sus pistas por miedo a que atrajera «hordas de negros» a su escondrijo.

---

1. Asociación nacional pro bienestar y progreso de la gente de color. *(N. del t.)*

Maheu intentó calmarle:

—Howard, estoy seguro de que no tenemos de qué preocuparnos. El tenis es un juego que no atrae a ese tipo de gente, y apostaría a que no habrá entre el público ni un grupito siquiera. La proporción será considerablemente inferior a la presencia de negros en nuestras salas de espectáculos cuando actúa aquí uno de los suyos.

Se aceptó a Ashe (a regañadientes), pero no a Mohamed Alí. Se habló de organizar un gran combate en Las Vegas. Era otra vez la Gran Esperanza Blanca. Podría haberse colado a hurtadillas en la ciudad Jack Johnson al abrigo de la transmisión televisada de los premios Tony, pero Hughes no estaba dispuesto a transigir con Alí, su insolente reencarnación, que se negaba a cumplir el servicio militar obligatorio. Como siempre, Hughes mandó a Maheu subir al cuadrilátero.

«Howard —escribía Maheu—, no tiene que perder usted el tiempo intentando convencerme de lo razonables que son sus sentimientos respecto a Clay. Tal vez yo sea incluso más susceptible que usted en estos asuntos.»

Maheu se apuntó un tanto en el primer asalto: «He conseguido impedir el combate Clay-Frazier por lo que se refiere a Las Vegas y Nevada. Personalmente, considero increíble que aún haya gente que acepte la idea de que este cabrón inútil consiga publicidad a costa del estado.»

Hughes no se daba por satisfecho con impedir la pelea. Él quería que Alí (que en aquel momento se enfrentaba a un juicio por negarse a luchar en el Vietnam) fuera a la cárcel. «Haremos cuanto esté en nuestra mano —le prometía a Maheu— para asegurarnos de que acaba allí.»

La comedia de negros se estaba avinagrando.

Habría sido gracioso. O simplemente patético. Un viejo chocho encerrado, al margen del mundo, alzando barricadas contra Ashe y Alí, contra la propaganda por la mañana y los fantasmas por la noche.

Pero Hughes representaba algo muy real y muy desagradable de los Estados Unidos. Los temores sumergidos. El racismo oculto. Sentimientos que ya no era respetable expresar, pero que seguían siendo fuertes. La gente normal se asustaba también de las sombras de la noche en todo el país. Y también deseaba que se sojuzgase a los negros o, al menos, que se les mantuviese lejos, donde no se les viese. George Wallace sacó del armario el fanatismo y le vitorearon. Richard Nixon hizo su campaña presidencial con palabras en clave como «ley-y-orden» y lucha contra el «delito-en-las calles», y le eligieron.

Mientras tanto, la nación estaba ardiendo.

Había empezado en Watts en 1965 (un año antes de que Hughes se instalara en Las Vegas), y ahora el fuego se propagaba de una ciudad a otra. Revueltas. Incendios provocados. Saqueo. Terror estival.

Luego, el martes 4 de abril de 1968, a las seis de la tarde, Martin Luther King fue asesinado. Estaba en el balcón de un hotel de Memphis charlando con unos amigos situados abajo, en el patio, y un instante después estaba muerto.

La Norteamérica negra tomó las calles. La Norteamérica blanca veía la guerra por televisión.

Y Howard Hughes veía todos sus temores hechos realidad en la pantalla. Era el terror absoluto. Los negros se habían desmandado. Primero en Washington, luego en Baltimore, Detroit, Filadelfia y Chicago; por último, en más de cien ciudades, la aflicción se convirtió en furia y la furia en violencia, un alud creciente de furor sin precedentes que duró una semana entera y costó cuarenta y seis vidas.

Las imágenes eran abrumadoras. Soldados que defendían a una nación de sí misma ocupaban los ghettos carbonizados, se enfrentaban a los negros en las calles cubiertas de cristales rotos y de sangre. Las tropas, con equipo completo de combate, tomaron posiciones en el pradillo de la Casa Blanca. Había ametralladoras protegiendo la escalinata del Capitolio.

Solo en su ático, Hughes se apresuró a reforzar las barricadas. Sin mencionar para nada al mártir de los derechos civiles, sin una nota de pesar, sin pensarlo siquiera dos veces, lanzó una diatriba de zozobra racista que vertió en el bloc que tenía junto a la cama:

«Acabo de ver las noticias de la CBS por televisión. Las revueltas, incendios, etcétera, de Washington, Chicago y otras ciudades fueron algo horrible. Me pregunto si estaremos muy cerca de que ocurra aquí algo parecido.»

Los recuerdos de Houston en 1917 se mezclaban con las escenas televisadas en 1968, provocando visiones de pesadilla de Las Vegas destrozada por disturbios raciales. Todo esto no haría más que fortalecer su resistencia al cambio.

«Sé que es su responsabilidad y también su especialidad —seguía escribiendo Hughes, algo confortado por la experiencia de Maheu en el FBI—, pero sé también que se somete a gran presión a los propietarios de locales para que adopten una actitud más liberal respecto a la integración, la vivienda y el empleo de más negros.

»Mire, Bob, yo nunca he dado a conocer mis opiniones sobre este asunto. Y no diría estas cosas en público, claro. Sin embargo, puedo resumir mi actitud respecto a emplear a más negros muy sencillamente: creo que es una idea maravillosa para cualquier otra persona, para cualquier otro lugar. Sé que no es un punto de vista muy loable, pero creo que los negros ya han progresado lo suficiente para los próximos cien años.

»En fin, no quiero verle ceder, pues en cuanto se cede lo más mínimo nunca puede uno parar y volver a dejar las cosas como estaban.

»Sé perfectamente que esto es delicadísimo —concluía Hughes—, y no le estoy pidiendo que forme un nuevo capítulo del K.K.K. No deseo darme a conocer como enemigo de los negros ni nada parecido. Pero no estoy haciendo propaganda para presentarme como candidato a ninguna elección y, por tanto, tampoco tenemos por qué ponernos del lado de la NAACP.»

Fuera, muy lejos de la franja relumbrante de casinos y hoteles de muchas plantas, bien lejos del falso mundo de neón rutilante, de las salas de espectáculos fabulosas, las piscinas olímpicas, los billetes de cien dólares y los cigarros puros, había otro Las Vegas que albergaba la ciudad de los negros. Se les había mantenido en un ghetto destartalado, al borde del desierto (una siniestra realidad estadounidense a cinco kilómetros del gran sueño americano) y era allí, precisamente, donde Hughes quería que siguieran. En casas ruinosas y escuelas segregadas, con trabajo sólo para uno de cada cinco adultos y absolutamente nada para los chicos, con los servicios recreativos más próximos a dieciséis kilómetros de distancia.

Hacia finales de la década de los sesenta parecía imposible seguir ignorando aquella situación. Incluso en Las Vegas. Los tribunales federales ordenaron que las aulas se integraran, y se presentaron proyectos de ley en la cámara legislativa del estado tendentes a poner fin también a la discriminación en la vivienda.

Hughes estaba horrorizado:

—¿Tiene usted algún informe del agente de Carson City sobre derechos civiles o legislación sobre vivienda? —pedía—. Oí un informe de TV según el cual el último proyecto de ley sobre la vivienda era el más radical de los Estados Unidos. Lo cual me parece bastante aterrador.

Sus cabilderos de la capital del estado empezaron a actuar, y al cabo de dos semanas, Maheu tenía buenas noticias:

«Howard, Tom Bell consiguió dejar fuera de combate todo el proyecto de la ley de la vivienda.»

Pero ni siquiera Bell, socio del bufete del hermano del gobernador y encargado de los pagos del multimillonario a los legisladores de Nevada, podía acabar tan fácilmente con aquella amenaza.

En el plazo de otras dos semanas, se presentó un nuevo proyecto de ley (eso sí, mucho más suave) respaldado por el gobernador Laxalt. Hughes estaba sorprendido y furioso.

«Bob, ¿qué es todo esto del proyecto de ley de residencia libre de Laxalt? Yo le consideraba un amigo y creía que Bell le había dicho lo que pienso de todo este asunto.»

¿Cómo podía ignorar el gobernador tan desconsideradamente los deseos del principal ciudadano del estado? ¿No había sido generoso Hughes? Y todo para proteger a treinta mil negros que seguramente no aportarían nunca ni un centavo. Hughes envió un segundo informe a Maheu, adjuntándole pruebas de la perfidia del gobernador:

«Por favor, lea este artículo, palabra por palabra. Esto me preocupa. Si Laxalt sigue adelante con lo de favorecer a la raza de color, su actitud podría influir en otras leyes.

»Lo que más me preocupa es que estoy dudando de la posibilidad de grandes inversiones futuras en Nevada, y la amistad de Laxalt es parte importantísima de esta decisión.

»Si Laxalt sabe que me opongo a esta legislación y sigue adelante y la respalda, su amistad es sin duda una amistad bastante rara.

»El artículo dice que el proyecto de ley no se aprobará si no lo apoya Laxalt.

»Por favor, llámele o dígale a Bell que se ponga en contacto con él en seguida. Tal vez sea imposible encontrarle en la AM, y mañana sería demasiado tarde... Me gustaría seguir adelante con mis proyectos en Nevada, pero todo esto me preocupa muchísimo...»

Sólo en el caso de que el gobernador no se conmoviera por la promesa de nuevas inversiones, o por la amenaza implícita de no hacerlas, recurriría Hughes al verdadero cebo para devolver a su sano juicio al estadista normalmente servicial:

«Podría hacer llegar a Laxalt, por mediación de Bell, la confirmación absolutamente ilimitada de apoyo financiero ilimitado. No necesita el voto de color *y quiero que lo sepa con toda claridad.*»

Al parecer, el mensaje logró su objetivo. Llegó al destinatario con toda claridad. Maheu informó a su jefe de la victoria aquel mismo día 16 de abril de 1969:

—Acaba de llamar Tom Bell para comunicarme que ha liquidado definitivamente el proyecto de ley de la vivienda. Quería que supiera usted que, para conseguirlo, Laxalt prestó «calladamente» una gran ayuda. En otras palabras, Howard, le dio a Tom el voto decisivo que le permitió vetar el proyecto en el comité.

Muy calladamente, cierto. La prensa local contó una historia muy distinta: «El proyecto de ley de la vivienda del gobernador Paul Laxalt fue derrotado en el comité. del Senado por 4 votos contra 3. Ésta ha sido una de las primeras derrotas importantes de Laxalt en la legislatura de 1969.»

En el encarnizado debate que precedió a la votación del comité, uno de los que apoyaban el proyecto de ley advirtió que Nevada se estaba exponiendo a otro Watts. James Slattery, senador del estado, uno de los legisladores que acudieron en ayuda de Hughes (y que había recibido 250 000 dólares del multimillonario), respondió: «Si hubieran tenido las agallas de entrar en Watts con ametralladoras y cargarse a 200 o 300 no habría pasado nada. Estaban quebrantando la ley.»

Al parecer, también Hughes hizo caso omiso de la advertencia. A los pocos meses, estaba intentando de nuevo contener la marea. Esta vez plantándose a la puerta de la escuela.

«Acabo de oír el programa del canal 8 sobre la integración y es aterrador —escribía el ermitaño.

»Entiendo que haya que aceptar (exclusivamente en la medida de lo necesario) la decisión del Tribunal Supremo, al menos hasta que pueda modificarse.

»Pero, sinceramente, no me hace nada feliz ese préstamo de 800 000 dólares que solicitan las escuelas y la excesiva sumisión a este extraño plan de integración.

»Por favor, dígame qué se puede hacer al respecto.»

En realidad, no se podía hacer nada que los padres de la ciudad de ideas parecidas no hubieran hecho ya. Un juez federal, explicaba Maheu, había ordenado una inversión de siete millones de dólares para la integración racial en las escuelas. El distrito local escolar se mantenía firme en aquellos 800 000 dólares que a Hu-

Bob -

4-16-69

Please read all — every word —
of this article. This worries me.
If Laxalt goes this far in his
leaning toward benefits
favoring the colored race, it
may influence other legislation.

What worries me most is
that I am just hovering on
the brink of further huge
investments in Nevada, and
Laxalt's friendship is an important part of this decision.

If Laxalt knows I dont
want this legislation, and he
goes ahead and pushes it anyway, that is peculiar friendship.

It says in this article
that the bill would not pass
except for Laxalt's urging.

Please call him or ask
Bell to contact him at
once. It may be impossible
to reach him in the AM
and tomorrow may be too
late. Bob I feel so much
better about the AEC situation
in view of the progress you
have made. I would like to
go ahead with all my Nevada
plans, but this worries me

a great deal. Please contact him right away, and while you have him please try to get his support on the racing bill.

You may send Fox all through Bell absolutely un-limited assurances of un-limited financial support. He does not need the <u>colored vote</u> and I want him to <u>know</u> this <u>loud</u> and <u>clear</u>!

From: Maheu

Re: Open Housing

16 April 1969, 9:50 am

Tom Bell just called to inform they have just definitely killed the open housing bill. He wanted you to know that Laxalt was very "<u>quietly</u>" helpful in accomplishing this. In other words Howard, he delivered to Tom the critical vote which enabled Bell to kill it in committee.

ghes le parecían una cantidad exagerada. Era, aseguraba Maheu a su jefe, «el mínimo posible».

Dos meses después, finalmente, ocurrió en Las Vegas lo inevitable.

Hacía casi año y medio que las secuelas del asesinato de King habían inspirado estos comentarios a Hughes: «Me pregunto si estaremos muy cerca de que ocurra aquí algo parecido.»

Pese a las horrorosas condiciones, pese a la cruel indiferencia, Las Vegas se había librado de los disturbios que habrían asolado casi toda la Norteamérica urbana.

Pero la noche del 5 de octubre de 1969, el ghetto que se alzaba al borde del desierto explotó. Los incendios y saqueos duraron tres días. Detuvieron a doscientos negros. Murieron dos hombres.

La violencia no amenazó el Strip en ningún momento. En realidad, no llegó a sobrepasar los límites de aquella barriada lejana. Pero estremeció a Hughes.

«Howard —escribía Maheu, apaciguador—, casi podría garantizarle que atacarían otras propiedades antes que las nuestras.»

Parece que Hughes tenía un poderoso aliado secreto en el campo enemigo.

«Aunque algunos no lo crean, es realmente el máximo dirigente y el más respetado de la gente de color», añadía Maheu.

¿Y quién sería el protector secreto de aquel hombre que había boicoteado el proyecto de ley de la vivienda, que intentaba bloquear la integración escolar, que se negaba á dar empleo a los negros y que ni siquiera les permitía aparecer en su emisora de televisión?

Sammy Davis, Jr.

Él era el último de la «camada de ratas», el único que siguió en el Sands después del escándalo de Sinatra y el único negro que figuraba en la nómina de Hughes. De hecho, acababa de firmar con él un nuevo contrato por cinco años.

«Hace poquísimo —le confiaba Maheu— me aseguró que "su gente" jamás le haría a usted ningún mal.»

Pero iba a surgir muy pronto un nuevo peligro del que ni siquiera Sammy Davis, Jr. podría protegerle.

6. ARMAGEDÓN

Era de noche, ya bastante tarde; la noche de un día muy malo, y Howard Hughes cogió al fin su periódico de la tarde, extrayendo cuidadosamente el ejemplar situado en el centro de una pila de tres, evitando así la contaminación de los dos ejemplares expuestos al contagio.

Hughes, atisbando con su lupa provista de una linterna que iluminaba la página, se dispuso a examinar el periódico, los ojos profundamente hundidos, achicados, para captar todos los amenazadores matices ocultos en la letra pequeña.

El titular le golpeó de súbito: «LA MAYOR EXPLOSIÓN DE LA HISTORIA CERCA DE LAS VEGAS.» El titular saltó enfocado por la lupa, una masa aullante de tipografía absurdamente ampliada, y golpeó al conmocionado recluso con toda su potencia megatónica.

«Ésta es la última gota —garrapateó en un arrebato de miedo y cólera—. Acabo de leer ahora mismo que van a efectuar la explosión nuclear mayor de toda la historia de los Estados Unidos. Y justamente aquí, en el Campo de Pruebas de Las Vegas.

»Quiero que llame usted inmediatamente al gobernador y a los senadores y congresistas —ordenaba Hughes a Maheu—. Si no cancelan esta gigantesca explosión, me dirigiré al presidente en una petición personal y exigiré que se retire de aquí todo el programa de pruebas...»

Era la guerra.

Una bomba de hidrógeno inmensa, con una potencia explosiva superior a 1 200 000 toneladas de TNT, había sido enterrada bajo el desierto de Nevada, a sólo 160 kilómetros del dormitorio de Howard Hughes. Era cien veces más potente que la bomba atómica arrojada sobre Hiroshima, tan grande como para hacer temblar cuatro estados, e iban a hacerla estallar prácticamente en la puerta de al lado.

Era el 16 de abril de 1968. Estaba previsto que la bomba estallase al cabo de diez días. Aquel era el momento que Hughes temía hacía ya más de un año, desde que la Comisión de Energía Atómica, con un malévolo sentido de la oportunidad, inició una nueva serie de explosiones de pruebas subterráneas al mes de que el multimillonario llegara a Las Vegas. La primera, una explosión megatónica que se había producido poco antes de las Navidades de 1966, había hecho temblar el Desert Inn, dejando estremecido a Hughes. Pero desde entonces sólo se habían hecho estallar ingenios de escasa potencia, y el tranquilizado recluso creía tener la promesa de la CEA de que no se realizarían más experimentos que estremeciesen la tierra en el Campo de Experimentación de Nevada próximo al Desert Inn.

Y ahora, de pronto, aquel ataque a traición.

Hughes, horrorizado, sin poder creer lo que leía, cogió el periódico y volvió a repasar el suave comunicado oficial: «Las personas situadas a unos 400 kilómetros a la redonda del lugar de la explosión pueden percibir, después de ésta, un ligero temblor de tierra, *en especial si se hallan en los pisos más altos de edificios muy elevados o de otras estructuras similares.*»

Un lúgubre mensaje claramente dirigido al ático del Desert Inn. Quedaban diez días para la hora cero y se había iniciado ya la cuenta atrás.

Howard Hughes no era ya la fuerza invisible más poderosa de su reino. Lo era la bomba. La fusión atómica (lo definitivo en poder incontrolado) representaba el máximo terror de Hughes, que necesitaba, ante todo, absoluto control de la situación.

Estaba decidido a detener a toda costa lo que denominaba «el bombardeo». Se convirtió en su mayor obsesión. Se enzarzaría en una batalla que recorrería todos los niveles del aparato del gobierno y le llevaría hasta la Casa Blanca; que le induciría a ofrecer dinero a presidentes y candidatos presidenciales; a intentar, incluso, comprar al gobierno de la nación, todo ello en una tentativa desesperada de paralizar la devastación nuclear.

Hughes había hallado al fin una amenaza digna de su locura. Llevaba años buscando un peligro que justificase su miedo, pasando de los gérmenes patógenos a los negros y al agua contaminada, y ahora su paranoia había llegado a estar tan precisamente ajustada, que se centraba en el horror capital de nuestro tiempo. Hughes identificó la amenaza infinita del poder nuclear una década antes que el resto del país y, como era el único que la percibía, le dominaba un terror mortal.

La bomba era algo que no quedaba bloqueado. En realidad, las pruebas nucleares eran los únicos acontecimientos del mundo exterior que él podía percibir realmente, la única fuerza externa frente a la que no podía ocultarse. Su nido de águila de la novena planta vibraba con las explosiones; todo el edificio se bamboleaba, la lámpara del despacho de sus ayudantes se balanceaba como un péndulo, los paños de las ventanas de su habitación aislada del exterior se estremecían ante las persianas, y las ondas de la explosión le dejaban temblando en su lecho, súbitamente inestable. Todo lo demás que existía fuera del ático era sólo un programa de televisión. Pero esto llegaba, sin lugar a dudas, directamente, hasta su refugio.

«Recordará usted que cuando vinimos aquí nos costó decidirnos entre éste y otro lugar —escribía Hughes, recordando a Maheu, que había estado a punto de instalarse en las Bahamas en vez de hacerlo en Las Vegas—. Al final, elegí éste, ¡vaya por Dios!, precisamente para evitar los huracanes. Pues bien; le aseguro que no estoy dispuesto a consentir que, después de instalarme aquí para evitar los huracanes, unos majaderos se dediquen a organizar terremotos.»

Aún más amenazador era el enemigo silencioso, invisible, imperceptible: la radiación atómica. Otra forma de contaminación, mucho más aterradora porque, como las temidas bacterias, era invisible. No había medio de protegerse de los rayos mortíferos; no había «aislamiento» posible. Los Kleenex y las toallitas de papel podían protegerle de los gérmenes. El aislamiento, los guardias armados y los fieles mormones podían protegerle de la gente. Pero nadie podía protegerle de la radiación.

Aquella misma radiación, estaba seguro de ello, se filtraba por los estratos subterráneos, envenenando el subsuelo de Las Vegas, contaminando el agua, el agua cuya pureza tanto le obsesionaba.

«Todo este asunto me produce náuseas —escribía Hughes, horrorizado ante la idea—. No me cabe en la cabeza que Laxalt permita a esos cabrones profanar y convertir en un erial envenenado y contaminado, kilómetros y kilómetros de hermoso terreno virgen de Nevada.

»No quiero decir con esto que la bomba sea peligrosa porque vaya a abrir una brecha en medio de una calle de la ciudad en la que alguien pueda caerse. He dicho desde el principio que el verdadero peligro de estas explosiones es la contaminación de las sustancias subterráneas y el envenenamiento de las mismas entrañas de la tierra en que vivimos.»

En realidad, Hughes tenía tanto miedo a los insidiosos rayos atómicos que le obsesionaba la posibilidad de que empleados suyos a los que nunca veía y con quienes nunca hablaba, se contaminasen de este modo.

—Por favor, dé instrucciones a todo nuestro personal *de que no se acerque a ese campo de pruebas* —ordenó—. Y, en la medida de lo posible, que no asistan a las convocatorias y reuniones informativas de la CEA.

La bomba, una amenaza temida y un rival odiado, era también mala para los negocios. Hughes estaba seguro de que ponía en peligro toda su inversión en Las Vegas; una inversión de 200 millones de dólares.

«¿Quién puede negar que miles y miles de turistas dejarán de venir a Nevada si continúan las pruebas y si este estado se identifica con el espectro atroz de la devastación nuclear?

»He insistido desde el principio en que el perjuicio consistiría en la destrucción del atractivo que esta comunidad posee como lugar de retiro pacífico y paradisíaco, en el que la gente puede alejarse y olvidarse de la horrorosa y omnipresente amenaza de la imagen de los cadáveres mutilados y quemados que quedaron después del bombardeo nuclear de Hiroshima.

»Como digo, la futura imagen de esta zona debería ser, en la medida de lo posible, la de un lugar de retiro, de vacaciones, del más alto nivel... y no la de un campo militar de pruebas con artilugios exterminadores.»

Hughes hablaba del posible temor de los turistas, pero era en realidad él quien veía Las Vegas como una nueva Hiroshima. Aunque solía expresar sus temores en términos de pérdidas y beneficios, el lenguaje sensacionalista de sus comunicados y su letra temblona traicionaban un terror muy real y personal.

En cierto modo, los temores eran más que razonables. Otros quizá hubieran aprendido ya a convivir con la bomba, o al menos a ignorarla, tras el tratado de 1963 que prohibía las explosiones en la atmósfera, con lo que desaparecieron las nubes en forma de hongo y las pruebas pasaron a ser subterráneas. Pero Hughes, que comprendía bien la terrible naturaleza del poder oculto, no se dejaba engañar.

«Durante un tiempo, las explosiones nucleares en la atmósfera se consideraron completamente seguras, y se ridiculizaba a los que se oponían a ellas —argumentaba.

»Hoy en día, no hay nadie en el mundo libre que se plantee siquiera hacer estallar una bomba nuclear en el aire o en el mar.

»¿Quién puede decir que, en el futuro, no se condene exactamente del mismo modo un tipo de explosión que contamina la tierra en la que vivimos?»

Más tarde, un equipo de especialistas designados por el presidente declararía que las explosiones subterráneas planteaban graves riesgos. Y diez años después, la liberación forzosa de documentos retenidos revelaría una verdad apabullante: el gobierno sabía desde hacía un cuarto de siglo que su programa de pruebas condenaría a miles de ciudadanos estadounidenses a la enfermedad y hasta a la muerte lenta.

Aunque Hughes se adelantase a su tiempo, aunque advirtiese proféticamente los peligros de los experimentos nucleares, no se oponía a las armas ni a las pruebas nucleares. Él sólo se oponía a que tales pruebas se hicieran a las puertas de su casa.

En realidad, la bomba no era más que un foco en el que se centraron todos sus difusos temores. Estallaban en su mente visiones de pesadilla del exterminio nuclear. Hughes volvería una y otra vez a los «horrores y tragedias atroces y sombríos de la guerra nuclear, con toda su terrible secuela de carne humana achicharrada y mutilada». La vida en el ático se convirtió en una escena interminable de *La hora final*.

Y Howard Hughes, sometido a esta tensión, se transformó en un profeta enloquecido del desastre. Resumía ya los requisitos necesarios para ello, y si hubiese sido un hombre de locura similar, menores medios y mayor fervor moral, bien podría haberse lanzado a la calle, y haberse convertido en un redentor de acera, enarbolando una pancarta para transmitir a las masas su mensaje de inminente devastación.

En vez de eso, permaneció escondido y se dedicó a garrapatear sus visiones apocalípticas en los blocs que tenía junto a la cama.

«Si se realizase la gigantesca explosión nuclear —advertía—, en la fracción de un segundo después de que se pulsase ese botón fatídico, miles y miles y centenares de miles de metros cúbicos de suelo de Nevada, excelente y de gran fertilidad potencial, y los minerales y las aguas subterráneas y otras sustancias, quedarían envenenados para siempre, en mayor grado del que pueda imaginarse en la pesadilla más atroz. Se formará un abismo gigantesco, inconcebiblemente horroroso, lleno de gases venenosos y de resi-

I have ~~to~~ insisted from the start that any damage would ~~be to be~~ be in the form of destruction to the ~~Temptation~~ attraction of this Community as a peaceful paradise - like resort, at which, people could get away from, and not be reminded of the gruesome, ever - present, over hanging threat of the ghastly image of the scarred and mutilated bodies

duos mortíferos, bajo la superficie de un terreno que puede llegar a ser un día el emplazamiento de una ciudad como Las Vegas.

«Creo que Nevada ya no se halla en un estadio desesperado de lucha por la mera existencia como para tener que aceptar y tragarse con una sonrisa el material de desecho radiactivo, contaminado y venenoso, más horrible que el excremento humano.»

Más horrible que el excremento humano. Para el multimillonario, con su fijación anal y su estreñimiento crónico, esto era el no va más.

which remained after
the nuclear bombing
of ~~the~~ Hiroshima.

As I say, the
future image of this
area should, hopefully,
represent a vacation
resort of the very
ultimate quality — not
a military experimental
testing ground for
exterminating devices.

There are many
people in the world
who are violently opposed
to everything ~~th~~ even
remotely associated with
war. I think this
fact has been made
more emphatically evident

recently, than ever before,
thru the many dem-
onstrations.

I am not one of
these people who feel
so strongly that this
~~nations~~ nation should
abandon its military
organizations and weapons
in this hostile world.

However, a large
segment of the world's
population does feel that ~~this~~
way, and the future
development of Las Vegas,
if it is to be fully
realized, must ~~be~~ be
designed to appeal to
every body — not just the
hawks.

Antes, incluso, de que se anunciara la inminente explosión, Hughes había tenido una premonición del desastre que se avecinaba. Un mes antes, en el vecino estado de Utah, habían perecido 5 000 ovejas, debido a un experimento militar con armas biológicas en el que se había producido un fallo. El aterrado recluso se identificó instantáneamente con el rebaño martirizado. Consideró su matanza un presagio, un claro indicio de que también él corría peligro.

—Estoy seguro de que algún especialista de algún sitio tuvo que declarar segura la prueba realizada en Utah —afirmaba—, pero eso no impide que las ovejas estén muertas en la pradera.

En fin: con el Presagio de las Ovejas hecho profecía auténtica, aquel vidente enloquecido de terror, seguro de su clarividencia, conjuraba imágenes de generaciones futuras confirmando su juicio:

«Algún día —escribía—, los guías llevarán a los turistas de aquí a Teno, y al pasar por el campo de pruebas, el guía dirá: "Y a su derecha, el terrible cementerio de contaminación y envenenamiento atómico, tan peligroso que no se permite a ningún turista aproximarse a él por miedo a que algún niño pueda escaparse de sus padres y penetrar en la zona contaminada."

»Roma exhibe orgullosa sus campos de batalla de fama histórica, pero esta mancha miserable en la creación de Dios, la Tierra, es una tragedia tal que nadie la señala ni se ufana de ella, y sólo significa una cosa: ¡vergüenza!»

Perdido por un instante en su visión, Hughes recordó de pronto la explosión inminente (sólo faltaban diez días) y de pronto cambió de enfoque.

«En fin —concluía, volviendo a ser un individuo frío y realista—, todo esto no nos servirá para paralizar este programa vergonzoso. Así pues, ¿qué podemos hacer al respecto?

»Tenemos que hallar el medio de poner fin a las pruebas.»

Desde su puesto de mando del ático, el desnudo general se preparó para el Armagedón.

Hughes ordenaba a su mariscal de campo, Maheu, en un comunicado tras otro, «aplicar la máxima presión conjunta que pueda usted ejercer sobre la CEA en un combate final hasta la última trinchera.

«Quiero que queme usted todos los cartuchos, que se haga pagar todos los favores y que ejerza cuanta presión pueda en un esfuerzo definitivo, extremo, continuado», proseguía.

»Bob, quiero que llegue usted hasta el final y que no repare en gastos —insistía Hughes—. Sabe usted lo que queremos conseguir y sabe también que nuestros recursos son ilimitados.»

Mientras tanto, a unos 160 kilómetros al norte, en una llanura desierta y desolada llamada Pahute Mesa, las fuerzas enemigas hacían descender un cilindro de punta roja de 1,80 metros por un pozo de 1 160 metros de profundidad, ajenas al hecho de que la operación que denominaban en lenguaje cifrado «Furgón» estaba a punto de enfrentarse a una oposición firme.

Hacía mucho tiempo que las vastas extensiones de terreno árido de Nevada eran el principal campo de pruebas nucleares del país. Hacía casi dos décadas que la CEA detonaba sus bombas en el campo de pruebas, de 3 500 kilómetros cuadrados, sin protestas dignas de mención.

Pero ahora estaban trazadas las líneas del combate. Howard Hughes frente a los Estados Unidos. El hombre más rico del país. El único propietario de una de las principales empresas contratistas de los proyectos de defensa del país, con casi 10 000 millones anuales en trabajos militares del carácter más secreto, dispuesto a enfrentarse a la Comisión de Energía Atómica, al Ministerio de Defensa y, en caso necesario, a la Casa Blanca y al resto del gobierno federal en una batalla sin cuartel por la bomba.

Luego, en vísperas de que se iniciaran las hostilidades, se produjo un acontecimiento inesperado. Al día siguiente de anunciarse la explosión del «Furgón», Maheu comunicó que la paz era posible.

Parecía inminente un acuerdo de alto el fuego, una tregua por lo menos.

«El vicepresidente nos ha dado su palabra de que intentará conseguir un aplazamiento de noventa días», comunicaba Maheu a su jefe. Hubert Humphrey, que anunciaría pronto su candidatura a la presidencia y que andaba, como siempre, escaso de fondos, estaba muy dispuesto a hacer un favor al multimillonario. Además, el gobernador Laxalt también se mostraba dispuesto a unirse a Humphrey en la solicitud de un aplazamiento.

«Acabo de celebrar una conferencia de una hora con el gobernador —explicaba a Hughes su mariscal de campo—. Está de acuerdo con nosotros al cien por cien, sobre todo desde que usted ha dicho claramente que todo el estudio y la investigación podrían seguir en Nevada... con la excepción de las explosiones en sí.»

Las condiciones de paz eran generosas. Lo único que tenía que hacer Hughes era financiar un equipo independiente de científicos que determinase durante el período del aplazamiento hasta qué punto era segura la prueba proyectada.

«Bob, dejo toda esta campaña en sus manos —contestó Hughes, que veía ya factible la victoria total—. Creo que en cuanto obtengamos ese aplazamiento de noventa días debería ir usted *personalmente* a la Casa Blanca e intentar convencer al presidente para que establezca una política permanente en este sentido.

»Estoy seguro de que H. H. H. —continuaba, aludiendo amistosamente al servicial vicepresidente— le acompañaría de muy buen grado y prepararía la entrevista. Usted ha conseguido muchísima publicidad como mi representante *exclusivo* en cuestiones importantes, y creo sin lugar a dudas que le recibirían en la Casa Blanca más gustosamente que a ningún otro.»

Pero, incluso mientras planeaba una conferencia en el Despacho Oval de la Casa Blanca, Hughes temblaba de nuevo ante las visiones del desastre.

«El último noticiario de televisión fue estremecedor —informaba el eremita en un comunicado de post-medianoche, que despertó a su futuro emisario en la Casa Blanca—. Comunicaron que mientras las anteriores explosiones pueden haberse percibido en las últimas plantas de los edificios altos, esta explosión será mucho más potente (más potente, en realidad, que ninguna que se haya realizado hasta el momento en los Estados Unidos).

»Luego dijeron que esta explosión irá acompañada de un movimiento longitudinal prolongado, violento y potente del terreno a nivel de calle, que puede producir fisuras en el suelo y especialmente fisuras y fracturas en el pavimento de las autopistas y de las vías urbanas.

»El presentador de televisión continuó diciendo que esta explosión sería sin lugar a dudas muy superior a todas las realizadas aquí hasta el momento.

»¡Bob, creo que esto es una tragedia! Por favor, póngase en contacto conmigo si no está demasiado dormido.»

El desvelado Maheu, habituado a los terrores nocturnos de su comandante y menos aterrado por los mensajes del oráculo televisivo, no se alteró gran cosa.

—Estamos seguros de obtener un aplazamiento de noventa días —dijo, tranquilizando a su jefe, al que prometió vigilancia perenne. Todo este asunto es tan extraordinariamente importante, que le suplico no vacile en llamarme esta misma mañana. Ya descansaremos después. De hecho, Howard, por favor —lo digo muy sinceramente—, no me considere *jamás* un individuo que quiere escurrir el bulto cuando hay que resolver problemas. Por suerte, el Señor me ha otorgado una constitución física excepcional.

Maheu, dispuesto a mantenerse en vela toda la noche, permaneció activo también durante el día, estableciendo contactos con los aliados políticos mientras asignaba al habilidoso John Meier la tarea de obtener apoyo de los científicos.

Meier, falsificador inspirado, que decía tener dos doctorados y en realidad nunca había pasado de la segunda enseñanza, demostró ser tan habilidoso en la tarea de reclutar científicos antinucleares como en la de sacar a Hughes millones en falsas concesiones mineras.

El premio Nobel Linus Pauling pronto se incorporó a la protesta contra el «Furgón», y otro tanto hizo el veterano enemigo de las pruebas nucleares Barry Commoner, al cual Meier trasladó en avión a Las Vegas para que dirigiese las barricadas desde una lujosa suite de un hotel propiedad de Hughes.

«Estamos haciendo muchísimos progresos —informaba Maheu a su jefe—. Hoy el presidente solicitó datos que ya están camino de su despacho. Tenemos el estado de Utah levantado en armas, y las consecuencias empezarán a percibirse en Washington mañana. Comenzamos a recibir los datos (telegramas de científicos) que pidió el gobernador Laxalt. Ahora el gobernador quiere que se una a nuestra lucha el gobernador Reagan.»

Hubert Humphrey, Ronald Reagan, Paul Laxalt. Linus Pauling y Barry Commoner. Muchos progresos, desde luego.

Pero la sensación de triunfo fue efímera.

Tras lograr el apoyo de treinta «destacados científicos», Maheu comunicó públicamente su plan de paz la semana siguiente, pero provocó el rechazo inmediato y total de la Comisión de Energía Atómica.

Este organismo gubernamental declaró que el proyecto «Furgón» era un «experimento relacionado con armas nucleares, destinado a mejorar la capacidad de armamento nuclear de la nación»; concretamente, a lograr una ojiva nuclear para el sistema de proyectil antibalístico en que se pensaba entonces. El aplazamiento era inadmisible.

«Cualquier aplazamiento de la prueba programada —afirmaba la CEA— tendría consecuencias adversas para la defensa nacional.»

Hughes se puso furioso. No sólo se había roto la paz, sino que se ponía en entredicho su patriotismo.

—¿Cómo se atreven a agitar la bandera americana ante mis narices y a insinuar que soy una especie de imbécil que, en su ignorancia, podría sabotear una instalación de la Defensa de diez mil millones de dólares? —preguntaba.

»¡Yo, que he hecho más por la Defensa de lo que hayan soñado jamás en el campo de pruebas de Nevada! En realidad, sólo han llegado a utilizarse dos armas nucleares, y en aquella época no existía el campo de pruebas de Nevada. Mi equipamiento se utilizó ampliamente en la segunda guerra mundial, en Corea y en el Vietnam.»

Además, Hughes estaba seguro de que la CEA había mentido. Él, como arsenal de la democracia, no sólo tenía acceso a información secreta, sino que además había colaborado en el desarrollo del proyectil antibalístico.

«Estoy a la cabeza de todo el programa antimisiles de este país —explicaba—. Hemos concursado activamente en esos proyectos desde que salió el primero hace unos siete años. En realidad, participamos ampliamente en el primer sistema que tuvo éxito.»

El argumento de la defensa nacional carecía de todo fundamento, según su opinión.

«Por supuesto, hemos de procurar no colocarnos en situación de poner al descubierto secretos militares —prevenía el multimillonario a su ayudante—. Pero puedo decirle, basándome en información técnica actual de la Secretaría de Defensa a la que legalmente tengo acceso, que esta última alegación de la CEA es pura mierda en un noventa y nueve por ciento.

»Si quiere usted saber la verdad, esas explosiones no son necesarias en absoluto —continuaba Hughes, seguro ya de la malevolencia de su enemigo—. La CEA se aferra a esto sólo porque, si no lo hiciera, y si dejase de realizar explosiones, quedaría claramente demostrado que toda esta destrucción y todas estas infracciones de la conducta honrada normal no tienen sentido alguno.

»¡Créame cuando le digo que esas pruebas no tienen ningún objetivo militar válido! Y no es una conjetura ni una suposición. ¡Es un *hecho*! ¡*Puedo incluso demostrarlo*!»

En la sede central de la Comisión de Energía Atómica de Washington, los funcionarios tenían similares recelos al respecto, pero estaban bastante menos seguros de las razones ocultas de

Hughes. Hacía días que se habían filtrado rumores de que Hughes andaba conspirando a fin de paralizar la prueba del «Furgón», y entre dichos rumores se incluía la noticia de que el misterioso recluso había dispuesto «una flota de aviones para seguir la nube radiactiva» en caso de que se hiciera estallar la bomba.

La Comisión de Energía Atómica ya había recibido un aluvión sin precedentes de cartas y telegramas inspirados por la protesta de Hughes, y los funcionarios estaban preocupados por las maniobras que aquél pudiera realizar en el mundo político. En un flujo constante de telegramas confidenciales entre Las Vegas y Washington, se intercambiaban datos fragmentarios y teorías hipotéticas respecto a su extraño adversario.

Un informe confidencial decía que los agentes de Hughes habían ofrecido dinero a varios científicos a cambio de declaraciones contrarias al experimento; otro lamentaba que «los temores de Hughes respecto a la contaminación y a la posibilidad de un terremoto provocado por la explosión, siguen siendo impredecibles», mientras que un tercer informe afirmaba que a Hughes acaso le tuviesen en un estado de agitación permanente personas relacionadas con la Hughes Biomedical Convention de Florida, «con la esperanza de que abandone sus negocios en Las Vegas y considere la posibilidad de trasladarse a Miami».

Mientras tanto, en Pahute Mesa proseguía la cuenta atrás. Los trabajadores de la Comisión de Energía Atómica empezaban a disponer el pozo de la bomba y a rematar los últimos detalles para la gran explosión.

Tras una semana de paz ilusoria, a sólo cuatro días de la fecha prevista para la explosión, la batalla de la bomba estalló al fin con toda su potencia.

Hughes, muy alterado por el rechazo del aplazamiento que había propuesto, volvió a asumir el mando directo de la campaña, olvidándose del sueño, dispuesto a establecer cualquier alianza, a ensayar cualquier estrategia, a pagar cualquier precio en su intento desesperado de impedir el ataque nuclear.

Su instinto le indujo, en primer término, a intentar resolver las cosas con dinero. Pese a la cólera que le producía la Comisión de Energía Atómica, se mostró dispuesto a ofrecer a la misma un acuerdo negociado.

Si se aceptaba un aplazamiento de la prueba, Hughes estaba muy dispuesto a correr con los gastos ocasionados por ese aplazamiento: «Estoy dispuesto a aportar los fondos necesarios para cubrir los gastos de todo tipo que pueda ocasionar el aplazamiento.»

¿Retrasaría el aplazamiento el proyecto de proyectil antibalístico? Hughes estaba también dispuesto a financiar la aceleración de los trabajos «a fin de conseguir que se realice cualquier proyecto armamentista basado en esta prueba dentro del plazo original establecido».

Por último, tuvo una auténtica inspiración. Estaría dispuesto a correr con los gastos, fuesen cuales fuesen, necesarios para trasladar a otro lugar el campo de pruebas. A ser posible, a las nuevas instalaciones que se estaban construyendo en Alaska.

«Si lo que le preocupa a la CEA es el coste —escribía Hughes—, estoy tan interesado por este asunto que pagaría *de mi propio bolsillo* lo que costase el traslado de estas pruebas a cualquier otro emplazamiento.

»No sé siquiera a cuánto ascendería, y estaría totalmente a merced de la CEA, que probablemente me cargaría todos los gastos habidos y por haber, incluyendo la nómina de los tres últimos años. Pero aun así lo pagaría para resolver este problema que, si no se resuelve, cambiará el curso de la vida que me queda.

»Tienen tiempo de sobra para el cambio, para realizar la prueba en Alaska.»

Sí, Alaska era el lugar perfecto para desterrar la bomba. No importaba lo que costase el traslado. De hecho, hacía mucho tiempo que Hughes proponía los páramos helados del lejano Norte como campo de pruebas alternativo, y había conseguido hacerse con algunos aliados poderosos.

Dos meses antes, había llamado personalmente al gobernador Laxalt para proponerle aquel traslado. Fue su segunda conversación y dejó a Laxalt estremecido. Hughes estaba al borde de la histeria. Acababa de enterarse de que la Comisión de Energía Atómica estaba excavando un pozo para emplazar la bomba (el primer aviso de la inminente explosión) y quería paralizarlo todo. Inmediatamente. El multimillonario se había extendido luego sobre los peligros ocultos de las pruebas nucleares, sobre la contaminación de la tierra, el aire y el agua (en especial el agua) y acerca de los rayos invisibles, explicando con sumo detalle al gobernador todo lo relativo a tales rayos.

Laxalt había visto la luz. En cuanto colgó el teléfono llamó a la máxima autoridad del campo de pruebas y le planteó una pregunta urgente:

«¿Por qué no trasladan ustedes todas sus pruebas a Alaska?» El gobernador estaba dispuesto a expulsar de Nevada al empresario que más puestos de trabajo proporcionaba al estado, sólo por complacer a un hombre.

Laxalt no era el único político aquejado bruscamente de la fiebre de Alaska. Pronto la contraería también un senador federal. Esto cogió realmente por sorpresa a la Comisión de Energía Atómica. El senador era Mike Gravel, senador por Alaska.

Gravel, que llegó a Las Vegas en un reactor particular de Hughes, que lo instaló lujosamente en un hotel suyo y le prometió dinero para su campaña, propuso a la comisión que todo el programa de pruebas nucleares del país se embarcase rumbo al Norte, a su propio estado, y apareció luego en una emisora de televisión de Hughes para comunicar al público su sorprendente propuesta.

La Comisión de Energía Atómica seguía resistiéndose.

Hughes lo había hecho todo, salvo poner los trineos y los perros, pero los ingratos hombres de la bomba rechazaban su generosa oferta de un viaje a Alaska con los gastos pagados.

Despechado, el recluso lanzó un ultimátum.

O los Estados Unidos negociaban un acuerdo razonable con el imperio Hughes o éste pondría fin a todo el programa de pruebas nucleares del país.

«Tal como están las cosas —calculaba—, la CEA se saldrá con la suya y hará estallar el "Furgón"; luego, a su debido tiempo, encontraremos un medio de echar a pique *completamente* todo su maldito programa.

»Esto no es lo que yo quiero ni lo que quieren ellos. Por eso digo que negociarán.

»Si intentan pasar sin más por encima de mí y siguen adelante con esta explosión —advertía—, no tendré ya absolutamente nada que discutir con ellos. No conseguirían ni una cita para entrar en el despacho; ni con todos los caballos y tractores de Nevada conseguirían atravesar la puerta.»

Hughes confiaba en que, ante este ultimátum, el gobierno capitularía. Era sólo cuestión de hallar una fórmula de compromiso que permitiese salvar la cara, que permitiese al personal del campo de pruebas eludir un exilio torvo e ignominioso.

«Personalmente, estoy seguro de que lo único que busca ahora la CEA es una salida digna sin romperse los pantalones o algo todavía peor —explicaba—. Sus responsables imaginan que acabarán en alguna isla remota del Pacífico, y acostumbrados como están a la vida de Las Vegas, no les apetece nada cambiarla por una isla desierta.»

Pero Hughes no era rencoroso. No quería imponer una paz púnica. Todo lo contrario.

«Alguien debería empezar a negociar con la CEA —escribía, exponiendo su estrategia—. Es exactamente igual que comprar un hotel. Quiero alguien que trate con la comisión y le ofrezca un acuerdo mediante el cual pueda seguir gozando de los placeres de vivir en Las Vegas y ofrecerles, más que nunca, un medio agradable de que puedan concedernos la prórroga de noventa días sin dañar su posición, sin admitir la derrota, sin admitir indirectamente que la bomba que quieren hacer estallar pondría en peligro a todos los miembros de la comunidad y sin que les resulte embarazoso.»

Pero si las conversaciones de paz fracasaban, Hughes amenazaba con dirigir «una auténtica cruzada durante toda mi vida para acabar con todas las explosiones nucleares, grandes o pequeñas, en cualquier parte de los Estados Unidos o de sus posesiones o mandatos».

Estaba dispuesto, incluso, a unirse a los pacifistas.

«Si la CEA no acepta el aplazamiento y sigue adelante con esta prueba —declaraba—, me veré obligado a alinearme con la facción que en este país se opone de plano a las armas nucleares. Lo que precisamente este grupo ha estado esperando es un dirigente firme, y yo estoy dispuesto a consagrar el resto de mi vida y cuanto poseo, hasta el último céntimo, a la lucha sin cuartel por conseguir que se prohíban las pruebas nucleares de todo tipo y en todas partes.

»Prefiero que no se nos califique de pacifistas, y por eso me resisto a emprender la vía antibelicista y antinuclear en el sentido convencional.

»Pero si ése es el único medio factible para conseguir apoyo a nuestra causa, me meteré en la cama con el propio diablo.»

En realidad, Hughes había elegido ya algunos extraños compañeros de lecho. Se incorporó a la campaña la Liga Internacional de Mujeres en pro de la Paz y la Libertad y, en una alianza sin precedentes del capital y el trabajo, hizo otro tanto Walter Reuther, jefe del sindicato liberal disidente United Auto Workers.

La incorporación de Reuther inspiró a Hughes la idea de abrir otro frente, de golpear al enemigo en su propio campo.

«Tengo entendido que el sindicato que está manteniendo la huelga contra Bell Telephone System (hay 200 000 hombres en huelga) posee jurisdicción sobre el campo de pruebas —escribía Hughes—. Quizá Reuther pueda convencer al jefe del sindicato de trabajadores de los medios de comunicación para que haya una huelga en el campo de pruebas, con lo que, según la información de que dispongo, todos nuestros problemas se acabarían. El servicio telefónico, sin ningún impedimento debido a huelgas, es *absolutamente necesario* para que pueda realizarse la prueba.»

Pero incluso mientras conspiraba para cortar las líneas de comunicación enemigas, empezaban a surgir problemas en su propia campaña. La alegación que había esgrimido la CEA de razones de defensa nacional como justificación para continuar con el programa previsto, privaría a Hughes de algunos de sus aliados más tradicionales, y pocos días antes de la fecha prevista para la prueba comenzaron a fallarle apoyos políticos vitales.

Primero le abandonaron dos senadores federales de Nevada, Howard Cannon y Alan Bible. Por último, el propio gobernador Laxalt proclamó su neutralidad.

No había nada que enfureciera tanto a Hughes como que los políticos se negaran a dejarse comprar. «Quiero que se entreviste usted con Laxalt, Bible y Cannon —le decía a Maheu—. Tendrán que hacer una elección difícil: apoyar nuestra postura en Washington o resignarse a que nos busquemos a otros que nos representen. Y esto es definitivo.

»Quiero que les aborde usted de inmediato y les exija que tomen una postura sin dilación alguna.

»Bob, cuando llega el momento, y ellos empiezan a llorarle a usted en el hombro pidiendo apoyo y usted viene a mí y yo doy mi conformidad, como he hecho en el pasado, entonces, una vez más, se repetirá la historia: ¡apoyo ilimitado, y absolutamente nada de nada a cambio de ese apoyo!»

Era un ultraje. Aun así, quizá pudiera convencérseles. Quizá el estímulo habitual diese resultado con los dos senadores díscolos: «Bob, ¿no podría usted prometer apoyo a Cannon y a Bible? Quiero decir apoyo *real*, mucho más del que se les ha proporcionado hasta la fecha, y obtener así una colaboración absolutamente firme.»

En cuanto al gobernador Laxalt, normalmente tan servicial, «si pudiéramos convencerle de que su futuro destino está conmigo —escribía Hughes—, entonces estoy seguro de que con un poco de asesoramiento por mi parte no tendrá ningún problema para conseguir nuestro objetivo con la CEA».

De hecho, Hughes había elaborado ya un plan audaz para el gobernador. Una conspiración para conseguir que Laxalt se hiciese con el control de todo el terreno federal de Nevada, incluido, por supuesto, el campo de pruebas nucleares.

«¿Se hace usted cargo de en qué medida es supuestamente "propiedad" del gobierno federal este estado? —escribía Hughes—. Pues bien; creo que con muy poco esfuerzo Laxalt puede conseguir que se devuelva casi todo ese terreno a Nevada.

»Si pudiéramos convencer a Laxalt para que plantee esta petición, no tendría por qué vincularlo a la explosión de la bomba. Si pudiéramos convencerle de que solicitase la devolución de todo el terreno que el gobierno federal le ha quitado al estado de Nevada, podríamos conseguir que algún otro centrase la atención en el campo de pruebas.

»Ahora bien, Bob, reconozcámoslo: Laxalt no realizará ni siquiera este insignificante acto de apoyo a menos que le motivemos. Así pues, propongo que, dado que él no se presenta este año para el cargo, le pidamos que designe un candidato de su agrado para que le apoyemos a lo grande: Nixon o candidatos al Senado o al Congreso.»

Pero Hughes no podía esperar mano sobre mano a que Laxalt realizase aquel insignificante acto de apoyo, ni podía depender ya de los otros políticos locales.

Tendría que llevar la lucha directamente al pueblo.

«Todo lo que pueda hacer la CEA en cuanto a lavar el cerebro a la gente, podemos hacerlo nosotros mejor —proclamaba, proyectando su campaña de opinión pública—. La ventaja siempre favorece a quien intenta crear temor frente al que intenta eliminarlo.

»Bob —proseguía—, es esencial que metamos miedo al público (miedo de verdad) respecto a la contaminación del agua, a los terremotos, a los perjuicios para la industria turística.

»Hemos de atraer la atención hacia el triste destino de las ovejas de Utah para destruir esa fe simple y ciega que parece que tiene la gente en cualquier informe del gobierno.

»Me importa un rábano el precio o los extremos a que tengamos que recurrir.»

. . . .

Si se producía la explosión, todo estaba perdido. Tras sobrevivir al holocausto, el populacho adoptaría una actitud de falsa bravura, ajeno al peligro oculto, real, dispuesto a aceptar sin vacilación que se siguiese bombardeando. Todo el atroz escenario estaba demasiado claro.

«A la gente le encanta estar cerca del peligro y contárselo luego a los amigos, diciendo: "Oh, en realidad no fue nada."

»Ya me imagino a los habitantes de la zona escribiendo a sus amigos de otras ciudades: "¿Sabes? Hoy hubo otra prueba nuclear, ya estamos empezando todos a acostumbrarnos a ellas, así que no nos preocupan gran cosa."

»Bob, si se impone esa actitud, le aseguro a usted que cada vez será más la gente que apoye el campo de pruebas nucleares. Esa gente perderá la confianza en nosotros, porque no fuimos capaces de impedir la explosión. Pensará que ha de ser una cosa segura, pues de lo contrario el gobierno no lo habría permitido.»

No había más que una solución. Conseguir alarmar a la opinión pública y paralizar así la prueba inminente. No se excluiría ningún recurso, no se ignoraría a ningún aliado posible.

«Bob, yo veo esto como una proposición que podrían apoyar todos los pacifistas si se les convenciese con habilidad, mediante una campaña publicitaria inteligente, de que esta explosión sólo beneficiaría al gran capital, a las grandes empresas, al orden establecido», escribía Hughes, dispuesto a atacar al capitalismo y a asociarse con quien fuese a fin de impedir que prosiguiera el bombardeo.

«Los que protestan dicen: "Si tenéis dinero bastante para mandar hombres a la Luna, ¿por qué no os ocupáis de los pobres de la Tierra?"

»Pues bien; creo que puede utilizarse el mismo razonamiento para alimentar la protesta contra las pruebas con armas nucleares aquí, en Nevada.

»En otras palabras: todos sus esfuerzos se han canalizado hacia los peligros de las pruebas nucleares en términos de terremotos, contaminación, etc. —concluía—. Pero es posible que, sin reducir en modo alguno sus esfuerzos en esa dirección, se pueda crear otro movimiento de protesta contra las pruebas nucleares aquí, basándose en que los fondos dedicados a tales pruebas deberían destinarse a combatir la pobreza del país.»

Una consigna tan idealista difícilmente podía convencer, claro está, a los ciudadanos de Las Vegas. Con ellos era preciso un enfoque completamente distinto.

«Creo que para conseguir algo hará falta una campaña que les ataque por el talonario de cheques —lamentaba Hughes—. En esta comunidad miope, en la que todo el mundo vive para el presente, nadie se preocupa mucho por la moral. Les han vendido el programa de pruebas nucleares sobre la base de que aporta puestos de trabajo. Yo creo que la única forma de conseguir algo es diciendo que la bomba reduce los puestos de trabajo en Las Vegas.»

Ésa era la clave: comunicaría que la amenaza de bomba le había inducido a abandonar el proyecto del New Sands, un complejo hotelero futurista de 150 millones de dólares, que había prometido hacía mucho, pero que en realidad nunca se había propuesto construir.

Maheu sumó a este plan su propia inspiración. Tal vez pudieran convencer a su rival número uno, Kirk Kerkorian, de que se uniese a la campaña contra la bomba paralizando la construcción de su International Hotel. Era una clásica jugada de billar a tres bandas. En principio, Hughes había comunicado su propósito de construir el New Sands sólo como maniobra para impedir que Kerkorian se asegurara los fondos necesarios para el International.

—¡Cuanto más pienso en su estrategia con Kerkorian, más me gusta! —exclamaba el multimillonario—. Desde luego, la idea de decirle que posponemos el Sands de cuatro mil habitaciones por las pruebas nucleares es magnífica.

»Ahora bien: creo que debería decirle usted a K que yo nunca he dicho a nadie que el motivo de que se cancele el proyecto de ese hotel estuviera relacionado con las pruebas nucleares —continuaba—. Sin embargo, al reanudarse ahora las pruebas (y a un nivel aún mayor) considero una obligación ineludible explicarle a K toda la historia.»

De todos modos, el arma más importante sería recurrir a algún miedo visceral. Despertar la histeria de las masas.

«Tenemos que armar un verdadero escándalo, y acusar a la CEA de todo tipo de perfidias e incompetencias —escribía Hughes—. Tenemos que ocupar los *titulares*. ¡Quiero verlos inmediatamente, *por favor*!

»Debemos ir más allá de lo que usted querría, Bob, pero lo cierto es que si queremos conseguir titulares en las primeras planas tenemos que formular acusaciones..., acusaciones graves.»

Maheu era más cauto. «Empezar a lanzar acusaciones en este momento significaría inevitablemente que la CEA, la Secretaría de Defensa y la Administración unirían fuerzas y nos machacarían... bien machacados —advertía—. Howard, hemos de reconocer que tienen muchas más tropas que nosotros y que acabarían destrozándonos.»

¿Destrozándonos? ¿Destrozando el imperio de Hughes? ¡Eso nunca!

«No estoy de acuerdo en que debamos quedarnos paralizados sólo porque el gobierno sea grande y rico —objetaba Hughes—. Bob, si vamos a tener miedo a plantarle cara al gobierno basándonos en la teoría de que "tiene más tropas que nosotros", sencillamente no quiero vivir más en este país.»

Sin embargo, la advertencia de Maheu estaba bien fundada. Hughes resucitaba él sólo el movimiento antinuclear y su éxito produjo un contraataque creciente.

Glenn Seaborg, director de la CEA, acusó al multimillonario de estar «creando una atmósfera de acoso contra nuestros programas de seguridad nacional», y James Reeves, director del campo de pruebas de Nevada, apareció en la televisión local denunciando la campaña de Hughes.

«¿Vio usted el canal 13 a las diez y media esta noche? —preguntaba Hughes a Maheu, preocupado—. Reeves nos pintó como monstruos. Le aseguro, Bob, que esta noche, en treinta minutos, ha liquidado todo lo que usted fue logrando tan laboriosamente para proporcionarme una nueva imagen. Dieciocho meses de trabajo y esfuerzos que se han ido al traste por ese viejo mierda, ese majadero que parece tan imbécil que da pena.

»Le aseguro que cuando hagan estallar la bomba y no se venga abajo ningún edificio, nuestro desastre será completo.»

Por último, el contraataque se hizo tan agobiante que Hughes se vio frente a la amenaza de una citación del Congreso.

«¿Qué es esto que acabo de ver en las noticias de la televisión, en las que un memo dijo que tal vez un comité del Congreso celebrase audiencias y reclamase mi presencia en Washington para que explicara mis objeciones al programa de pruebas nucleares?», preguntaba el recluso.

Hughes, pese a lo que le aterraba la idea de que pudieran obligarle a salir de su escondrijo, seguía retadoramente decidido a mantenerse firme contra la bomba.

«No comparto su temor a que una campaña fuerte contra la CEA pueda provocar una citación —le decía al medroso Maheu.

»Creo que la única manera de ganar esta batalla es desacreditar la CEA y salir del asunto con la opinión pública de nuestra parte. Estoy convencido de que lo que puede provocar una citación es una derrota y la pérdida del apoyo público. Si montásemos una buena campaña que tuviera éxito, no se atreverían a obligarme a ir a Washington.

»¿Dónde está, Bob, su filosofía de "controlar desde una posición de fuerza"?

»No gané en el asunto de la audiencia del Senado mediante una actitud defensiva —proseguía Hughes, recordando su triunfo de hacía veinte años—. Lo conseguí acusando al senador Brewster de corrupción..., de intentar sobornarme en una habitación de un hotel de Washington.

»Bob, si no toma las medidas necesarias para torpedear la tentativa actual de reducir el asunto a una simple cuestión de apoyo a la buena causa, la defensa nacional, el patriotismo, etc., o seguir al señor Hughes y ser traidor, estoy seguro de que no sólo perdemos la batalla sino que me enviarán una citación.

»Y si llegaran a formular tal citación, ni el diablo podría ayudarme. Si intentásemos eludir la citación en una polémica encarnizada como ésta, yo perdería todo el prestigio que pueda tener en este país y todo el mundo me acusaría de haber anulado la citación mediante dinero.

»No es a usted a quien podrían sacar a rastras de la cama y someterle a la vergüenza, el rechazo público y el descrédito.

»Quiero que se haga algo al respecto.»

Maheu logró eliminar la amenaza de citación en Washington, pero nada podía hacer para detener la implacable cuenta atrás de Nevada.

Cuando la batalla contra la bomba entraba en sus últimos días, el frenético recluso, insomne en su búnker del ático, oscilaba entre extremos febriles, poseído ahora por visiones de desastre, preocupado luego por la idea de que la explosión fuese un fiasco, que no resultase al final nada del otro mundo.

«Estoy seguro de que esta explosión no dejará daños visibles —decía, angustiado—. No se romperá la presa y el movimiento del suelo y de los edificios será más suave de lo que la gente espera después de todas las lúgubres predicciones que hemos estado haciendo.

»Ya veo las entrevistas en los periódicos después de la explosión: "¡Pues yo casi no me di cuenta!" "Yo esperaba que se acabara el mundo y de pronto ya había pasado todo. ¡Casi no me di cuenta!"

»Luego, verán las imágenes de la presa con este pie: "¡La misma presa intacta!" "¡Ni una grieta! ¡Ni siquiera una fisura pequeña!"»

¡Aquellos imbéciles, aquellos imbéciles ciegos, inconscientes! La explosión sería, por supuesto, atroz. Todo lo horrible que hubiera podido soñar Hughes en su vida. Tal vez no tuviera las consecuencias *visibles* que podía percibir la gente vulgar, sino sólo el impacto oculto que únicamente podía ver él.

«Me temo que nuestro crédito se va a hundir después de la explosión —escribía Hughes, enloquecido ya por el presunto fiasco—. Vamos a quedar como unos alarmistas chiflados, una especie de viejecitas timoratas.»

Exactamente. Era cuestión de poder y potencia. Hughes había llegado a identificarse de un modo tan completo con su temida rival, la bomba, que ya sólo podía aceptar un holocausto. Si no conseguía impedir la inminente explosión, no sólo ridiculizarían sus temores (aun cuando él siguiese padeciendo sus horrores invisibles), sino que su propio poder invisible se consideraría tan débil como el de la bomba.

«Si la explosión sigue adelante, nos considerarán simplemente unos fracasados —escribía Hughes—. Dirán que sólo sabemos arreglárnoslas en cuestiones de poca monta, pero que cuando llega la hora de la verdad, un problema grave, un problema importante como las pruebas nucleares, sencillamente no tenemos el pelo de los huevos lo bastante largo como para conseguir ganar.

»Así que, debido a esto, es más importante que nunca recurrir a todos los medios para conseguir paralizar el proyecto.»

Cuando faltaban sólo cuarenta y ocho horas para la detonación apocalíptica, llegaron a la capital del país embajadores del imperio de Hughes que hablaron fuerte con la CEA, conspiraron con el vicepresidente e intentaron conseguir una audiencia con el comandante jefe.

«Supongo que sabe usted que no he dormido en absoluto —garrapateaba el exhausto eremita—. Aun así, esperaré despierto hasta que sepamos algo.»

Durante todo el miércoles y en las horas inmediatamente anteriores al amanecer del jueves, Hughes continuó su hosca vigilia, maniobrando frenético para bloquear la explosión aún programada para el viernes por la mañana.

«No soy un beatnik pacifista ni quiero acaudillar tal causa —escribía—. Sólo quiero que esta explosión se aplace el tiempo suficiente para poder ejercer una presión realmente intensa en Washington a fin de lograr un aplazamiento de noventa días en esta explosión concreta. No pretendo paralizar el programa; sólo quiero los noventa días.»

Pero las noticias de Washington eran sombrías.

«No hay forma de conseguir que la CEA aplace la explosión ni siquiera un día —informaba Maheu—. El único modo de lograrlo sería a través de la Casa Blanca. Ha llegado el momento de utilizar otra fuerza.»

¿Otra fuerza? Hughes no estaba de humor para buscar un nuevo emisario, para enviar a otro diplomático a Washington. Estaba harto de intermediarios, estaba harto de conversaciones de paz. Dirigiría él mismo la ofensiva final contra la bomba, y utilizaría su arma más poderosa.

Durante los últimos nueve días, Hughes había interpretado varios papeles: profeta loco, general desnudo y dirigente de movimiento, pero ahora abordaría el asunto de la bomba tal como abordaba todas las demás cuestiones: buscando a alguien a quien sobornar.

«Hay que encontrar un medio de paralizarlo», escribía cuando el momento de la explosión se acercaba.

«¿Cómo adquirir, pues, fuerza política suficiente para lograr algo parecido? Bien; que yo sepa, sólo hay un medio. Y, por suerte, estamos en año de elecciones.»

Él no haría como los beatniks pacifistas, y la vieja chusma partidaria de prohibir las pruebas nucleares, no rechazaría a los Estados Unidos y se lanzaría a las calles. Él sobornaría a los Estados Unidos y compraría la paz mundial. Hughes, un caso único en los anales de la corrupción, intentaría sobornar al gobierno para que hiciera lo que *había que hacer*.

Pero ahora, a sólo un día de la gran explosión, Hughes apelaría por última vez a la razón. Cuando faltaban veinticuatro horas y la cuenta atrás continuaba, dirigiría personalmente su petición al hombre que tenía el dedo en el botón.

Hora cero: Howard Hughes y Lyndon Johnson solos en la cumbre.

7. SEÑOR PRESIDENTE

«Señor presidente», escribió Hughes. Había llegado el momento de la acción directa. De soberano a soberano.

Faltaban pocas horas para el amanecer del jueves 25 de abril de 1968. La explosión nuclear subterránea más potente de la historia estaba programada para el día siguiente a primera hora. A 160 kilómetros del punto cero, «físicamente muy enfermo y emocionalmente reducido a una ruina nerviosa», el exhausto multimillonario seguía decidido a impedir aquella explosión. Le quedaban sólo veinticuatro horas. Y ya sólo había un hombre que pudiera interrumpir la implacable cuenta atrás.

Así pues, Howard Hughes, insomne y aterrado, redactaba el borrador de su carta a Lyndon Baines Johnson, presidente de los Estados Unidos.

«Quizá usted no lo recuerde —empezaba—, pero nos conocimos hace años, cuando estaba usted en el Senado; no íntimamente, pero sí lo bastante para que recuerde usted mi nombre.»

Contenido. Digno. Prudente. No había por qué mencionar la naturaleza de su relación. Johnson recordaría.

«Así pues, cuando se convirtió usted en presidente —continuaba Hughes—, sentí una fuerte tentación de ponerme en contacto con usted, como en una ocasión después de otro asunto en el que necesité urgentemente de su ayuda...

»Sin embargo, consideré que estaría usted demasiado ocupado para distraerle con una finalidad puramente egoísta.»

Bien. Todo quedaba situado en un plano elevado.

«Pues bien; ha ocurrido algo que sólo usted puede resolver ya.

»En base a mi promesa personal de que técnicos y científicos independientes tienen pruebas concretas, y pueden obtener más, que demuestran que es un peligro para la salud de los ciudadanos del sur de Nevada la explosión nuclear prevista para mañana por la mañana, ¿concedería usted aunque fuese un breve aplazamiento de la misma, que permitiese a mis representantes ir a Washington y demostrar a quien usted designe los motivos imperativos y urgentes por los que consideramos preciso un aplazamiento de noventa días?»

Quizá un poco vago, pero en realidad no había por qué nombrar a los científicos ni enumerar las pruebas. Hughes ofrecía su «promesa personal». Y armado con una certeza absoluta del peligro denunciado (las «pruebas concretas» las tenía en la boca del estómago), el multimillonario siguió con la carta.

«No soy ningún beatnik pacifista, por supuesto —explicaba—. Sabido es que a lo largo de los años mis simpatías han estado bien a la derecha del centro.

»No me propongo obstaculizar el programa de defensa en ningún sentido, y puedo demostrar claramente que si se acepta mi petición... —empezó a escribir "no tendrá ningún efecto perjudicial"; luego se decidió por un enfoque más positivo—, el programa de pruebas nucleares continuará *más rápidamente* que en este momento.»

Un buen detalle. Ahora, un final fuerte.

«Si los técnicos de la CEA no consideraban las explosiones nucleares del campo de pruebas de Las Vegas como algo de seguridad marginal, ¿por qué, entonces, llegaron a un acuerdo firme conmigo hace once meses para trasladar las explosiones grandes... a algún lugar más remoto?», preguntaba Hughes, recordándole a Johnson el inexistente tratado roto, adoptando la actitud de un soberano ofendido.

»Creo que Nevada es hoy día un estado plenamente acreditado al que no debiera tratarse como páramo desierto, útil sólo como basurero de los desechos nucleares contaminados y venenosos, que normalmente se meten en recipientes herméticos y se arrojan a las zonas más profundas del océano.

»Los técnicos de la Comisión aseguran que la explosión no tendrá consecuencias perniciosas, pero yo me pregunto dónde estarán esos técnicos de aquí a diez o veinte años

»Hay un montón de ovejas muertas en el vecino estado de Utah.»

Sí, el rebaño martirizado. Era el remate perfecto.

La carta de cuatro páginas había llevado a Hughes toda la noche y la mitad del día, escribiendo y reescribiendo. Y ahora faltaban menos de veinticuatro horas para la temible explosión; no había tiempo para enviar la carta a la Casa Blanca.

Así que uno de los mormones la dictó por teléfono al abogado de Washington, Thomas Finney (miembro del bufete del recién nombrado secretario de defensa de Johnson, Clark Clifford), que entregó en mano la apasionada petición de Hughes en el despacho del presidente.

Lyndon Johnson tenía sus propios problemas. Hacía menos de un mes que se había visto obligado a abdicar, a comunicar solemnemente a una nación asombrada: «No pretenderé ni aceptaré que mi partido me nombre candidato para otro período presidencial.»

La renuncia no le había proporcionado ningún sosiego. No se trataba sólo de que Eugene McCarthy siguiera barriendo en las primarias, ni siquiera de que el odiado Bobby Kennedy hubiera comunicado su decisión, tan temida, de reclamar el trono de su hermano. Todo, en el interior del país y en el extranjero, parecía hallarse en un desorden total. La guerra del Vietnam se había visto sacudida por la ofensiva del Tet, el coste de la guerra había socavado el proyecto de la Gran Sociedad, la economía norteamericana estaba en peligro, el mercado mundial del oro se hundía, la nación estaba desgarrada por marchas de protesta, motines universitarios y conflictos raciales de una violencia sin precedentes. El vaquero-presidente, atrapado en la estampida, había sido arrollado.

Aun así, el Johnson externo seguía intacto. No se había quitado toda la ropa, no se había dejado crecer el pelo, la barba y las uñas, no se había metido en la cama ni había mandado poner persianas herméticas en las ventanas del Despacho Oval. Pero el hombre interior se había desmoronado. Y la atmósfera de asedio de la Casa Blanca se parecía a la atmósfera de asedio del ático de Hughes.

Durante el día, el presidente arengaba a su equipo (purgado ya de los que no eran texanos leales), lanzando acusaciones de traición y susurrando historias de conspiración. Los comunistas controlaban la televisión. El corresponsal en Washington del *New York Times*, James Reston, se entendía con el embajador ruso. Casi toda la prensa estaba complicada, igual que los profesores. Todos estaban coaligados con los Kennedy, y juntos se proponían hundir al presidente.

De noche, Johnson soñaba que tenía parálisis del cuello para abajo, soñaba que era un lisiado desvalido que ni siquiera podía protestar cuando sus asesores de más confianza se disputaban los restos de su poder. Las pesadillas eran un secreto, pero la paranoia rampante y los recelos locos, salpicados a menudo de explosiones obscenas y carcajadas sin sentido, aterraban a sus consejeros y convencieron a varios de ellos de que el presidente se hallaba peligrosamente desequilibrado.

Así pues, la carta de Hughes no sólo era, en cierto modo, una carta de soberano a soberano, sino también una carta de búnker a búnker.

Guardando las apariencias, Johnson acababa de volver de cortarse el pelo y estaba a punto de ponerse el frac para una cena oficial en honor del rey de Noruega, cuando por fin llegó a sus manos la carta, al anochecer de aquel día. El presidente estaba de un humor de perros. El día había sido desastroso. Arthur Golberg había dimitido inesperadamente como embajador en las Naciones Unidas en un crudo enfrentamiento relacionado con la política de guerra de Johnson, nadie quería el puesto y había habido que obligar a George Ball a aceptarlo. Hanoi amenazaba con abandonar las estancadas conversaciones de paz, los manifestantes contrarios a la guerra se concentraban en Nueva York para una movilización de masas al día siguiente, estudiantes activistas acababan de tomar varios edificios de Columbia, altos funcionarios de la Administración estaban desertando para apoyar a Bobby Kennedy, y con todos estos acuciantes problemas, rodeado de traidores y de tumultos, el presidente tenía que dedicar la mitad de su tiempo a hacer de anfitrión del rey Olav, que había llegado aquella mañana en visita oficial. («En mi vida he visto un rey más tonto —se quejaba Johnson, añadiendo con amarga impaciencia—: No sabía yo que hicieran reyes a idiotas semejantes.»)

Así que cuando cogió la carta del multimillonario, su primera reacción fue la cólera ciega. «¿Quién coño se cree Howard Hughes que es?», bramó el presidente, viendo en la desesperada petición de paralización de la prueba nuclear sólo otro desafío a su poder.

Desde luego, era una buena pregunta. ¿Quién era, realmente, Hughes? Ni Johnson ni nadie de la Casa Blanca sabía la respuesta. A pesar de ciertas relaciones del pasado, el presidente sólo sabía lo que todo el mundo: que Hughes era el hombre más rico de los Estados Unidos, un hombre de incalculable poder cuyo imperio secreto parecía llegar a todas partes, una figura mítica, oculta ahora, que era, además, casualmente, el contratista particular que más trabajaba para el Ejército. No era poco, desde luego.

Pese a estar acosado, Johnson no ignoró la petición, ni la tomó a la ligera. En una maniobra sin precedentes, dejó en suspenso la aprobación de la explosión programada, comunicando secretamente a la Comisión de Energía Atómica que debía esperar su visto bueno final.

El cambio de humor del presidente fue espectacular. Aunque bastante irritado aún por el hecho de que un ciudadano particular pretendiese dictar la política de defensa nacional, Johnson se sentía también fascinado, halagado incluso, por el hecho de que el millonario se dirigiese personalmente a él. Aquella carta pareció que le hacía sentirse más importante. Se la mostró muy orgulloso a varios ayudantes de la Casa Blanca, más como un crío que acaba de conseguir el autógrafo de un personaje célebre que como un presidente al que se pedía que paralizase una prueba nuclear. En realidad, Johnson estaba tan intrigado por el hecho del contacto personal de aquel hombre misterioso, que llegó a afirmar, falsamente, que Hughes le había telefoneado, adornando la trola con la relación detallada de una conversación que no había tenido lugar nunca.

Además, el presidente estaba impresionado por lo que consideraba una alegación sorprendentemente lógica y persuasiva de aquel financiero al que se tenía por excéntrico.

—Puede que se equivoque —dijo Johnson a Harry McPherson, su principal redactor de discursos—, pero, desde luego, no es ningún chiflado.

Mientras tanto, en el ático, el anacoreta desnudo, aunque ignoraba que le habían declarado oficialmente cuerdo, no estaba convencido de haber hecho la maniobra adecuada.

«Mi carta al presidente fue una obra maestra —presumía—. Además, cuando empecé a concentrarme en la relación que tuve con Johnson hace unos ocho años, conseguí unos recuerdos muy precisos.»

Recuerdos precisos. Para Hughes eso sólo podía significar una cosa: dinero contante. Y, de hecho, los dos texanos habían tenido en tiempos lo que Hughes calificaría más tarde de una relación «adulta, de dinero contante». No sólo había respaldado Hughes ocho años atrás la primera tentativa seria de Johnson de llegar a la Casa Blanca (cuando había perdido la candidatura del partido demócrata a la presidencia frente a su enemigo mutuo John F. Kennedy), sino que había apoyado en secreto a Johnson durante dos décadas lo menos, desde el principio mismo de su ascensión al poder como senador novicio. No se conoce la amplitud real de sus relaciones. En cualquier caso, fue una suma relativamente pequeña la que Hughes aportó en aquellos primeros tiempos y la que ahora recordaba con tanta precisión. En otros tiempos, Hughes había comprado con calderilla al hombre que ahora era presidente, y si bien Johnson había subido en el mundo desde entonces, para el multimillonario seguía siendo un político como los demás, que tenía su precio.

«Ya he hecho antes este tipo de negocio con él —explicaba Hughes—. Así que para mí no está investido de ningún ropaje que inspire respeto.»

No está tan claro en qué medida estas relaciones anteriores afectaban ahora a Johnson, pero es evidente que en tiempos el presidente había estado en la nómina. En años de mayores estrecheces, cuando era un joven congresista huesudo, Johnson era un visitante regular de la oficina central en Houston de la Hughes Tool Company, donde tenía amistad con el ejecutivo jefe del propietario absentista, Noah Dietrich. Johnson, con su gran sombrero Stetson en la mano, pidió que le permitiesen utilizar gratuitamente las vallas publicitarias de la empresa en su primera campaña electoral para el Senado. Dietrich se las negó, prefiriendo utilizarlas en beneficio de una empresa secundaria de Hughes: Gran Price Beer.

Pero, tras una victoria por 87 votos en su segunda tentativa de llegar al Senado en 1948, «el Alud Lyndon» ya parecía mejor inversión. Su triunfo (enturbiado por acusaciones de relleno de urnas) coincidió casualmente con la primera gran irrupción de Hughes en la compra del poder político nacional, y Johnson no tardó en incorporarse al numeroso grupo de políticos que figuraban ya en la nómina de Hughes.

—A Lyndon se le pagaba anualmente —recordaba Dietrich—. Se le daba dinero como aportación a la campaña anterior, la campaña en curso y la campaña prevista; así podíamos darle legalmente 5 000 dólares al año.

Johnson era entonces un senador recién elegido, sin campañas por delante durante un período de seis años, pero, como diría después Bobby Baker, que fue ayudante suyo mucho tiempo: «Siempre andaba a la caza de monedas y billetes.» Aunque no era aún una personalidad nacional, como miembro del poderoso Comité de Servicios Armados, pronto se hizo célebre por su misteriosa habilidad para conseguir que los contratos militares fuesen a parar a los que le respaldaban en la industria de la defensa.

Aunque Hughes era sólo tres años mayor que Johnson, encarnaba ya una leyenda nacional; pero comenzaba precisamente entonces a destacar como uno de los principales contratistas de la defensa. Afectado por las audiencias del *Spruce Goose* de un año antes, y necesitado de amigos bien situados, envió 5 000 dólares al año a Johnson por lo menos durante cuatro, en una época en que el salario de un senador era de 12 500 dólares.

El dinero llegaba a través de una filial canadiense de la Hughes Tool Company, creada concretamente para eludir una prohibición relacionada con las aportaciones de las empresas nacionales a los políticos.

Habría más aportaciones a lo largo de los años, y Hughes llegaría a ofrecer a Johnson un soborno de un millón de dólares. Pero de momento, el multimillonario estaba seguro de que su carta maestra de la bomba triunfaría. La carta y los «sólidos recuerdos».

El presidente compartía sin duda aquellos recuerdos y parecía esperar futuras recompensas. Desde luego, debía complacerle mucho que Hughes fuese ahora quien suplicaba, que el hombre al que en otros tiempos le había ido a pedir vallas publicitarias estuviera ahora pidiéndole a él (a él, que era el caudillo del mundo libre) que paralizara una explosión nuclear.

En cualquier caso, lo cierto es que trató a su antiguo bienhechor con una deferencia insólita. Antes incluso de que la carta de Hughes llegara a la Casa Blanca, Johnson ya se había entrevistado en privado con un emisario suyo, Grant Sawyer, antiguo gobernador de Nevada, que por entonces estaba en la nómina de Hughes. Preparó la reunión el vicepresidente Humphrey, que ya había propuesto a Sawyer para un puesto clave en su campaña aún no anunciada. Sawyer entregaría posteriormente 50 000 dólares de Hughes para la campaña de Humphrey.

Y un día antes, otro representante de Hughes había hecho una propuesta asombrosa a Marvin Watson, jefe del equipo de la Casa Blanca: «El señor Hughes está dispuesto a financiar completamente la próxima campaña del vicepresidente Hubert H. Humphrey en la medida en que sea necesario para igualar los fondos invertidos por el senador Robert Kennedy.» Pero sólo si Johnson aplazaba la prueba nuclear prevista.

Watson insistiría más tarde en que él nunca mencionó siquiera la propuesta a Humphrey ni a Johnson. (Puede que debido a que le previnieron en seguida de que «Drew Pearson se había enterado de que Hughes ofreció dinero a Humphrey si se paralizaba la prueba».) No hay pruebas de que el propio Hughes autorizase el pago, aunque posteriormente ordenó a Maheu que llegase a un acuerdo similar con el propio vicepresidente.

Supiesen lo que supiesen Hughes, Johnson y Humphrey, y cuándo, lo cierto es que la plática de Sawyer en el Despacho Oval fue muy bien.

«Grant Sawyer acaba de ver al presidente, que envía sus recuerdos personales más efusivos —informaba Maheu al ático—. Le dijo a Grant que sentía por usted y por su capacidad el mayor respeto y que estaba *muy agradecido por varios favores del pasado.* Estoy seguro de que sabe usted que además de lo que pueda haber hecho personalmente años atrás, le hemos prestado mucho apoyo. Recordará que cuando era vicepresidente usted me pidió que hiciera algo para que él pudiera comunicarnos siempre los candidatos por los que estaba especialmente interesado. Nunca le hemos fallado en ese campo, entre otras cosas.»

Uno de los candidatos por el que Johnson había manifestado

un interés especial era su viejo compinche John Connally, que se presentaba entonces para gobernador de Texas. Maheu hizo una aportación a la campaña de Connally a través de la Hughes Tool Company de Houston.

Maheu había pedido al mismo tiempo al vicepresidente que le indicase un bufete bien relacionado para que representase a Hughes en el pleito de la TWA, que se iniciaba entonces. Johnson le ayudó muy gustoso. Le recomendó Arnold, Fortas y Porter, uno de cuyos principales socios era entonces su viejo amigo y compañero de negocios Abe Fortas. Hughes, claro está, recurrió a aquel bufete.

Ahora Johnson, agradecido aún por los antiguos favores, parecía dispuesto a ayudar al multimillonario a luchar contra la bomba.

«Luego le dijo a Grant que el que usted estuviera preocupado por la próxima explosión era suficiente para que también él se preocupase —informaba Maheu, completando su relación de las conversaciones que acababan de celebrarse en el Despacho Oval—. En presencia de Grant, llamó a la Casa Blanca el director de la Comisión de Energía Atómica, Seaborg. Se informó a Grant de que Seaborg tendría que demostrarle de modo concluyente que la explosión no representaba peligro alguno en ningún sentido.»

Entusiasmado al principio, Hughes empezó a inquietarse a medida que pasaba el día sin que llegaran más noticias del presidente. A medida que se acercaba la noche iba poniéndose más frenético, obsesionado por la idea de que Johnson no leyese su carta, temeroso de que, aunque la leyese, prevaleciera el criterio de la Comisión de Energía Atómica.

«Querría que llamara usted a Sawyer y le preguntase si conoce algún medio de descubrir si el presidente ha leído realmente mi carta y cuál es su decisión, y si va a hacer algo —escribía el impaciente anacoreta, convencido de que su obra maestra tendría más efecto que la visita a la Casa Blanca del antiguo gobernador.

»El motivo de que lo pregunte es el siguiente: mi carta contiene muchísimo material y datos, etc., de los que nada sabía ni nada sabe el señor Sawyer. Por otra parte, como Sawyer llegó antes que mi carta y Johnson le concedió la entrevista, tal vez el presidente haya creído que no era necesario leer la carta porque ya le había informado Sawyer de todo. *Hemos* de hallar algún medio de convencer a Johnson para que lea mi carta *ahora*. Eso favorecerá nuestra causa más que cualquier entrevista.»

Pese a que Hughes depositaba tanta fe en las inspiradas palabras que había escrito, empezaba a aterrarle la posibilidad de que sus enemigos convencieran al presidente.

—Estoy seguro de que mi carta fue muy efectiva, muchísimo, pero la CEA ha tenido tiempo de refutarla y no dispongo de posibilidad alguna de responder a lo que hayan podido alegar ellos —decía angustiado.

»Por eso creo que deberíamos dejar de ser tan tímidos y correr el riesgo de descubrir que hemos hecho el primer movimiento —proseguía, ansioso de contrarrestar las supuestas presiones encubiertas de los "bombardeadores".

»*Tenemos* que descubrir a quién ha encomendado el presidente este asunto. Estoy seguro de que se lo ha pasado a uno de los componentes de su equipo. Si pudiéramos establecer contacto con ese individuo, creo que podríamos decirle unas cuantas cosas muy importantes: que no buscamos la gloria del triunfo en este asunto y que aceptaremos muy gustosos una declaración de prensa (conjunta).

Pero Johnson no había delegado el asunto en ningún ayudante concreto. En realidad, se había hecho cargo personalmente del asunto de la bomba y había movilizado a medio equipo de la Casa Blanca para tratar con Hughes.

Walt Rostow, asesor de seguridad nacional, Glenn Seaborg, director de la CEA, y el asesor jefe de la asesoría científica del presidente, Donald Hornig, recibieron órdenes de informar sobre los problemas esenciales. Marvin Watson, Jim Jones, su segundo al mando, y Harry McPherson recibieron el encargo de coordinar el proyecto y redactar un borrador de respuesta a la carta de Hughes.

El que Johnson tomase tan en serio esta petición de última hora de Hughes, un tanto sutil, era indicio del verdadero poder de Hughes, del poder de su mito y quizá de los «recuerdos precisos» que los dos hombres compartían. Pero los principales asesores del presidente estaban de acuerdo en su oposición a que se pospusiera la explosión nuclear prevista.

Johnson volvió de la cena con el rey Olav poco después de medianoche y se encontró los informes de sus asesores esperándole. Envió sola a la cama a lady Bird, se quitó la ropa de gala y se pasó una hora entera leyendo las respuestas de sus asesores a la protesta de Hughes.

Rostow, que disfrutaba de la confianza del presidente, aseguraba ahora a Johnson que la prueba nuclear prevista era totalmente inocua, y que todo estaba controlado.

«No veo nada en la carta de Hughes que plantee cuestiones que la CEA no haya afrontado con todo el sentido de la responsabilidad que pueda exigirse —declaraba Rostow. Concienzudo como siempre, rechazaba incluso el episodio de las ovejas muertas—: Hughes plantea el caso de las ovejas de Utah —comentaba—. La mortandad no se debió a los experimentos de la CEA, sino a los relacionados con armas biológicas en Utah.»

Seaborg calificaba también de infundados los temores de Hughes y advertía que «sin pruebas subterráneas, se perdería en gran parte el carácter dinámico de nuestro programa armamentista y nuestra disuasión estratégica resultaría perjudicada».

Palabras fuertes. Pero cuando el ayudante de prensa Tom Johnson pasó a dar las buenas noches, el presidente dejó a un lado los informes de Seaborg y de Rostow y exhibió una vez más la carta de Hughes. Aún le intrigaba.

De todos los centenares de documentos que pasaron aquel día por su escritorio (informes diarios de la CIA, informes diarios del Consejo de Seguridad Nacional, partes diarios de bajas, despachos de guerra de Saigón y noticias de las conversaciones de paz de Laos, un informe urgente sobre movimientos de tropas chinas, informes del FBI sobre la manifestación previa contra la guerra, un mensaje de Nasser de Egipto y otro del sha del Irán), el documento que captaba la atención del presidente, ahora incluso, bien pasada la medianoche, era la carta de Hughes.

Johnson mostró la carta a su ayudante sin mencionar la explosión inminente. No era que Hughes pretendiera obtener un tratado privado de prohibición de pruebas nucleares, ni era tampoco que Hughes pudiera tener razón y sus asesores estar equivocados; era sólo el nombre que figuraba abajo: Howard Hughes.

A pesar de los claros consejos de sus especialistas, Johnson se acostó la madrugada del viernes sin tomar una decisión definitiva. La prueba nuclear seguía en suspenso.

Hughes, que llevaba tres noches sin dormir, proseguía su vigilia. Aguardando desesperadamente noticias de la Casa Blanca, garrapateó una nota a sus mormones: «Vigílenme, por favor, continuamente, y no permitan que me duerma ni un momento.» Luego, consciente de la inminencia de la explosión megatónica, añadía una súplica final: «Pero procuren no sobresaltarme.»

Por último, el recluso ya no pudo soportar la tensión y la humillación de esperar como un condenado una suspensión presidencial de la ejecución a última hora.

—¡Estoy harto de tanto andar besando el culo y suplicando servilmente! —estalló—. ¿Por qué no solicitamos de inmediato una orden judicial? No podemos seguir esperando que lleguen noticias de Johnson.

Hughes ya había barajado antes la idea de una vía judicial en su batalla contra la bomba.

—Todo consiste en encontrar el juez adecuado —concluía, confiado. Antes de decidirse a formular la petición personal al presidente, se había mostrado dispuesto incluso a llevar su caso al Tribunal Supremo. «Hay en ese tribunal algunos tipos que son muy de izquierdas, y si pudiéramos cazarles cuando estuvieran de servicio ésos y no los otros, lo resolveríamos en cosa de veinte minutos.»

—¿Por qué titubeamos? —preguntaba el multimillonario—. El Tribunal Supremo ha tomado decisiones de este tipo varias veces y con menos motivos de los que tenemos nosotros. Estoy convencido de que hay que descartar el Tribunal Supremo porque ya es muy tarde, pero los tribunales ordinarios han emitido órdenes judiciales en plena noche muchas veces.

Intentando calmar la cólera de su comandante, Maheu le dijo que acudiendo al juzgado en plena noche no conseguiría bloquear una prueba importante con armas atómicas, y le advirtió que tal tentativa «colocaría al presidente en una posición tal que se vería obligado a combatirnos».

Más resignado que convencido, Hughes aceptó a regañadientes olvidarse de la maniobra legal a medianoche. «Si no quiere usted pedir una orden judicial hasta que el presidente dé una respuesta, de acuerdo —contestaba—. Como aún nos quedan tres horas, existe una minúscula posibilidad de que pueda convencerse al presidente para que intervenga.

—Una cosa es segura: nosotros no tenemos nada, absolutamente nada que perder, así que ya no hay por qué andar con rodeos —añadía, con la despreocupación imprudente de un hombre que está en sus últimas horas—. Usted sabe que Johnson tiene unas cuantas cosas más en marcha, y si su gabinete no quiere conceder este favor, quizá tengamos que meter a alguien en esa Casa Blanca para que mueva un poco las cosas.

Pero ¿quién? De pronto, de las profundidades de la desesperación, llegó la respuesta. Hughes conocía al hombre más indicado para aquella tarea. Un hombre que desde luego tenía acceso a la Casa Blanca. Que no hallaría ningún problema para mover las cosas y que no era ningún desconocido para Hughes.

«Se me acaba de ocurrir una cosa —escribía Hughes muy emocionado—. ¡¡Clark Clifford!!

»Le he tenido a sueldo veinticinco años y prácticamente no ha hecho nada. Necesitaba el dinero.»

De hecho, Hughes había sido uno de los primeros clientes de Clifford, que le había llamado al día siguiente o a los dos días de haber empezado a ejercer como abogado. Ahora, Clifford era secretario de Defensa de Johnson, y su bufete de Washington aún representaba a Hughes. Era la solución perfecta.

Un mes antes, Clifford había convencido al presidente de que había que dar marcha atrás en el Vietnam, explicándole que la guerra era perjudicial para los negocios. Resultaba evidente que podría bloquear sin problema una simple prueba nuclear.

«Quizá deberíamos hacer que Long[1] viese a Clifford o Sawyer —proponía Hughes— y le indicase que éste es el momento ideal para que nos ayude, y que podría contar con mi gratitud sincera e imperecedera, así como con mi lealtad, y que no le costaría ni un céntimo a la Secretaría de Defensa.

»Si nuestro representante en Washington pudiese aclararle convenientemente a Clifford —continuaba— que aunque no hay ningún beneficio monetario en el asunto esta explosión es algo de importancia absolutamente prioritaria para mí, y que si Clifford interviene en este caso yo le prometo muy solemnemente que nunca, mientras pueda estar en el cargo, le pediré ayuda de ningún tipo; si hago esta clase de promesa, creo que Clifford podría ocuparse de esto.

»Sólo haría falta una llamada telefónica para que Clifford invalidase el argumento de la CEA de que la explosión es necesaria para la defensa nacional.»

Sí, Clark Clifford podía hacer aquel trabajo. ¿Cómo negarse a una petición tan razonable? En los viejos tiempos, Hughes había hablado directamente con él muchas veces, le había llamado en ocasiones a las tres y las cuatro de la madrugada.

Clifford había resuelto muchos asuntos a lo largo de los años. Como el hombre más importante de Hughes en Washington, un individuo con acceso único a toda Administración nacional (en realidad, a todos los presidentes desde Truman) había conseguido sacar adelante la compra de terreno de Hughes en Nevada a la

1. Gillis Long, antiguo miembro del Congreso y nuevo hombre de Hughes.

que la Secretaría del Interior se oponía enérgicamente. En 1966, su firma logró bloquear una investigación del Congreso sobre la compra de influencias en el Pentágono del multimillonario. Y fue Finney, compañero de despacho de Clifford, quien llevó en mano, como hemos dicho, la petición de Hughes al presidente Johnson.

Pero ni su antigua relación telefónica ni su constante relación comercial sirvieron ya de nada.

Abandonado por sus aliados naturales, Hughes contaba ya las horas menguantes, con la carta que había enviado a Lyndon Johnson como última esperanza. Junto a su lecho empapado de sudor, estaban las páginas amarillas de su primer borrador manuscrito.

Mientras tanto, en la oscuridad que precede a la aurora, en el desierto de Nevada, proseguía una cuenta atrás más tranquila. El mal tiempo había amenazado brevemente con provocar un aplazamiento, pero a las tres había despejado, y los trabajadores del campo de pruebas (que nada sabían del drama Hughes-Johnson) hacían los preparativos finales para detonar la bomba de hidrógeno al amanecer. «Furgón» estaba a punto en su agujero.

A la primera luz del alba, un equipo de dos hombres penetró en la cabaña roja del punto cero, disponiendo el artilugio termonuclear enterrado a más de mil metros de profundidad en un pozo forrado de acero y relleno de cemento.

Solo en su dormitorio, Hughes escribía un comunicado final, enfebrecido, en un intento desesperado por llegar al presidente y evitar aquel inminente holocausto.

«Es de importancia vital que convenza usted como sea al señor Johnson de que nos hallamos ante una emergencia, y que debe leer mi carta —suplicaba—. Quedan unos veinte minutos.»

Por supuesto, Johnson había leído la carta casi en cuanto llegó a sus manos. Y en aquel momento, estaba en su dormitorio sopesando los imperativos de la seguridad nacional y las palabras de Howard Hughes. Aún indeciso, recibió un último informe sobre la bomba, el de Donald Hornig, su principal asesor científico.

«En los quince o veinte minutos próximos aún hay tiempo de actuar —informaba Hornig al presidente. Pero, siguiendo la tónica de Rostow y Seaborg, instaba a Johnson a no interrumpir la prueba programada.

»La cancelación definitiva sería inconcebible —decía su mensaje—. La prueba proporcionará un punto de calibración para la ojiva explosiva del proyectil antibalístico, y es necesario para ese fin y como ensayo de prueba de una ojiva explosiva Polaris. Aconsejo no cambiar los planes previstos.»

Con esto, la postura era unánime. Dados los firmes consejos de todos sus especialistas, el presidente no podía cancelar una prueba importante con armas nucleares (en contra de todo el sistema de la defensa nacional) a petición de un ciudadano particular, aunque este ciudadano fuera Hughes.

Johnson decidió detonar la bomba.

A las siete en punto de la mañana del viernes 26 de abril de 1968, atronó en el desierto de Nevada una explosión de 1,2 megatoneladas que hizo temblar la tierra en cuatro estados. Lanzó al cielo una gigantesca nube de polvo sobre Pahute Mesa y desintegró el lecho de roca, excavando una caverna de 200 metros de ancho con tal fuerza, que desde Nueva York a Alaska los sismógrafos registraron la onda expansiva. En el punto cero, la tierra se hinchó lúgubremente; luego fue asentándose poco a poco hasta desmoronarse del todo, dejando otro inmenso cráter en aquel árido paisaje lunar. A 160 kilómetros de distancia, todos los hoteles del Strip de Las Vegas se estremecieron, se desbordó el agua de las piscinas y los suelos alfombrados de los casinos vibraron; pero los dados siguieron arrojándose sin interrupción.

En el ático, Howard Hughes se agarró a los barrotes de su lecho súbitamente inestable, intentando proteger de la explosión su cuerpo maltrecho.

Un ayudante mormón vigilaba en la habitación contigua. «El movimiento que yo percibí duró bastante más de un minuto —informaba a su estremecido jefe—. Al primer temblor le siguió, unos segundos después, otro de mucha mayor intensidad; luego, gradualmente, empezó a amortiguarse. La lámpara estuvo balanceándose bastante más de cuatro minutos.»

Hughes, por su parte, esperó media hora a que los efectos de la explosión desapareciesen, y luego cogió su bloc de hojas amarillas.

«Puede usted creerme si le digo que esta explosión produjo más del *doble* de los efectos previstos —escribía con una letra que aún mostraba las consecuencias del bombardeo—. Nos engañaron deliberadamente a nosotros y a todo el mundo, respecto a la intensidad de la explosión. Esto podría explicar la negativa de Johnson y la importancia tremenda que asignaba a esta explosión concreta.»

En realidad, en el dormitorio de Hughes se advirtió una sacudida mínima, pero para él, la explosión en sí era sólo la culminación estremecedora de un trauma de diez días. Sólo la cuenta atrás le había dejado ya destrozado.

«Sé perfectamente que estoy muy enfermo desde el punto de vista físico, y que desde el punto de vista psíquico he quedado reducido a una ruina nerviosa al final de la semana; la vida es demasiado breve para eso —le decía a Maheu, valorando lúgubremente los daños—. En fin, Bob, no sé cómo reaccionó usted ante lo de la última semana. Parece que está usted mucho mejor condicionado que yo, y probablemente haya sobrevivido mucho mejor que yo. Lo único que puedo decirle, Bob, es que si tuviese que pasar otra semana como la última, la verdad, no lo soportaría, y esto significará muchísimo trabajo y muchos planes que se van al garete. Lo lamento, pero soy así.

»No repetiría la última semana ni por todo el oro del mundo.»

Hasta los últimos minutos, Hughes había albergado la esperanza de que su petición personal a Johnson resolvería el asunto. Pero ahora era evidente que la diplomacia en la cumbre había fracasado. El presidente no se había molestado siquiera en contestar su carta.

Finalmente, dos semanas después llegó al Desert Inn un sobre que tenía otro dentro, y en él estas palabras: «Personal y confidencial para el señor Hughes.» Contenía una carta de dos folios, de Lyndon Johnson. No fue una sorpresa bien recibida. Ni muchísimo menos.

«Recibí la carta del presidente —comunicaba Hughes, con amargura—. Y ¡¡qué desilusión!!

»Dice muy ufano que la explosión no produjo desastres, que no hubo ningún daño importante y que, en realidad, se ajustó a todas las predicciones de los científicos de la CEA y disipó todas las dudas, hasta las más insignificantes, que pudiera haber albergado el presidente; en fin, que los científicos de la comisión controlan absolutamente el átomo, hasta el punto de que pueden hacerle dar volteretas y conseguir que pase por el aro cuando les dé la gana a ellos.

»Además, la CEA, con apoyo total del presidente, seguirá adelante, continuará realizando sus grandes explosiones en Pahute Mesa, en el campo de pruebas de Nevada.

»¿Por qué se habrá molestado el presidente en decirme todo esto y pasármelo por las narices? —preguntaba Hughes; la respuesta de Johnson le conmovía casi tanto como le había conmovido la explosión—. No esperaba que mencionase la posibilidad de una ayuda en el futuro. Comprendo que eso habría sido esperar mucho, pero ¡santo Dios! no tenía por qué enviarme dos hojas enteras de provocación deliberadamente hostil.»

En realidad, la respuesta del presidente, aunque protocolaria y algo distante, no era nada hostil.

«Consideré personalmente lo que me decía en su carta y lo discutí con mis asesores antes de tomar una decisión definitiva. Aprobé la realización de esta prueba sólo después de considerar su importancia para nuestra seguridad nacional... y sólo después de recibir seguridades de la Comisión de Energía Atómica de que numerosas comprobaciones habían demostrado claramente que no había motivo alguno de preocupación.»

El tono era respetuoso y tranquilizador. Si bien Johnson hacía saber a Hughes quién era el presidente, se había interesado bastante en atender la protesta del multimillonario. Desde luego, muy pocos ciudadanos particulares, acaso ninguno, podrían haber inducido al comandante jefe a congelar hasta el último minuto la aprobación de una prueba nuclear considerada de vital importancia para la defensa del país.

Pero para Hughes la carta del presidente era un bofetón deliberado. Johnson no sólo no había impedido la explosión; no sólo se negaba a trasladar a otro lugar las explosiones futuras, sino que había tenido a Hughes durante dos semanas esperando una respuesta.

Perplejo e indignado, Hughes contemplaba la respuesta de Johnson, la leía, la releía, buscaba significados ocultos, cada vez más furioso. Al día siguiente, estaba seguro de que su primera interpretación era correcta.

«No había en la carta del presidente nada que indicase una decisión aparte de la que tomó de seguir adelante con la última explosión —decía el frustrado exegeta—. Leí la carta con meticulosidad microscópica. Busqué minuciosamente un sentido oculto, intenté leer entre líneas. No pude encontrar nada en absoluto.

Todo lo que decía parecía una defensa detallada y categórica de su posición...

»En fin, Bob, todo este asunto resulta cada día más desconcertante.

»Cuando digo desconcertante, me refiero a lo siguiente:

»Él no contestó a mi carta hasta dos semanas después de recibirla.

»Esto, unido al extraño tono de su carta, me sugiere dos cosas: a) que esperó durante esas dos semanas a que yo me pusiera en contacto con él y llegase a un "acuerdo" directo sobre este problema, y como no lo hice se enfadó y me envió la carta hostil; b) que durante el período de dos semanas él estuvo negociando con los representantes de R.E.E.Co. o E.G. & G. [los dos contratistas particulares del campo de pruebas] y llegó a un acuerdo con ellos...»

Por supuesto. Era evidente. Pero ¿cómo no se había dado cuenta? El presidente había estado esperando el dinero del soborno, y al no cumplir el millonario con lo previsto, recurrió a la oposición para conseguir el dinero.

El comunicado de Hughes era una diatriba de inocencia perdida.

En su carta a Johnson había elegido la vía elevada, había hecho una alegación razonada y comedida exponiendo los peligros y los riesgos de una prueba nuclear incontrolada. Y el presidente había ignorado su petición, le había menospreciado como a un imbécil o un tacaño y se había embolsado el dinero de los otros.

En fin, nadie volvería a coger nunca descuidado a Howard Hughes. Para él, se habían acabado ya las ilusiones románticas. Había visto la luz.

«Bob, algunos creen que tengo poder ilimitado y que carezco por completo de escrúpulos —explicaba a su veterano encargado de pagos y sobornos—. Usted y yo sabemos que eso no es verdad, pero ellos no lo saben...»

Así eran las cosas. De ahora en adelante, Hughes haría lo que se esperaba de él y pondría fin al bombardeo.

«Le insto, pues, a que haga lo que le he dicho desde el principio: poner los pies en la tierra, ir al grano, tratar con la CEA y con la Casa Blanca... en Washington...

»Le insto a que se deje de monsergas y olvide de una vez por todas sus propósitos de intentar cambiar la moral del mundo, y se centre en un acuerdo de compromiso, pago incluido, en este asunto.

»Creo que podemos considerar que el precio podemos permitírnoslo, que podemos pagar lo necesario para llegar a un acuerdo...»

La perfidia del presidente había dado a Hughes pistas muy claras de dónde podía comprarse un acuerdo de aquel género.

«Creo que debemos determinar quién es el auténtico pagador, el de verdad, en la Casa Blanca —urgía a Maheu—. Y, por favor, no se me asuste por la enormidad de la idea. Sé desde hace años que la Casa Blanca bajo esta Administración demócrata concreta es tan corrupta como puede haberlo sido en ocasiones anteriores.

Aunque yo no sé a quién tiene usted que dirigirse, hay alguien, puede creerme.»

Por último, en una despreocupada posdata a su comunicado un tanto estremecedor, Hughes trazaba la auténtica dimensión del hombre al que había intentado llegar mediante el razonamiento honrado.

«P. D. Algo que debía haberle dicho a usted, en relación con mi suposición de que el presidente puede haber estado dos semanas esperando noticias mías sobre una base concreta: dinero contante. Debía haberle dicho que ya he hecho antes este tipo de negocio con él. Así que para mí no está investido de ningún ropaje que inspire respeto. Cuando estaba en el Senado, le facilité fondos que él necesitaba imperiosamente. Él lo recuerda, pues habló de ello con Finney. Y por ese motivo puede haber estado esperando, con mucho realismo, esas dos semanas, a que yo le enviase a alguien antes de contestar o tomar una decisión. De todas formas, creo que ésta es una explicación muy plausible de todo, incluido el tono de hostilidad de su carta...»

Plausible o no, Hughes estaba ya convencido de que debía volver a establecer su relación con Johnson sobre una «base concreta: dinero contante». Después de tantas esperanzas depositadas en su obra maestra, en su carta, el rechazo de Johnson a su petición vehemente tuvo un efecto cataclísmico. Marcó un cambio en su enfoque de la política y de los políticos en general. Eliminó las últimas inhibiciones que le quedaban para utilizar su riqueza personal con el fin de comprar poder público. Y acabaría conmocionando a toda la nación.

«Mire usted —concluía Hughes, con una expresión clásica de la moral de la libre empresa—, yo creo que hay un mercado abierto, en algún sitio, donde pueden comprarse y venderse las cosas que queremos, y le insto a que en vez de perder más tiempo suplicando donaciones gratuitas, busquemos el lugar adecuado y a la gente adecuada para comprar lo que queremos.»

Hughes creía que Johnson era una de las personas adecuadas. En cuanto al lugar idóneo resultó no ser la Casa Blanca, sino el rancho de Johnson. Y Hughes calculó que la cantidad adecuada sería un millón de dólares.

Fue Maheu quien sugirió primero este enfoque. Tres meses después de la prueba nuclear, en un comunicado al ático, preguntaba a su jefe:

—Teniendo en cuenta que voy a ir a Washington la semana que viene, ¿qué le parece si visito al presidente como su representante personal? Eso podría proporcionarnos un tanto seguro en lo del programa de la CEA y en lo del Stardust. Podría decirle que está usted interesado en sus planes futuros y que quiere ayudarle en lo posible. Su respuesta podría resultar interesantísima..., sin duda.

Cuando Maheu propuso esta visita, Hughes estaba enzarzado en una batalla con la Secretaría de Justicia, debido a su propósito de adquirir otro importante hotel-casino, el Stardust. Justicia se había apresurado a paralizar la operación el mismo día en que se anunció la explosión del «Furgón», y pese a la presión del presidente del comité judicial del Senado, James Eastland, los senadores de Nevada y el gobernador Laxalt, el fiscal general Ramsey Clark se negó a permitir que el ermitaño siguiera jugando al *monopoly* en Las Vegas.

Ahora Maheu se dirigía a Washington para enfrentarse al jefe de la sección antitrust Edwin Zimmerman, quien esperaba asimismo entrevistarse con el presidente, para comprar alguna seguridad. El viaje no fue ningún éxito. Zimmerman informó lacónicamente a Maheu que la compra del Stardust constituía «una evidente violación de la ley Clayton». En cuanto a la entrevista con Johnson, éste estaba enfermo, recuperándose en su rancho de Texas.

—Propongo con firmeza que aplacemos el asunto y volvamos a examinarlo dentro de seis meses..., después de las elecciones —aconsejaba discretamente Maheu a su amo.

Pero Hughes no estaba dispuesto a esperar.

—Mire usted, Bob, entiendo que si salimos de las próximas elecciones con el tipo de fuerza política que prevemos, no habrá necesidad de ningún acuerdo negociado sobre este asunto —contestaba Hughes—. No pongo en duda su habilidad para ganar esta partida en un enfrentamiento abierto. Pero me temo que yo estaré con los nervios completamente destrozados cuando el asunto acabe.

Furioso e indignado por el asunto del Stardust, aterrado por la bomba, Hughes no podía esperar que sustituyese a Johnson un presidente más servicial.

Y había otra cosa que el multimillonario quería. Lo había mencionado ya en su carta a Johnson, aunque sólo como ejemplo de una de las muchas cuestiones urgentes hacia las que, por altruismo, no había llamado la atención del presidente.

«La última de éstas —le decía Hughes a Johnson en la carta— fue cuando empecé a fabricar un helicóptero pequeño para utilizarlo en el Vietnam. Perdí más de una quinta parte de cuanto poseo en el mundo sólo en ese proyecto, debido exclusivamente a que el precio se calculó mal.

»Nunca en mi vida había sufrido una pérdida tan grande. El precio al que se pagaron los aparatos no cubría ni siquiera el coste de los materiales.»

Era verdad. El multimillonario había tenido un tropezón. La pérdida no era ni mucho menos tan grande como él afirmaba, pero rondaba los noventa millones de dólares. Sin embargo, había un aspecto del desastre que Hughes olvidó mencionar. El precio no se había calculado mal.

Hughes había presentado de forma intencionada una oferta ridículamente baja, a fin de hacerse con el mercado de helicópteros, que eran vitales en la guerra. Pero le salió el tiro por la culata luego, cuando intentó triplicar el precio y una investigación del Congreso lo descubrió. Entonces se vio obligado a mantener la oferta presentada.

Como la propia guerra del Vietnam, el contrato de los helicóp-

5/14/68

Bob —
There was nothing in the President's letter to suggest any decision
beyond the one taken when they went
ahead with the last explosion. I read
the letter with microscopic care.
I looked minutely for some in-
between-the-lines meaning. I
could find none at all. Everything
he said seemed to be an elaborate,
over emphatic defense of his position.

When I say "puzzling" I
mean this:

He did not answer my letter
until 2 weeks after he received it.

This, above, coupled with the
strange ~~ti~~ tone of his letter,
suggests two things to me — Either
(a.) that he waited the two weeks for

me to contact him and work
out a straight-forward "deal" on
this problem, and then became
angry when I failed to respond
and let me have the hostile
letter, or (B.) that during the
two week period he was negotiating
with representatives of R.E.E.Co.
or E. G. & G. and finally made
a deal with them.

You see, Bob, some people feel I have unlimited power and absolutely no scruples. You and I know this is not true, but they dont know it.

Any way, you ask me what to do. I dont recommend hiring a firm to make a study. I urge what I have urged from the beginning: Down to earth, brass tacks, bargaining with the A.E.C. and the White House — in Washington.

That is what I recommend, and that we do it right away. I think we ought to start by asking Long to ask the A.E.C. for a break down of approximate costs and delays (if any) of performing the large blasts at another site. We may find this is the way to open the doors and start some effective negotiating toward a paid-for compromise.

At least if he is in daily talks with A.E.C., we will know their plans when the next blast etc.

In otter words, I urge

we get down off the soap box and quit trying to make over the morals of the world and focus on a bought and paid for compromise settlement of this issue.

I feel we may find that, at a price we can afford, we can buy a settlement and convince E.G.&G. that under such settlement there will be only one loser — me. And that E.G.&G. will not lose anything that will not be reimbursed by me.

At least lets try it, and ~~soon~~, quick, please!

Now, simultaneously with our efforts thru the A.E.C. or E.G.&G., or both, I think you should try to determine ~~it~~ who is the real, honest-to-God, bag-man at the White House. And please dont be frightened away by the enormity of the thought. I have known for a number of years that ~~the~~ the White House under this particular Democratic administration is just as crooked as it can be. Now, I dont know whom you have to approach, but there is somebody, take my word for it. Now I dont say we should

count on this, but I certainly
think we should explore it as another
string to the bow.

I have more, but please
let me have some assurance
that we are at work on this
program first. I feel we have
hesitated a little during the last
week, probably my fault, but
I want to go full blast now,
and I certainly would like to
have, as I say, some confirmation
of a take-off.

I wait to hear,

Stoward

P.S. One thing I should have
told you, in connection with my
assumption that the Pres. may have
waited the two weeks to hear from
me on some kind of a hard-cash,
adult, basis, I should tell you
that I have done this kind of business
with him before. So, he wears no
awe-inspiring robe of virtue with me.
I gave him some critically needed
funds when he was in the Senate.
He remembers this as he spoke of it to
Finney. This is why he may very
realistically have waited the two weeks
for me to send somebody to him
before he replied or took a stand.
Anyway, I think this is one very

plausible explanation of everything, including the hostility when he did write.

In any event, it all boils down to one point: We have been spending hours of mental toil and turmoil and days of delay trying to force the A.E.C. to give us what we want free and, in addition, to take bread out of the mouths of E. G. & G. employees, figuratively speaking, and all free of charge to us.

Now, I think there is a market-place, somewhere, where the things we want can be bought or sold, and I urge that instead of spending any more time begging for a free hand-out, we find the right place and the right people and buy what we want.

Please let me know,

Howard

teros, nacido del engaño, habría de acabar en desastre. Y eso debía inspirar a Johnson cierta simpatía.

De todos modos, lo que realmente obsesionaba a Hughes no eran las enormes pérdidas a causa de los helicópteros ni el bloqueo antitrust, sino la bomba. Y tras fracasar en su tentativa de convencer al presidente, decidió comprarle.

A las dos semanas de su fallida misión en la Casa Blanca, Maheu iba camino del rancho de Johnson, adonde llegó en un reactor privado de Hughes. El verdadero alcance de su misión era todavía un secreto que sólo conocía su taciturno jefe. «Aún no estoy en condiciones de decírselo», concluyó Hughes, enviándole a cumplir su misión sin más explicaciones.

Johnson estaba totalmente en tinieblas. Tan grande era el prestigio del nombre Hughes que el presidente había aceptado recibir a su emisario sin que se le comunicara siquiera el objeto de su visita. En los dos días anteriores, Johnson había hecho de anfitrión de Richard Nixon y de Hubert Humphrey, y ahora, tras ver a sus dos sucesores potenciales, el presidente se disponía a entrevistarse con el representante de un tercer poder decisivo.

—¿Quién es este Maheu, y por qué viene a verle, señor presidente? —preguntó Jim Jones, encargado de concertar las entrevistas de Johnson.

—Es el hombre de Howard Hughes —contestó Johnson, como si eso bastara para responder a la pregunta.

Maheu llegó a Texas la noche antes de la entrevista programada en el rancho de Johnson, se alojó en un motel y llamó al ático. «Tengo una cita con el presidente de los Estados Unidos mañana por la mañana —recordó a Hughes—. Querría que me explicara de qué debo hablar con él.» Hughes volvió a negarse a explicarlo. «Llámeme por la mañana antes de salir —le contestó—. Y mientras tanto, procure dormir tranquilamente.»

Si a Maheu le resultó difícil dormir, dadas las circunstancias, probablemente le sucediera otro tanto a Johnson. Éste se había entrevistado con Maheu en otra ocasión, pero no en los meses transcurridos desde que el presidente «bombardeó» a Hughes, ni durante el año transcurrido desde que había descubierto al fin el sucio secreto compartido por Hughes, Maheu y la CIA: la conjura para asesinar a Fidel Castro, que aún no había salido a la luz pública.

Maheu había desempeñado un papel decisivo, claro está, en aquella conspiración de la CIA y de la Mafia para asesinar al jefe del Estado cubano. A Hughes se le había comunicado el asunto casi inmediatamente y sin la menor vacilación. Pero Johnson no se enteró hasta seis años después, por un periodista de Washington, Drew Pearson.

El descubrimiento de la conjura con tanto retraso enfureció a Johnson. Convencido de que los atentados contra la vida de Castro habían sido en cierta manera la causa de la muerte de John F. Kennedy; seguro, en realidad, de que la CIA había participado en el asesinato de Kennedy, Johnson (temeroso de hallarse también él en peligro) puso en máxima alerta al servicio secreto y ordenó una investigación confidencial al FBI. Johnson calificó la CIA de «Asesinato, S. A.» y convocó al espía jefe Richard Helms en el Despacho Oval.

Johnson nunca llegó a saber toda la historia, pero sí el papel decisivo que Maheu había desempeñado en el asunto.

Así que al presidente le constaba que el embajador de Hughes había sido un hombre importante de la CIA, su contacto con la Mafia en un contrato fallido para asesinar a un jefe de Estado. Y en las primeras horas de la mañana del 12 de agosto de 1968, mientras Maheu esperaba nervioso en un motel de Dallas que Hughes llamase para comunicarle las órdenes para su misión definitiva, el presidente analizaba también con cierta inquietud el motivo de la visita de Maheu. Por fin, unos minutos antes de la partida prevista de éste, el multimillonario telefoneó a su pagador.

—Quería que le indicase al presidente Johnson —declararía posteriormente Maheu— que él, Howard Hughes, estaba dispuesto a darle un millón de dólares cuando abandonase el cargo si paralizaba las pruebas nucleares antes.

Era una misión que Maheu jamás llevaría a término.

Johnson cayó de nuevo enfermo, pero parecía hallarse en buena forma cuando regresó del hospital aquella mañana, más tarde, para recibir a Maheu, que ya había llegado al rancho. El presidente, que ignoraba aún las órdenes de Hughes y las intenciones de Maheu, no dejó traslucir la menor inquietud cuando saludó a su visitante.

Bajó tranquilamente del helicóptero, echó su gran brazo a Maheu sobre los hombros, y le estrechó la mano vigorosamente; le condujo luego al asiento delantero de un coche que esperaba, junto a lady Bird, para un paseo de media hora por sus dominios.

Johnson se puso al volante de un descapotable blanco Lincoln Continental y, gesticulando mucho, inició un monólogo ininterrumpido, mostrando sus posesiones, mientras conducía a una velocidad terrorífica por el terreno pedregoso, pasando ante los Hereford que pastaban, ante la cabaña donde había vivido su abuelo, ante el cementerio de la familia, con su murete de piedra. Paró al fin junto a la pequeña cabaña situada en la orilla norte del río Pedernales, donde él, el presidente, había nacido.

La visita a su lugar de nacimiento era obligatoria. A diferencia de su paisano texano Hughes, Johnson se había criado en un ambiente pobre, no en la Texas opulenta del petróleo personificada por el padre del multimillonario, sino en la región áspera y escabrosa próxima a Austin, donde su padre había sobrevivido a duras penas como agricultor. El presidente insistía en que todo visitante conociese su antiguo hogar, así que mostró a Maheu la humilde cabaña para que también él quedase impresionado por la dura lucha de Johnson para llegar al poder.

Sólo después de esto, se retiraron los dos solos al patio delantero de la gran casa de piedra del rancho en que ahora vivía Johnson, y empezaron a hablar de negocios.

Maheu no mencionó el millón de dólares. Sentado en su butaca junto al presidente, a la sombra de un viejo roble, Maheu dijo que

Hughes tenía gran interés por el futuro de Johnson, y éste preguntó en qué podría ayudar al multimillonario.

Johnson supo al fin cuál era la misión de Maheu. El ex hombre de la CIA había ido a ofrecerle un soborno amistoso. La respuesta del presidente parecía invitar a ese enfoque. Pero, ajeno a que Hughes se mostraba dispuesto a jugar fuerte, mantuvo discretamente bajo su precio y sus promesas.

Según informaría Maheu posteriormente a su jefe, Johnson dijo estar «muy interesado» en dedicar sus años futuros a una escuela de asuntos públicos, asociada a la Universidad de Texas, donde se estaba construyendo la Biblioteca Johnson, y que «apreciaría muchísimo una ayuda para este proyecto».

La Escuela y Biblioteca LBJ obsesionó cada vez más a Johnson en los últimos meses de su presidencia. Serían sus monumentos a sí mismo, las instituciones que garantizarían su lugar en la historia, que le protegerían de «los de Harvard», los profesores hostiles del Este, que de otro modo serían quienes escribiesen su epitafio. Sin embargo, la petición de Johnson a Hughes fue bastante más concreta.

«Mientras analizábamos el proyecto de la escuela y expresaba su deseo de disponer de gente metida en la política y en el gobierno —continuaba Maheu—, dijo que "así podríamos evitar tener a tipos como ese Zimmerman que dirige la división antitrust del Ministerio de Justicia". Luego me preguntó en qué estado se encontraba nuestro asunto del Stardust. Le puse al corriente. Él me dijo: "Bueno, me ocuparé de eso, a ver qué se puede hacer."»

Aunque el presidente no fue demasiado sutil al vincular así la donación para la biblioteca al asunto del Stardust, dejó bien claro que no estaba dispuesto a vender la bomba a Hughes.

Antes de que Maheu pudiera mencionar siquiera las pruebas nucleares, Johnson lanzó un ataque preventivo. Recordó la carta del multimillonario y rechazó hábilmente cualquier posible discusión, diciendo: «No incluiré ese documento en el archivo de la Biblioteca Johnson, pues, si lo hiciera, podría resultar embarazoso para el señor Hughes.» A pesar de esta ducha de agua fría, Johnson no dejó zanjado totalmente ni siquiera este asunto. De hecho, según Maheu, prometió «hacer todo lo que pueda por impedir que se realicen explosiones grandes en Nevada».

Concluido el negocio, el presidente invitó a Maheu a su despacho particular. No se mencionó el desastre de los helicópteros. Pese a sus escalofriantes pérdidas, Hughes sólo había ordenado a Maheu enterarse de cuándo podría acabar la guerra en el Vietnam. Seguramente el propio Johnson habría pagado un millón por la respuesta, y lo más que pudo ofrecer a Maheu de momento fue permitirle echar un vistazo a algunos documentos secretos. Mientras Maheu los repasaba allí sentado, intentando ver la luz al final del túnel, el presidente se dedicó a manejar otros asuntos de Estado. Irónicamente, entre los documentos que firmó, figuraba una orden ejecutiva autorizando a los antiguos habitantes de Bikini a regresar a su atolón del Pacífico. Veintidós años después de la expulsión de los nativos para permitir las primeras pruebas atómicas estadounidenses importantes, se consideraba por fin la isla libre de peligro. (En realidad, posteriormente se descubriría que el atolón era peligrosamente radiactivo y aún sigue deshabitado.)

Tras entrevistarse en privado durante casi tres horas con el embajador de Hughes, Johnson le invitó a comer con la familia presidencial (comida a la que también asistió Arthur Krim, director financiero del comité nacional del partido demócrata) y luego llevó personalmente a Maheu en coche hasta su avión.

«Pasé en el rancho cinco horas en total, y no podrían haberme tratado con mayor simpatía y hospitalidad todo el tiempo —escribía Maheu a Hughes, poniendo fin al informe—. Al despedirme, me pidió que le transmitiese a usted de nuevo su consideración y sus más cordiales saludos.»

Parecía una visita amistosa. Pero poco después de que Maheu despegara, Johnson explicó a uno de sus ayudantes una versión muy distinta. El emisario de Hughes, confió el presidente a su asesor con aparente consternación, ¡había osado ofrecerle dinero!

—Le dije que se lo metiera en el culo —declaró el presidente, con un corte de manga.

Durante los días siguientes se difundió entre los miembros del equipo de la Casa Blanca la noticia de que Hughes había ofrecido un gran donativo para la Biblioteca Johnson, y que Johnson había rechazado tal oferta indignado, consternado por el hecho de que Maheu se hubiera atrevido a insinuar siquiera semejante cosa.

Sin embargo, durante la comida con Maheu, el presidente le había dicho a su recaudador de fondos de confianza, Krim, que tenía que ir por el dinero de Hughes y, de hecho, le enviaría posteriormente a Las Vegas para presionar a Maheu con objeto de conseguir la donación.

La coartada era innecesaria. Hughes no sentía ningún interés por estos asuntos marginales. Cuando le dijeron que los donativos para la Biblioteca LBJ no podían superar la cifra de 25 000 dólares, al parecer comentó: «¡Qué coño, no podría controlar a ese hijo de puta con 25 000 dólares!», y no dio un centavo.

Johnson, por su parte, también falló. No paralizó las pruebas nucleares, y si intervino, según lo prometido, en el asunto del Stardust, su intervención no tuvo la menor trascendencia, ni con el fiscal general ni con su ayudante, Zimmerman. El bloqueo antitrust y las temidas explosiones continuaron.

Dando vueltas el uno alrededor del otro como dos leones heridos, nunca seguros ni de la auténtica fuerza del otro ni de sus verdaderas intenciones, Hughes y Johnson jamás llegaron a ponerse de acuerdo. El presidente se retiraría pronto, definitivamente, a su rancho y también se convertiría casi en un eremita. Su encuentro fallido con Hughes pasó a ser una pequeña parte de sus amargos recuerdos.

Pero para Hughes fue un momento decisivo. El fracaso de su tentativa de convencer primero y comprar después a Johnson, no hizo más que decidirle más que nunca a comprar al próximo presidente. Hughes veía a Johnson como un hombre al que había comprado una vez y del que estaba seguro que aún seguía en venta, pero que ahora se negaba a venderle lo que él quería. Incapaz de entender que estaba intentando comprar la única cosa que ningún presidente podía vender (la Bomba), se puso a buscar un candidato con el que pudiera hacer negocio.

Hughes acosaría a Johnson durante los últimos días de su presidencia, pero su atención se había centrado ya en otro dirigente nacional que se había mostrado bastante más servicial.

8. POBRE HUBERT

—Aquí estamos, así es como tiene que ser la política en Estados Unidos, ¡la política de la felicidad, la política de la alegría! ¡Y así será de ahora en adelante!

La voz, que destilaba una alegría empalagosa, era inconfundible. Moviendo la cabeza y el cuerpo, aleteando con los brazos, incapaz casi de contener su entusiasmo, Hubert Horatio Humphrey iniciaba su campaña presidencial. Era el 27 de abril de 1968. Había pasado casi un mes desde la súbita renuncia de Johnson, y el vicepresidente se sentía libre al fin para proclamarse candidato.

—Así pues, amigos y compatriotas —decía a la audiencia de una cadena de TV nacional y a dos mil seguidores que se apretujaban en el salón de baile de un hotel de Washington—, lucharé por la candidatura...

Antes de que pudiera concluir, la multitud comenzó a vitorear, a gritar:

—¡Queremos a Humphrey! ¡Queremos a Humphrey!

El clamor ahogaba sus palabras, y Hubert, radiante, gritó a su vez:

—¡Le tenéis!

Y la multitud rugió.

Siempre efusivo, el Guerrero Feliz nunca había parecido tan desbordante como ahora (con la banda tocando *The Minnesotta Rouser* y su gente agitando los sombreros de plástico Humphrey); estaba decidido a llegar a la Casa Blanca, proclamando «la política de la felicidad, la política de la alegría».

Era una consigna curiosamente inoportuna en aquel desdichado año de guerra, disturbios y asesinatos. Y precisamente a nadie le habría parecido más inadecuada que al hombre que pronto se convertiría en uno de los principales apoyos del vicepresidente: Howard Hughes.

Porque en el ático no reinaba la alegría. El anuncio de Humphrey llegaba burbujeando al televisor del multimillonario al día siguiente de la explosión del «Furgón», y el estremecido pero resuelto anacoreta estaba planeando una campaña muy distinta.

La política del dinero, la política del soborno.

«Bob —escribía Hughes—, tenemos que actuar con rapidez o nos encontraremos frente a otro plazo inexorable, haciendo tentativas desesperadas en el último momento para impedir otra explosión inminente. La CEA no va a dejar descansar el asunto.

»No soy ningún especialista en política, pero se ve en seguida que sólo tenemos un candidato verdaderamente importante, y no hay que esforzarse por descubrirlo, estoy seguro.

»Así pues, creo que debemos centrarnos en nuestra mejor apuesta. Creo que tenemos que decidir a qué candidato pensamos apoyar y apoyarle hasta el final, pero sólo si es capaz de ayudarnos en lo de la bomba.

»En fin, si Humphries es el hombre, estupendo.

»De todos modos, le diré que en este juego sólo podemos usar un tipo de marcadores, y creo que deberíamos decidir a través de quién y cuánto, y luego ponernos manos a la obra.»

Howard Hughes era incapaz de escribir correctamente el apellido de Hubert Humphrey (solía llamarle Humphries), pero tenía motivos para apostar por el vicepresidente.

Era una relación muy curiosa la suya. Parecía que no tuvieran nada en común. Humphrey era la quintaesencia del hombre público. Le gustaba la multitud, era abierto, parlanchín, casi embarazosamente emotivo, un extravertido completo. Nacido en una habitación encima de la tienda de la familia, se crió en la pobreza, tuvo que dejar la universidad para volver a trabajar, y su carrera política siempre estuvo y seguía estando marcada por la falta crónica de dinero. Liberal clásico de la vieja escuela, populista partidario de campesinos y obreros, había acaudillado todas las causas sociales desde los derechos civiles al control de armamentos y al seguro médico.

Sólo tres semanas antes, la reacción de Hughes ante el asesinato de Martin Luther King había demostrado claramente lo distintos que eran aquellos dos hombres. Humphrey había adquirido notoriedad nacional en primer término dirigiendo la lucha en pro de un programa avanzado de derechos civiles en la convención demócrata de 1948, donde declaró: «Los hay que dicen: "Estamos precipitándonos en este asunto de los derechos civiles." Yo digo: llevamos 162 años de retraso.» Hughes aprovechó la ocasión del asesinato de King para declarar: «Los negros ya han progresado lo suficiente para los próximos cien años y se están sacando de quicio las cosas.»

Sin embargo, en la primavera de 1968 el oligarca texano y el populista de Minnesota forjaron una alianza. Ninguna de las causas de Humphrey (desde luego no el desarme nuclear) habían proporcionado nunca dinero. Ahora, de pronto, tropezaba con oro. Hughes estaba decidido a paralizar el bombardeo a toda costa. Y el vicepresidente, que había trabajado toda una década gratis en favor de la limitación de las pruebas atómicas, se incorporó muy gustoso a la lucrativa campaña antibomba del multimillonario.

No tenían nada en común, aparte la bomba. Salvo que Hughes quería un presidente que estuviese bien endeudado, y Humphrey necesitaba desesperadamente dinero para llegar a la Casa Blanca.

¡Pobre Hubert! Incansable en su lucha por la presidencia desde 1952, se lanzaba a ella en 1968 escaso de dinero y acosado por recuerdos de derrotas anteriores, ninguno más vívido que el de la noche en que estaba sentado en un autobús alquilado, triste, deprimido, llorando de rabia y decepción mientras oía pasar rugiendo sobre él el reactor privado de los Kennedy, que llevaba a su bien respaldado adversario a la victoria en las primarias de Virginia occidental, a la candidatura demócrata en 1960, a la Casa Blanca...

Esta vez sería distinto. Ahora Humphrey estaba decidido a ir en primera. Aceptaría aportaciones ilegales de las empresas del grupo lechero, aceptaría un dudoso préstamo de un comerciante de grano de Minnesota y haría un trato con Howard Hughes.

Aun así, Richard Nixon le superaría económicamente por cuatro a uno, no tendría dinero bastante para pagarse un anuncio de televisión de escala nacional hasta las últimas semanas de campaña, y perdería las elecciones por unos miles de votos que podrían haber sido suyos con unos cuantos millones de dólares más.

Al día siguiente de que «Humphries» anunciase su candidatura, Hughes cogió al vuelo la oportunidad. «He leído en un artículo del periódico que H. H. H. está agobiado por la falta de recursos —escribía—. ¿Aprovechamos esta clara oportunidad? Quiero decir de un modo abierto y a lo grande...»

Al cabo de dos semanas, Maheu se entrevistaba en privado con el vicepresidente. Llegaron a un acuerdo. Antes de que terminara la campaña, Hubert Humphrey recibiría 100 000 dólares (la mitad en efectivo, en dinero secreto) de Howard Hughes.

Humphrey no sería el único candidato que recibiera apoyo de Hughes aquel año. Y no era sólo el bombardeo lo que angustiaba a Hughes. Cuando las elecciones de 1968 se acercaban, el multimillonario se enfrentaba a una serie de graves problemas no resueltos.

Su intento de comprar Las Vegas había quedado paralizado por la acción antitrust. Su plan, abortado una vez, pero aún en pie, de adquirir la cadena de televisión ABC necesitaba la aprobación de la CFC. Su vuelta al negocio de las líneas aéreas, a través de la absorción ilegal de la Air West, exigiría permiso de la Casa Blanca y del Consejo de Aeronáutica Civil. Su negocio de los helicópteros estaba convirtiéndose en un desastre, y la única posibilidad de salvarlo dependía de un nuevo contrato del gobierno. Su batalla legal por la TWA, con 137 millones de dólares en juego, la decidiría un Tribunal Supremo remodelado por el nuevo presidente. Estaba prevista una importante revisión de la legislación fiscal del país, que ponía en peligro la exención de que gozaba su fundación médica. Y había que considerar también el asunto de la Hughes Aircraft Company, un negocio de 10 000 millones de dólares al año, que dependía casi totalmente de Defensa, los contratos de la Defensa, la CIA y la Agencia del Espacio.

Un individuo cuyos negocios estaban tan íntimamente relacionados con los del gobierno federal no podía dejar al azar la elección de un nuevo jefe del Estado.

«Creo que deberíamos decidir a qué candidato presidencial vamos a apoyar, y luego creo que deberíamos *llegar hasta el final* —escribía Hughes, completamente neutral, decidido a asegurarse un ganador, aunque eso significase apoyar a todos los que participaran en las elecciones.

»Creo que si subiéramos a bordo del modo resuelto que tengo pensado, nuestro candidato o la organización de su partido serían capaces de prestarnos una ayuda importante y estarían dispuestos a prestárnosla...

»Por ejemplo, si eligiésemos a Kennedy o a Humphries, el presidente del partido demócrata y sus ayudantes nos ayudarían mucho a través de la Casa Blanca.»

Entre los demócratas, la elección evidente era Humphrey. Hughes consideraba a Bobby Kennedy, de momento al menos, sólo una carta en una partida cínica para tener aún más atrapado al necesitado vicepresidente.

«Bob —escribía Hughes exponiendo su guión—, me pregunto si deberíamos sentarnos con Humphries y decirle que Kennedy nos ha hecho propuestas claras y definidas.»

No era cierto. Pero sin duda la mentira asustaría a Humphrey, que no disponía de muchos multimillonarios.

«Que yo considero que sólo puedo apoyar a un hombre de un modo verdaderamente importante —continuaba Hughes, apuntándole a su ayudante lo que tenía que decirle al vicepresidente—. Que estoy dispuesto a correr el riesgo de ofender a Kennedy y a proporcionarle apoyo ilimitado a Humphries (no sólo en Nevada), pero sobre la base de que debería proporcionar mucho más de lo que hubiese previsto para todo el país.»

Sí, eso sería eficaz. Primero, asustar a Humphrey con el fantasma de un alianza Hughes-Kennedy. Luego, la oferta de suscribir toda su campaña presidencial.

«Luego —concluía la araña, terminando de tejer su tela—, creo que debemos decirle lo que queremos. Si se muestra indiferente, creo que deberíamos trabajar a Kennedy *sin la menor dilación.*»

Humphrey no se mostró indiferente. Antes incluso de haberse incorporado oficialmente a la campaña electoral, ya había estado sirviendo al multimillonario. Él fue quien concertó la entrevista Sawyer-Johnson antes de la explosión, y había presionado también a un comisionado de la CEA, muy reacio, a entrevistarse con el emisario de Hughes («La petición fue tan imperiosa que aceptó la entrevista», indicaba un informe de la Comisión), presionó por un aplazamiento de noventa días en el asunto del «Furgón» a instancias de Maheu, y ya en 1967 había intentado defender ante Johnson las alegaciones del multimillonario sobre la bomba, habiéndole rechazado Marvin Watson, jefe del equipo de la Casa Blanca, que era quien guardaba la puerta del Despacho Oval.

Hughes consideraba al vicepresidente su hombre en la Casa Blanca de Johnson, y procuró influir en el recalcitrante comandante jefe a través de su lugarteniente, más servicial.

«No logro ver otros medios de motivar a Johnson —declaraba antes de intentar sobornar directamente al presidente— que una oferta significativa de ayuda a Humphrey, que es, según tengo entendido, el candidato por él designado.»

«Hay un hombre que puede lograr nuestro objetivo a través de Johnson, y ese hombre es H. H. H. —escribía Hughes en otra ocasión—. ¿Por qué no le comunicamos con sumo secreto que es *absoluta y totalmente cierto* que le proporcionaremos de inmediato apoyo *pleno e ilimitado* para su campaña electoral si hace esto por nosotros?»

Hughes esperaba sacar un rendimiento a la inversión y no siempre se mostró satisfecho por el comportamiento de Humphrey. Lo que al parecer no sabía el multimillonario era que Johnson no sentía más que desprecio hacia su vicepresidente, que no le daba ningún poder y que, en realidad, gozaba atormentándole del modo más grosero y cruel.

Esta relación databa de hacía mucho tiempo, de la época en que los dos eran senadores. Johnson, entonces jefe de la mayoría, tenía por costumbre agarrar a Hubert por las solapas, darle órdenes y despedirle luego propinándole puntapiés en las espinillas. Puntapiés fuertes. De hecho, Humphrey aún tenía cicatrices en las piernas, y no eran nada comparado con las cicatrices que le produciría más tarde Johnson.

En cierta ocasión, invitó a su vicepresidente al rancho y luego decidió que Humphrey tenía que montar a caballo vestido de vaquero. Sacó, pues, un atuendo de vaquero que empequeñecía a su ayudante, convirtiéndole en un enano grotesco, atuendo rematado con un sombrero de ala ancha demasiado grande, que le tapaba las orejas, y luego le dio el peor caballo del rancho. Después, llamó al equipo de prensa de la Casa Blanca para que fotografiara a Hubert, que parecía un payaso de circo presa de terrores mortales.

Pese a elegir a Humphrey como su candidato a la presidencia, Johnson siguió torturándole. Cuando un periodista le pidió un comentario sobre su candidato, Johnson le contestó: «Chilla demasiado.» Ante la insistencia del periodista, Johnson contestó: «Pues eso..., que chilla demasiado.»

Y como candidato a la presidencia, Humphrey seguía totalmente sometido al capricho de Johnson.

En determinado momento de la campaña, Maheu llamó a Humphrey, y cuando un ayudante le transmitió el recado, al vicepresidente le dio un ataque de cólera impotente. «¡Maldita sea, dígale a Hughes que llame al presidente de los Estados Unidos y no a mí! —dijo el candidato, levantándose y hablando a gritos—. Dígaselo: en este momento, yo no podría conseguir siquiera que arreglasen un bache en la avenida Pennsylvania, mucho menos paralizar las pruebas atómicas del desierto. Dígale que llame a Lyndon Johnson.»

De todos modos, Hughes seguía hallando misiones para su hombre, y hablaba a menudo del vicepresidente como si no fuera más que otro empleado suyo.

«Creo que debemos empezar a negociar con la CEA exactamente igual que si estuviésemos haciendo un negocio —escribía—. Opino que podemos hacerlo a través de Humphries...

»Comunique, por favor, a Humphries que la CEA hizo ayer una prueba de 200 kilos y ni siquiera tuvieron la gentileza de comunicárnoslo —se quejaba en otra ocasión—. Dadas las circunstancias, quiero que Humphries consiga una declaración de la comisión sobre sus planes futuros...»

Y cuando Hughes decidió al fin establecer un contacto directo

I am afraid there are only two people strong enough to face up to the A.E.C. They are Kennedy or Johnson.

I can see no way to motivate Kennedy except by a ~~truely~~ truely meaning-ful gesture of assistance.

The only way I can see to motivate Johnson would be through a meaningful offer of assistance to Humphries, who is, I understand, Johnson' designee.

So, Bob, I am wondering if we should not sit down with Humphries and tell him I have been propositioned by Kennedy in the most all-out way. That I feel I can only sponsor one man in a truely important way. that I am willing to risk offending Kennedy and agree to give the most unlimited support to Humphries — not just in Nevada — but on a basis that should provide far more than he ever contemplated for the entire country. Then, I think we have to tell him what we want.

If he is indifferent, then I think we should go to work on Kennedy without a moments delay.

con Johnson, pensó utilizar al vicepresidente como recadero: «Ya sabe usted que estoy absolutamente decidido a escribir un breve mensaje personal a Johnson, y podríamos pedir a Humphries que se lo entregue en mano.»

Cuando Johnson rechazó su petición respecto a la bomba, el multimillonario pareció considerar al desdichado vicepresidente responsable, al menos en parte.

«Debería tener más influencia en esta Administración que ningún hombre —escribía Hughes, aún furioso, por el retraso de dos semanas de Johnson en contestar a su carta—. Pero si en realidad está haciendo algo por nosotros, ¿por qué tendría que molestarse el presidente en insistir en el asunto? Desde luego, no parece que Humphries ni nadie nos esté ayudando ni siquiera con una palabra amable.»

La enloquecedora intransigencia de Johnson no hizo más que reforzar la decisión del multimillonario de sustituirle por un presidente más manejable.

Apenas una semana después de que Humphrey iniciara su campaña, Maheu inició la campaña de Hughes. Pronto se fundirían los dos impulsos.

«Los profesionales creen que el individuo más adecuado para acaudillar nuestra causa es el vicepresidente, debido a su posición actual y, más concretamente, su candidatura —informaba Maheu al ático—. Creemos que es importante que él llegue a esta conclusión "por su cuenta". Por eso hemos puesto en movimiento toda la maquinaria precisa y esperamos que esto le mueva a invitarme a Washington para planear la estrategia que conviene seguir.

»En las 24-48 horas próximas se harán propuestas al vicepresidente. Si reacciona como espero, da el visto bueno y se muestra dispuesto a trabajar con nosotros en este programa, realmente creo que habremos conseguido mucho.»

Humphrey no tardó en llegar a la conclusión «correcta» «por su cuenta». Al día siguiente mismo, comunicó que estaba dispuesto a unir fuerzas con Hughes, e incluso deseoso de ello. La noticia llegó a través de un miembro de su familia que ya estaba a bordo.

Robert Andrew Humphrey, uno de los tres hijos del vicepresidente, había sido contratado hacía dos años por Maheu como «distribuidor para el Medio Oeste» de Radiarc, Inc., una empresa de electrónica que Maheu había comprado como inversión particular. La empresa no formaba parte del imperio Hughes, pero su posesión más valiosa, el joven Humphrey, sí parecía estar incluido en el imperio. Actuaba habitualmente como intermediario en los tratos de su padre con Maheu.

«Bob Humphrey es el favorito de su papá y un joven muy competente —escribía Maheu en un comunicado sobre *ayuda política* que envió a Hughes—. Cualquier misión que se encomiende a Bob Humphrey contará automáticamente con la ayuda y el pleno apoyo de su padre, como ha sucedido siempre en el pasado.»

Ahora, el propio vicepresidente parecía dispuesto a incorporarse al equipo.

«Bob se puso hoy en contacto conmigo para decirme que su padre deseaba entrevistarse conmigo para hablar de los futuros planes de la Comisión de Energía Atómica», informaba Maheu, añadiendo al cabo de unos días que la alianza con Humphrey se formalizaría en Denver, Colorado.

«Hoy el vicepresidente me envió recado de que estará en Denver este jueves y que le gustaría entrevistarse conmigo a fin de hablar de su estrategia para *aplazar* y más adelante eliminar las grandes explosiones en Nevada.»

El 10 de mayo de 1968, sólo a las dos semanas de incorporarse a la lucha por la presidencia, Hubert Humphrey hipotecó su campaña a Howard Hughes. Según declararía Maheu posteriormente, Humphrey aceptó en una reunión nocturna en la *suite* del vicepresidente en el Denver Hilton, luchar contra la bomba a cambio de la promesa de una aportación de 100 000 dólares, la mitad en efectivo.

Maheu, considerando la empresa conjunta demasiado «franca» para hablar de ella en una conferencia, sometió a Hughes al día siguiente un informe escrito sobre el asunto:

«Éstas son las propuestas y las medidas planteadas por el vicepresidente. Opina que deberíamos plantearnos el siguiente objetivo: demorar los planes futuros de esas grandes explosiones hasta el momento propicio en que la Administración inste a que las pruebas subterráneas se incluyan en el tratado de prohibición. Promete su apoyo y el de la Administración.»

Este pacto privado de desarme nuclear era un auténtico negocio. A Hughes sólo le costaría 400 000 dólares. Cien de los grandes para Humphrey y 300 0000 para financiar un «estudio independiente» de seis científicos aprobados por la Casa Blanca, todos críticos notorios de las pruebas nucleares.

«El vicepresidente trabajará con nosotros en este programa muy estrecha y confidencialmente —añadía Maheu—. Está deseoso de saber cuál es su opinión sobre el plan mencionado.»

Hughes reaccionó con agria impaciencia. Esperaba resultados a cambio de su dinero (no estudios) y estaba dispuesto a pagar bien.

«Usted me dice: "¿Qué piensa del plan de Humphries?" —escribía Hughes—. Bob, no soy especialista en estas cosas. Si lo fuese, para empezar no tendríamos que recurrir a Humphries. Todo plan es bueno o malo según lo que se consiga con él... Yo, desde luego, no soy nadie para juzgarlo.

»Mi posición es muy simple. Usted sabe lo que queremos conseguir y sabe que nuestros recursos son ilimitados. Tendrá que partir de ahí. Creí que estaba satisfecho con los resultados de su viaje a Denver.»

La decepcionante cumbre de Denver coincidió con el inicio de las conversaciones de paz sobre el Vietnam en París, que dieron a Hughes una nueva idea sobre cómo utilizar más provechosamente al candidato presidencial que acababa de adquirir.

Enviaría a Humphrey a París.

Evidentemente, no se podía confiar ya en que el vicepresidente manejase su propia estrategia electoral. Tendría que proyectarla

Hughes desde el ático. De hecho, había previsto un plan tan audaz y complicado que Humphrey debería mantenerse en la sombra hasta después de haber completado la misión asignada.

Para el resto del país, el tema candente de las elecciones de 1968 era la guerra del Vietnam. Para Hughes, las explosiones nucleares de Nevada. Y tuvo de pronto una inspiración para ligar sutilmente los dos temas. Si todo iba bien, Humphrey se convertiría en héroe sin proponérselo y Hughes lograría una paz honrosa.

«Empiezo a convencerme —escribía Hughes— de que éste es el momento ideal para convencer a Humphries o a algún otro individuo de peso de que haga una oferta muy sugestiva de buenos deseos y felicitaciones a los delegados que se reúnen para las conversaciones de paz de París.

»En esta primera expresión de los anhelos de toda la humanidad por el resultado positivo en las conversaciones de París, creo que sería prudente omitir cualquier alusión a las explosiones de Nevada.

»Sin embargo, el hombre al que animamos a exponer esta oferta de buenos deseos, anhelos y esperanzas de toda la humanidad, etc., etc., debería ser alguien con quien podamos contar para que expusiese una petición firme de que se aplacen todas las explosiones programadas. En otras palabras, el hombre que elijamos para esta misión no debería saber en absoluto lo que nos proponemos, y debemos cerciorarnos de que no dice nada en este momento que descubra lo que se está planeando. Sin embargo, deberá ser alguien a quien controlemos lo bastante como para que, cuando se le pida posteriormente, diga lo que queremos que diga.

»Esto parece más complicado de lo que es —aseguraba Hughes a Maheu—. Creo que usted, conociendo mi mente tortuosa, sabe muy bien a qué me refiero.»

Maheu sabía muy bien lo que quería decir Hughes, pero aún parecía depositar más fe en el plan de Denver del que su amo se había burlado. Humphrey no embarcó hacia París. Sin embargo, parecía servir muy bien los intereses de Hughes en Washington.

Tan bien, que la CEA empezó a alarmarse ante la posibilidad de que el equipo de científicos de Hughes, respaldado por el vicepresidente e integrado por enemigos de las pruebas nucleares, desbaratase todo el proyecto previsto en Nevada.

Pronto los altos cargos de la comisión intercambiaban comunicados casi con la misma frecuencia que Hughes y Maheu, intentando determinar si el hombre que podría ser en breve el presidente de los Estados Unidos había firmado realmente una alianza antinuclear con su ciudadano más rico.

«Llamé al coronel Hunt al despacho del vicepresidente para hablar con él de los rumores que hemos estado oyendo en Las Vegas sobre un acuerdo del vicepresidente y la organización Hughes —informaba el director de la comisión, Arnold Fritsch—. Le señalé que, si bien los consideramos simples rumores, nos preocupaban, porque el programa de pruebas de alto rendimiento cubre necesidades vitales muy concretas de la seguridad nacional.»

Cuando la CEA descubrió que en realidad los rumores estaban bien fundados, primero intentó abortar el estudio «independiente» de Hughes; luego, incapaz de paralizarlo, intentó que el equipo quedase fuera del control del multimillonario.

Seaborg, presidente de la CEA, se lo comunicó al presidente, que se puso furioso. Ya tenía bastantes problemas sin una nueva cruzada contra la bomba que enardeciera el sentimiento antibelicista, y no le agradaba en absoluto esta nueva tentativa de Hughes. Además, Humphrey no era nada discreto respecto a sus relaciones con el multimillonario. Aunque era de dominio público en la Casa Blanca que el vicepresidente recibía dinero de Hughes para la campaña, Johnson no sólo se enfureció, sino que se preocupó.

«Hubert haría mejor en subirse la cremallera de los pantalones —dijo el presidente a un ayudante—. Le van a cazar con el pijo en el bolsillo de Hughes.»

Nervioso por la defensa ya manifiesta de la protesta de Hughes por parte de Humphrey, Johnson decidió ocuparse del asunto. Paralizó él solo el plan Hughes-Humphrey, formando por su cuenta un equipo para investigar las pruebas nucleares. Pero en lugar de la media docena de palomas de Humphrey, eligió un grupo de científicos más acordes con sus objetivos.

De cualquier modo, Humphrey había obligado a realizar la primera investigación oficial de los peligros nucleares. Y cuando el equipo del presidente presentó su informe, sus conclusiones fueron toda una sorpresa. Hughes estaba en lo cierto. Las grandes explosiones eran peligrosas. Un equipo selecto de científicos conservadores, elegidos cuidadosamente por la CEA y presidido por su antiguo director de investigación y dos prestigiosos asesores de la Casa Blanca, comunicó que los temores de Hughes estaban justificados. Los científicos advertían que las explosiones megatónicas podían desencadenar terremotos graves y solicitaban que se paralizasen las pruebas de Nevada.

Humphrey había cumplido. Pero demasiado tarde para que les sirviera de algo a él y a su benefactor oculto. Cuando los científicos se reunieron en noviembre, Humphrey ya había perdido las elecciones. Ni siquiera se le permitió ver su informe, que Johnson primero y Nixon después ignoraron por completo y ocultaron al público. Pese a las advertencias de peligro real e inmediato, el bombardeo prosiguió implacable.

Hughes, en su ático, seguía dudando del enfoque indirecto de Humphrey, y preveía exactamente un fracaso parecido.

Había consultado a sus propios científicos de la Hughes Aircraft Company, quienes le advirtieron que el gobierno se limitaría a rechazar cualquier informe contrario: «Si pudiera usted sacar a Einstein de la tumba y dejarle hacer el estudio —dijeron—, sucedería exactamente lo mismo. Está usted jugando con cartas marcadas ¡y sin duda lleva usted el tiempo suficiente en Las Vegas como para saber lo que es una baraja marcada!»

Hughes sabía muy bien lo que era una baraja marcada, desde luego. Estaba utilizando una, marcada a su favor, en el juego de elevadas apuestas que le estaba enfrentando al candidato Humphrey.

Mientras se libraba la batalla de la Comisión de Energía Atómica durante el verano y el otoño de 1968, Hughes encontró nuevas tareas para el vicepresidente. Luchando aún con la Secretaría de Justicia en el frente antitrust, y convencido de que era víctima de alguna conspiración desconocida, Hughes esperaba que su candidato descubriera quién estaba detrás de la *vendetta.*

«Esto es lo que no entiendo —se quejaba Hughes, hablando de Humphrey como si fuera un empleado más—. Si hemos notificado a H. H. H. nuestra aceptación de sus peticiones previas, ¿por qué no decirle sencillamente que queremos saber quién ha mandado al fiscal general iniciar la acción contra nosotros por el asunto del Stardust? Es absurdo suponer que Humphries no sabe o no puede descubrir el verdadero origen de nuestro problema.»

Cuando Hughes se vio afectado también por una amenaza antitrust relacionada con su tentativa de hacerse con el control de la ABC, ya no se contentó con fiarse sólo de Humphrey.

«La Secretaría de Justicia está volviéndonos locos —refunfuñaba.

»Bob, creo que es imperativo que establezcamos una alianza con Humphries, la Casa Blanca, Nixon o McCarthy y aceptemos proporcionar apoyo ilimitado y resuelto a cambio de que nos quiten de encima la Secretaría de Justicia, pero ¡ya!»

Hughes no dudaba tanto de la buena voluntad del vicepresidente hacia él como de su capacidad. Un hombre comprado incapaz de cumplir no era mejor que un hombre al que no podía comprarse.

Por supuesto, entre los demócratas no había ninguna alternativa viable a Humphrey, pese a los defectos de éste. Y después del 6 de junio de 1968, ya no hubo alternativa alguna en absoluto.

Bob Kennedy había muerto. Su asesinato alteró espectacularmente la campaña presidencial, dejó estremecido al país e hizo incluso que Howard Hughes reconsiderase su postura. El mercado político estaba fluctuando. No era momento de hacer una compra precipitada. Aguardaría un par de días.

«Respecto a las cuarenta y ocho horas próximas —escribía Hughes—, creo que debemos decidir a quién queremos que se nombre candidato por cada partido, y que luego no debemos esperar sin más, sino adelantarnos y hacer algo al respecto.

»La última persona a quien deseo ver de candidato es Edward Kennedy. Recibiría demasiado apoyo de otros. Yo quiero un candidato que nos necesite y que desee nuestra ayuda. Aún soy partidario de Humphries. Pero soy contrario a que se le apoye más mientras no le tomemos el pulso. Sólo un par de días..., pero de momento no creo que debamos aumentar la inversión en él, hasta que no obtenga usted indicios de algún tipo sobre su actitud y capacidad.»

No había necesidad de ir corriendo al banco. Humphrey estaría esperando (seguía siendo un candidato que necesitaba y deseaba la ayuda de Hughes) siempre que el multimillonario estuviese dispuesto.

Entretanto, Maheu tomó el pulso a Humphrey e informó de nuevo al ático. «Seguimos avanzando en todos los frentes en la cuestión de la energía atómica —escribió—. El vicepresidente se ha mostrado en todo momento muy dispuesto a cooperar sin reservas, y a través de él estamos enviando los datos más importantes a la Casa Blanca, a las fuentes adecuadas de las Naciones Unidas e incluso, y esto es más importante, a quienes participan en conferencias de muy alto nivel con los rusos.»

«Esta mañana recibí una llamada telefónica de Bob Humphrey, el hijo del vicepresidente —decía Maheu a su jefe en otro comunicado de la serie ininterrumpida de éstos que le remitía—. Me comunicaba que su padre enviaba a uno de sus principales colaboradores a hablar conmigo de la estrategia precisa para suspender cualquier prueba megatónica hasta después de las elecciones, y luego, a ser posible, definitivamente.»

Sólo había un problema. Maheu se proponía celebrar en su yate estas conversaciones para determinar la estrategia. Estaba a punto de levar anclas cuando Hughes recibió el mensaje. Pese a su urgente necesidad de detener el bombardeo, pese a sus grandes deseos de seducir a Humphrey, no podía soportar la idea de dejar escapar a Maheu.

«Bien, Bob, no tengo que recordarle que estoy tan preocupado como usted por lo de la CEA —escribía, cuando el yate se disponía a zarpar—. Tengo también clara conciencia de la importancia de Humphries. Pero no puedo creer que no haya medio de atender de manera adecuada al vicepresidente más que a costa de castigarme a mí.

»Apreciaría muchísimo, Bob, que aplazara su partida hacia Catalina hasta que le ponga al corriente de varias cuestiones importantísimas.»

Ni Maheu ni el ayudante del vicepresidente llegaron a salir del puerto. Hughes mantuvo todo el día anclado a su primer ayudante, enviándole una serie interminable de comunicados, todos los cuales, claro está, exigían su atención inmediata. Aun así, Maheu consiguió tomar el pulso a Humphrey.

«Hoy hablamos dos veces con Washington —informaba Maheu desde el club de yates de Balboa Bay—, y creo que podremos intervenir en el nombramiento del próximo asesor científico de la Casa Blanca.»

Luego, Maheu recibió noticias del propio Humphrey, que esperaba ayuda de Hughes para elegir a su candidato a la vicepresidencia.

«Humphrey estará en Los Ángeles el lunes —escribía Maheu—. Y quiere, entre otras cosas, hablar conmigo del candidato a la vicepresidencia. Ha preguntado si podría reunirme con él.»

La actitud de Humphrey era perfecta. En cuanto a su capacidad, mejoraría si se convertía en presidente. Y muerto Kennedy había pocas dudas de que Humphrey no fuera nombrado rápidamente candidato demócrata.

Era hora de efectuar el pago prometido.

El 19 de julio de 1968, Robert Maheu se inscribió en el Century Plaza Hotel de Los Ángeles. Era portador de un sobre que contenía 25 000 dólares en billetes de cien. Se alojó en una *suite* de varias habitaciones en la planta 17, y esperó allí que llegara un co-

Bob –

6/6/68

Re. the next 48 hrs., I think we must decide whom we want to see ~~to~~ nominated by each party, and then not wait for it to happen, but go out and do something about it.

The last person I want to see nominated is Edward Kennedy. He would receive too much support from others. I want to see a candidate who needs us and wants our help. I still favor Humphries. But I urge against any further support until we feel his pulse. Only a couple of days – but I don't feel we should ~~be~~ ~~anything that~~ increase our investment in him in the meantime. Only until you get some kind of an indication of his attitude and his capabilities.

Please let me know your recommendation on all points. Many thanks,

Howard

rreo de Las Vegas con otros 25 000 dólares en una cartera negra. Luego, bajó a entrevistarse con el candidato.

Humphrey había llegado a la ciudad hacía unos días, y estaba animando el tono de su campaña con una cena de 5 000 dólares el cubierto para treinta contribuyentes selectos en una sala de conferencias del mismo hotel. Maheu saludó al vicepresidente en un cóctel de presentación, y hacia el final de la velada concertó un encuentro en privado por mediación de su común amigo Lloyd Hand, anterior jefe de protocolo del gobierno federal. Maheu, invitado a acompañar al candidato en un viaje en coche hasta el aeropuerto, abandonó la cena, subió a su *suite* y volvió con la cartera negra.

El coche de Humphrey estaba esperando. Maheu, cartera en mano, se acomodó en el asiento trasero, donde estaba el vicepresidente. Se sentaron frente a frente —Maheu en el asiento abatible— y charlaron unos minutos sobre Hughes y las pruebas nucleares. Luego, Maheu colocó la cartera repleta de dinero, pues contenía ya los 50 000 dólares, a los pies de Humphrey. La caravana de automóviles hizo un alto no previsto después de recorrer sólo 500 metros, y Maheu, cumplida la misión, se apeó.

«La entrevista fue excelente —escribió aquella misma noche, informando de su conquista—, y este hombre quiere que le asegure a usted que se esforzará al máximo por conseguir lo que necesitamos.»

Hubert Humphrey había perdido la virginidad a la manera americana clásica: en un intercambio rápido y furtivo en la parte trasera de un coche. Se consumaba así, triste pero adecuadamente, la relación Hughes-Humphrey: la corrupción de un candidato más digno de lástima que de burla. No había hecho más que rendirse a las sórdidas realidades de la política del país.

Humphrey, que había abierto la campaña proclamando la «política de la alegría», llegó a Chicago el 25 de agosto de muy mal humor; sólo le recibieron unos cuantos funcionarios del partido. No había multitudes a lo largo de la ruta desde el aeropuerto al hotel; no había seguidores vitoreándole, dando la bienvenida al candidato en la sede central de la convención. Humphrey se sintió aliviado simplemente con que le dejasen retirarse a su *suite* sin molestarle.

Chicago era un desconcierto. Aquel mismo domingo, la policía había hecho un barrido en Lincoln Park, machacando a los manifestantes antibelicistas, aporreando a jóvenes cegados por los gases lacrimógenos. La confusión aumentaba día a día. Humphrey estaba nervioso.

Y también Maheu. El pago en el asiento trasero de aquella limusina había sido su trabajo más importante como pagador. Aunque llevaba años manejando dinero político de Hughes, nunca había pasado 50 000 dólares en efectivo y en secreto a un vicepresidente de los Estados Unidos.

«Sé que cree usted que tal vez esté siendo demasiado cauto en lo referente a transmitir por teléfono mensajes relacionados con

Humphrey y la convención —escribía a Hughes mientras los demócratas se disponían a elegir su candidato presidencial.

»Personalmente, no mencionaría nada relacionado con la CEA y sus tentativas de bloquear nuestros esfuerzos. Si ellos pudieran demostrar alguna vez en qué medida estamos ayudando a este hombre, nos aplastarían.

»No me importa correr un riesgo calculado en Air West, L.A. Airways y en otros proyectos en los que estamos metidos, pero el asunto Humphrey es algo que hemos de manejar con muchísima prudencia.»

Y así lo hicieron durante la convención.

Encerrados en los puestos de mando de sus respectivos hoteles de Las Vegas y Chicago, Hughes y Humphrey se sentían asediados. En realidad, ninguno de los dos estaba pendiente de la guerra declarada que se desarrollaba en las calles de Chicago; ambos estaban concentrados en las amenazas ocultas de poderes rivales.

Estaba, en primer lugar, el presidente Lyndon Johnson. Llevaba semanas ridiculizando en público y atormentando en privado a su presunto heredero, y ahora Humphrey temía algo muchísimo peor. Un golpe. Corrían rumores de que Johnson estaba a punto de subir a bordo del avión presidencial, volar a Chicago, presentarse en la convención el día de su 60 aniversario, y quitarle espectacularmente la candidatura a Humphrey.

«Howard, no creo que suceda, pero hay una posibilidad que en mi opinión debemos tener en cuenta —prevenía Maheu a Hughes—. Si el presidente aparece en la convención, es probable que aquello se convierta en un infierno y que los delegados insistan en un cambio. Si eso ocurriera, desde luego el vicepresidente no podría hacer nada.

»Creo, por tanto, que si su intención es hacer alguna aportación para ayudar al presidente con su nuevo proyecto de una Escuela de Asuntos Públicos en la Universidad de Texas, deberíamos apresurarnos antes de que la convención esté en pleno desarrollo.»

Pero Hughes seguía negándose obstinadamente a hacer el donativo que Johnson había solicitado en su entrevista secreta con Maheu en el rancho dos semanas antes, y en realidad estaba preocupado por la amenaza de un apoyo súbito y generalizado a Teddy Kennedy.

«Ni que decir tiene que existe una fuerte corriente partidaria de Kennedy —decía Maheu a Hughes—. Pero nuestros informadores nos comunican que, esta mañana, la candidatura del señor H. seguía en pie.»

Hughes no se daba por satisfecho. «No quiero que designen a Ted Kennedy candidato a la vicepresidencia —escribió, decidido a mantener a Teddy totalmente al margen del equipo—. ¿Podemos hacer algo al respecto?»

Maheu tanteó los ánimos en Chicago e informó al ático: «Bob cree que el asunto Kennedy está bajo control —comunicó a Hughes un ayudante mormón—. Bob se inclinaría por el senador por Maine.»

Aquel senador era, claro, nada menos que el viejo compinche de Maheu, Ed Muskie. Humphrey, en su *suite* del hotel, estaba a punto de realizar la misma elección. Tras varias horas de tortura, Humphrey se volvió por fin a Larry O'Brien, director de su campaña, y le preguntó:

—Larry, si tuvieras quince segundos para decidir, ¿quién sería?

O'Brien eligió a Muskie, y entonces Hubert llamó al gran hombre de Maine.

«Howard, como le indicaba ayer, Muskie es sin lugar a dudas mi candidato número uno —escribía triunfal Maheu—. Él y su esposa son amigos nuestros de toda la vida. Ambas parejas somos del mismo pueblo de Maine. Le hemos apoyado desde su primera incursión en la política y es un hombre realmente estupendo. Fue mi abogado particular hasta que se hizo senador. Por otra parte, paró ahí, en el Desert Inn, hace unos meses para verme. El vicepresidente y Larry conocen perfectamente mi amistad íntima con Muskie.»

Mientras Hughes, Maheu, Humphrey y O'Brien establecían acuerdos secretos, en las calles de Chicago rugía la batalla. Por último, la noche del miércoles 28 de agosto, cuando los delegados se disponían a depositar sus papeletas en el local de la convención, rodeado de alambradas y de vehículos blindados, fuera, la violencia alcanzaba su punto culminante.

Frente al Conrad Hilton, bajo la ventana de Humphrey, ante las propias cámaras de televisión, la policía de Chicago atacó de pronto a miles de manifestantes que se dirigían al anfiteatro. Fue un baño de sangre. Los policías, protegidos con cascos, lanzando gases lacrimógenos y blandiendo las porras, llegaban por todas partes metiéndose entre la multitud, persiguiendo a hombres y mujeres, chicos y chicas, derribándoles, golpeándoles con furia desatada; al fin, perdieron todo control y atacaron incluso a los transeúntes de mediana edad, empujando a muchos de ellos a retroceder a través de los ventanales del hotel y cargando tras ellos, fuera de sí, golpeando a los clientes que estaban sentados en el bar, comiendo en el restaurante o aguardando en el vestíbulo.

«¡Todo el mundo lo está viendo!», cantaban fuera los manifestantes; pero al alcalde Daley y a su policía parecía no importarles.

La fuerza de seguridad de Daley atacó incluso dentro del local de la convención y sacó a rastras a los delegados disidentes, llegando incluso a asediar a Dan Rather, pegándole en el vientre y derribándole, todo ello frente a las cámaras de la televisión nacional, mientras Walter Cronkite, estupefacto, le llamaba horrorizado desde una cabina salvadora.

El senador Abraham Ribicoff denunciaba desde el podio «tácticas de la Gestapo en las calles de Chicago», y el alcalde Daley, que estaba debajo de él, se levantó furioso, blandiendo el puño hacia el senador y llamándole «maldito cabrón judío».

En este escenario de violencia e histeria colectiva, fue nombrado Hubert Humphrey candidato demócrata a la presidencia de los Estados Unidos.

Así que, al final, todo se redujo a eso. Después de tanta pasión y tanta esperanza, tragedia y agitación, en 1968, después de McCarthy y su cruzada de los niños, después de New Hampshire y la renuncia de Johnson, después de Bobby Kennedy y su asesinato, después de los motines y marchas y manifestaciones, después del asedio de Chicago, todo acabó en eso: una elección entre el viejo Humphrey y el nuevo Nixon.

Howard Hughes, que veía la televisión en su ático, estaba satisfechísimo.

Se trataba ya de un enfrentamiento en el que no podía perder.

«En vez de correr el riesgo calculado de "elegir al ganador", creo que debiéramos compensar nuestras apuestas —escribía Maheu, planeando el movimiento final—. No me cabe la menor duda de que si las elecciones se celebrasen esta noche los republicanos obtendrían una victoria memorable. Tampoco me cabe duda alguna de que en los límites sacrosantos de la cabina de votación habrá muchos demócratas que sostendrán una tremenda lucha con su conciencia y cambiarán instantáneamente de criterio.

»Me he tomado la libertad de repartir nuestras apuestas y sinceramente espero que estará usted de acuerdo con mi opinión. Creo también que deberíamos hacer bastante más por cada uno, considerando que apostamos fuerte.»

Hughes se mostró conforme. Difícilmente podía dejar las cosas en manos de los sacrosantos votantes, dejar que actuasen según su conciencia. Pronto le pasaría 50 000 dólares a Nixon por mediación del gobernador Laxalt y otros 50 000 a Humphrey con Dwayne Andreas, un veterano partidario que no desempeñaba ningún papel oficial en la campaña, pero que se encargaba de las aportaciones «delicadas».

«Puede usted estar tranquilo, Howard —informaba Maheu—; hemos dado todos los pasos necesarios para situarnos en una buena posición, vayan como vayan las cosas.»

No iban bien para Humphrey cuando subió al podio en Chicago para aceptar su nombramiento como candidato el jueves 29 de agosto, la última noche de la convención demócrata.

En realidad, al pobre Hubert nunca le había ido peor que entonces, en su momento de máximo triunfo. Agobiado por la guerra, por Lyndon Johnson y por el alcalde Daley, por todos los muertos del Vietnam y todos los manifestantes apaleados de Chicago, parecía cubierto de sangre, cubierto de vergüenza, tan irrevocablemente manchado como si hubiera tenido que arrastrarse boca abajo por el fango de los corrales de ganado para conseguir aquella candidatura; y ahora que finalmente la tenía, el premio parecía ensuciarle más.

De todos modos, allí estaba con una sonrisa gélida, dando servilmente las gracias a su cruel amo Lyndon Johnson, y concluyendo su parlamento con palabras tan evidentemente huecas que tenían que hacer daño: «Digo a esta gran convención y a esta gran nación nuestra, ¡que estoy dispuesto a dirigir nuestro país!»

Pasadas las dos de la madrugada, Humphrey regresó a su hotel. Estaba maltrecho y cansado, pero no podía conciliar el sueño. Presa de una obsesión por la limpieza, incapaz de soportar la suciedad, limpió la habitación, vaciando diligentemente los ceniceros y retirando vasos medio vacíos, como si limpiando la habitación pudiese limpiarse también él mismo de la mancha de Chicago. Luego, envió a un agente del servicio secreto a llamar a Larry O'Brien.

Humphrey y O'Brien hablaron desde las tres hasta después del alba. El vicepresidente confesó todo su dolor. Estaba desesperado. No tenía dinero para la campaña, ésta no se ajustaba a plan alguno, y ahora tampoco tenía ya director para ella. O'Brien había aceptado ayudar a Humphrey sólo en la convención. Ahora, Hubert se quedaba solo. O'Brien tenía otros planes. Nunca le había explicado a Humphrey los detalles, pero manifestó claramente desde el principio que dejaba la política para ganar dinero de verdad.

Era el adiós definitivo. Allí estuvieron sentados hora tras hora en una habitación que olía a gases lacrimógenos, Humphrey, que lloraba fácilmente de todos modos y que ahora estaba al borde de las lágrimas, y oyendo continuamente los gritos furiosos de los manifestantes abajo, en la calle, los manifestantes que seguían cantando aún en plena noche y gritando contra Humphrey.

—Larry, ¿oyes a esos de ahí abajo? —gimió Humphrey, suplicando de pronto a O'Brien que se quedase y dirigiese su campaña—. Por favor, Larry, no me dejes desnudo.

O'Brien no estaba dispuesto a ceder. Estaba harto de ser funcionario público. Estaba harto del indigente Humphrey. Tenía un nuevo trabajo esperándole. Estaba ansioso por ganar dinero.

—¡Por amor de Dios, Hubert —explotó—, éste es mi paso al sector privado!

Humphrey se arrastró.

—Larry, tienes que ayudarme. Si consigo que acepten un aplazamiento, ¿lo harás?

O'Brien se ablandó. Por primera vez le dijo a Humphrey el nombre de su nuevo jefe. Fue el terrible golpe final.

En aquel momento, al amanecer del viernes 30 de agosto de 1968, Hubert Humphrey, vicepresidente de los Estados Unidos, candidato recién elegido a la presidencia, tuvo que coger el teléfono y llamar a Robert Maheu, llamar al patrono de su hijo, que le había ayudado a elegir a su candidato a la vicepresidencia; llamar al hombre que le había pasado cincuenta de los grandes en la parte de atrás de un coche; llamar a Maheu y suplicarle que permitiese a O'Brien seguir como director de su campaña.

Aunque Humphrey no lo hubiera sabido hasta aquel momento, Larry O'Brien ya había aceptado ir a trabajar para Howard Hughes.

9. CAMELOT

El viejo cabrón.

Era en él en quien pensaba ahora Howard Hughes, era en él en quien pensaba siempre cuando pensaba en los Kennedy. No en Jack. No en Bobby. No en Teddy. No en los hijos encantadores, sino en el criminal del padre. El viejo Joe. Él era el verdadero Kennedy. El que Hughes recordaba. Y al que despreciaba.

«La familia Kennedy, su dinero y su influencia han sido una espina que he tenido clavada implacablemente en las entrañas desde el principio mismo de mis actividades financieras», escribía el multimillonario, expresando una animosidad que había persistido a lo largo de cuarenta años.

Joseph P. Kennedy había estado allí desde el principio mismo para fastidiarle. Habían llegado juntos a Hollywood a mediados de los años veinte, el irlandés de Boston y el «blanco-anglosajón-protestante» de Texas, con el propósito de invadir una industria en ciernes creada por judíos inmigrantes. Los dos pretendían apoderarse de la ciudad.

Hughes fue a hacer películas. Aún no había cumplido los veinte y estaba lleno de visiones románticas. Era un ricacho alto y apuesto que había abandonado Houston en 1925 y se había llevado su herencia a la Capital de los Sueños. Allí, entre palmeras y palacios de estuco rosa, antiguos peleteros y traperos, muchos recién desembarcados del barco de emigrantes, estaban conformando la imagen de sí mismo del país. Pero Hughes *era* la imagen que ellos habían creado, y al cabo de unos cuantos años era más que un gran productor, era una estrella.

Kennedy sólo había ido a ganar dinero. Llegó menos de un año después que Hughes. Tenía treinta y siete y ya era un financiero duro y bien asentado y estaba en Cinelandia estrictamente por cuestión de negocios. «¿Ves toda esa pandilla de planchadores de pantalones de Hollywood que están haciéndose millonarios? —le dijo a un socio suyo cuando salía para California—. Podría quitarles todo su maldito negocio.»

Lo intentó. Joe Kennedy era un hombre implacable, y proporcionó a muchos buenas razones para odiarle. Pero ¿qué había hecho para irritar de tal modo a Hughes? Algo que parecía tener relación con RKO. Kennedy no había hecho ni una sola película notable, pero fundó un estudio cinematográfico, y Hughes parecía no poder perdonárselo. «Joe Kennedy era el principal accionista de RKO antes de que yo me metiera en el negocio», explicaba, sugiriendo que los estudios cinematográficos eran en cierta manera el origen de su gran rencor.

Veinte años más tarde, el propio Hughes compraría RKO. Pero no a Kennedy. John hacía mucho que se había ido de Hollywood. Siempre andaba yendo y viniendo, pues ése era su estilo: una incursión rápida para obtener un beneficio rápido. Se había ido, pues, antes de que Hughes hubiera hecho su primera gran película, antes de que Hughes fuera algo más que un chico con dinero. Nunca tuvieron tratos relacionados con RKO ni mantuvieron relaciones financieras.

¿Por qué, entonces, el rencor? En sus tres años en Hollywood, es probable que Kennedy no se cruzara siquiera con Hughes («Howard era sólo un crío —comentaba Gloria Swanson, la amante de Joe—. No frecuentábamos los mismos círculos...») y sus caminos no volverían a cruzarse nunca.

Joe pasó a la banca, las bebidas alcohólicas y las propiedades inmobiliarias, siempre pegando duro y rápido, bordeando con frecuencia la ley, acumulando una fortuna con negocios de dudosa legalidad relacionados con el whisky y con cínicas manipulaciones de la Bolsa. Más que un hombre de negocios era un predador de los negocios ajenos, un audaz bucanero que continuó ordeñando Wall Street hasta el momento en que fue nombrado primer presidente de la Comisión de Cambio y Bolsa, y algunos decían que había seguido haciéndolo después de su nombramiento. En suma, un hombre muy parecido al Hughes de años más tarde, pero menos romántico. Se había hecho muchos enemigos, había aplastado a muchos rivales, había engañado a sus socios, pero jamás se había mezclado con Hughes.

¿Por qué entonces la «espina»? ¿Qué cosa terrible le había hecho el viejo Joe al joven Howard para que Hughes conservase aquel rencor tan arraigado durante cuarenta años? En apariencia, nada. Nada en absoluto.

Lo único que Howard Hughes tenía contra los Kennedy era el simple hecho de que éstos disponían también de dinero y poder. Ésa era la espina que tenía clavada en las entrañas. Implacablemente.

Al principio, los Kennedy tenían más dinero. Ahora que Hughes tenía muchísimo más,[1] ellos tenían más poder. Parecía que tenían siempre lo que Hughes deseaba. En Hollywood era RKO. Luego, fue la Casa Blanca. El viejo Joe no sólo la había comprado para su hijo Jack, sino que se la había robado a Hughes. El multimillonario tampoco había olvidado ni perdonado eso.

«Dese usted cuenta de lo cruel que fue, después de mi apoyo resuelto a Nixon, el que Jack Kennedy lograse aquella supuesta victoria *tan* marginal sobre mi candidato», escribía Hughes, recordando agriamente el «robo» de la Casa Blanca en 1960 por la banda de los Kennedy.

Él y Joe se habían propuesto comprar el país. Kennedy lo había logrado. Pero era más que eso. A lo largo de los años se operó

---

1. La revista *Fortune* calculó sus respectivas fortunas en 1968. La de los Kennedy entera (más de 300 millones de dólares) era inferior al margen de error en la valoración de los bienes de Hughes.

una extraña inversión de papeles. Hughes había sido en sus tiempos de Hollywood el héroe de los noticiarios. Joe, el financiero cínico. Ahora los Kennedy se habían librado de la maldición de su padre y se habían convertido en la realeza, mientras que Hughes ocupaba el papel del viejo.

Y ahora, en 1968, precisamente cuando por fin Hughes parecía tenerlo todo en el saco, cuando parecía casi garantizada la realización de su propósito de comprar el gobierno de los Estados Unidos, cuando estaba seguro de la victoria, después de haber comprado a Humphrey y a Nixon, el viejo Joe estaba a punto de birlarle otra vez la victoria. Con Bobby.

El sábado 16 de marzo de 1968, Robert F. Kennedy se incorporó súbitamente a la carrera por la presidencia, anunciando su propósito de reclamar el trono desde la misma cámara del Senado que su hermano había utilizado para iniciar su campaña ocho años atrás.

«No lucho por la presidencia sólo por oponerme a un hombre, sino por proponer una nueva política —proclamó, muy joven y muy vulnerable, el pelo largo cayéndole por la frente, su famosa voz Kennedy vacilante e insegura, pero capaz de inspirar miedo a hombres más viejos y más poderosos—. No puedo mantenerme al margen en un enfrentamiento que decidirá el futuro de nuestra nación y el futuro de nuestros hijos.»

Tampoco podía Hughes. Solo en su ático, con una fortuna muchísimo mayor que la del viejo Joe, pero sin heredero, el multimillonario contemplaba el discurso televisado de Bobby, veía a Joe a punto de colocar a otro hijo en la Casa Blanca, así que agarró el bloc de hojas amarillas.

«Asunto Kennedy. No le quiero de presidente de ninguna manera —escribió—. No puedo imaginar algo peor que ocho años bajo su caudillaje exaltado. ¡Dios nos libre!

»Sin embargo, afrontémoslo. Podría suceder. Así que cubramos nuestras apuestas por los dos lados.»

Hughes no estaba dispuesto a que le negaran el Despacho Oval. Esta vez no. Sería propietario del nuevo presidente aunque tuviera que comprar a todos los candidatos que se presentaran, aunque eso significase apoyar a Bobby. Pero ¿cómo podía comprar a un Kennedy?

La cuestión volvió a plantearse con urgencia exactamente un mes después, cuando la CEA declaró la guerra. Frente a la gran explosión, incapaz de conmover a Lyndon Johnson, dudoso de que Humphrey pudiera paralizarla, Hughes revisó su estrategia.

«Me temo que sólo hay dos personas lo bastante fuertes para plantarle cara a la Comisión de Energía Atómica —escribía—. Esas personas son Kennedy y Johnson.

»No veo ningún otro medio de motivar a Kennedy que mediante un gesto verdaderamente significativo de ayuda.»

Reacio a unir sus fuerzas con Kennedy y muy poco seguro de que Bobby se dejara comprar, Hughes aún veía un medio de poder utilizar la amenaza Kennedy para poner fin a la amenaza nuclear. Fue entonces cuando comunicó a Johnson que apoyaría a Humphrey «en la medida necesaria para igualar los fondos invertidos por Kennedy». Al mismo tiempo, ordenó a Maheu infundir auténtico miedo al necesitado vicepresidente. «Siéntese con Humphrey y dígale que Kennedy me ha hecho una propuesta del modo más resuelto.»

Era una mentira descarada. Pero antes de que transcurriesen dos semanas se hizo verdad.

Antes de que Hughes pudiese maniobrar para cubrir sus apuestas, antes de que Bobby ganase sus primarias, llegó un emisario. Un emisario de Kennedy.

Maheu informó del contacto: «Pierre Salinger me llamó preguntándome si podía celebrar una entrevista en Las Vegas en cuanto se sepan los resultados de las primarias de Indiana que se celebran mañana. Dijo que Bobby está de acuerdo con nuestra postura de paralizar esas pruebas de la Comisión de Energía Atómica, y que quiere hablar con nosotros antes de adoptar una postura "abierta".

»Howard, los dos sabemos que tras esto hay una petición de ayuda financiera para su campaña... y me gustaría recibir instrucciones suyas sobre cómo hemos de tocar la música.

»Si nuestro único interés fuese de carácter "político", me sentiría tentado de olvidar a Kennedy... porque creo verdaderamente que Hubert cuenta con suficientes *pagarés* de los profesionales de la política para asegurarse la candidatura demócrata. Sin embargo, hay otras cosas en juego en este momento y podría ser aconsejable comprar cierta "seguridad".»

A Hughes no le sorprendió tanto la propuesta. Había estado esperándola. La petición podía proceder de Camelot, pero para él era una vieja melodía familiar.

«No sé lo que quieren Salinger y Kennedy, pero tengo una idea bastante precisa de lo que querrán de aquí a poco—, contestaba Hughes, con la satisfacción del cínico que ve caer al último ídolo.

»No soy partidario, por el momento, de aportar ni un dólar a menos que él *pueda* hacer y *haga* algún tipo de promesa, por muy imprecisa que sea, de ayudarnos a posponer o abortar el bombardeo. Ahora bien; si logra que le elijan candidato, entonces creo que estamos obligados a contribuir, haga lo que haga respecto a la bomba.

»Así pues, resumiendo, hasta que haya alguna promesa, en el asunto de la bomba o de su nombramiento como candidato, recomiendo dar largas al asunto con muy buenas palabras y toda clase de aliento para el futuro, pero sin que eso implique gasto concreto alguno.

»Repito: procuraría no convertirle en un enemigo.»

Pierre Salinger llegó a Las Vegas a principios de mayo, después de la primera victoria de Kennedy en las primarias. Recordó a Maheu que Bobby había pedido que se pusiese fin a todas las pruebas nucleares en el primer discurso ante el Senado tres años antes. Le aseguró también que Kennedy ayudaría ahora a Hughes a luchar contra la bomba y le pidió una contribución para la campaña. Maheu procuró no comprometerse, pero prometió transmitírselo a su jefe.

Todo fue muy cordial. Maheu y Salinger se conocían desde hacía muchos años. El primero había trabajado, incluso, como copresidente de la campaña del propio Salinger para senador por California en 1964.

Bobby Kennedy también conocía a Maheu por la conjura para asesinar a Castro. Se enteró de aquella conspiración criminal de la Mafia y la CIA en mayo de 1962, cuando él era fiscal general y su hermano, presidente. La CIA tuvo que contárselo. No había otra manera de impedir que se procesase a Maheu por ponerle micrófonos ocultos al cómico Dan Rowan, que tenía una aventura con la cantante Phyllis McGuire, novia de Sam Giancana, jefe de la Mafia de Chicago. Kennedy se quedó estupefacto. No por el fallido intento de asesinar a Fidel Castro, que él y su hermano aprobaron casi con seguridad previamente, sino por los ejecutores que había elegido la CIA. Sobre todo Giancana. Kennedy tuvo que decírselo a J. Edgar Hoover, sabiendo que a Hoover le constaba que su hermano Jack había puesto fin muy poco antes a una aventura en la Casa Blanca con otra de las amantes de Giancana, Judith Campbell.

Y Maheu había estado precisamente en el centro de todo. Ahora, Kennedy tenía que suponer que Maheu (y, en consecuencia, Hughes) conocía los secretos más oscuros de Camelot, y sin duda se preguntaba si Maheu conocía algo aún más oscuro: quién había matado a su hermano.

Las posibles relaciones entre la conjura contra Castro y lo sucedido en Dallas angustiaban a Kennedy desde hacía mucho. Y un año antes, justamente, toda la desagradable historia empezó a aflorar con una columna de prensa de Drew Pearson que prácticamente le marcaba con el signo de Caín.

«El presidente Johnson está sentado sobre una bomba H política. Se trata de un informe no confirmado de que el senador Robert Kennedy pudo haber aprobado una conjura criminal que, al fracasar, acabó con su difunto hermano.» Fue la peor pesadilla de Bobby, el temor que confiaba a unos cuantos amigos íntimos, de que Castro, la Mafia o la propia CIA hubiera ordenado matar a su hermano.

Acechando al fondo de esta pesadilla estaba el jefe de Maheu: el misterioso multimillonario que odiaba ardientemente a toda la familia Kennedy.

Bobby no podía saber hasta qué punto llegaba el odio de Hughes, pero conocía muy bien los peligros que entrañaba aceptar su dinero. Él mismo había señalado el escándalo relacionado con los fondos de Hughes recibidos por Nixon como un factor decisivo en la victoria de su hermano en 1960, y había investigado en secreto, cuando ya era fiscal general, las relaciones entre Hughes y Nixon.

Pero ahora, en 1968, la necesidad de dinero para la campaña era imperiosa y, al parecer, Kennedy solicitaba la aportación de Hughes con el mismo espíritu con que ésta se efectuaría: negocios, como siempre.

Maheu llamó a Salinger unas dos semanas después de su entrevista en Las Vegas para comunicarle que Hughes daría a Kennedy 25 000 dólares. No era una verdadera inversión, sino una buena apuesta compensatoria. Salinger, que estaba en Portland para las primarias de Oregón, dijo que volvería a Las Vegas a recoger el dinero inmediatamente después de las primarias siguientes, las de California. Sólo faltaba una semana. Pero entonces sería ya demasiado tarde.

Al principio, los vítores ahogaron los disparos.

Bobby Kennedy acababa de ganar lo más importante: California. Parecía como si pudiera realmente llegar hasta el final. En doce semanas increíbles había contribuido a obligar a abdicar a Lyndon Johnson, había derrotado a Hubert Humphrey en su estado natal, Dakota del Sur, y ahora había derrotado a su rival, el antibelicista Eugene McCarthy, en California. A medianoche del martes 4 de junio de 1968, entró en el atestado salón de baile del hotel Ambassador de Los Ángeles a proclamar su victoria.

Sonriente, exuberante, Kennedy bromeaba con quienes le vitoreaban, hacía el signo de la victoria y declaraba: «¡Ahora seguiremos hasta Chicago y allí ganaremos!» Luego, abandonó el estrado, y parecía realmente el próximo presidente de Estados Unidos.

Unos minutos después, yacía agonizando, con la cabeza atravesada por las balas.

Howard Hughes lo vio todo. Lo vio en directo y en color. Y se pasó toda la noche en vela contemplando las repeticiones (el discurso de la victoria, el estampido de los disparos, Bobby tendido en un charco de sangre) una y otra vez. Escuchó los partes médicos del hospital, fue espectador de las escenas colectivas de sorpresa y horror (la gente corriendo, llorando, gritando, arrodillándose silenciosamente para rezar), vio reunirse a la familia Kennedy para otro velatorio, y se mantuvo también él en vela ante la televisión.

Los noticiarios y los comentarios solemnes atronaron en su habitación durante toda la noche: «Hubo un solo asesino... Esto no fue una conspiración... Un sentimiento de culpa para todos los ciudadanos de este país... Fue claramente el acto de un solo hombre... La crisis de violencia en este país... Sólo unas semanas después del asesinato de King... Hermano del presidente mártir... No hay duda alguna; esto no fue una conspiración...»

Mientras los comentaristas de televisión se apresuraban una vez más a tranquilizar a una nación estremecida, Hughes empezaba a conspirar. Cogió su bloc de hojas amarillas, y mientras Kennedy se debatía entre la vida y la muerte, él escribía:

«Creo que este momento histórico concreto puede ser el más idóneo para lanzar nuestra campaña antiantitrust.

»En otras palabras, no puedo imaginar otro momento. Si esperásemos un año, el sentimiento público volverá a estar violenta y apasionadamente centrado en la imperiosa necesidad de tomar medidas para controlar el delito.

»Estoy convencido de que éste es el fondo perfecto para apoyar nuestra petición a la sección penal de la Secretaría de Justicia, indicando nuestros logros en cuanto a limpiar aquí el ambiente, y lo negativo que resulta permitir que la Sección Antitrust ponga en peligro esta oportunidad única, lo que con toda probabilidad nunca volverá a darse... Es decir, la oportunidad, con el público exaltado como está en este momento, de eliminar del todo la fuerza y la violencia como factores significativos que pesan en la forma de vida de esta comunidad.

»Bob, le ordeno que establezca contactos con la Secretaría de Justicia *inmediatamente*. No quiero que pierda la oportunidad de movilizar este sentimiento profundo.»

Una ocasión única de continuar su partida de *monopoly* en Las Vegas. Eso era todo lo que significaba para él aquel asesinato. Al principio. Pero Hughes mantuvo su vela ante la televisión casi veintiséis horas, mientras Kennedy se aferraba a la vida, y para cuando Bobby murió, Hughes ya había llegado a comprender el sentido más profundo de la tragedia.

Vio a Frank Mankiewicz entrar por última vez en la sala de prensa improvisada del hospital Good Samaritan para comunicar al mundo que Bobby Kennedy había muerto. Era el momento que había estado esperando Hughes a lo largo de dos noches en vela.

«Me fastidia aprovechar tan rápidamente la ocasión —escribía, incapaz de contenerse—, pero veo aquí una oportunidad que quizá no vuelva a presentarse nunca. No aspiro a ser presidente, pero quiero tener fuerza política.

»Pienso en un tipo tal de organización, que no tuviese que preocuparse por pequeños inconvenientes estúpidos como este problema antitrust... en cien años por lo menos.

»Me refiero al tipo de esquema que, si quisiéramos, podría colocar al gobernador Laxalt en la Casa Blanca en 1972 o 1976.

»De cualquier modo, me parece que la misma gente que necesitamos acaba de caernos de pronto en las manos.»

La banda de los Kennedy, sin dirección ya, quedaba disponible. Contrataría el aparato de los Kennedy y lo convertiría en la máquina de Hughes. Compraría la magia de los Kennedy y colocaría con ella a un hombre suyo en la Casa Blanca. Un hombre como Paul Laxalt.

Pero el asesinato de los Kennedy tenía un sentido aún más profundo. Había eliminado de la carrera por la presidencia al único candidato que Hughes no quería ni podía controlar. Tenía que actuar rápidamente para consolidar sus ganancias.

Maheu estaba confuso. Los comunicados le llegaban tan de prisa, tan vertiginosamente, en medio de una noche de cataclismo nacional; las misiones que se le proponían eran tan audaces y extravagantes, que ni siquiera él, el veterano pagador de Hughes, podía comprender de inmediato que en realidad su jefe deseaba no sólo que eligiese al próximo presidente sino también que comprase Camelot.

«Tengo la impresión, por su nota, de que quiere limitar esta actividad a alguien de la "gente de Kennedy" —contestó Maheu—. Estoy seguro de que mi impresión debe ser errónea, porque, naturalmente, para lograr su propósito debemos buscar fuera de este campo particular.

»Es evidente que el senador Kennedy será su heredero visible. Espero ser testigo de algunas alianzas muy extrañas. En cualquier caso, Howard, ¿querrá usted, por favor, aclarar mis dudas?»

¿Alianzas extrañas? A Hughes no le interesaba establecer ninguna alianza, y menos aún, desde luego, con los Kennedy. Lo que tenía previsto era una simple transacción comercial.

«Quiero que contrate usted a toda la organización de Bob Kennedy —explicaba a su ayudante con cierta impaciencia—. Quienes la componen están habituados a tener el dinero de los Kennedy como soporte, y eso nosotros podemos igualarlo. No quiero una alianza con el grupo Kennedy; quiero ponerlos en la nómina.»

Hughes le soltaba todo esto a Maheu unas horas después de la muerte de Kennedy. Pero estaba ya tan excitado que no podía dormir. En vez de dormir, seguía viendo las repeticiones del asesinato y estampas de la vida de Bobby, los ojos fijos en la pantalla del televisor hasta después del amanecer. Luego, convencido al fin de que había captado todo el sentido de la tragedia y cuantas oportunidades se le presentaban, decidió dormir, cuando la mayoría de los ciudadanos de la nación despertaban para descubrir horrorizados que Bobby había muerto. Hughes se despertó el jueves por la tarde, muy excitado aún.

«Acabo de despertar —escribía inmediatamente, redactando otro comunicado para Maheu—. Estuve despierto toda la noche el lunes y el martes.[2] Oí a Mankiewicz comunicar la noticia fatídica, y como nuestro canal 8 aún seguía emitiendo, me quedé toda la noche a ver, asombrado, cómo conseguíamos cubrir absolutamente en exclusiva su muerte y las informaciones con ella relacionadas, etc.»

Hughes estaba emocionado por el tanto que había conseguido apuntarse su emisora de televisión, la filial local de la CBS.

«Las otras dos cadenas, la ABC y la NBC, no emitieron en el sur de Nevada en toda la noche... ABC y NBC dejaron de emitir por la noche desde el hospital, y los canales 13 y 3 acababan también de despedirse. Era comprensible, porque los médicos habían dicho poco antes que no habría más comunicados hasta la mañana.

»Creo que fue un puro accidente el que la CBS estuviera aún emitiendo cuando cayó la bomba. Por supuesto, lo aprovecharon muy bien, y creo que tenemos mucha suerte por estar emitiendo y haber conseguido esta transmisión histórica...

»De cualquier modo, Bob, no diga a nadie, por favor, que hemos logrado esta exclusiva —advertía Hughes, serio de pronto, dándose cuenta de lo impropio e incluso peligroso que podía ser presumir de su pequeño triunfo cuando estaban en juego cosas mucho más importantes—. Me pareció que podría usted mencionarlo para chinchar un poco a sus amigos del canal 13. Pero no

2. Hughes se equivocaba en los días. Se trataba, en realidad, de las noches del martes y el miércoles.

245

lo haga, por favor. Deseo ardientemente que mantengamos la programación de cine de última hora de la noche, exclusivamente aquí, en el sur de Nevada. Tengo la esperanza de que podamos luego ampliar, dando un programa que dure toda la noche, todas las noches, y no quiero competencia. No creo que el mercado pueda soportar dos programas de este tipo.»

¡Dios santo! Eso sería una verdadera tragedia. Podría hacer peligrar su programa nocturno, su amada *Sesión de noche*. Después de tomar las necesarias precauciones en ese frente de importancia vital, Hughes pasó a otros asuntos.

«Volviendo a esta mañana, estoy seguro de que comprendió usted en seguida lo que le pedía que hiciese. Bob, es cierto que he hablado de otro proyecto con usted: la propuesta de elegir a un candidato republicano y a otro demócrata y luego dar a ese candidato apoyo pleno y resuelto. Aún deseo realizar este proyecto. Lo mismo que quiero aún que salga adelante el proyecto de televisión de Reno. Sin embargo, el asunto del que le hablé en mi primer mensaje del jueves por la mañana era algo completamente distinto.»

Se trataba de su plan de comprar a la «banda de los Kennedy» y poner a un hombre suyo en la Casa Blanca. Tenía que cerciorarse de que Maheu comprendía la misión. Sin embargo, ni siquiera esa visión megalomaníaca podía calmar su odio a los Kennedy. Había estado acumulándose toda la noche mientras veía por televisión la crónica de toda su maldita saga trágica y gloriosa. Ahora, el día de la muerte de Bobby, el odio se desbordaba, aunque siguiese calculando fríamente las oportunidades que el asesinato le brindaba.

«Estoy más familiarizado de lo que usted cree con la historia y la entidad superviviente de la familia Kennedy —escribía, pensando ahora en el viejo Joe y dando rienda suelta a su prolongado rencor—... La familia Kennedy, su dinero y su influencia han sido una espina que he tenido clavada implacablemente en las entrañas desde el principio mismo de mis actividades financieras. Dese cuenta usted de lo cruel que fue después de mi apoyo resuelto a Nixon, el que Jack Kennedy lograse aquella supuesta victoria tan marginal, *tanto*, sobre mi candidato.

»Así que, como le digo, a través de este persistente sentimiento de enemistad personal y de recelo, he llegado a informarme bastante bien sobre la organización que brotó, primero alrededor de Jack y luego alrededor de Bob. Son esencialmente el mismo grupo. Simplemente, pasaron de uno a otro. ¡Pero piense en la experiencia que han acumulado en las dos campañas!»

Aquéllos eran los hombres que necesitaba y en aquel momento se mostraban vulnerables. Hughes no estaba tan cegado por el odio como para perder la oportunidad.

«Estoy seguro de que todas esas personas (y no conviene olvidar que tenían prácticamente al alcance de la mano la convención y la victoria), después de las cuarenta y ocho horas agotadoras, han debido beber hasta caerse para olvidarse de todo, y deben sentirse muy mal, terriblemente solas y asustadas. Por supuesto, podrían intentarlo de nuevo con Ted, pero se trata de un camino largo e incierto. Ahora, Bob, intente usted imaginar cómo resultaría —continuaba Hughes, imaginando la horrible conmoción que causaría su propia muerte en su banda—... Yo tengo un grupo de personas que se han mantenido leales a mí, o al menos eso he decidido creer, y me he preocupado de la posibilidad de que se vieran en una situación similar, hasta el punto de que he llegado al extremo de proporcionarles protección frente a cualquier adversidad de ese tipo...

»Además, hay cierta similitud entre el grupo que ayudaba a los hermanos Kennedy y mi organización —añadía, comparando la mafia irlandesa con su extraña pandilla de mormones—, aunque, por desgracia, yo no poseo las adorables cualidades que llevaron a Jack y Bob a su famosa popularidad.

»De cualquier modo, me considero competente para juzgar los sentimientos de miedo y soledad que estoy seguro deben angustiar en este momento al grupo Kennedy. También yo he experimentado esas emociones y sé lo poderosas que pueden ser. Así que, insisto, estoy seguro de que ésta es una oportunidad irrepetible para adquirir una organización política ya hecha, adiestrada y lista para ponerse en marcha...»

Hughes percibía que tenía que actuar de prisa, antes de que la banda de los Kennedy se despejase y encontrase nuevos patronos.

«Así pues, Bob... ¡en vez de esperar a que otro agarre a esa gente, actuemos *primero*!»

Bobby Kennedy aún no estaba enterrado cuando Hughes planeaba apoderarse de su herencia. Su cadáver se hallaba expuesto en la catedral de San Patricio, donde los hombres a los que Hughes quería contratar formaban la guardia de honor en torno al ataúd, mientras decenas de miles de ciudadanos afligidos pasaban desfilando en un silencioso tributo.

Aquel sábado, en una solemne misa exequial, Teddy Kennedy pronunció su elogio fúnebre junto al ataúd:

«No hay por qué idealizar a mi hermano, no hay por qué atribuirle más méritos ahora que está muerto que en vida. Deberíamos recordarle sólo como un hombre bueno y honrado, que vio el mal e intentó corregirlo, vio el sufrimiento e intentó aliviarlo, vio la guerra e intentó detenerla.

»Como él dijo varias veces, en varias partes de este país, a aquellos a los que se acercó y a los que quisieron acercarse a él: "Hay hombres que ven las cosas como son y dicen por qué; yo sueño cosas que nunca fueron y digo: ¿por qué no?"»

Y luego, el cadáver de Bobby Kennedy fue sacado de la catedral a través de las grandes puertas de bronce y colocado a bordo de un tren que partió hacia Washington, para el entierro en el cementerio nacional de Arlington.

Howard Hughes vio por televisión las honras fúnebres, soñando también con cosas que «nunca fueron». Pero incluso cuando planeaba comprar la máquina Kennedy y conseguir con ella el poder nacional, no podía dejar de asestar un último golpe al único hermano superviviente de la odiada familia.

«Acabo de ver a Ted Kennedy iniciando la campaña desde el

Bob —

6/6/68

I have just awakened. I was up all night monday and Tuesday nights. I heard Mankiewicz make the fateful announcement and, since our ch 8 was still on the air, I stayed up all night to watch in amazement as we continued to achieve absolutely exclusive coverage of his death and obituary material etc.

The other two networks, ABC and NBC were not on the air in sou. Nevada during the entire night until the following morning. I dont know if this circumstance prevailed throughout the US generally, or only in Sou. Nevada. I do know that ABC and NBC had just closed down their broadcasts from the hospital for the night and ch 13 and ch 3 had just gone dark for the night. This was understandable, as the doctors had just announced that there would be no more regular bulletins until morning.

I believe it was sheer accident that CBS was still on the air when the bomb fell. Of course they (CBS) made the most of it, and I thought how lucky we were to have been on the air and achieved this historic news broadcast. However, I expected ABC and NBC to come back on and go crazy trying to recoup their position. But, to my amazement, the screens remained dark the whole night. Whether ABC and NBC were dark all night nationally, I do not know.

Anyway, Bob, please do not say anything to anybody about our achieving this TV exclusive. It occurred to me you might mention it by way of gently needling your friends in Ch 13. But please do not. I am very desirous that we retain the late night movie programming exclusively here in Sou. Nevada. I hope eventually to extend this into an all-night, every-night show, and I don't want any competition. I don't think the market can support 2 such shows.

Returning to this morning, I am certain that you, at no time, really understood what I was urging you to do. Bob, it is true that I have discussed another project with you: The proposal to select one Repub. and one Demo. candidate and then to give that candidate full and all-out support. This project I still want carried out. Just as I still want the Reno TV project carried out. However, the item set forth in my first message of Thursday morning was something entirely different.

I am mor familiar than you realize with the history and the remaining entity of the Kennedy family. You see Joe Kennedy used to own the biggest part of RKO studio before I got into it. The Kennedy family and their money and influence have been a thorn that has been relentlessly shoved into my guts since the very beginning of my business activities. So you can see how cruel it was, after my all-out support of Nixon, to have Jack Kennedy achieve that very very marginal so-called victory over my man.

So, as I point out, thru this long-standing feeling of ~~jes~~ jealousy and personal enmity, I have become fairly well informed about the organization of people that sprung up, first around Jack, and then

around Bob. Essentially the same
group. They just moved over. But
think of the experience they have
had in the two campaigns com-
bined!

Now, I am positive that
all of these people (and dont
forget the Convention and victory
was virtually within their grasp)
that all of these people, after they
come-to following a 48 hour effort
to drink themselves into oblivion,
will feel awfully and terribly
alone and frightened. Of course,
they might make it again with
Ted, but that is a long and
uncertain road. Now, Bob, just
try to visualize how it would feel.
I have a group of people who
have remained loyal to me, or
so I have chosen to believe, and
I have worried sufficiently about
them being faced with such a
situation, that I have gone to
extreme lengths in furnishing
them protection against any such
adversity. It was not easy,
because such protection, if it
places the person in the posture
of receiving a bequest under my
will, is worthless, and might do
more harm than good.

In any event, Bob, you
can see that I have given this
matter a great deal of thought.
Also, there is some similarity

between this group who assisted the Kennedy brothers and my organization, although, unfortunately, I do not have the lovable qualities of Jack and Bob that led to their famous popularity.

Anyway, I do feel competant to judge the feelings of fear and lonliness which I am certain must have consumed the Kennedy group by now. I have experienced these emotions myself and I know how powerful they can be. So, I repeat that I am positive this is a once-in-a-lifetime opportunity to acquire a ready-made political organization all trained and ready to go.

Now Bob, Mr. Gates, of the Gates Rubber Co. just stole from us the top prize winning designer of our helicopter and the top 7 or 8 technical men under him. It seems you might have warned me that this was a possibility. I am positive I could have persuaded him not to go - positive! So, Bob, this time, instead of waitin until somebody else grabs these people, let's move first!

furgón de cola del tren fúnebre —escribía Hughes—. Nunca en mi vida he visto un ejemplo mayor de mal gusto, el peor de la historia. Aunque sigo siendo absolutamente partidario de continuar intentando echarle el guante a la organización Kennedy en este momento propicio..., le insto a que no haga nada que pueda relacionarnos de algún modo a Kennedy o a su campaña. Me temo que quien ha estado actuando como luz guía de la señora Kennedy desde la muerte de su marido, no ha sido tan astuto ni tan inteligente como todo el mundo suponía. Personalmente opino que toda la operación fúnebre, desde el hospital Good Samaritan, ha sido un espectáculo horrorosamente exagerado, demasiado organizado y teatralizado. Creo que todo este asunto va a acabar en una confusión espantosa. La señora de Jack Kennedy fue objeto de muchas críticas por los excesos en las honras fúnebres del presidente, pero creo que esta operación es muchísimo peor, si es que cabe tal posibilidad.»

En el tren fúnebre, Larry O'Brien se sentía atrozmente solo y asustado. Había abandonado el gabinete de Lyndon Johnson para dirigir la campaña de Robert Kennedy, lo mismo que había dirigido la de John ocho años antes. Y ahora Bobby yacía muerto en un ataúd envuelto en una bandera en el último de los 21 vagones, camino de una tumba junto a la de su hermano.

Al principio, O'Brien contemplaba las multitudes alineadas junto a las vías, pero cuando el gentío bloqueó la ruta y el tren prosiguió a marcha lenta su viaje de Nueva York a Washington, que duró ocho horas, se quedó allí sentado, envuelto en una niebla, aturdido, recordando aquel vuelo de pesadilla en el avión presidencial que llevó a otro Kennedy hasta la capital, desde Dallas. La viuda del presidente iba también en aquel avión, con el vestido rosa aún manchado de sangre, y ahora, paseando por el pasillo del tren, O'Brien se encontró de nuevo a Jacqueline Kennedy. «Oh, Larry —dijo ella en un cuchicheo—, ¿no es terrible que nos veamos otra vez de este modo? Es increíble.» Cuando el tren llegó a Washington era ya de noche. Por último, en la oscuridad del cementerio nacional de Arlington, O'Brien vio cómo sepultaban el ataúd de Bobby junto a la tumba donde él había visto sepultar el de Jack. Y luego, se acabó.

Después de dieciséis años de servicio a los Kennedy, desde las primeras luchas de Jack por llegar al Senado hasta la última campaña de Bobby, Larry O'Brien se quedaba de pronto sin trabajo, sin patrono, sin la menor idea de cómo mantener a su familia o qué hacer.

Estaba en su casa en Washington cuando llamó Robert Maheu.

«*Larry O'Brien.* Va a venir aquí el próximo miércoles para una entrevista, como consecuencia de nuestra petición después del asesinato del senador Kennedy —informaba Maheu al ático—. Está dispuesto a hablar de un empleo y ha recibido la promesa (sin ninguna obligación concreta) de los cuatro o cinco hombres clave del campo de los Kennedy, de que no se comprometerán con nadie hasta que sepan noticias suyas.»

6/8/68

Bob—
I just saw Ted Kennedy
campaigning from the tail end of
the funeral train. If that isn't
the all time high in bad taste, I
dont know what you may
chose to call it. While I am
all in favor of the effort to
latch onto the Kennedy organization at this propitious moment,
as I recommended yesterday,
I urge you not to do anything
that might identify us as being
in any way associated with
Kennedy or his campaign. I
am afraid that whoever has
been acting as ~~——~~ Mrs.
Kennedy's guiding light since
her husband's death has not
been as shrewd or as clever as
everybody anticipated. Personally I
think the entire funeral operation
since the Good Samaritan has
been one ghastly over-played,
over-produced, and over-drama-
tized spectacle. I think that the
whole deal is going to erupt into
one horrible shambles. Mrs.
Jack Kennedy was criticized badly
for over-doing Pres. Kennedy's
funeral activities and I think
this operation is many times
worse, if such a thing is possible.
I just wanted to let you
know. We certainly have the best
news service. I have been amazed.

El jefe de la mafia irlandesa llegó a Las Vegas el Cuatro de Julio, fiesta de la Independencia. Se le alojó con gran pompa en el Desert Inn y se dio un paseo por la ciudad, recibió saludos de Hughes, pero no pudo ver a su posible jefe, que estaba en la habitación del ático. O'Brien se había sentado con presidentes y se había movido en los círculos más altos del poder. Jack Kennedy le reclutó personalmente, el viejo Joe le dio la bienvenida en su casa, Lyndon Johnson le suplicó que se quedara en la Casa Blanca, y Bobby le llamó para atraérselo y llevárselo. Pero ahora, O'Brien tendría que llegar a acuerdos con un intermediario. Nunca pudo ver a Howard Hughes.

—Tampoco yo me he entrevistado nunca con él —le explicó Maheu en las negociaciones laborales que se desarrollaron en su casa, junto al hotel.

Pero esto no era muy tranquilizador, así que Maheu buscó en su escritorio y sacó un comunicado manuscrito en papel amarillo.

—No quiero que tenga usted ninguna duda de que todo lo que le estoy diciendo procede directamente del propio Hughes —le dijo, mostrándole a O'Brien la caligrafía sagrada de su jefe.

Increíblemente, la prueba que Maheu presentó era casi seguro la diatriba de la «espina en las entrañas» de Hughes. El testimonio del propio O'Brien lo confirma. Salvo que, en vez de expresar odio a los Kennedy, el comunicado (tal como lo leyó O'Brien en su ansia de conseguir trabajo) era un elogio fúnebre sincero en el que Hughes vertía su dolor por la muerte de Bobby y por la constante tragedia de la familia Kennedy.

Maheu no dijo nada que pudiera decepcionar a su huésped. Presentó la oferta de trabajo en un código que ambos entendían. Le explicó a O'Brien que Hughes tenía un problema: ¡no creía que los norteamericanos estuviesen apreciando lo suficiente sus «buenas obras»! O'Brien, superando a su anfitrión, dijo que entendía exactamente lo que quería decir Maheu. Lo mismo habían pensado Jack Kennedy y Lyndon Johnson.

Hubo una coincidencia de pensamiento perfecta. Durante los dos días siguientes, Maheu mencionó algunas de las buenas obras a que se dedicaba Hughes por entonces. Eran muy diversas. Primero, estaba por una parte su partida de *monopoly* paralizada de Las Vegas. Luego, su batalla legal por el asunto de la TWA. Y aquel mismo fin de semana, Hughes había ampliado sus actividades filantrópicas a una cadena de televisión en apuros financieros y a unas nuevas líneas aéreas en situación precaria. Elaboró un plan para apoderarse de Air West y lanzó un ataque sorpresa a fin de hacerse con el control de ABC. Este acto concreto de beneficencia exigía atención inmediata.

Casualmente, O'Brien estaba simultáneamente en tratos con las tres cadenas de televisión. También ellas creían que no se las apreciaba lo suficiente y querían que O'Brien les ayudase a mejorar su imagen pública. En realidad, había sido James Hagerty, antiguo secretario de prensa de Eisenhower y ahora vicepresidente de ABC, quien había propuesto el asunto. Dado que tanto Hughes como Hagerty estaban interesados únicamente en hacer buenas obras, O'Brien no pareció considerar que hubiera conflicto alguno de intereses.

Y, según Maheu, le animó muchísimo en lo del ataque sorpresa a la ABC. «Él considera que no hay obstáculos insuperables con la CFC y/o la Secretaría de justicia —informaba Maheu a Hughes—. Lleguemos o no a un acuerdo con Larry O'Brien, creo con toda seguridad que deberíamos vaciarle el cerebro antes de iniciar en Washington "la gran maniobra".»

Hughes estaba deseoso de poner a O'Brien a trabajar de inmediato. Quería, en realidad, enviarle al Despacho Oval. «Yo creo, Bob, que hay un medio relativamente fácil de conseguir una respuesta inmediata en cuanto a lo de la cadena de televisión —escribía—. Creo que esa respuesta debería obtenerla el señor O'Brien yendo allá, acogotando a Johnson y diciéndole: "Mira, amigo, mi cliente el señor Hughes ha iniciado una operación para hacerse con el control de ABC."

»Creo que eso nos daría un indicio de la dirección en que sopla el viento en la Casa Blanca.»

Maheu tenía sus dudas en lo de acogotar a Johnson. Pero estaba muy entusiasmado con O'Brien. «No sé de nadie a quien el presidente deba más y que pudiera resolver este lío más de prisa que él —contestaba Maheu—. Acabo de enterarme, por cierto, de que cuando O'Brien dejó la Administración para participar en la campaña de Kennedy, lo hizo con la plena bendición del presidente. Sé, además, que el presidente y Humphrey están deseando meterle en la campaña del segundo.»

De hecho, cuando O'Brien regresó a Washington, descubrió que Humphrey había llamado mientras él estaba entrevistándose con Maheu en Las Vegas. El vicepresidente actuó casi con la misma rapidez que Hughes para echarle el lazo a O'Brien, pero con un poquito de retraso. O'Brien ya había aceptado, más o menos, unirse al multimillonario. Pero, con la aprobación de Maheu, dejó a un lado el trabajo de Hughes para llevar a Humphrey a la convención demócrata y luego, tras obligar a Humphrey a pedirle permiso personalmente a Maheu, lo volvió a aplazar hasta después de las elecciones de noviembre.

Pero O'Brien no interrumpió nunca sus negociaciones laborales con Hughes. Se encontró con Maheu para una segunda ronda de conversaciones en Washington a finales de julio, sólo dos días después de que Maheu le entregase 50 000 dólares a Humphrey en la parte de atrás de una limusina. Fue un fin de semana atareado para el pagador. Ahora, en su entrevista en el hotel Madison, dio a O'Brien los 25 000 dólares que Hughes había prometido a Bobby Kennedy poco antes del asesinato. O'Brien pasó el sobre lleno de dinero a Steve Smith, cuñado de los Kennedy, que aceptó agradecido la insólita expresión de condolencia de Hughes.

Y en aquella misma entrevista de Washington, Maheu y O'Brien llegaron a un acuerdo. Howard Hughes pasaría a ser cliente de O'Brien Associates, una nueva empresa cuyo propietario, Larry O'Brien, recibiría 15 000 dólares al mes, 500 dólares al día, durante un mínimo de dos años: un contrato secreto de 360 000 dólares.

Hughes lo había conseguido. Había conseguido hacerse con el jefe de la banda de los Kennedy, había contratado a su mejor pistolero.

Ahora, el hombre que había manejado la campaña de Kennedy en 1960, la de Johnson en 1964 y la abortada de Bobby en 1968, el hombre que acababa de hacerse cargo de la dirección de la campaña presidencial de Humphrey, dirigiría también campañas para Howard Hughes. El hombre que había presionado al Congreso en favor de la Casa Blanca (para la Nueva Frontera y para la Gran Sociedad) pasaría a presionar en Washington en favor del ático. El mejor agente político del país trabajaría para un loco secretamente decidido a comprar el país.

Sólo quedaba perfilar los detalles.

Inmediatamente después de las elecciones de noviembre, O'Brien regresó a Las Vegas para el acuerdo definitivo. Por entonces, era además presidente del comité nacional del partido demócrata. Pero no había ningún problema. Trabajaría simultáneamente como presidente sin sueldo del partido demócrata y como representante de Hughes, muy bien pagado, en Washington.

No estaba previsto que O'Brien empezase a trabajar para Hughes hasta Año Nuevo, pero en realidad puso manos a la obra de inmediato. Mientras dirigía la campaña de Humphrey estaba haciendo ya en secreto cosas para su nuevo jefe.

Cuando Hughes comunicó su propósito de apoderarse de Air West, y de que planeaba engañar a los accionistas («Este plan exige que las acciones empiecen a bajar y luego intervenimos nosotros con una oferta espectacular»), Maheu habló con O'Brien:

—Creo que no hay nadie en el mundo que sepa más de manejar campañas que Larry —informaba—. Aunque nuestro problema actual no se inscribe en el campo de la política, espero recibir instrucciones suyas de valor incalculable para conseguir motivar a los accionistas de modo que hagan lo que nos interesa.

Cuando Hughes se enfrentó al juicio de 137 millones de dólares de la TWA, Maheu planeó con O'Brien responder a los banqueros con una investigación del Congreso.

«El sistema existe, por desgracia, y en realidad, si se conociese bien, haría que la Mafia pareciese un juego de niños —escribía a su jefe—. Y casualmente somos víctimas de este grupo. Yo creo, con toda sinceridad, que no deberíamos aguantarlo sin más. O'Brien estará disponible de aquí a treinta días. He hablado con él de todo este asunto y está deseando ponerse en movimiento. Aún tenemos tiempo para crear una situación tal que esos miserables vengan a nosotros de rodillas.»

Y cuando Hughes envió a Maheu a ofrecer a Lyndon Johnson un soborno de un millón de dólares a cambio de que pusiese fin a las pruebas nucleares, fue O'Brien quien preparó la gran entrevista en el rancho. Aunque lo consiguió, no era precisamente el mejor intermediario. Pese a las seguridades de Maheu, Johnson aún no le había perdonado a O'Brien que le hubiera abandonado por Bobby Kennedy.

«¡Pobre Larry!» —decía el presidente a su secretario de protocolo Jim Jones—. Primero se va con Bobby, ahora con Hughes. Está cometiendo un gran error. Hughes le masticará, le sacará el jugo y luego lo escupirá.»

O'Brien no se había unido aún oficialmente a Hughes, sin embargo, cuando la amenaza de una nueva prueba atómica dispuso las cosas para su primera misión importante.

Fue el 12 de diciembre de 1968. La Comisión de Energía Atómica acababa de anunciar otra explosión megatónica, la primera desde que «Furgón» había lanzado a Hughes a su cruzada contra la bomba ocho meses atrás. Hughes había albergado la esperanza de detener el holocausto hasta que se hiciera cargo de la presidencia otro mandatario más servicial. Ahora, con un Johnson en la Casa Blanca aún no comprado y un Nixon ya comprado, elegido pero que aún no había tomado posesión de su cargo, Hughes se enfrentaba con un verdadero problema: no sabía a quién sobornar.

«Por favor, procure establecer contacto con Humphries, o que O'Brien transmita mi oferta al jefe de finanzas del partido demócrata —escribía Hughes, frenético—. Le ruego queme todos los cartuchos.»

Hughes exigió una vez más a Maheu que ofreciese un millón de dólares, a Johnson de nuevo, al derrotado Humphrey para el déficit de su campaña, a las arcas vacías del partido demócrata, al victorioso pero aún impotente Nixon, a cualquiera capaz de impedir la explosión inminente.

El ataque a traición de la Comisión de Energía Atómica sorprendió a Maheu en las Bahamas, confraternizando con la banda de Nixon. Mientras continuaba trabajándose a la próxima Administración, llamó a su nuevo recluta para que hiciese todo lo posible en Washington.

«Larry O'Brien se entrevistará mañana por la mañana con el hombre clave —informaba Maheu a Hughes—. Howard, he pensado ir a Washington, pero después de considerarlo detenidamente, no creo que pudiese hacer nada más eficaz que cuanto pueda hacer O'Brien.»

Mientras O'Brien se disponía a entrevistarse con Lyndon Johnson, el hombre al que había ayudado a convertirse en presidente, Maheu iba de Miami a las Bahamas para intentar entrevistarse con el presidente electo, y establecer también contactos con el vicepresidente, todavía dispuesto a cooperar.

«Voy a hablar dentro de un momento con Humphrey —le decía a Hughes, tranquilizándole—. Quiero vaciarle el cerebro realmente hasta el fondo, antes de iniciar cualquier maniobra. Así que, por favor, confíe en mí, Howard.

»Por otra parte (Lee) DuBridge, que será el principal asesor científico de Nixon, nos respalda, pero recomienda muy firmemente a la nueva administración que adopte una política de no intervención en lo referente a esta explosión concreta.

»Los asesores más íntimos de Nixon me informaron que el presidente electo no meterá de ninguna manera las narices en este asunto hasta que haya tomado posesión.

»Howard —concluía Maheu—, esto nos deja sólo con los demócratas en este momento concreto, y ése es el motivo de que sea tan importante para mí agotar todas las posibilidades en lo que se refiere a Humphrey y a Johnson.»

Hughes, allá arriba, en su ático, sudoroso, enfrentado a otra lúgubre cuenta atrás, estaba decepcionado al ver que sus hombres no conseguían encontrar a nadie para recibir su soborno de un millón de dólares.

«Me decepciona profundamente que proponga usted una política de no intervención —gemía—, y que ni siquiera nos hayamos aproximado, hasta el momento, a la posibilidad de aplazar esta prueba.

»Dice usted que deberíamos aceptarla porque será un éxito. No pongo en duda que lo sea en términos de prueba visible.

»Sin embargo, creo firmemente que nuestro prestigio y toda nuestra imagen pública quedarán muy gravemente dañados si permitimos que esta prueba se realice, o si no tenemos fuerza política para pararla.

»Le ruego que cambie de actitud y queme todos los cartuchos. No he recibido ninguna indicación de que mi oferta de apoyo (20 veces lo de Humphries[3]) se haya propuesto a nadie que estuviera en posición de aceptarla o de negociar.

»Estoy de acuerdo en lo de concentrarse en los demócratas. Ya se lo decía en mi mensaje de ayer.»

Maheu se apresuró a asegurar a Hughes que no estaba desempeñando el papel del pagador renuente.

«Sigo haciendo todo lo que puedo —informaba al puesto de mando—. En cuanto a la oferta, estoy contento de que no procediésemos con demasiada rapidez, porque es evidente que no nos habría hecho ningún bien, por ejemplo, proponérsela a los republicanos.

»Tuve una charla muy larga con el vicepresidente Humphrey. Hará una nueva tentativa de aplazar la explosión, pero la verdad es que no está muy entusiasmado. Agradece muchísimo nuestra oferta de ayudarle en el déficit, pero preferiría no aceptarla hasta ver si es capaz de conseguir el aplazamiento, o hasta que nos convenzamos plenamente de que sus esfuerzos producirán los resultados precisos respecto a explosiones mayores y futuras.»

Entretanto, Larry O'Brien también se debatía en Washington con una campaña difícil. Mientras Maheu se enfrentaba a la banda de Nixon, que aún no estaba en condiciones de negociar, y a un vicepresidente demasiado idealista para aceptar pagos por negocios inconclusos, O'Brien no parecía conseguir nada del hombre que aún tenía el dedo en el botón, Lyndon Johnson. No había avanzado lo más mínimo.

«Howard —informaba Maheu—, acabo de mantener una larga charla con Larry O'Brien y hemos decidido dar un paso más con el presidente respecto a la explosión.»

O'Brien seguía llamando a la puerta de la Casa Blanca, pero no conseguía entrar: «He estado en contacto constante con Larry

3. Humphrey recibió 100 000 dólares de Hughes. No está claro si el multimillonario se había olvidado de la cantidad total o si contaba sólo los 50 000 dólares en efectivo entregados al vicepresidente al calcular en «20 veces lo de Humphries» el soborno que proponía de un millón de dólares.

y hace quince minutos no había conseguido éxito en nuestra misión, pero continuará insistiendo.»

Quedaban ya menos de dos días para la temible explosión. Hughes ya estaba harto de O'Brien. Cuando se aproximaba la hora, exigió que Maheu tratase en persona con el presidente.

«Howard, Larry me mandó antes de irse que le dijese lo que piensa —contestaba Maheu desde Miami—. Está seguro de que esta explosión es un compromiso al que Johnson está irrevocablemente obligado. Le preocupa mucho el que yo pueda pedir una entrevista con el presidente porque podría interpretarla mal, dado que él y Larry han tenido una relación estrecha durante varios años, y podría pensar que no tenemos confianza en el presidente o en Larry.

»Dice también que un contacto personal mío con la Casa Blanca en este momento crítico llegaría inevitablemente a conocimiento del público.»

La misión se estaba haciendo peligrosa. Tanto O'Brien como Maheu estaban deseosos de tirarse en paracaídas. Pero Hughes insistía. Ordenó de nuevo a Maheu ir a ver al presidente y proponerle el gran soborno. Maheu no había puesto hasta entonces al corriente a O'Brien de este asunto, pero ahora, al mandarle Hughes que hiciese una vez más una oferta personal de un millón de dólares a Johnson, parece que Maheu se lo explicó todo a su secuaz.

«A través de un código preestablecido, pude comunicar a Larry hasta dónde estamos dispuestos a llegar», informaba.

O'Brien pudo comprender exactamente, por primera vez quizá, dónde estaba metido, para qué clase de hombre se había comprometido a trabajar. Debió ser un momento estremecedor. Él no estaba dispuesto a sobornar a un presidente. Pero tampoco le impresionó tanto la cosa como para renunciar a su nuevo trabajo.

«Su opinión fue que esto debería reconsiderarse —continuaba Maheu, informando de la reacción de O'Brien—porque, según él, es demasiado tarde para que Johnson cambie de parecer. En realidad, el caso podría llegar a utilizarse en perjuicio nuestro. Está dispuesto a apostar su carrera con nosotros (que se inicia oficialmente el 1 de enero de 1969) a que conseguirá nuestro objetivo principal.»

Si el propio O'Brien no estaba dispuesto a sobornar a Johnson, aún parecía dispuesto, al parecer, a arreglarlo todo para que su nuevo socio le sobornara.

«Howard, como usted sabe, estoy dispuesto a hacer cualquier cosa que usted pida —concluía Maheu—. Y Larry, desde luego, concertará la cita.»

Sólo la intransigencia obstinada de Lyndon Johnson impidió la entrevista de la Casa Blanca. Fuese porque Hughes no había hecho el donativo para la biblioteca o porque a Johnson no se le comunicó claramente la cuantía de la recompensa, o sencillamente porque seguía sin querer venderle la bomba a Hughes, lo cierto es que el presidente no accedió a entrevistarse con Maheu.

La explosión megatónica se produjo, según lo programado, el jueves 19 de diciembre de 1968. Desencadenó un violento terremoto que estremeció Las Vegas y produjo temblores tan potentes que los registraron los sismógrafos de todo el planeta. Hughes, solo en su búnker, se agarró a los barrotes de la cama, viendo una vez más frustrada su conjura para comprar la paz nuclear.

Pero su batalla contra la bomba no había terminado. Ni tampoco su obsesión con los Kennedy. Después de comprar a O'Brien, Hughes no renunciaría nunca a la esperanza de convencer al último hermano Kennedy superviviente para que se vendiese.

«Ted Kennedy pronunciará un discurso aquí, y le autorizo a usted a ofrecerle el sol y la luna y apoyo ilimitado para su campaña para la presidencia, si está dispuesto a utilizar nuestro material y hablar del asunto de la Comisión de Energía Atómica en su discurso —escribía Hughes, iniciando su gran maniobra para echar el lazo al último aspirante al trono.

»Bob, si menciona las ovejas de Utah, le aseguro que se caerá la casa —continuaba Hughes, invocando de nuevo al rebaño martirizado y los cinco mil corderos asesinados en un ensayo con armas biológicas que no funcionó según lo previsto—. Debe saberlo, y supongo que no vacilará en poner en un aprieto a la Administración Nixon si tiene ocasión.»

Era el 25 de abril de 1969. Teddy Kennedy iba a Las Vegas a pronunciar el discurso de apertura en un banquete oficial de 100 dólares cubierto, en honor de un colega suyo del Senado, Howard Cannon, senador por Nevada. Era la oportunidad perfecta para que Hughes cimentase su nueva conexión con Camelot y, al mismo tiempo, se apuntase un buen tanto frente a las gentes de la bomba.

La batalla había llegado ya al punto de que Hughes estaba amenazado por una citación del Congreso. Necesitaba aliados poderosos. Quería a Teddy Kennedy.

«¿Sabe usted algo de Kennedy? —le preguntaba a Maheu, impacientándose cada vez más, a medida que se acercaba la hora del discurso.

»Y dígame también, por favor, qué deseamos que mencione; lo he olvidado —añadía Hughes, tan pasado de codeína y de Valium que la bomba se le había ido de la cabeza o, más bien, poniendo a prueba a su lugarteniente, asegurándose de que no se le había olvidado el asunto de Teddy-CEA-las ovejas. Además se había apoderado súbitamente de él otra obsesión.

»Por otra parte —añadía—, creo que deberíamos hacer que alguien le explicase a Kennedy con todo detalle cuál es nuestra postura respecto al sistema hidráulico, porque si no, seguro que dice algo apoyando el sistema del lago en su discurso.»

El recordatorio llegó a Maheu cuando estaba en el Sands, donde daba una fiesta privada para doscientos invitados selectos que asistirían al gran festejo de Cannon. El invitado de honor era Teddy Kennedy.

No se sabe lo que Maheu pudo haberle dicho al senador en esta pequeña fiesta, pero lo cierto es que Teddy no atacó a la Comisión de Energía Atómica ni habló de la bomba ni recordó las ovejas muertas en el discurso de aquella noche. Y jamás recibió el sol y la luna ni un centavo de Hughes.

Sí recibió, en cambio, a una corista.

El asunto lo preparó Jack Entratter, director de espectáculos de Hughes en el Sands. El antiguo apagabroncas del Stork Club se encontró con Kennedy a media noche y le llevó a una suite de la planta decimoctava. Teddy pasó la noche allí, aunque estaba inscrito en otro hotel, y también la corista.

Cuando el director de un periódico sensacionalista local se enteró y amenazó con revelar todos los detalles picantes, Maheu intentó comprarle para que no saliese el artículo. Pero el periodista, Colin McKinlay, se negó a vender, y Maheu tuvo que decírselo a Hughes.

«Hasta hace varias horas, Bell estaba convencido de que tenía a McKinlay controlado —informaba preocupado.

»Pero McKinlay le dijo a Bell que tenía un reportaje sensacional sobre el reciente viaje del senador Kennedy a Las Vegas para pronunciar un discurso en el banquete del senador Cannon. McKinlay afirma que al terminarse la fiesta aquella noche, el senador Kennedy fue al Sands Hotel y pasó la noche con una "tía" que le proporcionó Jack Entratter.

»Hoy McKinlay declaró que nos va a enterrar a Kennedy, a usted y a mí publicando este artículo en su boletín de noticias. Se propone demostrar que cuando aparece en Las Vegas gente importante, todas las medidas que se toman para agasajarla se canalizan a través de los intereses de Hughes.

»Por desgracia, Howard, hay pruebas del asunto, aunque Entratter no me haya explicado los detalles —concluía Maheu, admitiendo lo peor—. Seguimos haciendo todo lo posible para que este nuevo escándalo no salga impreso y se difunda.»

Fue inútil. La noticia se publicó, pero al no lograrse una confirmación siquiera tácita de Maheu, el hecho pasó prácticamente inadvertido (aunque hablaba de una «rubia pechugona» que abrió la puerta de la suite de Kennedy cuando llegó un botones con bebida aquella noche, y que estaba aún allí cuando el servicio de habitaciones sirvió el desayuno). Y ello a pesar de que en la época en que apareció, las aventuras amorosas de Kennedy se habían convertido en noticia de primera página.

Era en julio de 1969. Mary Jo Kopechne había muerto. Y Teddy Kennedy se disponía a aparecer en la televisión nacional para explicar «Chappaquiddick».

«¿Cuál es la opinión más digna de crédito sobre lo que pasará con el asunto Kennedy?», preguntaba Hughes la noche antes de que surgiese Teddy de una reclusión de una semana tras el accidente.

»Acabo de oír un noticiario según el cual Kennedy piensa hacer una declaración mañana. ¿Tiene usted alguna idea de qué puede decir?

»Sólo quiero saber qué dirá, si sabe usted ya algo. No se enrede en esto en ningún sentido, por favor, y no permita que O'Brien se mezcle.

»Tengo entendido que toda la jerarquía Kennedy se reunirá hoy en Hiannisport. Espero que no esté incluido O'Brien, pero tengo la convicción de que sería muy peligroso que los Kennedy llegaran a enterarse de que se le ha pedido eso a O'Brien.

»Así que actúe con sumo cuidado en todo este asunto.»

En realidad, Larry O'Brien no estaba trabajando para Hughes cuando el multimillonario intentaba protegerle de la mancha de Chappaquiddick.

Cuando estaba a punto de ingresar en nómina, O'Brien dio marcha atrás. No lo hizo por motivos morales. No tuvo súbitos remordimientos de conciencia. Sucedió, simplemente, que en el último momento le hicieron una oferta mejor en Wall Street. De todos modos, nunca rompió la relación con Hughes. Siguió en contacto con Maheu y convenció a Hughes para que contratara a dos de sus asociados más íntimos. Joe Napolitan, asesor de medios de comunicación, que había trabajado con O'Brien en la campaña de Kennedy y en la de Humphrey, y Claude DeSautels, destacado cabildero de Washington que había sido ayudante de O'Brien durante las Administraciones Kennedy y Johnson. Tanto a Napolitan como a DeSautels se les asignaron 5 000 dólares mensuales y ambos consultaban habitualmente con O'Brien respecto a los asuntos de Hughes.

«Aunque O'Brien aceptó el puesto en la sociedad inversora —informaba Maheu, explicándole a Hughes la situación—, sigue siendo accesible y conserva intacto su equipo básico. Larry continúa siendo de gran ayuda, y puede hacer muchas cosas que no podría hacer si fuese un empleado.»

En realidad, mientras O'Brien trabajó para Wall Street, Maheu informaba al ático de sus misiones para Hughes.

«Asunto CAC: Howard, las cosas van increíblemente bien —escribía Maheu, mientras maniobraba a fin de conseguir permiso federal para la absorción de la Air West—. Es evidente que Larry O'Brien y su gente habían hecho un buen trabajo previo a la reunión.» En su testimonio personal sobre el CAC, Maheu añadiría más tarde: «Creo que hice un trabajo bastante bueno reduciendo el perjurio al mínimo.»

Mientras Hughes proseguía su batalla por la TWA, O'Brien intentaba resolver el asunto del juicio en rebeldía del multimillonario. «Como consecuencia de sus tratos con unas cuantas personas importantes de Washington —indicaba Maheu—, O'Brien y Long informaron la noche pasada de que tenemos un cincuenta por ciento de posibilidades de conseguir una cláusula en la legislación que se prepara, que hará imposible asegurar triple indemnización por daños y perjuicios.»

Y en lo relativo a la gran batalla contra la bomba, el equipo de O'Brien reclutó aliados dignos de confianza en el Congreso: «O'Brien y su gente han eliminado cuidadosamente a todos los adversarios de las pruebas nucleares que tienen alguna fama de liberalismo. Están trabajando muy estrechamente con nuestro grupo de confianza y propondrán programas propios que no se podrán rastrear hasta nosotros.»

7-24-69   R

Bob —

What is the most educated guess as to what is going to happen about the Kennedy situation?

I just heard a newscast saying Kennedy is planning a statement tomorrow. Do you have any idea what it is likely to ~~be~~ say?

I only want to know what, if anything you already know. Please, do not become in any way involved in this, and please do not permit O'Brien to become entangled in it.

I heard that all the Kennedy hierachy was gathered today at Hiannisport Mass. I hoped O'Brien was not included, but I realize it could be very dangerous if it should filter back to Kennedy that any such request was made of O'Brien.

So, tread very ~~~~ carefully in this entire affair.

Howard

Pero Hughes no estaba satisfecho. No quería el equipo de O'Brien ni admitía ayuda extraoficial de O'Brien. Quería a O'Brien.

«Me ha impresionado mucho el reclutamiento de talentos políticos de que me habla usted —escribía a Maheu, aprobando su lista de agentes—. Sin embargo, Bob, quiero un ejecutivo de orientación política, disponible en exclusiva.»

Hughes había contratado ya a Richard Danner, veterano ayudante de Nixon que manejaba las relaciones entre el ático y la Casa Blanca a través del amigo más íntimo del nuevo presidente: Bebe Rebozo. Eso cubría a los republicanos.

«Lo que más me gustaría sería tener a O'Brien y a Danner —continuaba Hughes, que quería controlar a los dos partidos.

»¿Cree usted que podría persuadirse a O'Brien, con una oferta razonable, para que cambiase de opinión y volviese?

»Comprendo que tiene sus límites con los republicanos, pero eso no me inquieta demasiado.»

Lógico, dado que los demócratas controlaban las dos cámaras y la mayoría de las agencias reguladoras federales. No le inquietaba en absoluto. Y, tal como resultaron las cosas, no hacía falta persuadir a O'Brien. Su empresa de Wall Street había quebrado, le habían dado opciones de valores sin valor, y había quedado gravemente endeudado. A mediados de agosto de 1969, volvería a Las Vegas, deseoso de trabajar con Howard Hughes.

O'Brien Associates inició sus actividades el 1 de octubre, a tiempo de colaborar en la reforma de la legislación fiscal del país, en beneficio de su principal cliente Howard Hughes.

La ley de reforma fiscal de 1969 fue la revisión más completa del sistema fiscal del país en toda su historia, y a Hughes le planteaba un verdadero problema. No se trataba ya de que el hombre más rico del país llevase diecisiete años consecutivos sin pagar impuesto personal sobre la renta, hasta que sus beneficios excepcionales con la TWA le obligaron por fin a pagar. No era que la compañía en la que se sustentaba su imperio, Hughes Tool, no hubiese pagado impuestos sobre la renta de sociedades durante los tres años que su único propietario había estado oculto en Las Vegas. No; el problema grave era la gran obra de beneficencia del multimillonario: el Howard Hughes Medical Institute.

Hughes, como los otros grandes filántropos (Ford, Rockefeller, Carnegie), había descubierto el medio de obtener gran prestigio público atesorando su riqueza y evadiendo impuestos. Creó una fundación. Pero Hughes casi parecía proponerse desenmascarar toda la trampa convirtiendo su fundación en una parodia escandalosa.

En su único acto de filantropía había volcado todas las acciones de la Hughes Aircraft Company en las arcas del Hughes Medical Institute, convirtiendo así su fábrica de armas, que le proporcionaba 20 000 millones de dólares al año, en una institución de beneficencia libre de impuestos. Nombró a su médico personal, Verne Mason (el médico de Hollywood, desde hacía mucho su proveedor de codeína), director de investigación médica. Pero el propio Hughes siguió siendo presidente de la fábrica de armas que trabajaba para la Defensa, y se convirtió en fideicomisario único

265

de la nueva fundación, reteniendo el control absoluto de ambas. Se había donado generosamente a sí mismo todas sus acciones. Y ahora, aquel acto increíble de beneficencia estaba a punto de ser anulado.

Fue Wright Patman quien inició todo el asunto. El populista texano llevaba años utilizando su poder como presidente del Comité Bancario de la Cámara para lograr que una investigación del Congreso pusiera al descubierto la jugada de la fundación. La investigación había descubierto cientos de organizaciones caritativas fraudulentas que no eran más que fachadas que utilizaban los ricos para amasar enormes fortunas libres de impuestos. Y ahora, en 1969, Patman apuntaba al fraude más escandaloso de todos: un contratista que trabajaba para la Defensa, que figuraba entre los diez más importantes, fabricante de proyectiles y satélites espías, enmascarado como empresa de beneficencia dedicada a la investigación médica «en pro de toda la humanidad».

De hecho, Patman puso al descubierto que el Howard Hughes Medical Institute sólo tenía un verdadero beneficiario: Howard Hughes. En los quince años transcurridos desde su fundación, el instituto sólo había dado seis millones de dólares a los investigadores y le había devuelto al millonario casi veinticuatro millones de dólares. Durante esos mismos años, Hughes Aircraft amontonó beneficios acumulados de 134 millones de dólares, pero jamás pagó un dividendo a la empresa de beneficencia que era su propietaria, y sólo donó dos millones de dólares para buenas obras. Mediante un complicado acuerdo de doble arriendo con Hughes Tool, la fundación recibió otros veinte millones de dólares, pero la mayor parte de los mismos se destinó a pagar al propio Hughes intereses sobre un préstamo. Casi un millón de dólares al año para el avariento fideicomisario. Y cada centavo que Hughes el caritativo donaba a su fundación (incluyendo todo el dinero que recuperaba) se agregaba a las facturas que Hughes el contratista que trabajaba para la Defensa presentaba al Pentágono, para que así otros contribuyentes pagaran toda la factura de su filantropía. En realidad, obtenía un beneficio. En 1969, sin embargo, el instituto médico estaba en la ruina. Tuvo que pedir un millón prestado a un banco. No para otorgar ayudas a la investigación, sino con el fin de poder pagar los intereses que adeudaba a su generoso fundador.

«A mí esto me suena más a altas finanzas que a beneficencia», se quejaba Patman. Y otro miembro de su comité, cuando interrogaba a un director de la fundación, ridiculizaba así todo el montaje: «¿Quiere usted decir que el señor Hughes, el fideicomisario, no ha creído nunca que al señor Hughes, el jefe ejecutivo, debería impedírsele pagar al señor Hughes el dinero que el señor Hughes debe al señor Hughes?»

Charla peligrosa. Por la brecha penetró Larry O'Brien.

«Estoy plenamente informado de la afinidad existente durante años entre Patman y O'Brien —informaba Maheu al filántropo del ático—. Además, anoche descubrí por casualidad que Dick Danner y Patman son amigos íntimos desde hace años. Tengo el propósito, salvo que usted me aconseje lo contrario, de coordinar entre Danner y O'Brien un programa que tal vez pudiera quitarnos de encima a Patman.»

Pero a Wright Patman no podía parársele. Había iniciado una cruzada, y sus revelaciones estaban forzando por fin al Congreso a imponer controles estrictos a todas las fundaciones privadas libres de impuestos.

Salvo una. Larry O'Brien se ocupaba de eso.

«La gente de Larry O'Brien me llamó la atención sobre los defectos del proyecto de reforma fiscal —explicaba Maheu a Hughes—. O'Brien y su gente detectaron defectos que podrían ser devastadores para HHMI y Hughes Aircraft.»

En verdad devastadores. De acuerdo con el proyecto de ley aprobado por la cámara, el instituto médico tendría que convertirse realmente en una organización de beneficencia. Debería gastar un mínimo de diez millones de dólares anuales en buenas obras (quizá dos o tres veces esa cantidad), mucho más de lo que había dedicado a tal fin en los últimos quince años. Peor aún: la nueva ley prohibía «autorrelaciones». Hughes tendría que pagar una multa a Hacienda del 200 por ciento por todas las comisiones confidenciales que había recibido de su fundación. Y peor todavía: tendría que ceder el control de Hughes Aircraft, vendiendo el 80 por ciento de sus acciones en el plazo de diez años.

A O'Brien este trabajo le venía a la medida. Pero además contaba con poderosos aliados. Junto a Danner, el compinche de Nixon, Hughes desplegó un equipo de cabilderos entre los que figuraba Gillis Long, antiguo congresista por Louisiana que era, casualmente, primo de Russey Long, presidente del comité de finanzas del Senado. Este último personificaba la siguiente etapa de la ley de reforma fiscal.

Cuando el proyecto de ley salió de aquel comité del Senado, incluía un asidero especial, hecho a la medida de Hughes. Oculta en el texto de 225 páginas, había una sola frase que eximía a las «organizaciones de investigación médica»...; es decir, al Hughes Institute.

Maheu comunicó la buena nueva al ático: «En las sesiones de ayer y de hoy, el comité financiero del Senado adoptó las enmiendas que pretendíamos introducir en beneficio del Howard Hughes Medical Institute.»

El proyecto de ley revisado aún sobreviviría a una conferencia Congreso-Senado y a la votación final del Congreso en pleno, pero principalmente debía conseguir pasar ante un hombre: Windburg Mills, presidente del Comité de Medios y Procedimientos de la Cámara. O'Brien se llevó a su viejo amigo Mills a comer. Durante dos horas analizaron las consecuencias de la nueva ley fiscal en las fundaciones, y aunque O'Brien insistiría posteriormente en que ni siquiera había mencionado a Hughes en ningún momento, Windburg Mills se convirtió en ferviente defensor del asidero de Hughes.

Maheu estaba entusiasmado:

«Howard, hemos conseguido un grupo de individuos sumamente cualificados para manejar nuestros asuntos en Washington —graznaba—. Gracias a la previsión que ha tenido usted, la colaboración de O'Brien es quizá el golpe del siglo. Estoy seguro de que no tenemos ningún problema pendiente que O'Brien, Danner y Long no puedan manejar a su entera satisfacción.»

Pero Hugues no se daba por satisfecho. No le bastaba una exención secreta para su empresa de beneficencia. Quería que se modificara totalmente una gran parte de la normativa fiscal.

«Estoy horrorizado —escribía.

»Me aseguró usted que el nuevo proyecto de ley fiscal no me resultaría inaceptable, y que usted no era necesario en Washington durante estos días críticos porque todo estaba controlado.

»Acabo de oír en el noticiario que el impuesto sobre beneficios del capital aumentará, y muy sustancialmente. Me temo que el que usted se negara a hacer un esfuerzo resuelto, ha provocado una tragedia.»

Maheu no se alteró por eso. Con su nuevo equipo de colaboradores nada era imposible.

«Estoy muy satisfecho de que me llamara usted la atención sobre su interés en lo referente a los beneficios del capital en el proyecto de reforma fiscal —contestó—. Pudimos celebrar entrevistas, a las que asistimos O'Brien, Long, Danner, Morgan y yo. Estudiamos en profundidad la versión de la Cámara y la versión del Senado. Tenemos, por suerte, entre los cinco, excelente acceso a todos los miembros de los comités implicados.

»Tocaremos todas las teclas. Nos proponemos también recordar al presidente lo impopular que sería esta parte del proyecto entre los que sin duda alguna aportan hasta el 80 por ciento de las contribuciones políticas necesarias para una campaña nacional.»

Richard Nixon tenía sus propios problemas. También él estaba en contra del asunto de los beneficios del capital, pero el Congreso, controlado por los demócratas, se hallaba en un estado de rebelión declarada, y ése era el menor de sus problemas con la nueva ley fiscal. La auténtica preocupación del presidente era absolutamente personal. Nixon estaba preocupado, como Hughes, por su propia filantropía privada.

Mientras el Congreso debatía una reforma completa del código fiscal del país, el presidente se concentraba en una disposición secundaria: el rechazo de deducciones por beneficencia en relación con donaciones de documentos. Nixon tenía intención de hacer una donación de sus documentos pre-presidenciales a los Archivos Nacionales. A cambio de una exención fiscal de medio millón de dólares. Y ahora se enfrentaba a un verdadero dilema. Durante el otoño fluctuó la fecha efectiva de la anulación. No sabiendo cuál sería la fecha límite, retenía la donación hasta estar seguro de poder reclamar la deducción, mientras su cabildero jefe de la Casa Blanca, Bryce Harlow, presionaba al Congreso para que dejase abierta la posibilidad, al menos el tiempo suficiente para que el presidente pudiera aprovecharla.

En sus sesiones estratégicas con Harlow, Nixon planteaba otra de sus preocupaciones: la alianza Hughes-O'Brien. El presidente se enteró del asunto un año antes, por su compinche Rebozo, que lo supo a través de Danner. A éste se lo había dicho Maheu meses después del primer viaje de O'Brien a Las Vegas. ¡Larry O'Brien y Howard Hughes! La relación no se apartaría nunca del pensamiento de Nixon en los años siguientes, hasta convertirse en una obsesión que crecería más y más durante su mandato presidencial. Y ahora, O'Brien, el jefe de la banda de los Kennedy, el antiguo presidente del Comité Nacional del Partido Demócrata, estaba cabildeando en el Congreso para Howard Hughes.

Nixon deseaba conocer todos los detalles, toda la basura. Harlow no hacía más que tropezarse con agentes de O'Brien. Y cada vez que se reunía con el presidente, éste le preguntaba por O'Brien y Hughes.

«Hablábamos de ello como un asunto sorprendente y curioso —recordaba Harlow—. Yo me veía con el presidente todas las mañanas y luego por la noche, junto con Haldeman, Ehrlichman y a veces Kissinger. Nos sentábamos y le sacábamos el jugo a lo que estuviera pasando, y de vez en cuando surgía esto: "Me pregunto cómo se llevará Larry con Howard Hughes." Les parecía rarísimo que existiese ese acuerdo y que el partido demócrata lo considerase aceptable.»

Por supuesto, Nixon también seguía presionando a Harlow a fin de comprar tiempo para sus documentos y conseguir su gran exención fiscal. Era la máxima prioridad legislativa del presidente, pero el asunto seguía sin resolver cuando el proyecto de ley se encaminaba ya a su etapa final, la conferencia del Senado y la Cámara.

Hughes, en su ático, sudaba tras la última ronda crucial. El impuesto sobre beneficios del capital se había recortado, pero no lo suficiente, y aún corría peligro su gran asidero de la empresa de beneficencia.

«Hemos tenido a nuestra gente en Washington prácticamente durmiendo en el Capitolio, observando todos los movimientos», aseguraba Maheu a su jefe, pero le advertía que no podía esperar ninguna ayuda de Nixon.

«El presidente sigue demostrando que es incapaz de controlar al Congreso en lo referente al proyecto de ley de reforma fiscal. Por suerte, no estamos en una posición desfavorable respecto a ese grupo concreto, gracias a la previsión que tuvo usted al subir a bordo al equipo de O'Brien.

»Hablé con O'Brien hace una hora y está seguro de poder incorporar modificaciones que nos beneficien cuando todo este asunto vaya al pleno.»

El 22 de diciembre de 1969, los representantes salieron del pleno del Congreso y del Senado después de cinco días con sus noches de intensas negociaciones con una versión de compromiso de la ley de reforma fiscal. El Congreso en pleno la aprobó rápidamente el mismo día.

Larry O'Brien lo había conseguido. Howard Hughes había obtenido una victoria increíble. La nueva ley histórica afectaría, en la práctica, a todos los contribuyentes del país, a todos los negocios, a todas las empresas. Reducía incluso las ventajas fiscales basadas en el agotamiento del petróleo, sagradas durante tanto tiempo. Y más de 30 000 entidades exentas de impuestos quedaban ahora sometidas a nuevos y rigurosos controles. Las fundaciones Ford, Rockefeller y Carnegie quedaron sometidas a la ley. Pero no el Medical Hughes Institute, al que se declaró totalmente exento. Gracias a Larry O'Brien.

Pero Hughes no se lo agradeció. El filántropo no celebró su gran victoria. No apreció el acuerdo secreto que le ahorraba decenas de millones de dólares, que aseguraba su control sobre Hughes Aircraft, que le permitía seguir recibiendo todas sus comisiones confidenciales, que mantenía en pie todo su artilugio de fraude fiscal.

«Me alegro, como es lógico, de que los cambios en la redacción del proyecto de ley (en lo referente a las fundaciones) hagan innecesario revisar los estatutos del Howard Hughes Medical Institute —escribía Hughes, refunfuñando.

»Esto está bien, Bob, y me otorga una ventaja que aprecio.

»Sin embargo, espero que comprenda usted lo absolutamente insignificante que es esto si viene acompañado del informe de un aumento del impuesto sobre beneficios del capital.

»Ya he indicado por extenso y con insistencia que los asuntos y fondos del Howard Hughes Medical Institute se encuentran al otro lado de la gran muralla, en lo que a mí se refiere.

»Expliqué, además, que el Howard Hughes Medical Institute tiene muchos recursos, está bien provisto de dinero para sus futuras actividades —continuaba, desechando despreocupadamente la maltrecha empresa de beneficencia que había ordeñado hasta dejarla seca— y, en consecuencia, que un dólar de la tesorería del Howard Hughes Medical Institute no tiene para mí un valor que se aproxime, ni con mucho, al valor de un dólar de los fondos de la Hughes Tool Company o un dólar de mis fondos personales.

»Por tanto, comprenderá usted fácilmente que los planes actuales para aumentar los impuestos sobre los beneficios del capital golpean en el corazón mismo del único sector en el que tengo alguna esperanza de obtener algún beneficio de cierta entidad a partir de ahora.

»Así pues, Bob, ponga, por favor, este proyecto en el primer lugar de la lista, que es donde debería haber estado desde el principio», pedía, exigiendo una vez más que volviera a redactarse la ley de reforma fiscal..., pero no desde un punto de vista egoísta, no sólo por él.

»Es también la única fuente de ingresos sustanciales para cualquier otro individuo moderadamente rico, ya sea el ejecutivo de una empresa, un corredor, inversor, financiero o lo que sea.

»Yo creo que el proyecto sería devastador para casi todos los ciudadanos del país, salvo los de niveles de ingresos muy bajos.

»Infórmeme inmediatamente, por favor, Bob; estoy más preocupado por esto que por cualquier otra cosa que haya sucedido durante todo el tiempo de nuestra relación.»

Hughes no tenía por qué estar tan preocupado. El nuevo gravamen sobre los beneficios del capital prácticamente no le afectaba. Hughes Tool tenía ya su asidero especial, destinado a beneficiar a las pequeñas empresas en apuros..., empresas de diez accionistas o menos. Eso incluía, claro está, a la Hughes Tool, que sólo tenía uno. A partir de la nueva ley, su compañía tenedora no pagaría impuestos por beneficios del capital; no pagaría, en realidad, ningún impuesto de sociedades.

Así, la mitad de su imperio se convertía en una «organización benéfica» libre de impuestos, mientras que la otra mitad era un «pequeño negocio» libre de impuestos. Sólo el propio Hughes tendría que pagar a Hacienda. El primer año de vigencia de la nueva ley, Hughes pagó 20 012,64 dólares. Éste era el tipo de reforma fiscal en que había pensado el multimillonario. O'Brien Associates hizo bien su primer encargo oficial.

Richard Nixon, en cambio, no había actuado tan bien. El presidente perdió su batalla con el Congreso. El 30 de diciembre de 1969, tras la amenaza de veto, firmó amargamente la propuesta de reforma fiscal convirtiéndola en ley, una ley que eliminaba la deducción fiscal por sus documentos privados. La anulación era retroactiva desde julio. Nixon había pasado por alto la fecha límite, perdiendo con ello la oportunidad de conseguir su gran exención fiscal. O eso parecía.

Pero el 10 de abril de 1970, se celebró otra ceremonia de firma en el Despacho Oval. Aquel día, el presidente firmó su declaración del impuesto sobre la renta de 1969. Alegaba una deducción de 576 000 dólares por sus documentos e incorporaba a la declaración una escritura que mostraba que habían sido donados a los Archivos Nacionales en marzo de 1969, cuatro meses antes de la fecha límite. Esa enorme reducción fiscal permitía a Nixon eludir prácticamente todos los impuestos durante su mandato presidencial. En 1970 pagó 792,81 dólares. En 1971, 873,03 dólares. En 1972, pagó 4 298 dólares. Sólo había un problema. Era todo un fraude, lo que sus propios abogados llamarían más tarde «la martingala de los documentos presidenciales». Nixon había retrasado fraudulentamente la fecha de la escritura de cesión de sus documentos, incurriendo en falsedad, y había evadido 467 000 dólares que debió haber abonado a Hacienda durante su permanencia en la Casa Blanca.

En la misma época en que el presidente falsificaba la escritura, Larry O'Brien se había convertido de nuevo en presidente del Comité Nacional del Partido Demócrata. Durante el año siguiente serviría a Howard Hughes y a los demócratas al mismo tiempo, y la preocupación de Nixon por la relación Hughes-O'Brien se convertiría en una obsesión absoluta.

O'Brien no era un simple hombre de paja como presidente del partido, sino el verdadero caudillo de la oposición. Con Johnson en el exilio, Humphrey derrotado y Teddy Kennedy caído en desgracia, él era quizá el demócrata más prominente del país, el elemento decisivo de su partido en las elecciones para el Congreso de 1977. Con la libertad financiera que le proporcionaba el gran sueldo que recibía de su jefe oculto Howard Hughes, O'Brien recorrió el país atacando a Nixon.

¡Hughes y O'Brien! El dirigente del partido demócrata, cabildero secreto de Hughes, recibiendo 500 dólares al día del multimillonario, 15 000 dólares al mes, 180 000 dólares al año mientras servía a dos amos... ¡y todo ello impunemente, sin ningún problema!

O'Brien, el jefe de la banda de los Kennedy, actuando así sin tropezar con obstáculos, lo mismo que los Kennedy se habían salido con la suya en todo, siempre, sin problemas. Nixon estaba decidido a enganchar a O'Brien, a conseguir pruebas de su relación con Hughes, a descubrir qué estaba haciendo a cambio de todo aquel dinero secreto.

El presidente se habría quedado muy sorprendido, de haberse enterado. Desde luego, jamás habría imaginado siquiera el papel de O'Brien en la gran misión de los «audaces».

Comenzó una noche que Hughes estaba viendo la televisión. Lo que veía era tan sorprendente que quiso que O'Brien se pusiera a trabajar de inmediato, aunque fuese el punto culminante de la gran batalla del proyecto de ley de reforma fiscal.

«Mensaje que debe transmitirse a Bob en cuanto despierte», dictó Hughes a uno de sus mormones, sentado en el cuarto de baño, cavilando lúgubremente.

«El domingo por la noche pasaron en televisión un programa titulado *Los audaces*. Desarrollaba una secuencia casi idéntica a los acontecimientos del vuelo del Apolo XII —el ayudante garrapateaba mientras su jefe mascullaba al fondo—: Aquí había un hombre de color y dos blancos; sin embargo, HRH no pone objeciones por el hombre de color.

»HRH considera que este tipo de programa va en perjuicio del bienestar del país porque muestra escenas que podrían indicar que habían sucedido ciertas cosas evitables, etc. En el programa, el hombre de color se ponía enfermo, y luego uno de los otros también se ponía y se desmayaba, y el mal tenía que diagnosticarlo un médico que estaba en tierra, en Houston, con la esposa del hombre de color sentada junto al centro de control.

»HRH cree que usted, a través de sus relaciones en Washington, debería presentar una vigorosa protesta por el hecho de que se haya permitido emitir un programa como éste. HRH lo considera antipatriótico y perjudicial para la buena imagen del programa espacial del país.

»HRH piensa que quizá Larry O'Brien pudiera encargarse de esta tarea. Sin embargo, HRH no desea que esta protesta se pueda rastrear hasta nosotros.»

Hubo otras misiones muy secretas Hughes-O'Brien, algunas de ellas relacionadas con el propio Nixon. Hughes, que nada sabía de la obsesión del presidente, sin la menor conciencia del miedo y el odio de Nixon a O'Brien, proponía regularmente enviar a este último a la Casa Blanca.

«Supongo que habrá mandado usted a su máximo contacto con Nixon (quizá O'Brien) dirigirse al gobierno y ofrecerse a ayudarle a satisfacer al público del sur de Nevada con un sistema hidráulico alternativo que sería financiado de forma privada, y que no precisaría de fondos del gobierno» —proponía Hughes, dispuesto a pagar cualquier precio por asegurar la pureza de los líquidos.

Y cuando temía que el presidente se estuviera acostando con los de la bomba, Hughes propuso de nuevo que O'Brien estableciese contacto: «El asunto de mayor urgencia en este momento es, sin lugar a dudas, la alianza de Nixon con la CEA, que creo es algo absolutamente terrible, y debe desbaratarse como sea. ¿No puede meter usted en esto a O'Brien y *quemar todos los cartuchos?*»

De hecho, Maheu y O'Brien urdieron una conjura para ayudar a Nixon a conseguir la aprobación en el Senado de un nombramiento en el Tribunal Supremo, a cambio de la paralización de las pruebas nucleares.

«He estado en contacto con O'Brien y algunos de los suyos —informaba Maheu— y van a intentar este fin de semana conseguir votos para Carswell a cambio de un aplazamiento de la explosión. Puede usted estar seguro de que manejamos esto con suma cautela. Pero O'Brien cree que por lo menos merece la pena intentarlo.»

Pero Nixon no se enteró nunca de estas misiones. Y cada vez estaba más obsesionado con la idea de descubrir qué era exactamente lo que tramaba O'Brien. Llamaba a Haldeman, su jefe de equipo: «Cazaremos a O'Brien en esto, como sea.» Llamaba a Ehrlichman, llamaba a Colson, llamaba a Dean, llamaba al servicio de recaudación fiscal, llamaba a su compinche Rebozo y le hacía hablar con Danner y con Maheu para sonsacarle. Llamaba a sus sabuesos privados y, por último, a su fiscal general, Mitchell. Éste, a su vez, llamó a Liddy y Liddy a McCord y a Hunt, y Hunt llamó a los cubanos y todos ellos acabaron cazados en el despacho de Larry O'Brien en Watergate.

Todo ello por su intento desesperado de llegar al fondo de la relación Hughes-O'Brien.

«Me pareció que sería una ironía agradable, y de gran valor como noticia —explicaría Nixon posteriormente en sus memorias— que después de tantos años en los que se había señalado a Howard Hughes como mi ángel financiero, el presidente del Comité Nacional del Partido Demócrata fuera en realidad quien gozaba de una posición lucrativa en la nómina de Hughes.»

Pero había otro factor en la obsesión de Nixon; un factor que él no mencionaría en sus memorias.

También el presidente figuraba en la nómina.

10. NIXON: EL SOBORNO

La sangre goteaba despacio desde una bolsa suspendida en lo alto, descendía roja por un tubo de plástico claro, y fluía a través de una aguja hipodérmica en el brazo enflaquecido del viejo cadavérico.

Howard Hughes, al borde de la muerte, volvía a la vida.

Llevaba meses perdiendo sangre, debido, al parecer, a sus hemorroides abiertas, y tenía una anemia crítica agravada por malnutrición crónica. Su porcentaje de hemoglobina había descendido por debajo de 4 gramos, una pérdida del 75 por ciento que le dejaba tan exánime como un cadáver.

Hughes que no deseaba hospitalizarse (no era capaz de salir de su madriguera, pues no se atrevía a afrontar la luz del sol), envió a sus ayudantes a buscar sangre no contaminada. No era una misión fácil. Hughes insistía en conocer el origen preciso de cada litro, exigiendo una investigación detallada de cada posible donante, rechazando a unos por sus hábitos dietéticos, a otros por su actividad sexual y a todos los que hubiesen dado alguna vez anteriormente sangre. Por fin logró encontrar a varios mormones de Salt Lake City que reunían las condiciones precisas, y pudo sangrarlos para él solo.

Y ahora, tras su primer paladeo de sangre mormona pura (sangre que al multimillonario llegaría a gustarle tanto que exigiría más tarde transfusiones que no necesitaba), Hughes veía la televisión y esperaba noticias que satisficieran un anhelo más antiguo.

Era martes, 5 de noviembre de 1968. Noche de elecciones.

«... Y es una elección muy reñida, en verdad —atronaba la voz absurdamente amplificada de Walter Cronkite—. Una carrera en vaivén por todo el país. Nada parecido a la cuenta atrás presidencial que se había previsto...»

El mismo informe resonaba, a un volumen considerablemente más bajo, en otra lúgubre habitación de hotel situada a unos 4 800 kilómetros de distancia. Allí, hombres aún desconocidos pero que pronto serían famosos, controlaban los votos de Richard Nixon.

El propio Nixon, aislado en una habitación independiente en la planta treinta y cinco del Waldorf Towers de Nueva York, no permitía siquiera que una televisión compartiese su soledad. Llevaba allí sentado muchas horas, centrado en sus hojas amarillas, analizando la pauta de los votos, separado de su familia, instalada al

... I am determined to elect a president of our choosing this year and one who will be deeply indebted, and who will recognize his indebtedness.

Since I am willing to go beyond all limitations on this, I think we should be able to select a candidate and a party who knows the facts of political life.

If we select Nixon then he, I know for sure, knows the facts of life.

fondo del pasillo, separado de sus ayudantes más íntimos que estaban en la *suite* contigua.

Nixon llevaba semanas perdiendo terreno frente a Humphrey, había visto disminuir día a día su ventaja, que había llegado a ser abrumadora, y ahora, solo en la penumbra de su habitación secreta, sabía que su supervivencia política corría un grave peligro. «Podías percibir casi cómo cambiaba la tendencia mientras la oscuridad caía sobre la tierra —recordaría más tarde su ayudante Leonard Garment—. Sabíamos que se daba aquella hemorragia de votos, aquel fenómeno tremendo, que era como una extraña enfermedad.» Nixon estuvo toda la noche y gran parte de la mañana siguiente pendiente de las oscilaciones de sus votos.

Exactamente a las tres, salió de pronto con su viejo traje arrugado, ojeroso por el esfuerzo, y anunció que estaba dispuesto a proclamar su triunfo. El resultado aún era incierto, pero Nixon saboreaba el momento. Era la misma hora a la que, ocho años atrás, había admitido su derrota frente a John F. Kennedy.

Derrotado en 1960, enterrado en 1962, había leído su propia esquela («Ya no tendrán a Nixon para darle patadas») en su famosa «Última conferencia de prensa». Pero ahora había vuelto, había resucitado de la tumba y estaba dispuesto a entrar en la Casa Blanca.

Como Nixon, Hughes tenía al fin lo que siempre deseó: un deudor en el Despacho Oval.

«Estoy decidido a elegir a un presidente a nuestro gusto este año; un presidente profundamente endeudado y que reconozca su endeudamiento —había declarado al principio de la campaña de 1968.

»Dado que estoy dispuesto a superar todos los límites en esto, creo que podríamos elegir un candidato y un partido que conozcan las realidades de la vida política.»

«Si elegimos a Nixon —escribía más tarde—, estoy seguro de que conoce las realidades de la vida.»

Su relación era una relación especial. Se remontaba a más de dos décadas atrás, había sobrevivido a múltiples crisis y perduraba aún. Hughes, claro está, flirteaba con otros políticos, pero con ellos solía ser difícil determinar hasta dónde podía llegar, y siempre volvía a Nixon, quien apreciaba a un buen inversor y siempre estaba dispuesto a llegar hasta el final.

Hughes había apoyado a Nixon en todas sus campañas desde la primera para el Congreso en 1946, y seguiría apoyándole hasta el final. Además de fondos para las campañas electorales le proporcionó grandes sumas para uso personal del presidente y de su familia. Las donaciones conocidas (las pocas hechas abiertamente y los pagos ocultos descubiertos más tarde) totalizarían el medio millón de dólares.

Más que un ángel financiero, Hughes fue prácticamente un padrino mágico en la vacilante ascensión de Nixon al poder. En 1956, cuando Eisenhower se proponía buscar un nuevo vicepresidente, Hughes ordenó una operación encubierta para aplastar el movimiento anti-Nixon, enviando a Maheu a infiltrarse en el campo enemigo y fraguar una votación amañada en su favor. Fuese el problema colgarse de la chaqueta de Ike o transportar en avión a unas personalidades a una cena testimonial o salvar a un pariente del desastre financiero, Hughes parecía materializarse siempre cuando Nixon estaba en apuros. Luego, de pronto, se rompió el hechizo.

La esplendidez del multimillonario quizá le costase a Nixon su primer intento de llegar a la presidencia cuando surgió un escándalo en los últimos días de la campaña de 1960 por un «préstamo» de 205 000 dólares de Hughes jamás devuelto.

Nixon pidió personalmente el dinero cuatro años antes, al poco de ser reelegido vicepresidente, en apariencia para sacar a flote el negocio de su hermano Donald, una cadena de restaurantes que vendían «nixomburguesas». El dinero llegó a través de una filial canadiense de la Hughes Tool Company, se transfirió a través de una conexión indirecta a la anciana madre del vicepresidente, Hannah, quien se lo entregó a su hijo arruinado. El nombre Hughes no aparecía por parte alguna en el acuerdo de préstamo y ninguno de los Nixon era responsable de la devolución. Su única garantía era un solar de Whittier, California, donde se alzó en tiempos la casa familiar de Nixon. Se valoró en 13 000 dólares.

Hughes desempeñó de muy buen grado el papel de prestamista amistoso. «Quiero que los Nixon tengan el dinero —dijo a su reacio ejecutivo Noah Dietrich—. Vamos a dárselo.»

Sin embargo, inquieto por el acuerdo secreto, Dietrich voló a Washington en una tentativa inútil de disuadir al vicepresidente. «Respecto al préstamo a Donald —prevenía a Nixon—, Hughes lo ha autorizado y Donald puede disponer de él, pero si se hiciera público significaría para usted el fin de su carrera política.»

Nixon, imperturbable, contestó con hipocresía: «Señor Dietrich —dijo, al parecer—, tengo que poner a mi familia por delante de mi carrera.»

La empresa de comidas rápidas de Donald se hundiría muy pronto, pese al crédito fácil, y Hughes nunca recuperó el préstamo. Aun así, no le salieron mal las cosas, al parecer. Menos de tres meses después de haber ayudado tan generosamente a los necesitados Nixon, el servicio de recaudación fiscal reconoció oficialmente su carácter filantrópico. Declaró obra benéfica libre de impuestos el Howard Hughes Medical Institute. El servicio de recaudación fiscal se había negado anteriormente por dos veces a reconocer ese carácter a la fundación, calificándola de «un simple artilugio para desviar ingresos, por lo demás, imponibles». Nada había cambiado. En realidad, el Instituto había abonado así, en comisiones confidenciales, bastante más de nueve millones de dólares a Hughes, y sólo había gastado en buenas obras 404 372 dólares. Sin embargo, de pronto, el servicio de recaudación fiscal cambió de criterio. Los documentos relacionados con este brusco cambio de opinión continúan ocultos, pero el gesto caritativo de Hughes con el vicepresidente, tan oportuno, no se mantendría tan bien oculto.

El «escándalo del préstamo de Hughes» saltó a los titulares en las últimas semanas de las elecciones, sumamente igualadas, de 1960. Maheu restó horas de su conspiración para asesinar a Castro, y se empeñó en intentar echar tierra al asunto. Pero a Nixon le entró el pánico. Emitió una declaración preventiva en la que ni siquiera mencionaba a Hughes, e inmediatamente quedó atrapado en sus propias mentiras.

«Conseguí eliminar, durante la campaña presidencial, un reportaje que estaba a punto de publicarse en el *St. Louis Post Dispatch* y más tarde en el *New York Times* —explicaba Maheu a Hughes, recordando la fallida operación de encubrimiento—. Fue sólo la complejidad que entrañaba en principio la concesión del préstamo, lo que provocó el pánico entre las fuerzas de Nixon antes de las elecciones, debido a que algún contable que trabajaba a horas, que nunca debería haber intervenido, tenía mucho apetito y jugaba con las fuerzas de Kennedy.

»Si se le hubiera hecho un simple préstamo al hermano Donald con la propiedad de Whittier como garantía, el préstamo en sí no habría tenido por qué ser tan complicado —continuaba Maheu—. Drew Pearson me explicó dos semanas antes de morir, quizá por décima vez, que nunca habría contado la historia si no le hubieran inducido a sospechar las increíbles medidas que se tomaron en principio para ocultar la concesión del préstamo.»

Aunque esta revelación sólo era indicio de toda su relación con Hughes, hundió a Nixon. Éste mintió, negando que él o Hughes hubieran estado implicados en la transacción. Enfrentado con pruebas irrebatibles, volvió a mentir, afirmando que su madre viuda había «satisfecho» el préstamo de 205 000 dólares con «la mitad de los ahorros de toda su vida», es decir, el solar de 13 000 dólares. Nixon siguió mintiendo sin parar, pero no había escapatoria.

En un acto político en Chinatown, San Francisco, Nixon se retrató con niños que llevaban una pancarta inmensa con un mensaje inescrutable pero en apariencia favorable al candidato. Traducido, decía: «Y del préstamo de Hughes, ¿qué?» Posteriormente, en un banquete que se dio tras el acto político, todos los pastelillos de la fortuna contenían la misma sugerencia: «Pregúntale por el préstamo de Hughes.» El escándalo acosó a Nixon hasta la línea de meta.

Él estaba seguro de que le había costado la presidencia, y le echaba la culpa a su hermano, «ese pobre imbécil», más que a sí mismo o a Hughes, de que hubiese perdido frente a Kennedy por un margen tan escaso.

Nunca se hizo público el «apoyo resuelto» que Hughes concedió a Nixon en 1960 (un número aún desconocido de billetes de cien dólares pasados en secreto a través del mismo pagador que gestionó el préstamo). Pero el escándalo no se apagaría. Volvió a salir a la superficie con toda su fuerza cuando Nixon se presentó para gobernador de California dos años después y él quedó convencido, una vez más, de que fue la causa de su humillante derrota. «Debo haber contestado a preguntas sobre el préstamo de Hughes lo menos cien veces —se quejaba—. A los medios de información les encantaba ese asunto y lo lanzaron a bombo y platillo... precisamente por lo mucho que me perjudicaba.»

Hughes se había convertido en un símbolo permanente de la codicia y la corrupción de Nixon y, al parecer, le expulsaba de la política de forma definitiva. Sin embargo, ninguno de los dos podía ya eludir la fatal atracción que ambos habían hecho todo lo posible por ocultar.

Ahora, en 1968, Nixon preparaba un retorno espectacular. Y tanto él como Hughes estaban dispuestos a reanudar sus tratos.

«Quiero que vaya usted a ver a Nixon como mi emisario de confianza», ordenaba Hughes a Maheu dos días después de que se iniciara la campaña por la presidencia de las primarias de New Hampshire. Mientras el resto de la nación se centraba en el sorprendente revés de Johnson frente a McCarthy, Hughes comprendió de inmediato que el verdadero ganador era Nixon, que no sólo aparecía recuperado del olvido sino que se enfrentaba a un partido demócrata totalmente dividido.

«Creo que hay una posibilidad realmente válida de una victoria republicana este año —continuaba Hughes—. Si pudiese lograrse esto con nuestro patrocinio y supervisión en todas las etapas del camino —añadía, tan seguro de la corrupción de Nixon que estaba ya planeando la sucesión—, entonces podríamos continuar con Laxalt como nuestro próximo candidato.»

Nixon estaba realmente deseoso de reanudar sus desdichadas relaciones. Antes, incluso, de que Maheu pudiera comunicarse con Nixon, éste se puso en contacto con Hughes.

Nixon no podía, claro está, llegar directamente a Hughes. Nadie podía hacerlo. En realidad, pese a su larga relación, los dos hombres no se habían visto nunca personalmente. Sus tratos se hicieron siempre a través de intermediarios, y en esta ocasión Nixon quería la máxima seguridad posible.

En una entrevista de toda una serie, en Washington y Florida, en la primavera de 1968, Nixon se reunió con su amigo más íntimo, Bebe Rebozo, y con el hombre que les había presentado hacía veinte años, Richard Danner. Nixon y Rebozo repasaron un guión, al parecer bien ensayado, destinado a inducir a su viejo compinche Danner a manejar el peligroso contacto con Hughes.

«En término generales, lo que se dijo fue: ¿conocía yo o tenía contactos que pudiese utilizar para recaudar dinero? —declararía más tarde Danner—. Y la gente a la que yo conocía ellos la conocían, claro, igual de bien que yo o mejor. Surgió el problema de cuál sería el medio más eficaz de establecer contacto con el señor Hughes..., y entonces los señores Nixon y Rebozo me pidieron que intentara comunicarme con alguien de la organización Hughes para lograr una aportación.»

Nixon fue tan claro en sus instrucciones a Danner como lo había sido Hughes en sus órdenes a Maheu: «La cuestión era si contribuiría y, en caso de hacerlo, con cuánto.»

Pero el contacto se convirtió en seguida en un asunto complicado. Incapaces de resistir la atracción mutua que sentían, pero no queriendo encontrarse, Hughes y Nixon andaban a tientas uno hacia el otro a través de una serie de intermediarios. Incluso los intermediarios necesitaban intermediarios. El objetivo claro de los principales interesados se perdía. Sólo quedaba su paranoia. Y los intermediarios llegaban a reunirse luego, meses después, en una atmósfera de recelo mutuo.

La escena tuvo lugar en Duke Zeibert's, lugar de reunión de los corredores del poder de Washington. Había tres hombres sentados alrededor de una mesa en el salón reservado para los verdaderos promotores y animadores: Bebe Rebozo, Richard Danner y Edward Morgan. Estaban allí para cambiar dinero por poder en nombre de dos individuos que no estaban presentes: Richard Nixon y Howard Hughes.

Rebozo representaba a Nixon. El cubano era desde hacía mucho tiempo su confidente más íntimo, el compañero perfecto para un solitario centrado en sí mismo como Nixon, dispuesto a permanecer sentado en silencio horas y horas escuchando sus monólogos, o a permanecer sentado horas y horas en silencio los dos, cavilando. Nixon pasaba más tiempo solo con Rebozo que con su esposa, y algunos ayudantes de la Casa Blanca harían más tarde chistes pícaros sobre su extraña intimidad. Pero la verdadera clave de su relación era el dinero. Rebozo, un presidente de banco millonario que había ayudado a Nixon a convertirse también en millonario, estaba acumulando ahora un fondo secreto de sobornos para el presidente que acabaría alcanzando en total un mínimo de varios cientos de miles de dólares. Estaba en Duke Zeibert's para recoger unos fajos de billetes de Hughes.

En cuanto a Danner, se sentaba a aquella mesa porque Nixon le había pedido personalmente que averiguara si el dinero de Hughes estaba disponible. Danner, antiguo agente del FBI de Miami, alto y flaco, ahora abogado en Washington, conocía a Nixon y a Rebozo desde antes de que ellos se conocieran. En realidad, trabó amistad con Nixon cuando éste viajó a Florida para recuperarse de su primera campaña para el Senado, y Danner le llevó a pescar en el barco de Bebe. Danner no tenía ninguna relación con Hughes, pero era un hombre de confianza y conocía al tercero de la mesa, Ed Morgan.

Morgan sí mantenía contacto con Hughes. Era también un ex agente dedicado al derecho, íntimo de Robert Maheu, y había convertido su amistad en una posición lucrativa como destacado intermediario de Hughes y personas como Moe Dalitz obteniendo «comisiones como intermediario» de seis cifras de las adquisiciones del multimillonario de Las Vegas. Era un agente clásico de Washington, especializado en el tráfico de influencias entre gentes que no podían permitirse un trato directo. Había representado al jefe del sindicato de camioneros, Jimmy Hoffa, al socio mafioso de Maheu en la conspiración contra Castro, Johnny Roselli, y a otros hampones, y aun así conseguía también trabajar con destacados políticos de ambos partidos. Maheu le diría más tarde a Hughes, al recomendar que se incluyese a Morgan en nómina: «Conoce a todo el mundo, desde Moe Dalitz al presidente de los Estados Unidos.»

Allí, mientras desayunaban, los tres intermediarios fueron al grano. Morgan había transmitido la petición de Danner, Nixon y Rebozo a Maheu, y Maheu se la había comunicado a Hughes. Todo estaba arreglado. Hughes había aprobado una aportación de 100 000 dólares: 50 000 para la campaña y 50 000 para el candidato. Maheu entregó el dinero en efectivo, Morgan estaba dispuesto a hacer la transferencia y Rebozo, a aceptarla. Sin embargo, la reunión del Duke Zeibert's no resultó positiva. No cambió de mano ningún dinero.

Lo que siguió fue un choque del miedo y la codicia, un sainete de equívocos, con intermediarios confundidos dando traspiés, mientras los dos actores principales permanecían entre bastidores.

Rebozo dio marcha atrás instintivamente frente a Morgan. Cuanto más reflexionaba sobre su encuentro y más recordaba las consecuencias del escándalo anterior del préstamo de Hughes, más le preocupaban los lazos de Morgan con Drew Parson y Jack Anderson, precisamente los individuos que habían puesto al descubierto aquella transacción e impedido a Nixon llegar a la Casa Blanca en 1960. No; Rebozo no trataría con Morgan, y empezaba a cambiar de opinión respecto a Hughes.

Morgan, entretanto, decidió que no quería participar en aquel asunto. Aunque dispuesto a desempeñar el papel de pagador, no lo estaba a que le tocara manejar la bolsa de dinero. A lo largo de la reunión, presionó a Rebozo constantemente, pidiéndole algún reconocimiento formal de la transacción. Rebozo, por su parte, se decidió a asegurar a Morgan que mantenía una relación muy estrecha con Nixon. Un agente cuya clientela tenía tendencia a aparecer muerta en bidones de petróleo o a desaparecer en basurales, tiene que poseer cierto instinto de conservación. Ese instinto le decía que no era prudente pasar sin recibo un fajo de billetes de un hombre como Hughes a un hombre como Nixon. Era el tipo de negocio que podía salir mal.

Con Morgan fuera del escenario, Maheu pasó a asegurar a Rebozo que todos los viejos esqueletos permanecerían bien encerrados en el armario. «Puedo asegurarle que en este momento ambos candidatos están muy satisfechos con nosotros —informó a Hughes—. Además del apoyo material, pudimos evitar la semana pasada la reaparición de noticias relacionadas con el préstamo de Donald Nixon. El propio Humphrey dio instrucciones a su gente de no utilizar este asunto, y Nixon sabe que Humphrey lo hizo a petición mía.»

Pero fuese cual fuese el efecto suavizador que logró el golpe de Maheu, lo asestó precisamente cuando aparecía el ubicuo John Meier con Donald Nixon detrás, y anunciaba que le pasaría el dinero de Hughes a Rebozo. Rebozo, que hubo de abandonar una reunión en Nueva York con Danner y John Mitchell para acudir a la llamada de Meier, estaba al borde de la apoplejía. Donald había recibido órdenes estrictas de mantenerse al margen del dinero de la campaña, y aún más del dinero de Hughes. Y para colmo de males Rebozo confundió a John Meier con Johnny Meyer, agente de Hughes en un período anterior, que se había hecho famoso en las audiencia del Senado en relación con el *Spruce Goose*.

Parecía aumentar geométricamente la posibilidad de otro peligroso escándalo relacionado con Hughes. Rebozo se sentía rodeado de esqueletos. Por último decidió dejar aquel asunto inmediatamente.

Maheu quedaba ahora con un paquete de dinero en efectivo, pero sin nadie a quien pasárselo, sin nadie para recibirlo. Decidió prescindir de intermediarios y hacer él mismo la entrega personalmente a Richard Nixon.

Había hecho ya una aportación oficial a la campaña de Nixon, 50 000 dólares en un cheque pasados abiertamente a través del gobernador Laxalt unas cuantas semanas antes de las elecciones de noviembre. Ahora, celebradas ya las elecciones, tras el triunfo de Nixon, y con el dinero en efectivo prometido y aún no entregado, Maheu recurrió una vez más a Laxalt. A principios de diciembre, volaron los dos en un reactor privado de Hughes a Palm Springs, donde Nixon tenía que asistir a una conferencia de gobernadores republicanos. Pero Laxalt no consiguió preparar una entrevista con el presidente electo. Nixon, al parecer aún nervioso ante la perspectiva de aceptar dinero de Hughes, al menos de aceptarlo personalmente, comunicó que su programa le impedía reunirse con Maheu.

Una semana más tarde, Maheu estaba en las Bahamas, conferenciando con representantes de la nueva Administración, y existen indicios de que intentó al menos pasar de nuevo el dinero. Un cajero del casino del Sands anotó una ficha de retirada de fondos fechada el 5 de noviembre de 1968: «El dinero se entregó a Bob Maheu. A mí me dijeron que iba a dárselo al presidente Nixon el propio Maheu en su viaje a las Bahamas.»

Se reunió tanto dinero de tantos orígenes, que es imposible determinar cuánto dinero llegó realmente a Nixon (50 000 dólares de la cuenta bancaria personal de Hughes a principios de septiembre, otros 50 000 de la cuenta «para el déficit de Nixon» en diciembre, los discutidos 50 000 dólares del Sands unos días después, otros

50 000 más de la cuenta de Hughes en junio de 1969, y 50 000 dólares más del cajero del Silver Slipper en octubre de 1970).

Pero es seguro que 100 000 dólares en efectivo secreto, dos fajos de billetes de 100 dólares de Howard Hughes (aún no entregados en las elecciones de noviembre, aún no entregados cuando la toma de posesión de enero) se abrieron al fin camino hasta la caja de seguridad de Bebe Rebozo, donde acosarían a Richard Nixon.

Era una culpa secreta terrible, y el temor a que se descubriera le llevaría a la autodestrucción: al corazón delator de Watergate.

Richad Nixon entró en la Casa Blanca el 20 de enero de 1969, a plena luz del día, entre los vítores de miles de personas, como presidente elegido e investido de los Estados Unidos. Pero, como no confiaba en nadie, y temía de todo el mundo, se refugió en seguida en el aislamiento, detrás de su guardia palatina, e intentó dirigir el país como Hughes dirigía su imperio: secretamente, desde lo oculto, a través de un reducido grupo de ayudantes imbuidos de la misma mentalidad de asedio.

Era un gobierno que podría haber formado el propio Howard Hughes, y un gobierno con el que Howard Hughes haría negocio, sin duda.

«Quiero ver exactamente cómo nos va con esta Administración después de tantos años de esfuerzo decidido para conseguirla», escribía el multimillonario a Maheu poco después de la toma de posesión, anticipando, ávido, un buen beneficio sobre su inversión.

Antes aún de que Nixon tomara realmente posesión, Maheu empezó a enviar al ático noticias de los primeros éxitos.

«Nixon se ha decidido por su colega del foro John Mitchell como fiscal general —informaba desde las Bahamas, donde estaba confraternizando con los miembros del nuevo gobierno durante la transición—. Mitchell es absolutamente aceptable y tenemos inmejorable acceso a él, sobre todo a través de Bebe Rebozo.»

«Tenemos una promesa firme de que no será (Herbert) Brownell ni nadie en quien Brownell pueda influir», añadía, refiriéndose al fiscal general durante la presidencia de Eisenhower, que participaba por entonces en el caso de la CIA y había abofeteado recientemente a Hughes con el juicio en rebeldía por 137 millones de dólares.

Más tarde, durante su estancia en Washington para la toma de posesión de Nixon, Maheu tuvo mejores noticias que comunicar. Las cosas se estaban poniendo muy bien en la Secretaría de Justicia, que llevaba meses bloqueando la tentativa de Hughes de comprar el resto de Las Vegas. «Estoy contentísimo con el nuevo jefe de la sección anti-trust —decía Maheu a su jefe—. Era nuestro primer candidato entre otros varios muy cualificados, cuyos nombres me sometieron bastante antes del nombramiento.»

Los primeros indicios eran buenos, y en el período de un año Hughes consiguió casi todo lo que quiso de Nixon: luz verde para su juego del *monopoly* en Las Vegas, licencia para su reincorporación ilegal al negocio de las líneas aéreas, un gran incremento de sus ya cuantiosos negocios asegurados con el Pentágono; incluso que se pusiera fin a la financiación federal del odiado proyecto de abastecimiento de agua de Nevada.

Pero aún no se daba por satisfecho.

Primero, estaba el problema de Wally Hickel. «Le envié a usted recado hace un par de días de que la confirmación de Hickel como secretario del Interior no coincidiría con los mejores intereses de mis diversas entidades —se quejaba Hughes a Maheu, aunque no había razón visible para que pusiera objeciones al antiguo gobernador de Alaska—. Así que, lógicamente, me ha sorprendido hoy la noticia de que había sido confirmado.»

De hecho, Hughes estaba descontento con todo el proceso de elección del gabinete. «No se sometió a mi consideración a ninguno de los candidatos de Nixon ni se hizo nombramiento alguno en mi nombre, con mi aprobación —continuaba—. Esto me parece sorprendente considerando mi participación y dependencia en esta Administración. Ahora, como coronación, se ha nombrado un nuevo comisionado de la CEA sin que se me informase en absoluto previamente.»

Por si esto no fuese lo bastante ofensivo, el presidente estaba a punto de reorganizar el Tribunal Supremo, también sin consultar a Hughes. «El nuevo presidente del Tribunal Supremo que sustituya a Fortas podría ser lo más urgente que tenemos, con el juicio de la TWA ya encima —escribía Hughes a Maheu—. Ya sabe usted que estoy descontento por la escasísima intervención que he tenido en la consideración de los diversos candidatos a los puestos del gabinete y a otros cargos administrativos menores...

»Recordará usted que le dije que no había límite en las aportaciones a la campaña, y yo esperaba realmente, como consecuencia, tener una pequeña posibilidad de proponer a unas cuantas personas para que se considerase su nombramiento para esos cargos del gobierno, todos los cuales fueron reelegidos como parte de la nueva Administración.

»Así que, por favor, Bob, por favor, a ver si conseguimos intervenir mínimamente en la elección del nuevo magistrado.»

El que Nixon no presentase su gobierno a la consideración de Hughes debería haber preparado al ermitaño para el nuevo golpe, pero le cogió desprevenido.

«¡Dios santo! Y ahora, ¿qué? —escribía con letra febril—. Acabo de oír en las noticias que Nixon piensa invertir diez mil millones de dólares en bombarderos de largo alcance de tipo convencional.

»Bob, eso significa Boeing, McDonnell-Douglas, Lockheed o Convair... Nada en absoluto para nosotros.»

Parte del nuevo presupuesto militar iría a otras empresas que no eran de Hughes, y aunque él se convirtió en uno de los diez primeros contratistas de la Defensa durante el mandato de Nixon, el tener que compartir el Pentágono con otras empresas le dejaba estremecido.

«Cuando Nixon se presentó para la presidencia, le dije a usted que quería ir hasta donde fuese necesario para tener cierta audiencia en la nueva Administración —concluía, desesperado—. Pero no tengo ninguna seguridad respecto a lo que nos reserva el futuro.»

El nuevo presidente estaba resultando una decepción. Y el verdadero golpe aún no había llegado.

Hughes había empezado a sentirse decepcionado con Nixon, en realidad, mucho antes que la mayoría del país. No por Camboya ni por los incidentes de la universidad de Kent; ni por el Vietnam o el bombardeo de Navidad; y, desde luego, no porque supiese que Nixon era, evidentemente, un sirvergüenza. No; Howard Hughes se quedó sobrecogido ante el primer acto importante de Nixon como estadista.

En marzo de 1969, a dos meses escasos de su toma de posesión, Hughes manifestaba así su amargo desengaño del nuevo presidente:

«Las noticias acaban de informar que Nixon seguirá adelante con el asunto de los proyectiles antibalísticos —escribía a Maheu, muy desalentado—. Bob, esto es un error atroz. Tal vez beneficiara mis intereses desde el punto de vista egoísta no hacer nada y dejar que el proyecto siga adelante, pero es un error espantoso para el país y para Nixon, que deseo adquiera mayor talla.»

Hughes expresaba su triste desilusión con los elevados tonos morales de un James Reston o un Walter Lippmann, sin mencionar su verdadera objeción al sistema de proyectiles antibalísticos.

El plan de proyectiles antibalísticos significaba muchísimo dinero para el Hughes contratista de la Defensa, pero significaba también más explosiones grandes en Nevada, la pesadilla nuclear que Hughes creía que había finalizado con la elección de un hombre que conocía «las realidades de la vida».

Un mes más tarde, la desilusión de Hughes se convirtió en aterrada furia, cuando el director de comunicaciones de la Casa Blanca, Herb Klein, pronunció un discurso en Las Vegas apoyando las pruebas nucleares.

«¿Quién es ese cabrón de Klein? —preguntaba Hughes—. Estoy preocupadísimo por la aparente intención del gobierno Nixon de dar rienda suelta a todas las fuerzas de la maquinaria publicitaria oficial para inculcar en la opinión pública una actitud favorable al programa de las pruebas nucleares.

»Esto es horrible, Bob —continuaba—. Siempre he creído que tenía usted la Administración Nixon comprometida con nosotros. Es *urgente* hacer algo para frenar de inmediato esta campaña de Nixon en favor de las pruebas nucleares.»

De hecho, Hughes estaba tan sobrecogido que apenas podía creer la ingratitud de Nixon:

«A veces me pregunto si Nixon estará enterado de la donación que se hizo. ¿O se le ovidaría a alguien hacerla?»

Nadie la había olvidado. Precisamente cuando Hughes escribía su comunicado, Bebe Rebozo y Richard Danner preparaban por fin la tan aplazada donación de 100 000 dólares al fondo de sobornos privado de Nixon.

5-12-69

Bob -
Can't you do something about the Pardon situation? It goes back on the board in the face of Parvin being identified with Justice Douglas in some kind of corruption deal. Please advise, ~~urgent~~.

Next, the new Supreme Court justice to replace Fortas could be the most urgent item before us with the TWA suit coming up. You know I have been disappointed in the very meagre voice I have had in the consideration of various appointees for cabinet and other lesser administrative posts. So, please take this opportunity to salvage this situation.

You remember I told you the sky was the limit in campaign contributions and I really expected, as the result, to have some small chance to propose a few people for consideration for these positions in government, all of which were re-selected ~~of it~~ as a part of the new incoming administration.

So, please, please, Bob, let us have some small voice in the selection of the new justice.

most sincerely, Howard

Danner trabajaba ahora para Hughes; había sido contratado poco después de la toma de posesión como su contacto con Nixon. Danner estaba en contacto regular con Rebozo, que ahora desempeñaba muy cómodamente su papel de contacto del presidente con Hughes. Danner visitaba varias veces al mes a su viejo amigo en Cayo Vizcaíno o en Washington, y Rebozo volaba con frecuencia a Las Vegas, a veces en un reactor privado de Hughes.

«Transportamos a Rebozo en varias ocasiones cuando la Casa Blanca no deseaba que se rastreasen sus movimientos», informaba Maheu, revelando el constante temor de Nixon a que se le relacionase públicamente con Hughes.

Pero si el miedo había superado la codicia antes de las elecciones, la codicia lo superó todo en cuanto Nixon se aposentó en el Despacho Oval. En la primavera de 1969, Rebozo andaba pinchando a Danner por el aparente favoritismo de Hughes hacia los demócratas. El presidente acabó enterándose de los 100 000 dólares que Hughes había dado a Hubert Humphrey, y Rebozo preguntaba por qué no había habido ninguna contribución para Nixon.

Maheu le escribió recordándole los 50 000 dólares entregados para los comités de campaña de Nixon, pero Rebozo menospreció esa cantidad y dijo que no era «comparable» a lo que Hughes había hecho por Humphrey.

Maheu, que había entregado a Humphrey 50 000 dólares en efectivo en la parte de atrás de una limusina, comprendió. Ofreció de inmediato a Rebozo los 50 000 que estaban apartados también para Nixon y que no habían llegado a entregarle. Rebozo los rechazó.

Pero siguió fastidiando a Danner con el dinero de Humphrey, ablandándole antes de pedirle al fin aquel dinero en efectivo de Hughes que había desdeñado dos veces. No los 50 000 dólares de los que se había hablado en un principio, sino el doble de esa cantidad, 100 000 dólares.

Todo el mundo le llamaba «aportación a la campaña», pero ya no había campaña, y Rebozo dejó claro que la contribución debía entregársele a él directamente (en efectivo) y no a un comité de la campaña electoral.

La petición de 100 000 dólares llegó a Hughes cuando éste estaba combatiendo a Nixon por el asunto del proyectil antibalístico, disputándole votos en un Senado muy dividido. Era la primera batalla importante del nuevo gobierno en el Congreso, una batalla que enfrentaba a Nixon con su odiado enemigo Teddy Kennedy, quien dirigía la oposición.

En consecuencia, Nixon unió a su petición de dinero la de que Hughes le respaldase en el asunto del proyectil antibalístico. «El presidente envió a un emisario para preguntar si podíamos dejar de presionar en lo del programa del proyectil antibalístico», informaba Maheu a su jefe, poco después de que Rebozo visitase Las Vegas a finales de mayo.

Hughes aprobó en seguida el pago, comunicando su munificencia junto con una petición de doce páginas meticulosamente redactada y razonada a Nixon para que dejase de apoyar el proyectil antibalístico. El documento ayudaría al presidente a reconocer su «horrible error», pero aunque Nixon no fuera capaz de «adquirir mayor talla», seguiría siendo sin duda un hombre que conocía «las realidades de la vida».

«Bob —escribía Hughes—, me preguntaba usted recientemente si había pensado qué respuesta podía dársele al señor Nixon sobre la cuestión del proyectil antibalístico.

»Bob, quiero que le diga usted al presidente Nixon esto: soy consciente de los muchos, muchísimos puntos de vista en conflicto que han estado presionándole a derecha e izquierda. Sin embargo, hay una diferencia muy importante entre un mensaje mío sobre este tema y las muchas alegaciones persuasivas que estoy seguro está recibiendo constantemente de otros.

»La diferencia es ésta:

»1. Mi información técnica es absolutamente correcta.

»2. Mi interés monetario egoísta personal se beneficiaría en todos los sentidos si se diese un permiso inmediato, claro y definitivo para dicho proyecto, sin más consideraciones.»

Después de mostrar sus credenciales y su altruismo, Hughes exponía sus argumentos, muy similares a los puntos de vista que ya había transmitido a Nixon en secreto el antiguo presidente Eisenhower.

«No discuto en modo alguno si es prudente o imprudente gastar X decenas de miles de millones de dólares en aumentar la capacidad defensiva —escribía Hughes—. Lo único que digo es que el plan de proyectil antibalístico propuesto no es el medio de obtener la máxima defensa por esos X millones.

»Es lógico suponer que si los Estados Unidos fabrican un proyectil antibalístico, el enemigo hará lo mismo... Ningún sistema que impida destruir el proyectil antibalístico sería completamente eficaz, pues antes de poder alcanzar su objetivo tendría que traspasar la defensa del proyectil antibalístico enemigo.

»Por otra parte, si las mismas X decenas de millones de dólares se empleasen en aumentar la flota de submarinos Polaris, sería invertir en un producto conocido y probado, en vez de un sistema armamentístico fantásticamente complejo, experimental, no comprobado y absolutamente impredecible.

»Los Estados Unidos nunca sabrán, en realidad, si el proyectil antibalístico funcionará o no hasta que el enemigo lance un auténtico proyectil que vuele en su curso mortífero por las regiones superiores del espacio con este país como objetivo.

»Por muchas pruebas que se hagan, nunca se sabrá realmente si va a funcionar o no.»

Hughes concluía su memorándum sobre el proyectil antibalístico sin mencionar los 100 000 dólares, pero había mandado a Danner entregárselos a Rebozo y comunicarle que 50 000 estarían a su disposición inmediatamente y que seguiría pronto otro fajo igual.

«Danner se entrevista con su amigo Rebozo sobre el asunto del proyectil antibalístico en Washington DC el lunes —informaba Maheu a finales de junio—. Según los resultados de esa entrevista, deberemos decidir, con su aprobación, si conviene una entrevista personal con el presidente.»

En realidad, Danner no se encontró con Rebozo hasta el 26 de junio en Miami. Al día siguiente, Maheu retiró 50 000 dólares de la cuenta bancaria personal de Hughes para «aportaciones no deducibles», clave que utilizaba para encubrir las compensaciones políticas.

El pago fue aceptado el Cuatro de Julio, fiesta de la Independencia.

El presidente había pasado la mañana presidiendo un desfile en Cayo Vizcaíno, cumpliendo su función política con evidente incomodidad, sudando profusamente enfundado en un traje grueso en un día de muchísimo calor, diciendo a los espectadores del desfile que ellos eran la prueba de que la gran mayoría del pueblo no había perdido la fe en el país.

Nixon subió lugo a un helicóptero y se fue con Rebozo a una isla privada en las Bahamas, propiedad de su otro compinche millonario, Robert Abplanalp, a celebrar aquel fin de semana, como muchos otros, tomando martinis. Al fin solo, habiendo eludido a su esposa, a la prensa, e incluso a Haldeman y a Ehrlichman, el presidente pasó a ocuparse de asuntos privados.

Rebozo dio a Nixon el memorándum de Hughes, alegrando sin duda también el festejo con la noticia de que el pago durante tanto tiempo esperado se había acordado al fin. Luego, el cubano hizo una llamada a Las Vegas.

«Howard, Rebozo ha transmitido al presidente su mensaje sobre el proyectil antibalístico —informaba Maheu aquel mismo día al ático—. Mostró mucho interés, pero por su reacción Rebozo no podía saber si el presidente estaba o no dispuesto a contradecir la posición de su ministro de Defensa.»

Pero Nixon estaba dispuesto a demostrar inmediatamente su aprecio hacia Hughes de otra forma.

«Howard —añadía Maheu en el mismo informe—, según la información de que disponemos, el visto bueno del presidente al asunto de Air West y al del CAC, será la semana que viene.»

Al fin Hughes estaba otra vez en el negocio de las líneas aéreas. La Air West no era la TWA, claro; pero era una compañía aérea, y Hughes, que había obtenido en principio fama como pionero de la aviación, tenía muchas ganas de volver a ser propietario de unas líneas aéreas. Llevaba un año intentando apoderarse de la pequeña empresa.

«Este plan exige que las acciones bajen —había escrito al principio, esbozando su plan para engañar a los accionistas—, y luego aparecemos nosotros con una oferta espectacular.»

Al principio, salió todo de acuerdo con el plan previsto. Luego, las acciones cayeron hasta los 16 dólares, debido al aluvión de noticias adversas en los medios de comunicación secretamente orquestado por gente de Hughes, y entonces el ermitaño hizo su oferta: 22 dólares por acción. Más de la mitad de los accionistas votaron en favor de aceptar la propuesta.

Pero luego, un obstinado grupo de directivos de Air West rechazó en una votación de 13 contra 11 la propuesta de Hughes. «No creo que esos cabrones egoístas estén decididos a cambiar de actitud», informaba Maheu. Pero él tenía un plan, un falso pleito de los accionistas contra los directivos que encabezaban la oposición, y una conjura para que tres testaferros lanzaran al mercado decenas de miles de acciones de la Air West, desencadenando el pánico.

Maheu comunicó este plan ilegal a Hughes:

«Como estoy seguro que ya sabe, hoy se formalizaron las acciones derivadas en Delaware. Mañana se formalizarán más acciones legales contra los trece directivos en el tribunal federal de Nueva York. Los sindicatos emitirán mañana notas manifestando su rechazo absoluto y se ha puesto en movimiento cierta maquinaria para que las acciones bajen, de modo que los directivos que votaron en contra del acuerdo reconozcan sus obligaciones individuales en su sentido más pleno.»

La campaña de intimidación fue un éxito completo. La oposición capituló, y cuando por fin Hughes cerró el trato, cierta cláusula del acuerdo le permitía pagar no los 22 dólares por acción prometidos, sino sólo 8,75 dólares.

Había birlado a los accionistas de la Air West casi 60 millones de dólares. Y ahora la empresa era al fin suya, una cortesía de Richard Nixon. (Según lo prometido el Cuatro de Julio en el mensaje de Rebozo, el CAC aprobó la operación el 15 de julio, y el 21 de julio el presidente ratificó la aprobación.)

Sin embargo, transcurrieron casi dos semanas sin ninguna respuesta de Nixon sobre el proyectil antibalístico. Hughes empezaba a impacientarse.

«Estoy decepcionado porque, dado que no tengo ninguna información de la reacción del presidente al informe que escribí, sólo me cabe suponer que no le pidió a nadie que lo leyera —se quejaba Hughes, que no se daba por satisfecho, ni mucho menos, con unas líneas aéreas.

»Bob, le he dado a usted recursos financieros ilimitados para actuar y le he dado a usted libertad absoluta para elegir quién quiere que le ayude.

»Puesto que considero que le he dado a usted carta blanca, financiera, ejecutivamente y en todos los demás sentidos, creo tener derecho a recibir algún tipo de información, a que se me exponga en términos concretos qué ha pasado exactamente y quién ha actuado y qué se pretende en este momento y qué se espera que resulte.

»No perdí unas seis horas en aquel documento sólo para que acabe en cualquier papelera. Si no se podía molestar al presidente con este asunto, creo que debía habérsele convencido mediante alguna otra persona.»

Pero el presidente no se había olvidado de Hughes. Había pedido a alguien que leyese el informe del proyectil antibalístico. A Henry Kissinger. El 16 de julio de 1969, el mismo día que los astronautas del Apolo XI despegaban para el primer paseo del hombre por la Luna, Nixon se entrevistaba con su asesor de seguridad nacional. Aquella mañana, en el Despacho Oval, antes de compartir el momento histórico contemplando juntos por televisión el lanzamiento, el presidente dijo a Kissinger que fuese a ver a Hughes.

Kissinger volvió a su despacho del sótano de la Casa Blanca furioso e incrédulo. Le dijo a su ayudante, Alexander Haig, que

Nixon acababa de ordenarle informar en privado al multimillonario de un alto secreto, no sólo del proyectil antibalístico sino, en general, de la amenaza estratégica, del equilibrio del poder nuclear... y, como ofensa final, pedir a Hughes que expusiera su propia opinión sobre la política de defensa.

Aunque Kissinger informaba regularmente a su propio patrono, Nelson Rockefeller (que le había pasado en secreto 50 000 dólares poco antes de que se incorporara al equipo de la Casa Blanca), siempre protestaba por tener que servir a los patronos de Nixon, y hasta entonces nunca le habían pedido que hiciera algo remotamente parecido a aquello. La misión ante Hughes había puesto a Kissinger realmente fuera de sí.

«A Henry no le emocionó nada la idea de tener que hacer aquello —recordaría posteriormente Haig—. Se mostró bastante cínico al respecto y un tanto escéptico; decía que no sabía si este tipo de actividad era o no correcta.» Según otras personas que oyeron la diatriba de Kissinger, éste ponía en entredicho los motivos del presidente y su salud mental.

«¡Está chiflado! —chillaba Kissinger—. ¡Esto no puede ser! ¡No puedo celebrar unas conversaciones de paz privadas con Howard Hughes!»

A Haig, por su parte, todo esto parecía divertirle. Salió del despacho de Kissinger blandiendo el informe de Hughes y le dijo a Larry Lynn, encargado del asunto del proyectil antibalístico: «¿A que no sabes lo que pasa ahora?... ¡Howard Hughes se incorpora al reparto!»

Maheu, por su parte, transmitió la noticia de Nixon a Rebozo, a Danner y al ático.

«Howard, acaban de informarme de que el presidente va a escribirle a usted una carta en los próximos días para agradecerle sus comentarios sobre el proyectil antibalístico, incluidos en el informe que le entregó Rebozo.

»Sin embargo, es más importante el hecho de que el presidente decidiese discutir el informe con el doctor Kissinger, su primer asesor técnico. Kissinger quedó muy impresionado y admitió que había abordado usted ciertos aspectos a los que ellos no habían prestado atención.

»Como consecuencia, al presidente le gustaría saber si podría enviar a Kissinger a Las Vegas para que le informe a usted sobre algunos nuevos acontecimientos y para poder aprovechar sus sugerencias.

»Como sabe usted, Howard —añadía Maheu, abordando con habilidad un punto delicado—, dado que la línea directa desde mi casa a su despacho es segura al cien por cien, esa sesión informativa podría realizarse sin necesidad de que celebrara usted una entrevista personal con Kissinger.»

Era un nuevo orden de la diplomacia. Nixon tratando con Hughes como si negociase la política nuclear con una potencia soberana. Pero la perspectiva de una visita de Kissinger aterró a Hughes. Sencillamente, no podía tratar con un extraño, ni siquiera con Kissinger, ni siquiera por teléfono.

«Asunto proyectil antibalístico —escribía a Maheu—. Agradezca usted afectuosamente al presidente su oferta de enviar a Kissinger, pero dígale que no lo considero necesario ni creo que por ello mejore la situación.

»Bob, tener aquí a ese hombre sólo podría significar una molestia para mí.

»Me colocaría en la situación de negarme a ver a un enviado del presidente y, por mucho que intente usted adornarlo, el presidente lo vería así.

»Por favor, no importa cómo lo haga usted, pero *cancele ese viaje* como sea.»

La oferta que Nixon debió imaginar que halagaría a Hughes hasta el punto de asegurarle el pago (y pondría fin, además, a su oposición al proyectil antibalístico), dejó estremecido al ermitaño.

Ajeno aún al desastre y deseoso de no correr ningún riesgo en lo de los 100 000 dólares, el presidente enviaría más pruebas de su buena fe media hora después. Durante todo el mes de julio, Nixon y Kissinger estuvieron estudiando planes definitivos para una serie de explosiones nucleares gigantescas destinadas a probar las ojivas del proyectil antibalístico. Aún no se había tomado ninguna decisión oficial. Pero aquel día, 16 de julio, el comandante jefe mandó aviso a su benefactor oculto.

«Howard —transmitió Maheu a Hughes—, nos informan fuentes fidedignas que la CEA ha abandonado al fin la lucha y desarrollará todas las pruebas de una megatonelada o más en Alaska. Se nos ha informado también de que, por razones de seguridad, en este momento no pueden efectuar ninguna declaración pública confirmando su capitulación.»

Howard Hughes había ganado su desesperada batalla contra la bomba. O eso parecía. Richard Nixon, después de todo, adquiría talla.

Era hora de celebrarlo.

7/16 – 7.30 P.M.

Bob –

Re the ABM. I urge you thank the president profusely for his offer to send Kissinger, but tell him I do not consider that this is necessary and I do not think it would advance the situation.

Bob, to have this man here could only embarrass me.

It would place me in the position of refusing to see an envoy of the president; and, no matter how you try to dress it up, this is the way the president will view it.

Please, regardless of how you do it, ~~kill off this trip in some~~ way.

All I ask for, re the ABM, is a simple, brief, explanation of why he cannot consider the plan I proposed, if, in fact, it is his decision to reject it.

Also, and more important, I want to know whose assistance other than the president, you intend to seek. In other words, what course of action do you intend to pursue, now, that the president obviously has turned it down.

What about the senate leaders of the faction opposing the ABM, do you want to consider going to them?

Please advise,

Howard

11. HOWARD DA UNA FIESTA

Sería la fiesta más grandiosa de la historia de Las Vegas, y en Las Vegas había habido muchas fiestas grandiosas. Pero aquélla iba a darla Howard Hughes.

A lo largo de los meses de primavera y verano de 1969, mientras Hughes y Nixon se aproximaban para formalizar el gran trato, el multimillonario estaba planeando una fiesta. Fue programada, en principio, para el mismo fin de semana del Cuatro de Julio en que se acordó finalmente el pago de los 100 000 dólares. De hecho, Hughes estaba muchísimo más preocupado por la gran fiesta que por el gran soborno.

La ocasión que se festejaba era la inauguración de Landmark, su última adquisición hotelera, y la primera de sus adquisiciones destinadas a romper el bloqueo antitrust. Con permiso de una Secretaría de Justicia súbitamente cooperativa, tres días antes de que Nixon se instalase en la Casa Blanca.

Pero era más que eso; era la celebración del triunfo de la asociación Hughes-Maheu. Ya nada podía pararles.

Sin embargo, la fiesta abriría una herida entre ambos que nunca curaría; una herida que se enconaría durante meses. Habría otras heridas (heridas definitivas para Hughes, para Maheu y para Nixon), pero el estallido que provocó la fiesta del Landmark señaló el principio del fin.

El Landmark era el hotel más feo de la ciudad, una torre desgarbada, coronada por una cúpula transparente, con una decoración interior que pugnaba por combinar murales del espacio exterior, paneles de madera incas y esculturas de mármol italiano que representaban monumentos famosos: la torre Eiffel, el Coliseo, el Big Ben.

Había algo extrañamente fuera de tono en aquel lugar. Era como una casa embrujada de treinta y una plantas, que había permanecido ocho años vacía hasta que la compró Hughes por 17 300 000 dólares a sus propietarios en quiebra. Con un sistema de aire acondicionado que nunca funcionó, y un ascensor de paredes de cristal que se estropeaba constantemente y que escalaba inseguro una pared exterior de la torre, el Landmark parecía presagiar una inminente catástrofe. Evocaba más bien el marco propicio para una película de desastres, que el escenario de una gran fiesta.

Pero en la primavera de 1969, a Robert Maheu le parecía bello.

«Howard, si alguna vez se decidiese usted a abandonar el ático, se quedaría pasmado ante la vista que se divisa desde lo alto de esta cúpula transparente —escribía, tan arrastrado por su entusiasmo que pretendía sacar a Hughes de su madriguera—. Es magnífico durante el día e increíblemente bello en cuanto oscurece. Tiene uno la sensación de que este edificio se construyó en el centro mismo del valle y que todas las montañas que lo rodean están en posición equidistante.»

Era un arrebato de sentimiento poético nada característico, pero, al cabo de una semana, esta bella visión había degenerado convirtiéndose en motivo de una riña desagradable; una pelea que duraría meses.

«En vez de andar usted y yo sacándonos los ojos mutuamente por el Landmark —escribía Hughes a Maheu cuando la organización de la gran fiesta empezaba a poner a prueba su matrimonio—, ¿por qué no colabora usted conmigo para hallar una fórmula para la inauguración que nos satisfaga a ambos?»

Esta pelea, como todas sus grandes peleas, giraba en torno a algo trivial; pero en este caso, tanto la trivialidad como la pelea alcanzaron dimensiones operísticas. Puede que la idea misma de una gala de «apertura» fuese aterradora para Hughes, que había dedicado su vida a mantener las cosas ocultas y cerradas. Aquélla sería su primera fiesta desde su llegada a Las Vegas, la primera en realidad desde que se había recluido, más de una década antes. Y aunque Hughes no asistiría personalmente, claro está, de todos modos se mostraría en cierta forma al público.

Pero esta inauguración concreta tenía otras dimensiones. Era un mano a mano de Hughes con su archirrival Kirk Kerkorian. Al otro lado mismo de la calle, enfrente del Landmark, se alzaba el International de Kerkorian, el mayor hotel de Las Vegas, más alto que el Landmark. Estaba previsto que se inaugurara la misma semana de julio. El problema clave era cuándo celebrar la fiesta: antes que Kerkorian o después. Lo que Hughes quería era un verdadero bombazo que dejase a Kerkorian en ridículo.

«No hay duda alguna de que se puede convencer al público para que crea que la inauguración del Landmark será el acontecimiento más importante del mundo desde la Última Cena —escribía Hughes.

»Por otra parte, conseguir realmente una gala de apertura fantástica de un nuevo hotel-casino, con todas sus complejidades y todas las cosas que pueden ir mal en la noche de la inauguración, es algo bastante más difícil.

»Y basta con un incidente en el que un empleado estúpido ofenda incidentalmente a uno solo de los muchos, muchísimos periodistas que sin duda usted y yo decidiremos que deben traerse de Nueva York, Washington, Londres, París, etc., para que se arme la gorda.

»Así pues, creo que es posible controlar lo que espere la gente que sea lo del Landmark —concluía—, pero considero imposible controlar con cierta seguridad el resultado de la noche de inauguración en concreto.»

Todo un dilema. Pero Hughes tenía la solución. No aprobaría ninguna fecha para la inauguración.

«Asunto fecha inauguración. ¿Por qué no lo deja usted en suspenso? —le sugería a Maheu—. Si el espectáculo y todos los demás elementos se organizan con mucha rapidez, magnífico; pero le insto a que no se comprometa más con esa fecha del 1.º de julio en ninguna publicidad ni de palabra. Simplemente, no quiero que resulte embarazoso si luego la inauguración tuviera que ser un poco más tarde.

»Dada mi reputación de informalidad en el cumplimiento de compromisos, no quiero que este acontecimiento se anuncie hasta que la fecha esté fijada *absoluta y firmemente.*»

Maheu estaba preocupado. Era difícil organizar una gala en Las Vegas y mantenerlo en secreto. E imposible planificarla sin saber cuándo se celebraría.

«Si no vamos a inaugurar el 1.º de julio, le agradecería mucho que nos diese una fecha fija (la que sea) —le contestaba, instando suavemente a Hughes a tomar una decisión—. Realmente creemos que el 1.º de julio es una buena fecha. Por otra parte, si tiene usted razones por las que no le agrada el 1.º de julio, no es necesario que nos dé esas razones, pero le suplicamos que fije una fecha.»

Hughes tenía sus razones, y las expuso muy complacido. Lo que no le dio a Maheu fue la fecha.

«Me fastidiaría que el Landmark inaugurara el 1.º de julio y ver luego que el International inaugura unos días después y deja completamente eclipsada la gala del Landmark —explicaba Hughes—. Además, me fastidiaría que el International inaugurase con Barbra Streisand, y que el Landmark no tuviera ningún nombre en la marquesina.

»Así que, por favor, confíe en mí respecto a la fecha de apertura —insistía, aliviado de haber hallado un motivo para eludir la decisión—. Si está de acuerdo, ¿podré convencerle para que me ayude a encontrar la figura más importante asequible por cualquier procedimiento?»

Hughes, que no quería dar una fecha, estaba muy dispuesto a lanzarse a organizar la fiesta. Hasta en sus más pequeños detalles. Sin embargo, el gran problema era quién actuaría como presentador.

Hubo sueños ilusorios. Bob Hope, Hope y Crosby. Pero ninguno de los dos había actuado nunca en Las Vegas. ¿Y qué tal Dean Martin? Trabajaba con frecuencia en el Sands, pero había dejado de hacerlo poco después que Sinatra saliera de allí tempestuosamente. Ahora Martin tenía un contrato en exclusiva con otro hotel; en realidad era copropietario del mismo, pero Hughes lo quería. Por el medio que fuese.

«Antes de intentar obtener a alguien a través de mis contactos de Hollywood —cavilaba—, ¿cree usted que hay alguna remota posibilidad de conseguir a Dean Martin con la siguiente estrategia?

»Creo que a Martin se le puede motivar con uno de estos tres factores, o con los tres:

»1. Dinero: una ganancia de capital sobre algún valor que ha de poseer, sin duda.

»2. Un acuerdo para financiar una película que le guste hacer. (Bob, no hay actor vivo que no tenga alguna idea que le gustaría convertir en película. Si Dean Martin no la tiene, será el primer caso que conozco en toda mi vida.)

»3. Creo que a Martin se le puede convencer de que mi amistad puede ser, de un modo u otro, importante para él alguna vez. Creo también que se le puede convencer, con mucho tacto, de que me ofendí mucho por su forma improcedente de actuar, y creo que podría empujársele a reparar el daño...»

La idea de conseguir a Martin, de separarle de la «camada de ratas», de robárselo otra vez a su supuesto socio mafioso, empezaba a entusiasmar realmente a Hughes.

«¿Se puede usted imaginar las posibilidades publicitarias a escala nacional de Martin actuando en el Landmark, siendo así que es propietario de parte del Riviera? —añadía Hughes en una posdata.

»Ya me imagino a algún periodista listo, con el estímulo adecuado, cogiendo el asunto y escribiendo una novelucha completa de las escenas entre bastidores. No se imagina usted las posibilidades de crear toda una trama a partir de esa situación: los ricachos de Las Vegas luchan entre sí bajo la superficie relumbrante. Primero Sinatra, luego Martin..., luego cae el hacha.

»Sé una cosa —añadía Hughes, amañando su propia novelucha barata—. Si yo fuese periodista y el director me pidiera que me ocupara de esa noticia y aprovecharla al máximo, antes de terminar metería en ella a todo el mundo, desde Sinatra a Martin, a Moe Dalitz, a la Secretaría de Justicia y a dos pistoleros alquilados.»

Maheu, emocionado también por la posibilidad de conseguir a Martin, expuso una visión aún más grandiosa. Reunirían a toda la «camada de ratas» en el escenario del Landmark; un golpe que dejaría huella en la historia de Las Vegas. Maheu llevó las cosas un paso más lejos. Llamarían a aquella reunión deslumbrante de talentos el «desfile estelar de Hughes».

La idea inquietó a Hughes. Él no estaba dispuesto a salir al escenario.

«Primero, Bob, no creo que deba usarse mi nombre relacionándolo con un espectáculo teatral en el Landmark —escribía, destruyendo instantáneamente el sueño de Maheu—. Temo que los críticos piensen que me he pasado al campo del espectáculo y me he situado por ello a su alcance. Eso daría a los críticos ocasión de ensañarse con mi nombre a voluntad.»

El temor a la crítica personal reavivaba todos los temores de Hughes a lo público, impulsándole a replantear la cuestión aún no resuelta de la fecha de inauguración.

«Ahora, por lo que se refiere a la fecha de inauguración —añadía— le suplico humildemente que no permita se filtre nada que confirme la fecha del primero de julio. Usted parece decidido a machacar a K. inaugurando antes que el International, y yo estoy convencido de que es un error.

»Cuando se trata de dos fechas casi simultáneas, como en este caso, la última es siempre la culminación, y la que se recuerda.

Además, la entidad que abre en segundo lugar es siempre la más nueva, y la primera es tan vieja como el periódico de ayer.

»Deseo, pues, que no se haga ninguna declaración más ni se filtre información alguna sobre la fecha hasta más adelante.»

Maheu empezaba a impacientarse. No era Kerkorian quien le preocupaba. Le preocupaba Hughes. No era la fecha de inauguración lo que le preocupaba, sino el hecho de que Hughes se negase a elegir una fecha cualquiera.

«Espero sinceramente que comprenda usted la posición realmente increíble en que me encuentro, dado que aún no puedo fijar el día de inauguración —escribía—. Howard, no nos obstinamos lo más mínimo en el 1.º de julio en sí. Si prefiere usted que la hagamos unos días después que el International, denos, por favor, una fecha fija y actuaremos en consecuencia.

»Pero, caramba, Hughes, si le preocupa lo que sucede con el Landmark, sencillamente no puede mantener esta decisión en suspenso más tiempo.»

Hughes no estaba dispuesto a dejarse desbordar por el flanco. Si no podía arrastrar a Maheu a un debate sobre las ventajas de dar la fiesta antes o después que la de Kerkorian, el desnudo empresario tenía una nueva excusa para no determinar la fecha de inauguración. Otro acontecimiento rival más importante que el International.

«Acabo de tener un desagradable despertar —escribía con falsa alarma—. ¡El aterrizaje en la Luna está previsto para julio!

»Me inquieta que pueda haber otro acontecimiento previsto para una de las fechas que se están barajando, aquí o en otro lugar, que pueda diluir el impacto publicitario del Landmark.

»Así que, Bob, revise, por favor, el calendario tanto a nivel local como nacional, y comuníqueme todos los acontecimientos de importancia publicitaria programados para julio. Entonces, haré lo posible para no demorar la elección de la fecha del Landmark.»

Pero a mediados de junio Hughes aún no se había decidido por una fecha concreta para la inauguración, y la gala seguía provisionalmente prevista para el 1.º de julio. Maheu estaba que se subía por las paredes. No se trataba de una fiesta; lo que estaba en juego era ya toda su imagen pública en Las Vegas. Era uno de los hombres más poderosos de la ciudad y, de pronto, aparecía como un lacayo que no tenía poder siquiera para elegir la fecha de una fiesta. Llegó un momento en que no pudo soportar más la humillación.

«Aquí estoy en primera línea hablando con Dean Martin, Danny Thomas, los astronautas, el público, el gobernador y no sé de qué diablos estoy hablando porque usted no nos ha dado aún una fecha —escribía a Hughes, frenético.

»Estoy llegando al punto en que no sé, francamente, qué demonios decir cuando me preguntan el dato más elemental: ¿cuándo vamos a inaugurar?

»Con toda sinceridad, Howard, si este asunto no se resuelve, tendré sencillamente que largarme de la ciudad porque no puedo seguir presentándome más delante de esta gente.»

Hughes se negó a contestar a la cuestión de la fecha de apertura. Contestó, en cambio, a la frenética petición de Maheu, poniendo en entredicho toda su relación.

«Bob, ha hecho usted un buen trabajo para mí y lo aprecio —escribía el multimillonario con grave solemnidad—. Aprecio también sus diversas manifestaciones de que se excita usted con facilidad y que yo debería aceptarlo y obrar en consecuencia.

»Sin embargo, Bob, hay ciertas cosas en la vida además del dinero y el éxito —adoctrinaba el multimillonario a su subordinado, adoptando un punto de vista más general.

»Me temo que he llegado al punto en que tengo una mayor reserva de tolerancia admisible en mi columna dinero-éxito, de la que tengo en mi columna salud-y-años-por-vivir.

»Si, dadas tales circunstancias, considera usted que el que no le haya dado una fecha específica le ha colocado en una posición embarazosa, debido a la cual no quiere usted seguir en Las Vegas, creo que quizá haya llegado el momento de que, en beneficio de mi salud, el director ejecutivo residente aquí en Las Vegas debería ser un individuo menos eficiente y de menos éxito que usted, pero al que no le resultase tan difícil soportarme.

»Asunto inauguración del Landmark. Le he dicho repetidas veces que no quiero que el Landmark abra antes que el International.

»Bob, digo esto sólo en pro de la armonía.

»Si yo fuera indiferente a sus ironías y deducciones, no habría ningún problema —concluía—, pero no lo soy, y algunas de sus insinuaciones me afectan mucho y mi presión sanguínea aumenta, sube más alto que la torre del Landmark, y eso no es bueno.»

Hughes había descubierto el farol de Maheu y le había subido el límite. De pronto, no era ya sólo la imagen pública de Maheu lo que estaba en juego, sino su trabajo de 500 000 dólares al año. Maheu dio marcha atrás rápidamente, dejó en suspenso la fecha de apertura e instó con suavidad a su jefe a que pasara al asunto siguiente: la lista de invitados.

Hughes se enredó entonces en un debate sobre quién debía asistir y quién no, con una alegría frenética nacida del conocimiento de que había hallado al fin un medio de aplazar con carácter indefinido la apertura. Evidentemente, no podía haber ninguna fiesta sin invitados.

Maheu intentó convencerle de que era urgente elaborar una lista de invitados esgrimiendo el espectro de Kerkorian.

«Acabo de recibir una magnífica invitación para la inauguración del International —escribía—. Mientras nosotros hablamos, él se mueve. Howard, creo realmente que cualquier aplazamiento en la lista de posibles invitados para el Landmark nos situará en una posición embarazosa.»

Pero esto no influyó en absoluto en Hughes, que se negó incluso a considerar la lista que Maheu había elaborado concienzudamente hasta una semana antes de la fecha de inauguración, aún provisional, y luego rechazó implacablemente a todos los candidatos. Presentó su rechazo como un acto de pura razón, indicando a Maheu que se limitase a preparar una nueva lista según ciertas especificaciones científicas.

«Comprendo su ansiedad por empezar a elaborar la lista de invitados —escribía solícitamente el multimillonario a Maheu.

»Sin embargo, el único daño perdurable procederá de que nos olvidemos de invitar a determinadas personas importantes e invitemos a otras. Hecho del que sin duda dichas personas importantes se enterarán.

»Ahora bien, Bob; yo sencillamente no dispongo de las horas precisas y usted no quiere esperar a que examine esa lista nombre por nombre —continuaba, manteniendo su actitud de dulce racionalidad y cooperación absoluta mientras rechazaba a todos los invitados de Maheu.

»Tendrá usted que nombrar a alguien para que elabore una nueva lista utilizando esta idea:

»Clasifique a la gente que quiera, y cuando invite usted a una persona determinada, invite también a las otras de la misma categoría que tengan igual mérito, que sean igualmente amigas, etc., a menos que hayan hecho algo que justifique su descalificación, o a menos que haya que descalificarlas por falta de categoría, deslealtad o algo parecido.

»Por ejemplo, si se propone usted invitar a actores y a actrices, como evidentemente desea, creo que alguien debería repasar el Central Casting Directory o las listas de la Academia y elegir a todos los actores y actrices que superen determinado nivel de importancia, a menos que estén descalificados por alguna razón, como he indicado antes.

»Sólo pido que la selección se base en algo coherente —insistía Hughes, mientras continuaba exponiendo su plan demencial.

»Por ejemplo, en vista de algunas de las personas incluidas, como el jefe de Reynolds Electric, creo sin duda que debería incluir usted a todos los altos cargos de Lockheed, lo cual tal vez obligue a incluir también a los directivos de otras empresas aeronáuticas, y esto plantea de inmediato el problema de los directivos de las líneas aéreas a los que conoce bien.»

La inclusión de un hombre de negocios local parecía exigir de pronto invitar a todos los ejecutivos de dos ramas completas de la industria, y planteaba también el espinoso tema de qué hacer respecto a las viejas amistades de Hughes. Éste había decidido antes invitar a toda su vieja pandilla a la gran fiesta. Pero ya lo había pensado mejor.

«Ésta es una cuestión importantísima, Bob: si invita usted a demasiada gente que tenga buena amistad conmigo, deberá considerar cuántas de esas personas se sentirán decepcionadas si yo no las veo. Además, ha de tener en cuenta a los que inevitablemente pueden olvidársele, y que se sentirían muy ofendidos por el desaire.

»Bob, bien pensado y por una serie de razones, creo que sería un error invitar a alguien sólo porque sea amigo mío —concluía, aliviado ante la idea de haberse librado de las hordas escandalosas que se imaginaba ya aporreando su puerta.

»Creo que debería dividir usted la lista en categorías —insistía—. Y procurar ser *coherente* invitando a todas las personas de cada categoría que estén *igualmente cualificadas*.»

¿Podía haber cosa más razonable? Pero Maheu se resistía a iniciar la tarea. Temía desafiar la estructura teórica que Hughes había expuesto con tanta pasión y no quería arriesgarse a intentar aplicarla a satisfacción del multimillonario. Sugirió que fuese el propio Hughes quien elaborase la nueva lista de invitados.

«Bob, yo no tengo los medios necesarios para elaborar una lista —replicaba el anfitrión—. Tendrá que hacer la lista usted.»

Era trabajo de Maheu, sin lugar a dudas. La tarea de Hughes consistía en aprobarla. Una tarea a la que se entregó complacido en cuanto llegó al ático la nueva lista ordenada por categorías y cuidadosamente estudiada.

«Estoy empezando con los hombres de negocios —informaba Hughes, abordando directamente la cuestión—. No creo que me lleve mucho.

»El primer nombre es un vendedor de automóviles —comentaba, y se quedaba atascado ahí. En el primer nombre.

»Sé que hay muchos vendedores de automóviles importantes en esta zona —añadía—. Admito que, si intentase usted incluir a todos los hombres de negocios de los alrededores, reuniríamos un número excesivo de personas. Sólo quiero saber qué fórmula y qué normas básicas se utilizaron para seleccionar estos nombres.

»En otras palabras: si algún vendedor de automóviles se quejase por no haber sido invitado, me gustaría saber qué explicación satisfactoria podría dársele.

»No quiero decir con esto que sea probable que Fletcher Jones o Pete Finley, etc., vayan a dar a nadie la posibilidad de una explicación —proseguía Hughes, conjurando la imagen de vendedores de coches enfadados para convencer a Maheu de que era necesario un análisis riguroso de las invitaciones—. Pienso únicamente que, en el caso de que oyese usted el rumor de que uno de esos comerciantes está enfadado, entonces le sería útil a usted (y a mí) pensar que había una razón válida y sólida para no incluir a ese vendedor, basada en que la lista se ajustase a alguna fórmula claramente comprensible o a unas normas básicas que usted y yo aprobásemos sin reservas.

»Así pues, Bob, si me explica usted en qué se ha basado para elaborar esta lista, le daré permiso inmediato para pasar a la etapa siguiente.»

Era obvio que no tenía sentido revisar el resto de los hombres de negocios hasta que no quedase resuelto el asunto de los vendedores de automóviles y que era precisa muchísima más información. A la espera de los comentarios de Maheu, Hughes pasó a la siguiente categoría. Actores y actrices. De nuevo había problemas.

«Tengo clara conciencia del elemento tiempo en las invitaciones y no hace falta que se me recuerde —comenzaba Hughes, impaciente, enojado por el enfoque precipitado de Maheu ante tarea tan compleja.

»Asunto su lista. Bob, ha dejado usted fuera a mucha gente que se ofenderá muchísimo... Por ejemplo, ha incluido usted a Rita Hayworth, Sidney Poitier y Connie Stevens, pero ha omitido a Darryl Zanuck y a los jefes de todos los estudios importantes, así como a otras estrellas no menos importantes. Susan Hayward, por ejemplo. ¿No se acuerda de mis comentarios al respecto?»

Era evidente que Maheu no había consultado ni el Central Casting Directory ni las listas de la Academia, que no había hecho ningún esfuerzo real para incluir a todos los candidatos *igualmente cualificados.* ¿Y qué hacía Connie Stevens en aquella lista, en realidad? Hughes decidió abordar el asunto personalmente, estableciendo contactos secretos con su abogado de Hollywood, Greg Bautzer, para que le facilitase una sólida información confidencial.

Entretanto, se lanzó a examinar el siguiente grupo de invitados. Había de nuevo problemas sin resolver.

«Asunto, la lista de invitados de los medios de información. ¿Cree usted que debería ampliarse un poco esta lista? No sé. Yo sólo pregunto.

»Veo que no ha incluido usted a nadie de las emisoras de radio. No es que critique. Sólo pregunto.»

La cosa siguió así durante varios días, la lista de invitados fue creciendo hasta abarcar a todos los que tenían cualificación similar a los ya incluidos. Maheu propuso al fin dos fiestas independientes para acomodar a todos los invitados propuestos: una preinauguración a la que seguiría la gran gala de apertura.

Pero en realidad Hughes aún no había aprobado *ninguna* invitación. Y ahora empezaba a dar marcha atrás, poniendo en entredicho todos los nombres de la lista, eliminando categorías enteras.

«He revisado cuidadosamente las nuevas listas completas integradas —explicaba a Maheu—. Propongo que elabore usted nuevas listas del siguiente modo:

»¿Por qué no elimina a todos los de fuera de la ciudad y a todos los residentes en ella que usted considere que no resultaría perjudicial eliminar?

»Ejecutivos de estudios cinematográficos: todos son de fuera de la ciudad; en consecuencia, quedarían eliminados.

»Cargos sindicales: debe usted revisar la lista con objeto de reducirla ligeramente y eliminar a los dudosos.

»Hombres de negocios locales: creo que debe usted revisar esta lista personalmente, Bob. Me gustaría que fuese algo más corta, si es posible sin herir demasiadas susceptibilidades.

»Líneas aéreas e industrias aeronáuticas: creo que todos sus representantes deben eliminarse.

»Industria hotelera: esta lista me parece larguísima, Bob.»

Por tercera vez en tres días, Maheu revisó la lista de invitados a aquella fiesta de fecha aún no determinada. Hughes no se daba por satisfecho. Exigía en la exclusión de invitados la misma coherencia absoluta que había exigido en su inclusión, eliminando a todos los que no estuviesen igualmente no cualificados, y la enorme lista empezó a reducirse a un ritmo alarmante.

«Éstos serán mis últimos comentarios sobre las lista de invitados —aseguraba Hughes a su atormentado subalterno, cuando empezaba a eliminar a los indeseables, tachando nombres con despreocupación despiadada.

»¿Cree usted realmente que hay que incluir a tantos ejecutivos de la industria hotelera? —preguntaba, dubitativo—. Si he de eliminar a todos mis amigos de la industria cinematográfica y de la industria aeronáutica, como por ejemplo a mis amigos de Lockheed, no entiendo por qué he de incluir nombres como los que veo aquí.»

Después de decidir no invitar a sus viejos amigos por miedo a que insistiesen en verle, después de eliminar a todos los de fuera de la ciudad para justificar su exclusión, Hughes ponía en entredicho todos los nombres que aún quedaban en la lista. ¿Por qué invitar a una pandilla de desconocidos si no invitaba a sus amigos?

«Comuníqueme, por favor, sus puntos de vista —decía animando a Maheu, nada reservado con sus puntos de vista, por lo demás—, pero tenga en cuenta que no invito a unos 500 candidatos míos sumamente cualificados de Los Ángeles, Nueva York, Washington y Houston.

»Tal vez diga usted: "Adelante, invítelos."

»Pero eso ya lo hemos discutido, y hemos acordado que planteaba muchos problemas.

»Creo, sencillamente, que si van a quedar excluidos todos mis amigos de fuera de la ciudad, será para mí más fácil explicarlo si la lista se limita a las personas a las que se incluiría normalmente de acuerdo con casi todo tipo de análisis.

»Esto incluye sin duda a Laxalt, Baring, Bible, etc.», proseguía, citando al gobernador, al único congresista de Nevada y a uno de sus dos senadores.

»Yo no sé realmente, Bob, si se ha de incluir a un hombre porque sea el empaquetador de carne más importante de la ciudad, y por eso le pido a usted consejo.

»No dude, por favor, en volver a presentarme una recomendación de reinclusión de cualquiera de los nombres —concluía Hughes generosamente—. Junto con la explicación de qué cualificaciones concretas quiere usted utilizar como directrices de control para reincluirlos.»

Maheu había llegado al límite. Estuvo elaborando una serie interminable de informes, justificando las listas que proponía, explicando las cualificaciones de cada invitado, aceptando prestamente eliminar a los que Hughes discutía, añadir los que él sugería, borrar los nombres añadidos cuando el multimillonario ponía en entredicho de pronto invitaciones en las que él mismo acababa de insistir, presentando las listas revisadas y revisando las revisiones...

Todo inútil.

Cada nombre añadido y cada nombre tachado ponían en tela de juicio todos los demás nombres, obligando a Hughes a reconsiderar la lista entera. Una y otra vez, y otra y otra.

«Estoy seguro de que bastará con que vuelva a presentarme las listas revisadas y acortadas —aseguraba Hughes una vez más a Maheu—. Espero darle a usted luz verde en el plazo de una hora después de que vuelva a someter las listas a mi aprobación.

»Asunto: la fecha de inauguración, etc. Ha de contar usted el número después de las revisiones. En lo que respecta al número total, después de las revisiones que he solicitado, creo que será lo bastante reducido como para permitir una sola celebración, *cosa que recomiendo firmemente*.»

La petición de Hughes de otra lista revisada de invitados llegó después de la medianoche, tres días antes de la fecha aún provisional de la gran fiesta del Landmark. Hughes había eliminado tantos nombres de la lista, que la gran gala ya podía celebrarse cómodamente en el ascensor siempre averiado del hotel. Aún no había aprobado una sola invitación. Y había mantenido obstinadamente en suspenso la fecha de la inauguración.

Maheu perdió el control.

«Howard —explotó—, no tenemos una lista de invitados revisada porque, hasta el momento, no sabemos si va a haber uno o dos grupos... o algún grupo. Si no tenemos ningún invitado, resulta completamente absurdo hablar de la lista de invitados.

»Le he entregado ya unas diez veces el programa —decía furioso a Hughes, que había estado acribillándole constantemente con preguntas sobre detalles de la fiesta aún no programada, en especial sobre la comida para los invitados aún no invitados, que se negaba permitir a Maheu encargar.

»Por desgracia, he estado tan ocupado con este y muchos otros de sus problemas, que no tengo la menor idea sobre el menú, salvo que, como ya le indiqué en un informe anterior, nos costará unos 10 dólares por cabeza alimentar a las bestias.

»En este momento —concluía Maheu—, me da absolutamente igual que celebremos el festejo el 30 o el 1.° o que nunca inauguremos ese garito condenado. Mi consejo, Howard, se lo digo en serio, es que dejemos todo este asunto a un lado, que no aprovechemos la oportunidad de dejar en ridículo al International, que les dejemos a ellos que nos dejen en ridículo, y esperemos hasta que usted se convenza de que tiene a su alrededor gente capaz de organizar la inauguración, momento en el que le deseo el mayor éxito.»

Hughes asimiló la diatriba con una calma insólita. Después de esperar tan pacientemente a que Maheu mordiera el anzuelo, no quería tirar de él demasiado pronto. Además, el propio Hughes estaba enganchado en la lista de invitados. No quería que le distrajesen. Todavía no.

«Bob, no creo haber adoptado una actitud irracional respecto a esta lista de invitados —escribía, contestando con paciencia estudiada al estallido destemplado de su subalterno.

»Creo sinceramente, Bob, que si yo puedo soportar la tarea de repasar esta lista debería usted hacer lo mismo.

»Estoy seguro de que habrá otra ocasión como ésta alguna vez, y si esta lista puede revisarse y analizarse hasta el final, todo este trabajo estará hecho y no hará falta repetirlo.»

Con esto, Hughes se lanzaba de nuevo a revisar y analizar con celo infatigable, instando a Maheu a recorrer el último kilómetro, no sólo para aquella fiesta sino para la elaboración de la Lista Eterna.

«Considere por favor los nombres restantes —proseguía—. Me gustaría saber las razones que justifican las invitaciones a esas personas, y también me gustaría conocer los nombres y las cualificaciones de todas las demás que pueda usted creer que habrían de añadirse en caso de que tales nombres volviesen a la lista.

»Dicho de otro modo: si esos agentes inmobiliarios y esos contratistas se pusieran de nuevo, ¿no hay otras personas del mismo campo que habría que incluir con toda justicia?

»Asunto Morrie Friedman: por favor, deme usted referencias sobre él.

»Además, Bob, estoy esperando la lista de otros vendedores de automóviles a los que quizá hubiera que incluir, en vista de que hemos vuelto a contar en la lista a Ackerman.»

Ackerman. El primer nombre de la primera lista de Maheu. El primero en quien se había atascado Hughes. Ackerman volvió por fin a la lista. Pero el problema más amplio que planteaba su inclusión (qué hacer con el resto de los vendedores de automóviles) aún preocupaba al posible anfitrión.

Persistía una incoherencia inquietante. Hughes, sin embargo, había prometido a Maheu luz verde una hora después de que recibiese la lista final revisada de invitados. Y a las 7.40 del 28 de junio, veinte minutos antes de que se cumpliese el plazo, Hughes, fiel a su palabra, dio el visto bueno.

«He aquí, por fin, el primer grupo de nombres para la lista de invitados —anunciaba triunfalmente.

»He marcado tres nombres con mi visto bueno.

»Apruebo plenamente que obre usted en consecuencia y telefonee a esos individuos.

»¿A qué hora quiere que se les diga que lleguen?

»Según tengo entendido, no habrá invitaciones escritas; eso es importante.»

Tres nombres. Y un pequeño problema. Hughes aún no le había comunicado a Maheu la fecha de la inauguración. No podía invitar siquiera a las tres personas que Hughes había aceptado a regañadientes.

Tres. Maheu se había pasado semanas trabajando día y noche para organizar la gran fiesta, había tenido que recurrir a todas sus argucias de agente clandestino para sacar adelante el asunto pese a los decididos esfuerzos de Hughes por sabotearlo. Se había pasado noches sin dormir para preparar la lista final revisada de invitados y complacer a su jefe demente. Y aquélla era la recompensa. Tres invitados. Sin menú. Sin fecha de inauguración.

Maheu estalló al fin.

«Howard, no sé realmente qué pretende usted hacer conmigo —escribía, más dolido que furioso—, pero si lo que pretende es hundirme en una depresión absoluta lo está consiguiendo.

»Howard, no me importa estar a su disposición todos los momentos del día, las veinticuatro horas. Es un sacrificio tremendo, pero su equipo puede certificar que en los últimos dos años y medio no ha tardado nunca más que unos instantes en localizarme. Creo, sin embargo, que todos mis esfuerzos por cooperar con usted en ese asunto están convirtiéndose en un ejercicio totalmente inútil.

»Mire, Howard, estoy profundamente trastornado por lo que parece convertirse en una necesidad compulsiva de torturar a Bob —añadía, con furia creciente—. Me resulta muy deprimente descolgar el teléfono y en cualquier momento recibir una bronca por lo que he hecho o no he hecho. Se desconfía de mí continuamente.»

Cuanto más seguía, más furioso se ponía. Por último, el jesuita calculador perdió todo control, olvidó sus fríos cálculos, dejó de preocuparse por las consecuencias y, como si aquella fiesta absurda fuese lo que contaba realmente, se permitió dejarse arrastrar plenamente a la pelea del Landmark.

«En fin, Howard, esto quizá le resulte sorprendente, pero pronto llegará el momento en que perdamos la credibilidad.

»Lo único que sé es que tenemos una inauguración para dentro de unos días. Todo el mundo parece preparado para ella, salvo usted. Se han dedicado muchas horas de sudor y sangre a este proyecto y sólo necesitamos una prueba de confianza de usted. Después de todo, Howard, sólo usted tiene algo que ganar o que perder. En el estado de ánimo en que me encuentro, me da absolutamente igual que la fiesta se celebre o no.»

Pero no le daba igual. Le preocupaba muchísimo. Era su fiesta. Era él quien había sudado sangre para organizarla. Y sería él y no Hughes el que tendría que estar allá arriba, en aquella cúpula transparente, cuando todo el asunto estallase.

«Howard, lo único que puedo decirle como conclusión es que no tengo el menor deseo de que se me identifique con un desastre. Pero si usted está tan empeñado en provocar este fracaso, me temo que nada podré hacer yo para impedir que logre usted precisamente eso.

»Si todo esto no significa nada para usted, ¿por qué demonios debo preocuparme yo por ello?

»La inauguración, si es que la hacemos, queda ya a sólo unos días y, aunque yo quiera ayudar, casi hemos agotado el tiempo.

»Se está haciendo urgente que anunciemos una fecha concreta.

»Pero si prefiriese usted, Howard, que yo no participara en absoluto en el asunto del Landmark, no tiene más que decírmelo y verá usted como este servidor se larga y desaparece por la salida de emergencia más próxima.»

Ése era el momento que había estado esperando Hughes. Maheu había tragado al fin el anzuelo. Ahora era el momento de darle el carrete.

«Lo siento —escribía Hughes con una pesadumbre que apenas ocultaba su satisfacción secreta—, pero no puedo dar el visto bueno a lo del Landmark hasta que la situación de desacuerdo que se ha creado entre nosotros quede superada.»

¡Iba todo tan bien! No sólo había conseguido arrastrar a Maheu plenamente a la pelea, sino que la propia pelea era una excusa perfecta para mantener en suspenso la fecha de la inauguración. Mejor aún, era claramente culpa del propio Maheu. Y además de todo esto, había logrado sacar a flote los auténticos sentimientos de su colaborador, toda la rabia que él temía, toda la pasión que él deseaba.

«No hace usted más que decirme que me imagino cosas cuando hablo de malentendidos entre ambos, y que todo eso sólo existe en mi pensamiento —continuaba Hughes—. Luego, llega el momento, como esta mañana, en que usted se quita el antifaz y muestra un resentimiento reprimido que le desborda.

»No estoy de acuerdo con nada de lo que dice en su mensaje; con nada en absoluto —añadía.

»Yo creo que hoy es un día afortunado en cierto modo porque usted se ha despojado al fin de todo disfraz y ha dicho lo que hay en su pensamiento, lo que constituye la raíz de todos nuestros problemas.

»De nada sirve encubrir estas cosas y negar su existencia —continuaba Hughes, en el papel de asesor matrimonial de su propio tormentoso matrimonio—. Si no ponemos las cartas sobre la mesa, nunca resolveremos este asunto.

»Le aseguro que si cree usted aunque sólo sea la mitad de lo que me dice en su mensaje, hemos de enderezar las cosas hasta el punto de que enfoque usted la situación de modo totalmente distinto.

»Es sencillamente absurdo que dos personas en la situación en que estamos, vinculados por una dependencia mutua tan completa, alimenten semejante resentimiento y esa actitud reprimida y a punto de estallar. Al menos en lo que a usted concierne, como puso usted al descubierto esta mañana.

»Se lo aseguro, Bob: ésta no es una vía de un solo carril —continuaba Hughes, abandonando su enfoque imparcial—, porque si usted experimenta un sentimiento de injusticia, o lo que sea que le moleste, a mí me embarga otro sentimiento de intensidad equivalente, pero de dirección contraria.

»Igual de convencido que parece estar usted de que yo me equivoco y que está usted padeciendo la peor parte del asunto, etc.; igual de convencido que parece estar usted de que se le trata mal, y de que tiene que vengarse de alguna manera, igual de firmemente convencido de esto que parece estar usted, puede estar seguro de que yo pienso con la misma firmeza que usted está equivocado al cien por cien.

»Así que estoy convencido de que no podemos permitir que continúe existiendo entre nosotros esa acritud contenida —concluía, tras haber puesto las cartas boca arriba vengativamente. Luego, pasaba a la cuestión que se traían entre manos.

»Entretanto, Bob, no nos permitamos, por favor, más malentendidos respecto al Landmark.

»Le estoy pidiendo que no dé el visto bueno a cualquier fecha concreta, y que no haga ningún preparativo para la inauguración. Le ruego, además, que no permita se filtre rumor alguno sobre una inauguración para el 1.º de julio o cualquier otra cosa que se relacione con el asunto mientras no aclaremos estas cuestiones.»

Por último, para remachar realmente una fecha en suspenso, Hughes añadía una posdata firme: «Bob, lo anterior es realmente importante si quiere que tengamos una oportunidad de superar esta brecha abierta entre nosotros.»

Maheu no sabía dónde le habían pegado. El tipo duro de la CIA estaba tirado en el suelo, pidiendo piedad.

«Hasta un individuo que afirma ser tan duro y tan fuerte como yo, acaba besando la lona cuando se le machaca continuamente en todas las partes del cuerpo y en la cabeza —escribía el púgil aspirante, vencido y tirando la toalla—. Acaba necesariamente aturdido por los golpes. Y si luego se ve tendido en la lona y además le patean la entrepierna, no creo que sea demasiado absurdo que diga: "Ay, que me duele."

»En cuanto al Landmark, Howard, estoy seguro de que se hace usted cargo de los problemas logísticos que implica una inauguración. Si no vamos a inaugurar el 1.º de julio, le agradeceríamos muchísimo que nos diese una fecha concreta.»

Con Maheu ya en las cuerdas, Hughes cambió de táctica. No había necesidad de machacar a su espárring. Bastaba un K.O. técnico. Además, ¿por qué permitir que Maheu fuese el único que pudiese exigir compasión? También Hughes estaba acongojado. Profundamente.

El terror que le inspiraba la inauguración, que había precipitado su conflicto «matrimonial», le había obligado también a mirar hacia el interior, a examinar su vida, a buscar su alma. Inició la larga jornada con una revisión breve, pero aparentemente sincera.

«He dedicado sesenta y cuatro años de mi vida a trabajar duro —escribía, con cierta tristeza—. ¿Qué puedo mostrar a cambio de eso? Valores, obligaciones y una pequeña suma de dinero.

»Si esas cosas no me sirven para disfrutar de cierta libertad, mis sesenta y cuatro años de esfuerzos habrán sido en vano.

»Si no se me permite utilizar los fondos y recursos que poseo para disponer de un poco más de tiempo para la inauguración del Landmark, a fin de eliminar el peso y la presión que significan para mí la perspectiva de tener que considerar el 1.º de julio una fecha tope, entonces tengo que confesar que mis sesenta y cuatro años de esfuerzo han sido en vano.

»No quiero decir que no pueda hacerse el 1.º de julio; sólo quiero decir que no quiero un compromiso o una promesa para esa fecha.»

Faltaban menos de tres días para el 1.º de julio. Maheu estaba aterrado. Hughes acababa de decirle que toda su vida carecía de sentido si no podía mantener en suspenso la fecha de la inauguración, pero Maheu necesitaba desesperadamente una decisión.

«Cualquier decisión es mejor que ninguna, a partir de este momento —instaba a su jefe—. Howard, se está difundiendo en ciertos círculos la impresión de que no estamos bien organizados.»

Era el colmo de la exageración modesta. Pero Hughes lo interpretó como el colmo de la ofensa, algo que ponía en entredicho no sólo la fiesta del Landmark, no sólo toda su aventura de Las Vegas, no sólo su relación problemática con Maheu, sino su vida entera. De hecho, pasó a hacer una revisión general, con el propósito de justificar que la fecha de la inauguración siguiera en suspenso.

«Le agradezco mucho las aportaciones que ha hecho usted para que tuvieran éxito las diversas actividades que le he asignado.

»Sin embargo, Bob, llega un momento en que el éxito de un hombre en sus negocios no es tan importante como su tranquilidad mental y su estado de salud.

»Bob, no conozco a nadie que haya trabajado tanto y se haya dedicado tan plenamente a su trabajo como yo.

»Así pues, he acabado siendo un hombre de negocios que supuestamente ha triunfado, pero que ha destruido su salud y consumido lo mejor de su vida en el proceso —continuaba, pareciendo vislumbrar por primera vez su triste realidad.

»Bob, he procurado ser escrupulosamente honesto, y he tratado de aportar para fines benéficos una suma proporcional a mis ingresos; una suma muy superior a lo que se considera justa —continuaba, buscando la salvación mediante una afirmación espúrea de sus buenas obras.

»Cuando los periódicos publican artículos sobre el aumento increíble de los beneficios en los negocios en esta zona y el increíble aumento de población, inevitablemente siento que debo haber dado algo a esta comunidad.

»Pero, no sé por qué, este supuesto éxito no parece bastarle a usted, Bob —se quejaba, como si se dirigiese a un espejo poco halagador.

»Sus mensajes, con muchísima frecuencia, revelan que bajo la superficie hay resentimiento. A veces, son sólo unas cuantas palabras. Otras veces es más.

»Me dio usted la impresión de que la compra del Landmark constituía una aportación importante a la comunidad.

»Pero ahora me dice usted que no tengo suficiente reserva de buena voluntad con el gobernador y el resto de nuestras amistades, como para permitirme una moderada dilación en el anuncio de la fecha de inauguración del Landmark.

»Bob, creo que el rasgo más inquietante de su mensaje es la afirmación de que debería aceptar el hecho de que en "ciertos sectores" se tiene la impresión de que no estamos demasiado bien organizados.

»En mi opinión, lo sorprendente de todo este asunto, Bob, es el hecho de que usted y yo no tengamos suficiente buena voluntad en reserva como para superar una dilación de unos cuantos días en un anuncio de este tipo.

»Así pues, Bob, mi opinión es que si, después de tantas aportaciones a la comunidad, que han propiciado un crecimiento de los ingresos sin precedentes; si, después de todo esto, no puedo decirle a usted que le comunicaré la fecha de inauguración dentro de unos días sin que me advierta que el gobernador, etc., están perdiendo la fe y piensan que todo este asunto no está "demasiado bien organizado", entonces le diré que mi vida está haciéndose ya demasiado corta para esta clase de presiones.»

No demasiado bien organizados. Él no iba a aguantar así como así semejante calumnia, desde luego. Y toda aquella presión, ¿de dónde venía? De Maheu.

«Bob —continuaba—, es usted una de las unidades de potencial humano más potente que he conocido. Pero, como la mayoría de la gente muy competente, está tan orgulloso de su trabajo que le molesta hasta la menor interferencia.

»Estoy convencido de que no se sentirá usted nunca feliz en un esquema organizativo como el que tenemos. Creo que sólo

Bob —

I am very grateful to you for the many contributions you have made toward the success of the various activities I have assigned to you.

However, Bob, there comes a time when the success of a man's business endeavors are not as important as his peace of mind and the condition of his health.

Bob, I have worked as hard, and devoted myself as completely to my work as anybody I know.

So, I now wind up a supposedly successful business man who has wrecked his health and consumed the best part of his life in the process.

se encontrará verdaderamente satisfecho cuando trabaje por su cuenta.

»Estoy seguro de que es usted capaz de comprender que, mientras esté usted administrando todos los detalles y los cabos sueltos de mi vida cotidiana, sencillamente no es posible una independencia completa, libre de interferencias.

»Por tanto, Bob, le haré una propuesta:

»Le propongo que asigne este trabajo de Las Vegas a alguno de sus hombres, el que elija.

»Así las cosas, Bob, me satisfaría mucho que pasara usted el verano en Newport, y en su barco todo el tiempo que desee.

»Creo que me acusa usted subconscientemente de cada fin de semana que no está en su barco, y me gustaría que el plan que le propongo pusiera fin a todo esto.»

También pondría fin al poder de Maheu. Ninguna fiesta valía tal precio. En un intento desesperado de evitar que le echasen al mar,

Maheu trató de suavizar a Hughes con la reverencia abyecta y la alabanza nostálgica.

«Howard —escribía—, conozco bien la historia de su película *The Outlaw* y cómo decidió usted demorar la presentación pese a los consejos de todos los especialistas. Sé también que en 1947, en su testimonio ante el comité Brewster (después de haber escuchado todos los informes), los rechazó usted todos y manejó a Brewster a su manera.

»No querría privarle de la satisfacción de tener razón una vez más en lo referente a la inauguración del Landmark. Después de todo, Howard, es algo que puede discutirse y yo he de comunicar lo que pienso, pero sólo puede haber un capitán.»

La evocación de antiguas glorias tuvo un efecto mágico. El capitán Hughes eligió por fin una fecha para la fiesta. O más bien toda una serie de fechas (3, 4, 5 y 24 de julio), considerando torturadamente cada una de ellas, analizándolas todas con sumo cuidado tanto en términos absolutos como en relación con los acontecimientos rivales, desde el alunizaje a la inauguración del International. Preveía incluso una demora de tres meses, pero al cabo se decidió por el 1.º de julio, tal como se acordó en principio.

«No me importa acceder a sus deseos en cuanto a la inauguración del Landmark, tanto respecto al día como al carácter del programa —escribía a Maheu a regañadientes, con la gran fiesta ya a sólo dos días—. Sólo quiero que conste que soy partidario de demorar la inauguración.»

La tremenda decisión provocó en Hughes una angustia inmediata. La aprobación de la fecha abrió las compuertas de todos sus temores. Se agudizó su melancolía. No podía dormir.

«He estado toda la noche realizando una profunda introspección —informaba solemnemente a Maheu al amanecer del 30 de junio, un día antes del acontecimiento temido.

»Ahora que creo que todas las decisiones relacionadas con la inauguración del Landmark están a la vista (tendrá usted la lista de invitados esta mañana. No quiero que empiece usted a llamar hasta entonces. Pero no habrá ningún problema. Los cambios que deseo son muy simples), quiero tomar algunas decisiones muy importantes respecto al futuro.

»Bob, quiero aclarar las cosas con usted. No estoy satisfecho, desde luego, en las circunstancias actuales. Y no me quedan tantos años como para poder permitirme seguir con un tipo de vida que parece quedar muy lejos de lo que realmente deseo.»

Hughes no se refería a su hosca reclusión, a su extraño tipo de vida ni a su maltrecha condición física. Se refería a la terrible frustración que significaba que las cosas no marchasen exactamente como él quería en Nevada, sentimiento que se intensificaba, al parecer, con la inminente fiesta del Landmark. Y estaba pensando en marcharse.

«Tengo una serie de inversiones y nuevos proyectos muy importantes que quiero poner en marcha de inmediato —continuaba—. Si ha de ser en Nevada, magnífico.

»Por otra parte, si se va a iniciar un plan para vender los hoteles, entonces, lógicamente, deseo iniciar los nuevos proyectos en un nuevo emplazamiento: la Baja California o las Bahamas.

»Bob, llevo muchos meses en este estado de frustración. Lo cual me ha creado un estado mental de vacilación e incertidumbre que, unido a una tendencia al exceso de cautela, ha acabado desequilibrándome.

»En fin, todos estos meses he estado aquí agitado e irritado, en un estado de frustración profunda —concluía, cansado de interpretar a Hamlet en su ático.

»Quiero seguir adelante a lo grande o irme... ¡en seguida! Por favor.

»Conteste, por favor, Bob; es urgentísimo.

»Estoy trabajando ya en la lista de invitados.»

Hughes estaba trabajando realmente con gran intensidad en las listas de invitados; incluso mientras indagaba en su alma, seguía examinando nombre tras nombre; seguía buscando aquella coherencia inaprensible.

«He vuelto a incluir todos los nombres de la lista de hombres de negocios, exceptuando sólo a Scott y Tiberti y a los dos individuos de REECo. y EG&G —informaba orgulloso a Maheu.

»Pensaré lo de REECo. y EG&G. Me gustaría que considerase y analizase cuidadosamente los pros y los contras de Scott y Tiberti y me informase.»

Sí, con eso quedaría todo resuelto. Salvo un problema fastidioso.

«P.D.: Aún necesito examinar un rato esta noche la lista de los comerciantes de automóviles que considere usted oportuno incluir.»

Por supuesto. Los vendedores de automóviles. Ahora que Ackerman había sido reincorporado a la lista. Un día antes de la gran fiesta, Hughes seguía dándole vueltas a lo de los vendedores de automóviles, como al principio, como con el primer nombre de la primera lista.

Cuando faltaba un día, Hughes sólo había aprobado en realidad cuarenta y cuatro invitaciones. Se negaba aún a permitir que Maheu encargase el menú. Seguía poniendo en entredicho todos los detalles de la fiesta, y seguía sin dar su consentimiento. Aunque había aprobado al fin la inauguración, no había aprobado el precio de compra. Aunque con la organización frenética de la fiesta casi había quedado olvidado, seguía en pie el hecho decisivo de que en realidad Hughes aún no era propietario del Landmark. Sencillamente, se negaba a ultimar el negocio.

«Parece que las dos únicas personas de Clark County que no saben que vamos a formalizar la compra del Landmark somos usted y yo —se quejaba Maheu agotado, angustiado de pronto al darse cuenta de que la hora marcada sólo quedaba a dos de distancia.

»Ya le he dado a usted permiso para formalizar la transacción del Landmark en el momento que considere usted razonable —contestaba Hughes con impaciencia.

»Lo que no estoy dispuesto a aceptar es que se precipite el

plazo límite ahora, en las próximas horas, sólo para evitar el inconveniente de obtener una ampliación de veinticuatro horas.»

En realidad, cualquier dilación sería algo más que un pequeño inconveniente. Exigiría una serie de complejas renegociaciones con un mínimo de quince acreedores independientes de los propietarios en quiebra del hotel. Podría llevar días. Podría no resolverse nunca. Hughes, por supuesto, lo sabía muy bien.

»Yo no quiero, claro está, que se sacrifiquen los beneficios —continuaba alegremente— sólo por acomodarse a un cierre del negocio precipitado destinado a evitar el inconveniente de obtener una simple ampliación de las 15 opciones abiertas, que quedarían en nada si la compra del Landmark se formaliza por la mañana en vez de por la noche.»

No había invitados, no había menú y, de pronto, no había ninguna garantía de que Hughes fuese siquiera propietario del Landmark a tiempo para celebrar la inauguración. A primera hora de la mañana del 30 de junio (tras escuchar al multimillonario indagar en su alma y reconsiderar la lista de invitados, pero negarse a comprar el hotel), Maheu perdió de nuevo el control.

«Howard —decía furioso—, son las siete y aún sigo en el aire.

»Con la posición actual respecto a la inauguración del Landmark, podría usted también ser el primero en saber que si quisiera encontrarme durante las "celebraciones" en el Landmark, en la noche del 1.º de julio, podría decir a sus hombres que empezaran a buscarme en el CIRCUS-CIRCUS.»

Maheu estaba provocando. El Circus-Circus era un rival particularmente odiado, un casino nuevo que Hughes había intentado desesperadamente torpedear, temiendo que rebajase el tono de Las Vegas, que crease una atmósfera barata, vulgar y carnavalesca. Maheu lo sabía, pero, incapaz de controlarse, continuaba:

«Mire, Howard, aún no he tenido ni un momento libre para visitar el CIRCUS-CIRCUS una sola vez, pero estoy empezando a creer que, dado que no tendré nada mejor que hacer el 1.º de julio, tal vez debiera aprovechar la ocasión.»

La provocación calculada dejó bufando a Hughes. Pero, claro está, no le daría a su subordinado la satisfacción de verle lanzar un exabrupto incontrolado. Por el contrario, contestó con una furia contenida que resultaba más amenazadora por el hecho de estar contenida.

«Sé que ha dicho usted en el pasado que es una persona extravertida, incapaz de callarse las cosas, etc., y que, cuando tiene que desahogarse, yo no debería darle importancia —escribía Hughes.

»Puedo hacerlo normalmente. Pero esta situación, en la que parece usted creer que tiene que recurrir a amenazar con consecuencias terribles, es más de lo que mi sistema nervioso puede soportar.

»Suponga que establece usted las formalidades mínimas que le satisfagan durante las treinta y seis horas a partir de ahora hasta después de que el hotel empiece a funcionar.

»Suponga que lo hace sin más dramas de los necesarios. Yo aceptaré un programa que a usted le satisfaga, siempre que se esfuerce usted por delinear un programa que le parezca lo más cercano posible a lo que cree que yo quiero.

»Yo le diré a usted entonces lo que me propongo para el resto de nuestras relaciones después de inaugurado el Landmark.»

Ni Hughes ni Maheu estaban para fiestas. El 1.º de julio, el día de la gran celebración, su matrimonio estaba tan maltrecho que apenas se hablaban, y había en el aire más de un indicio de separación. Lo que se había previsto como celebración de sus relaciones, parecía un preludio de su divorcio. .

Pero Hughes seguía revisando afanosamente la lista de invitados, demasiado concentrado en ello para dejarse distraer por su inestable situación doméstica. Por desgracia, apenas le quedaba tiempo ya.

«Considere, por favor, muy detenidamente, la posibilidad de un aplazamiento —eso fue lo que le dijo primero aquella mañana a su distanciado ayudante—. He repasado ya las listas y podría darle a usted el visto bueno en cuestión de horas.

»Yo, personalmente, he sido siempre partidario de un aplazamiento —continuaba—, pero sé que esto no le sentaría bien a usted ni a otros miembros de su organización.

»De todos modos, no anuncie nada, por favor, hasta posterior consulta.»

Las consultas se prolongaron todo el día. Hughes y Maheu se trataban educadamente, pero nada más. Era muchísimo, dadas las circunstancias. Era demasiado tarde para que Hughes torpedease la fiesta, tras haber aprobado estúpidamente la formalización de la compra la noche anterior, pero siguió entrometiéndose hasta el final, asediado por temores de última hora.

«Hay algo que he estado pensando analizar con usted —inquiría súbitamente—. ¿Cuánta gente podrá estar en la cúpula del Landmark al mismo tiempo?»

Unos minutos después, llegaba una visión paranoica más elaborada, directamente sacada de una película de desastres.

«Otra cosa. ¿Está usted realmente seguro de que se estará bastante fresco en esa cúpula con cientos de personas presentes? Ya sabe usted que una multitud emite muchísimo calor.

»Que yo sepa, no ha habido nunca una masa de gente en esa torre, y recordará usted que una de mis primeras objeciones respecto al Landmark se relacionaba con el aire acondicionado.»

La imagen de los invitados amontonados bajo la cúpula, atrapados en ella sin aire acondicionado, en el calor de horno del verano de Las Vegas, no se borraba de su mente febril.

«No es que pretenda aconsejarle un ensayo previo —añadía Hughes—. Sólo quiero que alguien realice cálculos cuidadosos incluyendo las correcciones necesarias teniendo en cuenta la multitud. Creo que podría usted investigar también una maquinaria alternativa y una fuente de energía alternativa, por si se produce algún fallo.

»Muchacho, ¡ay, muchacho!, cómo se reirían algunos si sucediera algo así la noche de la inauguración.»

Cuando ya sólo quedaban unas horas, Maheu tenía problemas más acuciantes. No era que Hughes hubiera autorizado sólo 44 invitaciones y pareciera incapaz de encontrar más invitados con cualificación similar. Maheu había resuelto ya eso. Había invitado en secreto a otras 440 personas a la fiesta, suficientes para llenar el pequeño salón de espectáculos del Landmark.

No; el gran problema de Maheu era el menú. Hughes no le dejaba encargarlo. Por último, a las cinco, dos horas antes de la gran gala, Hughes cedió.

«No le pediré más que paralice el encargo del menú para la cena de esta noche en el Landmark —escribía, pero añadía una advertencia—: Sin embargo le agradeceré que reduzca ese menú al mínimo posible, hasta que yo pueda discutir con usted, con el tiempo suficiente, ciertas opiniones mías respecto a la compra de alimentos.»

Poco antes de las siete, cuando entraban los primeros invitados en el estrambótico vestíbulo del Landmark para una recepción, llegó un último mensaje del ático.

Cuando llegó el comunicado de Hughes, Maheu ya estaba en el hotel recibiendo a los invitados con su aplomo habitual, los grandes gemelos de oro chispeando, representando con desenvoltura a su jefe invisible. Y aunque había algo evidentemente extraño en aquella gran gala de apertura, aunque hubo ciertos cuchicheos respecto a las invitaciones por teléfono en el último momento, ninguno de los invitados podría haber imaginado lo que hubo de pasar Maheu, y ninguno podría captar el humor negro involuntario de las frases escritas en la hoja de papel amarillo que Maheu sacaba en aquel momentos de un sobre cerrado.

«Bob: les deseo a usted y a su gente buena suerte esta noche, en todos los sentidos —había escrito Howard Hughes desde la seguridad de su escondrijo—. ¿Puedo ayudar en algo más?»

12. NIXON: LA TRAICIÓN

A unos 4 500 kilómetros de Las Vegas, otra persona planeaba una fiesta. Sería la mayor fiesta que se había visto en el *mundo*, un banquete oficial espléndido en honor de los primeros hombres que habían pisado la Luna. El anfitrión era Richard Nixon.

Aunque le fastidiaba hacer de anfitrión, Nixon se lanzó a organizar el asunto personalmente, volviendo loco a todo el mundo, desde su equipo de altos cargos de la Casa Blanca a su esposa y a los camareros, inmiscuyéndose en los más nimios detalles, eligiendo el menú, distribuyendo los asientos, escogiendo incluso los emblemas de la fiesta. Y, por supuesto, aprobando la lista de invitados.

Había 1 440 invitados a ese banquete de agosto de 1969, el banquete oficial más prestigioso de la historia, y Nixon repasó la lista varias veces, nombre por nombre, elaborando al mismo tiempo otra lista de las personas a las que no quería invitar. Era su primera «lista de enemigos». Nixon seguía haciendo revisiones finales el día antes de la gran fiesta.

Había gobernadores y senadores, magistrados del Tribunal Supremo, celebridades de Hollywood, personalidades financieras y religiosas, cincuenta astronautas, diplomáticos de noventa países, luminarias de todos los sectores de la sociedad. Pero lo más importante eran los invitados a los que se honraba en especial, pioneros de la aviación y del espacio como Charles Lindberg, Wernher von Braun... y Howard Hughes.

La invitación desconcertó a Hughes. «Asunto fiesta del presidente. ¿Qué es lo que necesita usted en realidad de mí? —preguntaba a Maheu, sin saber muy bien cómo contestar—. En otras palabras, Bob, yo no podré asistir. Pero estoy seguro de que usted ya lo sabía.»

La invitación también desconcertó a los ayudantes de la Casa Blanca. Nixon raras veces hablaba de Hughes, ni siquiera con sus asesores más íntimos (y nunca hablaba de sus tratos con el multimillonario más que con Rebozo), pero todos sus altos cargos sabían lo del escándalo del préstamo, sabían que continuaba siendo un tema delicado. Y a Hughes se le temía en la Casa Blanca de Nixon; era un temor inexpresado pero palpable, que emanaba del Despacho Oval.

Ahora, acordado finalmente el pago de los 100 000 dólares, y a punto de realizarse, empezaban a aflorar los temores sumergidos del presidente. A medida que iba concretándose el acuerdo secreto en las semanas anteriores a la fiesta, Nixon inició una serie de investigaciones secretas sobre su benefactor oculto, operando a través de los canales confidenciales de la burocracia federal.

Ya había dado orden al Servicio Secreto de que pusiera escuchas a su hermano y le hiciera seguir, preocupado por la posibilidad de que los negocios trapaceros de Donald con John Meier reavivasen el escándalo del préstamo, y pusieran al descubierto sus propios negocios más importantes con Hughes. Rebozo hablaba continuamente por teléfono con Danner, exigiéndole que se mantuviese a Meier lejos de Donald. «El presidente está verdaderamente preocupado por los tejemanejes y chanchullos de estos dos personajes —informaba Maheu al ático—. Tenemos información fidedigna de que han abierto un despacho en Ginebra, que están metidos en arrendamientos de petróleo muy dudosos en Alaska y Dios sabe qué más.

»El presidente y Rebozo nos han confesado que el hermano Don es, con mucho, una de las mayores amenazas que pesan sobre el futuro de la carrera política del presidente —añadía Maheu—. Temen en Washington que el que Don ande desacreditando por ahí el nombre de su hermano, unido al hecho de que Meier haga lo mismo con el de usted, acabará causando graves problemas, tanto a usted como al presidente.»

A finales de junio, una grabación del Servicio Secreto indicaba que Donald pretendía conseguir una «comisión» por la adquisición de Air West por parte de Hughes. Cuando el presidente se disponía a aprobar la absorción ilegal, y a principios de julio, cuando Nixon estaba a punto de consumar el cobro del gran soborno, el problema de Donald alcanzó su peor momento.

El 8 de julio, el hermano del presidente fue sorprendido en una entrevista secreta en un aeropuerto con Meier y un conocido personaje del delito organizado, Anthony Hatsis; los tres fueron fotografiados por agentes del Servicio Secreto. Donald había negado siempre su relación con Meier, pero ahora la Casa Blanca tenía una prueba irrefutable. Nixon se pasó largo rato estudiando la prueba en el Despacho Oval. Aquello le inquietaba por su propia relación con Hughes.

Mientras seguía vigilando a su hermano, Nixon había intentado mejorar su información sobre Hughes, pidiendo ayuda al organismo federal que parecía saber más sobre él, la CEA.

A finales de julio, Will Kreigsman, miembro del equipo de la Casa Blanca, al que Nixon nombraría posteriormente para la CEA, realizó una investigación insólita y muy confidencial. Quería toda la información disponible sobre el «asunto Howard Hughes». Un informe confidencial de la comisión comunicaba al presidente de ésta: «Instancias superiores han solicitado que se informe plenamente sobre esto.

»Se solicitó que investigásemos con la máxima discreción los antecedentes de los miembros de la organización Hughes, centrándonos en especial en la información que pueda proporcionar gente de la CEA de Nevada, que esté en estrecho contacto con los miembros de la organización Hughes.»

Nixon no sólo intentaba determinar por qué se oponía Hughes

tan firmemente a las pruebas nucleares (era algo muy misterioso para el presidente, que no veía qué beneficio había en ello), pero estaba también buscando claramente datos sólidos sobre el propio Hughes y el verdadero carácter de su imperio tenebroso.

Lo que el presidente consiguió fue un informe detallado de dieciocho páginas sobre la campaña del millonario contra la bomba, pero pocas aclaraciones sobre sus motivos, que eran de lo más misterioso para la CEA. Una de las afirmaciones del informe pronto repercutiría en Nixon: la falsa información según la cual «Hughes no pondrá objeciones al actual programa de pruebas, siempre que las detonaciones no superen la potencia de una megatonelada». Nada se decía sobre el propio fantasma.

Nixon estaba decidido a obtener la historia íntima del ermitaño de Las Vegas.

Así que mientras planeaba su cena conmemorativa del paseo lunar, el presidente organizaba una maniobra más audaz y aviesa. Invitó a Hughes a la fiesta (sabiendo perfectamente que el multimillonario llevaba más de una década sin aparecer en público) y utilizó la invitación como pretexto para realizar una «comprobación» de rutina sobre su benefactor oculto a través del FBI.

J. Edgar Hoover informó personalmente al presidente el 13 de agosto, día del gran banquete. Su informe era verdaderamente asombroso.

Howard Hughes era, según el director del FBI, «un individuo implacable y sin escrúpulos» que actuaba a veces como un «paranoico estrafalario» hasta el extremo de ser capaz de cualquier cosa, «incluido el asesinato».

Incluido el asesinato. Era una descripción alarmante de un hombre con el que el presidente estaba a punto de ultimar un peligroso negocio, sobre todo porque Nixon no tenía medio de saber que la increíble descripción se basaba únicamente en las declaraciones de un ejecutivo despechado que se había convertido en informador hacía ya casi veinte años. El informe tenía el sello de Hoover, y Nixon sintió miedo y respeto a la vez («¡Maldita sea, tiene fichas de *todo el mundo*!»).

En cualquier caso, esta información no disuadió a Nixon. Siguió adelante, conspirando con Rebozo para recoger los 100 000 dólares prometidos.

Aun así, el informe del FBI tuvo que resultar una sorpresa para el presidente. Pero no era nada comparado con la sorpresa que estaba a punto de recibir Howard Hughes.

El 10 de septiembre de 1969, Maheu, ya en el exilio por haber asistido sin autorización al banquete del paseo lunar, llamó a Hughes desde Vancouver para comunicarle noticias inquietantes: la CEA estaba a punto de anunciar una nueva explosión en Nevada, y se trataba de una explosión grande.

Maheu intentó dorar la píldora en la medida de lo posible respecto a la primera gran explosión nuclear de la Administración Nixon. Era de menos de una megatonelada, y las bombas realmente grandes se detonarían en Alaska, tal como prometiera el presidente.

Esto no aplacó a Hughes. «Estoy muy alterado por la explosión de que me habla —escribía, en un comunicado que debía leerse por teléfono a su desterrado lugarteniente—. Le he dicho a usted muchas veces que no hay nada mágico en lo del límite de la megatonelada.

»Estoy verdaderamente preocupado por lo que me cuenta hoy», proseguía, sin hacerse cargo aún de la verdadera magnitud de la explosión inminente.

«Comprendo lo que me dice sobre la importancia de estar sobre el terreno, "en el escenario de los hechos" como dice usted —explicaba a Maheu, que prefería utilizar la amenaza de la bomba como billete de vuelta a Las Vegas—. Bien, Bob, hasta que no quememos todos los cartuchos intentando impedir esta explosión, estoy convencido de que el lugar de los hechos es Washington, y quiero que salga usted para allí esta noche e inicie una campaña para unir hasta la última organización o el último individuo que se oponga a esas explosiones, y que presione con la mayor firmeza a la CEA, en un esfuerzo firmísimo, resuelto y concertado; en una lucha final hasta la última trinchera.

»Quiero que utilice usted todos sus cupones de acciones selectas, todos los favores y hasta la última presión que pueda ejercer, en una acción intensa, extrema, definitiva, para determinar de una vez por todas si voy a hacer más inversiones en Nevada o no.

»Bob, quiero que llegue usted hasta el final en esto y que no escatime nada.»

Maheu no quería arriesgarse a llegar hasta el límite. Nixon ya había otorgado a Hughes un tratado de prohibición de pruebas nucleares privado. Esta nueva explosión no violaba sus términos, y parecía inútil presionar pidiendo más concesiones en política nuclear nacional.

«Howard, hemos hecho todas las peticiones imaginables al vicepresidente y al presidente —contestaba Maheu, pidiendo contención.

»Uno de los motivos de que el presidente estuviese tan deseoso de que Kissinger se pusiera en contacto directo para hablar del proyectil antibalístico, era que así el doctor podría revelarle a usted información de máxima seguridad que demuestra la necesidad de realizar algunas explosiones inferiores a la megatonelada, y también explicarle que las explosiones superiores no seguirían realizándose en Nevada debido a los esfuerzos de usted.

»Nunca hemos perdido de vista el objetivo final de la paralización completa, pero entretanto, Howard, resulta una tarea bastante difícil decirles al presidente y al vicepresidente de los Estados Unidos que mienten cuando nos dicen que, aunque han satisfecho varias de nuestras peticiones, esta prueba concreta es imprescindible para la seguridad nacional.

»Me temo que si les presionamos podrían actuar más agresivamente, incluso con explosiones superiores a la megatonelada —advertía Maheu—. Después de todo, Howard, estoy seguro de que en último término les tendría sin cuidado que hiciésemos una inversión más en Nevada o que abandonásemos las que ya hemos realizado.»

Pero Hughes no estaba dispuesto a ceder. Frente a frente con Nixon no pestañeaba, aunque, por el momento, parecía más deseoso de combatir al jefe de su propia organización.

«No me da usted explicación alguna de por qué es necesaria esta explosión —se quejaba—. No sé nada de todas esas razones que hacen que la prueba sea imprescindible para la defensa del país. ¿Por qué no me ha facilitado usted esa información que sin duda le han dado sus contactos de la Casa Blanca?

»Bob —continuaba, con furia creciente—, no soy tan imbécil como para pensar que a Nixon le importen mis planes en Nevada, y si desea usted que exista una mejor relación entre nosotros, le agradecería sinceramente que contuviese su impulso periódico de formular comentarios sarcásticos y agudos como éste...

»No creo que sea usted tan ignorante como para creer en serio que soy tan estúpido como para pensar que al presidente le importaría lo que yo hiciera aquí. Bob, sólo puedo suponer que persigue usted un objetivo distinto al hacer ese comentario tan ofensivo.

»En fin, ha debido usted proponerse irritarme. Si ése era su objetivo, lo ha conseguido.»

Tras desahogar su malhumor, Hughes volvió a la bomba, y una vez más envió a Maheu a Washington.

«De cualquier modo, Bob, hágase lo que se haga, y no le he pedido a usted que llame mentiroso a nadie, creo preferible que lo haga usted desde Washington —insistía—. Salga usted hacia allí, por favor, sin demora.»

Era inútil resistirse. Maheu mandó a Danner ponerse en contacto con Rebozo, quien sugirió que resolviesen las cosas a nivel de embajadores, invitando a los emisarios de Hughes a la residencia que compartía con el presidente en Cayo Vizcaíno.

A la mañana siguiente, cuando Maheu se disponía a salir para la Casa Blanca de Florida, Hughes había descubierto las verdaderas dimensiones de su amenaza nuclear. No se trataba de otra explosión, sino de todo un holocausto.

«Bob —escribió con letra temblorosa—, he permanecido toda la noche despierto y estoy muy deseoso de saber que está usted de camino antes de dormirme.

»Esta prueba es de una megatonelada a todos los efectos prácticos —continuaba con letra grande, que reflejaba miedo, cólera y agotamiento—. Así que no puedo entender cómo puede considerarla usted otra cosa que una derrota completa y un desperdicio de todos sus esfuerzos.

»La diferencia entre 900 000 y un millón es tan escasa que entra sencillamente en la categoría del ridículo. Simplemente, no puedo ver ninguna diferencia.»

Maheu abandonó Vancouver, parando en Las Vegas para recoger a Danner, y ambos volaron a Miami en un reactor privado de Hughes. Danner llevaba una cartera de cremallera. Dentro iba un sobre que contenía 50 000 dólares, diez fajos de billetes de 100 dólares que había retirado de la caja del Frontier a primera hora de aquella mañana. Era el dinero que Maheu había prometido a Nixon en 1968 y que al fin le entregaría ahora como la primera mitad de los 100 000 dólares que Hughes había ofrecido al presidente.

Los dos emisarios llegaron a Miami al atardecer del 11 de septiembre. Antes de salir para Cayo Vizcaíno, Maheu telefoneó al ático. Hughes estaba frenético.

«No sabe usted lo que le agradezco que me haya dicho que ya está ahí —escribía en un comunicado que debían leer a Maheu los mormones.

»Bob, creo que no tiene la menor idea de lo mucho que me afecta este asunto —proseguía con una letra que lo indicaba claramente.

»Cuando me lo comunicó usted, bien sabe Dios que me sentí bastante mal; pero suponía, claro, que era del nivel llamado "bajo intermedio".

»No tenía ni la menor idea de que esta bomba fuera una unidad inmensa, comparable en todos los sentidos a las dos primeras grandes explosiones que con tanta acritud combatimos.

»La verdad, no entiendo cómo diablos pudo imaginar la CEA que seríamos tan absolutamente estúpidos e ingenuos como para creernos que esta explosión quedaba dentro de los límites que habíamos solicitado, sólo porque técnicamente no llegue a una megatonelada.»

Se había roto el acuerdo. Y el presidente era responsable. Hughes quería que se transmitiese este mensaje en términos inequívocos.

«Quiero que le diga usted al señor Nixon a través del señor Rebozo que esto es incumplimiento de palabra y constituye la tentativa de engaño más indignante y sorprendente de que tengo noticia. Parece mentira que un gobierno honorable como el de los Estados Unidos haya intentado perpetrar semejante fraude a uno de sus ciudadanos», escribía, furioso, plenamente consciente ya del verdadero alcance de la traición de Nixon.

«Si es así como los Estados Unidos pagan a uno de sus ciudadanos que ha consagrado toda una vida de servicios a la mejora del sistema de defensa, y ha aportado innumerables avances importantes, más cinco mil millones de dólares en impuestos, no sé cómo puede esperar alguien que crean nuestras promesas los gobiernos extranjeros.

»Tengo mucho más que decir —concluía Hughes—, pero le dejaré iniciar su tarea.»

Maheu asimiló la diatriba y se fue directamente con Danner a ver a Rebozo. El amigo del presidente llevó a sus dos invitados en una gira por su casa tipo rancho, que había modificado recientemente, mostrando especial entusiasmo por una máquina de hacer hielo que arrojaba cubitos por la puerta del refrigerador.

Danner entregó a Rebozo el sobre diciendo:

—Aquí están los 50 000 dólares. Primera entrega.

El cubano abrió el sobre, sacó los fajos de billetes y los contó. Escribió HH en una esquina del sobre y se llevó el dinero a otra habitación. Cuando volvió, se fueron los tres a cenar.

No está claro si Hughes sabía que su dinero había ido a manos de Rebozo, ni si albergaba la esperanza de comprar con él un acuerdo nuclear con Nixon, y aprobó la entrega pese a su cólera. Pero al día siguiente se puso en contacto con Maheu al amanecer, esperando noticias de la Casa Blanca.

—¿Cuál es el plan hoy? —le preguntó—. Acabo de oír que el presidente proyecta una reunión de Defensa. ¿Cuándo espera usted conseguir llegar hasta él en este asunto? Estoy deseando saberlo para disponer del mayor tiempo posible a fin de preparar mi material.

Mientras, en Las Vegas, el multimillonario planeaba la campaña antibomba en las hojas amarillas de su mesita de noche, y Rebozo gurdaba el dinero de Hughes en una caja de seguridad en su banco de Cayo Vizcaíno, Richard Nixon reunía a sus asesores en Washington para un replanteamiento y un análisis en gran escala de la guerra del Vietnam.

El presidente estaba frenético, quizá tan frenético como el propio Hughes. Le habían elegido con la promesa de acabar con la guerra, pero no había logrado traer la paz. Y ahora, se reunía con Kissinger a planear en secreto una importante escalada, un «golpe feroz de castigo» contra el Vietnam del Norte, mientras el mismo movimiento contra la guerra que había derribado a Lyndon Johnson amenazaba acabar con él preparando una protesta a escala nacional que culminaría en Washington, en octubre, con la marcha llamada de la moratoria.

Nixon se había sentido rodeado de enemigos desde el inicio de su gobierno. Ahora, como diría él mismo posteriormente, se «tambaleaba, asediado por todas partes».

Pero ni siquiera en el punto culminante de la crisis ignoró el presidente la protesta del multimillonario por la bomba. Se ofreció una vez más a enviar a Henry Kissinger a hablar con él. Maheu transmitió la oferta al ático, junto con las afirmaciones de Nixon de que la prueba nuclear prevista no entrañaba ningún peligro.

«Con toda sinceridad, Howard —escribía Maheu—, creo verdaderamente que es una concesión tremenda la que hace el presidente de los Estados Unidos, puesto que se nos indicó claramente que se le comunicaría a usted información secreta que sólo conocen unas cuantas personas en todo el mundo.»

Maheu aseguraba también a su jefe que las negociaciones con Kissinger podrían realizarse por teléfono, ahorrándole así un enfrentamiento personal; pero las conversaciones secretas de paz debían celebrarse directamente con Hughes.

«No me siento capaz de insistir en que se me facilite a mí esta información cuando es con usted con quien ellos quieren hablar —añadía Maheu—. Estoy absolutamente convencido de que Nixon siente hacia usted un profundo respeto que no desaparecerá. Así como de que hay ciertas cosas que él no puede confiar a ninguno de sus subordinados, incluido yo, desgraciadamente.»

Hughes no se dejó impresionar. Rechazó de nuevo aquella diplomacia, se negó una vez más a recibir a Kissinger, y en esta ocasión la razón no era el miedo sino la rabia.

«Me sorprende que aceptase usted sin resistencia la afirmación

Bob —   9-11-61 @ 6:30 PM
        I am more grateful than
I can tell you that you
are there.

        Bob, I don't think you
have any idea how ~~I feel~~
I feel about this thing.

        When you first told
me about it, God knows
I felt bad enough, but I
naturally assumed it was
in the so-called "low
intermediate yield" range.

        I had no faintest idea
that this bomb was a
huge unit comparable in
every way to the first
two large explosions we
fought so bitterly.

        I just cannot under-
stand how under the
sun the AEC could have
imagined that we would
be so utterly stupid and
naive, as to consider this
explosion as being within
the limits we had re-
quested to be followed,
merely because it may
technically be under one

full megatons.

I wish you would tell Mr. Nixon thru Mr. Rebozo that this is the most outrageous and shocking breach of faith and attempted deception I ever heard of any highly reputed government like the United States attempting to perpetrate against one of their own citizens.

If this is the way the U.S. pays off one of its own citizens, who has given a lifetime of service toward the betterment of the defense system, and contributed countless important advances, plus a half billion dollars in taxes, then how can anyone

expect foreign govern-
ments to believe our
promises.

I have much more
to say; but will let
you get started.
Deep thanks,
                Stoward

de la supuesta "inocuidad" de esta explosión —respondió a Maheu, rechazando las garantías del presidente.

»En cuanto a lo de escuchar a Kissinger, quien tiene cosas que decirme imposibles de confiárselas a usted, constituye una ofensa y, sencillamente, no es verdad.

»En cuanto a la afirmación de que esta explosión es, en cierta manera, necesaria para mantener nuestra posición estratégica negociadora, o nuestra seguridad militar respecto a Rusia, ese tipo de argumento no es más que una vulgar ofensa a mi inteligencia.»

Hughes estaba harto de intermediarios. Se habían acabado los emisarios: no recibiría a Kissinger, y no quería que Maheu tratase con Rebozo. Era hora de ir directamente a la cabeza.

«Bob, quiero que llegue usted hasta el final en esto —ordenaba al amanecer del día siguiente, cuando ya sólo faltaban tres días para la temida explosión—. He escrito unos comentarios muy cuidadosamente redactados y quiero que se exponga esto al presidente con la máxima energía.

»No quiero escribir una carta como hice con el presidente Johnson para que se quede muerta en cualquier archivo —comentaba, recordando amargamente el rechazo de su última petición contra la bomba.

»Bob, quiero que solicite usted una entrevista personal con el presidente en la primera ocasión en que pueda concedérsela.

»Le daré el texto completo de lo que quiero que le diga.»

Pero después de pasarse la noche en vela planeando aquella audaz maniobra, Hughes no podía evitar empezar a adoctrinar a Maheu para que interpretase su gran guión en la Casa Blanca.

«Podría decirle usted —añadía, apuntándole el parlamento que debía interpretar ante Nixon—: lamento mucho, muchísimo la escasez de tiempo, pero... ya le había comunicado mi opinión respecto a las pruebas con bombas grandes en esta zona.

»Y ahora, como una farsa absoluta, tienen prevista una prueba aquí en Las Vegas que, según se dice, no violaría el acuerdo que establecieron con usted, porque no alcanza por un margen mínimo la megatonelada.

»Espero que encuentre la forma de desenmascarar esta falacia desdichada ante el presidente como el intento fraudulento de engaño que es en realidad.

»Bob, he dedicado toda una vida al servicio de este país, y no he gozado apenas de gloria o satisfacción personal.

»Es muy triste que este tratamiento ruin sea todo lo que consiga.»

Maheu aceptó el guión pero rechazó el papel. No era que no le gustasen sus parlamentos, pero no creía que pudieran interpretarse bien en la Casa Blanca. Sabía que era inútil ver a Nixon. Lo supo desde el prin· pio. Pero resultaba inútil decírselo al frenético guionista del ático. Así pues, Maheu insistió en que el hombre que debía interpretar el papel era Rebozo.

Hughes no se dejó convencer. «Tengo plena confianza en la posición de Rebozo cerca del presidente —contestó—. Sólo temo que él no pueda transmitir bien el asunto, sencillamente porque no lo conoce todo.»

Con eso, Hughes se ponía de nuevo en marcha, pasándole a Maheu su parte del guión, decidido a escribir, dirigir y producir aquel melodrama según su criterio.

«Si se entrevistara usted con el presidente —decía a su *alter ego*—, podría hablarle de la pérdida de doscientos millones de dólares de los helicópteros, debida a mi celo patriótico al aceptar un contrato a un precio que ni siquiera cubría el costo del material», escribía Hughes, presentando como algo noble su fraudulenta maniobra para hacerse con el mercado de la guerra del Vietnam.

»Además, podría usted convencer al presidente de que, si no hubiera sido por su identificación personal con la decisión sobre la Air West del CAC, yo me habría mantenido completamente al margen de aquel desdichado asunto, en vez de formalizar la operación», continuaba, alegando también altruismo en la absorción ilegal por cuya aprobación acababa de pagar a Nixon.

»Creo que podría usted convencerle de que nuestra llegada a Nevada fue una gran suerte para este estado, como lo prueba el hecho de que Nevada se haya convertido en un verdadero oasis en este mar de desórdenes universitarios, motines raciales, pobreza, etc.», añadía, pretendiendo atribuirse la tranquilidad como si fuera el resultado de su partida de *monopoly*.

»Así pues, Bob, resumiendo, creo que lo que estoy pidiendo es una miseria comparado con lo que hemos aportado.

»Y si a la CEA le preocupan los costes —concluía, como prueba final de su desprendimiento—, estoy tan decidido a resolver este asunto que pagaré incluso el coste del traslado de esta prueba a Alaska de mi propio bolsillo.»

El guión poseía una audacia desvergonzada, digna del propio Nixon. Pero nunca se interpretaría ante el presidente. Maheu abandonó Cayo Vizcaíno camino de Washington para ablandar a su jefe, pero antes de irse envió un informe descorazonador.

«Howard, acabo de mantener una larga entrevista con Rebozo —le decía—. Su humilde opinión es (y hemos de recordar que él entiende al hombre que está al mando quizá mejor que el resto de los habitantes del mundo juntos) que sería un gravísimo error de estrategia intentar ver al presidente sin pasar antes por Kissinger.

»Recomienda, por ello, que hagamos planes inmediatos para que Kissinger vaya a Las Vegas y se reúna con usted, a fin de brindarle a usted la oportunidad de convencerle de que lo que están haciendo es un error.»

Henry Kissinger poseía un poder inferior sólo al del propio Nixon. No había ninguna puerta cerrada para él en lugar alguno del mundo. Salvo la de la novena planta del Desert Inn de Las Vegas. Ni siquiera en su último día de desesperación accedió Hughes a recibirle.

Mientras la cuenta atrás proseguía implacable, el insomne ermitaño pretendía frenéticamente llegar a Richard Nixon, llamando a Maheu a lo largo de toda la noche y en las horas previas al amanecer con alegatos destinados a impedir la devastación nuclear.

«Deme, por favor, alguna idea de lo que piensa hacer en una tentativa de última hora para conseguir algún tipo de suspensión temporal, a fin de poder transmitir una petición directa mía al presidente solicitando una audiencia para usted», escribía a las cuatro de la madrugada del día de la explosión.

«Me parece que después de sesenta y cuatro años de dedicación a este país, debería tener derecho a una audiencia de diez minutos con el presidente.»

A las 4.45 Hughes enviaba a Maheu otro mensaje para Nixon.

«Quiero que le diga que en sesenta y cuatro años como ciudadano de este país no he pedido jamás al presidente que hiciese o dejase de hacer algo», escribía olvidando al parecer que precisamente en los últimos meses había pedido a Nixon que paralizase el proyecto de los proyectiles antibalísticos, que sometiese a su aprobación el nombramiento de los miembros de su gabinete, y que trasladase las pruebas nucleares a Alaska.

«Ni siquiera he enviado jamás un mensaje de ningún tipo a presidente alguno, salvo la petición a Johnson de que suspendiese la otra explosión aquí.

»Por favor, dígale que con un aplazamiento de tres días me daría por satisfecho, y olvide la audiencia personal. Creo que si concede esto y me doy por satisfecho, serían tres días bien empleados. Si concediese los tres días y su respuesta siguiera siendo negativa, no me opondré más, y consideraré que se me ha tratado correctamente.»

A las 5.15, en una súplica final, Hughes enviaba unas consideraciones numeradas para que Maheu se las transmitiese a Nixon:

«1. Precio barato para satisfacerme.

»2. Me contentaré con el aplazamiento, aun cuando la decisión sea después seguir adelante.

»3. No creo que criticaran al presidente por acceder a esta petición, aunque luego se determinara que el objetivo era sólo satisfacer a un ciudadano local importante y evitar que dicho ciudadano se trasladase a otro lugar y prescindiese de sus importantes planes.

»4. Desde luego, no puede producirse ningún déficit real por una demora de unos días, salvo un pequeño aumento del coste, que cubriré muy gustoso.»

Todo en vano. Ninguna de las súplicas desesperadas que escribió Hughes durante la noche llegó a Nixon. No es probable que el presidente tuviese una idea real de lo ofendido y aterrado que estaba el multimillonario, y mucho menos aún de que para él la explosión de la bomba era el fin de sus relaciones.

A las siete y media de la mañana del 16 de septiembre de 1969 se produjo la explosión, según lo previsto. Tres ondas expansivas estremecieron Las Vegas. El ático tembló por espacio de un minuto. Pero el verdadero impacto de la explosión tardaría todavía años en percibirse. Y entonces, sacudiría a toda la nación.

Su impacto inmediato se hizo del todo evidente cuando Hughes cogió su bloc de hojas amarillas al cabo de media hora.

«Esta prueba produjo más movimiento del terreno que ninguna de las otras dos —escribía, con letra que mostraba aún todo el efecto de la explosión.

»Quiero que se ponga usted en contacto con Nixon a través de Rebozo y le diga que estoy profundamente decepcionado en este asunto porque creo que me han engañado.

»De cualquier modo, Bob, ya estoy harto. Quiero que intente usted hoy, que aún nos hallamos en situación de haber sido rechazados, realizar un esfuerzo decidido para lograr un acuerdo en el sentido de que no se realizarán más pruebas de una megatonelada o prácticamente de la misma magnitud.

»Si se niegan, estoy dispuesto a comunicar públicamente que me retiro de Nevada y renuncio a todos los planes futuros aquí. Expondré lo mucho que lo lamento y explicaré por qué.»

Al final de la hoja, Hughes escribió: «Rebozo para Nixon solamente.» Era una advertencia críptica que el mandatario y su confidente no comprenderían. Hasta que fuese ya demasiado tarde.

En los meses siguientes, Howard Hughes, tranquilizado por Maheu, que le aseguró que la pesadilla nuclear había concluido, se dispuso a seguir adelante con su plan de comprar el resto de Las Vegas.

Su partida de *monopoly* llevaba casi dos años paralizada, desde que Ramsey Clark, fiscal general de Lyndon Johnson, bloqueara la operación del Stardust en abril de 1968 con la amenaza de una acción antitrust. Hughes había intentado muchas veces romper aquel bloqueo, pero luego había renunciado, decidiendo esperar que asumiese el poder un gobierno más amistoso.

«Si salimos de las próximas elecciones con el tipo de fuerza que prevemos —había predicho Hughes, muy confiado, durante la campaña de 1968—, no habrá necesidad de un acuerdo negociado de este asunto.»

Maheu opinaba lo mismo: «Propongo firmemente que dejemos a un lado esta operación y volvamos a examinarla dentro de seis meses..., después de las elecciones.»

Y así, el 17 de enero de 1969, cuando Richard Nixon se disponía a trasladarse a la Casa Blanca, la Secretaría de Justicia permitió a Hughes adquirir un sexto hotel en Las Vegas, el Landmark. Pero el Landmark era un caso especial. Se permitió a Hughes comprarlo sólo para salvarlo de la quiebra.

Por lo demás, el bloqueo antitrust seguía en pie.

Ahora, a principios de 1970, Hughes se disponía a poner a prueba al nuevo gobierno. Le había echado el ojo al hotel-casino Dunes, un importante complejo situado en el Strip de Las Vegas.

Su propio abogado, Richard Gray, le advirtió que era una operación peligrosa. «Aunque el fiscal general republicano pueda tener un criterio distinto al de su predecesor —escribía—, mi humilde criterio es que la adquisición de cualquier nuevo hotel nos convertiría en objetivo primario para la acción antitrust.»

Hughes decidió correr el riesgo. Maheu le había asegurado que John Mitchell era un aliado al que podía llegarse a través de Rebozo. El nuevo jefe de la división antitrust, Richard McClaren, le había dicho: «Es nuestro candidato número uno.»

En enero de 1970, Richard Danner, que conocía bien a John Mitchell desde la campaña de Nixon en 1968, inició una serie de entrevistas secretas con el nuevo fiscal general.

No se invitó a ellas a McClaren ni a ningún otro miembro de la división antitrust. La operación del Dunes se llevaría a cabo de modo informal; entre amigos.

El 26 de febrero, después de su segunda entrevista con Mitchell, Danner tenía buenas noticias. Maheu las transmitió al ático. «Howard —escribía—, supongo que le alegrará saber que Danner celebró una entrevista muy agradable y cordial con el fiscal general, quien pide se le notifique su agradecimiento por toda su cooperación. Indicó que no veía razón alguna por la que no pudiésemos seguir adelante con la compra del Dunes.»

Unos días después, el 9 de marzo, las noticias eran aún mejores. «Howard —informaba Maheu—, es el momento de ultimar la operación del Dunes. Danner tuvo hoy una larga charla con el fiscal general. Casi le dio la aprobación definitiva, pero quiere que la última palabra venga de la división antitrust.»

Mitchell convocó a McClaren por primera vez el 12 de marzo. Le dijo que era partidario de dar el visto bueno a la adquisición del Dunes por Hughes. McClaren no se mostró conforme. Informó inmediatamente a Mitchell que eso violaría las leyes antitrust, que la aprobación de la compra sería «absolutamente contraria a la negativa anterior de la Secretaría de Justicia a aprobar la compra del Stardust por Hughes».

Este tipo de actitud de oposición acabaría provocando la cólera de Nixon. «Quiero que se entienda bien una cosa —diría, furioso, más tarde el presidente en una conversación grabada—. Y si no se entiende, McClaren ya puede sacar el culo de aquí en el plazo de una hora. No le quiero por ahí procesando a la gente, armando líos por los conglomerados de empresas, revolviéndolo todo. ¿Está claro? Preferiría echarle de todos modos. No me gusta nada ese hijo de puta.»

Pero en el caso de Hughes no hizo falta que se enfadara Nixon. John Mitchell se limitó a ignorar al jefe de la sección antitrust.

El fiscal general volvió a reunirse en secreto con Danner después del mediodía del 19 de marzo. Dio a Hughes luz verde para la operación del Dunes.

—No vemos que haya ningún problema —explicó Mitchell al emisario de Hughes—. Pueden seguir adelante.

No quedó de ello ninguna prueba documental. Fue sólo un acuerdo entre amigos.

La aprobación fue una victoria señalada para Hughes. Había conseguido que la Secretaría de Justicia invirtiese totalmente su política. Había roto el bloqueo antitrust. Tenía al fin libertad para ampliar su imperio de Nevada, para comprar el resto de Las Vegas.

Pero el triunfo no significó nada para Hughes. Nada en absoluto. Llegaba cuando se anunciaba una nueva explosión megatónica en Nevada.

Un ambiente de crisis definitiva se apoderó tanto del ático como de la Casa Blanca durante la Semana Santa de 1970.

Howard Hughes se enteró de la inminente explosión el mismo día de marzo en que Richard Nixon recibía la noticia de un golpe de Estado en Camboya. Aquel golpe y el fracaso simultáneo de las conversaciones de paz con Hanoi, situó al presidente en una vía sangrienta que llevó a la invasión de Camboya, los asesinatos de la Universidad estatal de Kent y el bombardeo navideño del Vietnam del Norte, hechos todos ellos que conmovieron al país.

Pero lo que conmovió a Hughes y lo que selló el destino de Nixon, fue el bombardeo de Pascua en Nevada. Y, extrañamente, casi los unió a ambos.

Cuando a Hughes le llegó la primera noticia de la explosión, Robert Maheu estaba en Nueva York, donde se entrevistaba con la junta directiva de Air West para formalizar aquella operación fraudulenta.

«Howard —escribía—, estoy firmemente convencido de que sólo el presidente de los Estados Unidos puede detener la próxima explosión.»

La respuesta de Hughes fue inmediata.

Ordenó a Maheu que abandonase la reunión de Nueva York y que llamase al ático desde un teléfono público. Entonces le comunicó su misión: debía trasladarse inmediatamente a Cayo Vizcaíno y ofrecer a Bebe Rebozo un millón de dólares para Nixon... si el presidente paralizaba la prueba nuclear.

Maheu volvió a Washington, recogió a Richard Danner (que acababa de concluir la operación del Dunes con John Mitchell) y se fueron los dos a la Casa Blanca de Florida.

Maheu afirmaría más tarde que nunca ofreció el millón de dólares al presidente; lo que él y Hughes llamaban en clave la «Gran Operación» en sus conversaciones telefónicas de aquella semana.

Si Maheu y Hughes tenían su «Gran Operación», Nixon estaba prendado desde hacía mucho de la «Gran Jugada», una audaz maniobra que solía utilizar para salir de ciertas crisis complicadas.

Mientras Maheu se sentía cohibido ante el soborno, Rebozo ensayó la «Gran Jugada» de Nixon en su primera entrevista con los emisarios de Hughes el 21 de marzo. Era un plan de tres opciones, que tenía como alternativa un encuentro en la cumbre en Camp David entre Howard Hughes y el presidente.

Maheu comunicó la espectacular oferta al ático.

«Danner y yo acabamos de dejar a nuestro amigo después de ocho horas de conversaciones firmes y serias con innumerables llamadas telefónicas al Este —informaba al multimillonario, aludiendo al parecer a conversaciones telefónicas entre Rebozo y Nixon.

»Bien, Howard; tenemos tres alternativas que nos han ofrecido y es imperativo por la cuestión tiempo que elijamos una de las tres:

»1. Kissinger está dispuesto a volar a Las Vegas y mantener allí una entrevista similar a la que hace muchos meses pretendían que se celebrase.

»2. Aunque el presidente cree que no debe ir a Las Vegas en este momento concreto, está dispuesto a encontrarse con usted en cuanto se le avise, a ser posible en un sitio como Camp David.

»3. Garantizarán que ésta es de modo absolutamente definitivo la última explosión grande.»

Hughes no estaba más dispuesto a ver al presidente que a ver a Kissinger. En vez de responder a la propuesta, instó a Maheu a que propusiese el soborno del millón de dólares.

Maheu se resistió durante tres días. Por último, fingió ceder e informó de un intento fallido de comprar la paz nuclear.

«Howard, en condiciones muy relajadas y cómodas, intenté la "Gran Operación" de que hablamos ayer en nuestra conversación telefónica —explicaba a Hughes—. No hay ninguna duda en cuanto a la confianza y la reserva. Se manifestó con toda claridad que, por los motivos de defensa nacional que tantos deseos tienen de explicarle a usted, era categóricamente imposible hacer nada en este caso concreto.»

Hughes estaba desolado.

«Por favor, queme hasta los últimos cartuchos para aplazar o cancelar esta prueba», suplicaba.

»No confío en sus promesas, así que el compromiso de que ésta sería la última prueba no es demasiado importante.

»Esgrima, por favor, el elemento de la Semana Santa y cualquier otro aspecto que se le ocurra —continuaba, viéndose reducido ya a tener que recurrir al sentimiento religioso.

»Confío en usted. Se trata realmente de una necesidad absoluta y definitiva.»

Rebozo siguió presionando a Hughes para que se entrevistase con Nixon.

«Él propone una conferencia que podría prepararse de modo que usted y el presidente, respaldados él por Kissinger y usted por sus científicos, se reunieran en seguida, debido al poco tiempo que falta para que se produzca la explosión programada —urgía Maheu.

»Howard, ha de pensar que a Rebozo, al presidente e incluso a Kissinger cada vez les resulta más difícil creer que sea imposible entrevistarse personalmente con usted.

»Realmente no pueden entender por qué no está usted dispuesto a entrevistarse con el presidente.»

Pero Hughes no podía abandonar su retiro.

Es posible que si Howard Hughes y Richard Nixon se hubieran entrevistado, hubieran realizado la «Gran Jugada» del presidente y la «Gran Operación» del multimillonario, acaso hubieran formalizado el acuerdo que sus representantes no lograron concluir por ellos. Tal vez si hubieran puesto fin a su prolongada relación a distancia se hubiera evitado un cataclismo nacional.

Pero no sería así. La cumbre de Camp David nació muerta y con ella la operación del millón de dólares.

El 26 de marzo de 1970, Jueves Santo, a las once, se produjo la explosión de Pascua, la número 600 desde el principio de la era atómica y una de las mayores. Los temblores estremecieron una vez más Las Vegas y agitaron al desnudo anciano, cuyos tratos secretos con el presidente de la nación serían la verdadera lluvia radiactiva de la explosión.

Hughes asió una vez más el bloc de hojas amarillas y, en un último gesto inútil, redactó una amenaza de abandonar el país, llevándose consigo todos sus bienes.

«Bob —escribía—, no sé por dónde empezar.

»Usted dijo que al presidente le daba igual que yo siguiera o no en Las Vegas.

»Eso quizá sea cierto en un sentido literal.

»Sin embargo, tenga en cuenta que si yo levanto el campamento de aquí no me estableceré en ningún estado vecino.

»Trasladaré la mayor parte de mis actividades a algún lugar fuera de los Estados Unidos.

»El presidente ya tiene en contra a los jóvenes, a los negros y a los pobres. Quizá le dé igual que el hombre más rico del país también considere insoportable la situación en los Estados Unidos, debido a la gran preocupación del país por los militares.

»Sé una cosa:

»En la actualidad existe en este país un sentimiento violento contra todas las actividades experimentales de los militares...

»Así pues, sencillamente, no sé cómo reaccionaría el público ante una declaración sincera del hombre más rico de los Estados Unidos, en la cual manifieste que también él considera que los militares están desplazándole y dejándole a un lado.

»Sé una cosa: sería o al menos *podría* ser una noticia absolutamente sensacional para la prensa.»

Antes de que acabase el año, Hughes cumpliría su amenaza. Abandonaría los Estados Unidos para siempre. Y su partida desencadenaría una serie de acontecimientos que constituirían realmente una noticia sensacional para los periódicos. La noticia saldría a la luz bajo el titular de «WATERGATE».

Al bombardear a Howard Hughes, Richard Nixon provocó imprudentemente su propia destrucción, como si la Casa Blanca hubiera sido el propio punto cero.

while you have access
to Rebozo, I want you
to concentrate on him.

Bob, I don't know where
to begin.
You said the president
couldn't care less whether
I remain in Nevada.
This may well be true
in the literal sense.
However, bear in mind
that, if I pull up stakes
here, I am not going
to some neighboring state.
I am going to move
the largest part of all of
my activities to some
location which will not
be in the U.S.
The president already
has the young, the blacks,
and the poor against him

maybe he will be in-
different if the richest man
in the country also finds
the situation in the U.S.
~~intolerable~~ un-livable and because
of the country's intense
preoccupation with the
military.

~~I know one thing, and
that is that the fact
that the~~ .

I know one thing:
There is at present a
violent feeling in this
country against all the
experimental activities of
the military — starting
with the sheep in Utah,
the shipment of the
poison gas, the explosion
of the bomb train in
Nevada, the horrible
costs of the C5A and
other military purchases,

the fantastic spending on
defense while the ghettos
go untended, etc., etc.,
the sinking of the destroyer
Evans, the countless con-
troversial items in Viet-
nam, etc., etc.

So, I just don't know
how the public would
react to a frank state-
ment by the wealthiest
man in the U.S. that
~~he couldn't abide the~~
~~oppression of the military~~
                also,
he considered he was
being elbowed aside by
the military.

I know one thing: It
would; or, at least, it
could be a hell of a
newspaper story.

13. ÉXODO

No iba a ser otra jugada más. Iba a ser —tenía que serlo— la Gran Fuga.

Solo en su habitación sumida en la penumbra, Howard Hughes planeaba cada paso como si estuviese a punto de fugarse de la galería más vigilada de Alcatraz, en vez de hacerlo de su propio ático del Desert Inn.

Releyó una vez más el «Plan de Salida».

«El plan de salida consiste en distraer a la guardia de seguridad del ático, entrar en el ascensor y, utilizando una llave, bajar sin detenerse hasta la primera planta —habían escrito sus mormones, reduciendo días de tensa planificación a un plan básico de una página.

»A una señal nuestra, entre veinte y treinta minutos antes de abandonar esta planta, los hombres de Hooper colocarán un biombo en el camino que lleva de los ascensores a la zona mostrador-de-entrada-casino. Luego haremos un giro a la izquierda y nos dirigiremos a la salida lateral del edificio.»

Hasta ahí no había problema. Salir de la celda, burlar la guardia, bajar en el ascensor y cruzar la puerta sin que nadie sospechase nada. Luego, la gran fuga.

«Tras cruzar la puerta lateral, caminaremos quince metros o así en dirección Oeste. Nos estará esperando una limusina o cualquier otro vehículo —proseguía el Plan de Salida—. Éste es el momento en que tendremos escaso control sobre la gente que está yendo de hotel a hotel o pasando del aparcamiento al hotel, o que sencillamente ande de compras por delante de este edificio.»

Un momento. ¿Qué era aquello? ¿Verse de pronto expuesto al mundo exterior, a lo largo de quince metros impredecibles, con «escaso control»? Todas las señales de alerta empezaron a parpadear cuando Hughes se imaginó atrapado en el patio, congelado por los reflectores.

«Deberíamos subir al vehículo a las once y media de la noche —siguió leyendo, terminando el plan de fuga, pero seguro ya de que tenía fallos peligrosos—. Podría utilizarse el Cadillac de Hooper, pues llama menos la atención que una limusina. Sin embargo, tendrá usted que montar en el vehículo que sea sin utilizar la camilla.»

¿Sin camilla? Había que desechar todo aquel plan descabellado. Howard Hughes estaba decidido a abandonar Las Vegas igual que había llegado: sin ser visto, transportado en una camilla.

Habría otros planes. Planes urgentes, día a día, mientras Hughes seguía estudiando febrilmente su fuga, sin cejar nunca, hasta que logró salir al fin furtivamente de la ciudad... más de un año después.

Todo empezó en septiembre de 1969.

El sueño utópico que había llevado a Hughes a Las Vegas se desmoronaba; el sueño de que podría rehacer Nevada, incluso los Estados Unidos en su conjunto, de acuerdo con su personal perfecta visión. Llevaba años desmoronándose. Ahora, la primera explosión nuclear de Nixon lo había hecho estallar del todo. Su reino ya no era siquiera seguro.

«Bob —escribía, atrapado por el terror nuclear—, mis planes futuros se hallan en un estado de caos total, como consecuencia de lo que está pasando.

»Hay cosas que deseo que usted haga en Nueva York y en Washington, y después, a menos que ocurra algo sorprendente, quiero que venga usted a Las Vegas a supervisar la venta masiva de prácticamente todas mis propiedades en Nevada.»

Era hora de irse y de llevárselo todo. Si se llevaba o no a Maheu era una cuestión completamente distinta.

«Lamento que parezca usted no considerar este asunto como la derrota total que creo que es —proseguía Hughes, acusando a Maheu de permitir el bombardeo.

»Por lo que a mí respecta, la CEA y el programa de pruebas nucleares ha sido el problema número uno en nuestra lista de proyectos. Se ha mantenido en el primer puesto en esa lista desde nuestra llegada.

»Comisión de Energía Atómica: número uno.

»Contaminación del lago: número dos.

»Por eso no logro entender que parezca usted enfocar esta situación con tanta frialdad.

»De cualquier modo, a menos que suceda algo imprevisto, habrá mucho que hacer.»

Hughes había ido a Nevada a crear un mundo que él pudiera controlar completamente. Ésa era su visión del paraíso: un mundo libre de contaminación y lucha, un mundo en el que no sólo mandase él, sino que no tuviese que compartir siquiera el mando. Un mundo donde sólo existiese él.

«Desde nuestra llegada, he sentido siempre una incertidumbre incómoda y fatídica respecto al futuro —explicaba, revelando una profunda insatisfacción con Nevada que iba bastante más allá de la bomba—. Esa incertidumbre se ha centrado en la CEA, la situación del agua y, últimamente, en una serie de problemas diversos que parecen ser principalmente consecuencia de compartir Nevada con otra serie de personas.

»En otras palabras, los sindicatos, las minorías, la amenaza de una competencia excesiva...» La lista continuaba.

Era hora de huir de las complicaciones, de la contaminación, de la competencia; de huir de Nevada en busca de un nuevo Edén.

«Estoy dispuesto a invertir casi todo el dinero que pueda reunir en el desarrollo de una comunidad completamente nueva y en una nueva forma de vida en algún lugar donde no se den las limitaciones, las trabas y la competencia que existen aquí.

»Quiero que esta nueva operación sea el último proyecto de mi vida y el más importante.»

Tras fracasar en su intento de comprar al gobierno de los Estados Unidos (qué mejor prueba de tal fracaso que el bombardeo de Nixon), Hughes se empeñó en conseguir «*status* imperial» en otra parte. Abandonar el país y convertir otra nación en «entidad cautiva».

Hughes examinó el globo y repasó aquel mundo imperfecto buscando un refugio seguro, algún paraíso aún no contaminado. Primero rechazó toda la parte continental de los Estados Unidos y toda Europa.

Luego, dirigió su mirada al sur de la frontera, enviando a Maheu en una gira en busca de posibles paraísos.

«No se me ocurren más lugares dignos de consideración que México y las Bahamas —escribía imperiosamente Hughes—. Por supuesto, Onassis consiguió en Mónaco el emplazamiento ideal. Sin embargo, yo prefiero un lugar que esté lo suficientemente cerca de los Estados Unidos como para que los Estados Unidos no permitan nunca una intervención hostil de extranjeros. Creo que tanto México como las Bahamas cumplen esta condición.

»Así que, comparemos de momentos estas dos opciones. ¿Qué gobierno cree usted que sería más de fiar y más permanente?

»A mí me parece que la situación en las Bahamas es muy impredecible debido al reciente cambio de color del gobierno —proseguía, con sus miedos racistas reavivados por el hecho de que los negros habían desplazado allí del poder a la minoría blanca.

»Creo que el gobierno mexicano es más estable, pero tengo menos confianza en que sea posible conseguir allí una posición lo bastante influyente y privilegiada.

»En otras palabras —concluía, indeciso aún, temiendo ya problemas en el paraíso—, he dado por supuesto que usted confiaba en que podríamos lograr una posición muy favorable con el nuevo gobierno de las Bahamas, mientras que no he obtenido esa impresión respecto a México.»

Hughes continuó su divina revisión del globo, recorriendo el mapa en su búsqueda de algún refugio adecuado, reconsiderando interminablemente las posibilidades, y encontrando defectos en todas. Seguía volviendo a las Bahamas, el último lugar que visitó antes de iniciar su retiro.

«De acuerdo con todo lo que sabemos —escribía—, éste es el emplazamiento más halagüeño y más realista posible para llevar a cabo los proyectos que hemos planeado.

»Sin embargo, hay otras entidades poderosas emplazadas en Florida, las Bahamas y el área del Caribe, y constituyen una fuerza poderosa, firmemente atrincherada, que quizá no afronte con cordialidad mi penetración en esa zona. No tengo medios de calcular la fuerza de esas entidades rivales, puesto que debemos mantener mis planes como un secreto religiosamente guardado; de lo contrario, todo se irá al traste.»

Hughes no pretendía un choque de titanes. Lo que quería era un territorio virgen al que pudiera llegar y tomar posesión de inmediato.

«Sé muy bien que la Baja California ha sido mucho menos invadida, muchísimo menos, por proyectos de americanos ricos que la zona Florida-Bahamas —cavilaba, volviendo a la península mexicana, atractivamente subdesarrollada.

»Quiero estudiar un proyecto en la Baja California que sería similar al marco general de que disponía Onassis en Montecarlo. No quiero decir que aspire a absorber al gobierno mexicano como él hizo en Mónaco. Lo que pretendo es llegar a un acuerdo con los mexicanos, que sería algo parecido al que concluyó (Daniel K.) Ludwig con el gobierno de las Bahamas cuando se fundó Freeport.

»Por favor, estudie los problemas que plantea la obtención del "*status* imperial" —ordenaba a su ayudante.

»Tengo la esperanza de que podríamos abordar este proyecto, dado que es bastante más importante de lo que incluso usted comprende, basándonos en tres alternativas: las Bahamas, Baja California y Puerto Rico.

»Pongo Puerto Rico al final —añadía, explicando este nuevo añadido— sólo porque se encuentra un poco más lejos para el emplazamiento de la sede central que pretendo establecer, pero, por favor, no induzca a nadie a moverse en esa dirección porque quiero guardarlo como un as en la manga.»

Habiendo reducido el campo a tres alternativas, Hughes insistía en la imperiosa necesidad de un control unipersonal absoluto.

«En una situación como ésta, sencillamente no es factible que haya más de un tigre en cada monte —concluía—. En Las Vegas, todo fue estupendamente hasta que invadieron el lugar Kerkorian, Parvin-Dohrman y otros más.»

Hughes, a la vez que barajaba planes de viaje, barajaba también agentes de viajes. Parecía como si todo el mundo anduviese al quite. Estaba en comunicación con sus principales ejecutivos, asesores, abogados y ayudantes, todos ellos deseosos de controlar la operación y controlar así a Hughes. Al final, todo se redujo a una batalla entre Maheu y los mormones.

Maheu no quería de ninguna manera que Hughes se fuese, pero si lo hacía, deseaba estar a su lado, dando las órdenes.

Primero intentó asustar a Hughes para que se quedara. ¿De veras quería irse a las Bahamas, donde los negros se habían hecho con el control... y estaban incontrolados?

Envió a Hughes un informe confidencial de doce páginas, con el nombre clave de «Corredor cuesta abajo» en el que apelaba al amor de Hughes por la intriga de capa y espada. «Sangre, sangre *blanca*, correrá por las calles de Nassau —advertía el informe—. Cuando caiga el hacha, hará falta todo un ejército para proteger a un hombre blanco en las Bahamas.»

Pero Hughes no dejaba entrever a Maheu ningún temor. Aceptaba el caos descrito por Maheu como un reto, una oportunidad:

«Si este informe es exacto aunque sólo lo sea parcialmente, muchacho, allá abajo necesitan a un salvador mucho más que los pobres cabrones del Próximo Oriente cuando tenían problemas.»

Mientras Maheu intentaba despertar el temor de Hughes a los negros, los mormones intentaban avivar su miedo a Maheu.

«Me parece —sugería uno de los mormones— que pedirle a Bob que organice la salida de aquí es como si un pájaro preguntase cómo salir de su jaula para poder escapar volando.»

En realidad, la advertencia era innecesaria. Cuando comenzó la planificación del éxodo, Robert Maheu ya estaba en el exilio. Él no sabía por qué, pues Hughes no se lo decía.

Había mantenido a Maheu alejado de Las Vegas desde que en agosto asistió sin autorización suya a la cena de Nixon. Le encargaba una misión tras otra y le hacía ir de Seattle a Vancouver, Dallas, Washington, Nueva York o Los Ángeles. Hughes no intentaba ocultar sus propios planes de viaje. De hecho, estuvo todo el tiempo en comunicación por conferencia con Maheu, tratando precisamente este asunto. Lo que Hughes no reveló fue que se proponía mantener a Maheu fuera de la ciudad hasta después de haber llevado a cabo su fuga.

Transcurrido más de un mes de este misterioso exilio, bastante preocupado por lo que pudiera estar tramando Hughes, Maheu amenazó con volver. Con o sin el permiso de Hughes.

«Howard, ahora que todos los motivos por los que debía estar fuera de Las Vegas se han esfumado en el polvo del olvido, ¿tendría usted la bondad de permitirme volver? —suplicaba—. Un acontecimiento familiar e íntimo hace imprescindible mi presencia. Me propongo ir a Las Vegas sean cuales sean las consecuencias, y por muy desastrosamente que pueda afectar a mi carrera. Sería para mí muchísimo más agradable, por tanto, poder hacerlo contando con su aprobación.»

La amenaza de insubordinación de Maheu obligó a Hughes a quitarse la careta. Le explicó al fin por qué estaba en el exilio. Había sido desterrado para que no pudiera arrebatarle a Hughes el control del imperio.

«Estoy seguro de que sabe usted de sobra que el motivo de que le pida que permanezca alejado de Las Vegas en este momento se relaciona en cierto modo con la posición de dominio prepotente a la que se ha encumbrado en la estructura organizativa de mis negocios —escribía.

»Bob, no me da ningún miedo saber, ni siquiera calcular con precisión, la medida en que ha dominado usted prácticamente a todas las personas relacionadas conmigo.

»Ha conseguido usted situarse en una posición de fuerza tal, que ya no sé cuántas de mis gentes temen revelarme información ni la información que se me oculta.»

Hughes llevaba mucho tiempo temiendo que Maheu estuviera haciéndose subrepticiamente con el control. Ahora, en su paranoia, alentada por los cotilleos de los mormones, estaba seguro de que se había hecho con el control absoluto y planeaba un golpe.

«Ha construido usted aquí, en Nevada, una "organización dentro de la organización" —continuaba, lanzando la acusación definitiva—, precisamente lo que usted negó con tanta vehemencia, y precisamente lo que me hizo Dietrich y lo que usted mismo censuraba con tanta violencia.

»De hecho, se me ha dicho que "ya hay un plan detallado" para un éxodo general de las entrañas de esta organización siguiendo exactamente la línea de Ramo y Wooldridge.»

Su *alter ego*, en quien confiaba, estaba una vez más a punto de traicionarle, como Dietrich. Sus hombres clave estaban una vez más a punto de abandonarle, de organizar una empresa rival, como habían hecho los científicos más destacados de la Hughes Aircraft Company. Era la misma historia que se repetía: la traición de los más íntimos, los de más confianza, socavándole desde dentro.

«Bob, esta organización encapsulada dentro de la organización, fácilmente desplazable e incapaz de establecerse en otra parte, eso es lo que me aterra, y me preocupa muchísimo —añadía Hughes, con una desagradable sensación de *déjà vu*.

»No quiero decir que lo hiciera usted deliberadamente. No quiero decir siquiera que tuviera usted conciencia clara de su desarrollo sutil.

»No sé exactamente en qué medida existe. Pero, sea cual sea la medida, es muy peligroso para mí.

«En estas circunstancias, lo que me dice de que se propone estar aquí mañana por la noche debido a un compromiso social, me guste a mí o no, y aunque ello signifique cortar nuestra relación de veinte años, constituye para mí un golpe muy grave.

»Francamente, Bob, me da muchísimo miedo —concluía, aún no dispuesto a la ruptura definitiva, pese a sus sombrías sospechas—. Me temo que una de nuestras discrepancias pueda llevarnos un día a un punto muerto.»

Si Hughes temía que su relación con Maheu estuviera llegando a un peligroso punto muerto, los ayudantes mormones que fomentaban tales temores temían que Maheu descubriese su solapada campaña.

«Esperamos que considere usted nuestra seguridad con la misma seriedad con que consideramos nosotros la suya —escribían los aterrados ayudantes a su jefe desde la habitación contigua—. Lo que realmente nos inquieta es que le demos a usted un informe confidencial sobre la organización que ha creado Bob y usted le transmita de inmediato toda esa información al interesado, e incluso en un lenguaje más fuerte.

»Bob no es tonto y comprendería inmediatamente de dónde procede la información. Tienen las cosas muy controladas aquí, y si saben dónde hay una puerta abierta, pronto la cerrarán. Preferiríamos seguir siendo personas gratas para toda la organización. Le seremos más útiles a usted así y será para nosotros más seguro.

»Debe recordar que mientras usted viva podemos contar con su protección, pero si le sucediese a usted algo quedaríamos a merced de otros —añadían los guardianes conspiradores, nada optimistas respecto a las perspectivas a largo plazo de su jefe yacente.

»Usted nos ha asegurado que no tenemos por qué preocuparnos, y no nos preocupamos... mientras usted tenga suficiente salud para poder desenvolverse; pero después ¿qué?»

La atmósfera de doble juego y de intriga peligrosa se iba cargando una semana después de que Hughes descubriese que Maheu había vuelto a Nevada en secreto y estaba oculto en su retiro campestre cerca de Mt. Charleston. Lo peor era que había utilizado a uno de los fieles mormones para engañar a Hughes y hacerle creer que seguía, obediente, en el exilio.

A Hughes le dio un ataque de cólera y celos. Maheu había invadido su harén, su familia inmediata polígama, y Hughes estaba aún más furioso por la seducción que por el desafiante regreso de Maheu.

Cayó primero sobre el desventurado mormón.

«Roy —escribía—, es completamente inútil que sigamos maniobrando y disimulando respecto a este asunto.

»El que Maheu y su gente sean evasivos conmigo y se encubran unos a otros es muy grave. Pero que se introduzca tal práctica en mi propio equipo personal de más confianza, es muchísimo peor.

»Roy —continuaba, adoctrinando al ayudante infiel—, mi relación con usted y su grupo debe basarse en una confianza tan completa que yo no tenga nunca que detenerme a considerar, reflexionar o preguntarme, ni siquiera por una fracción de segundo, jamás y respecto a ninguna cosa.

»Si no puedo tener esta confianza absoluta con mi propio santuario interior supremo, ¿cómo podré pretender que me sean leales los ejecutivos más lejanos?»

Luego, Hughes cayó sobre Maheu. Su regreso en secreto y su intromisión en asuntos de la guardia palatina eran las pruebas definitivas de su maniobra clandestina de absorción.

«Asunto, sus andanzas: No quiero discutir esto hasta que me encuentre instalado en mi nuevo destino —escribía Hughes, aún organizando frenéticamente la huida, desesperado ya por trasladar su cuartel general a un lugar que Maheu no controlase, antes de que Maheu pudiera robarle el imperio.

»Sólo espero que todo el mundo otorgue a mi próximo viaje el mismo secreto que rodeó el traslado de usted a Charleston Peak.

»Bob, no pretendo decir que usted intencionadamente no me informe de cosas; sólo digo que ha creado usted un espíritu tal de lealtad hacia su persona y su grupo, que equivale sencillamente a una organización dentro de la organización.

»Esto quizá pudiera soportarlo. Ya me ha dicho usted que para conseguir que la gente trabaje debe inspirarle lealtad.

»Pero cuando mi grupo personal inmediato de los cinco ejecutivos de mayor confianza, hombres que llevan muchos, muchísimos años conmigo, a los que he otorgado autoridad para poner mi firma en acuerdos que significaban cientos de millones de dólares; cuando estos hombres temen tanto verse en la tesitura de revelar alguna información que pueda irritarle a usted, hasta el punto de que prácticamente tuve que interrogar a Roy y arrinconarle para que me revelase que usted había regresado, creo que esto ya es ir demasiado lejos.

»Nadie quiere verse en la desagradable posición del informador

—concluía Hughes, que oía ya constantemente cuchicheos y cotilleos de la traición de Maheu, precisamente de aquellos mormones a los que temía que hubiese seducido—, pero el sentimiento patente de tensión que se apodera de mis íntimos amigos y asociados cuando la conversación le afecta a usted o a cualquier asunto relacionado con usted, es tan evidente que no puedo evitar advertirlo.»

Ahora, más que nunca, Hughes tenía que huir de Las Vegas. Tenía que huir también de Maheu.

Todo este tiempo, mientras su relación con Maheu se desmoronaba y aumentaban las tensiones dentro de su imperio, Howard Hughes había estado elaborando planes urgentes para abandonar su ático, recibiendo consejos contradictorios de los cortesanos rivales y volviéndoles locos a todos con sus constantes alertas y sus infinitas dilaciones.

Le daba miedo irse, pero le daba también miedo quedarse.

Hughes intentaba día tras día llevar a cabo su fuga, pero cada paso que había de dar le aterraba. Durante tres años no había salido de su dormitorio totalmente aislado del exterior, no había mirado ni una sola vez por la ventana, y todo el mundo exterior era ya peligroso y desconocido. Apenas podía soportar la idea de los peligros, y mucho menos la de salir para meterse en ellos.

Hughes hallaba cada día una nueva razón para aplazar el viaje; pero nunca dejaba de planearlo ni de tenerlo todo a punto.

Lo que más temía era que le vieran. Pero tenía un plan. Anunciaría que ya se había ido y después saldría furtivamente.

«Quiero considerar muy seriamente la comunicación inmediata de una declaración breve anunciando que tengo planes inminentes que se anunciarán a su debido tiempo —escribía—, y que entretanto he salido en un viaje aplazado desde hace mucho al extranjero en relación con ciertos intereses que tengo en ultramar.»

Maheu se mostraba dubitativo.

«Howard, me temo que esa declaración haría imposible su marcha sin ser visto. Ya me imagino una ocupación de veinticuatro horas del Desert Inn por reporteros, fotógrafos y demás. La logística podría planearse mucho más ventajosamente si el anuncio se hiciese poco después de haber partido ya.»

Pese a sus temores respecto a Maheu, Hughes dependía aún para su seguridad del ex agente del FBI y de la CIA, así que incluso mientras planeaba huir de su protector, seguía apoyándose en su experiencia. Aun así, no cedería fácilmente en su plan.

«Me parece que el plan de marcha sin que me detecten sería más difícil de lograr —razonaba—, porque si su jefe fuese visto, sólo por un segundo, saliendo de un automóvil, o algo parecido, el proyecto fracasaría irremisiblemente.

»En la situación que estamos analizando, nadie ve a nadie salvo un reducido grupo de individuos de máxima confianza.»

Contra eso era difícil argumentar. Mientras Hughes siguiese en su guarida, ningún extraño le vería. Pero el plan tenía un fallo grave. Sólo funcionaría mientras Hughes se quedase en su ático.

«Creo que es adecuado un nuevo plan completo», concedió a regañadientes, lanzándose una vez más a elaborarlo.

Todos los días tomaba la decisión de irse al día siguiente, o sin remisión al otro, pero había tantos detalles importantes que aclarar, tantos peligros a tener en cuenta...

«Sólo un detalle de este viaje me obliga a aplazarlo hasta el lunes —informaba a sus mormones tras semanas de aplazamientos.

»Quiero que alguien haga el recorrido desde el Desert Inn hasta el punto donde estará esperando el avión aquí, y que otra persona haga el recorrido desde el avión hasta la puerta del apartamento en el lugar de destino. Ambos llevarán algún tipo de instrumento de medición de la temperatura atmosférica, y ambos informarán de la temperatura máxima que encuentren durante todo el proceso de transición, así como la duración de cualquier temperatura alta registrada.

»También hay que verse libre de insectos en destino *sin* utilizar insecticidas.

»Ha de hacerse la misma medición en el apartamento de destino, sin que nuestro hombre pase ningún momento dentro, más que el instante necesario para medir la temperatura y comprobar la ausencia de insectos en la zona situada nada más cruzar la puerta principal.

»Quiero salir definitivamente el martes lo más tarde —añadía Hughes muy seguro ya de que había explorado previamente la posible existencia de insectos y el mal tiempo—, y prefiero el lunes, a fin de tener un día de margen en caso de que surjan imprevistos.»

Pero los imprevistos siempre exigían más margen del que había supuesto. Y no era raro. El mundo exterior parecía una vasta conspiración encaminada a impedir su fuga.

«Entreguen, por favor, este mensaje para cuidadosa consideración, pues estoy a punto de tomar una decisión respecto a nuestra marcha —escribía días después, dispuesto a salir, pero percibiendo auténtico peligro.

»Me parece que el problema más importante es el acontecimiento previsto para el miércoles. Va a haber un inmenso montaje anti-Vietnam la semana que viene, y si los de extrema izquierda llegaran a enterarse de que yo estoy en tránsito en este viaje en ese momento concreto, podrían intentar algún tipo de manifestación pública de protesta, debido a que yo represento simbólicamente el complejo militar-industrial, etc.

»Me parece que sería muy deseable que llegásemos antes de este asunto —continuaba, nada deseoso de meterse de narices en una masa de manifestantes furiosos.

»Si estamos en ruta, podría agravarse el problema si la prensa se enterase y llegara a saber a dónde vamos. Ya imagino la agria publicidad de las facciones izquierdistas señalando nuestro destino y comentando que es un viaje de placer..., cosa que *no* es, pero estoy seguro de que ellos le darán ese enfoque.

»Así pues, quiero que analice, por favor, cuidadosamente, las ventajas de una llegada anticipada —concluía, estudiando el calendario como el astrólogo que busca el día propicio—, y las compare con las desventajas de la salida la noche del viernes o del domingo. Aguardo su opinión basada en todas estas consideraciones contrapuestas respecto a cuál es la mejor elección, y descríbame, por favor, detalladamente, los diversos factores que le induzcan a decidirse por una u otra alternativa.»

Pero cuando llegó el informe, a Hughes no le satisfizo gran cosa el día elegido.

«¿Ha considerado usted que la noche del domingo es cuando la gente que recoge noticias vuelve a trabajar después del fin de semana, y empieza a buscar algo con que llenar los periódicos del lunes? —preguntaba, atento a todos los peligros ocultos.

»Admito que el hotel está más lleno el fin de semana. Pero los problemas no nos los plantea el público ni las multitudes, sino la prensa, los columnistas, los noticiarios, los publicistas y gente relacionada, que constituirían una amenaza para nuestra tarea de intentar que este viaje pase inadvertido.

»Hay una cosa segura: yo no quiero una situación en que la prensa se entere de que estoy en ruta y caiga en masa sobre el tren al final del viaje e insista en verme. Esto podría llegar a un punto en que exigirían verme y plantear un problema verdaderamente grave.»

Hughes, atrapado en su ático, intentando reunir el valor necesario para realizar su audaz fuga, se veía ya atrapado en su vagón de ferrocarril particular, rodeado de nubes de insectos, furiosos manifestantes antibelicistas y hordas de reporteros decididos a exponerle a la hostilidad del mundo entero.

Y esa hostilidad existía. Él mismo podía advertirla, incluso en su dormitorio aislado, mirando cautelosamente por su pantalla de televisión.

«Todos los noticiarios parecen indicar que aumenta el temor por el peligro de que se moleste a ciudadanos estadounidenses destacados mientras viajan —comentaba alarmado.

»Hoy, por primera vez, se hizo alusión a la posibilidad de rapto y ejecución de turistas, además de diplomáticos.

»Ya sé que lo más fácil para usted es decirme: "Bueno, atengámonos a la seguridad y olvidémonos del viaje."

»Pero no es eso lo que yo quiero —añadía Hughes, aunque no hacía ningún movimiento para marcharse.

»Lo que quiero es un esfuerzo resuelto, meticuloso y diligente, para asesorarme respecto a la magnitud del riesgo y lo que pueda hacerse al respecto, y todo eso sin comentarlo con nadie, e insisto en esto en los términos más firmes.

»La forma más segura de inducir a alguien a inventar alguna extraña conjura como ésta sería que se filtrase el más leve indicio de que hemos estado hablando sobre esto o que yo podría estar preocupado.»

Pero Hughes estaba preocupado, claro. Incluso mientras permanecía sentado, desnudo, en su cama revuelta, recopilando un catálogo de los peligros que acechaban fuera de su mundo cerrado, seguía con la misma ansia febril planeando su fuga de los peligros internos.

Por entonces tenía ya una enorme colección de vehículos de fuga. Reactores alquilados a la espera, protegidos por guardias especiales en aeropuertos remotos. Vagones privados en oscuros empalmes ferroviarios. Se estaban valorando yates en puertos lejanos. Se habían dispuesto remolques para viajar a través del país. Flotas enteras de limusinas y coches reservados y de furgones hechos a la medida esperaban su visto bueno.

Su dormitorio estaba inundado de horarios de trenes e informes sobre condiciones de vuelo, informes meteorológicos y mapas de carreteras.

Y sus leales mormones estaban alerta, dispuestos para la partida, desde que Hughes decidió llevar a cabo su fuga.

Pero el multimillonario no se movía; no podía moverse.

Agosto de 1970. Howard Hughes estaba tumbado en su cama viendo el noticiario de las once cuando, súbitamente, cristalizó en la pantalla la desesperación total y absoluta de su lamentable situación. Le golpeó como jamás lo había hecho antes.

Hacía casi un año que Hughes había empezado a planear la gran fuga, un mes tras otro de frenéticos preparativos intermitentes, pero al fin estaba realmente en condiciones de escapar de Nevada y partir hacia el paraíso: Isla Paraíso, en las Bahamas.

Habían sido reservadas, cerradas y protegidas por una guardia especial no una sino dos plantas enteras de dos hoteles distintos, en espera de su llegada. Hughes estaba, de hecho, a punto de formalizar un acuerdo para comprar toda la isla encantada.

Pero ahora, en la noche del viernes 7 de agosto, justamente allí, en la televisión, apareció la noticia estremecedora. ¡Gas que atacaba los nervios! Sesenta y seis toneladas de mortífero gas que afectaba el sistema nervioso, la novena parte de toda la reserva venenosa del Pentágono, 12 500 cohetes viejos M-55 en descomposición encapsulados en «ataúdes» de hormigón, se estaban cargando en trenes, en depósitos del ejército situados en Kentucky y Alabama. Se trasladaban mediante grúas a vagones de carga abiertos, vigilados por soldados con máscaras antigás. Esos trenes se dirigían a barcos de la Marina estadounidense que aguardaban en Carolina del Norte; barcos que llevarían los miles de cajas hacia el Sur y arrojarían la mortífera carga al océano Atlántico, hundiéndola frente a las costas de las Bahamas, a 200 kilómetros de Isla Paraíso.

Hughes contemplaba aquel espectáculo increíble absolutamente horrorizado. Lo que veía superaba sus peores visiones paranoicas.

Toneladas de gas GB y VX (¡el mismo que había matado a las ovejas!), un gas tan mortífero que unos cuantos kilos podían matar a miles de personas en pocos minutos; un gas tan venenoso que una diezmilésima de onza podía destruir el sistema nervioso central, disolver sin más las enzimas que transmiten los impulsos nerviosos, dejar a un hombre tembleando horriblemente, pugnando por respirar hasta que dejaba de hacerlo y moría. Pues bien; todo aquel gas se dirigía ahora directamente a su refugio secreto.

El único lugar adecuado para su exilio estaba a punto de ser envenenado irrevocablemente por otra plaga invisible. Una plaga tan aterradora como la radiación atómica; más insidiosa en cierto modo, más amenazadora para un hombre obsesionado por la pureza de los líquidos.

Hughes asió su bloc y garrapateó un boletín general urgente dirigido a sus ejecutivos y ayudantes principales.

«Bob,

»Chester,

»*Roy*,

»George,

»John y

»Bill Gay, en Los Ángeles:

»Quiero que se realice un esfuerzo total y absoluto muy superior a cualquier otro que hayamos podido desarrollar antes, y quiero que se prescinda de toda consideración de gastos —escribía, movilizando a sus mormones y al jefe de los mismos, Bill Gay, recurriendo a su asesor principal, Chester Davis, pues ya no quería confiar sólo en Maheu. Maheu le había fallado con lo de la bomba.

»Quiero que contraten ustedes a una de esas empresas de relaciones públicas de Washington o Nueva York especializadas en problemas políticos únicos, difíciles y urgentes como éste... —continuaba Hughes, estructurando su campaña antigás.

»Quiero que se aprovechen todas las posibilidades a nuestro alcance, pero creo que lo más eficaz es convencer al gobierno de las Bahamas para que formule una petición *realmente firme*.

»Sé que ya se ha quejado, pero en modo alguno en la medida en que puede hacerse.

»Si tenemos aunque sólo sea una décima parte de la influencia que me han asegurado sobre el gobierno de las Bahamas, es evidente que puede presentarse una nueva queja realmente firme, y de alguna forma ha de hallarse el medio de dar a esto publicidad para que se enteren en todas partes.

»Les aseguro a ustedes que si cientos de emisoras de televisión de todo el mundo, desde ahora mismo y durante el fin de semana, empiezan a proclamar a bombo y platillo el asunto y juegan con el aspecto "negros frente a blancos", creo que existe verdadera posibilidad de éxito.

»Nixon, con su actitud bien publicitada hacia la raza negra, es un objetivo natural para este tipo de campaña», continuaba apuntando al símbolo mismo de su inverosímil fatalidad, al ingrato al que él tan generosamente había apoyado todos aquellos años, al hombre que él había escogido para presidente.

Nixon estaba atacando todas sus posiciones: bombardeándole en Nevada, gaseándole en las Bahamas, obligándole a abandonar su reino. Y ahora le bloqueaba su vía de escape. Era hora de responder a sus ataques.

«Ya me imagino una caricatura de las Bahamas con un muchacho negro de gruesos labios, de la variedad típica "cantante de calipso", y al señor Nixon cayendo sobre él con su enorme depósito de gas paralizante —escribía Hughes, complaciéndose en su contraataque al traidor comandante jefe.

»Estoy seguro de que Nixon será más sensible a una petición de otro gobierno, especialmente de uno negro, que a presiones internas.

»Les suplico que actúen a la velocidad del rayo en esto. Estoy seguro de que se mostrarán de acuerdo en que el problema más difícil que afrontamos es el problema *tiempo*.»

Había que parar aquellos trenes.

En vez de iniciar una operación encubierta contra el presidente, Maheu intentó conectar con Nixon por los canales habituales, utilizando la conexión ya establecida Danner-Rebozo.

Un mes antes, Danner visitó a Rebozo en la Casa Blanca del Oeste, en San Clemente, y le entregó los otros 50 000 dólares, el segundo plazo de los 100 000 prometidos por Hughes a Nixon. Fue el fin de semana del Cuatro de Julio cuando se reunieron los dos por última vez, aprendices de brujos que actuaban aún dominados por un viejo hechizo. Hacía mucho que Hughes estaba enfadado con Nixon, pero Maheu contaba con Rebozo para conseguir un acuerdo en lo de la TWA; un golpe que podría ahorrar a Hughes un buen bocado del juicio en rebeldía y permitiría que Maheu recuperase el favor del multimillonario.

Así pues, el 3 de julio de 1970, Danner recogió otro fajo de billetes de cien dólares de uno de los casinos de Hughes, en Las Vegas, los metió en un sobre y pasó el dinero secreto a Rebozo en la cabaña para huéspedes del cubano, en la casa californiana de Nixon. Al igual que en otra ocasión anterior, Rebozo sacó el dinero del sobre, extendió los fajos sobre la cama y los contó. Diez fajos, envueltos todos en papel de un banco de Las Vegas. Cincuenta mil en total. Rebozo metió el dinero en su cartera, luego llevó a Danner a recorrer la finca, dio una vuelta con él por el campo de golf privado y, por último, pararon en el despacho del presidente.

Los tres hombres charlaron amistosamente diez o quince minutos sin que, al parecer, ninguno fuese tan poco delicado como para mencionar la transacción recién ultimada. Al parecer, Nixon se quejó de la dificultad para encontrar espectáculos y diversiones adecuados para la Casa Blanca, ya que cada vez resultaba más complicado conseguir películas que no fuesen «demasiado crudas», y preguntó a Danner sobre los espectáculos de Las Vegas.

Todo esto había sucedido un mes antes. La segunda mitad del soborno de Hughes estaba ahora segura en el banco de Bebe Rebozo, en Cayo Vizcaíno; otro sobre lleno de billetes con «HH» escrito discretamente en una esquina, unido con un clip al primer sobre entregado en septiembre de 1969, ambos guardados en la caja de seguridad número 224; 100 000 dólares para uso personal del presidente.

Y ahora, en agosto, Danner buscaba desesperadamente establecer un nuevo contacto. Contactó por fin con Rebozo a través de la centralita de la Casa Blanca y le transmitió los temores de Hughes en relación con el inminente ataque con gas paralizante.

Cuando Rebozo comunicó el mensaje a Nixon, los trenes ya estaban en marcha, portando su carga mortífera en un viaje lento hacia el mar. La protesta de Hughes sorprendió mucho al presidente. Él no tenía la menor idea de que su oculto benefactor planeaba trasladarse a las Bahamas, y mucho menos que lo hiciera para huir de las pruebas nucleares. En cuanto al gas paralizante, Nixon había decidido arrojarlo al océano precisamente para com-

Bob –
Chester –
Roy –
George –
John –
& Bill Gay in Los Angeles

I want this to be an all, all out effort beyond anything we have ever mounted before on anything, and putting aside all considerations of expense.

I want you to hire one of those Washington or N.Y. public relations firms that specializes in single difficult emergency political problems such as this;

In addition, not in place of the above, I want you to use Carl Byoir without a moment's delay.

I want every available avenue of effort to be pursued, but I think the most effective is to persuade the Bahamian Gov't. to lodge a really strong demand.

I know they have

already complained, but
not to anywhere near
the extent that can be
done.

If we have even
$\frac{1}{10}$th the amount of
influence with the Baham-
ian Gov't. that you have
assured me we have, then
a really strong new com-
plaint can be lodged
and somehow a way must
be found to publicize this
to the high heavens.

I assure you that
if hundreds of TV stations
all over the world starting
right now during the week
end can be induced to
start in ~~right~~ ~~now~~ ~~during~~
~~the weekend~~ ballyhooing
this issue and playing
up the black vs. white
aspect of it I think there
is a real chance of
success.

Nixon with his well-
publicized attitude toward
the black race, is a
natural target for this
kind of a campaign.

I can just see a cartoon of the Bahama Islands, with a carricature of a thick-lipped black boy, of the typical Calypso-singing variety, and Mr. Nixon descending on him with his bulging container of nerve-gas.

I am positive Nixon will be more responsive to a plea from another government, particularly a negro government, than he ever would be to pressures from within.

I beg you to move like lightning on this. I am sure you agree that the most difficult problem we face is time.

placer a Howard Hughes. El plan original era hacerlo estallar en Nevada.

«Howard, el "jefe" ha pedido que se le comunique a usted la siguiente información —escribía Maheu sin el menor rastro de ironía—. Por deferencia a usted rechazó, bajo cuerda, la propuesta de que la CEA hiciese estallar el gas en Nevada. La decisión de arrojarlo en el emplazamiento designado se tomó porque es una zona restringida debido a las actividades que se realizan en Cabo Cañaveral, y continuamente controlada.

»Me indicaron también que le comunique las increíbles presiones (sobre todo del Sur y del Este) que tuvieron que afrontar para eludir la explosión de gas en Nevada —continuaba, explicando un cuento que podría haber escrito O. Henry—. El "jefe" dijo que él creía *en realidad* que estaba cooperando plenamente con usted en este asunto.

»Acabamos de recibir una llamada telefónica preguntando si tiene usted algún medio alternativo para destruir el gas, y asegurándonos que, de ser así, lo considerarían muy seriamente.»

Hughes no se dejó aplacar. Ya no confiaba en Nixon, que primero había cogido su dinero y luego le había bombardeado, y que ahora estaba a punto de gasearle. Además, el multimillonario no tenía ningún medio alternativo que proponer.

«Si se convenciera al gobierno para que vertiese el gas en un lugar más alejado de las Bahamas que el que han elegido, me sentiría muy agradecido —escribía.

»En cualquier caso, me gustaría estudiar la situación antes de proponer otro emplazamiento.

»Mi deseo es que se elija un emplazamiento lo más alejado posible de las Bahamas —insistía—. A ser posible, cerca del Círculo Polar Ártico, lo más al Norte posible.»

Sí, el Polo Norte sería excelente. En realidad, no haría falta estudiar la situación. Por otra parte, desconfiando de Nixon, Hughes presionaba en su operación encubierta, impulsando el plan que lanzaría al presidente contra el muchacho del calipso.

Maheu no quería intervenir en el asunto.

«Como considero que Danner y yo somos responsables en primer término de cualquier intervención de la Casa Blanca, estaría absolutamente desprovisto de sentido que se nos identificase con una situación que podría resultar embarazosa para la Casa Blanca —aconsejaba a Hughes—. Por tanto, creo importante que esa "caza del tigre" que pondría en aprietos al presidente no se identificase ni con Danner ni conmigo.

»Puesto que Davis y Gay asumieron la responsabilidad de la situación en las Bahamas hace un año —añadía, revelando cierto rencor por el papel de sus rivales en los planes de fuga—, estoy aguardando un informe de ellos sobre la situación allí, antes de que Danner y yo iniciemos la maniobra siguiente con la Casa Blanca.»

Aprovechando la oportunidad de desplazar a Maheu, Bill Gay y Chester Davis iniciaron inmediatamente la caza del tigre a la que su rival se había negado a unirse.

Empezaron por convencer al gobierno de las Bahamas, ansioso

de atraer a Hughes y sus millones a las islas, y al cabo de unos días habían conseguido que se convocara una reunión de emergencia del gabinete y que se emitiera una «firme protesta» contra el vertido previsto de gas paralizante, la primera protesta formal del gobierno de las Bahamas contra otra nación en toda su historia.

Entretanto, Gay realizaba su propia maniobra cerca de la Casa Blanca. Se puso en contacto con un oscuro burócrata de la Secretaría de Transportes, mormón también, llamado Robert Foster Bennett, hijo de un senador federal y, como el propio Gay, dirigente de la Iglesia de Jesucristo de los Santos del Último Día.

Gay sabía que el joven Bennett tenía también una conexión en la Casa Blanca, Chuck Colson, el matón de Nixon. Gay hizo dos preguntas a Bennett. ¿Podría conseguir, por mediación de Colson, bloquear el vertido del gas? ¿Podría conseguir realmente Maheu hacerlo a través de su contacto Danner-Rebozo?

Nada podía detener al gas paralizante, le informó Bennett. Ni él. Ni Colson. Ni Maheu. Nadie.

Mientras Gay realizaba su maniobra secreta en la Casa Blanca a través de su misteriosa conexión mormona, Chester Davis conseguía mayor éxito con una acción judicial clandestina.

Actuando totalmente en la sombra, sin permitir que el nombre de Hughes aflorase en público, Davis tenía una asociada desde hacía tiempo, Lola Lea, a la que había mandado presentar una demanda ante un tribunal federal para prohibir el vertido del gas nervioso, teóricamente en nombre de un grupo de ciudadanos preocupados, el Grupo de Defensa del Medio Ambiente. También consiguió que el gobernador de Florida, Claude Kirk, republicano enfrentado con Nixon, se uniera a la acción legal.

Esta maniobra legal subrepticia triunfó, en principio. Cuando el Ejército terminaba de descargar el gas de sus trenes en el barco, un juez federal emitió un interdicto provisional, ordenando que no zarpase el viejo mercante con su carga mortífera. Pero la victoria fue efímera. Tras unas audiencias celebradas al día siguiente, el juez levantó el interdicto pese a «graves dudas» respecto al lugar de vertido. Lo que le preocupaba al juez no era su proximidad a las Bahamas, sino el que, al sumergir el gas paralizante a casi cinco kilómetros de profundidad, quedara sometido a una presión tal que los «ataúdes» de hormigón se rompieran todos a un tiempo, liberando bruscamente todo el veneno. Tras dar autorización a los militares para que vertieran el gas, propuso que se arrojara en aguas menos profundas.

Hughes, en su ático, recibió la noticia con alarma. Lo que más le inquietaba no era el tropiezo legal, sino el cambio de profundidad.

«Lo que más me preocupa ahora es todo eso que se dice de elegir un emplazamiento aún menos profundo —escribía con urgencia.

»Creo que eso es dinamita, porque la búsqueda de ese nuevo emplazamiento podría llevar fácilmente a fijar un lugar aún menos deseable que el elegido en principio —añadía, imaginándose un vertido prácticamente en la playa de su presunto refugio isleño.

»A mí no me preocupa en absoluto la profundidad del agua. De hecho, creo que *cuanto más profundo, mejor*.»

El sábado por la noche, la incontenible Lola Lea, actuando aún como abogado del Grupo de Defensa del Medio Ambiente, localizó en su domicilio al presidente del Tribunal Supremo, Warren Burger, y consiguió persuadirle una vez más de que paralizase el vertido. Fue sólo una paralización temporal. El domingo al mediodía, los militares obtuvieron el permiso definitivo del Tribunal de Apelación, y el barco cargado de gas zarpó de inmediato para su viaje de dos días a las Bahamas.

Al perder definitivamente su batalla legal clandestina, Hughes recurrió de nuevo frenéticamente a Maheu y a Nixon. Ya no se habló más de caricaturas del muchacho del calipso. El multimillonario se veía reducido a otra súplica desesperada de última hora. Ya sólo podía salvarle el presidente.

Maheu volvió a intervenir, confiado, dando nombres en clave, presentándose al ático como el único agente con verdaderas conexiones.

«Nuestro "amigo de Florida" acaba de regresar después de pasar todo el fin de semana con el "jefazo" —escribía, después de contactar con Rebozo, que acababa de regresar de Camp David.

»Pese a nuestra participación en el interdicto, que ellos identificaron muy rápidamente, están del todo convencidos de que Danner y yo no intervenimos en esa operación concreta —añadía Maheu, incapaz de resistir la tentación de un "ya se lo dije yo" sobre la iniciativa fracasada de Gay y Davis.

»Se dedicó mucho tiempo a considerar emplazamientos alternativos del vertido, pero los informes científicos suplementarios confirman que se ha elegido el sitio más adecuado. Nuestro amigo dijo que el "jefe" posiblemente no insistiría en su petición de que tenga usted fe y confianza en él, dado que ese mensaje había sido transmitido previamente.

»Están dispuestos de nuevo, sin embargo, a darle a usted plena información científica, bien personalmente o por teléfono, y están convencidos de que tal información disiparía todos sus recelos —concluía, incapaz de ofrecer más que fe ciega y otra sesión informativa a pesar de sus importantes relaciones—. Nuestro amigo afirmó de nuevo que el "jefe" se había negado categóricamente a aceptar las propuestas de enviar el gas a Nevada, convencido de que cooperaba así de forma plena con nosotros.»

Hughes no deseaba ninguna sesión informativa, y ni siquiera quería oír hablar de las buenas intenciones de Nixon. Quería que se despachase el gas al Polo Norte. Y ahora, martes por la mañana, con el gas camino de las Bahamas y no del Polo Norte, el multimillonario exigió a Maheu que dejase de perder el tiempo con Rebozo y fuera a ver al presidente.

Era demasiado tarde. Cuando Hughes envió a Maheu a su misión en la Casa Blanca, el barco mortífero ya habría llegado al punto de descarga. Cuando Maheu pudiera llegar a Washington, el gas ya estaría en el fondo del océano. Pero el habilidoso Maheu tenía un plan.

«Howard, habida cuenta que cuando lleguemos a establecer

contacto con el "jefe" el vertido previsto se realizará prácticamente en cuestión de minutos, me pregunto si no deberíamos reconsiderar la próxima operación —seguía el infatigable lugarteniente—. Sé por casualidad que en San Clemente tienen una instalación de desmoduladores que permite en todo momento al presidente comunicar sin problema con cualquier parte del mundo donde haya desmoduladores comparables.

»Así que puedo volar de inmediato a San Clemente para comunicar cualquier mensaje en el plazo de una hora, en vez de las cinco o seis horas que tardaría en ir a Washington —sugería a Hughes, que estaba componiendo furiosamente un mensaje secreto para Nixon.

»La decisión que ha tomado el ejército, y que sin duda la Casa Blanca ha respaldado plenamente, está siendo seguida por el mundo entero hasta su conclusión. Al presidente le resultaría mucho más fácil explicar un aplazamiento de una hora que uno de seis.

»Creo que deberíamos ser doblemente cautos y no hacer un movimiento en falso ni arriesgarnos de ningún modo a perder la confianza del gobierno. Es indudable, Howard, que la nariz del tipo debía estar descoyuntada cuando olió nuestra "mano italiana" en el interdicto —añadía Maheu, lanzando otro ataque contra Chester Davis, cuyo verdadero nombre era Caesar Simon, nacido en Roma, Italia.

»Howard, espero no ser demasiado locuaz porque vamos contra reloj, y sé muy bien lo que significa para usted este asunto concreto», concluía Maheu, convirtiendo su agudo análisis táctico en una pomposa exposición cuando se acababan ya los minutos.

Mientras Maheu discutía tácticas con Hughes, un equipo de hombres rana de la Marina abrían las válvulas de las bodegas del *Le Baron Russell Briggs* y el viejo barco de transporte de tropas de la segunda guerra mundial, cargado con toneladas de gas nervioso comenzó a hundirse lentamente en el Atlántico, a 240 kilómetros de Isla Paraíso.

Hughes, que no sabía que el gas paralizante estaba ya en el fondo del océano, tomó al fin una decisión de mando. Nada de llamadas telefónicas. Nada de San Clemente. Insistió en que Maheu se entrevistase personalmente con el presidente.

«Howard, no hay ningún problema para conseguir la entrevista —contestaba lúgubremente Maheu en un clásico comunicado buenas noticias/malas noticias—. Pero, por desgracia, el hundimiento se inició hace un rato y ya no hay solución posible.»

A las 12.53 de la noche del martes 18 de agosto de 1970, después de absorber agua durante cuatro horas, el barco mortífero medio sumergido con su carga de gas letal lanzó de pronto un gran gorgoteo y desapareció bajo las olas. A los ocho minutos había tocado fondo.

Y también Howard Hughes. Se hallaba una vez más totalmente paralizado. Atrapado en el ático. Sin un refugio. Con miedo a irse y miedo a quedarse.

Mientras Hughes cavilaba sobre el gas paralizante vertido en el Atlántico, una fuerza de choque ultrasecreta de la CIA intentaba hallar el medio de sacar del fondo del Pacífico un submarino ruso hundido.

La CIA llevaba debatiendo el problema todo un año, el mismo año que Hughes estuvo intentando desesperadamente llevar a cabo su fuga. Ahora, en el momento en que todos los planes de Hughes quedaban de nuevo frustrados, la CIA dio por fin con un plan que no dudaba sería un éxito.

Construiría un barco de 350 millones de dólares, más largo que dos campos de fútbol, con una grúa de 60 metros de altura en el centro, montada sobre un pozo en la bodega, y alzada sobre un casco que se podía abrir, soltar más de 4,5 kilómetros de tubería de acero y hacer descender una garra gigante que podría bajar sencillamente hasta donde estaba el submarino soviético, en el fondo del mar, agarrarlo y subirlo. Sin que nadie se enterase.

Por supuesto, la CIA necesitaba una buena historia para encubrir la operación. El plan era explicar que el buque fantástico estaba destinado a extraer minerales del fondo del mar; un proyecto futurista que se proponía explotar la enorme riqueza mineral de los océanos.

Lo único que la CIA necesitaba era un testaferro aceptable. Y decidió que el mejor candidato era Howard Hughes.

Y así empezó el proyecto *Glomar Explorer*, una extraña operación que, durante los cinco años siguientes, haría creer al mundo entero que Hughes había vuelto a embarcarse en una aventura increíblemente innovadora... Luego, cuando la verdadera misión del *Glomar* se hizo pública, trascendió que Hughes era socio de la CIA.

Pero la CIA ignoraba que había informado a un loco desnudo de su máximo secreto de seguridad nacional.

En cualquier caso, la víctima más inmediata del acuerdo del *Glomar* no fueron los rusos, la CIA o cualquiera de las grandes potencias, sino la propia mano derecha de Howard Hughes, Robert Maheu.

A finales de agosto de 1970, sólo unos días después de que llegara a su terrible fin el fiasco del gas paralizante, la CIA estableció contacto con Hughes. Intentó primero un contacto directo, pero no tuvo más éxito que Richard Nixon o Henry Kissinger.

Buscando un intermediario adecuado, la CIA no se paró en Maheu, su antiguo socio en la conspiración para asesinar a Fidel Castro, sino en sus rivales, Bill Gay y Chester Davis, y en su nuevo aliado de Houston, Raymond Holliday, jefe de la Hughes Tool Company.

Maheu quedó marginado por completo. No se le consideraba ya digno de confianza. Personificaba un riesgo grave, pues sabía demasiado y bebía demasiado. Constituía, por tanto, un estorbo y un peligro, demasiado próximo a John Rosselli, su colega en la conjura contra Fidel Castro, y al abogado de ambos, Ed Morgan, que había filtrado ya el asunto del fallido envenenamiento al periodista Jack Anderson.

Para establecer contacto con Hughes, la CIA recurrió a un discreto hombre de negocios, Raymond Holliday.

Holliday tenía el control del dinero y ostentaba el título de jefe ejecutivo del imperio Hughes, pero llevaba quince años sin ver a éste, y sólo había hablado con él por teléfono una vez desde que el multimillonario se instaló en Las Vegas. Fue cuando los mormones pidieron un aumento y Holliday se negó a aprobarlo sin autorización personal de Hughes. Para llegar a él de nuevo con el gran secreto de la CIA, Holliday tendría que pasar por los mormones.

Y para hacerlo, tendría que meter en el asunto a su jefe, Bill Gay. Antes de exponer la delicada propuesta de la CIA a Hughes, necesitaría también un informe jurídico de Chester Davis. El secreto compartido ayudó a forjar una nueva alianza.

Cuando Holliday expuso al fin el proyecto del *Glomar*, el ermitaño Hughes se entusiasmó.

Su imperio tenía ya fuertes vinculaciones con la CIA a través de la Hughes Aircraft Company, pero Hughes no tenía ningún contacto personal con esa operación, y hacía mucho que deseaba una alianza más personal con la CIA. De hecho, llevaba años presionando a Maheu para conseguir precisamente una relación estrecha.

Así pues, Hughes otorgó a Holliday su plena bendición.

«Deles plenas seguridades de que haré cuanto pueda por ayudarles en su misión —ordenó a su hombre de Houston—, y siempre que no logren la cooperación que crean que deberían lograr, que se pongan en contacto conmigo y ya procuraré yo que la tengan.»

Hughes estaba verdaderamente impresionado por el proyecto del *Glomar*. Poseía a un tiempo la grandiosidad estrambótica y el espíritu de capa y espada que complementaban la imagen que tenía de sí mismo. Y los hombres que le llevaron la propuesta le impresionaron.

Aquel nuevo equipo había conseguido triunfar donde Maheu fracasó. Maheu no parecía ya tan bien relacionado, tan omnipotente. Eran Holliday, Gay y Davis quienes tenían realmente las importantes relaciones que Maheu sólo pregonaba. Cuanto más lo consideraba, más claro lo veía. Maheu le había fallado como protector, le había fallado como corruptor que prodiga sobornos, y aunque los otros le habían fallado también con lo del gas paralizante, al menos no se habían resistido, no le habían adoctrinado sobre «cacerías del tigre».

A finales de agosto, poco después del contacto del *Glomar*, Hughes comunicó a sus mormones que estaba preparando un poder que daría autoridad sobre todas sus operaciones en Nevada a Gay, Davis y Holliday.

Empezaba a tomar forma el plan destinado a desplazar a Maheu.

Envalentonados por la aparente escisión Hughes-Maheu, percibiendo que su rival, antes intocable, era ahora vulnerable, los otros poderes unieron fuerzas para lanzarse contra él.

Gay voló a Washington para mantener una entrevista secreta con Robert Quelotin, presidente de International Intelligence, Inc., una empresa privada «de capa y espada», más conocida como Intertel que, casualmente, era subsidiaria de la misma empresa propietaria de Isla Paraíso. Gay comunicó a Quelotin que Hughes quería utilizar el equipo de espías de alquiler para realizar una investigación secreta de sus casinos de Las Vegas.

Quelotin voló poco después a Los Ángeles para conferenciar con Chester Davis. El abogado imprimió un gran avance a la conspiración. Pidió al hombre de Intertel que trazase un plan detallado «para un cambio de dirección en Nevada».

Entretanto, Raymond Holliday alimentaba los crecientes temores de Hughes a una ruina financiera y sugería que el principal culpable era Maheu.

En realidad, había verdaderos problemas, y el propio Hughes había expuesto el lúgubre cuadro a Maheu meses antes: «Puedo resumirlo todo en un dato: Hace tres años, había 650 millones de dólares en efectivo en caja. Ahora, tres años después, está previsto cerrar con un déficit de 100 millones de dólares que tienen que pedirse prestados.»

Pero los problemas eran aún más graves, Hughes tenía pendiente un juicio en rebeldía de 145 millones de dólares por el asunto de la TWA. Su desastroso negocio de los helicópteros arrojaba unas pérdidas que se acercaban a los 90 millones de dólares. Aún no sabía siquiera que John Meier le había birlado 20 millones de dólares en concesiones mineras falsas. Y su inversión de 200 millones de dólares en Nevada había producido pérdidas todos los años, en contra de lo previsto.

Pero a Hughes lo que más le preocupaba sobre todo era su imagen:

«En el momento actual, en que tengo algunos problemas para cuadrar las cosas —escribía—, estoy seguro que hay muchísimas personas esperando en silencio el primer indicio de un retroceso en mis recursos financieros.

»Sólo hay una cosa peor que estar arruinado, y es que todo el mundo sepa que lo estás.

»En la mayoría de los casos y en tiempos normales, me doy por satisfecho con que se refieran a mí como a un empresario más, sin etiqueta de precio —continuaba Hughes, irritado por un artículo de un periódico local en que se aludía a él como "millonario", un artículo basado en un comunicado de prensa emitido por su propia empresa de relaciones públicas.

»Sin embargo, en este momento, en mi situación sumamente crítica, creo que es una mala ocasión para que lancemos publicidad en la que se aluda a mí como un mero millonario. Hay varios centenares de millonarios en el horizonte en este momento y, dado que se ha aludido a mí como un multimillonario desde que nos establecimos en Las Vegas, temo que algún enemigo mío aproveche este pequeño fallo y se ponga a escribir sobre él... Algo así, por ejemplo: "¿Ha llegado por fin a tocar fondo en su cuenta bancaria?", etc., etc.

»Creo que un reportaje de este tipo con chistes relacionados podría ser muy perjudicial en este momento.»

Aprovechando estos temores, Holliday envió a Hughes una relación sombría de la situación financiera de su tambaleante imperio. No era cosa de broma. Tenía 101 millones de dólares en efectivo disponibles, de los que 75 millones había que reservarlos como fianza para el juicio de la TWA, con otros 16,5 millones como garantía de un préstamo bancario. Quedaban, pues, sólo 19,5 millones de dólares como fondos operativos, y aquel año harían falta por lo menos 30 millones.

Holliday añadía a las frías cifras un ataque despiadado contra Maheu: «Advertirá usted que no se ha hecho ninguna provisión para un dividendo destinado a usted, que necesitará sin duda un mínimo de dos millones de dólares para fin de año —le escribía a Hughes—. Sin embargo, se ha hecho provisión para pagar a Maheu sus 10 000 dólares semanales de retribución base, aunque no se ha hecho provisión para sus gastos, que serán sin duda considerables.

»Lo esencial de nuestra posición —añadía Holliday— es que tenemos problemas, y problemas muy graves.»

Pero no hacía falta que le convencieran. Hughes estaba seguro desde hacía mucho de que Maheu era un despilfarrador; peor aún, que gastaba el dinero de Hughes sin permiso.

«He perdido toda esperanza de controlar gastos no autorizados desde este extremo de la línea —informaba Hughes, malhumorado, a Holliday—. Puesto que Bob no se preocupa de tomar medidas destinadas a hacer economías, quiero que dé usted los pasos necesarios para impedir gastos no autorizados por mí.»

Holliday no necesitaba más estímulo. Envió rápidamente al ático otro informe financiero, apuntando esta vez a los libros de Nevada. Goteaban tinta roja. Las operaciones de Maheu nunca habían dado beneficios. Habían perdido casi 700 000 dólares en 1967, más de 3 millones en 1968, casi 8,5 millones en 1969 y hacia mediados de 1970, casi 7 millones, con pérdidas previstas para todo el año que se aproximaban a la enorme cantidad de 14 millones de dólares.

«Los negocios de Nevada —comentaba Holliday con la gélida ironía del hombre de negocios— no están orientados a obtener beneficios ni operan con conciencia del coste.»

Hughes, estimulado en sus recelos por los cotilleos de los mormones, extrajo una conclusión más lúgubre. Empezó a estar cada vez más convencido de que en realidad Maheu le robaba a manos llenas.

Nunca le formuló directamente a él la acusación, pero su relación epistolar fue envenenándose cada vez más, y cuando la acritud alcanzó un peligroso punto de ruptura, los mormones hicieron su gran maniobra. Cortaron las líneas de comunicación de Maheu con el ático.

Los mormones convencieron primero a Hughes de que Maheu, como todos los demás ejecutivos, debía transmitir los mensajes exclusivamente a través de ellos.

«Bob —escribía el multimillonario a su ayudante caído en desgracia—, he decidido pedirle que no me mande más mensajes manuscritos en sobres cerrados. Sé que esto le lleva a usted mucho tiempo y mis hombres creen que no confío en ellos. Así pues, en el futuro, salvo en casos excepcionales, prefiero que dicte usted su respuesta a mis mensajes por teléfono a aquel de mis hombres que se halle de guardia.

»Yo continuaré enviándole la mayoría de mis mensajes por escrito, por la sencilla razón de que es mucho más rápido y más preciso.»

Pero los mormones no tardaron en convencer a Hughes de que no se podía permitir que Maheu recibiese y mucho menos guardase comunicados escritos por el propio multimillonario. Un buen día, sin ningún aviso previo, Hughes envió a uno de sus ayudantes a pedirle a Maheu toda su correspondencia.

Maheu, que aún no advertía las grandes fuerzas movilizadas contra él, percibió instantáneamente los peligros que entrañaba aquella pérdida del contacto directo con Hughes y atacó con acritud en un esfuerzo inútil por recuperar su acceso único.

«Si, por alguna razón que sólo usted conozca, no puede confiarse en mí como depositario de estos documentos, yo categóricamente le digo que, por lo que a mí respecta, usted y todo su programa de Nevada pueden irse al diablo —le decía furioso a Hughes, arriesgándose a una ruptura total en su desesperación por recuperar el terreno perdido.

»Howard, estoy tan ofendido y tan furioso que creo que este asunto no tiene solución posible. Le ruego que me libere de mis obligaciones, porque estoy hasta las narices de esta cochina conspiración en la que estoy viviendo y de la que me gustaría librarme.

»Howard, no sé si se da usted cuenta o no, pero me ha herido y me ha herido profundamente. Quiero irme.

»Hágame un gran favor, se lo suplico. Tenga la bondad de liberarme de mis obligaciones y de nombrar a otra persona para que sea su hombre de confianza en este sector.»

Era un farol que le había funcionado en otras ocasiones. Maheu estaba seguro de que Hughes no podría arreglárselas sin él. Pero esta vez Hughes no se dejó asustar.

«Si quiere usted quedar libre de su tarea actual, yo, aun lamentándolo, no pondré objeciones —le contestó con frialdad.

»Si es su intención, por otra parte, irse de aquí llevándose a todo el escalón superior de ejecutivos, en un golpe de altos vuelos, tendrá ese gesto de deslealtad y de traición pesándole en la conciencia, pero no cuenta con mi consentimiento.

»Si pretende usted convertir esto en una especie de juego de poder, encaminado no a un plan meditado de separación para imponerme el mínimo de dificultades, sino encaminado, en una estrategia bien calculada, a poner sobre mi cabeza una amenaza suficiente como para conseguir mis disculpas y una súplica humilde de reconciliación; si es éste su objetivo, sea franco, por favor. Usted, usted mismo, ha dicho que no debemos permitirnos juegos de poder.

»Hay algo que me parece falso en su petición de renuncia desde el principio.»

Maheu aguantó. Veía el miedo que había tras la rabia de Hughes. Procuró estimularlo.

«Debe tener en muy poca estima mi capacidad si interpreta algo de lo que le he estado diciendo como un juego de poder por mi parte —contestaba con cierta jactancia—. No necesito más poder del que ya tengo, pero si tuviera el más mínimo deseo de entregarme a un juego de ese tipo, puedo asegurarle que lo haría mucho más de prisa, y en tantos sectores que sería increíble.

»Pero no sería capaz de entregarme a una actividad de ese género —continuaba, aflojando después de haber expuesto claramente su amenaza—. Y aunque pueda parecerle extraño, confío plenamente en mi capacidad para ganarme la vida, con o sin Howard Hughes.

»No tengo intenciones maliciosas, no hay trampas ocultas y le he dicho repetidas veces que *nadie* podría jamás empujarme a hacerle daño a usted en ningún sentido, y que haría lo posible por machacar a quien intentara causarle algún daño.

»Ahora, Howard —concluía Maheu, adoptando una vez más la posición de protector fiel aunque irascible del multimillonario—, dígame por favor en qué estoy obrando mal y también qué diablos espera usted de mí.»

Hughes, o bien ablandado por la lealtad de Maheu aun *in extremis*, o bien asustado por su amenaza implícita, intentó curar la herida. Aún no estaba preparado para la ruptura definitiva, dolorosa y muy probablemente peligrosa.

«Si pudiera estar seguro de que usted y yo habíamos llegado al final de nuestro desdichado período de dudas y recelos mutuos, hay un par de proyectos que son tan tremendos por su enormidad e inmensidad que le dejarán absolutamente estupefacto —escribía Hughes, blandiendo visiones de nueva gloria ante su regente, aunque mientras lo hacía planeaba en secreto sustituirle por sus rivales.

»No tengo que decirle, Bob, que soy una persona capaz de manifestar un recelo extremo si me estimulan —añadía, insinuando quizá intencionadamente el golpe que se estaba fraguando, o dudando tal vez de nuevo de los cotilleos de sus mormones.

»¿Cuántas veces le he pedido yo en el pasado que comprobase las diversas líneas telefónicas para cerciorarse de que eran seguras?

»Así pues, Bob, resumiendo: le he confiado la información más confidencial, una información casi sagrada, sobre mis actividades más reservadas —continuaba, bastante preocupado, ante la perspectiva de romper con un individuo que sabía tanto.

»Cuando envié a recoger esos comunicados, desde luego no tenía ni la menor idea (sinceramente) de que pudiera ofenderle a usted lo más mínimo.

»Así pues, lo que necesito saber, lo que espero, son unas palabras suyas que me aseguren que esos días desdichados han quedado atrás —concluía Hughes, aliviado, deseoso de creer lo mejor—. Estoy dispuesto igualmente a asumir la responsabilidad por el malentendido. No pretendo siquiera compartirla. Sólo quiero cerciorarme de que el episodio ya está superado y ha quedado atrás.»

Y así fue. Pero los episodios realmente dolorosos aún no habían llegado.

El matrimonio Hughes-Maheu se hundía definitivamente. Su peculiar intimidad había persistido gracias a la correspondencia directa, ahora interrumpida.

El único vínculo directo de Maheu con Hughes era el teléfono. Pero mientras que Hughes podía llamar a Maheu, Maheu no podía llamar a Hughes. Sólo le estaba permitido comunicar con los mormones, que cada vez con más frecuencia le decían que Hughes estaba ocupado, durmiendo, comiendo, enfermo o, simplemente, que no podía ponerse. Y las llamadas de Hughes, antes demasiado frecuentes, se redujeron mucho al principio, y luego cesaron.

Sin poder establecer contacto con Hughes, sus llamadas sin contestación, sus comunicados sin respuesta, y no queriendo quedarse sentado junto al teléfono en silencio como una amante rechazada, cansado de marcar el número del ático a todas las horas del día y de la noche en un vano intento de llegar a su jefe, Maheu, furioso y frustrado, amenazó por último con irse de Las Vegas y tomarse unas prolongadas vacaciones.

Fue el principio de un último intercambio agrio, de unas cartas de amor perdido que se dictaban mutuamente a través de los mormones.

«Proyecto salir de inmediato para Europa, donde permaneceré con mi esposa, que ya está allí, por tiempo indefinido —explicaba Maheu a Hughes, después de semanas sin saber de él.

»A menos que me diga usted lo contrario, daré por supuesto que cuento con su aprobación. Siento literalmente un odio profundo hacia mí mismo por no haberme ido ayer con mi esposa. Llevaba diez años prometiéndole un viaje a Europa, pero no he podido cumplir la promesa por mis deseos sinceros de ayudarle a usted en un problema tras otro.

»Howard, si no puedo recibir respuestas de usted sobre cuestiones tan importantes como la TWA, la Air West, LAA, no sé realmente por qué he de continuar preocupándome yo solo por estas cosas.

»Después de todo, en último término la única persona que puede salir perjudicada es usted. Y la verdad, por muy tremendas que puedan ser las consecuencias, tendrán muy poco que ver conmigo personalmente o con mi vida futura. Si usted no me contesta, estoy bloqueado.

»No tengo razón alguna para creer que vaya a recibir noticias suyas durante los dos o tres meses próximos —concluía aquel amigo epistolar desechado—. Parece, por tanto, que éste podría ser el momento propicio para tomarme esas vacaciones que tanto necesito, y que tal vez me permitan dejar de pasar tantas noches sin dormir.

»Con sincera amistad, BOB.»

Aquella amenaza de marcharse sin permiso rompió por fin el silencio de Hughes. En su primer comunicado a Maheu tras varias semanas de silencio, el ermitaño, atrapado en su ático, incapaz de realizar su propia fuga, a punto de perder a su propia esposa que al fin había solicitado el divorcio, asediado por crisis financieras y con una salud deficiente, atacó agriamente a su lugarteniente desertor.

«No creo que estén justificadas en absoluto la repulsa y la hostilidad que se traslucen en su último mensaje —contestaba Hughes a través de sus ayudantes.

»He estado muy enfermo en los últimos tiempos. He tenido un problema personal gravísimo relacionado con mi esposa. Y no he podido, sencillamente, librarme de la inundación de comunicados diversos a que he tenido que atender. Esto no es culpa de mi equipo; podría ser culpa mía, pero en realidad no es de nadie. Se trata de un fallo del sistema. Estoy intentando llevar la carga de veinticinco hombres normales.

»No he podido abordar aún los asuntos a que usted se refiere —continuaba el desdichado ermitaño—. Si cree que eso le da derecho a entregarse a un arrebato de cólera y a zarpar para Europa, opino que se trata de una extraña forma de demostrar esa amistad leal y eterna de que hemos hablado.

»Quizá cuente usted con muchísimos amigos entre los políticos y con muchas personas que se proclaman amigas suyas, pero no creo que le queden tantos que sean verdaderos amigos, dignos de confianza, como para permitirse prescindir del que puede ser más de fiar y más importante de todos, es decir, yo.

»Si cree que puede prescindir de mí como amigo, adelante, zarpe para Europa y disfrute —añadía Hughes lanzando un agrio buen viaje al hombre al que pensaba tirar por la borda—. Considérelo, por favor, como el final de lo que yo he considerado una verdadera amistad, leal y personal.»

A Hughes no le enloquecía tanto perder a Maheu como la idea de perder su control sobre él. Durante años, no había podido dejar libre a Maheu un día, una noche, ni siquiera unas horas; apenas había podido soportar la idea de dejarle dormir, y aunque ahora se retirara detrás de sus mormones y conspirase para escapar de su *alter ego*, no podía concebir la posibilidad de dejarle escapar a su control.

Pero en realidad Maheu no se proponía marcharse a Europa.

«Estoy seguro de que sabía usted que al final no sería capaz de salir para Europa, de abandonarle en un momento como éste ni un solo instante —aseguraba a Hughes—. Digamos, por tanto, que si el mensaje al que usted se refiere ha servido al menos para abrir de nuevo las comunicaciones, quizá no haya sido en vano.

»Puedo asegurarle que si no estuviese preocupado y si no me importara su bienestar, no me habría pasado tantas noches de insomnio como he padecido durante las últimas semanas. Sus hombres pueden atestiguar el número de llamadas telefónicas mías que han recibido a las tres y a las cinco de la madrugada, en que estaba completamente despierto debido a mi gran preocupación.

»Howard, no me agrada gran cosa lo que dice usted sobre mis amigos y contactos —continuaba Maheu, defendiendo ardientemente su fidelidad ante su celoso asociado—. Mejor haría usted en creer que los tengo, pero ya hace muchos años que sólo he pensado en ello en relación con usted. Me ofende muchísimo que no lo reconozca y que tenga que ser yo quien se lo diga.

»Con amistad sincera, Bob.»

Hughes no se ablandó. Aquella amenaza de un viaje a Europa... no podía olvidarla.

«En vista de las numerosas expresiones de lealtad y amistad eterna, de que seguirá a mi lado el resto de su carrera y de que si nuestros caminos se separasen no tendría que preocuparme por otro Dietrich u otro Ramo o Wooldridge —contestaba el multimillonario a través de sus mormones—, he de decirle que me resulta muy difícil conciliar tales protestas con el hecho de que siempre que surge algún pequeño malentendido entre nosotros, lo que recibo de inmediato es una amenaza de tomarse unas vacaciones prolongadas.

»Cuando se disgusta, su reacción es abandonar el barco y dejar que se vaya al infierno. Me dice usted que mis asuntos se encuentran en una situación grave, que parece que no me doy cuenta de ello... Y en vez de decirme cómo se pueden arreglar las cosas, sólo me envía una nota de despedida antes de su viaje a Europa.»

Así pues, todo se reducía a eso. Pese a sus lúgubres sospechas de que Maheu estaba haciéndose con el poder, robándole dinero, planeando un golpe, lo que acongojaba en el fondo a Hughes era el dolor del rechazo, el miedo terrible a que Maheu le dejase antes de que él pudiera dejarle.

«Howard, tengo la impresión de que está usted desmesurando el asunto de mi viaje a Europa en un momento como éste —respondió en seguida Maheu, intentando desesperadamente tranquilizar a su jefe—. Me gustaría que me diera usted un ejemplo de cuándo le he abandonado en un momento de necesidad.

»Creo que también le resultaría difícil demostrar que yo no he estado dispuesto siempre a asumir personalmente todos los riesgos calculados para conseguir lo que usted quisiera. Demonios, Howard, si alguna de las cosas que hice para poder salir bien librados del asunto de la ABC o para conseguir lo que queríamos con la CEA llegase a saberse, no podría irme nunca a Europa, porque me pasaría el resto de la vida en la cárcel.»

Pero era demasiado tarde. No hubo respuesta. Una vez más, sólo silencio desde el ático.

Hughes estaba realmente enfermo. No tanto como le decía a Maheu, ni su silencio se debía a la enfermedad, pero una neumonía de mediana gravedad y un poco de anemia bastaban para añadir un lúgubre jadeo y una palidez suplementaria a su condición ya grave. Y eso le impedía la fuga que planeaba.

Desde luego, no estaba en condiciones de viajar. Necesitaba una cura rápida. Llamó a su médico local, pero no le permitió realizar ninguna exploración, ningún análisis, ni le dejó tocarle siquiera. Unos meses antes, aquejado de arritmia, se había sometido a regañadientes a un electrocardiograma, y el médico le untó la barba con un poco de pasta de electrodo. Hughes quedó tan afectado por la contaminación, que recuperó instantáneamente el ritmo cardíaco normal.

Esta vez no estaba dispuesto a correr riesgos. Además, él mismo se había diagnosticado y había decidido cuál era el remedio. Lo que el multimillonario quería era sangre: más sangre mormona pura, como la que había recibido hacía dos años.

Las transfusiones eran innecesarias. Su sangre era prácticamente normal. Pero él insistió. «Me hizo mejorar mucho la última vez —le dijo a su médico—. Quiero un poco más.»

Y, desde luego, aquella última dosis de sangre mormona pura resultó útil. Inmediatamente después de la transfusión, Hughes realizó al fin su fuga. Por primera vez en cuatro años, salió de su dormitorio en penumbra... y se trasladó a otro dormitorio idéntico de la misma *suite*.

Podría haberse quedado allí para siempre si acontecimientos ajenos al ático no le hubieran obligado a huir.

Maheu comprendió al fin que sus rivales estaban conspirando contra él, y lanzó un audaz contraataque que precipitó la lucha oculta por el poder. A principios de noviembre, dirigió un telegrama a Chester Davis, retirando al consejero jefe del multimillonario del caso de la TWA.

El propio Hughes había otorgado a Maheu autoridad plena en el asunto poco después de que se le viniese encima el juicio en rebeldía.

«La iniciativa es suya en el caso de la TWA —le había escrito, deseoso de librarse de aquel problemático asunto—. Tengo entendido que delegué en usted todo el asunto de la TWA hace mucho tiempo.

»También es de su incumbencia decidir lo que hay que hacer respecto a la representación legal. Si he de hacerle a usted responsable de los resultados, debo otorgarle plena autoridad para decidir qué abogados quiere que manejen cada fase del asunto.»

Sin embargo, cuando Maheu pretendió ejercer ese poder, sólo consiguió acelerar su propia caída. Chester Davis se negó a abandonar el caso, y el consejo de dirección de Hughes Tool Company, controlado por Holliday, aliado de Davis, revocó la autoridad de Maheu sobre el asunto de la TWA.

Desbordado por el flanco, Maheu apeló a Hughes. Entregó en mano un comunicado al ático solicitando el respaldo del multimillonario. No recibió respuesta. En realidad, el mensaje de Maheu no pasó más allá de los mormones. Siguiendo órdenes de Bill Gay, éstos no se lo entregaron a Hughes. El golpe palatino adquiría así plena fuerza.

Maheu, que ignoraba que su apelación había sido interceptada, sintiéndose cruelmente abandonado, envió a Hughes un segundo comunicado. Los mormones lo entregaron.

«Creo a veces que acaso haya llegado el momento en que baje usted los nueve tramos de escaleras o, mejor aún, que utilice usted el ascensor, para enfrentarse personalmente al mundo de una vez por todas —escribía Maheu, desafiando al eremita a abandonar su santuario—. Tal vez comprendiera usted así mínimamente a la persona que le hace frente constantemente en su nombre y que está a punto de irse a la cama una noche más sintiéndose en una maldita isla solitaria.»

Pronto iba a ser mucho más solitaria. Al cabo de dos días, el 14 de noviembre, Hughes comunicó a sus ayudantes que estaba dispuesto a firmar el poder de que había hablado en agosto, el que daría a Gay, Davis y Holliday autoridad sobre su imperio en Nevada. Davis lo tenía todo preparado. Envió el poder a los mormones, que se lo llevaron a su jefe. El multimillonario se incorporó en el sofá que había instalado en su nuevo dormitorio, colocó el poder sobre un montón de blocs de hojas amarillas y firmó la sentencia de muerte de Maheu. Pero aún no estaba decidido a ordenar la ejecución.

Hughes quería salir primero de la ciudad. Ni siquiera el gas paralizante le asustaba tanto como un enfrentamiento final con el apasionado Maheu.

Howard Hughes realizó su Gran Fuga el 25 de noviembre de 1970, víspera del Día de Acción de Gracias, casi cuatro años después de su llegada a Las Vegas.

No bajó las escaleras andando ni tomó el ascensor, como le había sugerido Maheu; bajó por una escalera de incendios de la parte posterior del edificio. Más bien sus leales mormones bajaron lentamente a aquel inválido de elevada talla los nueve estrechos tramos de escalera.

El multimillonario iba echado en una camilla, vestido por primera vez desde su llegada a Las Vegas, con un pijama azul, del que asomaban unos brazos y unas piernas escuálidos, y que cubría un esqueleto de uno noventa de estatura y sólo cuarenta kilos de peso. La barba rala le había crecido hasta el pecho hundido, y el pelo gris amarillento, de unos sesenta centímetros de largo (llevaba cuatro años sin cortárselo) lo coronaba gallardamente un sombrero pardo de fieltro, de copa totalmente hundida y con el ala bajada sobre la frente. Era un sombrero como los que llevaba en su intrépida juventud, cuando batía todas las marcas de vuelo del mundo. Él mismo había insistido en ponerse aquel sombrero. Podía huir de su reino como un ladrón en la noche, un final nada glorioso de su gran aventura, pero aquel viejo sombrero era un signo de que aún tenía lo que hay que tener.

Se fugó, pues, por una escalera de incendios, le metieron subrepticiamente en un furgón que le esperaba y, por último, le llevaron a bordo de un reactor privado, y sus pilotos, siguiendo órdenes, despegaron en la oscuridad. El avión llevó a su pasajero no identificado directamente a las Bahamas.

A primera hora de la mañana del día siguiente, Hughes estaba seguro y oculto en otro dormitorio en penumbra de otro ático de la novena planta del Britannia Beach Hotel, de Isla Paraíso.

Su gran fuga fue un éxito completo. Hughes había huido de una prisión que él mismo se había construido, para encerrarse en otra sin que nadie se enterara.

Maheu tardó una semana en descubrir que Hughes había desaparecido.

Y sólo tardó luego veinticuatro horas en convertir el asunto en el caso más sensacional de «persona desaparecida» que hubiera presenciado el mundo.

«¡HOWARD HUGHES SE ESFUMA! EL MISTERIO DESCONCIERTA A SUS MÁS ÍNTIMOS COLABORADORES», decía el titular de la primera página del *Las Vegas Sun*. Maheu le había filtrado la noticia a su colega Hank Greenspun, y éste comentaba que quizá el multimillonario hubiera sido raptado, drogado, «sacado en secreto»; podía incluso estar muerto...

Cuando la noticia llegó a Hughes, a su dormitorio de las Bahamas, el multimillonario se puso furioso. Dio curso inmediatamente al poder que privaba a Maheu de todas sus atribuciones y lanzó un último comunicado declarando disuelta su asociación. No iba dirigido a Maheu, sino a su rival Chester Davis.

«Puede usted decirle a Maheu de mi parte que no había decidido retirarle mi apoyo hasta que empezó a jugar este juego del ratón y el gato buscando su propio beneficio personal —escribía Hughes.

»En otras palabras, Maheu no cree en absoluto que yo esté muerto, impedido ni ninguna de las otras acusaciones estrambóticas que ha estado haciendo...

»En consecuencia, cuando empezó a afirmar que mis mensajes no eran auténticos y que me habían raptado y todas las demás acusaciones absurdas...

»Cuando exigió que se le permitiese el acceso a mi apartamento, se proponía hacer juego sucio, ¡nada menos!

»En otras palabras, cuando todo ese sueño de escritor de televisión empezó a desplegarse, pronto se hizo evidente que a Maheu no le interesaba lo más mínimo lo que hubiera de verdad en este asunto.

»Él sabía perfectamente dónde estaba yo —continuaba Hughes—. Llevo más de un año planeando este viaje y lo he hablado con él muchas veces.

»Así que comprendí claramente que Maheu había decidido aprovechar su relación conmigo y con mis empresas hasta el último dólar posible.

»En ese momento fue precisamente cuando llegué a la conclusión de que las acusaciones contra él quedaban plenamente demostradas.

»Hasta entonces, y pese a muchísimas pruebas, yo habría escuchado con gusto sus argumentos sobre el asunto.

»Fue su asombrosa conducta después de mi partida lo que me llevó al convencimiento de que todas las tentativas de explicar tales acciones carecían ya de sentido.

»Si su conducta después de mi partida se redujo a una serie de mentiras, he da dar por supuesto que, en cientos de casos en los que sus afirmaciones chocaban directamente con las de otras personas que llevaban conmigo muchos años de servicio leal y honrado; repito, si ha estado mintiendo desde mi partida, entonces no puedo por menos que pensar, lógicamente, que también mentía en esas otras numerosísimas situaciones en que me vi obligado a elegir entre aceptar las afirmaciones de Maheu o las afirmaciones igualmente apasionadas y, por lo que yo podía determinar, no menos auténticas y veraces de otros asociados míos en los que he aprendido a confiar.

»Hasta este momento —concluía Hughes—, sencillamente no tenía medio de saber quién decía la verdad y quién no.

»Pero la conducta de Maheu después de mi partida ha dejado muy claro todo el asunto.»

No mucho después, John Ehrlichman se encontró a Bebe Rebozo bajando por las escaleras de las habitaciones particulares del presidente en la Casa Blanca. Hablaron en cuchicheos de los extraños acontecimientos que se estaban produciendo en Las Vegas y en las Bahamas. Rebozo se preguntó en voz alta si su compinche Richard Danner sobreviviría a la gran conmoción. Pero no manifestó su verdadero temor: ¿sobreviviría Richard Nixon?

12-9-70

Any word yet from
Chester as to satisfaction
or dissatisfaction with
message?

Chester —

If Mahieu is still
asserting that my mes-
sages from Nossac are
not bona fide, let me
send you a complete
set of finger prints
attached to a copy of my
last message.

If you would make
this offer in front of
members of the press,
with Mahieu present,
I think he would
back down because
he would know that,
upon arrival of the
finger prints, he would

be shown up as the lyar he has been from the start of this entire affair.

You can tell Maheu for me that I had not fully determined in my mind to withdraw all support from his position until he started playing this cat and mouse game for his own selfish benefit.

In other words, Maheu does not believe for one second that I am dead, disabled, or any of the other wild accusations he has been making.

There is not the

slightest fragment of a
doubt in Maher's mind
about the validity and
genuine character of my
messages.

Consequently, when
he started claiming
that my messages
were not genuine and
that I had been ab-
ducted, and all the
other wild charges.

When he demanded
entrance to my apart-
ment (to look for foul
play, no less!)

In other words, when
this entire TV writer's
dream started unfolding,

it soon became obvious
that Mahew had no
concern about the truth
in this matter.

He knew full well
where I was. I have
been planning this trip
for more than a year,
and I had discussed it
with him many times.

So it became clear
that Mahew had decided
to milk his relation-
ship with me and my
companies to the last
possible dollar.

It was only, at this
point, that I decided
the case against Mahew
had been fully and
conclusively proven.

in spite of the massive array of evidence,

Up to this time, I would gladly have listened to his side of the issue.

It was his shocking conduct since my departure that left me feeling all efforts to explain away these actions would be totally without purpose.

And, if his conduct since my departure consisted of a mass of lies, then I must assume that, in hundreds of other instances wherein his contentions were in direct conflict with other of my associates who had been with me for years and years of honest,

loyal service, I repeat
– if he has been lying,
since my departure in
this manoeuvering game
he obviously has been
playing, then I must
assume that he was
lying in these many,
many other situations
wherein I was forced
to choose between
accepting mahen's
contentions or the
equally impassioned
and, so far as I could
tell, equally genuine
and truthful claims
of other of my asso-
ciates whom I have
learned to trust.

Up to this time, I
simply had no way
to know who was telling
the truth, and who was

nat.

But Maher's actions since my departure have made this entire situation very clear.

Please let me know what further I can do to clear this matter up,

Howard

Epílogo 1

WATERGATE

«Esto es para Haldeman —dijo Richard Nixon, hablando para la grabadora a bordo del avión presidencial. El presidente acababa de concluir un retiro de diez días en San Clemente, en el que estuvo planeando su campaña para la reelección y cavilando a solas con Bebe Rebozo, y ahora volaba hacia la Universidad de Nebraska a "forjar la alianza de las generaciones". Pero su pensamiento estaba en otra parte, centrado en otra alianza; una alianza que tenía que destruir para que no le destruyese a él.

»Parece que se acerca la hora de que Larry O'Brien responda del dinero que ha recibido de Howard Hughes —declaraba Nixon, pasando al ataque, en su mensaje a Haldeman—. Bebe tiene cierta información sobre esto, aunque no es sólida, claro. Pero no hay duda de que uno de los hombres de Hughes ha dado a O'Brien mucho dinero por "servicios prestados" en el pasado. Quizá debiera comprobarlo Colson.»

Era el 14 de enero de 1971. Hacía sólo seis semanas de la gran fuga de Howard Hughes, y las desagradables consecuencias de la ruptura de Hughes y Maheu tenían a Nixon presa de un terror mortal.

Lo que más le obsesionaba no era el dinero que O'Brien hubiera recibido de Hughes, sino el que había recibido él: aquellos cien billetes de mil guardados en la caja de seguridad de Bebe Rebozo. A lo largo de su mandato, Nixon había oído latir aquel corazón delator, y tenía cada vez más miedo a que lo oyeran también otros, a que descubrieran muy pronto el soborno de cien mil dólares que su compinche Danner había entregado a su compinche Rebozo; temía que otro desagradable escándalo relacionado con Hughes le costara la Casa Blanca, como la vez anterior.

Nixon no había logrado superar la derrota de 1960. Aún le obsesionaba aquella derrota por un estrecho margen frente a Kennedy, y aún culpaba de ella al escándalo del «préstamo» de Hughes: aquellos 205 000 dólares no devueltos que recibió su hermano del multimillonario. Sin embargo, Nixon había aceptado más dinero de Hughes. Aquel maldito fajo de billetes de mil dólares. Y ahora, con el imperio de Hughes escindido en una agria lucha por el poder, Nixon estaba seguro de que saldría a la luz su horrible secreto acusador.

Aquella misma mañana, antes de salir de la Casa Blanca del Oeste, el presidente había leído un artículo del *Los Angeles Time* que explicaba que Maheu tenía la intención de demandar a su antiguo jefe, al que reclamaba una indemnización de 50 millones de dólares. Aunque el recluso no compareciese, era probable que saliesen a la luz pública comunicados de Hughes requisados por el tribunal de Nevada. De hecho, el temido Jack Anderson declaraba que había visto algunos.

Cuanto más cavilaba, más aterrado se sentía Nixon y más se centraba en Larry O'Brien. *El* seguía impune. El odiado jefe de la banda de los Kennedy, el hombre que le había derrotado en 1960 explotando el escándalo del préstamo de Hughes, estaba recibiendo 15 000 dólares al mes del multimillonario mientras actuaba como presidente sin sueldo del Comité Nacional Demócrata. Nixon quería venganza. Estaba empeñado en desenmascarar a O'Brien como cabildero secreto de Hughes. Quería que O'Brien pagase como había pagado él.

Pero ahora, a bordo del avión presidencial, asediaba al presidente una idea más lúgubre: el miedo terrible a que O'Brien *supiese...*, a que se hubiera enterado de algún modo por su amos ocultos de todo el secreto del dinero de Hughes guardado en la caja de Bebe.

Nixon no podía decírselo así a Haldeman. No podía decirle a su jefe de equipo: «¡Dios mío, O'Brien debe de saberlo! Tenemos que averiguar qué ha descubierto. Tenemos que engancharle a él antes de que él me enganche a mí.» Nixon no podía decir eso porque Haldeman no estaba enterado. Ninguno de los hombres del presidente lo sabía. Sólo compartía aquel secreto Rebozo. Así que Nixon ordenó a Haldeman que cazara a O'Brien.

—Vamos a atrapar a O'Brien en esto, como sea —le dijo el presidente al día siguiente en Washington.

Convocó a Haldeman al Despacho Oval y le dijo:

—O'Brien no va a quedar impune en este asunto, Bob; vamos a conseguir pruebas de su relación con Hughes... y a enterarnos de qué es exactamente lo que está haciendo por ese dinero.

Se inició así una desesperada campaña encubierta. Una campaña que acabaría con los hombres de Richard Nixon atrapados cuando buscaban los secretos de Howard Hughes en el despacho de Larry O'Brien... en Watergate.

En las Bahamas, Hughes nada sabía de la intriga de altos vuelos que involuntariamente había provocado en Washington. En realidad, nada sabía de lo que ocurría fuera de su nuevo dormitorio en penumbra.

Estaba al fin seguro. Tan seguro en el ático de su retiro de Isla Paraíso como un preso en una celda de castigo. Un guardia armado custodiaba el ascensor, y otro permanecía en una habitación cerrada, separado de Hughes por otra habitación cerrada, vigilando el resto del hotel mediante cámaras de televisión de circuito cerrado. Un tercer guardia patrullaba la azotea con un perro feroz especialmente adiestrado.

Pero Hughes ya no era únicamente prisionero de sí mismo. Con Maheu fuera de escena, sus ayudantes mormones habían asumido todo el control, decididos a mantener a su jefe inmovilizado y aturdido en la cama.

Hughes estaba totalmente aislado del mundo, a miles de kilómetros de todas las ciudadelas de su imperio, regidas ahora por individuos prácticamente desconocidos. Ya no enviaba comunicados manuscritos secretos en sobres cerrados a un regente de confianza; ya casi no escribía comunicados. Eran los mormones quienes controlaban todos su contactos con el exterior. Hughes les dictaba a ellos sus mensajes y recibía todas las respuestas a través de ellos. Y sólo sabía lo que ellos querían que supiese.

Ya no leía los periódicos. Había dejado incluso de ver la televisión. La recepción era tan deficiente en su retiro isleño que, tras un día de inútiles esfuerzos, renunció. Para conseguir una visión clara en su dormitorio, barajó durante unas semanas la posibilidad de utilizar uno de los treinta satélites que su imperio tenía orbitando el globo, pero pronto abandonó también esa idea.

En vez de televisión, veía películas, convirtiendo su ático en un teatro del absurdo en penumbra, proyectando una película tras otra, o la misma varias veces seguidas, con frecuencia hasta diez y veinte, y algunas de sus películas preferidas más de un centenar de veces. Las bandas sonoras atronaban constantemente, como antes la televisión. Pero, a diferencia de la televisión, las películas nada le decían del mundo real que quedaba más allá de las ventanas bloqueadas.

Atrapado en sus fantasías de celuloide, Hughes se pasaba los días desnudo, echado en un sofá cubierto de toallitas de papel, del que raras veces se movía, ni siquiera para dormir. Las úlceras de decúbito se le enconaron de tal modo que exigieron una intervención quirúrgica. Hughes obligó al médico a realizarla en la habitación del hotel. Pero el hueso de un omoplato seguía asomándole por la piel apergaminada de su cuerpo esquelético: una llaga abierta de 12 centímetros de longitud que rozaba continuamente la superficie dura del sofá.

—Deberíamos traer un sofá más blando —aconsejó, solícito, uno de sus mormones—, y debería esforzarse al máximo y no pasar tanto tiempo en el sofá... Al menos, duerma en la cama. El doctor Chaffin me dijo que si insiste usted en pasarse casi todo el tiempo en el sofá, lo más probable es que recaiga. Comentó que debería coger ese sofá y tirarlo por el balcón.

Pero Hughes se negaba a moverse. Y sus mormones satisfacían sus caprichos, complacían a su prisionero. Le proyectaban sus películas, le ponían sus enemas y le llevaban su codeína.

Hughes estaba inyectándose más que nunca, una cantidad inverosímil que oscilaba entre los 50 y los 60 gramos diarios, más del doble de la que se inyectaba en Las Vegas. Los médicos intentaban de vez en cuando reducir la dosis.

«El uso excesivo de la sustancia» —advertían— le había afectado «hasta el extremo de que no está usted en condiciones físicas ni mentales, en ningún momento, de disfrutar del día ni de tomar decisiones financieras».

Pero eso ya apenas le importaba. Raras veces hacía ya negocios. En realidad, raras veces hacía algo. Su vida se había adaptado a una pauta que apenas cambiaría durante el resto de su existencia; una pauta que sus mormones reseñaban meticulosamente, llevando por orden suya relación detallada de las actividades de un hombre que prácticamente no hacía nada.

Los días se iban sucediendo y Hughes se trasladaba del «sofá» al «C/B» (cuarto de Baño) y vuelta de nuevo al sofá. Y sus movimientos eran registrados meticulosamente:

DOMINGO 6.55 mañana Dormido
11.15 mañana Despierta, C/B
11.35 Sofá, proyección *Situation hopeless but not serious* (completa salvo últimos cinco minutos rollo tres)
1.30 10 gramos
1.50 C/B
2.10 Sofá. Se reanuda proyección *The killer*
3.30 Comida: *sólo* pollo
4.20 Comida terminada
Termina proyección *Situation hopeless but not serious*
Proyección *Do not disturb* (se puede devolver)
6.45 C/B
7.00 Sofá
7.45 Proyección *Death of a gunfighter* (sólo un rollo)
8.25 C/B
8.45 Sofá
9.00 Proyección *The killers*
9.35 Pollo y postre. Termina proyección *The killers*
11.25 C/B
11.50 Cama. Cambio de vendaje. No duerme

De vez en cuando, Hughes anotaba instrucciones importantes en los diarios: «Llevar la almohada cogida por la costura de abajo» o «HRH dice que no se traigan más películas del Oeste italianas» o «John debe adquirir más # 4» (Empirin, un preparado que contiene codeína), o «A partir de ahora, cuando pida sus píldoras, denle todo el frasco (no unas cuantas en un kleenex)» o, más tristemente, «Él no quiere que vuelvan a dejarle dormir en el cuarto de baño».

De pronto, después de llevar tres meses encerrado en su dormitorio de las Bahamas, Howard Hughes decidió soltar amarras, desplegar las velas y trasladar su puesto de mando a un yate.

«No sé cuántos veranos me quedan —escribía aquel eremita de sesenta y cinco años en rápida decadencia—, pero no pienso pasarlos encerrado en la habitación de un hotel en un canapé.

»La oferta de barcos en la zona de Miami está ahora en su mejor momento. Pero algunos de los más notables están en Europa, y si tuviese que elegir uno de ésos, puede que me decida a pasar el verano en la zona mediterránea.»

Era evidente que Hughes se sentía optimista (casi podía percibir ya las brisas marinas), pero pronto los mormones le hicieron arriar velas. No podían permitir que se les escapara el prisionero.

—En relación con el posible plan de trasladarse a un barco, hay un aspecto de seguridad que habría que tener en cuenta —advirtieron las ayas, esgrimiendo el espectro de Robert Maheu.

El depuesto secuaz no había permanecido ocioso. Aún luchaba ferozmente por recuperar su poder perdido, y había enviado a un grupo, al mando de su hijo, a espiar a Hughes en las Bahamas. La misión no había tenido éxito. La banda de Maheu fue derrotada por una entidad rival de «capa y espada» (Intertel), la agencia de investigación privada que trabajaba para Hughes, pero que informaba a los mormones.

—Once personas fueron detenidas en las habitaciones situadas debajo de las nuestras, con micrófonos y otros aparatos de escucha —informaron los mormones a Hughes con retraso—. Tenían, entre otras cosas, un cheque de Peter Maheu de 10 000 dólares y comprobantes del Frontier.

»Todo esto es bastante grave, pero el FBI cree muy probable que no se tratara de un simple caso de espionaje. Basándose en el número de personas implicadas y en su clase, consideran más probable que nos hallemos ante un intento fallido de rapto.

»Si así fuera, no resultaría aconsejable trasladarnos al barco, donde seríamos mucho más vulnerables que aquí y que en cualquier otro lugar situado en tierra.»

El desagradable recordatorio de que el repudiado Maheu seguía en la brecha (y aún era peligroso) hizo esfumarse en seguida la fantasía del yate. Hughes se resignó de nuevo a su sofá, volvió a sus películas y a su codeína, y de nuevo se olvidó del mundo que había fuera del dormitorio.

Pero la lucha por el control de su imperio (la batalla que seguían librando en Las Vegas Maheu y los mormones) alimentaba sin cesar la paranoia de Richard Nixon e iba enredándose progresivamente en las actividades encubiertas que el presidente planeaba desde la Casa Blanca.

Chuck Colson estaba muy excitado. El matón de Nixon acababa de enterarse de ciertas noticias increíbles.

Larry O'Brien había quedado desplazado. Los mormones habían puesto en su lugar a un mormón. Howard Hughes tenía un hombre nuevo en Washington, Robert Foster Bennett, un republicano muy de fiar, y, lo mejor de todo, un viejo camarada de Chuck Colson.

—Estoy seguro de que no hace falta aclarar las implicaciones políticas de que los asuntos de Hughes en Washington' los lleve un amigo íntimo —graznaba Colson, difundiendo la buena nueva por la Casa Blanca—. Esto podría ser indicio de un gran cambio en la influencia política y el dinero que representa Hughes.

Colson, como el resto de la banda de Nixon, ignoraba que el presidente tenía ya una línea de comunicación privada con el multimillonario, y que no estaba buscando un nuevo medio de llegar al dinero de Hughes sino el medio de ocultar el dinero que ya tenía en la mano.

Había muchísimas otras cosas que Colson ignoraba de su compinche Bob Bennett. Por ejemplo, que Bennett tenía otro gran cliente: la CIA. Bennett, un oscuro burócrata de la Secretaría de Transportes hasta que entró en la órbita de Hughes con el asunto del gas paralizante de las Bahamas, se había convertido de pronto en el eje de tres poderosas fuerzas (Hughes, Nixon y la CIA), y nunca se aclararía a cuál de las tres era verdaderamente leal. Pero el misterioso mormón nunca andaría lejos de los acontecimientos que acabaron expulsando a Nixon de la Casa Blanca.

Sin embargo, el presidente seguía con la idea fija de liquidar a O'Brien. El que hubiera quedado desplazado no cambiaba nada. Nixon aún quería cazarle. Haldeman no había asignado esa misión a su rival Colson, como propusiera Nixon, sino a un nuevo recluta, un joven y ambicioso asesor de la Casa Blanca llamado John Dean.

Pero Dean no conseguía nada. Llamó a Bebe Rebozo, pero éste no hizo más que repetir lo que ya le había dicho a Nixon. Nada realmente en firme. Y el compinche del presidente añadió un comentario inquietante: «Él [Rebozo] solicitó que si se emprendía alguna acción relacionada con Hughes se le notificase, debido a su familiaridad con los aspectos delicados de las relaciones como consecuencia de sus propios tratos con la gente de Hughes.»

Desconcertado y un tanto nervioso, Dean recurrió al detective de la Casa Blanca, Jack Caulfield, antiguo funcionario de la policía de Nueva York, y ahora a cargo de tareas demasiado sucias como para confiárselas a organismos oficiales (poner escuchas a periodistas, espiar a Teddy Kennedy, vigilar al hermano del presidente).

Aunque Caulfield no consiguió encontrar pruebas de la relación O'Brien-Hughes, su instinto de policía veterano le dictó que allí había problemas. Problemas graves. Buscando las inmundicias de O'Brien, se encontró con las de Nixon. Intentó convencer a Dean para que se dejara correr el asunto.

«La revelación de que existe una relación O'Brien-Maheu plantea graves peligros si se pretende hacer responsable a O'Brien del dinero que haya recibido de Hughes —advertía Caulfield—. Las actividades dudosas y los contactos de Maheu en círculos tanto demócratas como republicanos, sugieren la posibilidad de que si se presiona excesivamente a O'Brien en este asunto podrían salir a relucir al mismo tiempo trapos sucios republicanos.

»Al parecer, Maheu fue quien entregó personalmente las aportaciones políticas de Hughes a ambos partidos durante los últimos diez años. El antiguo agente del FBI Dick Danner ha sido ayudante de Maheu. Danner es muy amigo de Bebe Rebozo.

»A medida que se acerca uno a los asuntos de Maheu se hace patente que sus tentáculos llegan a muchos sectores sumamente delicados del gobierno, cargados todos de posibilidades para dar pie a un escándalo tipo Jack Anderson.

»Existe en esto un riesgo grave de contraescándalo si actuamos precipitadamente.»

Dean estaba casi a punto de retirarse del asunto cuando llegó Chuck Colson con el misterioso Bob Bennett detrás. Colson no estaba dispuesto a que le dejaran al margen de aquella intriga, y su compinche Bennett tenía la versión interna del asunto de O'Brien.

Dean informó de ello a Haldeman: «Me informa Bennett que no hay duda respecto al hecho de que Larry O'Brien recibía un sueldo de Howard Hughes. Está seguro de que si fuese necesario documentarlo podría obtener información de la gente de Hughes, pero sería con el sobreentendido de que la documentación no se utilizaría de ningún modo que pueda resultar embarazoso para Hughes.»

A instancias de Nixon, temeroso de que Colson se llevase toda la gloria, Haldeman ignoró las señales de peligro y exigió acción.

«En cuanto vuelva Bennett para entregarle su informe final —ordenó a Dean—, reúnase con Chuck Colson y busquen un medio de filtrar la información adecuada. Francamente, no veo forma de resolver esto sin implicar a Hughes, así que el problema de que "pueda resultarle embarazoso" me parece que se reducirá a una cuestión de grado. Sin embargo, deberíamos mantener a Bennett y a Bebe al margen de esto a toda costa.»

Pero el informe final de Bennett no fue lo que la Casa Blanca esperaba. En vez de transmitir noticias sobre O'Brien, regresó a Washington de una reunión con el nuevo alto mando de Hughes en Los Ángeles para proponer una investigación penal de Robert Maheu.

El asunto de O'Brien era «franco», decía Bennett, y sacarlo a la luz no haría más que resucitar los viejos escándalos de Nixon. Probablemente O'Brien supiese todo lo que sabía Maheu. Y Maheu lo sabía todo. Había dirigido todas las actividades políticas de Hughes y ahora estaba relacionado con delincuentes notorios. El verdadero problema era Maheu, no O'Brien.

El confuso monólogo de Bennett dejó desconcertado a Dean. ¿Intentaba utilizar la Casa Blanca para atacar a Maheu en beneficio de los mormones, como parecía a primera vista, o estaría jugando sutilmente con la paranoia de Nixon: olvidaos de O'Brien, *sabe demasiado*?

Pero Dean había oído suficiente. Le dijo a Haldeman que estaban «navegando en aguas peligrosas». Y también Haldeman se mostraba dispuesto a dejar correr todo el asunto.

Pero Nixon, no. Todos los hombres del presidente estaban ya incómodos por la investigación de Hughes (hasta Rebozo parecía nervioso), pero el presidente presionaba aún más. Sus más graves temores respecto a O'Brien habían quedado confirmados. Si O'Brien sabía realmente lo de los tratos Hughes-Nixon, era imprescindible neutralizarle.

—O'Brien no quedará impune —le dijo Nixon una vez más a Haldeman.

Todo el mundo iba siempre a por él cuando se hablaba de conexiones con Hughes (aprovechándose, incluso, de aquel «tiro fácil» contra su propio hermano), y sin embargo nadie intentaba desenmascarar a O'Brien. Nixon quería la prueba, toda la historia, todos los trapos sucios, y lo quería en seguida. Convirtió su exigencia en un estribillo que repetía a todas horas.

Mientras Nixon esperaba impaciente a que su banda atrapara a O'Brien, la banda de Hughes, incapaz de conseguir ayuda de la Casa Blanca, realizaba sus propias maniobras para atrapar a Maheu... y atrapó sin querer al presidente, en un fuego cruzado mortífero.

En Las Vegas, Intertel instigó una investigación del servicio de recaudación fiscal contra Maheu. La maniobra resultó fatídica. La investigación, que empezó como una conjura contra Maheu, se convirtió pronto en una auditoría general de todo el imperio Hughes, volviéndose primero contra el propio Hughes y, finalmente, contra Richard Nixon.

Pero Maheu sólo pensaba en sus propios problemas con el servicio de recaudación fiscal. Estaba seguro de que la investigación la había mandado hacer la Casa Blanca. Convencido de que Nixon se había unido a Hughes, de que el presidente estaba conspirando contra él, de que el FBI y la CIA también estaban preparados para el ataque, Maheu lanzó un disparo de advertencia al Despacho Oval.

La columna de Jack Anderson apareció el 6 de agosto de 1971.

«Howard Hughes dio instrucciones a su antiguo factótum Robert Maheu de ayudar a Richard Nixon a obtener la presidencia "bajo nuestro patrocinio y supervisión" —informaba Anderson—. Al parecer Maheu sacó 100 000 dólares del Silver Slipper, un casino de Hughes, para la campaña de Nixon. Richard Danner, ejecutivo de Hughes, entregó el dinero a Bebe Rebozo, confidente de Nixon.»

La peor pesadilla de Nixon se había hecho realidad. El soborno de Hughes quedaba al descubierto.

Rebozo llamó de inmediato a Danner, exigiendo, furioso, que se le dijera cómo se había enterado Anderson. La respuesta de Danner fue el golpe final. Anderson le había llamado para comentar el asunto, y había dicho: «No lo niegues, porque he visto el comunicado que lo explica todo con detalle.» Se lo había enseñado Maheu.

Anderson tenía pruebas documentales. No había salida. Aun así, él llamó al soborno «contribución a la campaña». Evidentemente, una argucia. Nixon esperaba horrorizado a que estallase todo aquel asunto.

Y no ocurrió nada. No ocurrió nada aquel día, nada aquella semana, nada en todo aquel mes. El asunto pasaba simplemente inadvertido.

Luego, de improviso, a finales de septiembre, Hank Greenspun, compinche de Maheu y director del *Las Vegas Sun*, volvió bruscamente a sacar a colación el caso.

El presidente se había detenido en Portland, Oregon, para mantener una entrevista con directores de periódicos de la Costa Oeste, camino de Alaska para entrevistarse allí con el emperador del Japón. Greenspun abordó a Herb Klein, delegado de prensa de la Casa Blanca, y le dijo que tenía un artículo que podía «hundir a Nixon». Se había enterado de que una aportación de Hughes de

100 000 dólares había sido utilizada para arreglar la finca que tenía el presidente en San Clemente.

Cuando la noticia de la bomba de Greenspun llegó a Washington, a oídos de John Ehrlichman, éste envió inmediatamente a Las Vegas al abogado personal del presidente, Herb Kalmbach. Kalmbach se hospedó en el Sahara y celebró una entrevista de casi cuatro horas con Greenspun. Tardó en plantear el asunto del dinero de Hughes, como si no quisiera que el director se diese cuenta de que era eso lo que le preocupaba realmente. Y cuando Kalmbach sacó por fin el asunto a colación, fue sólo para negar que el dinero de Hughes se hubiera invertido en San Clemente.

—Yo sé de dónde procedía cada dólar —dijo el abogado—. Y puedo asegurarle que ninguno venía de Hughes.

Hecho esto, Kalmbach empezó a sonsacarle a Greenspun los trapos sucios de Larry O'Brien.

Aunque Kalmbach no lo sabía, Greenspun se había acercado inquietantemente a la verdad; sólo se había equivocado de casa, pues Nixon gastó al menos parte de los 100 000 dólares en reformar su residencia de Cayo Vizcaíno.

El nudo se apretaba; y unas semanas después, Bob Bennett comentaba a Chuck Colson que Maheu había robado documentos guardados en la caja fuerte de Hank Greenspun.

A principios de diciembre, la misma investigación del servicio de recaudación fiscal contra Maheu, instigada por Intertel, empezó a volverse contra Nixon. Una verificación contable de la estafa de las concesiones mineras de John Meier reveló que el hermano del presidente había estado involucrado en el asunto. Y, peor aún, un informador explicó a los agentes del fisco que «Bebe Rebozo aconsejó a John Meier que eludiese la entrevista del servicio de recaudación fiscal debido a la participación de Don Nixon».

Pronto empezaron a llegar a la Casa Blanca una serie de «informes delicados» de aquel servicio, que pasaba a John Ehrlichman el hombre de Nixon en la oficina del comisionado. Se detallaba en ellos las aventuras de Donald con Meier: no sólo las explotaciones mineras falsas, sino negocios inmobiliarios y relacionados con valores, en los que estaban complicadas personalidades del delito organizado, vacaciones hawaianas pagadas por Meier (pero que era Hughes, en último término, quien se hacía cargo de la factura), viajes a la República Dominicana para oscuras aventuras conjuntas con altos dirigentes del gobierno de la isla.

Meier, del que ya se sabía que había robado millones a Hughes, afirmaba incluso haber mantenido reuniones secretas con el presidente. «Un análisis de los comprobantes de gastos presentados por Meier a la Hughes Tool Company —indicaba un informe del servicio de recaudación fiscal— muestra que Meier y su esposa, acompañados por Donald Nixon y la suya, viajaron a Washington para evacuar consultas con el presidente electo Richard Nixon el 21 de noviembre de 1968.»

Ehrlichman mantenía al corriente a Nixon cuando la investigación del servicio de recaudación fiscal apuntaba hacia la Casa Blanca. En una de estas ocasiones, el presidente explicó a su jefe de asuntos domésticos la «verdadera historia» del viejo escándalo del «préstamo» de Hughes. Nixon, que había organizado personalmente toda aquella transacción, decía ahora que no tenía nada que ver con ella. Nunca supo siquiera que el dinero procedía de Hughes. Lo único que llegó a saber era que su madre había pedido dinero prestado a un contable para ayudar a su hermano.

Ehrlichman comprendió. El presidente le estaba dando la versión oficial, preparándola, disponiéndose para la reaparición del escándalo que le había costado las elecciones de 1960.

Nixon estaba claramente alterado. Vociferaba sin cesar contra su «estúpido hermano», que se había vuelto a dejar enredar con Hughes. Ni una sola vez mencionó sus propios 100 000 dólares. Pero Nixon ya sabía que Rebozo estaba también incluido en las investigaciones del servicio de recaudación fiscal. Y debía estar preguntándose cuánto tardarían los agentes en seguir las indicaciones de Jack Anderson y abrir la cajita metálica de Bebe.

Pero no fue Bebe, ni el hermano del presidente, ni Anderson, ni el servicio de recaudación fiscal, ni Maheu, ni Bennett, ni Greenspun quien desencadenó la serie final de acontecimientos que desembocarían en la caída de Nixon.

Fue Clifford Irving.

El novelista expatriado había estado siguiendo desde Ibiza la extravagante historia de la lucha por el control del imperio secreto de Hughes. El novelista llegó a la conclusión de que el millonario estaba muerto o incapacitado (desde luego, no estaba en condiciones de comparecer ante el público) y eso le dio una idea. Cocinaría su propia historia y la presentaría al mundo como la autobiografía de Howard Hughes.

El golpe se anunció el 7 de septiembre de 1971. McGraw-Hill comunicó que publicaría en breve las memorias personales de Hughes, la verdadera historia de su vida tal como se la había contado a Clifford Irving.

La noticia causó sensación en todo el mundo. La organización Hughes calificó el libro de fraude, pero como el propio multimillonario seguía invisible y mudo, esta circunstancia añadía más leña al fuego. Y en ninguna parte despertó más interés el libro que en la Casa Blanca.

Haldeman mandó a Colson y a Dean enterarse de lo que había en el manuscrito de Irving. Bennett estableció contacto rápidamente, poniendo en marcha una nueva investigación penal de Maheu, que estaba seguro era quien le había sugerido la idea a Irving, le había suministrado información interna sobre Hughes, y había orquestado toda la operación.

—¿Es duro el libro en relación con Nixon? —preguntó Dean.

—Sí —contestó Bennett—; durísimo.

Haldeman empezó a recibir informes del FBI sobre el asunto Irving directamente de J. Edgar Hoover, y por último la Casa Blanca consiguió un ejemplar del manuscrito, aún secreto, a través de un contacto en McGraw-Hill.

El manuscrito era sorprendente. Irving afirmaba que Hughes había pasado a Nixon 400 000 dólares cuando este último era vicepresidente, a cambio de arreglar el asunto de la TWA. Era una corazonada inspirada, y la cifra de 400 000 dólares probablemente se acercase mucho a la verdad.[1] A Nixon debió parecerle que Irving sabía la verdad, y poco importaba que se la hubiese contado Maheu o el propio Hughes.

Y el imaginativo Irving no había hecho más que empezar. Luego vino su historia del gran doble juego. Fue el propio Hughes quien torpedeó a Nixon en 1970. Furioso porque éste no había cumplido el acuerdo sobre la TWA, el malhumorado anacoreta filtró intencionadamente el «escándalo del préstamo» al periodista Drew Pearson.

«Nadie levantó una mano para ayudarme —ponía Irving en boca de Hughes—, así que le filtré los datos del asunto a Drew Pearson. Hice que alguien le dijera al oído dónde tenía que mirar. Pero, en fin, ya no sé si eso decidió las elecciones o no.»

Y allí estaba sentado Richard Nixon, leyendo aquello en el Despacho Oval (cuando acababa de bombardear a su benefactor en Las Vegas y de gasearle en las Bahamas). Richard Nixon, que tenía otros 100 000 dólares en dinero secreto de Howard Hughes.

Viernes 7 de enero de 1972. Un día como cualquier otro en el ático de Isla Paraíso. Salvo que este día Howard Hughes rompería con más de quince años de silencio público y se dirigiría al mundo.

Llevaba despierto desde las 11.30 de la noche anterior, no preparándose para su gran debut, sino sentado en su sofá viendo una película de espías, *Funeral en Berlín*. La vio dos veces seguidas, mientras iba picando de un trozo de pollo, interrumpiendo el ágape y la película para frecuentes e inútiles viajes al cuarto de baño.

A las 12.45 concluyó al fin la sesión doble. Hughes cogió su caja metálica negra, sacó un frasco y contó sus tabletas de codeína. Le quedaban cincuenta. Cogió ocho valiosas pildoritas blancas, las disolvió en agua pura de manantial embotellada, y se inyectó en su brazo largo y esquelético.

Luego, se retrepó en el sofá, sintiendo de nuevo aquel embate cálido y delicioso, y solicitó una tercera proyección de *Funeral en Berlín*.

El recluso no descolgó el teléfono y se dispuso a atender a la prensa hasta las 6.45. Hacía ya un mes que Clifford Irving le había convertido en centro invisible de la atención mundial, y ahora el propio hombre enigma estaba dispuesto a hablar. A 4 500 kilómetros de distancia, al otro extremo de la líneas, siete periodistas cuidadosamente seleccionados esperaban en un hotel de Hollywood.

La voz de ultratumba se desembarazó rápidamente de Irving:

—No le conozco. No le he visto nunca. Jamás había oído hablar de él hasta hace unos días, cuando me enteré del asunto.

---

1. Contando los 205 000 «prestados» a Donald, el coste de la operación encubierta de Maheu para aplastar el movimiento anti-Nixon en 1956 y las aportaciones no declaradas para la campaña electoral, incluido el «firme apoyo» que Hughes dio en secreto a Nixon en 1960, los 400 000 dólares de Irving se acercaban bastante a la verdad. Y nadie sabía nada de la mayor parte de ese dinero, salvo Hughes.

¿Hace unos días? ¿Dónde estaba él? Y por entonces había otro gran enigma. ¿Seguía vivo Hughes, era un fantasma o aquella voz del teléfono era la de un impostor?

La mayor parte de la conferencia de prensa estuvo consagrada a «preguntas de identificación». Hughes, vacilante al principio, incómodo, pronto empezó a disfrutar con aquel gran juego de preguntas. En su cabina aislada, no del todo seguro de lo que perseguían los periodistas formulando todas aquellas preguntas arcanas sobre sus hazañas del pasado, Hughes no quería, sin embargo, dejarse enredar. Respondió muy bien a las preguntas relacionadas con la aviación, pero falló muchísimas fáciles sobre la gente.

Allí sentado, desnudo, con el pelo hasta media espalda, las uñas protuberantes, Hughes desechó despreocupadamente las historias que corrían sobre su extravagante apariencia.

—Me mantengo en buena forma —contestó cuando le preguntaron por su estado físico, y luego se lanzó a una larga disquisición sobre su manicura diaria—. Siempre me he dejado las uñas de un tamaño razonable. Me las cuido como me las he cuidado siempre, lo mismo que cuando andaba por el mundo y que cuando el vuelo del barco volador. Me las arreglo con un cortaúñas, no con tijeras y lima, como hacen algunos.

Prometió fotografías a la prensa, pero cuando sus ayudantes le sugirieron más tarde que se las enviase («tendría que procurar que le arreglaran el pelo y las uñas lo antes posible y, si se siente capaz de ello, que le tomen una foto»), Hughes dio marcha atrás horrorizado.

«Esto no es un concurso de belleza —escribió—. Lo único que me piden es que demuestre que estoy vivo y en condiciones.»

Pero en la conferencia de prensa Hughes sólo mostró en una ocasión verdadera cólera. Y no iba dirigida contra Clifford Irving sino contra Robert Maheu. Cuando le preguntaron por qué había despedido a su «regente», se puso furioso.

—¡Porque es un inútil, un hijo de puta estafador que me robó a manos llenas! —gritó—. El dinero se ha ido y él se lo ha llevado.

Casi de pasada, hacia el final de la entrevista de tres horas, le preguntaron por las supuestas relaciones con Nixon y Rebozo.

—Desde luego, con Rebozo ninguna —contestó Hughes, hablando con la misma tranquilidad que sobre sus uñas—. Ahora bien; respecto al señor Nixon, he procurado no molestarle desde que está en el cargo, y no he hecho ningún intento de establecer contacto con él.

Terminada la conferencia de prensa, Hughes volvió a retreparse para ver otra película, *Topaz*, se inyectó otros cuatro gramos de codeína y se pasó toda la noche en vela para ver una cuarta y una quinta proyección de *Funeral en Berlín*. Por último, a las once de la mañana siguiente, se tomó cuatro somníferos y se quedó dormido.

El presidente, con su paranoia relacionada con Hughes en aumento constante, había estado presionando a sus hombres para que organizasen una operación de espionaje encubierta para su campaña de reelección de 1972.

Nixon ya tenía una fuerza policial secreta que actuaba desde el sótano de la Casa Blanca, pero aquella banda, los «fontaneros», manejaban «filtraciones de seguridad nacional». Lo que ahora quería el presidente era un equipo que actuara contra los demócratas. La incapacidad de su equipo para cazar a Larry O'Brien demostraba que era necesario contratar a algunos auténticos profesionales.

Para dirigir la nueva banda, el director de campaña de Nixon, el fiscal general John Mitchell, eligió a un antiguo agente del FBI, G. Gordon Liddy. Liddy, un fanático de las armas a quien le gustaba ver viejas películas de propaganda nazi, se había estrenado ya como fontanero, organizando un allanamiento en las oficinas del psiquiatra de Daniel Ellsberg.

Se presentó a trabajar en el comité para la reelección del presidente el 8 de diciembre de 1971, al día siguiente de haberse anunciado por primera vez el libro de Clifford Irving. Y ahora, mientras Liddy preparaba su plan de espionaje, la lluvia radiactiva de la bomba de Irving puso la paranoia de Nixon en ebullición rápida.

La extraña conferencia de prensa del multimillonario había contribuido a centrar aún más la atención en Irving, en el propio Hughes y en Nixon.

Todo se juntó el 16 de enero de 1972 en un titular de primera página del *New York Times*: «LOS LAZOS HUGHES-NIXON DESCRITOS EN UN LIBRO.» El artículo explicaba que Hughes había facilitado a Irving todos los datos de su relación con Nixon, pero no daba detalles. Al cabo de una semana, el *Times* revelaba que cuando Bobby Kennedy era fiscal general, investigó en secreto las relaciones Hughes-Nixon y estudió la posibilidad de procesar al propio Nixon y a miembros de su familia. Aquel reportaje enfureció de modo particular al presidente, que llamó a Bobby «cabroncete sin escrúpulos».

—¡Quería entablar un proceso contra mi madre! —exclamó Nixon, añadiendo que eso era típico de los Kennedy.

Y aquel mismo día, 24 de enero, el igualmente temido y odiado Jack Anderson repitió la afirmación de que Nixon había recibido 100 000 dólares de Hughes por mediación de Rebozo, añadiendo esta vez que tenía una «prueba documental» irrecusable.

Aun así, no pasó nada, y el presidente siguió manteniendo su silencio angustiado sobre el soborno, esperando una vez más que estallase toda la historia. Estaba claro que la prensa y los Kennedy se habían lanzado de nuevo contra él, para destruirle con otro escándalo relacionado con Hughes.

Y la munición que necesitaban estaba en aquel momento encerrada en una inmensa caja fuerte verde, en una oficina de un periódico de Las Vegas, bajo una fotografía autografiada de Richard Nixon.

El 3 de febrero, el *New York Times* informaba de que Hank Greenspun, el compinche de Maheu, de quien se sabía que era también amigo de Jack Anderson, tenía 200 comunicados secretos de Hughes, algunos escritos a mano por el propio multimillonario dando «instrucciones precisas sobre las medidas que convenía tomar en asuntos delicados».

A las once en punto de la mañana siguiente, G. Gordon Liddy presentó su planes de espionaje a John Mitchell, en el despacho del fiscal general. Asistieron también a esta importante reunión John Dean y Jeb Stuart Magruder, asesor jefe de campaña de Mitchell.

Todos ellos habían estado allí una semana antes a fin de oír a Liddy explicar una operación de un millón de dólares cuyo nombre en clave era «Piedra Preciosa», para la que ya había reclutado especialistas en abrir cajas fuertes, expertos en espionaje electrónico, busconas, matones y asesinos profesionales («veintidós muertos hasta ahora», comentó Liddy), un equipo formado para ejecutar su programa de rapto, chantaje, intimidación, espionaje electrónico, allanamiento, etc., dirigido todo contra los enemigos políticos del presidente.

Mitchell no lo había aprobado.

—Gordon, eso no es exactamente lo que nosotros tenemos pensado —dijo el fiscal general—. El dinero que pides es demasiado. ¿Por qué no lo ajustas un poquito y volvemos a hablarlo?

Ahora Liddy había vuelto. Presentó una versión reducida del mismo plan; una versión que se centraba más en allanamientos y espionaje electrónico. Costaba medio millón.

Mitchell no dio su aprobación definitiva (el precio seguía pareciéndole alto), pero propuso dos objetivos: el despacho de Larry O'Brien en la sede central del Comité Nacional Demócrata y la caja fuerte de Hank Greenspun.

Liddy empezó a planear la operación Greenspun en seguida, estudiándola con su compinche en el allanamiento de Ellsberg, un antiguo agente de la CIA llamado E. Howard Hunt, que estaba ya trabajando para Chuck Colson en la Casa Blanca y para el hombre de Howard Hughes en Washington, Bob Bennett.

De hecho, Bennett desempeñó un papel básico en el asunto Greenspun. Al parecer, fue él quien sugirió a Hunt el allanamiento unos días antes de que Mitchell lo aprobase (como una especie de empresa conjunta) y ahora presentó a Hunt y a Liddy al jefe de seguridad de Hughes, Ralph Winte.

Se encontraron de nuevo el fin de semana del 20 de febrero, en una lujosa suite del Beverly Wilshire de Los Ángeles. Winte había preparado un plano hecho a mano del despacho de Greenspun, marcando con una X grande el emplazamiento de la caja fuerte. Liddy tenía previsto todo el plan. La banda de Nixon se encargaría del allanamiento, abriría la caja fuerte, metería los comunicados robados de Hughes en una bolsa de lona, y luego utilizaría un reactor de Hughes que les estaría esperando y que les llevaría directamente a algún punto secreto de Centroamérica, en el que los hombres de Nixon y los de Hughes se reunirían a repartirse el botín.

—¡Dios mío! —dijo Winte—. ¿Y si os cogen?

—De eso no hay que preocuparse —contestó Hunt—. ¡Somos profesionales!

Pero el alto mando de Hughes no mostró ningún interés por el plan y se negó a proporcionar el reactor para la huida. Liddy se quedó un tanto decepcionado. Continuó estudiando el despacho de Greenspun; pero sin el avión la misión no era tan atractiva, y parece que el allanamiento nunca llegó a intentarse.

Nixon empezaba a impacientarse. Varios meses antes había dado por primera vez orden de realizar una operación secreta de espionaje y aún no veía ningún resultado. En realidad, Mitchell no había aprobado el plan general de Liddy.

El presidente llamó a Haldeman al Despacho Oval.

—¿Cuándo van a hacer algo sobre eso? —exigió, tamborileando con los dedos en la mesa.

Haldeman ordenó que entrara en acción a su coordinador, Gordon Strachan, quien llamó a Jeb Magruder, ayudante de Mitchell.

—El presidente quiere que se haga, y no debe haber más discusiones sobre el asunto —dijo Strachan a Magruder; y la presión de la Casa Blanca continuó.

Esta presión se centraba cada vez más en Larry O'Brien.

Había surgido un nuevo escándalo y O'Brien era quien dirigía el ataque. A finales de febrero, Jack Anderson reveló que Nixon había liquidado un pleito antitrust contra la ITT a cambio de un donativo de 400 000 dólares para la convención republicana. Fue O'Brien el primero que hizo la acusación, meses antes, y Nixon creía que era él quien estaba de alguna manera detrás de la información de Anderson. Si los dos eran capaces de armar tanto escándalo por la ITT, qué no podrían armar con los cien grandes de Hughes.

O'Brien mantenía un día tras otro el escándalo de la ITT en los titulares, y Nixon, furioso, recurrió a Chuck Colson. Éste era su factótum, el hombre que podía hacer cualquier cosa, el hombre con el que Nixon compartía sus fantasías más sombrías.

—Un día les engancharemos —le decía a Colson, hablando de todos sus enemigos—. Les engancharemos en el suelo a nuestro gusto. Y les clavaremos los tacones, pisaremos fuerte y retorceremos..., ¿verdad, Chuck, verdad?

Y Colson contestaba:

—Sí, señor, les engancharemos.

Así que el presidente llamó a Colson a su zona de refugio en el edificio del Despacho Ejecutivo y le habló largo y tendido sobre la ITT y sobre Larry O'Brien. Era indignante, decía Nixon. O'Brien precisamente armando tanto escándalo por las aportaciones de la ITT a la convención republicana. Mierda. Howard Hughes estaba subvencionando al Comité Nacional Demócrata. ¡O'Brien estaba incluido en su nómina!

Aproximadamente por entonces, Howard Hunt, que estaba en la nómina de Colson, llevó a su socio Liddy a ver a Colson. Liddy se quejó de que no conseguía que aprobaran su plan de espionaje. Entonces Colson llamó por teléfono a Jeb Magruder.

—¿Por qué no dejáis de fastidiar y aprobáis de una vez el presupuesto de Liddy? —exigió Colson—. Necesitamos información, especialmente sobre O'Brien.

Jeb Magruder estaba tenso cuando se dirigía al despacho del fiscal general a ver a su jefe, John Mitchell. Llevaban entrevistándose regularmente dos o tres veces por semana, desde que Magruder fue nombrado subdirector del Comité para la Reelección del presidente, un año antes, y los modales extravertidos y llanos del joven le habían permitido establecer una estrecha relación de trabajo con su jefe, habitualmente bastante reservado.

Pero ahora, a finales de febrero, Magruder estaba preocupado. Toda la presión de la Casa Blanca pesaba sobre él. Y no quería seguir adelante con la operación de espionaje de Liddy.

Magruder se reunió con Mitchell, como siempre, en un cuarto pequeño y atestado que quedaba junto al enorme despacho ceremonial del fiscal general, que Mitchell usaba muy poco, y abordaron algunos asuntos rutinarios de la campaña.

Por último, Magruder sacó a colación «Piedra Preciosa»:

—¿Por qué demonios tenemos que hacerlo?

—El presidente quiere que se haga —dijo Mitchell—. Necesitamos información sobre O'Brien.

Magruder ya lo sabía, y no sólo por Colson y Strachan. Estaba en el despacho de Mitchell semanas atrás, cuando llamó el propio Nixon. Aunque sólo pudo oír lo que decía Mitchell, era evidente que el presidente presionaba a su fiscal general para que atrapase a O'Brien.

Aun así, Magruder preguntó por qué. ¿Por qué O'Brien? Todo el mundo sabía que la sede central del partido era un lugar absurdo para ir a buscar información confidencial sobre una campaña presidencial.

Mitchell, que raras veces mostraba emoción, se mantuvo impasible mientras revelaba a Magruder el verdadero motivo de Watergate. Su revelación, la única de alguien directamente implicado, no se ha hecho pública hasta el momento.

Había cierta inquietud sobre una aportación, dijo el fiscal general. Los 100 000 dólares que Howard Hughes le había dado a Nixon a través de Rebozo, la transacción de la que ya había informado Jack Anderson. El dinero no se había destinado a la campaña, añadió Mitchell. Aún lo tenía Rebozo. En realidad, parte del dinero ya se había gastado.

Y Larry O'Brien lo sabía.

Mitchell explicó que según Hank Greenspun (no estaba claro si quería decir que se lo había dicho directamente Greenspun o que se había enterado por otros) O'Brien sabía todo lo referente a los 100 000 dólares, y sabía también que se le pasaron a Rebozo mucho después de la campaña de 1968.

Era importante descubrir qué más sabía O'Brien y conseguir información sólida sobre su propia relación con Hughes... para taparle la boca respecto a Nixon.

Unas semanas después, el 30 de marzo, en una reunión con Magruder en Cayo Vizcaíno, John Mitchell aprobó el plan de espionaje de Liddy. Y también aprobó el primer objetivo: el despacho que tenía Larry O'Brien en Watergate.

El primer allanamiento fue un gran éxito. El fin de semana del Día de los Caídos, un equipo dirigido por Liddy y Hunt entró en la sede central del Comité Nacional Demócrata, puso escuchas en el teléfono de O'Brien, fotografió documentos de su escritorio y salió limpiamente del lugar.[2]

Pero el control del teléfono de O'Brien no funcionó, y Mitchell ordenó a Liddy que volviese. A ninguno de los allanadores se le explicó jamás el verdadero objetivo del allanamiento (nadie les habló nunca de las relaciones con Hughes), pero esta vez Magruder le dijo a Liddy que fotografiase el «archivo de mierda» de O'Brien sobre Nixon, para averiguar qué trapos sucios tenía del presidente.

Nunca lo descubrieron. A las dos y media de la madrugada del sábado 17 de junio de 1972, la policía irrumpió en el despacho y desbarató la segunda tentativa de un robo con allanamiento en tercer grado.

Richard Nixon se encontraba con Bebe Rebozo en la isla particular de Robert Abplanalp, en las Bahamas, cuando sus agentes fueron capturados en Watergate; precisamente en el mismo lugar en el que estaba hacía tres años cuando recibió la primera noticia de que Howard Hughes había aprobado aquel soborno de 100 000 dólares que provocaría el allanamiento.

A primera hora del día siguiente, el domingo 18 de junio, regresó a Cayo Vizcaíno y, al amanecer, se enteró de la detención por el periódico de la mañana. Llamó a Haldeman, que estaba muy cerca, en el hotel Cayo Vizcaíno.

—¿Qué locura es ésta del Comité Nacional Demócrata, Bob? preguntó el presidente, fingiendo un tono animoso—. ¿Por qué iba a entrar alguien en la sede del Comité Nacional? Localiza a Magruder, a ver qué sabe de esto.

El presidente mantuvo su talante caviloso con Haldeman durante el largo fin de semana, pero hizo entretanto una serie frenética de llamadas telefónicas a Colson, y llegó a ponerse tan nervioso que, en determinado momento, lanzó un cenicero al otro extremo de la estancia. En el primer día de su regreso a Washington, Nixon le reveló al fin su terror también a Haldeman.

La cinta de su conversación en el Despacho Oval el 20 de junio se borró más tarde, creándose el famoso vacío de dieciocho minutos y medio. Pero, según Haldeman, en esta conversación (la que borraría más tarde alguna «fuerza siniestra» tan desesperada como para hacerlo) el propio Nixon le reveló la relación de Hughes con Watergate.

La versión que sigue de la reunión es una reconstrucción de Haldeman.

—Respecto al asunto del Comité Nacional Demócrata, ¿sabes

2. También se pusieron escuchas en un segundo teléfono. Pertenecía a Spencer Oliver, uno de los ayudantes de O'Brien, cuyo padre trabajaba casualmente para Robert Bennett y estaba asignado a la cuenta de Hughes. Una notable coincidencia, sobre todo teniendo en cuenta que Hunt también trabajaba para Bennett, pero al parecer eligieron este teléfono por pura casualidad. Las transcripciones de esa grabación se pasaron a Mitchell y a Haldeman, pero lo único que revelaron fue que una secretaria de la oficina de Oliver llevaba una vida sexual increíblemente activa.

si está implicado alguien de la Casa Blanca? —preguntó Nixon a su jefe de equipo.

—Nadie —contestó Haldeman.

—Bueno, estoy preocupado por Colson —confesó Nixon—. Colson puede hablar del presidente, si se desmorona. Ya sabes que he andado presionando a Colson varios meses para agarrar a Larry O'Brien en el asunto Hughes.

Nixon temía que fuera Colson el que había organizado el allanamiento. Él estuvo presionando a todos sus hombres para que llegasen hasta el fondo de la relación O'Brien-Hughes, y ahora parecía que ignoraba cuál de ellos había enviado concretamente a los allanadores al despacho de O'Brien en Watergate. Al parecer, pensó primero en Colson, no en Mitchell, debido a que había conspirado más directamente con su encargado de trabajos sucios.[3]

—Colson me dijo que iba a conseguir la información que yo quería, de una manera u otra —dijo Nixon—. Y era en el despacho de O'Brien donde estaban colocando escuchas, ¿no? ¿Y quién está detrás del asunto? Hunt, que trabaja para Colson. Santo cielo.

Haldeman no estaba tan seguro.

—Magruder nunca mencionó a Colson —indicó.

—Lo hará —contestó Nixon—. Colson le llamó y puso toda la operación en marcha. Y desde la Casa Blanca nada menos. Con Hunt y Liddy sentados en las rodillas.

El presidente estaba asustado.

—No soporto estas cosas. Es algo que no controlamos. En fin, tendremos que aguantar firmes. En realidad, lo mejor sería que pasáramos al ataque.

3. De hecho, un ayudante de Colson, Ken Clawson, diría más tarde a Halman que Colson había grabado secretamente conversaciones telefónicas con Nixon, tanto antes como después del allanamiento, y que estaba utilizando las grabaciones para hacer chantaje al presidente. «Tiene cogido a Nixon —dijo Clawson—. Dispone de una grabación con lo que dijo Nixon durante todo el lío de Watergate.» Lo que convierte en muy especiales estas grabaciones de Clawson, aún no hechas públicas, es, claro está, que Nixon no sabía que estaban grabando lo que decía.

EPÍLOGO 2

LOS ÚLTIMOS DÍAS

Howard Hughes despertó cuando empezaba la pesadilla de Richard Nixon.

En Vancouver, Canadá, era aún viernes por la noche, 16 de julio, cuando se produjo la detención de Watergate. A las once y media, el desnudo multimillonario se levantó de la cama de su refugio del ático del Bayshore Inn. Fue de la cama al sofá, cogió el mando a distancia, puso la televisión y empezó a ver una película: *The Brain that Would Not Die*.

Al poco rato, pasó a una película del Oeste, *Billy The Kid Outlawed*, y empezó a mordisquear un trozo de pollo que tardaría casi tres horas en acabar.

Aburrido de la televisión, llamó a sus mormones para que le proyectaran una película en la pantalla instalada en su dormitorio. Vio *The Mad Room* y luego *The Silencers*. Estuvo despierto toda aquella noche y el día y la noche siguientes, alternando proyecciones de *Shanghai Express* y *Captain Newman, M.D.*, antes de concluir su festival cinematográfico de fin de semana de treinta y cuatro horas con *El mundo de Suzie Wong* y quedarse dormido a las diez y media de la mañana del domingo.

Hughes tardaría más de un año en enterarse de la crisis en torno a Watergate, y nunca llegó a comprender los informes según los cuales él estaría implicado en el asunto.

Pero Hughes no sólo había estado viendo películas mientras su espectro empujaba a Nixon a Watergate. En el trayecto recorrido hasta llegar a aquel nuevo dormitorio aislado, había vivido algunas aventuras propias.

Se había visto obligado a huir de Isla Paraíso en febrero, cuando las autoridades de inmigración de las Bahamas irrumpieron en su ático. Aquello era parte de la lluvia radiactiva provocada por la bomba de Clifford Irving. La publicidad del asunto provocó una investigación oficial y Hughes, en vez de afrontarla, huyó por la escalera de incendios mientras las autoridades locales aporreaban la puerta.

Pero la huida provocó la primera revelación de su extraño aspecto. El capitán del yate alquilado para sacarle clandestinamente de la isla tuvo tiempo de ver bastante bien a su extraño pasajero, y al cabo de unas semanas explicó su historia a la prensa.

Lo que más le extrañó al capitán no fue el pelo largo hasta media espalda del multimillonario, ni que vistiera sólo un albornoz. Lo que más le chocó fueron las uñas.

—Eran tan largas que se curvaban hacia arriba —le contó a un periodista de Miami—. No había visto nada igual en mi vida. Tuve que mirar dos veces. Nunca vi locura semejante.

Hughes se refugió luego en Nicaragua, bajo la protección personal del dictador del país, el general Anastasio Somoza. Pero después de haber escapado por los pelos de las Bahamas, Hughes no quería correr riesgos. Decidió ofrecer al general una donación amistosa.

«Creo que, si bien Somoza está siendo muy decente conmigo pese a toda esta mala publicidad —escribía Hughes—, mañana podría suceder algo que lo cambiase todo.

»Los centro y sudamericanos son muy emocionales y variables. Así que antes de que suceda algo, creo que deberíamos hacerle un regalo a Somoza.

»Propongo un automóvil *realmente* apetecible. Habría que averiguar si le gusta conducir y si preferiría un coche deportivo o una limusina muy bien provista, con bar, teléfono, televisor y el último grito en accesorios.

»Además, quiero estar *absolutamente seguro* de que se le dice a Somoza *alto y claro* que fue una *idea personal mía* porque agradezco el considerado trato que me ha dispensado.»

Pero Somoza había pensado en una recompensa mayor. Pidió a Hughes que afianzase las líneas aéreas en quiebra de su país, que, casualmente, eran propiedad del general. Hughes compró el 25 por ciento de las acciones. El dictador no se dio por satisfecho. Ofreció a su anfitrión una participación en su fábrica de contrachapado, su empresa farmacéutica y algunas propiedades inmobiliarias selectas del país.

Menos de un mes después de su llegada, Hughes decidió irse de Nicaragua, antes de que Somoza intentara venderle algo más. Pero, mientras preparaba la marcha, tomó una decisión extraordinaria. Acabaría con quince años de aislamiento y saludaría personalmente a su anfitrión.

Los preparativos para el gran encuentro comenzaron con dos días de antelación. Hughes vio una película, *Mirage*, y luego llamó a un ayudante. Por primera vez en diez años hizo que uno de sus mormones le cortase el pelo, le recortase la barba y le rebanase las uñas de los pies. Después de cuatro horas de acicalamientos, incluso se dio una ducha.

Era un hombre nuevo el que le dio la bienvenida a Somoza y al embajador de los Estados Unidos, Turner Shelton, a bordo de su reactor Gulfstream a las 10.45 de la noche del 13 de marzo. Dio a ambos un firme apretón de manos. Charlaron hasta la media noche, y cuando los invitados se despidieron Hughes les dio la mano de nuevo.

Restaurada su imagen pública, Hughes despegó rumbo a Vancouver, adonde llegó en pleno día. Audaz, incluso temerario, cruzó el vestíbulo del hotel en albornoz y, de nuevo en su ático, se plantó en la ventana y se puso a ver cómo aterrizaba en el puerto un hidroavión.

Esto no les gustaba nada a los mormones. Se apresuraron a meter a Hughes en su nuevo dormitorio aislado, advirtiéndole que había espías con cámaras provistas de teleobjetivo («sabemos que nos vigilan»). Su jefe volvió pasivamente a una vida de ocultamiento, de películas y de drogas.

Mientras los allanadores de la Casa Blanca preparaban su operación en Washington, Hughes, sumido en el estupor, veía *Diamantes para la eternidad*, una película de James Bond sobre un multimillonario prisionero en su ático de Las Vegas, cuyo imperio dirige un impostor malvado. Y Hughes seguía aún en aquella habitación en penumbra, viendo *The Brain that Would Not Die*, cuando los allanadores entraron en Watergate.

Pero si bien el propio Hughes permanecía completamente al margen de Watergate, sus ayudantes comenzaban a enredarse cada vez más en el asunto. En Washington, el misterioso Bob Bennett asumió de inmediato un papel básico en la coartada, actuando como intermediario de Liddy y Hunt, haciendo lo posible para que todo saliera a la luz e informando no a Hughes, y ni siquiera a sus camaradas mormones, sino a la CIA y al *Washington Post*.

El 10 de julio, mientras comían en un Marriott Hot Shopes, Bennett reveló a su funcionario de la CIA encargado del caso, Martin Lukasky, todo cuanto sabía de Watergate por Hunt y Liddy. Dijo que la Casa Blanca estaba detrás de la operación y señaló como responsable a su compinche Chuck Colson:

—Lo más probable es que Colson propusiese la operación a Hunt advirtiéndole: «Yo no quiero saber nada; tú consígueme la información.»

Lukasky consideró la información de Bennett tan delicada que fue a comunicársela personalmente a Richard Helms, director de la CIA.

El informe revelaba que Bennett actuaba en varios frentes, con el propósito de minar la coartada. Había conseguido «acceso por la puerta trasera» a Edward Bennett Williams, el abogado que representaba a Larry O'Brien en un pleito civil de un millón de dólares contra el comité de campaña de Nixon.

Y hablaba también con la prensa, con el *Washington Star*, con el *New York Times*, con *Newsweek* y con *Los Angeles Times*. Según un informe de la CIA, «Bennett procuraba implicar a Colson en las actividades de Hunt, mientras al mismo tiempo protegía a la Agencia».

Pero, sobre todo, Bennett estaba pasando información al *Washington Post*. Explicó a la CIA que informaba de todo a Bob Woodward, quien se mostraba «convenientemente agradecido», no mencionando a Bennett y protegiendo su valiosa fuente de información.

Más tarde, mucho más tarde, Nixon le diría a Haldeman que creía que Bob Bennett era «Garganta Profunda», y se preguntaría si Hughes y la CIA habrían conspirado juntos para hundirle.

Pero, de momento, Nixon seguía obsesionado con Larry O'Brien. Y un mes después del allanamiento vio su oportunidad de pasar al ataque.

El 24 de julio, el presidente estaba sentado con los pies sobre el escritorio, tomando una taza de café, cuando llegó a verle John Ehrlichman. Éste acababa de recibir el último «informe delicado» del Servicio de Recaudación Fiscal acerca de la investigación en curso sobre Hughes. Había más noticias malas sobre Donald, pero ésa no era la gran novedad. En la investigación había aparecido un nuevo nombre: Larry O'Brien. El Servicio de Recaudación Fiscal había puesto al descubierto los trapos sucios que ninguno de los hombres del presidente consiguió descubrir: pruebas de la relación O'Brien-Hughes.

Ehrlichman se lo leyó a Nixon:

«Hughes Tool Company pagó 190 000 dólares a Lawrence F. O'Brien y asociados, Washington, D.C., en 1970. Se ignoran los motivos de tales pagos.»

El presidente se entusiasmó. Retiró los pies del escritorio, se volvió y se inclinó hacia Ehrlichman.

—¡El pueblo de este país tiene derecho a saberlo! —proclamó—. El pueblo americano necesita saber que el presidente de uno de sus dos grandes partidos políticos estuvo en la nómina de Hughes.

Pocas veces había visto Ehrlichman tan emocionado a Nixon. Incluso en aquel momento, después de que su persecución de O'Brien le hubiera llevado a Watergate, el presidente seguía decidido a atraparle y a denunciar su relación con Hughes.

—Esto me causó a mí muchos problemas y tiene que causarle también muchos problemas a O'Brien —dijo Nixon.

Estaba seguro de que el Servicio de Recaudación Fiscal había puesto al descubierto sólo la punta del iceberg, que O'Brien había recibido de Hughes muchísimo más dinero y que, probablemente, no hubiese incluido ni un centavo de tal dinero en su declaración a Hacienda. Nixon dijo a Ehrlichman que ordenase una verificación exhaustiva de la contabilidad de O'Brien y que le atrapase por evasión fiscal.

—Quiero meter a O'Brien en la cárcel —declaró el presidente, dando un puñetazo en la mesa—. Y quiero hacerlo antes de las elecciones.

Ehrlichman llamó en seguida al hombre de Nixon en el despacho del comisionado. Echó un vistazo subrepticio a las declaraciones de O'Brien y descubrió que había recibido la enorme cantidad de 325 000 dólares de Hughes; pero los había declarado todos y había pagado los impuestos correspondientes.

Nixon no se dio por satisfecho. Mandó a Ehrlichman llamar al secretario del Tesoro, George Shultz, y le ordenó presionar en el asunto de la verificación contable de O'Brien. Shultz informó que se habían examinado las declaraciones de O'Brien y que todo estaba en regla.

Nixon aún no se dio por vencido. Mandó a Ehrlichman llamar de nuevo a Shultz y exigirle que O'Brien fuera interrogado. El Servicio de Recaudación Fiscal mantuvo una entrevista con él a mediados de agosto e informó a la Casa Blanca de que la verificación ya estaba realizada. Ehrlichman exigió que volviera a iniciarse.

Por último, Shultz revisó el caso con Johnnie Walters, comisionado del Servicio de Recaudación Fiscal, y llamaron ambos a Ehrlichman para informarle de que no había nada contra O'Brien.

—Estoy harto de vuestras tácticas dilatorias —gritó Ehrlich-man, y siguió gritándole a Walters hasta que éste colgó el teléfono. Nixon se enfrentaba de nuevo al fracaso con O'Brien, pero su coartada de Watergate había tenido éxito. El 15 de septiembre, un gran jurado federal procesaba sólo a los cinco allanadores y a sus cabecillas, Liddy y Hunt, ignorando a sus amos de la Casa Blanca. Pero Nixon no se dio por satisfecho con defenderse de la acusación. Quería venganza. Y no sólo quería vengarse de O'Brien, sino de todos sus enemigos.

—Quiero la información más completa de todos los que han intentado liquidarme —le dijo a Dean aquel mismo día—. Me han buscado las cosquillas y se van a encontrar con lo que no esperan. No hemos utilizado el poder en los primeros cuatro años, como sabes; nunca necesitamos utilizarlo. No hemos utilizado al FBI ni a la Secretaría de Justicia. Pero ahora las cosas van a cambiar.

—¡Qué perspectiva tan emocionante! —exclamó Dean.

Al cabo de unas semanas, el 7 de noviembre de 1972, Richard Nixon fue reelegido presidente por una diferencia sin precedentes.

Howard Hughes no envió su voto por correo, pero envió un cheque. Varios cheques, en realidad, por un total de 150 000 dólares. Pero aún estaba preocupado porque creía no haber hecho bastante.

—¿Por qué no hizo más Chester en el sector de contribuciones? —preguntaba Hughes, de nuevo en Nicaragua.

—Dimos lo que nos pareció razonable —le dijeron sus ayudantes, añadiendo que se agradecía su generosidad—. Las encuestas indicaban que iban a ganar los republicanos por un amplio margen, disminuyeron las aportaciones, y algunos comités se quedaron sin fondos. Entonces, aparecimos nosotros como ángeles llegados del cielo.

Nixon no había esperado a que Hughes descendiese con el maná. En la primavera de 1972, cuando sus temores por los cien grandes le estaban llevando a Watergate, incluso mientras se planeaba y se aprobaba la operación, el presidente había intentado conseguir más dinero de Hughes. Era una atracción fatídica a la que, al parecer, no podía resistirse.

Rebozo llamó a su compinche Danner en marzo o abril y le preguntó si Hughes iba a hacer otra «contribución». Danner explicó que él ya no era el pagador, pero Rebozo no se dio tan fácilmente por vencido.

—Procure enterarse —insistió.

Danner se puso en contacto con sus nuevos jefes, Gay y Davis, que le dijeron que no se inmiscuyese, porque el asunto lo estaban manejando «en el Este». Y así era. Quien se cuidaba de todo era Bob Bennett. Mientras continuaba minando secretamente la coartada con filtraciones al *Washington Post* e informes a la CIA, el misterioso mormón estaba pasándole a Nixon más dinero de Hughes.

Antes incluso de que Rebozo llamase a Danner, Bennett había aconsejado a sus colegas mormones una «contribución apreciable, voluntaria, no solicitada», aunque no «tan ostentosa que parezca una tentativa de "comprar" algo». Se decidieron por la cifra de 50 000 dólares.

La mañana del 6 de abril, un día antes de que entrara en vigor la nueva ley que exigía que los que hacían donaciones para campañas políticas se identificaran, Gordon Liddy buscó un hueco en sus tareas como planificador de la operación de allanamiento y se pasó por el despacho de Bennett a recoger el dinero. Estaba llegando tanto dinero secreto antes del plazo de entrada en vigor de la nueva ley, que habían obligado a hacer de recaudador incluso a Liddy.

Cuando llegaron las elecciones en noviembre, Nixon había acumulado la enorme cantidad de 50 millones de dólares, y tenía un superávit más que considerable. Pero quería más. El fin de semana anterior a las elecciones, Bennett recibió una llamada de Thomas Evans, socio de Nixon en el antiguo bufete de Nixon y Mitchell (que compartía ahora espacio de despacho en Washington con el comité de la campaña electoral del presidente).

—Sólo estoy comprobando. ¿Va a dar más el señor Hughes? —preguntó Evans, explicando que el dinero hacía falta para ayudar a cubrir el «déficit» de Nixon.

Bennett preguntó cuánto más hacía falta. Evans dijo que cien mil dólares. Hughes tenía previsto dar al presidente otros 50 000 dólares y a su adversario, George McGovern, otros 50 000, pero entonces decidió darle los 100 000 completos al necesitado Nixon. Exactamente igual que un ángel bajado del cielo.

Lo único que Bennett pidió a cambio fue que el presidente llamase a Hughes el día de Nochebuena para desearle un feliz cumpleaños. Aunque Nixon estaba preocupado con la organización del bombardeo de Navidad del Vietnam del Norte, aceptó llamar a su benefactor. Sería su primer contacto directo.

Pero resultó que Hughes tenía asuntos más urgentes que resolver el día de su cumpleaños. El 23 de diciembre, un día antes de que cumpliera los sesenta y siete, Howard Hughes fue expulsado de su ático nicaragüense por un terremoto que destruyó la mayor parte de la ciudad de Managua.

Cuando empezó el temblor, Hughes estaba sentado en su sofá, desnudo. Eran las doce y media. Acababa de terminar un festival cinematográfico de veinticuatro horas y había pedido otra película cuando el primer temblor violento derribó un pesado amplificador de la banda de sonido, que estuvo a punto de aplastarle. Un mormón irrumpió en la habitación y sostuvo el altavoz impidiendo que cayera sobre su frágil jefe.

La habitación seguía temblando, se habían apagado las luces y caían del techo trozos de yeso, pero Hughes permanecía tranquilo. De hecho, se negó a abandonar la habitación.

—Nos quedaremos aquí —dijo a su frenéticos ayudantes, y pidió otra vez la película.

Los mormones, convencidos de que el hotel estaba a punto de derrumbarse, colocaron a Hughes en una camilla e iniciaron el descenso de los nueve tramos de escalera. Pero Hughes exigió de pronto que volviesen. Se había olvidado la caja de medicamentos.

El multimillonario se pasó la noche acurrucado bajo una manta en el asiento de atrás de un Mercedes mientras los temblores continuaban, se abría la tierra por toda la ciudad, caían los edificios, se producían incendios que nadie podía apagar, y el número de víctimas pasaba de cinco mil.

Al amanecer, el Mercedes atravesó la devastación, recorrió las calles llenas de cadáveres y escombros, cruzó entre miles de víctimas sin hogar, desconcertadas, llevando a Hughes a la seguridad del palacio campestre de Somoza. Recluido en un elegante chalé contiguo a la piscina del dictador, Hughes manifestó miedo por primera vez. Insistió en que taparan las ventanas con mantas, temeroso de que alguien pudiera verle.

Aquella noche, en el caos del aeropuerto de Managua, le acomodaron en un reactor privado Lear y regresó, por primera vez en dos años, a los Estados Unidos. Era la Nochebuena, y poco después de las doce aterrizó en Fort Lauderdale, Florida.

Y allí le estaba esperando el Servicio de Recaudación Fiscal, con una citación judicial. En vez de una llamada del presidente para felicitarle por su cumpleaños, recibió a Hughes un grupo de inspectores de Hacienda. La investigación fiscal que Intertel había instigado contra Maheu, la investigación incontrolable que ya había llegado a la Casa Blanca, se había vuelto al fin contra el propio Hughes.

Atrapado en su reactor, rodeado por agentes que exigían subir a bordo, Hughes maniobraba frenético para salir del lío. Sus ayudantes llamaron a Chester Davis. El hosco abogado ordenó a los agentes que esperaran a que él se pusiese en contacto con la sede central del Servicio en Washington. Los inspectores accedieron a esperar, pero sólo media hora.

Al cabo de veinte minutos, un Davis triunfante llamó de nuevo. Dijo que había hablado con el jefe de la Sección de Investigación del SRF, John Olsiewski, quien, al parecer, hizo levantarse de la cama al comisionado Walters y dijo a los agentes de Fort Lauderdale que pronto recibirían órdenes de interrumpir su misión.

A las 2.15, llamó desde Jacksonville el jefe de distrito. Tal como había dicho Davis, ordenó a sus hombres que no siguieran adelante, que olvidaran la citación, que no subiesen a bordo y que dejasen que un inspector de aduanas leyese a Hughes un comunicado del Servicio solicitando una entrevista voluntaria.

El asediado Hughes se resistió incluso a eso. A través de la puerta cerrada del reactor, los agentes oyeron una conversación a gritos, y luego una voz que se alzaba por encima de las otras, exclamando:

—¡No, no!

Pero, al final, el empleado de aduanas pudo subir a bordo. Pasó a la popa del avión, en penumbra, e iluminó con una linterna a un viejo de barba que tenía la cara medio tapada por un sombrero oscuro encasquetado hasta las orejas. El agente le entregó la petición del Servicio y le preguntó si la entendía. El hombre del sombrero negro dijo que sí. Aquélla sería la última vez que un funcionario del gobierno de Estados Unidos viera vivo a Howard Hughes.

Luego, el avión partió hacia Londres, donde se habían tomado las medidas precisas para instalarle en el ático de la lujosa sección del Park Hotel, reservada por los Rothschild, que dominaba el palacio de Buckingham. A las cuatro de la madrugada, una hora y media después de instalarse en su nuevo escondite, Hughes había vuelto a su rutina habitual, reanudándola donde la había interrumpido por el terremoto, sentándose en un sofá a ver la película *The Deserter*.

Pero cuando llevaba menos de dos semanas en Londres, llegaron noticias de los Estados Unidos que le llenaron de entusiasmo. El 10 de enero de 1973, el Tribunal Supremo emitió su fallo, largamente esperado, sobre el caso de la TWA. Era una victoria grandiosa para Hughes. El Tribunal Supremo, revocando todas las decisiones de los tribunales de instancias inferiores, sobreseyó el caso que había perdido por incomparecencia (cuando diez años atrás se había negado a presentarse), rechazando un fallo que con los intereses significaba ya un total de 180 millones de dólares.

Hughes estaba extasiado. Para celebrarlo, decidió abandonar su prisión terrenal para revivir sus glorias del pasado: ¡volar de nuevo!

Los mormones estaban estremecidos. Hacía doce años que Hughes no pilotaba un avión, apenas si se había levantado de la cama en ese tiempo, veía tan mal que apenas podía leer sin lupa y, por supuesto, no tenía permiso legal para pilotar un avión. Daba igual. Iba a volar. Envió a sus ayudantes por el equipo adecuado, una cazadora de cuero y un sombrero Stetson, como el que usaba en los años treinta, cuando había superado todas las marcas. Inició también la proyección de una serie de películas de aviación: *Zeppelin*, *Helicopter Spies*, *Doomsday Flight*, *The Crowded Sky* y *Skyjacked*.

Hughes tardó meses en prepararse para el gran acontecimiento. Por fin se estableció la fecha del domingo 10 de junio. La noche antes, vio dos veces *Strategic Air Command*, y aquella misma mañana llamó a un ayudante para que le acicalara. El ayudante tardó cuatro horas en cortarle el pelo, recortarle la barba, cortarle las largas uñas y vestirle. Poco antes de las dos Hughes salió del hotel y se dirigió hacia el aeropuerto de Hatfield, al norte de Londres.

Allí le esperaba un reactor privado. Hughes inspeccionó el Hawker Siddeley 748, se acomodó en el asiento del piloto... y se quitó toda la ropa. Desnudo, aunque conservando el sombrero de fieltro, Hughes se hizo cargo de los controles y despegó.

Se pasó todo aquel día volando, con un copiloto inglés veterano que albergaba la esperanza de venderle el avión. Volvió a volar otras dos veces en julio; pero entonces ya estaba de nuevo completamente familiarizado con el medio.

Durante esta época de grandes aventuras, Howard Hughes descubrió Watergate. Estaba mirando la foto de un avión en el *London Express* y reparó en un artículo sobre la crisis que él involuntariamente había provocado.

—¿Qué es Watergate? —preguntó.

Era la primera vez que oía la palabra. Sus mormones intentaron explicárselo, pero Hughes no entendía, y en seguida perdió interés.

Unas semanas más tarde, el 9 de agosto, Hughes se levantó en plena noche para ir al cuarto de baño, resbaló, se cayó y se fracturó la cadera.

Sus días de vuelo habían terminado. Ya no volvería a levantarse de la cama.

Por la época en que Hughes descubrió Watergate, la situación de Nixon había dado también un brusco giro hacia la catástrofe. La mañana del 21 de marzo, John Dean entró en el Despacho Oval a comunicar al presidente su sombrío diagnóstico.

—Tenemos un cáncer dentro, cerca de la presidencia, que está creciendo —dijo Dean. La malignidad se había extendido por toda la Casa Blanca y la coartada estaba a punto de desmoronarse—. Están chantajeándonos —concluyó el inquieto y joven asesor.

Los allanadores habían recibido ya más de 350 000 dólares de dinero de soborno y pedían más.

—Va a ser una operación de chantaje continua de Hunt, de Liddy y de los cubanos —advirtió Dean—. Costará dinero. Es peligroso. Por aquí no hay profesionales de este tipo de asunto. Éste es el tipo de cosa que puede hacer la gente de la Mafia: blanquear dinero, conseguir dinero limpio, cosas así.

Nixon adoptó una actitud muy práctica.

—¿Cuánto dinero necesitaríais? —preguntó.

—Yo diría que esa gente va a costar un millón de dólares en los dos próximos años.

—Eso podría conseguirse: el millón de dólares y en efectivo. Yo, yo sé de dónde podríamos sacarlo.

Nixon estaba decidido a manejar Watergate del mismo modo que había intentado Hughes manejar a Nixon: con un gran soborno. De hecho, Nixon pensaba utilizar el dinero acumulado de sobornos, los fondos que había recibido de Hughes y de otros; si era preciso todo el fondo secreto de sobornos acumulado por Rebozo, para conseguir salir del lío de Watergate.

Cuando se vio cercado por el escándalo, a mediados de abril, Nixon se reunió con sus dos últimos fieles, Haldeman y Ehrlichman, a quienes dijo que probablemente tendrían que dimitir... y les ofreció dinero de la cajita metálica de Bebe.

—Los honorarios de los abogados serán altos —dijo el presidente, intentando desesperadamente comprar a sus dos ayudantes más allegados—. Pero hay un medio de que podamos conseguiros el dinero; bueno..., doscientos o trescientos mil dólares.

—Esperemos a ver si hace falta —contestó Ehrlichman.

—No hay que preocuparse —se apresuró a asegurar Nixon—. No es dinero mío. Yo nunca pensé utilizar ese dinero. En realidad, yo le dije a Bebe, ejem...: básicamente, asegúrate que gente como... Bueno, como quien ha aportado dinero en estos años, reciba favores y demás... Y él ha utilizado estos fondos para arreglar cosas, pagar por cheque y todo eso...

Nixon estaba nervioso. Titubeaba, se confundía y tartamudeaba; apenas era capaz de articular el nombre de su pagador personal, Bebe. Era la primera vez que revelaba a alguien que Rebozo tenía un fondo secreto para su uso personal, dinero recaudado de «aportaciones» de gente a quien se hacen «favores y demás...». Evidentemente, los 100 000 dólares de Hughes eran sólo parte de una cantidad de reserva mucho mayor.

Lo de que los honorarios de los abogados serían altos fue todo cuanto el presidente dijo entonces a Haldeman y a Ehrlichman, y aún insistía, nervioso, en dar dinero a sus reacios ayudantes cuando éstos ya salían.

— Quiero... espero que me hagáis saber lo del dinero —dijo al despedirse—. Tened en cuenta que es el mejor uso que puede dársele. ¿De acuerdo?

Nixon volvió a hacerles la oferta dos semanas después, cuando les llamó a ambos a Camp David para informarles de que había llegado el momento y tenían que dimitir.

—Es como cortarme los brazos —gemía Nixon, llorando ya, pero nada seguro de que el despliegue de emoción bastara.

Ehrlichman, sobre todo, se mostró irritado y sugirió que dimitiera el propio Nixon.

—Necesitaréis dinero —insistió el presidente, desesperado—. Tengo algo..., lo tiene Bebe... y podéis disponer de él.

Ehrlichman movió la cabeza.

—Eso no haría más que empeorar las cosas —dijo, volviéndose para irse y dejando a Nixon solo con su dinero.

Años más tarde, Nixon diría al presentador de televisión David Frost que el dinero que ofreció a Haldeman y a Ehrlichman eran los 100 000 dólares que Rebozo recibiera de Hughes, y resulta tentador creer que Nixon intentara comprar su salida de Watergate con el mismo dinero de soborno que le había llevado allí.

Pero, en realidad, incluso cuando el presidente intentaba sobornar a sus dos ayudantes más íntimos, Bebe Rebozo trataba frenéticamente de devolver aquellos peligrosos cien grandes a Howard Hughes.

Sólo había un problema: el dinero había desaparecido.

A las ocho del día siguiente, lunes, 30 de abril (mientras Nixon se disponía a comunicar la purga de altos cargos de la Casa Blanca en un discurso televisado a la nación desde el Despacho Oval), Rebozo se entrevistaba furtivamente, en una habitación del fondo del pasillo, con Herb Kalmbach, abogado personal del presidente.

Rebozo estaba tenso. Obligó a Kalmbach a jurar que guardaría secreto, dijo que estaba allí a petición del «gran jefe» y luego reveló su gran problema. Era el dinero de Hughes.

El Servicio de Recaudación Fiscal, dijo Rebozo, le había pedido al fin una entrevista para hablar de la «aportación a la campaña» no declarada de 100 000 dólares. La entrevista tendría lugar en el plazo de diez días y Rebozo dijo a Kalmbach que ya no tenía todo el dinero, pues se había gastado. Y no se había invertido en ninguna campaña.

Rebozo explicó que había dado parte del dinero de Hughes a

dos hermanos de Nixon, Edward y Donald, a la secretaria personal del presidente, Rose Mary Woods, y a «otros» que no mencionó.

Preguntó a Kalmbach qué podía hacer. Kalmbach no era sólo el abogado del presidente, sino también su recaudador de fondos entre bastidores, la principal fuente de dinero de soborno para los allanadores de Watergate, y comprendió que Rebozo esperaba de él que se ofreciese para encontrar dinero en efectivo que sustituyese el que faltaba de los 100 000 de Hughes. Supuso que probablemente habría desaparecido todo. E imaginó con bastante exactitud quiénes eran los «otros» a cuyas manos había ido a parar. Pero Kalmbach ya estaba harto. No quería seguir haciendo de pagador del «gran jefe».

Le dijo a Rebozo que se buscase un buen abogado fiscal, que devolviese lo que quedaba de los cien mil dólares a Hughes, y que se lo confesara todo al Servicio de Recaudación Fiscal.

Rebozo se quedó sobrecogido.

—¡Esto afecta al presidente y a su familia! —exclamó—. En este momento, no puedo hacer nada que aumente sus problemas, Herb.

El 10 de mayo, Rebozo se reunió con los representantes del fisco. No lo confesó todo. Dijo que había guardado intacto el dinero de Hughes en su caja fuerte durante tres años y que ahora pensaba devolverlo todo. La cruda lucha por el poder en el imperio de Hughes le había puesto nervioso y no se había atrevido a invertirlo en la campaña de Nixon. El presidente ni siquiera estaba enterado de aquella aportación hasta que Rebozo se lo mencionó unas semanas antes. Nixon dijo entonces: «Deberías devolverlo.» Ésa era toda la historia.

Los agentes del Servicio de Recaudación Fiscal no investigaron. No tenían muchas ganas de interrogar al mejor amigo del presidente. De hecho, aunque Danner había confirmado la transacción de 100 000 dólares hacía ya un año, los agentes del fisco que llevaban el caso de Hughes no consiguieron obtener permiso para entrevistar a Rebozo hasta entonces. Y antes de ir a verle, el hombre de Nixon en el despacho del comisionado del Servicio llamó a la Casa Blanca para preguntar si no había problema.

—Estamos muy asustados —le dijo a Ehrlichman—. Está tan cerca del presidente...

En cuanto se fueron los agentes, Rebozo llamó a Richard Danner. Le dijo que fuese inmediatamente a Washington, pero no le explicó por qué. Danner llegó el 18 de mayo. Sólo cuando se reunieron a desayunar en la habitación de Danner, en el hotel Madison, le reveló que quería devolver el dinero de Hughes. Le dijo que tenía los mismos billetes de cien dólares que le había entregado Danner tres años antes. Rebozo insistió varias veces en ello. El dinero estaba intacto, aún en los envoltorios del banco de Las Vegas. No lo habían tocado. Nunca. Ni un centavo.

Danner no quiso aceptarlo. Discutieron durante dos horas y media, pero Danner no quiso saber nada del asunto. Aquel dinero que Rebozo había temido en principio que fuese demasiado peligroso admitir y que ahora temía que fuera demasiado peligroso conservar, Danner temía que fuese demasiado peligroso volver a cogerlo.

—¡Es tu dinero! —le gritó furioso el cubano.

—No es mi dinero —rechazó Danner—. Es tuyo. Y si yo estuviera en tu lugar, iría a ver a un abogado.

Pero en vez de consultar con un abogado, Rebozo llevó a Danner a visitar al otro compinche millonario de Nixon, Bob Abplanalp.

—¿Te apetece trucha fresca? —preguntó el rey del aerosol—. Conozco el lugar más adecuado.

Fueron en coche al aeropuerto, tomaron un reactor privado de Abplanalp y se trasladaron a la casa de campo que éste tenía en los Catskills. Sólo para comer. Era una exhibición impresionante de las recompensas a la buena amistad. Pero Danner siguió negándose a coger el dinero de Hughes.

Rebozo se moría por librarse de aquel dinero maldito. Le dijo a Danner que se quedara en Washington el fin de semana. El presidente quería verle. Se reunieron los tres en Camp David el domingo 20 de mayo. Había sido una mala semana para Nixon. El 17 de mayo el comité Watergate del Senado inició sus audiencias televisadas. El 18 de mayo fue nombrado fiscal especial Archibald Cox. Y Nixon estaba retirado, solo, en su refugio campestre, preparando una «declaración definitiva» sobre Watergate, que debía leer el martes. Pero reservó un rato para ver a Danner.

El presidente intercambió algunos comentarios graciosos, y luego se lanzó a una defensa apasionada y pormenorizada de sí mismo.

—No soy culpable de nada —proclamó.

Dijo que capearía la tormenta. Que no dimitiría. Los tres viejos amigos estuvieron hablando más de dos horas, pero los tres dirían posteriormente que ninguno había mencionado los 100 000 dólares que Nixon pidió personalmente a Danner que le sacara a Hughes. Ni durante la hora que pasaron en la casa. Ni durante la hora que estuvieron paseando por Camp David bajo la llovizna.

Pero Danner sabía por qué se le había citado en la cumbre de la montaña, y tanto antes como después de reunirse con el presidente, Rebozo volvió a presionarle para que aceptase el dinero. Danner se negó.

Unos días después de la fracasada reunión en la cumbre, Rebozo habló al nuevo jefe de equipo de Nixon, Alexander Haig, del problema Hughes. Haig llamó al subsecretario del Tesoro, William Simon, y le pidió información sobre el expediente del Servicio de Recaudación Fiscal. Simon le informó que se le iba a hacer una auditoría a Rebozo.

Rebozo contrató a un buen abogado, especialista en derecho fiscal. El 18 de junio, siguiendo el consejo del abogado, llamó al agente jefe del FBI en Miami, un viejo amigo, y le pidió que fuese a su banco de Cayo Vizcaíno. Entraron en la cámara de seguridad, y allí, en presencia del agente y de su abogado, Rebozo abrió la caja de seguridad número 224. Sacó dos sobres grandes y vació los fajos de billetes de cien dólares sobre la mesa. Era el dinero de Hughes, dijo Rebozo. Y lo contaron.

Ya no había veinte fajos envueltos en papel de banco, sino diez fajos sujetos con tiras de goma. Aun así, era el mismo dinero que había recibido, insistió Rebozo. Había quitado el papel de Las Vegas por el «estigma de todo lo de Las Vegas».

Y allí estaba todo, hasta el último centavo. De hecho, se había multiplicado. La cuenta arrojó un total de 100 100 dólares. Rebozo no pudo explicar la procedencia de aquel billete extra de cien dólares.

Al día siguiente lo llevó todo al despacho de su abogado y convenció a Danner para que se entrevistara allí con él. Danner no apareció. Sin embargo, Danner acabó poniendo a Rebozo en contacto con Chester Davis, y el falsario abogado de Hughes aceptó inmediatamente el dinero.

—Lo acepto con mucho gusto —dijo Davis sin ceremonia.

Rebozo descargó el dinero en el secretario corporativo de Abplanalp, que se lo entregó a un socio de Davis en Nueva York el miércoles 27 de junio de 1973.

Richard Nixon se había librado al fin del dinero de Hughes, pero no de su maldición.

Una semana después, el 4 de julio, Robert Maheu puso al descubierto el soborno en Los Ángeles.

Solo en una habitación con cuatro abogados, celebró la festividad prestando testimonio para un pleito por difamación, de 17 millones de dólares, que había presentado contra Hughes, pleito provocado por el exabrupto de su antiguo jefe en la conferencia de prensa sobre Clifford Irving; la furiosa acusación de que Maheu le había robado «a manos llenas».

Era el último acto de su amargo divorcio, y Maheu reveló abiertamente sus secretos sucios más íntimos.

—He protegido religiosamente a Howard Hughes en lo que se refiere a las contribuciones políticas —dijo Maheu, desempeñando aún el papel de fiel esposa—. Creo que debería advertirles —añadió, dirigiéndose a los abogados de Hughes— que si quieren ustedes penetrar en el mundo político de Howard Hughes, las consecuencias caerán directamente sobre sus hombros.

Y luego explicó la historia del gran soborno de Nixon.

—El señor Hughes quería comprar a los presidentes de los Estados Unidos —dijo Maheu; y añadió que en el caso de Nixon «habían de cumplirse ciertas obligaciones políticas».

La mitad de la aportación de 100 000 dólares era un pago directo por la no aplicación por el fiscal general Mitchell de las leyes antitrust, el acuerdo que estableció con Danner de que permitiría a Hughes seguir comprando Las Vegas.

—Cuando el señor Danner regresó de Washington —dijo Maheu—, yo le entregué la suma de 50 000 dólares para que se la entregara al señor Rebozo.

Cuando llegó al Comité Watergate del Senado la noticia de la declaración jurada de Maheu, un equipo de investigadores empezó a seguir la pista de la transacción secreta, a penetrar en el mundo político de Howard Hughes y a descubrir en él el mundo que se ocultaba tras Watergate.

La conexión Hughes salió a la luz pública el 10 de octubre. El acuerdo de 100 000 dólares ocupó por primera vez los grandes titulares de los periódicos de todo el país, y los senadores declararon que pensaban convocar a Rebozo, a toda la banda de Hughes, e incluso al propio Hughes; que iban a obligarles a comparecer a todos ante el comité e interrogarles ante la televisión nacional en directo.

Los investigadores habían interrogado ya exhaustivamente a Rebozo en Cayo Vizcaíno. En aquel y en otros testimonios posteriores, el cubano intentó explicar por qué había tenido el dinero guardado durante tres años y por qué lo había devuelto después.

—No quería correr el riesgo de que se plantease ni el menor problema de una relación entre Hughes y Nixon —dijo Rebozo—. Estaba convencido de que eso le había costado al presidente las elecciones de 1960 y que no le había ayudado nada en 1962 en California.

Admitió que había retenido el dinero hasta que el Servicio de Recaudación Fiscal empezó a perseguirle, temeroso de que cualquier revelación pública pudiese destruir a Nixon.

—Existía la posibilidad de otra serie tipo Drew Pearson sobre el dinero de Hughes y que el asunto siguiera y siguiera. Habría acabado con él para siempre.

Los temores de Rebozo no eran infundados. En los días que siguieron, la desesperación de Nixon por ocultar el soborno de Hughes quizá le llevara a dar el último paso fatal de su presidencia: «la matanza de la noche del sábado.»

Fue un arreglo de cuentas que podría haberse evitado. Nixon se hallaba a punto de llegar a un acuerdo sobre sus cintas de la Casa Blanca. Estaba alcanzando un compromiso con su respetado fiscal general, Elliot Richardson, que pasaría por alto al odiado fiscal especial, Archibald Cox, y mantendría las cintas ocultas.

En vez de las cintas, Nixon entregaría transcripciones cuya autenticidad certificaría el senador John Stennis, sordo como una tapia. Nadie esperaba que Cox aceptase el acuerdo, pero Richardson estaba dispuesto a seguir adelante y Nixon esperaba que Cox dimitiese como protesta.

Precisamente cuando el acuerdo estaba a punto de materializarse, parece que el espectro del dinero de Hughes asustó tanto a Nixon que le hizo estropearlo todo.

El 18 de octubre, el día que debían perfilarse los últimos detalles con Richardson, Rebozo descubrió de pronto que Cox se había incorporado a la investigación de Hughes. Un amigo suyo, agente del Servicio de Recaudación Fiscal, le dijo que el fiscal especial había pedido todos los datos sobre los 100 000 dólares de Hughes, y aquella misma mañana un titular a toda plana del *Miami Herald* proclamaba: «COX INICIA UNA INVESTIGACIÓN FISCAL DE REBOZO.»

En la Casa Blanca, Nixon se puso furioso.

—¡Ese maldito profesor de Harvard quiere engancharme! —chillaba—. Esto lo demuestra.

El presidente le dijo a Haig que no estaba dispuesto a que Cox se inmiscuyese en los asuntos particulares de Bebe, y que el dinero de Hughes no era asunto suyo. Aquello constituía una prueba indudable de que Cox intentaba atraparle, repitió Nixon furioso.[1]

De momento, al menos, parecía que Nixon estaba más furioso por la investigación Hughes-Rebozo que a causa de la persecución implacable de las cintas por parte de Cox. Y su histeria por Hughes empezó a minar de inmediato aquel «Compromiso de Stennis» laboriosamente forjado.

Haig llamó a Richardson aquel mismo día, más tarde. Antes incluso de hablar de las cintas, Haig comunicó al fiscal general que Nixon no aceptaría una investigación de Hughes por parte de Cox. El presidente, dijo, no creía que la función del fiscal especial estuviera relacionada con Rebozo o con Hughes.

Avanzada aquella tarde, los abogados de Haig y de Nixon fueron a ver al presidente. Le dijeron que aún podían eludir al fiscal especial (forzar a Cox a dimitir, pero manteniendo a Richardson a bordo) si él dejaba a un lado el asunto del futuro acceso de Cox a las cintas. Bastaba con dejar aquello en suspenso, le instaron los abogados; hacer el trato.

Pero, al anochecer, Nixon no estaba ya de humor para estrategias sutiles. Había hablado por teléfono con Rebozo, estaba furioso por la intrusión de Cox en el asunto Hughes, y sobre todo quería librarse del fiscal especial.

No más cintas, dijo el presidente. Ninguna y punto. Y Cox tendría que aceptarlo por escrito o sería despedido.

Al día siguiente, mientras Nixon se dirigía a la inevitable confrontación, Rebozo voló a Washington y se instaló en la Casa Blanca mientras duró el asedio.

Su presencia hacía siempre a Nixon más combativo, especialmente cuando bebían juntos, y Nixon empezó a pasar mucho tiempo a solas con Rebozo. Haig no sabía de qué hablaban, pero les había oído muchas veces quejarse a los dos amargamente de la «persecución injusta y desleal» de Bebe por el dinero de Hughes. Era evidente que aquello tocaba fibras sensibles.

En una tentativa desesperada de ocultar el soborno, Nixon se había colocado ya al borde del desastre, y ahora su obsesión con Hughes creaba en la Casa Blanca una atmósfera que hacía imposible un compromiso.

Dos días después de enterarse de la investigación sobre Hughes, la noche del sábado 20 de octubre de 1973, Nixon despidió al fiscal especial. El fiscal general Richardson y su primer ayudante dimitieron. Todo el mundo lo llamó «la matanza de la noche del sábado».

En cuestión de días, se habían presentado veintidós peticiones en el Congreso solicitando el procesamiento de Nixon.

Howard Hughes también estaba a punto de ser reclamado por la justicia.

1. En realidad, Cox intervino personalmente en la investigación Hughes-Rebozo. Explicó a su equipo que no debía tratar con él ninguna cuestión relacionada con Hughes, porque mantenía una vinculación con éste: su hermano Maxwell era socio del bufete de Chester Davis.

No era sólo Watergate lo que le estaba acechando, sino también un acuerdo marginal que había concluido con Nixon, su absorción ilegal de la Air West, que el presidente había aceptado aprobar el mismo día que Hughes acordó darle los 100 000 dólares.

El 20 de diciembre, a primera hora de la mañana, Hughes huyó de Londres perseguido por la justicia. Subió a bordo de un reactor que le prestó el comerciante de armas saudí Adnan Khashoggi y volvió a las Bahamas, donde había dos plantas reservadas en un hotel de Freeport, propiedad del magnate naviero Daniel K. Ludwig.

Apenas instalado, fue procesado por un gran jurado de Las Vegas, acusado de fraude y manipulación de acciones en el asunto de la Air West. Se enfrentaba a la posibilidad de doce años de cárcel.

Convertido ya en fugitivo de la justicia, necesitaba desesperadamente un refugio, y las Bahamas parecía un lugar seguro. Unas semanas antes de su llegada, las islas se habían negado a extraditar a otro financiero estadounidense fugitivo, el famoso estafador Robert Vesco.

Pero Hughes no quería correr ningún riesgo. No olvidaba que se vio obligado a huir de las Bahamas como consecuencia del asunto de Clifford Irving, y estaba decidido a comprar a su nuevo protector, el primer ministro Lynden O. Pindling.

«Respecto al honorable primer ministro —escribía Hughes a Chester Davis—, admiro verdaderamente su coraje y las acciones que ha tenido el valor de emprender.

»Dígale usted por favor que me gustaría serle útil. La cuestión es ésta: ¿qué ayuda necesita y con qué rapidez?»

Mientras Hughes blandía sus dólares ante Pindling, Chester Davis estaba descargando los cien grandes de Nixon que Rebozo había descargado en él. Tras resistirse varios meses, llevó el dinero, bajo citación, al comité Watergate del Senado, abrió su cartera de mano y depositó furioso los billetes de cien dólares ante el sorprendido senador Sam Ervin.

—¡Aquí está el maldito dinero! —gritó Davis—. ¡Cójalo, quémelo, haga lo que le apetezca con él!

Pero los senadores no se dieron por satisfechos con el dinero. Querían también a Hughes. A mediados de enero, el comité remitió a Davis una carta requiriendo la comparecencia del multimillonario. Poco después, Ervin aprobó una citación.

Hughes, en las Bahamas, prófugo ya, seguía sin entender claramente lo de Watergate, incluso cuando otros empezaban a preguntarse si no sería él, en cierta manera, el centro de todo el asunto.

En un comunicado dictado a los mormones, Davis intentaba explicarle la «conexión Hughes».

«Estamos implicados en el asunto Watergate en la siguiente medida:

»1. E. Howard Hunt, procesado por el allanamiento de Watergate, era empleado de Bob Bennett (nuestro actual representante en Washington). Además, Bennett mantenía contacto con la Casa

Blanca a través de Chuck Colson, que estaba muy implicado en el encubrimiento de Watergate.

»2. Bennett, Ralph Winte (empleado por nosotros para que se encargara de cuestiones de seguridad) y Hunt están implicados en planes para forzar la caja fuerte de Greenspun, y aun cuando estos planes se rechazaran y no se materializaran nunca, los investigadores ven motivación política relacionada con Watergate.

»3. La contribución de Danner a Rebozo y las visitas de Danner a Mitchell se consideran un intento de influir en las decisiones del gobierno, incluido un supuesto cambio en las decisiones de la Secretaría de Justicia.

»4. Los pagos realizados a Larry O'Brien y su contratación se han considerado parte de la posible motivación del allanamiento de Watergate debido al interés de la Casa Blanca en esa operación como posible medio de crear problemas a O'Brien y a los demócratas.

»5. Las grandes contribuciones supuestamente realizadas por Maheu a políticos, sobre todo las hechas en efectivo, forman parte de la investigación general de Watergate relacionada con la necesidad de reforma.»

Hughes no se dio por satisfecho con la explicación. Alternativamente confuso y despejado, en apariencia incapaz de recordar los 100 000 dólares del soborno, exigió a Davis que paralizase toda la investigación de Watergate. Estaba convencido de que se trataba de una conspiración destinada a obligarle a salir de su escondrijo.

«Aún no he recibido más información identificando exactamente quiénes son las personas que hay detrás de esta operación concreta destinada a crear problemas y obligarle a usted a comparecer», escribía Davis, imitando a su jefe loco, pero sugiriendo que tal vez fuera sólo una conspiración contra Nixon.

»Desde el incidente de Watergate, se ha suscitado un movimiento político de una tenacidad rayana en el puro fanatismo, que se propone destruir a Nixon. Las enormes sumas que se dice ha pagado Maheu, supuestamente en nombre suyo y siguiendo sus instrucciones, y la publicación de comunicados que pasan por suyos a Maheu, interpretados como instrucciones para influir e incluso controlar el gobierno, han llevado al comité Watergate del Senado a investigar el supuesto de que Nixon recibió dinero de usted (incluyendo los 100 000 dólares entregados a Rebozo) para su uso personal y no como aportación normal a una campaña política.

»Hasta la fecha, hemos conseguido bloquear las tentativas del Servicio de Recaudación Fiscal, la Comisión de Cambio y Bolsa y el comité Watergate del Senado.

»Esto se ha convertido en una lucha encarnizada —concluía Davis—, pero confío en que ganaremos.»

De hecho, Hughes venció. Fue la única personalidad importante de Watergate que eludió todas las investigaciones y nunca compareció ante la justicia.

Fuera del alcance de la ley, en su dormitorio de las Bahamas, procesado y con una citación judicial, Hughes veía películas de la serie be envuelto en una niebla de codeína mientras sus antiguas maquinaciones derribaban el gobierno de Estados Unidos.

Pero aunque el multimillonario estaba seguro, sus secretos no lo estaban.

En las primeras horas de la mañana del 5 de junio de 1974, los documentos secretos que Richard Nixon temía que estuvieran guardados en el despacho de Larry O'Brien o en la caja fuerte de Hank Greenspun, fueron robados de la antigua sede central de Howard Hughes en el número 7 000 de Romaine Street, en Hollywood.

Nadie se atrevió a decir a Hughes que sus sacrosantos comunicados habían desaparecido.

Sin embargo, estaba preocupado. No porque allanadores desconocidos hubieran puesto al descubierto sus tratos con Nixon, sino por lo que pudieran haber hecho con un viejo coche de vapor que Hughes comprara a los veinte años, o con las películas que tenía guardadas en sus cámaras de seguridad. Y, sobre todo, le preocupaba la posibilidad de que más desconocidos empezaran a hurgar en aquel almacén de su vida pasada.

«Él desea saber quién va a inspeccionar concretamente las diversas zonas, cámaras y habitaciones de Romaine para determinar qué es exactamente lo que falta y se ha robado presuntamente de allí —informaban sus ayudantes al cuartel general.

»Él no quiere que un investigador de la compañía de seguros decida empezar a abrir cajas y cajones cuando él ha dado instrucciones tan rigurosas a lo largo de los años sobre el manejo de artículos tan delicados como su equipo de cine, etc.

»Él quiere un informe detallado, paso a paso, de cómo se pretende concretamente que se realicen esas inspecciones. Quiere el informe antes de que se toque nada.»

Mientras Hughes se preocupaba por sus recuerdos, sus ayudantes de Romaine descubrían que faltaba otra «pieza delicada»: un comunicado que revelaba la verdadera misión del *Glomar Explorer*. El fallo de seguridad no podía haberse producido en momento más peligroso. El *Glomar* estaba por entonces a punto de extender su gigantesca garra 4,5 kilómetros por debajo del agua y sacar un submarino ruso hundido.

Así que, un mes después del allanamiento, el director de la CIA, William Colby, tuvo que decirle al presidente que el secreto del *Glomar* había dejado de serlo; que al parecer estaba en manos de los ladrones desconocidos que habían entrado en Romaine.

El presidente recibió esta noticia inquietante precisamente unos días después de regresar de Moscú, donde había firmado un tratado de control de armamento que podría haberle salvado si lo hubiera firmado unos años antes. Ponía fin a las grandes explosiones de Nevada.

Pero demasiado tarde. Y ahora Nixon tenía razones, aparte del *Glomar*, para preocuparse del robo de Romaine.

Colby lo sabía. Cuando la CIA elaboró la primera lista de «posibles culpables» el 4 de julio, indicaba que la operación Romaine podría tener motivaciones políticas «para ayudar en la investigación de Wategate o para obstaculizarla». Y entre los «posibles clientes de los documentos», la CIA enumeraba «fuerzas contrarias al procesamiento del presidente si los documentos son comprometedores».

Y ahora Colby iba a ver a Nixon. Podría no haber sido del todo cómoda la entrevista entre un director de la CIA, que pensaba en un motivo ligado a Watergate detrás del robo de los documentos de Hughes, y un presidente a quien le constaba que había un motivo ligado a Hughes detrás del allanamiento de Watergate.

Pero sospechase lo que sospechase la CIA, Nixon sabía que el robo de Romaine no era trabajo de la Casa Blanca. Ahora sabía también que aquellos documentos secretos de Hughes, que él temió durante tanto tiempo, habían caído en manos desconocidas y tal vez hostiles.

Pero al presidente le quedaba poco tiempo para preocuparse de los «revólveres humeantes» robados de Romaine.

Eran poco más de las nueve de la mañana del miércoles 24 de julio, cuando sonó el teléfono en el dormitorio de Nixon en San Clemente, despertándole bruscamente. Al otro lado del hilo estaba Alexander Haig.

—Es bastante desagradable, señor presidente. Se ha sabido esta mañana la decisión del Tribunal Supremo.

Nixon tenía que entregar las cintas de la Casa Blanca.

Watergate, que empezó con la revelación de los trapos sucios de Hughes, acababa ahora con la exposición de los trapos sucios del propio Nixon. Resultaba increíble, pero aquellos dos hombres tan reservados habían llevado un registro minucioso de sus delitos.

Nixon estaba ya en el banquillo. Aquella misma noche el comité de la Cámara encargado del posible procesamiento del presidente, inició sus audiencias televisadas. Ahora saldría a la luz toda la asombrosa historia de Watergate, el presidente acusado por sus propias palabras grabadas, todos sus hombres acusados ya de encubrimiento, sus allanadores ya encarcelados...

Sólo permanecería oculto un aspecto del delito: el motivo.

No era desconocido, pero se había silenciado. Antes de que el comité Watergate del Senado emitiera el informe final a principios de aquel mes, los senadores eliminaron cuarenta y seis páginas. En la parte suprimida, los investigadores llegaban a la conclusión de que la conexión Hughes había desencadenado Watergate.

Según el informe, todo había empezado con el temor de Nixon a que Larry O'Brien hubiera descubierto el soborno de 100 000 dólares mientras actuaba simultáneamente como cabildero del multimillonario en Washington, y como presidente del Comité Nacional Demócrata.

Ningún senador quería hacerlo público. Ni los republicanos ni los demócratas. Evidentemente, no había medio de desenmascarar a Nixon sin desenmascarar al mismo tiempo a O'Brien. Pero no era eso sólo. El dinero de Hughes explotaba en demasiadas direcciones. Varios senadores, incluyendo al menos uno del comité de Watergate, Joseph Montoya, habían recibido también contribuciones de Hughes, y Maheu nombró en su pleito a otros destacados dirigentes políticos, entre ellos Bobby Kennedy, Lyndon Johnson y Hubert Humphrey. Como dijo Lowell Weicker, republicano disidente del comité, «todo el mundo comía en el mismo pesebre».

Pero además de eso, ninguno de los senadores podía creer que los 100 000 dólares explicaran lo de Watergate. No parecía suficiente, en realidad.

Algunos creían que tenían que ser más; que el verdadero soborno, el que podía explicar el gran riesgo corrido en la operación, aún no se había descubierto. Incluso algunos de la propia banda de Nixon estaban seguros de que tenía que haber más.

—¿Quién puede estar seguro de que fueron ésos los únicos 100 000 dólares? —se preguntaba Chuck Colson poco antes de ingresar en prisión.

Desde luego, 100 000 dólares no podían haber llevado al presidente al borde del abismo. Pero así fue. No se trataba de la cantidad de dinero, ni siquiera de que fuese sucio. Lo fundamental radicaba en el hecho de que el dinero procedía de Hughes, de que con él habían atrapado anteriormente a Nixon y ya le había costado una vez la Casa Blanca. En un intento desesperado de evitar que volviera a ocurrir, provocó precisamente que ocurriera otra vez.

Haldeman comprendió. «Correr un riesgo como el de ese robo fue absurdo —escribió posteriormente—. Pero en cuestiones relativas a Hughes, a veces Nixon parecía perder el contacto con la realidad. Según su propia opinión, sus relaciones indirectas con ese hombre misterioso quizá le hubieran hecho perder dos elecciones.»

Intentando protegerse el uno del otro, Hughes y Nixon habían provocado el cataclismo. Hughes dio a Nixon 100 000 dólares en un desesperado intento de paralizar el bombardeo, y Nixon provocó su propia caída en un desesperado intento de ocultar el pago de Hughes.

El dinero secreto, algo clave en Watergate, seguía obsesionando a Nixon cuando se acercaba el final. El 7 de agosto, en una serie de llamadas telefónicas a Haldeman, el presidente dijo a su antiguo jefe de equipo que aún quedaba una bomba sin explotar en las cintas: el fondo secreto de sobornos de Rebozo. Al final, con todos sus delitos al descubierto y su alma al desnudo, ésa era aún la revelación que más temía Nixon.

Al día siguiente, martes 8 de agosto de 1974, a las nueve de la mañana, Richard Nixon hizo pública su dimisión como presidente de los Estados Unidos.

Hughes y el gobierno de la nación cayeron al mismo tiempo. Mientras Nixon salía por última vez de la Casa Blanca, Hughes describía su estado irreversible, garrapateando una nota en el papel de su mesita de noche.

«Estuve tendido boca abajo desde la intervención quirúrgica

hasta la llegada a Freeport —escribía, recordando la operación de la cadera que se había fracturado un año antes—. Me acostaron y hasta el momento no he abandonado el lecho *ni siquiera para intentar ir al cuarto de baño.*»

Sin embargo, ahora más que nunca, incluso mientras se hundía en su proceso final de descomposición, se consideraba a Hughes como el verdadero Hombre Clave, centro secreto de Watergate, el patrón oculto de los presidentes y el socio secreto de la CIA.

Solo en su habitación en penumbra, en la cima del hotel Xanadu Princess, su sexto escondite en el extranjero en cuatro años de exilio, el presunto genio maligno seguía desconcertado por los acontecimientos de los Estados Unidos.

Hubo un momento en que creyó haber dado con la clave de Watergate. Parecía estar en una cinta de la Casa Blanca en la que se oía decir al presidente: «Me importa un carajo lo que pase. Quiero que todos vosotros lo obstruyáis, que aleguen la Enmienda Quinta, encubrimiento o lo que sea si sirve para salvarlo..., para salvar el plan.»

—¿Qué es eso del plan? —preguntaba Hughes.

Si había un plan, él quería saber en qué consistía. Su relaciones públicas de Los Ángeles, cuyo trabajo consistió durante mucho tiempo en negarse a hacer comentarios, y entre cuyas tareas figuraba ahora tener a Hughes informado sobre Watergate, envió la respuesta:

«Ese plan consiste, al parecer, en un acuerdo al que llegaron los asesores de la Casa Blanca, aprobado por Nixon, de que el mejor método para tratar con el comité Watergate sería que los testigos de la Casa Blanca se negaran a contestar las preguntas. La consigna que se desprendía del plan era bloquear las actividades del comité.»

¡Qué decepcionante! Hughes se había dedicado toda la vida a bloquear. ¿Y adónde le había llevado eso?

Volvió su atención a preocupaciones más inmediatas, exigiendo una investigación secreta de cereales para el desayuno.

«*Por favor*, que investiguen en Freeport, Miami o Los Ángeles, antes de que continúe consumiendo ese alimento asqueroso —escribía a sus mormones—. Pero, por favor, extremen las precauciones en pro de la seguridad.»

Se mostró igualmente preocupado por la seguridad cuando ultimó un acuerdo para comprar su hotel de las Bahamas: «Envíen, por favor, un recado personal mío al señor Ludwig (sólo oral, no escrito, a través del representante principal del señor Ludwig, pero sin que esté presente nadie más) en los términos siguientes: "Ha sido un placer hacer negocios con usted."»

Mientras Hughes guardaba cuidadosamente estos delicados mensajes en Freeport, en Los Ángeles se le escapaba el mayor de todos sus secretos, un efecto retardado del robo en su sede central sin vigilancia de Romaine Street. El 7 de febrero de 1975, *Los Angeles Times* publicaba un artículo sobre el *Glomar*.

Mientras algunos empezaban ya a preguntarse si Hughes sería una pantalla de la CIA o la CIA una pantalla de Hughes, si existiría detrás de todo aquello un imperio tenebroso, el empera-

415

dor desnudo no se enteró jamás de que el secreto del *Glomar* hubiera salido a la luz.

De cualquier modo, el 18 de marzo, cuando la noticia se difundió, aparecieron en todo el país grandes titulares proclamando a Hughes socio de la CIA en una fantástica conjura de 350 millones de dólares para robar un submarino ruso.

Y luego, en el punto culminante de los escándalos de la CIA, unos meses más tarde, los investigadores del Senado revelaron que Robert Maheu había dirigido una conspiración de la CIA y la Mafia para asesinar a Fidel Castro.

Muchos estaban ya seguros de que Hughes se hallaba enredado en una intriga de dimensiones siniestras; una alianza secreta que estaba detrás de todos los turbios acontecimientos que iban desde Dallas a Watergate. El Comité de Espionaje del Senado comenzó a examinar las vinculaciones de Hughes con Nixon, la Mafia y la CIA. La única cuestión básica parecía ser si Hughes era quien controlaba o si era sólo un peón.

«En realidad, ¿hubo incluso un hombre vivo llamado Hughes en el centro de todo? —preguntaba Norman Mailer—. ¿O había un "comité especial"?»

El Servicio de Recaudación Fiscal tenía preocupaciones similares. Incluso cuando el propio Hughes preguntaba insistentemente a sus ayudantes si podía regresar sin problema a los Estados Unidos, un agente que participaba en la gran investigación en torno a Hughes comentaba que hacía mucho tiempo que Hughes había muerto.

«Mi opinión —informaba a la sede central— es que Howard Hughes murió en Las Vegas en 1970, y que los altos cargos que dirigen su imperio ocultaron el hecho para impedir una disolución catastrófica de sus empresas.»

El comisionado Walters, del Servicio de Recaudación Fiscal, intentó determinar personalmente si Hughes estaba vivo, sin resultados concretos.

De hecho, Hughes más que vivir vegetaba y no podía controlar nada, ni siquiera su propio imperio. Su dinero estaba esfumándose a velocidad alarmante. Bajo la nueva dirección, las pérdidas de sus empresas sobrepasaron los cien millones de dólares en cinco años, y en la década anterior habían desaparecido de sus cuentas bancarias cinco mil millones de dólares en efectivo y en valores, como consecuencia, al parecer, de una dirección ineficaz y del derroche, más que de una conspiración.

Era evidente que Hughes se hallaba en decadencia. No podía controlar siquiera el nombre de su imperio. Lo habían cambiado en 1972, sin que él lo supiera, por Summa, tras haberse visto obligado a deshacerse de la base de toda su fortuna, el negocio que le había legado su padre, la Hughes Tool Company. Presionado por sus abogados y sus ejecutivos, Hughes vendió a regañadientes sus derechos de primogenitura por 150 millones de dólares para cubrir el juicio de la TWA, y luego vio triplicarse las acciones mientras el caso de la TWA quedaba sobreseído.

Y ahora, al cabo de dos años, descubría que su imperio tenía un nombre nuevo. «¿Ven ustedes alguna razón por la que no podamos cambiar el nombre de Summa por Propiedades HRH a finales de este año», preguntaba. «¿Podemos cambiar el nombre Summa ahora?», preguntaba de nuevo. Y en otra ocasión ordenaba: «Que no se gaste más dinero con el nombre de Summa.» Pero el nombre nunca se cambió.

Tenía problemas hasta con el suministro de drogas. Hughes estaba convencido de que los mormones le retenían los somníferos.

«Desde luego, nadie quiere que usted los tome, pero no nos permitiríamos negárselos —decía un ayudante, procurando calmarle—. Cuando utiliza usted palabras y frases del estilo de "ponerle a dormir", "permitirle dormir", etc., parece indicar implícitamente que tenemos algún tipo de control sobre usted, o sobre lo que su mente le dicta.»

En realidad, los mormones le tenían firmemente controlado. Hoscos y resentidos tras quince años de servidumbre, obligados a realizar tareas absurdas y odiosas, presionaban a su jefe inerme con subidas continuas de salarios. Y aunque todos ganaban más de 100 000 dólares anuales, solían tratarle con bastante desprecio.

«Si supieran ustedes lo mucho que me altera, lo infeliz que me hace que sean ustedes tan fríos y hostiles como anoche, no creo realmente que conectaran el aparato del castigo con tanta intensidad —decía Hughes, suplicante, en una nota a uno de sus guardianes.

»Así pues, lo único que pido es que la próxima vez que deseen manifestarme de forma realmente desagradable sus puntos de vista, tengan al menos en cuenta que mi vida no es en modo alguno un lecho de rosas, por más que a veces tenga yo la impresión de que ustedes así lo creen.

»En realidad, si cambiásemos de puesto en la vida, apostaría a que me pedirían que les permitiese volver a cambiar, volver a su situación actual, antes de una semana.»

Hughes tenía un último medio de controlar a sus guardianes y a sus ejecutivos: su testamento. Llevaba años blandiéndolo ante ellos, asegurándoles repetidas veces que todos serían generosamente recompensados, pero sin permitir que nadie viese el documento.

«He tenido guardado durante algún tiempo un testamento ológrafo —afirmaba—. Fue cuidadosamente redactado, sentado yo a un escritorio, observando todas las normas que rigen tales testamentos. Todo se hizo bajo la supervisión de mi abogado personal Neil McCarthy y les aseguro que no se pasó por alto ningún detalle. Es de una validez a toda prueba.»

Pero los ayudantes tenían sus recelos. McCarthy había muerto mucho antes, y el testamento que Hughes mencionaba fue redactado, al parecer, en los primeros años cuarenta, una década antes de que reuniese a su extraña guardia mormona.

«Estoy seguro de que ustedes no necesitan esta protección —les decía Hughes—, pues todo el mundo sabe que ustedes cinco han sido mis ojos, mis oídos y mi voz durante los últimos cinco o diez años, así que sin duda podrían conseguir el puesto ejecutivo que les interese y en la empresa que quieran.

»Sin embargo, como protección suplementaria, he añadido un

codicilo a mi testamento que se entregará al Bank of America, mi fideicomisario en la administración del patrimonio.»

Los mormones seguían con sus recelos. Mientras la salud de su jefe, inmovilizado en el lecho, decaía a ojos vistas en el verano de 1975, ellos le presionaban insistentemente para que les mostrase el testamento, lo actualizase o escribiera uno nuevo.

«Tenemos un poco de tiempo», contestó Hughes. Prometió redactar un testamento completamente nuevo. Pronto. Pero nunca lo haría. Un hombre incapaz de desprenderse de sus uñas, evidentemente no sería capaz de desprenderse de su fortuna. Y Hughes, además, debía darse cuenta de que firmar un testamento sería como firmar su sentencia de muerte. El testamento definitivo inexistente era su último medio de retener el poder.

«Tenemos que hacerlo de una vez —decía, sin embargo—, porque quiero volar antes de los setenta años.»

Hughes, que no se había levantado de la cama desde que se rompiera la cadera hacía dos años, estaba decidido a volar de nuevo en su septuagésimo aniversario. Contrató a un antiguo ejecutivo de la Lockheed, Jack Real, le designó miembro de su séquito y se pasaba horas a solas con él hablando de aviones.

Esto no les gustaba nada a los mormones. Cuando Hughes les manifestaba su deseo de ver a Jack, le respondían que no estaba. Interceptaban sus mensajes, cambiaron las cerraduras y, por último, el 10 de febrero de 1976, se llevaron a Hughes a México.

Le dijeron que se estaba acabando el suministro de drogas en las Bahamas, y que debían trasladarse a Acapulco para poder disponer de un surtido continuo de narcótico. Era mentira. La codeína procedía de una empresa farmacéutica de Nueva York. Pero Hughes lo ignoraba. Él sólo sabía que necesitaba su dosis diaria.

Sábado, 3 de abril de 1976. Howard Hughes yacía inmóvil en su último dormitorio en penumbra, una lujosa suite de ático en el hotel Princesa de Acapulco, delirante, deshidratado, famélico.

Extendió un brazo esquelético para coger una caja de kleenex de la mesita de noche, sacó una jeringuilla hipodérmica oculta bajo la tapa, e introdujo la aguja en su escuálido bíceps derecho. El esfuerzo le agotó. No podía accionar la jeringuilla, no podía inyectarse la codeína en el cuerpo exhausto.

La jeringuilla quedó colgando del brazo y cayó al suelo. Hughes llamó a un ayudante para que completara la operación. El mormón se negó. Llamó a un médico, que llegó momentos después y le inyectó su dosis.

Hughes llevaba en estado comatoso la mayor parte de la última semana. Cuando despertaba, se negaba a comer. Su peso se había reducido a 37,5 kilos. Su talla de uno noventa había menguado 7,5 centímetros. Los frágiles huesos se le marcaban claramente a través de la piel apergaminada. Tenía el hombro izquierdo magullado e hinchado, una herida abierta a un lado de la cabeza, donde un antiguo tumor se le había reventado al caerse de la cama unas semanas antes. Tenía incrustadas en el brazo derecho cuatro puntas de agujas hipodérmicas rotas y otra en el izquierdo. Y le estaban matando los riñones atrofiados, destrozados por un cuarto de siglo de consumo abusivo de drogas.

Hablaba ya de modo incoherente. Aquel sábado, farfulló repetidas veces algo sobre una «póliza de seguros», pero ninguno de sus ayudantes sabía a qué se refería. Al otro día, ya no lograba articular palabra. Estaba tumbado en la cama, mirando con los ojos en blanco, y con la cara y el cuello contrayéndose incontrolablemente. El domingo por la tarde entró en coma. Sus ayudantes y médicos nada dijeron, pues temían llevarle a un hospital. Aquella noche, uno de los mormones dio a su jefe inconsciente un corte de pelo, el tercero en diez años, mientras otro le ponía manos y pies a remojo y le cortaba las largas uñas.

Por último, a las once de la mañana del lunes, le sacaron de la cama, aún en estado de coma, le pusieron en una camilla, le metieron en una ambulancia y le llevaron rápidamente a una reactor privado. Cuando le subían a bordo, Hughes movió levemente los labios, pero no emitió ningún sonido audible.

No hubo últimas palabras, no hubo ningún «Rosebud». Permaneció silencioso en el avión bajo una sábana de un color amarillo claro que le cubría hasta la barbilla, y a la 1.27 del 5 de abril de 1976, Howard Hughes murió a 9 000 metros de altura, en pleno vuelo, a media hora de su ciudad natal, Houston.

Su muerte ocupó las primeras planas en todo el mundo, pero faltaron los habituales elogios públicos que suelen dedicarse rutinariamente a los famosos, los ricos y los poderosos. Ni siquiera su ex esposa Jean Peters dijo mucho: «Estoy triste.» Nada más. Y no tenía más seres queridos que pudieran llorarle.

Fue un héroe popular estadounidense, un hombre que había vivido primero el sueño y luego la pesadilla... En este sentido, quizá fuera el estadounidense más representativo del siglo xx. Pero, a su muerte, se había convertido en un personaje tan repulsivo y escandaloso, que ningún dirigente nacional mencionó su fallecimiento. Ninguno de los políticos a quienes había provisto de fondos dijo una palabra: ni Richard Nixon, ni Hubert Humphrey, ni Larry O'Brien. Ni siquiera Paul Laxalt.

Sólo un hombre poderoso dio un paso al frente para alabarle, un hombre que casi nunca hablaba públicamente. Un hombre tan reservado, que su nombre no había aparecido en letra impresa hasta un año antes, cuando fue desplazado, en medio del escándalo, de la elevada posición que había ostentado durante tres décadas: el jefe de contraespionaje de la CIA, James Jesus Angleton.

Era muy propio que Angleton, el más puro producto de la CIA, el espectro de espectros, fuese el único que escribiese su epitafio:

«¡Howard Hughes! Cuando se trataba de los intereses de su país, ningún hombre conocía mejor que él su objetivo. ¡Qué suerte poder contar con él! Fue un gran patriota.»

INFORME SOBRE LA AUTENTICIDAD DEL MATERIAL

Tal como se explica en la nota del autor, este libro se basa principalmente en los casi 10 000 documentos de Hughes robados de su sede central de Romaine Street el 5 de junio de 1974.

La autenticidad de tales documentos se demostró de modo concluyente por la comprobación de sus orígenes: clara evidencia de que los originales manuscritos y mecanografiados que fotocopié y fotografié personalmente eran los mismos documentos que se sacaron del ático de Hughes de Las Vegas y se depositaron en Romaine, de donde los robaron.

Su autenticidad quedó además confirmada en siete años de investigaciones (amplia comparación del contenido con datos inéditos y conocidos) y mediante una serie de pruebas de caligrafía, mecanografía, etc., realizadas por los dos principales especialistas del país, Ordway Hilton, que fue quien demostró que Clifford había cometido un fraude en nombre de la organización Hughes, y John J. Harris, el hombre que demostró que el «testamento mormón» de Melvin Dummar era una falsificación a favor del patrimonio de Hughes. Ambos expertos certificaron por separado la autenticidad de los documentos de Romaine.

Procedencia: Poco después de que Hughes se fuera de Las Vegas la víspera del Día de Acción de Gracias de 1970, un equipo de ayudantes suyos encabezado por Kay Glenn, director general de Romaine, limpió su *suite* de la novena planta del Desert Inn, llevándose todos los documentos que había, tanto en su dormitorio como en la oficina de los ayudantes mormones, instalada en el salón.

«Lo metí todo en cajas —testificó posteriormente Glenn en una declaración jurada—. Todos sus comunicados a otras personas, y los comunicados de los demás a él. Los llevé a Romaine Street. Todo se llevó a Romaine.»

En la época del robo del 5 de junio de 1974, los documentos se habían llevado a una sala de conferencias de la segunda planta por orden del asesor jefe de Hughes, Chester Davis, que según los informes del FBI y de la CIA dijo que estaban ordenándolos para su revisión en relación con el pleito pendiente. Lo confirmó una secretaria que estaba al cargo de la ordenación.

Uno de los ladrones (mi fuente, en cuanto a los documentos; el hombre al que en la introducción se denomina Profesional) me explicó en una serie de entrevistas que él se llevó los documentos de la sala de conferencias, los trasladó directamente a su casa, los guardó luego en baúles, tuvo los baúles almacenados durante unos cuantos meses, y después los emparedó. Y emparedados permanecieron casi dos años. Ninguna otra persona vio, tocó ni custodió los documentos desde el momento del robo hasta que mi fuente de información los desemparedó y me los mostró.

Mi fuente de información conocía los detalles del allanamiento que sólo uno de los ladrones podía saber, información en parte verificada por informes confidenciales de la policía, el FBI y la CIA, así como por datos que las autoridades ignoraban, confirmados por mi propia investigación.

Años después de que yo viera los documentos robados, que no se habían hecho públicos en ninguna forma, fotocopias de varios cientos de los mismos documentos fueron presentadas en diversos casos judiciales por la organización Hughes en relación con litigios relacionados con la herencia. Evidentemente, la organización Hughes no podría haber dispuesto de fotocopias de ninguno de tales documentos a menos que hubiera tenido los originales.

Por último, las fichas del índice incorporadas a varios de los documentos robados procedían de una máquina de escribir IBM de Romaine utilizada en la elaboración del índice cuando se produjo el robo. La mecanografía de las fichas se comparó con una muestra conocida de la misma máquina y resultaron idénticas. La muestra conocida fue verificada como auténtica por el departamento de policía de Los Ángeles.

Pruebas caligráficas y mecanográficas. Las dos principales autoridades en la caligrafía de Hughes (Hilton, antiguo presidente de la Academia de ciencias forenses de los Estados Unidos, y Harris, que fue presidente de la Asociación de Investigadores de Documentos Dudosos) examinaron comunicados elegidos al azar del material en mi poder, y los consideraron auténticos.

Hilton examinó originales y fotografías de los comunicados manuscritos de Hughes, comparándolos con muestras caligráficas de tres fuentes: un comunicado de Hughes de tres páginas presentado en el tribunal del distrito del condado de Clark, en Las Vegas; una colección de comunicados de Hughes, presentados en el tribunal federal de distrito de San Francisco por la Comisión Controladora de Acciones y Valores (que el propio Hughes identificó como propio en una declaración jurada), y otra serie de comunicados de Hughes presentados en el tribunal federal de distrito de Los Ángeles por Robert Maheu. Todos los ejemplares se consideraron auténticos en procesos judiciales.

«Tras un examen de cada uno de los documentos —concluía Hilton—, y una comparación de los mismos con la conocida caligrafía de Howard Hughes, sostengo con firmeza la opinión de que todos los documentos en cuestión fueron escritos por Hughes.»

Harris examinó también los originales y las fotografías de los comunicados (más de cien páginas de caligrafía de Hughes) comparándolas con ejemplares de dos fuentes: el pleito de Maheu y varios centenares de comunicados de Hughes presentados en el caso del «testamento mormón» ante el tribunal de distrito del condado de Clark, en Las Vegas. Todos los ejemplares se aceptaron como auténticos en procesos judiciales.

—Estoy convencido de que todos los documentos que examiné habían sido escritos por Howard Hughes —declaraba Harris.

Uno de los originales que examinaron Harris y Hilton fue un comunicado manuscrito de cuatro páginas, idéntico a una fotocopia presentada en el caso de Maheu. Ambos opinaron que la fotocopia lo era del original que se halla en mi poder.

«Realicé una serie de pruebas, entre ellas una comparación línea por línea de los dos documentos —informó Hilton—. Estoy convencido de que la carta original de cuatro páginas fue la fuente de la fotocopia y no a la inversa.»

Además, Hilton examinó originales de documentos mecanografiados enviados a Hughes (comunicados dictados por teléfono a sus mormones y escritos a máquina en su suite cerrada del ático) comparándolos con comunicados similares entregados por orden judicial por la organización Hughes, y presentados por la Comisión de Cambio y Bolsa ante un tribunal federal.

Hilton llegó a la conclusión de que tanto estos ejemplares como los documentos en mi poder estaban mecanografiados con una Selectric IBM, y que características identificatorias de la mecanografía establecían «una probabilidad muy firme de que ambos procediesen de la misma fuente».

Hilton descubrió también que las fechas de manufactura del papel utilizado para escribir a máquina (siguiendo un código relacionado con las filigranas) correspondía en todos los casos a las fechas de los comunicados.

Hilton identificó, por último, las fichas de catálogo incorporadas a varios comunicados de Hughes, como procedentes de una máquina de escribir de Romaine. «Una serie de tales fichas se escribió en la misma máquina que se utilizó para preparar la conocida muestra», concluía su informe, tras comparar los originales en mi poder con un ejemplar cuya autenticidad fue certificada por el departamento de policía de Los Ángeles y presentada a un tribunal.

Además, los documentos que obtuve incluían correspondencia de membrete verificable, facturas, comunicados en papel de cartas de Summa Corp., cartas manuscritas de personas de fuera y de dentro de la organización, relacionadas con Hughes, facturas de hotel, registros de viaje y una declaración jurada de uno de los médicos personales de Hughes.

Comprobación de datos. Durante más de siete años dedicados a escribir este libro y a investigar el material en que se basa, verifiqué la información que contienen los documentos entrevistando a cientos de personas que conocieron los sucesos descritos directamente, revisando voluminosos sumarios judiciales y obteniendo las demás referencias disponibles.

En todos los casos en que había pruebas asequibles, la información contenida en los documentos quedó confirmada por datos ya conocidos o bien inéditos. Un caso significativo: las fechas y lugares de las entrevistas del confidente de Nixon, Bebe Rebozo, y de los representantes de Hughes a que se alude en los comunicados, las corroboraron las referencias del comité Watergate del Senado que nunca se hicieron públicas. También se describen con toda exactitud en los comunicados otros acontecimientos que sólo conocían los presentes. Por ejemplo, la entrevista secreta de Maheu y Lyndon Johnson a que se refiere un comunicado la confirman detalladamente documentos archivados en la biblioteca Lyndon B. Johnson. Los archivos del gobierno incluyen también una copia mecanografiada de la carta que Hughes envió a Johnson, cuyo original manuscrito figura entre los documentos que se hallan en mi poder. Hasta los comentarios de Hughes sobre programas de televisión quedaron confirmados con registros en vídeo y/o transcripciones que obtuve. Entre ellos figura el programa *Juego de las citas* que hizo renunciar a Hughes a la tentativa de comprar la ABC.

Hay una última prueba, no científica, pero absolutamente convincente para todo el que lea los comunicados de Hughes: sólo la mente de Howard Hughes podría haberlos creado.

NOTAS SOBRE LAS ILUSTRACIONES

Algunos de los documentos de Hughes que se reproducen en este libro son fragmentos de comunicados más extensos. Siempre que se ha recortado material, los cortes se indican con líneas irregulares en los facsímiles; además se indican con detalle a continuación:
- El primer comunicado que Hughes escribió la noche de la muerte de Robert Kennedy (pp. 48 y 49) fue fechado erróneamente el 6-7-68 por uno de sus ayudantes. En realidad, se escribió el 6-6-68. Debido a esto se ha borrado la fecha para evitar confusiones.
- Todos los comunicados cruzados entre Hughes y Maheu (pp. 79-82) son fragmentarios.
- Los dos comunicados de Hughes sobre su relación con Maheu (p. 89) son fragmentos de distintos comunicados.
- El comunicado de Hughes prometiendo hacer presidente a Paul Laxalt (p. 112) es un fragmento de una hoja. El mensaje completo ocupa tres hojas, y en él se habla también de la prueba nuclear de Nevada.
- El comunicado manuscrito de Hughes ofreciendo a Laxalt un puesto importante en su imperio, y los tres informes mecanografiados de Maheu (después de la p. 114) son todos fragmentos de distintos comunicados.
- El comunicado de Hughes sobre televisión y política (p. 130) es un fragmento de una hoja. El mensaje completo ocupa dos hojas.
- El comunicado mecanográfico de Maheu informando de la colaboración de Laxalt en el veto al proyecto de la ley de libre residencia (pp. 170-171) fue superpuesto al comunicado manuscrito de Hughes según se indicó.
- El comunicado de Hughes comparando Las Vegas con Hiroshima (pp. 177-179) es un fragmento de tres hojas. El mensaje completo ocupa cuatro hojas.
- El comunicado de Hughes con su reacción ante la negativa de Lyndon Johnson a paralizar una prueba nuclear (pp. 210-214) es un fragmento de cinco hojas. El mensaje completo ocupa siete hojas.
- El comunicado de Hughes en el que manifiesta su propósito de oponer a Humphrey a Kennedy (p. 225) es un fragmento de una hoja. El mensaje completo ocupa dos hojas.
- El comunicado en el que Hughes dice que la familia Kennedy es una espina implacablemente clavada en sus entrañas (pp. 248-252) es un fragmento de cinco hojas. El mensaje completo ocupa seis hojas.
- El comunicado de Hughes sobre Teddy Kennedy y el funeral de Robert F. Kennedy (p. 254) es un fragmento de una hoja. El mensaje completo ocupa dos hojas.
- Los comunicados de Hughes que reflejan su propósito de colocar en la Casa Blanca a un candidato que conozca las realidades de la vida política (citando a Richard Nixon como tal candidato, p. 275) son fragmentos de dos mensajes diferentes.

• El comunicado de Hughes en el que éste se considera un hombre de negocios que supuestamente ha triunfado (p. 310) es un fragmento de una hoja. El comunicado completo ocupa once hojas.

• El comunicado de Hughes amenazando con irse del país después de la explosión de la bomba de Nixon (pp. 334-336) es un fragmento de tres hojas. El mensaje completo ocupa cuatro hojas.

Los facsímiles no citados aquí se reproducen íntegramente.

NOTAS

Como Hughes habitualmente abarcaba una variada gama de temas en un solo comunicado, y como solía extenderse mucho, pocas veces he citado completo un comunicado. En ocasiones, se eliminan frases o párrafos sin indicarlo expresamente, pero en ningún caso se cita ninguno fuera de contexto. Hughes jamás fechaba los comunicados, pero sus ayudantes solían hacerlo, a veces erróneamente. En la mayoría de los casos, fue posible determinar la fecha correcta cotejando los comunicados con las respuestas fechadas que recibía Hughes.

Aunque este libro se centra en los documentos secretos robados en Romaine, he examinado también los archivos públicos: documentos, declaraciones y testimonios prestados ante tribunales de todo el país. Gran parte de ese material nunca se incorporó a las pruebas, y también se difunde aquí por primera vez.

Casi toda la restante información que contiene el libro se obtuvo asimismo de fuentes primarias, identificadas en estas notas.

Introducción. El gran robo

Dediqué más de dos años a investigar el robo de Romaine, entrevisté al menos a un centenar de personas, revisé todos los archivos asequibles, incluyendo informes confidenciales de la policía y transcripciones del gran jurado, me puse en contacto con todos los personajes centrales del caso, e interrogué a muchos otros con los que las autoridades jamás tuvieron relación alguna. Investigué a todos los posibles sospechosos y, por último, localicé al individuo que tenía realmente los documentos robados de Hughes. Pasé varios meses más confirmando la relación que él me hizo del robo, cotejando todos los detalles con los informes del FBI y de la CIA (a los cuales conseguí acceder gracias a la Ley de libertad de información), con expedientes de la oficina del fiscal del distrito y de la policía de Los Ángeles, obtenidos por medio de una fuente confidencial, y otras informaciones procedentes de entrevistas con personas relacionadas con la investigación nacional, tanto a nivel federal como local, así como fuentes de la propia organización Hughes.

Mi descripción de 7000 Romaine se basa en la observación personal; y mi descripción posterior del interior, en relatos de varios empleados de Hughes, de uno de los ladrones y en informes policiales.

Albert Gerber hace una descripción típica de su mítico sistema de seguridad en *Bashful Billionaire* (Lyle Stuart, 1967, p. 319): «La sede central de Romaine Street es un cúmulo de las formas más delicadas y perfeccionadas de artilugios electrónicos en el campo del contraespionaje. Pueden dispararse varios dispositivos de aviso casi por cualquier cosa que se introduzca en el área. ¡Hay un mecanismo que hace sonar una alarma si alguien intenta obtener información sobre documentos archivados en la sede central, utilizando rayos X fuera de la sede central! Hay cajas fuertes forradas de plomo y cámaras de seguridad a prueba de ladrones. Hay equipo electrónico para rechazar ondas radiofónicas y para neutralizar aparatos de escucha.» El mito estaba tan arraigado, que hasta la mano derecha de Hughes, Robert Maheu, lo aceptaba.

—Siempre oí que era un lugar absolutamente inexpugnable —le dijo a un entrevistador.

Habría sido más fácil entrar en el despacho de J. Edgar Hoover; así es como me lo describieron.

El relato del robo de Mike Davis se cita partiendo de los informes de la policía de Los Ángeles, de transcripciones del gran jurado y de dos entrevistas. El relato de Harry Watson procede del testimonio del gran jurado y de una entrevista.

Todas las descripciones de la investigación policial se basan en los informes oficiales del departamento de policía de Los Ángeles, en entrevistas con funcionarios que trabajaron en el caso y en información de otras autoridades relacionadas con él.

La investigación de la Comisión de Acciones y Valores sobre la Air West procede de la detallada información de William Turner, antiguo funcionario de la Comisión que inició el caso y siguió posteriormente el proceso como ayudante del fiscal general de Nevada. Turner también facilitó el citado informe de la Comisión.

La relación del caso de Maheu se extrajo de archivos judiciales. Las alegaciones de Summa respecto a una relación Maheu-Mafia, con el robo de los documentos, figuran en informes de la policía, el FBI y la CIA. El citado informe de la CIA sobre una posible relación con el delito organizado tenía fecha 26 de agosto de 1974.

Las investigaciones del fiscal especial y del comité Watergate del Senado sobre la relación Hughes-Nixon se detallaban en informes publicados, documentos obtenidos en virtud de la Ley de libertad de información y entrevistas con investigadores. La conexión de Hughes con Watergate se detalló primero en un informe inédito de 46 páginas del comité del Senado. El citado informe del departamento de policía de Los Ángeles tiene fecha 5 de julio de 1974. El agente del FBI James G. Karis dijo en una entrevista que no recordaba en qué se basaba su afirmación de la posible vinculación de Watergate con el robo de Romaine.

La lista citada de «posibles culpables» de la CIA tiene fecha 4 de julio de 1974, y se obtuvo en virtud de la Ley de libertad de información. El descubrimiento de la conjura contra Castro por el Comité Watergate del Senado fue revelado por un investigador oficial relacionado con el caso. Los detalles, incluyendo la llamada de Maheu a Hughes, los reveló en 1975 el comité de investigaciones secretas del Senado.

Los cinco robos anteriores en oficinas de Hughes se describían en informes del departamento de policía de Los Ángeles, del FBI y de la CIA, y pudieron detallarse más minuciosamente gracias a entrevistas con agentes que participaron en las investigaciones de la policía local. El citado informe del departamento de policía de Los Ángeles sobre el caso Romaine tiene fecha 30 de julio de 1974. La negativa de Davis a someterse a la prueba del detector de mentiras y los resultados negativos de la mencionada prueba en el caso de Kelley figuran en el mismo informe policial. El informe del FBI sobre la prueba de Kelley con el detector de mentiras también tiene fecha 30 de julio de 1974.

Kelley dispuso una segunda prueba con el detector de mentiras a través de un detective privado llamado Robert Duke Hall, que sería asesinado al cabo de dos años, el 22 de julio de 1976. Según el teniente de la policía Al Madrid, de Burbank, que se encargó del caso del asesinato, los dos individuos acusados del crimen (Jack Ginsburgs y Gene LeBell) perpetraron también el robo que tuvo lugar en abril de 1974 en las oficinas de Hughes en Encino y entregaron el desmodulador robado a

Hall, que luego se lo devolvió a Kelley. Madrid declaró en una entrevista que no había encontrado ninguna prueba de que el robo de Encino estuviera relacionado con el robo de Romaine cometido seis semanas después, ni de que el asesinato de Hall tuviera algo que ver con cualquiera de los otros robos.

Howard Hunt reveló por primera vez la participación de Winte en el abortado robo de Greenspun, en declaración jurada ante el Comité Watergate del Senado, revelación confirmada posteriormente por G. Gordon Liddy en *Will* (St. Martin's Press, 1980, pp. 204-205) y por Bennett en declaraciones ante el comité del Senado y ante el fiscal especial.

La conclusión del departamento de policía de Los Ángeles de que el robo de Romaine fue un «trabajo interno» figura en su informe del 30 de julio de 1974.

La historia interna del robo me fue revelada en una serie de entrevistas con uno de los ladrones, mi fuente confidencial, el llamado Profesional, y como ya indiqué, su relato fue respaldado por los informes del departamento de policía de Los Ángeles, la CIA y el FBI, por mis entrevistas con otros funcionarios y por mi propia investigación.

Las llamadas de Chester Brooks pidiendo rescate se detallan en informes policiales, en el testimonio del gran jurado y en una transcripción de la llamada grabada por el departamento de policía de Los Ángeles.

El comunicado que dejó Brooks se presentó posteriormente al juez. Las pesquisas de la policía en relación con Brooks figuran en informes del FBI y del departamento de policía de Los Ángeles. También figura en informes de la CIA y del departamento de policía de Los Ángeles que Henley no recibió la llamada final y su asistencia a la fiesta del *Glomar*. Parece que Henley dejó instrucciones para que Kay Glenn atendiera la llamada del rescate en su ausencia. Pero Glenn tampoco la atendió, según informe de la CIA.

También figura en los informes de la CIA el descubrimiento por Glenn de que faltaba el documento del *Glomar*. Fuentes de la CIA, el FBI y el departamento de policía de Los Ángeles detallaban la serie de contactos que siguieron. Un detective que estaba presente describió la sesión informativa con Sullivan. La sospecha de la CIA de que la organización Hughes había organizado el robo y alegado luego falsamente que había desaparecido el documento del *Glomar*, figuraba en un informe de la fuerza de choque de la Agencia fechado el 5 de julio de 1974. Colby, director de la CIA, confirmó en una serie de entrevistas su reunión con el presidente Nixon, y los comentarios suyos que se citan proceden de tales entrevistas.

Todo lo referente a las reuniones Gordon-Woolbright se basan en el testimonio de Gordon ante el gran jurado, que él mismo detallaría posteriormente en una serie de entrevistas. Los antecedentes de Woolbright proceden de los archivos policiales de Los Ángeles y de San Luis. Sus contactos con J. P. Hayes y Maynard Davis fueron confirmados en entrevistas con uno y otro. El informe de Winte de que Korshak y Shenker podrían haber estado implicados figuraba en un informe del departamento de policía de Los Ángeles de fecha 25 de agosto de 1976. Shenker negó en una entrevista cualquier participación en el robo y toda relación con los documentos sustraídos. Korshak se negó a hablar.

El contacto de Gordon con la policía, y la reacción FBI-CIA son informaciones procedentes del propio Gordon, de un investigador de la oficina del fiscal del distrito de Los Ángeles con el que entró en contacto en primer término, de agentes del departamento de policía de Los Ángeles y de informes del FBI y de la CIA. El citado informe de la CIA sobre el «soborno» tiene fecha 7 de octubre de 1974. El mencionado plan de readquisición lleva fecha 23 de septiembre de 1974. Gordon explicó sus conversaciones con las autoridades y con Woolbright en su declaración ante el gran jurado y en entrevistas. Su versión está confirmada por informes del departamento de policía de Los Ángeles y del FBI.

El citado informe del FBI sobre la reunión con objetivos estratégicos del propio FBI y de la CIA tiene fecha 1.° de noviembre de 1974. El informe de la CIA al FBI que describe los documentos de Hughes robados tiene fecha 5 de agosto de 1974. El informe de la CIA dando por cerrado el caso tiene fecha 25 de noviembre de 1974.

Michael Brenner, ayudante del fiscal del distrito, encargado del caso Romaine, confirmó en una serie de entrevistas que la organización Hughes no había cooperado con la investigación policial, y que la CIA había obstaculizado su investigación del gran jurado (en determinado momento llegó a paralizar la investigación). Brenner comentó también: «El aspecto del caso que me preocupa es que probablemente no fuera un allanamiento.»

Woolbright, en su primer juicio de abril de 1977, fue declarado convicto de recibir propiedad robada y absuelto de tentativa de extorsión. Pero el hecho de que fuese declarado convicto se pasó por alto en la apelación porque el juez había ordenado erróneamente a los miembros del jurado empatados que llegaran a un veredicto. Su segundo juicio, de junio de 1978, concluyó con el jurado en desacuerdo, y el fiscal del distrito sobreseyó todas las acusaciones que pesaban contra él.

El famoso «documento perdido del *Glomar*» no figuraba entre los papeles de Hughes robados en Romaine. Profesional me dijo en una entrevista que nunca tuvo ni vio tal documento. Diez meses después del robo, el guardia de seguridad Mike Davis se presentó al fiscal del distrito y confesó que él y no los ladrones se había apoderado del comunicado del *Glomar*. Davis explicó que lo encontró en el suelo cuando los ladrones ya habían escapado, que se lo guardó en el bolsillo, olvidó que lo tenía, y luego, asustado, lo escondió en un cajón de su dormitorio. Por último, lo tiró por el retrete, temeroso de verse «complicado».

—Fue sólo un despiste, un olvido —explicó en una entrevista—. No sé por qué hice esas cosas. Ni yo mismo puedo entenderlo.

1. El gran hombre

La reconstrucción que hago de la primera escena, Hughes viendo en TV los reportajes del asesinato de Robert F. Kennedy, se basa en uno de sus propios comunicados manuscritos que no se cita aquí, sino en el capítulo 9 (p. 243). En él, el propio Hughes explica su noche en vigilia ante el televisor, indicando que estuvo dos noches sin dormir viendo la CBS y que oyó a «Mankiewicz comunicar la fatídica noticia». Para determinar lo que Hughes había visto, examiné los vídeos de los mismos reportajes de la CBS.

La descripción de Hughes echado y desnudo en su dormitorio se basa en mis entrevistas con un ayudante personal suyo que recordaba la guardia de la muerte de Robert F. Kennedy. El ayudante recordaba también que Hughes tenía un mando a distancia Zenith, y el propio comunicado de Hughes indica que lo utilizó para cambiar de canal y ver todos los reportajes.

El proceso por el que Hughes enviaba sus órdenes a Maheu fue confirmado por Maheu y por los ayudantes mormones, así como por uno de los guardias de seguridad que hacía las entregas. Lo de que Hughes llamaba a sus ayudantes golpeando con una uña una bolsa de papel lo confirmaron los propios interesados, que declararon que podían oír aquella señal familiar aunque la televisión estuviese muy alta y la puerta cerrada.

El orden cronológico de los comunicados sobre Robert F. Kennedy se determinó por el contenido y por el testimonio inédito de Maheu ante el Comité Watergate del Senado, según el cual Hughes le ordenó contratar a los hombres de Kennedy a los pocos minutos de la muerte de Bobby. (El primer comunicado que redactó Hughes aquella noche estaba mal fechado, 6-7-68, aunque evidentemente se escribió el 6-6-68, por lo que en el facsímil se borró la fecha para evitar confusiones.)

Una serie de comunicados revelaban lo que ocurriría después (la contratación de O'Brien). Yo entrevisté a O'Brien y a sus asociados para ampliar detalles. La relación ehtre la orden impulsiva de Hughes de contratar al equipo Kennedy y la operación Watergate de cuatro años después, se explica en los epílogos, basados en fuentes que se detallan más adelante en estas mismas notas.

El estado de salud de Hughes en este período ha quedado perfectamente determinado en un voluminoso testimonio judicial y en las descripciones anteriores, pero se verificó claramente y con mayor detalle mediante largas entrevistas con dos de sus ayudantes mormones y con un médico, el doctor Harold Feikes, quien examinó a Hughes al menos veinte veces de 1968 a 1970.

El informe sobre la adicción de Hughes a la codeína y su consumo de otras drogas se basa en un informe de 1978 de la Drug Enforcement Administration, en informes médicos, en las declaraciones judiciales de sus ayudantes y médicos y en entrevistas con dos de los mormones, que vieron en numerosas ocasiones a Hughes prepararse la dosis e inyectarse.

Mi relato tipo noticiario de las hazañas públicas de Hughes en su primera época se basan en el repaso que hice de los noticiarios de la época, en informes de prensa contemporáneos, en entrevistas con testigos y, en el caso de las audiencias del Senado, en los expedientes de las propias audiencias. La crisis de 1957 desencadenada por la batalla de la TWA, la pérdida de Dietrich y su matrimonio se basan en los relatos que me hicieron sus ayudantes en entrevistas y de las declaraciones judiciales y de lo que el propio Dietrich me explicó en varias entrevistas.

Las notas que Hughes tomó para su mensaje a Jean Peters en su viaje en tren a Boston es el único comunicado manuscrito que queda dirigido a su mujer. Peters declaró que nunca recibió ni una carta de Hughes, y aunque éste solía escribirle mensajes para que sus ayudantes se los leyeran, todos salvo el que se cita fueron destruidos de acuerdo con sus órdenes de que se rompieran y quemaran todos los comunicados personales. El ayudante que comunicó a Jean una versión de este mensaje de despedida lo explicó todo en una declaración posterior.

Sobre la llegada de Hughes a Nevada me hablaron por extenso en entrevistas dos ayudantes que estuvieron presentes, uno de los cuales empujó la camilla de ruedas de Hughes hasta el dormitorio del Desert Inn.

—Yo estaba con él cuando subimos a la novena planta, y fui quien le introdujo en aquella habitación para que echara un vistazo y viera si había otra habitación que le gustara más —recordaba el ayudante—. Pero no quiso que le molestaran trasladándole de lugar, así que se quedó en la primera habitación que elegí al azar.

El cálculo del capital neto de Hughes a su llegada a Las Vegas se basa en la declaración de la renta de sociedades de 1966 de la Hughes Tool Company, que se atribuye un activo de 759 956 441 dólares. Se incluye en esta cifra dinero en efectivo y valores por 609,4 millones de dólares. No se incluyen, en cambio, los casi 100 millones de dólares conseguidos con la venta de la TWA, que se pagaría como impuesto de ganancias de capital; ni se incluyen tampoco las cuentas bancarias personales de Hughes y otros valores, en especial todas las acciones de la Hughes Aircraft Company. Es imposible establecer con precisión el monto real de su imperio, porque la mayor parte de él se componía de valores de carácter privado nunca sacados al mercado libre y en propiedades inmobiliarias y otros bienes nunca valorados. La revista *Fortune* calculaba su fortuna total en 1 373 millones de dólares en 1968, mientras que el propio Hughes, en un comunicado de 1969, afirmaba que su imperio valía «más de 20 000 millones de dólares».

La descripción de la *suite* del ático de Hughes se basa en entrevistas con dos de sus ayudantes mormones, al igual que la descripción de Hughes rodeado de sus comunicados. «Puede que fuesen las pilas de papeles mejor colocadas del mundo», comentaba uno de ellos.

Todos los ayudantes de Hughes confirmaron en entrevistas o en declaraciones judiciales que los cuatro años que pasó Hughes en Las Vegas fue el único período de su vida en que se arriesgó a dar regularmente las órdenes por escrito. Aunque a veces escribía comunicados a mano, antes y después de Las Vegas casi siempre dictaba los mensajes y destruía la mayoría de lo poco que escribía en cuanto quedaba concluido el asunto. En sus años anteriores, Hughes resolvía casi todos los asuntos por teléfono, y sólo en Las Vegas empezó a enviar comunicados manuscritos.

La descripción de Hughes leyendo sus comunicados se basa en los relatos de sus mormones. Aunque reflejo fielmente los hechos (Hughes solía revolver entre sus viejos documentos exactamente de la manera descrita), en este caso he recreado una escena típica y la he utilizado para presentar una selección de comunicados evidentemente no leídos por Hughes en ninguna ocasión concreta.

La relación de Hughes con los ayudantes mormones la describieron todos ellos en entrevistas y declaraciones. Su relación con Jean Peters la explicó ella en una declaración judicial. Que la mantenía vigilada se desprende de sus propios comunicados: «HRH quiere que le informen lo antes posible sobre la casa de vigilancia situada enfrente del domicilio de la señora.»

2. Bob y Howard

El propio Maheu explica la primera misión que realizó para Hughes en una declaración jurada y aportó más datos en una entrevista. Un ayudante del abogado que lo contrató confirmó varios detalles. Maheu declaró también en su testimonio que Cramer trabajaba para la CIA.

Maheu confirmó su propia relación con la CIA en una entrevista y en declaraciones ante el comité especial del Senado sobre espionaje en 1975. El informe del comité revela que fue él quien produjo la película pornográfica de Sukarno para la CIA, y un investigador del comité reveló que los archivos de esa agencia indicaban que Maheu había proporcionado prostitutas a dirigentes extranjeros, incluido Hussein.

El éxito de Maheu torpedeando el contrato de Onassis también se menciona en el informe del Senado, que comenta que Maheu «trabajaba en estrecha relación con la CIA». Un investigador del comité dijo que los archivos de la CIA revelaban una participación de Nixon y que, de hecho, Maheu se entrevistó al menos en una ocasión con Nixon y afirmó: «No puede desecharse la posibilidad de que haya mantenido contacto continuado con Nixon respecto a esta y a otras cuestiones.»

El propio Maheu relató sus primeras misiones para Hughes en declaraciones y testimonios judiciales. Declaró haber visto a Hughes por primera vez estando en las Bahamas para establecer contacto con sir

Stafford Sands, dirigente de la élite rectora blanca conocida como los «Chicos de Bay Street», a la que Hughes ordenó que entregara 25 000 dólares para facilitar un negocio inmobiliario que proyectaba.

Maheu describió ante los tribunales el asunto de Miss Universo (erróneamente identificado como un concurso de Miss América) y también lo detalló Jeff Chouinard, un detective de Hughes que dirigía la vigilancia de su harén. Maheu, en su comunicado atribuyéndose la paralización de una investigación del Senado sobre el incidente en 1966, no mencionaba su golpe real: paralizar una investigación del Senado de Robert A. Maheu Associates con la ayuda de la CIA. La empresa de Maheu había adquirido mala reputación y, según informes del FBI, algunos de los «socios» eran sospechosos de delitos entre los que figuraban escuchas clandestinas, extorsión y rapto, pero la CIA consiguió paralizar una citación dirigida a Maheu para que se presentara a declarar.

El papel de Maheu en la conspiración contra Fidel Castro se explicaba en un informe de 1965 del comité sobre espionaje del Senado, *Supuestas conspiraciones de asesinato relacionadas con dirigentes extranjeros*, y también en un informe de 1969 del comité especial de la Cámara sobre asesinatos. Según los investigadores de ambos comités, un informe inédito de la CIA de 1967 sobre la conspiración califica a Maheu de «tipo duro capaz de conseguir que las cosas se hagan». No se sabe qué había hecho concretamente Maheu para justificar esa confianza. No hay pruebas de un homicidio previo en expedientes conocidos de la CIA, aunque uno de los «asociados» de Maheu, John Frank, era sospechoso del rapto y supuesto asesinato de un disidente dominicano por orden del dictador Rafael Trujillo, uno de los clientes de Maheu. En cualquier caso, nunca se pensó en otra persona para el asesinato de Fidel Castro. Maheu fue el primer y único candidato.

La entrega de las píldoras venenosas la describió otro detective de Maheu, Joe Shimon, quien afirmó haber presenciado la operación. Hay varias versiones más sobre quién pasó a quién las píldoras, pero en todas las versiones, salvo en la de Maheu, es éste quien las entrega. Rosselli dijo que Maheu se entrevistó con el cubano en su habitación del hotel, «abrió la cartera y echó al cubano un montón de dinero encima y le pasó además las cápsulas». Maheu sólo admite que vio las píldoras, pero no haberlas entregado.

Según un investigador del Senado, informes inéditos de la CIA confirman que Maheu informó a Hughes de la conspiración contra Fidel Castro y que lo hizo contando con la aprobación de James O'Connell, oficial encargado del caso de la CIA. El propio Maheu describió sus conversaciones telefónicas con Hughes en su declaración ante el Senado y en entrevistas posteriores.

Maheu empezó a ocuparse de las contribuciones políticas de Hughes en 1961, según su declaración judicial, y se reiteró en ello en una entrevista. Pero afirma: «Las cantidades fueron más bien nominales durante bastantes años.» Y también que no se encargó de contribuciones importantes hasta que Hughes llegó a Las Vegas.

Tanto Dalitz como Maheu relataron la crisis del desahucio del Desert Inn en declaraciones presentadas posteriormente en el pleito por calumnia de Maheu contra Hughes, y Maheu amplió detalles en una entrevista y en unas declaraciones citadas por James Phelan en su libro *Howard Hughes: The Hidden Years* (Random House, 1976, pp. 63-64). Maheu explicó en comunicados enviados a Hughes cómo reclutó a Hoffa. El comité Kefauver identificó a Dalitz como el jefe en Cleveland del sindicato del delito nacional dirigido por Lucky Luciano y Meyer Lansky en la década de 1930, y las grabaciones del FBI hechas públicas en 1963 mostraban que Davis aún era un hombre de Lansky, relacionado también con mafiosos como Rosselli y Giancana. «Me vieron —decía Dalitz furioso en una conversación grabada—, y no creo que eso sea bueno. Nos relaciona a todos.»

Maheu informó sobre el papel de Rosselli en la compra del Desert Inn por Hughes en declaraciones judiciales y ante el Senado, y explicó nuevamente su amenaza de dimitir y la oferta de Hughes de unos honorarios de medio millón de dólares, en declaraciones y testimonios judiciales.

Maheu explicó en una entrevista que sus continuas peleas con Hughes le habían llevado a beber, y dijo que había enviado algunos comunicados «estando medio sonado, que ojalá no los hubiese dictado nunca». A finales de 1967, el problema alcohólico de Maheu había llegado a ser tan grave que la CIA empezó a preocuparse ante la posibilidad de que hiciese alguna revelación indiscreta sobre la conjura contra Castro, según fuentes del Congreso que examinaron los informes de «análisis de riesgo» de la CIA. Curiosamente, la única persona enterada de la conspiración a la que la CIA no vigiló era el propio Hughes.

3. El reino

Paul Laxalt rechazó repetidas peticiones de entrevistas. No contestó a cuatro cartas enviadas a su casa y a su despacho del Senado, ignoró todas las peticiones de que revelase la cantidad de dinero recibido de Hughes, y el tesorero de su campaña electoral, Jerry Doncero, también se negó a hacer públicos los datos financieros. El hermano de Laxalt, Peter, socio del bufete familiar y a sueldo de Hughes, también se negó a contestar cualquier pregunta, incluso después de habérselas enviado por escrito a petición suya.

—El senador ha eludido esta cuestión varias veces —explicó su ayudante de prensa, David Russell—. No quiere saber nada de Hughes.

El propio Laxalt ha admitido públicamente en varias ocasiones que dio el visto bueno a todas las iniciativas de Hughes destinadas a comprar Las Vegas, y dos antiguos miembros de la Comisión de Juego confirmaron que el gobernador aceleró personalmente las solicitudes de Hughes para obtener permiso de juego en sus casinos. Laxalt ha dicho que respaldó a Hughes para librarse de los mafiosos que detentaban la propiedad de los casinos, pero cuando se presentó a gobernador en 1966, y también cuando se presentó al Senado en 1974 y 1980, aceptó contribuciones a la campaña de aquellos mismos dirigentes del delito organizado, incluido el principal propietario del Desert Inn y del Stardust, Moe Dalitz. (Véase Edward Pound, «Algunos patrocinadores de Laxalt aparecen en los archivos del FBI», Wall Street Journal, 20 de junio de 1983.) Cuando le preguntaron por qué no devolvió el dinero de Dalitz, Laxalt dijo: «Moe Dalitz es amigo mío.»

La reunión de Laxalt en diciembre de 1977 con miembros del Comité de Control de Juego y de la Comisión del Juego de Nevada se reseña en un informe del FBI del 14 de diciembre de 1967, obtenido en virtud de la Ley de libertad de información. Los temores del gobernador respecto a Hughes los reveló también uno de los funcionarios presentes, así como el principal agente del FBI en Las Vegas, Dean Elson, que redactó el informe. «No sabían si tenían allí un impostor o no, no sabían si tenían a alguien —dijo Elson, que dejó el FBI para ponerse al servicio de Hughes en 1968—. Hubo muchas discusiones con Bob Maheu para intentar sacar huellas de un vaso o algo parecido, hacerle que sacase algo del ático, pero nunca fue capaz.»

El propio J. Edgar Hoover escribió de su puño y letra, al final del informe del FBI, el rechazo a la petición de Laxalt para que se determinara si Hughes estaba vivo.

Las estancias anteriores de Hughes en Las Vegas las describió Walter Kane, que fue empleado suyo durante mucho tiempo y cuyo trabajo consistía básicamente en conseguir que aspirantes a estrellas y coristas firmaran «contratos cinematográficos».

—Solíamos aparecer aquí y él no quería perderse ni un solo local... Íbamos a todos los locales de la ciudad —recordaba Kane en una entrevista—. Le encantaba el mundo del espectáculo, le fascinaban los artistas y por supuesto las coristas.

Hughes compró el Desert Inn por 13,25 millones de dólares el 31 de marzo de 1967, el Sands por 23 millones el 27 de julio de 1967, el Castaways por 3,3 millones de dólares el 26 de octubre de 1967, el Frontier por 23 millones de dólares el 28 de diciembre de 1967 y el Silver Slipper por 5,4 millones el 30 de abril de 1968. Su acuerdo de compra del Stardust por 30,5 millones de dólares nunca se llegó a ultimar, pero compró más tarde el Landmark por 17,3 millones de dólares y el Harold's Club de Reno por 10,5 millones de dólares.

La conversación telefónica de Laxalt con Hughes tuvo lugar el 5 de enero de 1968. Además de la disertación de Hughes sobre el agua, el gobernador confesó posteriormente a sus colaboradores que le dejó también impresionado el efecto de cámara de resonancia del amplificador telefónico de Hughes, que describió como «extraño, un sonido muy raro, sumamente inquietante».

Laxalt ha admitido públicamente haber recibido ofertas de trabajo de Hughes cuando era gobernador, pero siempre ha dicho que las rechazó, sin indicar nunca que lo hizo después de años de negociaciones, cuando estaba a punto de abandonar el cargo. El bufete de su familia recibió 10 000 dólares mensuales de Hughes en concepto de honorarios en 1970, además de otros honorarios por un mínimo de 60 000 dólares, según Tom Bell, socio legal de Peter, hermano del gobernador. Otro abogado relacionado con el bufete dijo que el propio Laxalt recibió en concepto de honorarios cantidades «superiores a los 100 000 dólares» de Hughes nada más cesar como gobernador, pero Laxalt explicó a Jack Anderson que sólo había recibido 72 000 dólares.

La afirmación de Rosselli de que la crisis del desahucio del Desert Inn fue una conspiración de la Mafia la cita Jimmy Fratianno en el libro de Ovid Demaris, *The Last Mafioso: The Treacherous World of Jimmy Fratianno* (Times, Books, 1981, p. 188). Según fuentes del Servicio de Recaudación Fiscal y de la Secretaría de Justicia, el control efectivo de los casinos de Hughes siguió en manos de los anteriores propietarios mafiosos, y Maheu conservó casi todo el personal del Desert Inn y del Sands y llevó al antiguo encargado de Lansky en el Flamingo a dirigir el casino del Frontier. Andy Baruffi, antiguo jefe de los servicios secretos del Servicio de Recaudación Fiscal de Las Vegas, confirmó en una serie de entrevistas que de los casinos de Hughes desaparecieron millones de dólares (quizá más de 50 millones de dólares). «Investigamos tres posibilidades —dijo Baruffi, que dirigió una auditoría general del imperio Hughes desde 1971 a 1973—: que Maheu estaba robando el dinero, que estaba robando el dinero el propio Hughes o que estaban haciéndolo hombres del delito organizado en nombre del uno o del otro o en nombre propio. Sabíamos que la Mafia estaba metida en el asunto de algún modo, porque la propia gente de la Mafia que dirigía los casinos antes de que los comprara Hughes, seguía dirigiéndolos luego, y esa gente no habría realizado una operación de tal magnitud sin órdenes superiores. Y sabíamos que el dinero había desaparecido. Pero nunca pudimos descubrir a dónde había ido a parar.»

Tom Bell, en una declaración jurada y en una serie de entrevistas, admitió haberse encargado de distribuir 385 000 dólares de los 858 500 sacados del Silver Slipper y repartidos entre políticos de Nevada. Bell dijo que otro empleado de Hughes, Jack Hooper, se encargó de manejar

otros fondos políticos del Slipper, pero no sabía cuánto había reparti-
do, y Hooper se negó a conceder entrevistas. Maheu declaró bajo juramento que había entregado 50 000 dólares al senador Bible y 70 000 al
senador Cannon en 1970. Cuando Bell reveló las otras contribuciones en
declaración judicial, varios de los beneficiarios nombrados afirmaron
que habían recibido menos: List dijo haber recibido 6 200 dólares, y
Fike, sólo 25 000. Ninguno de los políticos firmó nunca recibo, y los pagos siempre se hacían en efectivo.

Bell también declaró que Laxalt solicitó personalmente contribuciones: «De cuando en cuando, mientras era gobernador, Paul Laxalt
me pidió que comunicase al señor Hughes que era deseable que realizase contribuciones políticas en favor de determinados candidatos.
Me visitó personalmente en relación con el apoyo a ciertos candidatos
republicanos.» En una serie de entrevistas, Bell añadió que Laxalt solicitó los fondos en visitas al Frontier, por teléfono y mientras ambos
jugaban al tenis, y recordó que el gobernador «presionaba muchísimo»
para conseguir dinero de Hughes con destino al sucesor que había designado, Fike, quien según Bell fue personalmente a recoger su dinero.
La lista de peticiones de Hughes que se cita está tomada de la declaración de Bell.

La carta de Laxalt al fiscal general Clark aparece reproducida en
un informe del Comité Watergate del Senado. A la alegación del gobernador de que la compra del Stardust por Hughes era necesaria
para expulsar a los mafiosos, la Secretaría de Justicia contestó: «Estamos convencidos de que se pueden favorecer igualmente los intereses de Nevada por medios que no infrinjan las leyes federales antitrust.» La Secretaría indicaba también que Hughes tenía previsto
conservar a todo el personal que trabajaba ya en el Stardust.

4. Cadena

La escena de Hughes viendo *El juego de las citas* se ha reconstruido
a partir de una transcripción del programa del 29 de marzo de 1969
y de un comunicado manuscrito de Hughes de la misma fecha, que
se cita más adelante en este capítulo (p. 148).

Los hábitos de Hughes como televidente los describieron dos de
sus mormones y también se reflejan en la información que proporcio-
nan sus propios comunicados. Su creación de la «Sesión de noche»
se detalla en una serie de comunicados.

Hughes compró la KLAS en 1967 a Hank Greenspun, editor del
Las Vegas Sun. «Nada más llegar Hughes a Las Vegas, empecé a recibir llamadas de sus mormones —explicó Greenspun—. Al principio, me
pidieron que ampliara un poco más el horario de emisión. Luego, querían saber si pondríamos películas del Oeste o de aviación. Al final
les dije: "¿Por qué no compra el maldito negocio y lo dirige a su
gusto?"»

El 14 de febrero de 1968, la CFC concedió a Hughes la licencia para
adquirir la KLAS sin celebrar ninguna audiencia, aunque siempre se
había exigido a los solicitantes comparecer personalmente. El comisionado Nicholas Johnson manifestó con acritud su oposición: «Antes
de conceder a la dirección de lo que puede convertirse en la mayor
ciudad-de-empresa de la historia de los Estados Unidos un tercio del
control de su emisora, estamos obligados con los ciudadanos a someter estos problemas a la opinión general en una audiencia pública.»
Mientras tanto, Maheu informaba a Hughes: «Tuvimos un problema
con el inspector de la CFC, que apuntaba la necesidad de celebrar una
audiencia a la que acudiera usted como único accionista. Resolvimos
el asunto a nivel de comisión. El senador Bible nos ayudó mucho.»

La oferta de la ABC que Hughes calificaba de negocio de 200 millones de dólares, en realidad fue un acuerdo de 148,5 millones. La ABC vendía a 58,75 dólares la acción, Hughes ofrecía 74,25 dólares por acción adquiriendo dos millones de ellas, el 43 por ciento de las que estaban en circulación. Sin embargo, sus comunicados indican claramente que, en último término, se proponía comprar una cantidad que le permitiera controlar la ABC, como mínimo el 51 por ciento de las acciones, y tal vez mucho más.

La descripción de la reunión de la directiva de la ABC se basa en las entrevistas con Simon Siegel, entonces vicepresidente de esa cadena, y con el asesor general Everett Erlick; ambos asistieron a dicha reunión. «Fue una total sorpresa —dijo Erlick—. Nuestra estrategia clave fue obligar a Hughes a comparecer en público. Pero nunca llegamos a saber por qué había renunciado a la operación.»

El interés personal de Lyndon Johnson en la batalla Hughes-ABC lo revelaron un miembro del equipo de la Casa Blanca y un colaborador de uno de los abogados particulares del presidente, quienes indicaron que Johnson procuraba evitar todo contacto con la CFC por miedo a que plantease problemas respecto a sus propiedades en el sector de la televisión en Austin. También Erlick, de ABC, dijo: «Lyndon Johnson tenía gente vigilando el asunto, pero él nunca intervino de forma directa.»

La creencia de Johnson de que los comunistas controlaban la televisión se menciona en *Lyndon Johnson and the American Dream* de Doris Kearns (Signet, 1977, p. 331).

Cuatro de los siete delegados de la CFC confirmaron en entrevistas que la comisión estaba dispuesta a aprobar la absorción de la ABC por Hughes si éste comparecía personalmente.

—Yo lo consideraba un hombre mucho más sensato entonces de lo que le consideraría ahora —dijo Kenneth Cox—. Nosotros creíamos que comparecería, y la comisión ya había aprobado su adquisición de la KLAS, así que estábamos obligados a considerarle cualificado.

Incluso el rebelde Nicholas Johnson, que se había opuesto a concederle el permiso para la adquisición de la KLAS, se mostraba favorable a aprobar la compra de la ABC.

—Estaba más loco que una cabra, evidentemente —dijo Johnson—. Pero entonces no lo sabíamos. Alguien tenía que ser el propietario de la ABC, y algunos creían que él lo haría mejor que un tipo llegado de una escuela empresarial que hubiera trabajado para la industria química o algo parecido. Nos parecía simplemente un acuerdo comercial.

Ninguno de los integrantes de la comisión llegó a enterarse de los nuevos planes de Hughes de adquirir la ABC en marzo de 1969, pero uno de ellos comentaba que la situación financiera en declive de la cadena podría haber facilitado más las cosas para que Hughes consiguiera la aprobación de la comisión.

—Existía la preocupación de que la ABC estuviera en situación tan delicada que se viniera abajo —dijo Robert Lee—. Habríamos tenido que considerar el problema del control por un solo individuo frente a la necesidad de dinero que tenía la cadena.

La «hermosa muchacha blanca» que ganó *El juego de las citas* era una actriz negra llamada Alice Jubert. El niño que la eligió era el hijo del actor de *Misión imposible*, John Copage, y tenía seis años.

5. Miedo y asco

El programa sobre los Premios Tony se emitió el domingo 20 de abril de 1969. *La gran esperanza blanca* obtuvo el premio a la mejor obra. Su principal actor, James Earl Jones, obtuvo el premio al mejor actor;

y la intérprete del papel de su amante blanca, Jane Alexander, recibió el galardón a la mejor actriz secundaria.

La referencia al motín racial de Houston el 23 de agosto de 1917 se basa en artículos de prensa de la época y en el libro de Robert V. Haynes *A Night of Violence: The Houston Riot of 1917* (Louisiana State University Press, 1976).

Jean Peters explicó su relación posmatrimonial con Hughes en declaraciones y testimonios judiciales, y uno de los ayudantes personales del magnate proporcionó más detalles en una entrevista. Otro ayudante, Ron Kistler, que sirvió a Hughes en los estudios Goldwyn y vivió tres meses con él en Nosseck's en 1958, explicó el episodio de *Porgy and Bess* en una declaración jurada y prestó también testimonio sobre la extraña conducta de Hughes en el estudio de proyección.

—Llegó ataviado con una camisa blanca, pantalones de gabardina color tostado y zapatos marrones —recordaba Kistler—. Y ésa fue la ropa que llevó todo el tiempo que permaneció en Nosseck's hasta que estaba tan sucia y maloliente que tuvo que quitársela. Entonces se hizo nudista... Hablaba mucho por teléfono con Jean Peters. Le decía que estaba en un hospital sometido a tratamiento por una enfermedad que los médicos no podían diagnosticar.

El decreto de ningún mensaje de Hughes está tomado de un diario de Romaine Street fechado el 13 de agosto de 1958. El ataque que sufrió en el hotel Beverly Hills lo describe Kistler en su declaración, y otro ayudante en una entrevista.

Todos los comunicados de la «guerra a los gérmenes» que cito proceden de «Instrucciones operativas» recopiladas en un cuaderno de hojas sueltas titulado «Manual de Instrucciones/Método de actuación», y al que se alude también como «Manual práctico de Romaine Street».

El incidente en el que Hughes quemó las ropas lo relató Noah Dietrich en una entrevista. Su relación con «La Fiesta» la describió Klister; también el jefe de la guardia de su harén Jeff Chouinard; y un colaborador de Chouinard que puso una escucha en el teléfono de ella por orden de Hughes. Este individuo recordaba que la amante adolescente llamó a Hughes «viejo fofo impotente» y Chouinard la cita en su libro (escrito por Richard Mathison) *His Weird and Wanton Ways* (Morrow, 1977, p. 153). A pesar de su imagen, Hughes siempre había sido tímido con las mujeres, y, al parecer gran número de sus famosas aventuras nunca se llegaron a consumar, al menos según la versión de varias actrices de Hollywood que posteriormente escribieron sobre sus relaciones con él. Jean Peters nunca ha hablado de los detalles íntimos de su matrimonio, pero resulta evidente por su testimonio judicial y por entrevistas con ayudantes de Hughes que éste llevaba cinco años sin compartir el lecho con su esposa cuando se trasladó a Las Vegas solo.

De los cuatro senadores del estado de Nevada que votaron contra el proyecto de ley de la vivienda, al menos dos recibieron dinero de Hughes del fondo de sobornos del Silver Slipper: James Slattery recibió 2 500 dólares y James Gibson, 1 500. En un comunicado a Hughes, Maheu afirmaba que existía una relación: «No reclamo ni pizca de mérito por la previsión que tuvo usted cuando me dio instrucciones de que hiciera contribuciones políticas a favor de funcionarios públicos "dignos"... Cuando mencioné que Bell había conseguido que se rechazara el proyecto de ley de la vivienda, créame, por favor, que no pretendía restar nada al mérito que su previsión merece. Sin "nuestros amigos" no habríamos tenido nada que hacer.»

Bell, que se denominaba amigo íntimo de Laxalt, se negó en una entrevista a comentar el informe de Maheu según el cual Laxalt «entregó a Tom el voto crítico que permitió a Bell rechazarlo [el proyecto de ley] en el comité». Como ya mencionamos antes, el propio Laxalt se negó repetidas veces a concedernos una entrevista.

Mi referencia al motín racial de Las Vegas de octubre de 1969 se basa en las informaciones de prensa local y nacional.

Fue imposible establecer contactos con Sammy Davis, Jr., para que se pronunciara sobre la afirmación de Maheu, quien le prometía a Hughes que «su gente» jamás le causaría ningún mal.

6. Armagedón

La escena de Hughes descubriendo la inminente explosión de la bomba la relató un ayudante que estaba de servicio en la habitación contigua:

—Había visto el titular y estaba pendiente para ver cómo reaccionaba él —dijo el mormón—. Todos esperábamos la explosión... no de la bomba, sino del jefe.

El anuncio de la CEA de la explosión del «Furgón» procede de informes de la prensa local. Se añadió énfasis a las líneas finales para reflejar la reacción de Hughes ante el aviso de que la explosión se percibiría más en «las últimas plantas de los edificios altos».

Dos de los mormones que estaban en el ático durante una prueba nuclear importante describieron el impacto en entrevistas, y en comunicados a Hughes varios de los ayudantes presentaron informes posteriormente a los hechos.

Ya no hay duda de que Hughes tenía razón respecto a los peligros de las pruebas nucleares. Un comité de especialistas del presidente informaba en noviembre de 1968 que las explosiones subterráneas de intensidad megatónica podrían desencadenar importantes terremotos (véase cap. 8, p. 229), y en diciembre de 1970 una inmensa filtración radiactiva de una prueba subterránea obligó a la CEA a admitir que las radiaciones de al menos otras dieciséis explosiones habían superado los límites del campo de pruebas, y que el propio campo de pruebas de Nevada «no era apto para uso público durante un futuro previsible» debido a la gran contaminación del terreno.

Además, la liberación forzosa de documentos oficiales secretos reveló recientemente que la CEA ya sabía en 1953 que las pruebas nucleares en superficie exponían grandes zonas de Nevada y Utah a una lluvia radiactiva mortífera, pese a lo cual las pruebas continuaron durante diez años y siguió afirmándose públicamente que eran absolutamente inofensivas. En mayo de 1984, en el primero de varios centenares de pleitos entablados en nombre de 375 víctimas del programa de pruebas, un juez federal dictaminó que la lluvia radiactiva había causado diez muertes por cáncer.

Hughes tenía incluso razón sobre las ovejas. No sólo había perecido el rebaño de Utah en marzo de 1969 debido a una prueba con armas biológicas, sino que quince años antes, en 1953, murieron en Nevada más de 4 000 ovejas que estaban en las proximidades del campo de pruebas, por haber absorbido una radiación varios miles de veces superior a la considerada segura para los seres humanos. Fue la primera prueba evidente del peligro, pero el gobierno mintió, afirmó que las ovejas habían muerto por causas naturales, y siguió con su programa de explosiones.

Lo referente a la operación «Furgón», a todas las demás pruebas nucleares y al campo de pruebas de Nevada se basa en los documentos de la CEA, en películas oficiales de las explosiones, en entrevistas con funcionarios de la comisión y en informes de prensa de la época.

Todo lo relativo a los temores de la CEA respecto a Hughes y al efecto de éste en el programa de pruebas, se basa en los documentos conseguidos en virtud de la Ley de libertad de información. El gobierno estaba tan preocupado por Hughes, que la campaña emprendida por éste contra la bomba originó casi mil informes de la comisión en los cuatro años que el multimillonario residió en Las Vegas.

La llamada de Hughes a Laxalt y la de éste a la CEA pidiendo que las pruebas se trasladasen a Alaska, figuran en informes de la comisión fechados el 8 y el 9 de febrero de 1968. Los archivos de la comisión revelan que Laxalt intervino en nombre de Hughes en otras dos ocasiones al menos, el 13 de junio de 1967 y el 11 de enero de 1969.

La propuesta del senador Gravel de que las pruebas nucleares se trasladasen a Alaska figura en un informe de la comisión de 15 de abril de 1969, donde también figura su aparición en KLAS-TV. Gravel admitió en una entrevista que Hughes fletó un avión para trasladarle a Las Vegas y que se alojó en una *suite* especial de un hotel de Hughes. Aunque negó haber recibido dinero del multimillonario, dijo que esperaba una contribución para su campaña.

La amenaza de una citación judicial procedía del congresista Craig Hosmer, miembro del Comité Conjunto sobre Energía Atómica, que posteriormente formaría parte del grupo de presión de la industria nuclear. Maheu dijo que había conseguido paralizar la citación por intermedio del presidente del comité, el senador Chet Hollifield: «Le agradará saber que hemos estado en contacto con Hollifield... Él garantiza que, pase lo que pase en la lucha con la CEA, esa citación no seguirá adelante.»

Unos días antes de la explosión de «Furgón», Hughes envió tres embajadores a Washington. Gillis Long, entonces ex congresista por Luisiana y hoy presidente de la junta demócrata de la cámara, presionó a la CEA. Grant Sawyer, antiguo gobernador de Nevada, se entrevistó con el vicepresidente Humphrey. Lloyd Hand, íntimo de Johnson, que había dimitido recientemente como jefe de protocolo de la Casa Blanca, intentó entrevistarse con el presidente. Al final, Humphrey consiguió que Sawyer viese a Johnson, en vez de Hand.

7. Señor presidente

Uno de los ayudantes de Hughes describió la escena de éste escribiendo la carta a Johnson y también se habla de ella en los comunicados del propio Hughes. El abogado Finney entregó en mano una copia al cosejero especial de la Casa Blanca Larry Temple, que se la pasó a Walt Rostow, asesor de seguridad nacional, quien a su vez se la envió al presidente a las 7.50 del 25 de abril de 1968, según documentos archivados en la Biblioteca Lyndon B. Johnson de Austin, Texas.

El diario del presidente muestra que Marvin Watson, jefe de equipo de la Casa Blanca, estaba en el Despacho Oval cuando Johnson recibió la carta. Watson afirmaba en una entrevista que no lo recordaba. Pero otro miembro del equipo de la Casa Blanca dijo que Watson le explicó aquel mismo día la reacción de Johnson: «¿Quién coño se cree que es Howard Hughes?» Un tercer ayudante, Devier Pierson, recuerda que el presidente le dijo algo parecido: «¿Quién demonios se cree Howard Hughes que es para poder dictar la política nuclear?»

Seaborg, presidente de la CEA, confirmó en una entrevista que Johnson no otorgó permiso para la explosión de la bomba hasta el último momento, y esta versión la confirman los documentos archivados en la Biblioteca Lyndon B. Johnson.

—Recuerdo que la cuestión de si debíamos seguir adelante con «Furgón» siguió en estudio hasta el último momento —dijo Seaborg—. No recuerdo que el presidente Johnson, al mantener en suspenso la decisión sobre la prueba, lo relacionase concretamente con Hughes, pero recuerdo que estaba bastante preocupado por la protesta de Hughes, debido a la posible influencia política de éste. Me habló de ello al menos dos veces.

Varios ayudantes de la Casa Blanca recordaban que Johnson les enseñó la carta de Hughes. El consejero especial Pierson dijo:

—Había casi una relación de soberano a soberano. Creo que a Johnson le parecía algo molesto, que hizo algún comentario cáustico, pero al mismo tiempo estaba intrigado, fascinado por aquel trato directo de Hughes. Y, desde luego, se ocupó del asunto muy directamente, y siguió preocupándose por el tema.

El redactor de discursos de la Casa Blanca, Harry McPherson, dijo que el presidente le explicó que Hughes había telefoneado también al Despacho Oval:

—Johnson me contó que el propio Hughes había telefoneado, que había hablado con su secretario y que quiso comunicar con él. Cuando le dijeron que el presidente no podía ponerse, dictó muy rápidamente un comunicado bastante largo. Y recuerdo que Johnson comentó que le había impresionado mucho la exposición lógica y convincente que Hughes había hecho.

Cuando Johnson explicó la historia a otro ayudante de la Casa Blanca unos días después, manifestó que había hablado directamente con Hughes e hizo un relato detallado de la conversación. Sin embargo, los archivos de la Casa Blanca, los comunicados del propio Hughes y las entrevistas con sus ayudantes indican sin lugar a dudas que el multimillonario no llamó a Johnson ni habló con él.

Por lo que se refiere a la condición mental general del presidente en aquel período, me he basado en el libro de Doris Kearns *Lyndon Johnson and the American Dream* (Signet, 1977, pp. 324-340 y 358), y fue también confirmada por varios ayudantes de la Casa Blanca. El talante y las actividades de Johnson el día que recibió la carta de Hughes proceden de comentarios de sus ayudantes y de su diario, así como de otros documentos de la Casa Blanca. Su comentario sobre el rey Olav es una cita del libro de Merle Miller *Lyndon* (G. P. Putman, 1980, página 552).

Noah Dietrich rememoró el apoyo financiero de Hughes a Johnson en su primera época en una serie de entrevistas, y describió también las visitas de Lyndon Johnson a la Hughes Tool Company.

—Yo traté directamente con él, pues era íntimo amigo personal mío —dijo Dietrich—. Estuvo varias veces en mi despacho entonces, cuando era un joven congresista que empezaba a subir. Johnson nos pidió las vallas publicitarias, pero creo que lo del dinero (5 000 dólares al año) fue iniciativa de Hughes. Quería comprar influencia política.

Dietrich comentó también que quizá Hughes se hubiera entrevistado con Johnson en una habitación de hotel de Los Ángeles, pero no podía recordar los detalles.

—Se presentaba para algún cargo y le dimos cierto apoyo financiero, pero no estoy totalmente seguro de que Howard le viese.

Un abogado de Hughes explicó a un colaborador que en 1960 él entregó una contribución en efectivo a Johnson, pero dijo no recordar la cantidad. Manifestó también que Lyndon Johnson recibía periódicamente fondos de Hughes. Maheu declaró que había canalizado dinero de Hughes destinado a los candidatos designados por Johnson.

La entrevista de Sawyer con el presidente la confirman los archivos de la Biblioteca Lyndon Johnson. La llamada a Watson en relación con la oferta de Hughes de respaldar a Humphrey a cambio de que se paralizase la explosión de la bomba está transcrita en un comunicado de fecha 24 de abril de 1968. La movilización por Johnson de su equipo de la Casa Blanca para tratar con Hughes se detalla en numerosos documentos y ha sido confirmada por ayudantes de Johnson en entrevistas. Los informes de Rostow y de Seaborg proceden de la Biblioteca Lyndon Johnson.

Tom Johnson, ayudante de prensa, recordaba que el presidente le enseñó la carta de Hughes la noche antes de la explosión, ya tarde.

—¡Le llegaban tantas cosas al presidente! No puedo calcular cuántos papeles llegaban al día, pero desde luego era raro el que no llegaban cien o doscientos, y aun así, realmente le impresionó mucho leer el nombre de Howard Hughes. Aquello era en verdad excepcional.

La larga vigilia de Hughes está registrada en sus propios comunicados y también la recordaban dos de sus mormones.

Clark Clifford confirmó en una entrevista que Hughes le contrató personalmente en 1950. Hughes se equivocaba al escribir que Clifford había trabajado para él veinticinco años. Clifford negó haber participado personalmente en la paralización de la investigación sobre los helicópteros y haber presionado para la modificación de la ley de reforma fiscal, pero admitió que su bufete ayudó a Hughes en estos dos asuntos.

Johnson despertó a las nueve el 26 de abril y se encontró con el informe de Hornig. Tenía esta nota adjunta: «Para entregar en el dormitorio del presidente a las 8.50.» Jim Jones, su ayudante personal, se la entregó a Johnson de inmediato.

La reacción de Hughes ante la explosión la describió un ayudante suyo que estuvo presente. El impacto de la explosión en el exterior se detalla en los informes de la CEA y en las noticias de prensa.

La carta de Johnson a Hughes se obtuvo en la Biblioteca Lyndon B. Johnson. En sus archivos hay documentos que muestran que el presidente ordenó a Seaborg redactar la respuesta. Y luego ordenó al menos tres nuevas versiones a su equipo, e hizo revisar la versión final a Rostow, asesor de seguridad nacional. Antes de enviar a Hughes la carta, mandó a un ayudante mostrársela a Finney, abogado de Hughes, para que le diera el visto bueno.

Maheu explicó su conversación telefónica con Hughes antes de su entrevista con Johnson, en una declaración jurada. El descubrimiento del presidente (en marzo de 1967) de la conjura contra Fidel Castro fue descrito por uno de sus ayudantes, y se reseña en los informes de 1975 del comité especial del Senado sobre espionaje. Lo detalló asimismo un investigador del comité especial de la Cámara sobre asesinatos. Un informe del FBI (del 4 de abril de 1977), del contacto de esta institución con la Casa Blanca, Cartha DeLoach, afirmaba: «Marvin Watson me llamó anoche a última hora y dijo que el presidente le había dicho que estaba ya convencido de que había una conjura en relación con el asesinato (de Kennedy). Me dijo que el presidente cree que la CIA tiene algo que ver con esta conjura. Watson solicitó más información que pudiéramos proporcionarle a este respecto. Le recordé que el director había enviado a la Casa Blanca hace unas semanas toda la información que teníamos en relación con las tentativas de la CIA de utilizar al antiguo agente Robert Maheu en contactos con Sam Giancana y otros hampones, para preparar una conjura destinada a asesinar a Fidel Castro.» Entre los informes que Hoover había enviado a Johnson, en uno se calificaba a Maheu de «personaje sombrío» cuya agencia de detectives «tiene tratos comerciales con una serie de gobiernos extranjeros y ha participado con frecuencia en operaciones de colocación de escuchas». El director afirmaba también: «La ética y la honorabilidad de Maheu han sido "dudosas".»

Maheu explicó en una declaración jurada la orden de Hughes relativa al soborno de un millón de dólares.

La visita de Maheu al rancho de Lyndon B. Johnson aparece en un comunicado dirigido a Hughes, y la describieron también dos ayudantes de la Casa Blanca que estaban presentes, y aparece detallada en el diario del propio Johnson.

Jim Jones, secretario de entrevistas presidenciales de la Casa Blanca, dijo en una entrevista que Johnson le había explicado que Maheu le había ofrecido dinero y que él le dijo que «se lo metiera en el culo». El ayudante de prensa, Tom Johnson, que estaba también aquel día en el rancho, manifestó que el presidente le explicó que Maheu le había pedido la interrupción de las pruebas nucleares, y que luego supo, por otros miembros del equipo de la Casa Blanca, que Maheu había ofrecido un donativo para la Biblioteca Lyndon B. Johnson, pero el presidente lo rechazó furioso.

Arthur Krim no accedió a conceder una entrevista, pero confirmó en una carta que Johnson le pidió tramitase la donación de Hughes para la biblioteca, y que él se reunió con Maheu en Las Vegas para intentar conseguir el dinero.

Maheu declaró en una entrevista que Hughes se negó a hacer la aportación.

8. Pobre Hubert

La reproducción del contenido del discurso de Humphrey se basa en informes de prensa y en vídeos. El día de las elecciones de 1968, Humphrey describió vívidamente su escasez crónica de fondos para la campaña en su diario: «He subido por esa maldita escalera de la política y cada peldaño ha sido penoso. Me pregunto cómo habría sido con dinero suficiente. Nunca conseguiré llegar arriba.» La cita es del libro de Humphrey *The Education of a Public Man* (Doubleday, 1966, p. 4), autobiografía en la que recoge también sus obsesivos recuerdos de cuando perdió las elecciones frente a John Fitzgerald Kennedy en 1960 (p. 207).

Humphrey recibió 91 691 dólares de fondos empresariales ilegales de Associated Milk Producers Inc., en 1968, según un informe del Comité Watergate del Senado. Dwayne Andreas fue procesado en 1973 por el fiscal especial de Watergate, acusado de aportar para la campaña de Humphrey en 1968 un «préstamo» empresarial ilegal de 100 000 dólares. A raíz de estas revelaciones de Watergate, Humphrey explicó al *New York Times* (13 de octubre de 1974): «Financiar una campaña es una maldición. Constituye la experiencia más decepcionante, desagradable, degradante y deprimente de la vida de un político. Me resulta imposible explicar hasta qué punto me parece odioso. Pero cuando estás desesperado, hay cosas que tienes que hacer inevitablemente.»

Humphrey perdió frente a Nixon en 1968 por menos de 500 000 votos. Gastó unos cinco millones de dólares en la campaña, mientras que Nixon invirtió un mínimo de veinte millones.

Maheu explicó en un informe a Hughes cómo preparó Humphrey la entrevista Sawyer-Johnson, y lo confirman los archivos de la Biblioteca Lyndon B. Johnson. Cómo preparó la entrevista entre Sawyer y la CEA se explica en un informe de la comisión de 24 de abril de 1968. Sus tentativas anteriores de defender la posición de Hughes ante Johnson las describió en una entrevista Watson, jefe de equipo de la Casa Blanca.

Cómo atormentaba Lyndon B. Johnson a Humphrey lo explica el propio Humphrey en su autobiografía (pp. 307-308), y también Merle Miller en su libro *Lyndon* (Putnam, 1980, p. 175), Theodore H. White en *The Making of the President 1968* (Pocket Books, 1970, p. 347), y también algunos ayudantes de Humphrey y de Johnson en entrevistas.

El arrebato de Humphrey por la llamada telefónica de Maheu lo relata su amigo y asesor el doctor Edgar Berman en su libro *Hubert* (Putnam, 1979, p. 205). Berman, que cogió la llamada y transmitió el mensaje a Humphrey, también habló con detalle del incidente en una entrevista.

Robert, el hijo de Humphrey, confirmó su empleo en la empresa de Maheu en una entrevista. Dijo que había conocido a Maheu unos años antes, por mediación de Pat Brown, gobernador de California, pero que, en realidad, para el trabajo le había contratado John Meier:

—Fue algo accidental. Me tropecé con él cuando estaba con mi papá en California. Él daba una conferencia de prensa y yo esperaba fuera, en el vestíbulo, y se presentó él mismo. Yo era un graduado universitario que buscaba trabajo y ya conocía a Bob Maheu.

Maheu explicó su oferta de 100 000 dólares a Humphrey cuando se entrevistaron en Denver el 10 de mayo de 1968, en una declaración jurada. Dijo que el vicepresidente «parecía muy agradecido». Dos ayudantes de Humphrey confirmaron que Maheu y el vicepresidente se entrevistaron por esas fechas. Un abogado que representaba los bienes de Humphrey, me negó el acceso a sus archivos para comprobar este y otros datos relevantes, a menos que aceptase una revisión previa a la publicación del libro, a lo cual, claro está, me negué.

Las tentativas de Humphrey de que se crease un equipo de especialistas de la Casa Blanca para que investigara las pruebas nucleares se reseñan en los informes de la CEA de fechas 12, 25 y 26 de junio de 1968.

El asesor científico de Johnson, Donald Hornig, dijo en una entrevista que el presidente nombró por su cuenta un equipo de especialistas «para bloquear al equipo de especialistas Hughes-Humphrey». La información sobre el comentario cáustico de Johnson sobre los tratos entre Hughes y Humphrey («Hubert haría mejor en subirse la cremallera de los pantalones») se debe a un alto cargo de la Casa Blanca.

—Se hablaba en la Casa Blanca de que Humphrey estaba recibiendo dinero de Hughes y de que estaba en contacto periódico con Maheu —comentó este alto cargo.

Al presidente eso no le gustaba nada.

El equipo de especialistas creado por el presidente, y encabezado por el antiguo director de investigación de la CEA, Kenneth S. Pitzer, emitió su informe el 27 de noviembre de 1968. «El equipo está seriamente preocupado por el problema de los terremotos producidos por las pruebas nucleares de gran magnitud», decía el informe. Según un memorándum de la CEA de 13 de diciembre de 1968, la Casa Blanca aseguró a la comisión que no se había entregado el informe al vicepresidente y que, por tanto, Hughes no tendría acceso al mismo.

Maheu explicó en una declaración jurada cómo pasó a Humphrey los 50 000 dólares el 29 de julio de 1968. Dijo que cuando saludó al vicepresidente en el banquete para recaudar fondos, le anunció: «Tengo aquello de lo que hablamos.» Añadió que volvió a aludir a ello («el asunto del que hablamos») cuando colocó la cartera llena de dinero a los pies de Humphrey en el coche. Maheu declaró que no enseñó el dinero a Humphrey porque «no es correcto abrir los sobres y contar el dinero en presencia de otras personas».

Humphrey negó en una declaración jurada que hubiera recibido personalmente dinero de Maheu y que supiera personalmente de alguna aportación a su campaña hecha por Hughes. Sin embargo, las pruebas que demuestran el pago en el asiento trasero del coche son abrumadoras.

Lloyd Hand, antiguo jefe de protocolo de los Estados Unidos y amigo íntimo de Humphrey, declaró que estaba en el coche con Humphrey y Maheu, que estaba seguro de que cuando entró en el coche Maheu llevaba una cartera, y que tenía «la impresión» de que se la había dejado cuando se fue. Gordon Judd, abogado de Hughes que llevó la mitad del dinero de Las Vegas a Los Ángeles, declaró haber visto desde el balcón del hotel a Maheu montar con la cartera en el coche de Humphrey y apearse sin ella.

Además, el propio Humphrey reconoció la contribución. Aunque posteriormente afirmara que no tenía conocimiento personal de ninguna donación de Hughes, escribió una carta a Maheu fechada el 1.º de noviembre de 1968 dándole las gracias por una segunda aportación de 50 000 dólares de Hughes a su campaña el 18 de octubre, en esa carta indicaba claramente haber recibido antes dinero de Hughes: «Querido Bob —escribía Humphrey—, Dwayne me ha hablado de la *ayuda adicional* que nos habéis dado. ¡Bob, eres el más grande! Lo necesitábamos muchísimo y le hemos dado el uso adecuado.» (El subrayado es nuestro.)

La elección de Muskie por Humphrey como compañero de candidatura la refiere O'Brien en su libro *No Final Victories* (Doubleday, 1974, p. 253). Muskie confirmó en una entrevista que hacía años que conocía a Maheu y que le visitó en Las Vegas, pero manifestó ignorar totalmente la influencia que pudiera haber ejercido Maheu para que le eligieran.

La entrevista de Humphrey y O'Brien a la mañana siguiente de la convención de Chicago la describe O'Brien en *No Final Victories* (páginas 253-256) y en dos entrevistas. O'Brien cita todo el diálogo. Según él, Humphrey llamó a Maheu hacia las ocho del 30 de agosto de 1968 y le dijo: «Tengo entendido que tú y Larry habéis establecido un acuerdo de negocios y me gustaría pedirte que lo aplazaras hasta después de las elecciones. Me harías un gran favor personal.»

O'Brien afirmó ignorar la existencia de los 100 000 dólares que Hughes dio a Humphrey, aunque estuvo en contacto regular con Maheu durante la campaña. Sin embargo, Maheu declaró ante el Comité Watergate del Senado que mantenía a O'Brien informado de «todas las cuestiones políticas», y que le habló concretamente del dinero entregado a Humphrey.

9. Camelot

Las entrevistas sostenidas con doce personas, al menos, que conocieron a Joseph P. Kennedy o a Hughes durante su primera época en Hollywood no arrojaron indicio alguno de que mantuvieran relaciones mercantiles, que les enfrentara algún conflicto o que se conociesen siquiera. Gloria Swanson, amante de Kennedy en aquella época, dijo que no podía recordar que Joseph hubiera mencionado nunca a Hughes. Noah Dietrich, que se unió a Hughes poco después de que éste llegara a Hollywood en 1925 y que llevaba sus negocios cinematográficos, dijo que estaba seguro de que Hughes no había tenido trato alguno con Kennedy.

La información sobre los antecedentes de Joe Kennedy proceden del libro de Richard Whalen *The Founding Father* (Signet, 1966), así como la cita de los «planchadores de pantalones» (p. 80).

Pierre Salinger confirmó que había solicitado dinero de Hughes para la campaña de Robert F. Kennedy en una carta: «Steve Smith, que estaba recaudando dinero para la campaña, me preguntó si tenía algunos contactos especiales que pudieran ser útiles. Mencioné al señor Maheu de Las Vegas. Él no prometió inmediatamente una contribución, pero durante las primarias de Oregon me llamó a Portland para decirme que el señor Hughes aportaría a la campaña 25 000 dólares. Después de la muerte de Robert Kennedy, recibí una llamada del señor Maheu, quien me comunicó que seguía en pie lo de la aportación. Informé de ello a Steve Smith.»

Hoover, director del FBI, informó de la revelación de Bobby Kennedy de la conjura contra Fidel Castro en un comunicado de fecha

10 de mayo de 1962: «Afirmó haberle revelado la CIA que acababa de contratar a Maheu para que plantease a Giancana la proposición de un pago de 150 000 dólares para contratar a unos pistoleros que fueran a Cuba a matar a Fidel Castro. Yo manifesté mi asombro ante este proyecto, dada la mala reputación de Maheu y porque me repugnaba utilizar a un individuo con los antecedentes de Giancana. El fiscal general compartía los mismos puntos de vista.» Menos de tres meses antes, Hoover puso fin a la aventura de la Casa Blanca de John Kennedy con la señorita Campbell, la amante de Giancana, entregando un informe sobre ella al presidente, según el Comité especial del Senado sobre asesinatos.

Los temores de Bobby Kennedy a que la conspiración contra Fidel Castro hubiera sido la causa del asesinato de su hermano se refieren en el libro de Arthur Schlesinger, Jr., *Robert Kennedy and His Times* (Houghton Mifflin, 1978, pp. 615-616). Según Walter Sheridan, ayudante de Kennedy, Bobby preguntó a John McCone, director de la CIA: «¿Mató la CIA a mi hermano?»

Kennedy calificó el escándalo Hughes de Nixon de «factor decisivo» en las elecciones de 1960, en una entrevista al *New York Times* publicada el 13 de noviembre de 1960. Datos de archivo de la Secretaría de Justicia, filtrados al *Times* (24 de enero de 1962), revelaron que, siendo fiscal general, Kennedy consideró la posibilidad de procesar a Hughes, a Nixon y a miembros de la familia de este último por el asunto del «préstamo».

La escena de Hughes siguiendo los reportajes sobre el asesinato de Robert Kennedy se basa en sus propios comunicados, en entrevistas con sus ayudantes y en vídeos. El elogio fúnebre de Teddy Kennedy procede de informes de prensa sobre los funerales.

La «larga y triste jornada emotiva» de O'Brien en el tren fúnebre de Robert Kennedy aparece relatada en su libro *No Final Victories* (Doubleday, 1974, pp. 245-246). Se ampliaron detalles en entrevistas. «Después de las honras fúnebres —escribió—, me fui a casa y permanecí allí varios días. Nunca me había sentido como entonces. Después del asesinato del presidente Kennedy había seguido la lucha con Lyndon Johnson, pero entonces ni tenía nada que hacer ni quería hacer nada.»

Maheu explicó al Comité Watergate del Senado que Hughes le mandó contratar a O'Brien a los pocos minutos de la muerte de Bobby, pero que él «tuvo la decencia de esperar un tiempo» antes de establecer contacto. Maheu se puso al fin en contacto con O'Brien el 28 de junio de 1968.

O'Brien describió sus negociaciones laborales con Maheu en su libro (pp. 255-256) y en entrevistas. «De pronto, Bobby estaba muerto y yo no tenía dónde ir. Hay una fría realidad que acaba afirmándose, y es algo muy simple. Tenía que ganarme la vida.» Pero cuando se le mostró una copia del comunicado que Hughes escribió la noche de la muerte de Bobby, O'Brien añadió: «Ahora hace usted que me pregunte si lo abandoné todo para ponerme al servicio de un *pelagatos* como Howard Hughes.»

O'Brien habló de su trabajo para Hughes en dos entrevistas grabadas, de cuatro horas, pero afirmó que no recordaba algunas cuestiones detalladas en informes de Maheu, exigió bastantes veces que la grabadora se parase y no quiso mostrar sus propios informes a Maheu ni los demás documentos relacionados con O'Brien Associates.

O'Brien confirmó que Hagerty se había puesto en contacto con él para encargarle de la representación de las tres cadenas de televisión, aproximadamente al mismo tiempo que mantenía la primera entrevista con Maheu. Pero dijo que no recordaba haber hablado para nada con él sobre el propósito de Hughes de adquirir la ABC, tal como se informa en los comunicados de Maheu. Dijo también que no sabía nada del asunto Hughes-ABC, aunque se dio amplia difusión a la noticia en la prensa nacional a partir del 1.º de julio de 1968, tres días después de la primera llamada de Maheu y tres antes de que O'Brien se trasladase a Las Vegas para hablar del trabajo que Hughes le ofrecía.

Claude DeSautels, socio de O'Brien, declaró ante el Comité Watergate del Senado que Humphrey llamó cuando O'Brien estaba en Las Vegas. O'Brien afirmó en una entrevista que poco después de que regresara a Washington aceptó encargarse de la campaña de Humphrey y que le dijo a Maheu que no podría empezar a trabajar para Hughes hasta después de la convención.

O'Brien confirmó que había vuelto a reunirse con Maheu en Washington el 31 de julio de 1968, que había recibido los 25 000 dólares prometidos para la campaña de Kennedy, que se los pasó al día siguiente a Smith, y que aceptó representar a Hughes a través de O'Brien Associates por un plazo mínimo de dos años a razón de 15 000 dólares al mes.

O'Brien se convirtió en presidente nacional del partido demócrata el 30 de agosto de 1968, y aquel mismo día se hizo cargo de la dirección de la campaña de Humphrey. Confirmó que se reunió por tercera vez con Maheu en Las Vegas poco después de las elecciones de noviembre, y que dispuso los últimos detalles a fin de empezar a trabajar para Hughes el 1.º de enero de 1969.

O'Brien afirmó que «mantuvo contacto» con Maheu mientras dirigía la campaña de Humphrey, pero dijo que no recordaba haber hablado de la tentativa de Hughes de absorber la Air West. Admitió haber hablado con Maheu varias veces sobre el asunto de la TWA, pero que no recordaba el plan de investigación del Congreso a banqueros, que según un comunicado de Maheu a Hughes, fechado el 9 de octubre de 1968, aquél había analizado con O'Brien.

Maheu confirmó en una entrevista que Hughes ordenó proponer un segundo soborno de un millón de dólares a Johnson. O'Brien dijo que no recordaba ningún «contacto directo» con el presidente en diciembre de 1968 en relación con las pruebas nucleares. «Esto casi equivale a sugerir que los informes de Maheu a Hughes podrían no haber sido veraces en lo que se refiere a mis opiniones y puntos de vista y actividades, y no habría sido ése el caso —dijo O'Brien—. Porque si Maheu le dijo a Hughes que según O'Brien el punto de vista de Lyndon Johnson sobre las pruebas nucleares era tal o cual, estoy seguro de que le dije a Bob que esa era la postura del presidente, y no se lo habría dicho si no se hubiera hecho algún intento para determinar cuál era dicha postura.»

O'Brien dijo también que no recordaba haber preparado la entrevista de Maheu en agosto de 1968 con Johnson en el rancho de éste; pero Maheu declaró ante el Comité Watergate del Senado que O'Brien sí preparó el encuentro, y el secretario de entrevistas de Johnson, Jim Jones, así lo confirmó. Jones explicó la reacción de Johnson en una entrevista.

O'Brien dijo que nunca había hablado con Maheu de ninguna oferta de dinero a Johnson, ni de una contribución política siquiera, pero Maheu declaró ante el Comité Watergate del Senado que había informado a O'Brien de «todas las cuestiones políticas». Maheu se negó en una entrevista a confirmar que hubiese hablado a O'Brien del soborno de un millón de dólares propuesto, según explicaba que había hecho en su comunicado a Hughes. «Eso no es asunto suyo», dijo Maheu.

Un socio de O'Brien, que no quiso que se revelara su nombre, dijo en una entrevista que O'Brien le explicó que en una ocasión Hughes había mandado que se entregase un millón de dólares a Johnson, pero que él se negó a intervenir en el asunto.

Colin McKinlay confirmó en una entrevista que dos representantes de Hughes, Tom Bell y Jack Entratter, «intentaron comprarme para que no publicara el artículo sobre Ted Kennedy», y confirmó también que fue Entratter quien llevó a Kennedy a la habitación 1895 del Sands, donde vieron a la corista un botones, un camarero del servicio de habitaciones y dos agentes que tenían por misión proteger a Kennedy. Entratter murió en 1971, pero otro ejecutivo del Sands corroboró en una entrevista lo que explicó McKinlay. El senador Kennedy se negó repetidas veces a concederme una entrevista.

Napolitan y DeSautels confirmaron que trabajaron para Hughes y también que consultaban regularmente con O'Brien, tal como declaró el propio O'Brien. «En mi época en Wall Street —dijo O'Brien—, a veces Claude y/o Joe venían a hablar conmigo sobre determinados aspectos de sus actividades con Maheu, y estoy seguro de que también hablé directamente con Maheu.» Sin embargo, O'Brien dijo que no recordaba haber tenido nada que ver con las audiencias del CAC sobre la Air West ni haber buscado apoyo en el Congreso para la campaña contra las pruebas nucleares, según informó Maheu.

O'Brien confirmó que volvió a reunirse con Maheu en Las Vegas en agosto de 1969, después de dejar su trabajo en Wall Street, y que aceptó trabajar para Hughes durante dos años por 15 000 dólares al mes, a partir del 1.º de octubre de 1969. No fue del dominio público en la época que O'Brien estuviera trabajando para Hughes, y el hecho de que fuese empleado suyo a la vez que presidente del partido demócrata no se dio a conocer hasta julio de 1974, en que lo filtró el Comité Watergate del Senado.

O'Brien confirmó la información de Maheu de que su bufete desempeñó un papel esencial en la modificación de la ley de reforma fiscal de 1969. «Estoy seguro de que eso es cierto —dijo O'Brien—. Evidentemente, actué en relación con el proyecto de reforma fiscal en virtud de mi contrato con Hughes, y estoy seguro de que DeSautels trabajó activamente en el asunto. Él conocía a todo el mundo en el Senado y en el Congreso.» O'Brien defendió su papel, pero añadió: «Sé que pareceré poco liberal en lo relativo al proyecto de reforma fiscal.»

La descripción de la investigación de Patman sobre el Hughes Medical Institute, se basa en los informes del Comité Bancario de la Cámara y en las actas de la audiencia. Los datos referentes a las finanzas del Hughes Medical Institute proceden de los archivos del Servicio de Recaudación Fiscal y de documentos internos de la organización Hughes, así como de informes del Congreso. O'Brien declaró que nunca se había puesto en contacto con Patman en relación con Hughes, pero que probablemente lo hubiera hecho DeSautels.

El Comité de Finanzas del Senado revisó el proyecto de ley de reforma fiscal para permitir que el Hughes Medical Institute eludiese su *status* de «fundación privada» asociándose con un hospital, y los delegados de la Cámara y del Senado concedieron a la institución un plazo de un año para realizar el cambio y convertirse en «entidad de beneficencia pública». Pero la versión de la Cámara del proyecto de ley prohibía el cambio a menos que la fundación devolviese con intereses todos los impuestos atrasados que habría pagado si no hubiese estado exenta de impuestos como «fundación privada». El comité de finanzas del Senado revisó el proyecto de ley para permitir el cambio sin penalización fiscal, y la conferencia de la Cámara y el Senado adoptó la versión de este último. El comité de finanzas del Senado también suavizó las normas sobre «acuerdos de las instituciones consigo mismas» en una cláusula que parecía hecha a la medida de Hughes, y en otra cláusula también especialmente adaptada a las necesidades de Hughes, permitió que las fundaciones poseyeran el cien por cien de las acciones de una corporación durante quince años si la fundación ya poseía más del 95 por ciento de las acciones.

El senador Paul Fannin, que recibió contribuciones para la campaña electoral del «Fondo de Ciudadanía Activa» de la Hughes Aircraft Company, confirmó en una entrevista que trabajó con representantes de Hughes para modificar la ley de reforma fiscal en el comité de finanzas del Senado, y también confirmó que el presidente del comité, Russell Long, ayudó a imponer las enmiendas de Hughes. Tanto Gillis como Russell Long se negaron a conceder entrevistas.

O'Brien confirmó su encuentro con Wilbur Mils, pero negó que hubiera hablado con él del Hughes Medical Institute. Sin embargo, Mils apoyó la disposición que favorecía a Hughes en la conferencia de la Cámara y el Senado, y dos años después se opuso a una tentativa del Servicio de Recaudación Fiscal de obligar al Hughes Medical Institute a gastar un 4 por ciento al menos de sus valores por año en investigación médica.

La tentativa de Nixon de conseguir ventajas fiscales por la donación de sus documentos, su falseamiento de la fecha de la donación y el impago de los 467 000 dólares que debía haber pagado al Servicio de Recaudación Fiscal mientras era presidente proceden del Comité de la Cámara encargado del procesamiento del presidente. Harlow explicó sus charlas con Nixon sobre O'Brien en una entrevista.

El hecho de que Hughes no pagara impuestos personales sobre la renta durante diecisiete años, desde 1950 a 1966, lo certifican las copias de sus declaraciones a Hacienda. La Hughes Tool Company se convirtió en «subdivisión de la Summa Corporation» en 1967, y como un «negocio pequeño» con diez accionistas o menos, a partir de 1967 no pagó impuestos sobre los beneficios empresariales.

Larry O'Brien siguió trabajando para Hughes hasta febrero de 1971, tres meses después de que Maheu quedase marginado y un mes después de que la Casa Blanca de Nixon empezara a investigar sus relaciones con Hughes. El propio O'Brien ha confirmado que había recibido 325 000 dólares de Hughes, incluyendo un último pago de 75 000 dólares, y que recibió por lo menos 165 000 dólares de Hughes cuando desempeñó también el cargo de presidente del Comité Nacional Demócrata, durante once meses, a partir del 5 de marzo de 1970.

La cita de Nixon sobre Hughes y O'Brien es del segundo volumen de sus memorias (RN: The Memoirs of Richard Nixon, Warner, 1978, p. 172).

10. Nixon: el soborno

El doctor Harold Feikes, cardiólogo de Las Vegas que administró las trasfusiones a Hughes, describió su estado físico en una declaración jurada y en dos entrevistas. Feikes explicó que visitó por primera vez a Hughes a principios de noviembre de 1968, y los comunicados enviados a Hughes por sus ayudantes demuestran que fue el día de las elecciones. Uno de los mormones recordaba a Hughes viendo informes sobre las elecciones en televisión después de la transfusión.

«Desde luego, su vida corría peligro —dijo Feikes—. La anemia era lo suficientemente grave como para temer un paro cardíaco congestivo. Pero aunque estuviera gravemente enfermo, tenía una idea muy clara de la anemia y de las transfusiones. Escogió muy cuidadosamente a la persona a quien debería extraérsele sangre. Sus ayudantes dijeron que lo sabía todo sobre los donantes: qué comían, con quién dormían, etc., y sólo quería sangre de mormones.»

La descripción del seguimiento de la elección de Nixon procede de entrevistas con los ayudantes de éste, de sus memorias y del libro de Theodore H. White *The Making of the President 1968* (Pocket Books, 1970, pp. 484-489). La cita de Garment es también del libro de White (p. 484).

Noah Dietrich confirmó en una serie de entrevistas que Hughes había respaldado a Nixon en todas sus campañas electorales desde la primera vez que se presentó para el Congreso en 1946, y lo mismo dijo un colaborador de Frank Waters, abogado político de Hughes, quien se encargó de casi todas las aportaciones hasta 1960. Waters se negó a hacer comentarios. Maheu describió en una declaración jurada la operación encubierta de 1956 para salvar a Nixon.

Nixon rechazó dos solicitudes por escrito para una entrevista.

El dinero conocido que Hughes entregó a Nixon y a su familia incluye el «préstamo» de 205 000 dólares a Donald Nixon en 1956 (que nunca se devolvió); 50 000 dólares entregados para la campaña de Nixon de 1968; 100 000 dólares en efectivo entregados en secreto a Rebozo en 1969 y 1970; y 150 000 dólares para la campaña de Nixon de 1972. No se sabe cuánto aportó Hughes para las otras campañas de Nixon, incluyendo el «apoyo resuelto» que el propio Hughes dijo que había dado a Nixon en 1960.

El «préstamo» de 205 000 dólares aparece detallado en varias entrevistas por Noah Dietrich, que también habla de él en su libro *Howard: The Amazing Mr. Hughes* (Fawcett, 1976, pp. 282-287). Según Dietrich, Waters le dijo que Nixon llamó personalmente para pedir el dinero. («He hablado con Nixon. Su hermano Donald tiene problemas financieros. Al vicepresidente le gustaría que le ayudásemos.») Manifestó asimismo que Hughes aprobó personalmente la transacción. Un colaborador de Waters confirmó la versión de Dietrich.

Nixon explicó posteriormente a su jefe de equipo, Haldeman, y a su confidente Rebozo que el escándalo del préstamo de Hughes fue la causa de sus derrotas de 1960 y 1962, según el testimonio de Rebozo ante el Comité Watergate del Senado y la versión de Haldeman en entrevistas y en su libro *The Ends of Power* (Times Books, 1978, p. 20). Bobby Kennedy también calificó el escándalo de Hughes de «factor decisivo» en las elecciones de 1960, según un artículo publicado en el *New York Times* el 13 de noviembre de 1960. Las quejas de Nixon por la información que dieron los medios de difusión sobre el escándalo proceden de sus memorias, *RN: The Memoirs of Richard Nixon* (vol. 1, pp. 300-301).

Danner mencionó la petición de dinero que Nixon y Rebozo hicieron en 1968 a Hughes, en testimonio jurado ante el Comité Watergate del Senado. Maheu declaró que Hughes aprobó la aportación de 100 000 dólares en una conversación telefónica, y que él retiró 50 000 dólares de la cuenta bancaria personal de Hughes el 9 de septiembre de 1968, acordando recoger el resto en fecha posterior. Nadine Henley, secretaria personal de Hughes, confirmó la versión de Maheu.

La reunión de Danner, Rebozo y Morgan en Duke Zeibert's tuvo lugar el 11 de septiembre, según el diario de Danner. «Entonces, Morgan transmitió la información de Maheu de que se haría una aportación —explicó Danner al comité del Senado—. Rebozo se mostró deseoso de manejar la transacción o al menos dispuesto a hacerlo.»

Rebozo no contestó a una petición de entrevista, pero en su declaración ante el Comité Watergate del Senado dio su versión de los hechos que llevaron a su aceptación de los 100 000 dólares de Hughes. «Supongo que Morgan llevaba el dinero —dijo Rebozo—, pero quería entregárselo él mismo al presidente, y le advertí que él nunca lo aceptaría.» Morgan explicó a los investigadores del Senado que sólo pretendía cierto reconocimiento formal de la transacción, a lo que Rebozo se negó. Danner confirmó la versión de Morgan.

«El ambiente no parecía adecuado para aceptar la aportación —declaró Rebozo—. Yo recordaba muy claramente el préstamo de 1956 al hermano del presidente, y que Drew Pearson se había aprovechado mucho de ello en la campaña de 1960... Ed Morgan representaba a Drew Pearson, y yo no quería responsabilizarme de nada que pudiera resultar embarazoso. Me negué.»

En su declaración ante el Senado, Rebozo relató la tentativa de John Meier y Donald Nixon de entregar el dinero de Hughes: «A mí me preocupaba la posibilidad de que hubiese más problemas embarazosos, como los que le había causado al presidente en 1960 y 1962... No me parecía adecuado, sencillamente, que Don Nixon se asociara con un representante de Hughes.»

En una entrevista y en una declaración jurada, Maheu relató la tentativa de entregar el dinero directamente a Nixon en Palm Springs el 6 de diciembre de 1968:

—Se prepararon las cosas por mediación del gobernador Paul Laxalt para una entrevista con el presidente electo Nixon, en la que el gobernador Laxalt y yo entregaríamos el dinero personalmente al presidente Nixon. Por desgracia, no sé qué pasó durante el día que alteró el programa presidencial.

Antes de su viaje a Palm Springs, Maheu retiró otro 50 000 dólares de la cuenta bancaria personal de Hughes en dos operaciones, el 5 y el 6 de diciembre, «para el déficit de Nixon», y el 5 de diciembre también recibió al parecer 50 000 dólares del cajero del casino del Sands. Aquel mismo día, Danner voló a Las Vegas para entrevistarse con Maheu, y aceptó empezar a trabajar para Hughes. Una semana después, Maheu y Danner estaban en las Bahamas. Pero no existen pruebas directas de que pasaran dinero a Nixon, como indicaba el recibo de salida del Sands.

Los datos bancarios señalan que Maheu retiró otros 50 000 dólares de la cuenta bancaria personal de Hughes el 27 de junio de 1969 y Tom Bell, abogado de Hughes, declaró que entregó a Danner 50 000 dólares del Silver Slipper el 26 de octubre de 1970 siguiendo instrucciones de Maheu. Danner negó haber recibido el dinero.

Maheu, en declaraciones contradictorias al Servicio de Recaudación Fiscal, al Comité Watergate del Senado y ante el juez, afirmó en uno u otro momento que estas operaciones sirvieron para reunir los 100 000 dólares que acabó pasándole a Nixon por mediación de Rebozo. De cualquier modo, Rebozo, Danner y Maheu confirmaron en declaración jurada que Nixon recibió 100 000 dólares de Hughes en dos entregas de dinero en efectivo a Rebozo.

Danner se incorporó a la organización Hughes en febrero de 1969. Declaró que en abril y en mayo Rebozo empezó a «pincharle» sobre las contribuciones de Howard a Humphrey y que en mayo y junio pidió 100 000 dólares diciéndole que «el presidente tenía interés en empezar a recaudar fondos para las elecciones al Congreso de 1970». Rebozo, que guardó el dinero después de las elecciones de 1970, negó la versión de Danner y declaró: «Era dinero destinado al presidente... para la campaña presidencial de 1972.» En realidad, Rebozo admitió que había puesto el dinero en su caja de seguridad, que no lo utilizó para ninguna campaña y que lo guardó hasta que el Servicio de Recaudación Fiscal empezó a acosarle en 1973.

Danner declaró que durante el verano Maheu le dijo a él y él le dijo a Rebozo que ya estaban disponibles otros 50 000 dólares, y que estarían disponibles otros 50 000 más tarde. La reunión de Danner el 26 de junio de 1969 con Rebozo en Miami la confirmaron los partes de viajes que presentó al Comité Watergate del Senado. Según los datos bancarios, Maheu dispuso una retirada de fondos por un total de 50 000 dólares de la cuenta bancaria de Hughes al día siguiente y recogió el dinero el 11 de julio. Su hijo Peter declaró que tuvo el dinero guardado en su caja fuerte varias semanas y que luego, siguiendo instrucciones de su padre, entregó los 50 000 dólares a Danner para que éste se los entregara a Rebozo.

Los informes de Maheu a Hughes confirman la entrega por Danner del comunicado de Hughes sobre el proyectil antibalístico a Rebozo el 26 de junio y la entrega del informe por parte de Rebozo a Nixon el 4 de julio. Danner declaró también que entregó el informe a Rebozo y que éste le dijo: «Lo examinaron el presidente y el doctor Kissinger y quedaron muy impresionados. Dijeron que les gustaría informarle más extensamente... Lo haría el doctor Kissinger.» El propio Rebozo confirmó la oferta de Kissinger en declaración ante el Comité Watergate del Senado: «Sé que se hizo la propuesta de que Kissinger le informara.»

La reunión de Nixon y Kissinger el 16 de julio la confirmó el informe de Maheu a Hughes de la misma fecha y los datos de la Casa Blanca que figuran en los Archivos Nacionales, y la ratificó Alexander Haig en una entrevista. Haig explicó asimismo la reacción de Kissinger a la orden de Nixon de que informara a Hughes, y dos miembros del equipo del Consejo de Seguridad Nacional confirmaron por separado los comentarios de Kissinger. En cuanto a éste, rechazó varias peticiones de entrevistas.

Larry Lynn, importante asesor que manejó el asunto del proyectil antibalístico, relató la reacción del propio Haig al informe de Hughes, y aventuró en una entrevista la hipótesis de que la conexión Hughes quizá impulsase a Nixon a proponer el abandono del proyectil antibalístico, como parte de las negociaciones SALT un año después: «Siempre he creído que algunos de los zigzagueos de Nixon en el asunto del proyectil antibalístico eran inexplicables conforme a los datos en mi poder. Dio la sensación de abandonarlo demasiado de prisa, y, que yo sepa, la razón pudo haber sido que Howard Hughes estaba llenándole los bolsillos de dinero.»

La revisión por Nixon y Kissinger de los planes para aprobar la cabeza nuclear del proyectil antibalístico en julio de 1969 quedó confirmada por miembros del Consejo Nacional de Seguridad y documentos de la CEA y del Departamento de Estado, obtenidos en virtud de la Ley de libertad de información. Un «Memorándum al Presidente» del comité de subsecretarías del CNS indicaba que trasladar las pruebas nucleares a Alaska costaría doscientos millones de dólares, y advertía: «Es de esperar que los soviéticos reaccionen ante nuestros planes de realizar pruebas de tal magnitud en las Aleutianas.» Pero Nixon dio orden de que las explosiones de mayor magnitud se realizaran en Alaska; al parecer, le preocupaba más Hughes.

11. Howard da una fiesta

Cuando Hughes anunció por primera vez su propósito de comprar el Landmark a finales de 1968, la Secretaría de Justicia del gobierno Johnson advirtió al multimillonario que tal adquisición «violaría la Ley Clayton» y amenazó con un proceso antitrust. Al cabo de un mes, el 17 de enero de 1969, tres días antes de que Nixon tomara posesión de la Presidencia, la Subsecretaría comunicó a Hughes que no se proponía «ya emprender acción alguna respecto a la prevista adquisición». Maheu recibió la noticia y comunicó la buena nueva al ático: «Acabamos de recibir una llamada telefónica de la sección antitrust comunicando que ha aprobado oficialmente la adquisición del Landmark.»

La descripción del Landmark se basa en informaciones de prensa local de la época y en la observación personal.

Dean Martin acabó actuando en la fiesta de inauguración, y también Danny Thomas; incluso Bob Hope se ofreció a participar, pero a última hora tuvo que renunciar, debido a la muerte de sus dos hermanos. Al parecer, Hughes nunca se lo perdonó. Cuando el actor llamó a Maheu al cabo de seis meses pidiendo un donativo de 100 000 dólares para el hospital Eisenhower, Hughes en principio se negó a dar nada, y acabó accediendo a regañadientes a contribuir con 10 000 dólares, pero sólo después de que le dijeran que Nixon había pedido también su ayuda.

Martin tenía conexiones en el casino Riviera, el cual, según las escuchas colocadas por el FBI a principios de la década de los sesenta, estaba controlado en secreto por el hampa de Chicago. Jimmy Fratianno, informador de la Mafia, dijo también que Sidney Korshak, famoso dirigente del delito organizado, era propietario de «un buen pedazo del Riviera» (Ovid Demaris, *The Last Mafioso: The Treacherous World of Jimmy Fratianno*, Times Books, 1981, p. 272).

La gran ansiedad de Hughes en relación con la inauguración del Landmark la demuestra el hecho de que de los miles de comunicados que escribió durante los cuatro años de residencia en Las Vegas, sólo el caso del Landmark le indujo realmente a la introspección profunda: pasó revista a su vida, indagó en su alma...

Su pelea con Maheu relacionada con la gran gala de inauguración fue tan seria que, años después, la esposa de Maheu recordaba esa pelea más que ninguna otra, y hablaba de las conversaciones telefónicas a gritos que oyó durante varias noches (Ron Laytner, *Up Against Howard Hughes: The Maheu Story*, Manor Books, 1972, pp. 34-35).

12. Nixon: la traición

Varios ayudantes de Nixon recordaban la participación activa del presidente en la preparación de la cena del paseo lunar.

—No era sólo el gran banquete oficial de su Administración, el punto culminante de su primer año de presidente, sino que además se celebraba en su tierra natal, California —dijo Ehrlichman—. Desde luego, participó en la elaboración de la lista de invitados. Sé que Haldeman repasó la lista provisional con Nixon muy detenidamente y varias veces.

Haldeman, por su parte, dijo que no recordaba los preparativos de la fiesta. Pero uno de sus ayudantes precisó que Nixon revisó personalmente las 1 440 invitaciones y elaboró también una lista de «enemigos» a los que no quería invitar, entre los que figuraba uno de los mejores amigos de su esposa.

Varios altos cargos de la Casa Blanca comentaron la sensibilidad especial de Nixon respecto a Hughes:

«Se le temía en la Casa Blanca durante el mandato de Nixon. Algunos creían que el escándalo del "préstamo de Hughes" había costado a Nixon las elecciones de 1960 frente a Kennedy», escribió Jean Dean en *Blind Ambition* (Simon & Schuster, 1976, p. 67). «En cuestiones relacionadas con Hughes, Nixon parecía a veces perder el contacto con la realidad», según Haldeman en *The Ends of Power* (Times Books, 1978, pp. 19-20). Su asociación indirecta con este hombre misterioso podría haberle costado, según su opinión, perder dos elecciones.

Nixon intentó primero conseguir que la CIA vigilase permanentemente a Donald; la CIA se negó, y Nixon recurrió al servicio secreto, según el informe final del Comité de la Cámara encargado del procesamiento del presidente. Ehrlichman confirmó en una entrevista que el presidente le había mandado disponer lo necesario para la actuación del servicio secreto en mayo de 1969, y que Nixon ordenó también poner escuchas en los teléfonos del domicilio y el despacho de Donald, principalmente para comprobar los negocios de su hermano con Meier. «Las relaciones de Don con Hughes habían causado ya mucho pesar en el pasado, y Nixon no deseaba en absoluto que se descubriera otra vinculación con Hughes —decía Ehrlichman—. El presidente estaba muy preocupado por el hecho de que su "estúpido hermano" estuviera otra vez enredado en una cosa así, estaba furioso.»

Cuando Donald fue sorprendido en su entrevista en el aeropuerto con Meier y Hatsis, en julio de 1969, Ehrlichman llamó inmediatamente a Rebozo, que a su vez llamó en seguida a Danner. «¿Sabes dónde está John Meier? —preguntó Rebozo, furioso—. Pues has de saber que está en el aeropuerto de Orange County con Don Nixon.» Ehrlichman examinó la ficha de Hatsis en el FBI y, según indicaba en una entrevista, indicaba que se trataba de un «personaje desagradable relacionado con el delito organizado».

Las indagaciones de Kreigsman sobre Hughes por encargo de la CEA, las confirman documentos de la comisión fechados el 25 de julio y el 2 de agosto de 1969, obtenidos en virtud de la Ley de libertad de información. El informe de la comisión sobre Hughes, dirigido a la Casa Blanca, tiene fecha del 18 de agosto de 1969, y fue revisado personalmente por Seaborg, presidente de la comisión. Seaborg dijo en una entrevista que altos cargos de la Casa Blanca se pusieron en contacto con él en varias ocasiones para decirle que Hughes había manifestado su preocupación por las pruebas nucleares.

El informe de Hoover sobre Hughes se obtuvo en virtud de la Ley de libertad de información. Su descripción de Hughes se basaba en un informe de 7 de enero de 1952 al FBI de un ejecutivo de Hughes descontento, que había acusado también al multimillonario de evasión fiscal. Hoover llevaba vigilando a Hughes desde las audiencias del Senado en relación con el *Spruce Goose* de 1947. Recibía informes regulares de sus agentes, primordialmente centrados en las aventuras de Hughes con diversas aspirantes a estrellas de cine. Los archivos del FBI revelan también que Hughes estableció contacto con Hoover directamente a través de su mormón jefe, Bill Gay, el 20 de agosto de 1955, para analizar «un asunto muy delicado». Según las fuentes del FBI, poco después Hughes intentó contratar a Hoover como cabildero suyo en Washington. Dean Elson, jefe de la delegación del FBI en Las Vegas, que posteriormente empezaría a trabajar para Hughes, declaró en una entrevista que Hoover le explicó que Hughes había ido a verle cuando estaba de vacaciones en La Jolla, California, y le había dicho que podía «decir su precio, extender él mismo el recibo». Hoover le dijo a Elson que había rechazado la oferta porque consideraba a Hughes «errático». Los archivos del FBI muestran que antes de entrevistarse con Hughes, Hoover recibió de su máximo ayudante el mismo informe sobre Hughes que él enviaría posteriormente a Nixon.

La prueba nuclear anunciada el 10 de septiembre de 1969 y realizada el 16 del mismo mes, tenía el nombre clave de «JORUM» y, según los informes de la CEA, era de intensidad «inferior a la megatonelada».

Los informes de Maheu a Hughes, los diarios de a bordo del reactor de Hughes y los partes de viaje de Danner muestran que Danner y Maheu vieron a Rebozo en Cayo Vizcaíno el 11 y el 12 de septiembre de 1969. El Comité Watergate del Senado, en su informe final, consideraba ésta «la fecha de entrega más probable de la primera contribución».

Danner, en su primera relación del pago del soborno de 100 000 dólares, dijo al Servicio de Recaudación Fiscal que se había realizado en la casa de Rebozo en Cayo Vizcaíno en septiembre de 1969, y que Maheu estaba presente: «Cogimos el De Havilland, volamos a Miami, fuimos a Cayo Vizcaíno, y encontramos a Rebozo en su casa.» Maheu le entregó el paquete y le dijo: «Hay 50 000, primera entrega.» Rebozo le dio las gracias. Maheu declaró también que estaba presente en Cayo Vizcaíno cuando le fueron entregados 50 000 dólares a Rebozo en 1969. Pero dijo que Danner entregó el dinero. El propio Rebozo explicó al Servicio de Recaudación Fiscal que los primeros 50 000 dólares se los había dado Danner en Cayo Vizcaíno en 1969.

Posteriormente, los tres dieron versiones contradictorias. Rebozo intentó explicar por qué algunos billetes de cien dólares que acabaría devolviendo a Hughes habían sido emitidos por el Departamento del Tesoro después de la fecha que, en principio, señaló como la de la entrega. Manifestó haber recibido todo el dinero a finales de 1970. Presionado por Rebozo, Danner alteró la versión y admitió no recordar si la primera entrega había sido en 1969 o en 1970, pero declaró también que la insistencia de Rebozo le había impulsado a cambiar de opinión. Danner quiso justificar el cambio de su primera declaración admitiendo que recordaba el viaje de septiembre de 1969, porque lo relacionaba con la preocupación de Hughes por el vertido del gas paralizante. Evidentemente, esto es erróneo, pues el vertido del gas se produjo en agosto de 1970.

Todos los detalles de la entrega de los primeros 50 000 dólares a Rebozo se basan en el testimonio de Danner al Servicio de Recaudación Fiscal y al Comité Watergate del Senado, en la declaración judicial de Maheu y en las informaciones obtenidas en entrevistas con miembros de dicho comité del Senado.

Las actividades de Nixon y su estado de ánimo en septiembre de 1969 proceden de su propia versión en sus memorias, y los detalló aún más Kissinger en *The White House Years* (Little, Brown & Co., 1979). Ayudantes de la Casa Blanca y del Consejo Nacional de Seguridad proporcionaron datos suplementarios y ratificaron los ya existentes en entrevistas. Como ya se ha indicado, Kissinger rechazó las repetidas solicitudes de entrevista.

Conversaciones sostenidas con altos cargos de la Casa Blanca, entre los que figuran Haldeman, Ehrlichman y Colson, demuestran que si bien Nixon tenía plena conciencia de la oposición de Hughes a las pruebas nucleares, nunca dio muestras de tener una idea clara de hasta qué punto dichas pruebas aterraban y ofendían a Hughes. Además, puede que Nixon se tranquilizase falsamente por el informe sobre Hughes de la CEA que recibió unas semanas antes, en el que se decía: «Hughes no pondrá objeciones mientras las explosiones no superen la megatonelada.»

La versión de la explosión de septiembre de 1969 procede de informaciones de prensa, informes de la CEA e informes posteriores a la prueba dirigidos a Hughes por sus ayudantes.

Las reuniones de Danner con el fiscal general Mitchell en relación con el asunto del Dunes figuran en su declaración ante el Comité Watergate del Senado, en los informes del tribunal obtenidos por medio de investigadores del comité del Senado y en los comunicados de Maheu a Hughes. Además, Hoover, director del FBI, permitió que Nixon y Mitchell se enteraran de que él sabía lo del asunto del Dunes, en un informe de 23 de marzo de 1970 enviado al tribunal: «La delegación de la Agencia en Las Vegas ha recibido información de que el 19 de marzo de 1970, un representante de Howard Hughes... aseguró que este último había recibido seguridades de la Secretaría de Justicia de que no se pondría objeción alguna a que adquiriera el hotel Dunes.»

Maheu explicó que Hughes le ordenó ofrecer a Nixon un soborno de un millón de dólares para que paralizase la explosión nuclear de marzo de 1970, en declaraciones ante el Comité Watergate del Senado, lo confirmó en una entrevista y lo detalló en una declaración jurada en su juicio por calumnia de 1973 contra Hughes.

Los partes de viaje de Danner presentados al Comité Watergate del Senado muestran que él y Maheu estuvieron en Cayo Vizcaíno del 20 al 22 de marzo de 1970, y tanto Danner como Maheu confirmaron en declaraciones ante el Senado que se reunieron con Rebozo en esas fechas.

13. Éxodo

El esfuerzo de quince meses de Hughes para escapar de Las Vegas se describe en declaraciones de sus ayudantes; lo detallaron posteriormente dos de ellos en entrevistas y lo ratifican también los comunicados que Hughes escribió y recibió por entonces.

«Tardamos año y cuarto en poner en marcha nuestro viaje a Nassau —declaraba uno de los mormones, John Holmes—. Era preciso atender cierto negocio. Había una gran tormenta de polvo en Las Vegas, o llovía a cubos en Nassau. Una cosa llevaba a la otra. Además, necesitábamos una notificación previa de veinticuatro horas, y él no quería comprometerse.»

Lo referente al vertido del gas tóxico, basado en las informaciones de prensa, queda confirmado en los informes de la Secretaría de Defensa obtenidos en virtud de la Ley de libertad de información. Estos informes muestran también que una de las opciones que se ofrecieron al presidente fue hacer estallar el gas en el campo de pruebas de Nevada.

Además de establecer contacto con Rebozo a través de Danner, Maheu intentó paralizar el vertido del gas a través de Claude DeSautels, socio de O'Brien.

—Maheu llamó a las siete de la mañana, que eran las cuatro o las cinco en Las Vegas —recordaba DeSautels en una entrevista—. Yo dije: «¡Santo cielo! ¿Qué haces levantado a estas horas?» Y él me contestó: «El viejo vio anoche las noticias de las once; vio los trenes y me mandó pararlos.» Y yo objeté: «¡Bob! ¿Cómo puedo yo parar el tren?» Me constaba que el presidente lo había aprobado, el secretario de Defensa lo había ordenado, y las autoridades sanitarias habían certificado que no había problema. Y Maheu dijo: «¡Páralo como sea!» Así que llamé a cierta gente del Pentágono y luego llamé a Maheu y le anuncié: «No hay forma de parar esos trenes; ya están en marcha.» Y Maheu replicó: «Sabía que no podrías pararlos, pero ahora, al menos, tengo algo que decirle al viejo.»

La versión de la entrega de Danner a Rebozo de los segundos 50 000 dólares de Hughes el 3 de julio de 1970, se basa en el testimonio jurado de Danner ante el Comité Watergate del Senado y lo confirmó el testimonio del propio Rebozo ante el Senado. «Cuando le· entregué el dinero —dijo Danner—, lo sacó del sobre grande en el que iba, contó los fajos y me dio las gracias. La entrega realizada en San Clemente se hizo en su habitación del recinto presidencial. Echó los fajos sobre la cama y los contó. Volvió a meterlos en el sobre y luego los introdujo en la bolsa de mano que llevaba... Me condujo al despacho del presidente y allí estuvimos sentados los tres charlando diez o quince minutos.»

Rebozo declaró que depositó los 50 000 dólares en su caja de seguridad, junto con una carta conteniendo instrucciones, según las cuales aquella cantidad debía entregarse al encargado de finanzas de la campaña de 1972; pero declaró también que con posterioridad destruyó tal carta y retuvo el dinero hasta que el Servicio de Recaudación Fiscal empezó a perseguirle en 1973.

El diario de Danner, sometido al Comité Watergate del Senado, confirma que estableció contacto con Rebozo a través de la Casa Blanca el 8 de agosto de 1970, al día siguiente de que Hughes descubriese lo del gas. «Le transmití los temores de Hughes ante la posibilidad de que el vertido pudiera tener consecuencias catastróficas», declaró Danner.

Informes de la Secretaría de Defensa y de la CEA obtenidos en virtud de la Ley de libertad de información, confirman que Nixon rechazó la opción de hacer estallar el gas en Nevada y aprobó la alternativa de verterlo en el Atlántico, cerca de las Bahamas.

Bennett explicó cómo Gay entró en contacto con él y cómo él mismo se puso en contacto con Colson, en una entrevista con los investigadores del Comité Watergate del Senado. El papel de Davis en el interdicto, a través de su compañera de bufete Lea, consta en informes de Maheu y de los mormones enviados a Hughes, que demuestran también sus contactos con el gobernador Kirk. La versión de los trámites jurídicos procede de informaciones de prensa.

Las hojas de control del cuerpo de Infantería de Marina confirman que Rebozo estuvo en Camp David con Nixon el fin de semana del 15-16 de agosto de 1970, tal como Maheu le dijo a Hughes.

La versión de la operación *Glomar Explorer* procede de las entrevistas con el antiguo director de la CIA, Colby, y con el entonces subsecretario de Defensa, David Packard, dos fuentes confidenciales de la CIA directamente relacionadas con el proyecto; con el vicepresidente de la Hughes Tool Company, Raymond Holliday, y con un investigador del comité especial del Senado sobre espionaje que revisó los informes de la CIA sobre la operación. Además, una copia del contrato entre la CIA y la Hughes Tool Company firmado por Holliday el 13 de noviembre de 1970 muestra que la primera propuesta del *Glomar* se envió a Holliday en agosto de 1970, y que a ésta siguió una propuesta oficial para el «aspecto encubierto del proyecto», el 6 de noviembre de 1970.

Colby y el investigador del Senado confirmaron que la CIA consideraba a Maheu un «grave riesgo», y le mantuvo al margen de las negociaciones sobre el *Glomar*. Colby admitió que la CIA no tenía ninguna información sobre el estado real de Hughes, y los archivos de la CIA indican que la agencia sólo sabía que Hughes era muy reservado.

Aunque se ha dicho recientemente que el propio Hughes no sabía ni aprobó el acuerdo con la CIA, y que creía realmente que el *Glomar* se dedicaba a prospección minera de las grandes profundidades, Holliday dijo en una entrevista que él mismo había informado personalmente a Hughes por teléfono y que luego le envió «un comunicado largo y detallado».

—Fui el único de la empresa que lo discutió con él —manifestó Holliday—. Pero tanto Chester Davis como Bill Gay sabían que él estaba informado del asunto, y algunos de sus ayudantes también lo sabían. Yo analicé el asunto con él muy minuciosamente, le expliqué que la verdadera misión era rescatar el submarino, que era lo que me había dicho la CIA, y Hughes aprobó nuestra participación mucho antes de que se firmara el contrato.

Confirma la versión de Holliday el hecho de que Davis enviase posteriormente a Hughes un comunicado aludiendo a la «misión primaria» del *Glomar*, y el que una copia del contrato del *Glomar* figurase entre los documentos hallados en su ático de Acapulco después de su muerte.

Holliday citó en una entrevista la respuesta de Hughes a la CIA a través de él.

Si bien es imposible determinar qué papel directo pudo desempeñar el asunto del *Glomar* en la marginación de Maheu, el propio interesado declararía posteriormente que un factor fue su negativa a concluir una alianza entre la CIA y Hughes; y es digno de tener en cuenta que Hughes mencionó por primera vez el poder que privaría a Maheu de sus prerrogativas poco después de que Holliday se pusiera por primera vez en contacto con él en relación con el *Glomar*, en agosto de 1970. Hughes firmó el poder el 14 de noviembre de ese mismo año, al día siguiente de que Holliday firmara el contrato del *Glomar*.

Perloquin, de Intertel, explicó en declaraciones juradas sus entrevistas con Davis y Gay.

El mormón que recuperó los comunicados de Hughes que estaban en poder de Maheu explicaría posteriormente la operación en un informe a Hughes: «Con toda intención, no llamé a Bob para decirle que iba, hasta el momento mismo en que ya salía (tardé en llegar menos de un minuto) para que no tuviera tiempo de pensar en trasladar los documentos a otro sitio. Me pareció que estaba de muy mal humor y me di cuenta de que no le gustaba lo que implicaba la operación. Me preguntó qué razón había para aquello y le di una respuesta vaga; le expliqué que usted no quería que se diera la posibilidad de que sus mensajes se extraviasen.»

La ruptura final de Hughes y Maheu la describió este último en una serie de entrevistas y en una declaración judicial; y también la explicaron varios mormones. Uno de estos ayudantes declaró posteriormente:

—Durante la última parte de 1970, Gay nos ordenó a mí y a otros ayudantes que retuviésemos los mensajes de Maheu al señor Hughes; así que los mensajes de Maheu no se le entregaban al señor Hughes y se fueron amontonando. Por aquella misma época, más o menos, vi también numerosos mensajes de los otros ayudantes criticando a Maheu e insinuando que no era leal con el señor Hughes.

El doctor Harold Feikes, médico de Hughes, describió en un declaración el estado de salud de Hughes inmediatamente antes de su marcha y amplió los detalles en una entrevista:

—Vi a Hughes unas semanas antes de que se marchara de Las Vegas. El problema primario era la neumonía. No cabe calificar la enfermedad de demasiado grave, y en realidad no estaba anémico. El análisis de sangre era casi normal. Pero él quería más transfusiones.

Feikes mencionaba la petición de sangre de Hughes.

Maheu envió a Davis un telegrama el 6 de noviembre de 1970 marginándole del caso de la TWA. Los directivos de la Hughes Tool Company revocaron la autoridad de Maheu respecto al caso de la TWA el 12 de noviembre de 1970.

Uno de los mormones que estaba presente cuando Hughes firmó el poder marginando a Maheu describió luego la escena en una declaración judicial.

Algunos ayudantes explicaron en sus declaraciones judiciales la marcha de Hughes del Desert Inn, y uno de ellos dio más detalles en una entrevista. El artículo de *Las Vegas Sun* apareció el 2 de diciembre de 1970. Dos días después, Hughes firmó el poder que privaba a Maheu de todas sus prerrogativas, y el 13 de diciembre de 1970 a la una, Hughes llamó al gobernador Laxalt desde las Bahamas para confirmar que Maheu había sido despedido.

La entrevista en la Casa Blanca de Ehrlichman y Rebozo la explicó el propio Ehrlichman en una entrevista.

Epílogo 1. Watergate

La historia de la relación de Hughes con Watergate que se explica en el *Epílogo,* es, en varios sentidos, una confirmación más que una revelación. En un informe inédito de cuarenta y seis páginas del Comité Watergate del Senado se ofrecieron por primera vez pruebas significativas de que el allanamiento se desencadenó por el triángulo Hughes-Nixon-O'Brien, y fue tal la fuente primaria de mi versión. Varios investigadores del comité proporcionaron también testimonios, transcripciones y material documental nunca hecho público, y ampliaron detalles en entrevistas. Contraje también una enorme deuda con J. Anthony Lukas, el primer periodista que analizó extensamente la vinculación Hughes-Watergate en su libro *Nightmare: The Underside of the Nixon Years* (Viking, 1976).

John Dean cita el mensaje de Nixon a Haldeman en *Blind Ambition* (Simon & Schuster, 1976, p. 76). La cita procede de un ejemplar del mismo que le pasó Haldeman. Haldeman confirmó su contenido en una entrevista.

Los temores de Nixon a que se hiciesen públicos los 100 000 dólares tras la ruptura entre Hughes y Maheu los reflejaba Rebozo en su testimonio ante el Comité Watergate del Senado: «Las cosas iban de mal en peor en la organización Hughes. Yo pensaba que tarde o temprano surgiría este asunto y se interpretaría mal... La principal preocupación era que se revelase que el presidente había recibido dinero de Hughes... Yo no quería que se corriese el menor riesgo respecto a cualquier relación de Hughes con Nixon. Estaba convencido de que eso era lo que le había costado al presidente las elecciones de 1960.»

Un ayudante que estaba con Nixon en San Clemente recordaba, al presidente leyendo un reportaje del *Los Angeles Times* sobre el pleito de Maheu contra Hughes al poco del despido de Maheu, y aquel reportaje salió el 14 de enero de 1971. Anderson escribía cinco días antes: «Nos han sido facilitados algunos de los documentos confidenciales embargados por el tribunal de Nevada en el caso Hughes.»

La orden de Nixon de «enganchar a O'Brien» se cita en *The Ends of Power* (Haldeman, Times Books, 1978, p. 155). Si bien en el libro sitúa la conversación a bordo del avión presidencial, en una entrevista Haldeman modificó esta versión, emplazándolo en la Casa Blanca. Comentó también: «O'Brien tocó una fibra sensible: las relaciones de Nixon con Howard Hughes, que le habían costado dos elecciones» (*The Ends of Power,* p. 155).

Uno de sus mormones describió la situación y el estado de Hughes en las Bahamas en una entrevista, y otros ayudantes en declaraciones diversas. Uno de ellos, George Francom, declaró posteriormente:

—El control de las comunicaciones del señor Hughes comenzó a ser más riguroso... Me di cuenta de que los otros ayudantes retenían varios mensajes dirigidos al señor Hughes o escritos por él.

El consumo de drogas de Hughes se detalla en un informe de 1978 de la Drug Enforcement Administration. Sus ayudantes reseñaron meticulosamente sus actividades a diario desde octubre de 1971 a julio de 1973. (También se llevaron diarios durante todos los años que Hughes pasó en Las Vegas y continuaron hasta su muerte, pero todos esos documentos fueron destruidos.)

Informes del FBI obtenidos en virtud de la Ley de libertad de información confirman la presencia de hombres de Maheu en las Bahamas, lo cual fue confirmado también por un agente de Intertel en una entrevista.

El comunicado de Colson sobre Bennett procede de los archivos del Comité Watergate del Senado. Colson dijo en una entrevista que no sabía nada de la relación con Hughes a través de Rebozo, y que tampoco sabía nada de las relaciones de Bennett con la CIA. Colson manifestó que Bennett y la CIA instigaron la operación Watergate:

—Yo creo que Bob Bennett tenía un motivo tremendo (tenía más interés que nosotros en lo que hiciese o dijese O'Brien), y yo siempre he creído que la CIA tenía algún motivo, debido a sus relaciones con Bennett y con Hughes.

Dean explicó sus intentos de enganchar a O'Brien siguiendo órdenes de Haldeman en *Blind Ambition* (pp. 66-68), y los comunicados que envió y recibió proceden de los expedientes del Comité Watergate del Senado. Haldeman dio una versión similar de la investigación de Hughes-O'Brien en *Ends of Power* (pp. 19-20, 153-156) y en una serie de entrevistas. Toda la operación de la Casa Blanca se detalla también en un informe inédito del equipo de investigadores del Comité Watergate del Senado.

Haldeman cita en *The Ends of Power* (pp. 19-20, 154-156) las repetidas órdenes de Nixon de atrapar a O'Brien. «En el caso de O'Brien —observaba Haldeman—, Nixon actuaba muy a la manera del capitán Queeg en su búsqueda de las fresas... Allí estaba Larry O'Brien, un cabildero secreto de Hughes... y nadie se preocupaba por eso... Sin embargo, según me decía con frecuencia Nixon, ¡cómo se ensañaba la prensa con él y le perseguía por cualquier posible conexión de Howard Hughes!»

Andy Baruffi, el agente del Servicio de Recaudación Fiscal encargado del caso Hughes, explicó cómo Intertel instigó una investigación de Maheu por el Servicio de Recaudación Fiscal; lo confirmaron otros dos agentes del servicio directamente implicados. Maheu confirmó en una entrevista su creencia de que era el objetivo de una conspiración en la que participaban la organización Hughes y el gobierno federal.

—Sentí las punzadas del músculo del gobierno a las pocas horas de enfrentarme a Howard Hughes —dijo.

Danner declaró ante el Comité Watergate del Senado que Rebozo le llamó nada más publicarse la columna de Anderson en agosto de 1971:

—Creo que el tema era cómo se había enterado Anderson de esto, y la respuesta fue que le habían enseñado un supuesto comunicado que describía los detalles del asunto.

Danner declaró ante el Comité Watergate del Senado que Rebozo le había filtrado el comunicado de Hughes.

La advertencia de Greenspun a Klein en septiembre de 1971 fue confirmada por Greenspun y Klein en sendas entrevistas; Ehrlichman y Kalmbach confirmaron en otras entrevistas que el primero envió al segundo a ver a Greenspun en relación con el dinero de Hughes, y Kalmbach y Greenspun dieron versiones similares.

—Recuerdo que se planteó la necesidad de que alguien hablase con Greenspun —dijo Ehrlichman—. Y recuerdo que se acordó (no sólo fui yo, sino una serie de personas, desde luego Haldeman, y posiblemente Mitchell) que debía visitarle Kalmbach. Es probable que hablase también del asunto con Rebozo.

El Comité Watergate del Senado indicaba en su informe final que Rebozo había pagado 45 621 dólares por mejoras en la finca que Nixon tenía en Cayo Vizcaíno, y concluía que la única fuente visible de al menos la mitad de tal desembolso había sido el dinero en efectivo procedente de Hughes.

Bennett informó al Comité del Senado que le había hablado a Colson de los comunicados de Hughes de la caja fuerte de Greenspun a finales de 1971.

Ehrlichman confirmó en una serie de entrevistas que había recibido los «informes delicados» del Servicio de Recaudación Fiscal sobre la investigación de Hughes, y aportó copia de uno de los informes recibido el 24 de julio de 1972, que resumía aspectos políticos de la investigación de aquel Servicio. Los negocios entre John Meier y Donald Nixon se especificaban en ese informe y los detalló aún más Ehrlichman, quien confirmó en las entrevistas que había mantenido a Nixon informado sobre la investigación.

La versión de Nixon sobre el escándalo del «préstamo» la refirió Ehrlichman. Haldeman dio una versión similar de las explicaciones de Nixon sobre dicho escándalo.

La influencia del asunto de Clifford Irving sobre Watergate se indicó por vez primera en un informe inédito del Comité Watergate del Senado. Dean, en Blind Ambition (p. 390), informa de las órdenes de Haldeman en el sentido de conseguir una copia del manuscrito de Irving, y dice también: «Alguien de la Casa Blanca consiguió una copia del editor.» Bennett explicó al fiscal especial que Colson y Dean se pusieron en contacto con él en relación con el libro de Irving y explicó su conversación con Dean. Expedientes del FBI obtenidos en virtud de la Ley de libertad de información revelaron que Hoover envió a Haldeman informes sobre el asunto Irving.

La versión de las relaciones Hughes-Nixon en el libro de Irving aparece mencionada en un informe inédito del Comité Watergate del Senado y también, parcialmente, en un artículo de 4 de febrero de 1972 del New York Times. Un empleado de la Casa Blanca confirmó que el propio Nixon leyó al menos un resumen de la versión de Irving.

Las actividades de Hughes el día de su conferencia de prensa están registradas en los diarios de sus ayudantes. Las citas de Hughes se han tomado de una grabación de tal conferencia.

La creación del equipo Hunt-Liddy aparece descrita en los informes de los comités Watergate del Senado y de la Cámara para el procesamiento del presidente; la describen también Hunt y Liddy en sus libros y Haldeman y Dean, en los suyos.

La reacción de Nixon ante las informaciones de que Bobby Kennedy había investigado el «préstamo» de Hughes la refirió un ayudante de la Casa Blanca en una entrevista. El propio Nixon hace comentarios similares en sus memorias (RN: The Memoirs of Richard Nixon; Warner, 1978, vol. 1, p. 305), donde dice que la tentativa de Kennedy de procesar a su madre y a su hermano era «típica del espíritu de venganza partidista que predominaba en la Administración Kennedy».

Las entrevistas de 4 de febrero de 1972 y de 27 de enero del mismo año entre Liddy, Mitchell, Dean y Magruder se detallan en el libro de Liddy Will (St. Martin's Press, 1980, pp. 196-203); en las declaraciones judiciales y ante el Comité Watergate del Senado hechas por Dean y Magruder; en el libro de Dean Blind Ambition (pp. 79-86); y en el de Magruder An American Life (Pocket Books, 1975, pp. 207-212). Dean y Magruder declararon que Mitchell habló de O'Brien como objetivo que convenía vigilar. Magruder explicó también al Comité Watergate del Senado, según un informe inédito, que «el fiscal general no sólo planteó la operación Greenspun, sino que urgió a Liddy a considerarla más urgente e importante que los otros temas analizados».

Hunt explicó con detalle la conspiración de Greenspun en testimonio ante el Comité Watergate del Senado, y afirmó que Bennett propuso por vez primera el allanamiento unos días antes de la reunión Mitchell-Liddy. Bennett dio una versión similar, pero afirmó que fue Hunt quien propuso el allanamiento después de que Bennett le dijese que Greenspun tenía comunicados de Hughes. Hunt en su testimonio y Liddy en su libro (Will, p. 205) confirmaron la participación de Winte.

Haldeman refiere en su libro (The Ends of Power, pp. 10-11) la impaciencia de Nixon por la lentitud con que se llevaba a cabo la operación de Liddy. La llamada de Strachan a Magruder la mencionó este último en el testimonio que prestó ante el Comité Watergate del Senado. La cólera de Nixon contra O'Brien por el asunto de la ITT la comentan Haldeman en su libro (*The Ends of Power*, pp. 153-155), Colson en una entrevista y el propio Nixon en sus memorias (*RN*, vol. 2, p. 54). La reunión Hunt-Liddy-Colson la confirmaron los tres, y Magruder declaró que Colson llamó para presionar a fin de que consiguiese la aprobación del plan de Liddy.

La reunión Magruder-Mitchell y la revelación por Mitchell del papel de Hughes en el desencadenamiento de Watergate las describe detalladamente una fuente confidencial que tuvo conocimiento directo de su conversación en entrevistas grabadas de dos horas de duración. Dicha fuente accedió a proporcionar la información sólo después de asegurarle que no le identificaría.

En declaraciones judiciales y ante el Comité Watergate del Senado, Magruder dijo que Mitchell había aprobado la operación Watergate el 30 de marzo de 1972. Magruder también declaró que Mitchell ordenó el segundo allanamiento. Liddy asegura en *Will* (p. 237) que Magruder le ordenó fotografiar el «archivo de mierda» de O'Brien sobre Nixon. «El objetivo del segundo allanamiento de Watergate —escribe Liddy— fue descubrir qué material tenía O'Brien sobre nosotros que pudiera resultar embarazoso, no intentar conseguir algo acerca de él o de los demócratas que pudiera acarrearles problemas.»

La reacción de Nixon a las detenciones de Watergate la describe Haldeman en su libro (pp. 7-13) y el propio Nixon en sus memorias (vol. 2, pp. 109-113).

Haldeman reconstruyó su conversación con Nixon el 20 de junio de 1972 en *The Ends of Power* (pp. 18-19) y confirmó en dos entrevistas que el propio Nixon le reveló la relación de Hughes con Watergate, probablemente en aquella conversación borrada, y, sin lugar a dudas, en una de sus charlas de los días que siguieron al allanamiento.

Epílogo 2. Los últimos días

Las actividades de Hughes en la época de las detenciones de Watergate las detallaron sus ayudantes en los diarios y se confirmaron consultando una edición de Vancouver de la *Guía de televisión* del 16-17 de julio de 1972.

Que Hughes no tuvo conocimiento del asunto Watergate durante más de un año lo demuestran los comunicados de sus ayudantes y del abogado, enviados como respuesta a sus retrasadas investigaciones, y lo confirma el informe de uno de sus mormones.

La huida de Hughes de las Bahamas la describió un ayudante suyo en una entrevista y otros ayudantes en diversas declaraciones. Sus relaciones con Somoza se detallan en los comunicados que Hughes escribió y dictó y en otros miembros de su equipo. Los preparativos de Hughes para su entrevista con Somoza y con Shelton aparecen detallados en sus diarios, y la reunión propiamente dicha la describieron un ayudante que estuvo presente en la misma y Shelton en una entrevista con representantes del Servicio de Recaudación Fiscal. La llegada de Hughes a Vancouver la describió un ayudante que estuvo presente.

El papel de Bennett como agente doble en Watergate se detalla en el informe del senador Howard Baker sobre su investigación de la «actividad de la CIA en Watergate» publicado como apéndice del informe definitivo del Comité Watergate del Senado.

La sospecha de Nixon de que Bennett era «Garganta Profunda» y que el eje Bennett-Hughes-CIA era en cierto modo responsable de su caída aparece en el libro de Haldeman *The Ends of Power* (*Times Books*, 1978, pp. 134-139) y lo insinúa el propio Nixon en sus memorias (*RN*, vol. 2, p. 578). «Ahora que pocas personas parecían preocuparse por quién había ordenado el allanamiento —escribe Nixon—, aparecía nueva información de que los demócratas tenían conocimiento previo y que podía estar implicada la organización Hughes. Y se rumoreaban extrañas alianzas.»

Ehrlichman explicó con detalle su conversación con Nixon el 24 de julio de 1972 en una entrevista, y aportó una copia del «informe delicado» del Servicio de Recaudación Fiscal, que entregó a Nixon y que revelaba pagos de Hughes a O'Brien. «Se excitó mucho, muchísimo; tanto, que yo nunca le había visto así», recordaba Ehrlichman. Éste habló también de las órdenes de Nixon para que el Servicio de Recaudación Fiscal iniciara una auditoría de O'Brien y le metiera en la cárcel. Los esfuerzos para utilizar el Servicio de Recaudación Fiscal contra O'Brien quedaron confirmados por los informes definitivos de los comités Watergate del Senado y de la Cámara para el procesamiento del presidente.

La conversación de Nixon y Dean el 15 de septiembre de 1972 se ha tomado de la transcripción de una cinta de la Casa Blanca.

Bennett informó de la aportación de 150 000 dólares de Hughes a la campaña de Nixon de 1972, en declaraciones ante el Comité Watergate del Senado y ante el fiscal especial. La llamada de Rebozo a Danner para conseguir dinero de Hughes la confirmó Danner en su testimonio ante el Comité Watergate del Senado. La participación de Liddy en la entrega de la aportación de Hughes la revela el propio Liddy en *Will* (p. 215) y también Bennett en sus entrevistas con miembros del Comité Watergate del Senado. Bennett informó de que Evans había solicitado otros 100 000 dólares en declaraciones al fiscal especial, en las que también indicó haber dispuesto lo necesario para la llamada de felicitación de cumpleaños de Nixon a Hughes.

La reacción de Hughes ante el terremoto de Managua la describieron sus ayudantes mormones (uno de ellos estuvo presente; otros, en declaraciones judiciales) y se detalla en los diarios que llevaban sus ayudantes.

El arreglo de cuentas del Servicio de Recaudación Fiscal en Fort Lauderdale lo detalla en una serie de entrevistas Richard Jaffe, agente del Servicio que desempeñó un papel clave, y lo confirma Andy Baruffi, que estuvo a cargo de la investigación Hughes. Lo corroboran asimismo los informes del Servicio sobre el incidente obtenidos de una fuente confidencial.

Los planes de Hughes para volver a volar los describió uno de sus mormones, sus preparativos para el vuelo están detallados en sus diarios, y el vuelo propiamente dicho fue descrito por su copiloto inglés, Tony Blackman, en un informe posterior a los abogados, en relación con la herencia de Hughes. Era la primera vez que Hughes pilotaba un avión desde que abandonó su retiro para realizar un vuelo en 1960, época en la que su permiso de piloto ya había caducado.

George Francom, uno de los mormones de Hughes, describió en una declaración jurada el tardío descubrimiento del asunto Watergate por parte de su jefe. «A mediados de 1973, le di un ejemplar del *London Express* en el que salía una fotografía de un avión que a él le interesaba —explicó Francom—. También había en el periódico un artículo sobre Watergate y él no sabía de qué se trataba. Redactamos varios informes explicándoselo, pero no sé si los leyó.»

La conversación de Nixon con Dean de 21 de marzo de 1973, corresponde a la transcripción de una de las cintas de la Casa Blanca. Sus conversaciones con Haldeman y Ehrlichman sobre el dinero del fondo de sobornos de Rebozo aparecieron en las grabaciones de las reuniones de 17 y 25 de abril de 1973, obtenidas por el fiscal especial. Haldeman y Ehrlichman informaron ambos en sus libros y en entrevistas de las insistentes ofertas de dinero por parte de Nixon en Camp David. «En 1976 pregunté a Nixon de dónde saldría ese dinero —escribe Haldeman en *The Ends of Power* (pp. 20-22)—. Él respondió: "Lo tenía Bebe." Le recordé que Bebe solo tenía 100 000 dólares del dinero de Hughes. ¿De dónde sacaría el resto? Nixon me explicó la interesante noticia de que en la caja de Bebe había mucho más dinero que los 100 000 dólares de Hughes... Efectivamente, Rebozo tenía un fondo para uso de Nixon según su criterio.»

Sin embargo, Nixon explicó a David Frost en una entrevista televisada, emitida el 25 de mayo de 1977, que el dinero que ofreció a Haldeman y a Ehrlichman eran los 100 000 dólares de Hughes.

—Bueno, en realidad —dijo Nixon—, pensaba en la contribución para la campaña que Rebozo había recibido de Hughes.

Hemos de decir, no obstante, que en realidad Nixon ofreció a, sus dos ayudantes 300 000 dólares, y es también evidente que cuando hizo la oferta, al menos parte del dinero de Hughes ya se había gastado.

Kalmbach describió su entrevista con Rebozo, celebrada el 30 de abril de 1973, en declaración ante el Comité Watergate del Senado, y una fuente confidencial con conocimiento directo de la conversación la detalló posteriormente. La afirmación de Rebozo de que había dado parte del dinero de Hughes a los hermanos de Nixon, a Woods y a «otros» la citó Kalmbach bajo juramento.

La declaración de Rebozo al Servicio de Recaudación Fiscal el 10 de mayo de 1973 procede de los informes del Comité Watergate del Senado. Los temores del citado Servicio en el sentido de investigar a Rebozo los mencionó Ehrlichman en una entrevista. Las tentativas de Rebozo de devolver el dinero de Hughes a Danner las describió este último en su testimonio ante el Comité Watergate del Senado. Danner reveló también en su testimonio lo relativo a su reunión del 20 de mayo de 1973 con Nixon en Camp David.

Haig y Simon confirmaron en testimonio ante el Senado su conversación sobre las investigaciones del Servicio de Recaudación Fiscal acerca de Rebozo. Kenneth Whitaker, el agente jefe del FBI en Miami, describió la escena en que Rebozo mostró los 100 000 dólares de Hughes (y en la que se descubrió que sobraba un billete de cien dólares) en testimonio ante el Comité Watergate del Senado. La devolución del dinero a Chester Davis la describieron Davis, Rebozo y sus intermediarios en declaraciones al Senado.

La reserva federal informaría posteriormente que 35 de los billetes de cien dólares devueltos por Rebozo habían sido emitidos por el Tesoro de los Estados Unidos con posterioridad a la fecha en que Danner, Maheu y el propio Rebozo declararon en principio que se había hecho la entrega. Si bien Rebozo cambió la declaración para cubrir todo el dinero de Hughes e intentó presionar a Danner a fin de que hiciera otro tanto, Danner nunca aceptó confirmar una fecha de entrega que cubriese los 35 billetes de emisión posterior.

El propio Rebozo admite en su testimonio ante el Comité Watergate del Senado sus temores a que se revelase la existencia del dinero de Hughes.

La posible relación entre la investigación de Cox del asunto Hughes-Rebozo y la «matanza de la noche del sábado» la detalló un alto cargo de la Casa Blanca durante la Administración Nixon, que sólo accedió a facilitar la información si no se le nombraba. Su versión quedó en gran parte confirmada por el testimonio público de otras personas directamente implicadas y también en informes oficiales asequibles.

El hecho de que Rebozo descubriera la investigación del fiscal especial el 18 de octubre de 1973, lo estableció el Comité Watergate del Senado a partir de las notas manuscritas del agente del Servicio de Recaudación Fiscal que le previno, y estas notas muestran también que llamó al abogado de Rebozo para hablar de la «revelación a Cox». Indican que también llamó aquella misma mañana al asesor de la Casa Blanca, Fred Buzhardt, para informarle de que Cox había pedido los expedientes del Servicio de Recaudación Fiscal sobre los 100 000 dólares de Hughes. En cualquier caso, Rebozo no podría haber pasado por alto el titular a ocho columnas del *Miami Herald*.

La reacción furiosa de Nixon ante las noticias, que, al parecer, recibió primero por una llamada telefónica de Rebozo, la explicó un miembro del equipo de la Casa Blanca. Haig confirmó en una entrevista que analizó la investigación de Cox con Nixon, y que el presidente dijo que era «un ejemplo perfecto» de cómo intentaba cazarle Cox.

Richardson explicó al comité judicial del Senado que Haig le llamó el 18 de octubre y le dijo que Nixon no entendía qué tenía que ver la función del señor Cox con las actividades del señor Rebozo. Haig confirmó en declaración ante el Comité Watergate del Senado que después de hablar con Nixon llamó a Richardson: «Quizá lo mencionase como un asunto de interés presidencial y estoy seguro de que si lo hice tenía buenas razones para saberlo... porque él me lo dijo así concretamente.»

Informes del Servicio Secreto obtenidos en los Archivos Nacionales muestran que Rebozo llegó a la Casa Blanca el 19 de octubre y permaneció allí todo el día 20 como «invitado»; que se reunió con el presidente al menos dos veces en su despacho y que, según un miembro del equipo, pasó un tiempo «considerable» a solas con Nixon de noche.

Haig declaró que cuando estaba con el presidente en Cayo Vizcaíno oyó «constantemente» a Nixon y a Rebozo quejarse de la «persecución injusta e inadmisible» de Rebozo en relación con el dinero de Hughes. «No hay duda de que las cintas grabadas eran el tema principal —dijo un alto cargo de la Casa Blanca—. Pero no me cabe duda de que la furia de Nixon por la investigación de Hughes, y muy posiblemente su temor a que provocara una investigación más amplia que pondría al descubierto todo el fondo de sobornos de Rebozo, fue elemento básico en todo el asunto Cox. Creo que eso le llevó al borde del abismo.»

Hughes fue procesado por el asunto de la Air West el 27 de diciembre de 1973. Maheu y Davis figuraban como coencausados.

La escena de Davis vaciando la cartera con los 100 000 dólares de Rebozo ante el senador Ervin, la describió un miembro del equipo del comité que estuvo presente.

Uno de los mormones confirmó que a Hughes nunca se le comunicó que habían sido robados sus papeles secretos en el allanamiento de Romaine, y los comunicados que Hughes dictó después de dicho allanamiento dejan patente que no sabía que faltaban.

Documentos de la CIA obtenidos en virtud de la Ley de libertad de información muestran que Gay explicó a la agencia el 2 de julio de 1974 que faltaba el documento de *Glomar* y que se suponía robado. Colby confirmó su reunión con Nixon en una entrevista.

Nixon describe en sus memorias la llamada de Haig informándole del fallo del Tribunal Supremo en el asunto de las cintas (*RN*, vol. 2, p. 640).

El informe censurado del Comité Watergate del Senado sobre la relación de Hughes con el caso, se obtuvo de uno de los investigadores del comité que lo redactó. El asesor jefe de la minoría, Fred Thompson, fue, al parecer, el primero que propuso eliminarlo del informe final del comité, y el senador Ervin accedió rápidamente. Uno de los senadores dijo en una entrevista informativa que ninguno de sus colegas, ni republicanos ni demócratas, quería que se publicase. «Habrían resultado perjudicados demasiados culpables circunstanciales —comentó—, y después de dos años de lo de Watergate, creo que nadie estaría dispuesto a aceptar un precio tan bajo.»

La conclusión de Haldeman de que la conexión Hughes desencadenó Watergate se expone en su libro *The Ends of Power* (pp. 19-20) y él mismo la confirmó en una serie de entrevistas. De hecho, todos los altos cargos de Nixon que han expresado públicamente su opinión sobre el motivo de la operación coinciden en que tras ella se encontraba el triángulo Hughes-Nixon-O'Brien. Ésta es también la tesis del libro de Dean *Blind Ambition* (Simon & Schuster, 1976). Y Colson dijo en una entrevista:

—Siempre he creído que el verdadero motivo de la operación Watergate fue desprestigiar a Larry O'Brien, que estaba a sueldo de Hughes. Por debajo de todo, algún día descubriremos que el verdadero motivo fue Hughes.

El análisis de Colby de la vinculación Romaine-*Glomar* se menciona en informes de la CIA obtenidos en virtud de la Ley de libertad de información.

La investigación del comité del Senado sobre espionaje acerca de posibles vinculaciones de Hughes con Nixon, la Mafia y la CIA la reveló en parte el *New York Times* el 26 de marzo de 1975, y la confirmó posteriormente un investigador del comité. Las especulaciones de Norman Mailer se publicaron en la revista *New York* el 16 de agosto de 1976. El informe del Servicio de Recaudación Fiscal en el que se hablaba de la posibilidad de que Hughes hubiera muerto en 1970 se obtuvo gracias a un antiguo agente de dicho Servicio. El inspector Walters confirmó en una entrevista que había intentado determinar si Hughes continuaba vivo.

Uno de los mormones, George Francom, dijo en una declaración jurada que a Hughes le habían dicho que «el suministro de droga estaba agotándose en las Bahamas, y que habría una mejor fuente de suministro en Acapulco», lo cual era falso.

La descripción de la muerte de Hughes y de su última dosis la explicó Francom en su declaración jurada (él fue el mormón que se negó a ponerle la inyección a Hughes), y también varios ayudantes y médicos en declaraciones y testimonios judiciales.

El elogio fúnebre de Angleton apareció en la revista *Time* el 19 de abril de 1976. En una entrevista, Angleton se negó a ampliar sus comentarios.

AGRADECIMIENTOS

Esta aventura comenzó como un proyecto para la revista *New Times*. Cuando, hace ocho años, yo tenía poco más que un ligero barrunto, Jon Larsen, director de *New Times*, me apoyó sin reservas y me concedió la libertad total que necesitaba. Sin su respaldo, toda esta investigación no habría sido posible, ni se habrían hallado los documentos secretos.

Tom Wallace e Irv Goodman, redactor y editor de Holt, Rinehart & Winston, demostraron un valor excepcional al aceptar un libro que sabían que sería más que polémico.

Dick Seaver, primero editor y luego también mi asesor editorial, conservó la fe, me apoyó en los momentos difíciles y se consagró decididamente a este proyecto. He de dar también las gracias a otras personas de la editorial, sobre todo a David Stanford y a Cliff Walter y a todo el equipo de producción, y más concretamente a Katherine Fallin, Randy Lang y Susan Hood, que realizaron un milagro al sacar adelante este libro en un período de tiempo excepcionalmente breve.

Rob Fleder, del equipo editorial de *Playboy*, fue una de las primeras personas ajenas a la elaboración del libro que leyó el original, y su entusiasmo y el de su revista fueron muy importantes.

He de dar gracias especialísimas a mi asesor Jerry Gutman, presidente de la New York Civil Liberties Union, cuyos sabios consejos excedieron con frecuencia el estricto ámbito de lo legal: fue un amigo que me ayudó desde el principio y sin vacilaciones a lo largo de los años. Doy también las gracias a Ira Glasser, Aryeh Meier y Bruce Ennis, de American Civil Liberties Union, que me ayudaron en una primera etapa crítica; a Melville Nimmer; y muy especialmente a Leon Friedman, que desempeñó un papel fundamental. Personas como éstas mantienen viva la Primera Enmienda.

Varios amigos dedicaron su tiempo a leer lo escrito, criticarlo y animarme. Y Ron Rosenbaum, uno de ellos, hizo mucho más. En varios sentidos, este libro es tan suyo como mío. Gran parte de lo mejor del texto fue sugerencia suya, y durante años me instó a continuar día tras día, generoso siempre con su tiempo y su inteligencia, pródigo en todo momento en intuiciones fecundas. El haber tenido a tan inteligente escritor como amigo devoto fue, ciertamente, una bendición. Sin él, no habría conseguido dar cima a mi tarea.

Y, por último, he de mencionar a Profesional, la fuente de los documentos. Él se arriesgó y confió en mí plenamente. Y eso hizo posible todo lo demás.

Índice onomástico

Aseo: *véase* Higiene de HRH.
Ashe, Arthur: 165.
Aspecto (físico) de HRH
(década de 1940): 54.
(1968): 52, 105.
véase también Desnudez de
HRH.
Aspirantes a Miss Universo:
71-72, 432.
«Audaces, Los» (programa de
televisión): 271, 274.
Audífono, normas para manejar el cordón del: 159-160.
AVCO: 128-130.
Avión(es)
accidente de HRH (1946):
55 ss.
proeza de pilotaje de HRH:
55 ss.
Ayudantes de HRH
Mormones, acompañantes:
59.
como familia de HRH: 68.
control de, por HRH: 68.
escolta de Jean Peters:
161 ss.
HRH compara con la organización Kennedy:
244.
instrucciones a: 160.
relación de, con HRH: 68,
321 ss.
y desposeimiento de Maheu: 320 ss.
Otros empleados: 72.
actitud y relación de HRH
con: 83 ss.
contra Maheu: 82 ss., 319
ss., 355 ss.
HRH imagina las consecuencias de su muerte
sobre: 243.
rivalidades entre: 82 ss.,
319 ss.
véase también Danner, R.;
Davis, C.; DeSautels, C.;
Dietrich, N.; Gray, R.; Maheu, R. A.; Napolitan, J.

Bahamas, Islas
HRH las considera como
posible refugio: 339-340.
vertido de gas nervioso en
las (agosto, 1970): 347-349.
viaje de HRH a
(1957): 71-72.
(1970): 366-367.
(1973): 409-410.
véase también Paraíso, Isla.
Baruffi, Andy: 434-435, 458-459, 462-463.
Batallas judiciales: *véase* Batallas legales de HRH.
Batallas legales de HRH

asunto Air West: 288-289,
331, 409-410, 465.
asunto TWA: 55-56, 74, 147,
199, 222, 401, 416.
temor a los pleitos como
consecuencia del: 125,
141.
pleito con Maheu: 378, 407,
413.
véase también Medidas antitrust contra HRH; Investigaciones sobre HRH;
Citaciones.
Bautzer, Greg: 141.
Bayshore Inn, Vancouver, Columbia Británica: 395.
Bebidas de HRH: 64-65.
Bell, Thomas: 119-121, 168-169,
433-435, 446-447.
Beneficencia
Howard Hughes Medical
Institute como centro de,
y los impuestos: 265-268,
269-271, 447-448.
HRH acerca de la: 134-136.
Bennett, Robert Foster: 353-354, 381-382, 390-391, 392-393,
446-447.
allanamiento del despacho
de (1974): 17-18.
como «Garganta profunda»:
398, 463.
y la CIA: 381, 396-398, 458-459, 460-461, 462.
Berman, Edgar: *Hubert*: 442-443.
«Bertrández, Comandante»:
160-161.
Beverly Hills, Hotel: 56, 71-72, 154-158.
Bible, Alan
aportaciones de HRH a:
120-121, 187-188, 434-435.
y amenaza antitrust a HRH:
125-126.
y licencia KLAS-TV: 436.
y pruebas nucleares: 187-189.
y Stardust: 208-209.
«Black Heritage» (programa
de televisión): 163-165.
Blackman, Tony: 462-463.
«Bombardeo de Pascua» (26
de marzo, 1970): 331-332.
Bonanza (casino), Las Vegas:
108, 117-118.
Brenner, Michael: 428-429.
Britannia Beach, Hotel, ático de
HRH en Isla Paraíso: 367-368.
tipo de vida en: 378-381,
387-388.
Brooks, Chester: 29-31, 427-428.

en caja fuerte de Greens-
pun: 389.
planes para robarlos: 18,
390, 410, 428, 461.
normas para evitar la contaminación: 66-67, 159-162.
número de, escritos por
Hughes: 61.
«Profesional» y los: 23, 24,
25, 26, 27-29, 39-44, 422.
recuperados de Maheu por
HRH: 360, 457.
releídos por Hughes: 61-64.
robados de Romaine Street
(junio 1974): 15, 23, 25-26,
411, 464.
sólo escritos durante años
en Las Vegas: 59-60, 431.
Woolbright, Gordon y los:
32-37.
Connally, John: 200.
Consejo de Aeronáutica Civil
(CAC), y absorción de Air
West: 222, 263, 288-289, 327.
Contaminación, miedo de
HRH a la y medidas con-
tra: 65-67, 163.
del agua: 65-66.
de Las Vegas: 109-110, 116-
117, 163-164, 261, 272.
por las pruebas nuclea-
res: 174, 175.
de la radiación (atómica):
175.
de las mujeres: 162.
de los gérmenes: 154-162.
de los insectos: 116.
de los negros: 163-172.
«Normas higiénicas»: 66.
proteger Las Vegas de la:
107, 115-117.
Control, medidas de HRH
para controlar
a Laxalt: 110-111.
a Maheu: 77, 84, 88, 89, 91,
99, 360, 364.
a su esposa: 68, 160-161.
a sus ayudantes mormones:
67.
el mundo: 138-139, 148-149,
163, 337-339.
la televisión
anuncios de: 133-134, 148,
149.
KLAS-TV: 131-139.
plan de una 4.ª cadena:
145-147.
programa de noche: 131,
136-138.
las pruebas nucleares: 174.
Las Vegas: 105-106, 222.
Nevada: 58, 103, 120-123, 168-
169, 337-339.
sus papeles: 59-61.
sus secreciones orgánicas:
54, 160.

véase también Control re-
moto.
Control remoto: 45, 130, 131.
Convención del Partido De-
mócrata, 1968, Chicago: 233-
237.
Cook, Raymond: 83-85.
Copa Davis, torneo de tenis
de la: 165.
Coristas de Las Vegas
HRH y: 105-106, 433-434.
Kennedy (Edward) y: 261-
262, 446-447.
Correspondencia de HRH
excluye a su esposa: 57, 430.
limitada a los años de Las
Vegas: 60-61.
almacenada en Romaine
Street: 24.
Cox, Archibald: 406, 408, 409,
463-464.
véase también Fiscal espe-
cial de Watergate.
Cramer, Stuart W.: 70-71.
Crisis nerviosa de HRH (1957):
158, 430, 436-437.

Chappaquiddick, Mass.: 262.
Chicago, convención demócra-
ta de (1968): 233-237.
«Chicos de Bay Street», Los:
71-72, 431-432.
Chouinard, Jeff: 432, 437.
His Weird and Wanton
Ways: 437.

Daley, Richard J.: 235.
Dalitz, Moe: 76, 92, 280, 432-
433.
Danner, Richard: 265.
y el dinero de la campaña
(1972) de Nixon: 399.
y la aportación de 100.000
dólares de HRH a Nixon:
279-280, 284, 286, 320, 349,
384, 405-406, 411, 449, 450,
454, 455, 462-463.
y Mitchel, y el negocio del
Dunes: 330-331, 455.
y su conexión Rebozo: 265,
268, 273, 287, 317, 369, 382.
Davis, Chester
como sucesor de Maheu:
358, 359, 366.
robo en el despacho de: 17.
y el Glomar Explorer: 357-
358.
y el pleito de la TWA: 84,
366, 457-458.
y el vertido del gas nervioso (1970): 353-355, 356.
y la citación del Servicio
de Recaudación Fiscal a
Hughes: 401.

y la devolución por Rebozo de los 100 000 dólares de de Hughes: 407, 410, 463-464.
y los papeles de HRH robados de Romaine: 15, 29.
Davis, Ed: 31-32.
Davis, Maynard: 35, 428.
Davis, Mike: 13-15, 427, 429.
se niega a hacer la prueba poligráfica: 18, 427.
Davis, Sammy, Jr.: 123. 124, 172, 438.
Dean, John W.
Blind Ambition: 452, 458, 460, 465.
y coartada Watergate: 402-403.
y persecución de O'Brien por Nixon: 273, 382-383.
Delito organizado: *véase* Mafia.
Dep. de policía de Los Ángeles:
investigación allanamiento Romaine (junio 1934): 15, 17, 18-19, 38.
Desechos orgánicos, retención de HRH de los: 53-54, 160-161.
DeSautels, Claude: 263, 445-446, 447, 455.
Desert Inn, Hotel, Las Vegas
amenaza de desahucio de HRH (dic., 1966): 75-76, 118, 432, 434.
ático de HRH en el: 76, 433.
dormitorio de HRH en el: 45, 59-60, 431.
cambio de (1970): 366.
elección de: 58, 430.
limpieza del: 59-60, 66-67.
forma de vida de HRH en el: 52-54, 59-60.
llegada de HRH al (nov., 1966): 58, 430.
partida de HRH del (nov., 1970): 367, 458.
Desnudez de HRH: 45, 52, 54, 56, 74, 155, 158, 436.
durante pilotaje (enero 1973): 402.
Destrucción (nuclear), visiones de Hughes sobre: 176, 180, 190.
Dietrich, Noah
acerca de Hughes y Joseph Kennedy: 444.
Howard: The Amazing Mr. Hughes: 449.
traición a HRH: 56 85, 86, 341-342.
y apoyo financiero de HRH a Johnson: 197-198, 440.
y apoyo financiero de HRH a Nixon: 276, 489.
Disturbios raciales

Houston (agosto, 1917): 154, 167, 437.
Las Vegas (octubre, 1969): 172, 437.
Tras asesinato M. L. King (abril, 1968): 166-167.
Documento para quitar a Maheu el poder: 359, 366, 457.
Documentos (secretos) de HRH: *véase* Papeles de HRH.
Dormitorio de HRH: *véase* Ático de HRH.
En Isla Paraíso: 367-368.
en Las Vegas: 45, 59-60, 430-431.
cambio de (1970): 365-366.
elección del: 58.
limpieza del: 59-60, 66-67.
Drosnin, Michael: consigue los papeles de HRH: 38-44, 426.
DuBridge, Lee: 258.
Dummer, Melvin: «Testamento mormón» falsificado por: 421.
Dunes (hotel y casino), Las Vegas: 329, 330, 455.

Eastland, James: 209.
EE. UU., Ministerio de Justicia de: *véase* Ministerio de Justicia.
Ehrlichman, John D.: 369, 453.
acerca de Nixon (Donald): 452-453.
Nixon (Richard) ofrece dinero a: 403-404.
y persecución de O'Brien por R. Nixon: 273, 397-398, 462.
Eisenhower, Dwight David: 276.
Ejecutivos del imperio Hughes: *véase* Equipo de HRH.
Elecciones de 1956
Nixon como candidato a la vicepresidencia: 276.
Elecciones de 1960
escándalo de Nixon por el «préstamo» de Hughes: 242, 276-278, 317, 377-378, 385-386, 408, 414, 445, 449, 453, 460.
Elecciones de 1968
candidatura de Humphry: 220-237.
candidatura de Nixon: 274-276.
noche de elecciones: 274-276.
Elecciones de 1972
aportaciones de HRH a los: 398-401, 462.
fondos de la campaña de Nixon: 399-400.
Elson, Dean: 433, 453.
Ellsberg, Daniel: 40, 389.

Emisora de televisión KLAS-TV, Canal 8, Las Vegas.
control de la programación por HRH: 131-139.
Hughes, propietario de la: 103, 131.
«Sesión de Noche», programa: 131, 135-138.
Encino, Calif.
allanamiento de unas oficinas de HRH (abril, 1974): 17, 428.
Entratter, Jack: 262, 446-447.
Equipo de HRH: 72-73, 82-86, 246-247, 340-344, 358-359.
Erlick, Everett: 436.
Ermitaño, HRH como: véase Retiro de HRH.
Ervin, Sam: 410, 464.
Escuelas de Las Vegas
integración: 169, 172.
tensiones raciales: 163.
Esfuerzos relaciones públicas de Hughes
conferencia de prensa: 386-389.
crear imagen pública de sí mismo: 61-62, 191.
programa de TV de Maheu sobre Hughes como pionero del espacio: 97.
sobre pruebas nucleares: 188-191.
sobre vertido gas nervioso: 348.
Esposa de HRH: véase Peters, Jean.
Estilo de vida de HRH: 52-54, 59-60, 378-381, 387-388.
Evans, Thomas: 400, 461.
Explosiones en Nevada: véase Pruebas nucleares, oposición de HRH a las.
Explosiones nucleares:
(25 de abril, 1968), «Furgón»: 205.
reacción de HRH: 205-206.
(19 de dic., 1968): 260.
reacción de HRH: 260.
(16 de sept., 1969): «JORUM»: 329.
reacción de HRH: 329, 338.
(26 de marzo, 1970): 332.
reacción de HRH: 332-333.

Familia de HRH
ayudantes mormones como: 67-68.
padres, muerte prematura: 54, 158.
Fannin, Paul: 447-448.
FBI (Federal Bureau of Investigation)
informe a Nixon sobre HRH (agosto, 1969): 318-319.

se niega a investigar sobre existencia real de HRH: 104-105.
y allanamiento Romaine (junio, 1974): 15, 16, 18-20, 35-38.
y el Glomar Explorer: 31-32.
véase también Hoover, J. Edgar.
Feikes, Harold: 430, 448, 457.
Fenacetín, consumo por HRH de: 53.
«Fiesta, La», amante de HRH: 163, 436-437.
Fike, Edward: 121, 435.
Finney, Thomas
y el acuerdo ABC-TV: 142-144.
y las pruebas nucleares: 194-196, 439-440.
Flamingo (casino), Las Vegas: 117.
Fortas, Abe: 200, 283.
Fortune, revista
sobre HRH: 56.
su fortuna: 58, 238-239, 431.
sobre la fortuna de los Kennedy: 238-239.
Francom, George: 458-459, 462, 465.
Francombe, Cissy: 161.
Franklin, George
acerca de las tensiones raciales en Las Vegas: 165.
aportaciones de HRH a: 121.
y amenaza antitrust a HRH: 120.
Fratianno, Jimmy («El Comadreja»): 118, 434, 452.
Fraude de acciones e intentos intimidatorios de HRH
en caso ABC-TV: 139-146.
en caso Air-West: 288-289, 409-410.
Freeport, Isla Gran Bahama
HRH vuela a (dic., 1973): 410.
Fritsch, Arnold: 228-229.
Front Page, The (película): 54.
Frontier (casino), Las Vegas: 107, 120, 434.
Frost, David
entrevista a Nixon: 404, 463.
«Furgón», prueba nuclear
explosión del (26 de abril, 1968): 204-205.
reacción de HRH a: 204-206.
oposición de HRH a: 180-204, 437-438.

Gánsteres: véase Mafia.
Gardner, Ava: 124.

de vida de HRH; Paranoia.

Londres
HRH en (1972-73): 402-403.
HRH huye de (dic. 1973): 410.

Long, Gillis: 203, 267, 439, 448.
Long, Russell: 267, 448.
Ludwig, Daniel K.: 410.
Lukas, J. Anthony: *Nightmare: The Underside of the Nixon Years*: 458.
Lukasky, Martin: 397.
Lynn, Larry: 451.

Mafia
allanamiento de Romaine: 15-17.
asesinato de Kennedy (John): 243, 441.
complot para asesinar a Castro: 17, 73-74, 215, 277, 421.
HRH: 30, 116.
como «primo»: 117-118, 434.
intención de, de expulsarla de Las Vegas: 117-120.
Maheu: 16, 383.
véase también Mafia: complot para asesinar a Castro.
Morgan (Ed): 280.
Nixon (Donald): 317.

Magruder, Jeb Stuart: 390, 391-392, 393, 394, 460.
American Life, An: 460.

Maheu, Robert Aime
allanamiento de Romaine: 16, 31.
asunto ABC-TV: 139, 140, 144, 145, 365.
Bennett insta investigación penal: 383.
comienzos de: 70-73.
en la 2.ª guerra mundial: 83-84.
CIA: 70-71, 431, 432-433, 444-445, 456.
y complot para asesinar a Castro: 17, 73-74, 215, 2242, 357, 416, 432, 433, 444, 445.
crisis gas nervioso (1970): 349, 349-356.
luchas contra las pruebas nucleares: 173, 180-182, 189-192, 199, 200, 202, 258-260, 338-339.
y Nixon: 258-260, 272, 291, 319-329, 330-332.
Mafia: 15, 383.
véase también Maheu, R. A., complot para asesinar a Castro.

mansión de, en Las Vegas: 88, 115.
organización Kennedy y: 47.
proyecto de ley de reforma fiscal y: 267-268.
rivales de: 83-84.
véase también Maheu, R. A; y Hughes: fin de la asociación, expulsión de Maheu.
Servicio de Recaudación Fiscal, investigación sobre: 384, 385-386.
Stardust: 208.
sueldo de: 69.
vida social y contactos de: 90.
y Hughes: 70-102.
ausencia y libertad de Maheu intolerables para Hughes: 73-74, 94-96, 230-232, 319, 340-341, 345-347.
«cartas de amor» de: 77-78, 90-91, 100-102.
exigencia de fidelidad y monogamia: 73, 74, 77-78, 90-91, 101.
fin de la asociación: 338, 457.
acusaciones de Hughes: 341-344, 363-365, 367-368, 388, 407.
ayudantes mormones y: 340-344, 360-361, 363, 366-367.
expulsión de Maheu: 340-341, 342, 343-344, 358-367, 368-369, 457.
Glomar Explorer y: 357, 457.
Maheu acusado por fracasos: 338, 358, 359-361.
pide le releven de sus obligaciones: 361-362.
poder en relación a: 359, 366, 457-458.
temores de Nixon sobre: 377, 458.
hombres de Maheu espían a Hughes en Las Bahamas: 380-381.
HRH acusa a Maheu de robarle a manos llenas (enero 1972): 388-389, 407.
HRH visto y no visto por Maheu: 71-72, 75, 342.
inauguración Landmark: 294-315.
interdependencia de la relación: 72, 84-85, 88, 91, 96, 344-345, 362.
juicio Maheu contra Hughes: 378, 407, 413.
Maheu excluido de la KLAS-TV: 131.
relación, su, como un ma-